ERZÄHLTE GESCHICHTE
Berichte von Widerstandskämpfern und Verfolgten

Band 4: Die Kärntner Slowenen

ERZÄHLTE GESCHICHTE
Berichte von Widerstandskämpfern und Verfolgten
Band 4: Die Kärntner Slowenen

Spurensuche

Erzählte Geschichte
der Kärntner Slowenen

Herausgeber:
Dokumentationsarchiv des österreichischen Widerstandes, Wien
Klub Prežihov Voranc, Klagenfurt/Celovec
Institut za proučevanje prostora Alpe-Jadran, Klagenfurt/Celovec

Interviewer: Dr. Mirko Messner, Andreas Pittler, Dr. Helena Verdel
Zusammenstellung und Bearbeitung: Andreas Pittler, Dr. Helena Verdel
Redaktion: Dr. Wolfgang Neugebauer, Dr. Mirko Messner,
Andreas Pittler, Dr. Helena Verdel

Forschung und Druck wurden gefördert vom
Bundesministerium für Wissenschaft und Forschung

Österreichischer Bundesverlag Gesellschaft m. b. H., Wien
© bei den Herausgebern

Printed in Austria
Satz: /// Zebra Computer Publishing, 9020 Klagenfurt/Celovec
Druck: Plöchl-Druckgesellschaft m. b. H. & Co. KG, 4240 Freistadt
Umschlaggestaltung: Michael Stocker

1. Auflage, 1.–2. Tsd., Wien 1990
ISBN: 3-215-07446-X (Leinen)
ISBN: 3-215-07447-8 (Karton)

INHALT

VORWORT

Zur Bedeutung des slowenischen Widerstandes in Kärnten

In der für das zukünftige Schicksal Österreichs entscheidenden Moskauer Deklaration vom 1. November 1943 hatten die alliierten Mächte nicht nur die Wiederherstellung eines freien, demokratischen Österreich zu ihrem Kriegsziel erklärt, sondern auch einen eigenen Beitrag Österreichs zu seiner Befreiung gefordert. Auf diesen eigenen Beitrag sollte bei der endgültigen Regelung der Österreichfrage nach Kriegsende Bedacht genommen werden. Damit war ein untrennbarer Zusammenhang des österreichischen Widerstandes mit dem Wiedererstehen Österreichs hergestellt.

Während Österreicher als Soldaten und Offiziere der Hitlerwehrmacht für die verbrecherische Sache Hitlerdeutschlands, gegen die Alliierten und letztlich gegen ihr eigenes Vaterland kämpften, handelten die Widerstandskämpfer und Partisanen im höchsten staatspolitischen Interesse Österreichs. Ihr Wirken war die Voraussetzung für die Wiedererrichtung der Republik Österreich und für die Erlangung der vollen Freiheit durch den Staatsvertrag 1955. Nicht zuletzt dadurch konnte die Klausel, daß Österreich eine Mitschuld an dem von Hitlerdeutschland geführten Angriffskrieg trage, aus dem Staatsvertrag entfernt werden.

Das Dokumentationsarchiv des österreichischen Widerstandes sieht im Nachweis des »eigenen Beitrags« Österreichs zu seiner Befreiung (durch Sammlung von Materialien und wissenschaftliche Forschung) seine Hauptaufgabe, und ich selbst beschäftige mich nun schon mehr als zwei Jahrzehnte mit der Erforschung des österreichischen Widerstandes. Aufgrund dieser meiner wissenschaftlichen Arbeit kann ich feststellen, daß der antifaschistische Widerstand der slowenischen Volksgruppe in Kärnten der effizienteste und militärisch wichtigste Widerstand auf österreichischem Boden war. Hier war im Grunde das einzige Partisanenkampfgebiet von Bedeutung; hier wurden nicht unbeträchtliche militärische Einheiten Hitlerdeutschlands gebunden; hier gelangen den slowenischen Partisanen militärische Erfolge; hier war der Widerstand am stärksten von der (slowenischen) Bevölkerung getragen. Die slowenischen Partisanen verkörperten das klassische Prinzip des Guerillakampfes, daß sich der Partisan in der Bevölkerung wie ein Fisch im Wasser bewegen solle (Mao Tse-tung).

Die heutigen Feinde der Kärntner Slowenen werfen den slowenischen Partisanen vor, nicht für die Freiheit Österreichs, sondern für ein kommunistisches Slowenien gekämpft zu haben. Eine solche Sichtweise übersieht, daß es die Nationalsozialisten waren, welche die Karawankengrenze aufgehoben, die Slowenen in Kärnten recht- und heimatlos gemacht und zum Kampf ums nackte Überleben als Volksgruppe gezwungen haben. Ein solcher Standpunkt negiert auch die Tatsache, daß die Tito-Partisanen integrierender Bestandteil der Anti-Hitler-Koalition waren, die das nationalsozialistische Deutschland militärisch niedergerungen und damit die Voraussetzung für die Wiederherstellung Österreichs geschaffen hat. Ich kann nicht beurteilen, ob alle Kämpfer in den Reihen der slowenischen Partisanen in Kärnten das Kampfziel eines kommunistischen Slowenien gehabt haben. Doch selbst wenn es so gewesen sein sollte, wird damit der opferreiche Beitrag der Kärntner Slowenen zur Niederringung des NS-Regimes nicht geringer. Wie immer ihre politisch-territorialen Vorstellungen ausgesehen haben mögen, die slowenischen Partisanen kämpften auf der historisch richtigen Seite, auf jener, der Österreich seine Existenz und Freiheit verdankt. Ein großer Teil der Abwehrkämpfer hingegen stand im Lager des Nationalsozialismus, allen voran die vom KHD noch heute verherrlichten Slowenenfeinde Hans Steinacher und Alois Maier-Kaibitsch, letzterer ein abgeurteilter Kriegsverbrecher und Hochverräter gegen Österreich. Hätte es in Österreich keine Widerstandskämpfer und Partisanen, sondern nur Leute vom Schlage eines Steinacher und Maier-Kaibitsch gegeben, dann wäre die Wahrscheinlichkeit groß gewesen, daß die Alliierten Südkärnten an Jugoslawien angeschlossen hätten.

Es ist unangenehm, als Österreicher feststellen zu müssen, daß der mutige Einsatz im antifaschistischen Widerstand den Kärntner Slowenen nur wenig Dank und Anerkennung einbrachte. Wohl gab es 1945 gewisse Zugeständnisse an die slowenische Volksgruppe, ging die Republik Österreich im Staatsvertrag 1955 eindeutige Verpflichtungen hinsichtlich des Minderheitenschutzes ein (Artikel 7), versuchte die Regierung Kreisky eine großzügige Lösung der Ortstafelfrage. Aber gerade letzteres – der gewalttätige Ortstafelsturm 1972 und seine katastrophalen politischen Konsequenzen – zeigt am deutlichsten das den Nationalsozialismus überdauernde, heute noch existierende minderheitenfeindliche Klima in Kärnten auf. Es ist unverständlich, daß eine Landestradition zwar den Abwehrkampf 1920 hochhält, und zwar im negativen Sinne einer permanenten Frontstellung gegen die slowenischen Mitbürger, jedoch in keiner Weise das Andenken des österreichischen Freiheitskampfes mit seiner starken slowenischen Komponente pflegt. Die Weigerung von Landeshauptmann Haider, das Ehrenzeichen für Verdienste um die Befreiung Österreichs an Kärntner Widerstandskämpfer/innen zu überreichen, brachte diese Einstellung in aller Deutlichkeit zum Ausdruck.

Umso wichtiger ist die wissenschaftliche Aufarbeitung des Widerstands- und Partisanenkampfes und der Verbrechen des NS-Regimes, zu der die vorliegende Publikation einen nicht unwichtigen Beitrag liefert.

Wolfgang Neugebauer

EINLEITUNG

I.

Die Texte in diesem Buch sind Auszüge aus Interviews. Seit 1982 werden im Rahmen eines Forschungsprojektes des Dokumentationsarchivs des österreichischen Widerstandes (DÖW) in Zusammenarbeit mit anderen wissenschaftlichen Institutionen Personen befragt, die in der Zeit von 1934 bis 1945 am Widerstand teilgenommen haben und /oder Verfolgungen ausgesetzt waren.

Das Forschungsprojekt bedient sich dabei der Methode der »Oral History« (»Mündliche Geschichte«), eines Verfahrens, das aus den Sozialwissenschaften von der Zeitgeschichtsforschung übernommen wurde. Diese wertvolle Ergänzung zur herkömmlichen Herangehensweise an Geschichte (mittels Dokumenten und dergl.) wurde mittlerweile in zahlreichen Publikationen angewendet, mehrere Bücher entstanden ausschließlich auf dieser Grundlage.

Die Befragungstechnik, der sich die Herausgeber dieses Bandes bedienten, kann als »Tiefen- und Narrativinterview« charakterisiert werden.

»Tiefeninterview« meint, daß die betreffende Person nicht nur zu einem ganz speziellen Themenkomplex befragt wird (etwa nach ihrer Tätigkeit bei den Partisanen), sondern daß die gesamte Lebensgeschichte bis zum Kriegsende – und darüber hinaus – zur Debatte steht. Von der Geburt über die Kindheit bis zu den Jahren 1934–1945, im konkreten Fall eher die Jahre 1938–1945, die auch von den Befragten selbst als Angel- und Wendepunkt ihres Lebens betrachtet werden, breitet sich die Entwicklung der Interviewten in all ihren Brüchen, Widersprüchen und Vernetzungen aus, sodaß die zum Teil äußerst umfangreichen Tonbandaufzeichnungen den Charakter einer gesprochenen Autobiographie annehmen. Von einer schriftlich verfaßten Erinnerung unterscheiden sich diese Interviews durch die Gesprächssituation, in der sie entstanden sind. Die Ausdrücke sind spontaner, unmittelbarer, weniger reflektiert, die Schilderung der Erlebnisse ist weniger geglättet, gerade dadurch aber oft lebhafter und anschaulicher als in geschriebenen Texten.

»Narrativinterview« bedeutet, daß die interviewende Person die interviewte nicht mit vorgefaßten Fragen konfrontiert, sondern ihr Raum zum Erzählen gibt, zum Einbringen von persönlichen Erinnerungen, von Anekdoten, die vordergründig mit dem Handlungsstrang nichts zu tun haben, aber für das Gesamtbild wertvolle Momentaufnahmen sein können. Die Tätigkeit der Interviewer beschränkt sich im Idealfall auf das Weitertreiben des Erzählstroms, auf leichte "Kurskorrekturen" bei unvermeidlich auftretenden Stockungen und allzu starkem Abgleiten in Details, die unwesentlich sind.

Grundanliegen der »Oral History« ist, ein bei der herkömmlichen Herangehensweise an Geschichte unvermeidbar entstehendes Manko zu beseitigen. Amtliche Quellen wie Anklageschriften, Gerichtsurteile, Gestapoberichte und dergleichen geben Widerstand und Verfolgung aus der Sicht der Verfolger wieder. Diese Dokumente degradieren die Widerstandskämpfer zu Objekten, gehen nicht auf ihre Beweggründe, Widerstand zu leisten ein, pressen deren Handlungen in das »Rechtsschema« des Dritten Reiches.

Sie sagen nichts aus über die unvorstellbaren Schwierigkeiten, Widerstand zu leisten, über die psychische Verfassung von Verfolgten, sie sagen auch nichts aus über das Menschliche, über Ängste und Hoffnungen, Verzweiflung und Zuversicht derer, die Widerstand leisteten oder verfolgt wurden.

Hier setzt »Oral History« an, freilich, ohne die amtlichen Quellen überflüssig machen zu wollen.

II.

Es erscheint den Herausgebern notwendig, auf einige Besonderheiten des in diesem Band dargestellten Themas einzugehen. Zu allererst muß darauf hingewiesen werden, daß nirgendwo sonst in Österreich eine derart starke Partisanentätigkeit entfaltet wurde. Kärnten ist praktisch das einzige Bundesland, in dem Menschen so wirkungsvoll Widerstand leisteten, daß sie nicht nur Tausende deutsche Soldaten banden, deutsches Kriegsgerät vernichteten, Nachschublinien unterbrachen und die Wehrmacht im Allgemeinen schwer behinderten, sondern auch größere Teile des Gebietes selbständig befreiten. Dementsprechend schlossen sich nahezu alle, die in Kärnten Widerstand zu leisten gewillt waren, vor allem aber de facto alle slowenischen Widerstandskämpfer, der OF (Osvobodilna fronta) an bzw. arbeiteten mit ihr zusammen. Es gab also keine Aufsplitterung des Widerstands in verschiedene politische oder weltanschauliche Gruppierungen, sondern alles konzentrierte sich auf die OF. Ein ähnliches Phänomen ist schon in der Zeit der Ersten Republik zu beobachten. Die Politik der verschiedenen Parteien (Christlich-

Soziale Volkspartei, Sozialdemokratische Arbeiterpartei und Landbund) war durchgehend deutschnational, wenn nicht aggressiv antislowenisch, sodaß Kärntner Slowenen, die ihre Identität wahren wollten, überwiegend in der Koroška slovenska stranka, der politischen Organisation der Kärntner Slowenen, aktiv waren. Dies gilt auch für Arbeiter, wobei die SDAP die Assimilation der Minderheit als einzig vernünftige Lösung propagierte. Slowenische Arbeiter, die sich der Sozialdemokratie anschlossen, bekennen sich heute nur noch ganz selten zu ihrer nationalen Herkunft und standen daher für Interviews auch kaum zur Verfügung.

Die Erfahrungen der slowenischen Minderheit mit der österreichischen Politik vor 1938 ließ sie nicht unbedingt in lautes Wehklagen über den »Anschluß« als solchen ausbrechen, erschien dieser lediglich als neue Facette der »Eindeutschungspolitik«. Erst die besonders brutale und aggressive Vorgangsweise des Nationalsozialismus gegenüber der Minderheit nach dem Überfall auf Jugoslawien im April 1941 zeigte die Notwendigkeit effizienten Widerstands unerbittlich auf. Für diese Widerstandskämpfer war auch die Diskussion, ob man nun für »ein unabhängiges Österreich in den Grenzen von 1938« oder für ein – wie auch immer dann zu gestaltendes – Gesamtslowenien, eventuell eingebettet in ein föderalistisches Jugoslawien kämpfen solle, eine akademische, zumal ihnen nur die Wahl zwischen Widerstand oder Vernichtung geblieben war. Die Tatsache, daß ein Großteil der Widerstandskämpfer zum Zeitpunkt dieses Kampfes (1942–1945) noch sehr jung war, erleichterte uns die Auswahl der zu interviewenden Personen, wobei dieser Auswahl selbstredend noch immer eine gewisse Beiläufigkeit und Zufälligkeit anhaftet.

III.

Bei der Auswahl aus dem vorhandenen Interviewmaterial waren dann eine Reihe von Kriterien maßgeblich. Zunächst muß man bedenken, daß sich die Befragten an Dinge erinnern mußten, die auch für sie zeitlich schon weit zurücklagen. Dadurch kann es erstens zum Verdecken oder Auffüllen von Erinnerungslücken kommen, zweitens darf man sich nicht der naiven Vorstellungen hingeben, die Erinnerung spiegle gleichsam authentisch das einst Geschehene wider. Die Erinnerung ist, wie das Wort selbst schon andeutet, stets eine Form der Verarbeitung und ist daher auch durch die Entwicklung nach 1945 mitgeprägt. Die Bearbeiter achteten darauf, daß die in den zum Abdruck gelangenden Interviewauszügen aufgestellten Tatsachenbehauptungen nicht im Gegensatz zu historisch erwiesenen Fakten stehen. Bei dem besonderen Charakter der Texte, nämlich über Vorgänge zu berichten, die sich einer allgemeinen Überprüfbarkeit entziehen, war zumindest auf die Plausibilität des Erzählten zu achten und, wo diese nicht gegeben schien, wurde auf den Abdruck im Zweifelsfall – ohne damit ein Urteil fällen zu wollen – verzichtet. Weiters wurden vor allem Interviewpassagen ausgewählt, die einen gewissen erzählerischen Zusammenhang aufweisen, ein Ereignis, eine Episode behandeln. Die Redaktion hat sich dabei die Freiheit genommen, Stellen, die mit dem Handlungsstrang dieser Episode nichts zu tun haben, aber auch Zwischenfragen der Interviewer stillschweigend zu streichen. Das Erzählte, das ohne besondere Vorkenntnisse des Lesers verstehbar ist, soll den Vorzug erhalten.

Weiters ist auf die Transkription der Tonbandaufzeichnungen einzugehen. Man kann von der Tonbandaufzeichnung schon keine volle Authentizität erwarten, zumal sie wesentliche Elemente des Erzählens (Mimik, Gestik) nicht zum Ausdruck bringen kann. Eine Abschrift dieser Aufzeichnung kostet weitere Ursprünglichkeit, selbst wenn sie phonotypisch gemacht werden würde. Die Lautstärke, die Hebungen und Senkungen in einem Satz, die besondere Betonung auf ein Wort usw. fallen weg. Doch erscheint eine phonotypische Abschrift weder möglich – dazu bedürfte es eines eigenen phonetischen Alphabets, eigener Transkriptionsregeln usw. – noch besonders sinnvoll, zumal ein solcher Text nur schwer lesbar wäre. Die Transkriptionen in diesem Band sind daher genotypisch. Sie erfassen unter Verwendung des in der Tonbandaufzeichnung erkennbaren Satzbaus und des vom Interviewten gebrauchten Vokabulars den gemeinten Sachverhalt, wobei die Eigentümlichkeiten der Sprechweise, die Vorliebe für bestimmte Satzkonstruktionen, Interjektionen usw. nicht verwischt werden sollen. Die Umschreibung des Erzählten in einen unpersönlichen Protokollstil wurde nicht angestrebt, es ist jeweils ein ganz konkreter Sprecher, der seine Erfahrung mitteilt. Doch wurden offensichtliche Fehler im Satzbau bzw. in der Verwendung der Worte stillschweigend verbessert, was auch dem Wunsch der Interviewten entsprach. Dazu gilt es festzuhalten, daß ein Gutteil der für diesen Band interviewten Personen in slowenischer Sprache befragt wurden. Nun kennt das Slowenische jedoch nur eine Vergangenheitsform, eine Übersetzung sowohl ins Imperfekt wie auch ins Perfekt ist daher möglich. Die Bearbeiter entschieden diesbezüglich in der Regel im Hinblick auf bestmögliche Lesbarkeit.

Auch wurden Wiederholungen, in der freien Rede oft einen Sachverhalt verstärkend, im geschriebenen Text jedoch mitunter langweilig, dort eliminiert, wo sie für die Handlung nicht unbedingt nötig waren. Dennoch verzichteten die Bearbeiter auf eine geradezu künstlerische Bearbeitung, wodurch man sich noch weiter vom Original entfernt hätte. Ziel der Arbeit war es, sowohl dem Anspruch »Erzählte Geschichte« gerecht zu werden, als auch dem Leser ein möglichst kompaktes Buch zu präsentieren.

IV.

Den Herausgebern ist es eine angenehme Pflicht, den Personen und Institutionen zu danken, ohne deren Zutun dieses Buch nicht Realität geworden wäre. Vor allem ist hier das Bundesministerium für Wissenschaft und Forschung zu nennen, dessen Subvention Arbeit und Drucklegung maßgeblich erleichtert hat.

In erster Linie muß unser Dank jedoch allen Interviewpartnern gelten, die ihre oft schmerzlichen Erinnerungen für uns wieder ans Tageslicht förderten, uns die Genehmigung zum Abdruck von Auszügen gaben, uns Fotos überließen, uns weitere Interviewpartner empfahlen und uns generell sehr unterstützten. Wir schulden ihnen Respekt und Anerkennung.

Zu bedanken haben wir uns aber auch bei zahlreichen Personen, die uns mit Anregungen behilflich waren, wie Brigitte Bailer-Galanda, Winfried R. Garscha, Marjan Linasi und Hans Safrian. Ebenfalls sei all jenen gedankt, die die Texte lektorierten und sprachlich bearbeiteten, Max Eibensteiner, Helmut Guggenberger, Prof. Janko Messner, Karin Prucha und Elisabeth Rausch, sowie jenen, die die Korrekturen und dergleichen besorgten, Slavko Sticker, Alexander und Irena Verdel, Annelies Dominig sowie Michael Stocker, der das Titelblatt entwarf.

Wenn der Leser dieses Buch als einen persönlichen Gewinn betrachtet, so wäre es unzweifelhaft für alle der schönste Dank.

Die Herausgeber

Zwischenzeit

Rückseite:
Von den Österrreichern zerstörte Brücke bei Weizelsdorf/Svetna vas, 1919.

Die Kärntner Slowenen und die Erste Republik

I.

Am 10. 10. 1920 wurde in der Zone A (Gebiet östlich des Faaker Sees, südlich der Drau, im Osten begrenzt vom Lavanttal) die Volksabstimmung abgehalten. 22.025 Stimmberechtigte votierten für einen Verbleib bei Österreich, 15.279 gaben einer gemeinsamen Zukunft mit Jugoslawien den Vorzug.

Unmittelbar nach dem Sieg Österreichs setzte im Abstimmungsgebiet eine Welle der Repression vor allem gegen die slowenische Intelligenz ein. Das bischöfliche Ordinariat entließ 28 Priester (die zum Teil schon nach der Bekanntgabe des Ergebnisses fliehen mußten) und versetzte 30 weitere. 58 Lehrer wurden trotz Zuständigkeit nach Kärnten außer Dienst gestellt und fast alle slowenischen Beamten des Dienstes enthoben.[1] Seitens der Kärntner Landesregierung gab es die Weisung, nur diejenigen Lehrer in den österreichischen Schuldienst zu übernehmen, die sich für Jugoslawien »politisch nicht exponiert« hatten. »Jene Personen, welche in der Propagandaaktion der Gegner eine führende Rolle gespielt und dadurch ähnlich wie einzelne Pfarrer den schweren Haß der Bevölkerung auf sich geladen hatten, sind von einer Wiederverwendung im Kärntner Schuldienst auszuschließen.«[2]

Slowenen, die sich zu ihrer Identität bekannten, wurden also im Schuldienst mit einem rigiden Berufsverbot belegt. Die Lehrerausbildung wurde grundlegend geändert. Hatten bis zum Ende des Ersten Weltkriegs nur Absolventen der Kurse mit slowenischer Unterrichtssprache die Berechtigung, Lehrer im gemischtsprachigen Gebiet zu werden, so wurden diese Kurse noch 1920 abgeschafft. Ab diesem Zeitpunkt gab es nur noch slowenischen Sprachunterricht, sodaß die ausgebildeten Lehrer nur über äußerst rudimentäre Kenntnisse der slowenischen Sprache verfügten, zumal Slowenisch in der Folge sogar zum Freigegenstand reduziert wurde. Darüberhinaus wurde die slowenische Sprache praktisch nicht mehr als Amtsprache zugelassen, und die meisten zweisprachigen Tafeln wurden entfernt. Alle diese Maßnahmen standen im Widerspruch zu den in den Artikeln 66, 67 und 68 des Staatsvertrages von St. Germain verbrieften Rechten der Kärntner Slowenen.

Im Artikel 66 wurde festgehalten, daß »unbeschadet der Einführung einer Staatssprache nicht Deutsch sprechenden österreichischen Staatsangehörigen angemessene Erleichterungen beim Gebrauch ihrer Sprache vor Gericht in Wort und Schrift« zuzusichern sind.[3] Die Republik

---

1 Jakob Sitter: Die Anfänge des slowenischen Genossenschaftswesens in Südkärnten. Linz 1981, S. 51.

2 Moritsch, Haas, Vospernik u. a.: Geschichte der Kärntner Slowenen von 1918 bis heute. Klagenfurt 1988.

3 Theodor Veiter: Volksgruppenrecht 1918–1938. Wien 1980, S. 38.

Österreich kam dieser Auflage insofern nach, als jenen Personen, die der deutschen Sprache nicht in ausreichendem Maße mächtig waren, bei Gerichtsverhandlungen ein Dolmetscher beigestellt wurde. Die Bestimmungen des Staatsvertrages von St. Germain erwiesen sich als leicht unterlaufbar.[1]

Im Artikel 68 hieß es beispielsweise: »Was das öffentliche Unterrichtswesen anlangt, wird die österreichische Regierung in den Städten und Bezirken, wo eine verhältnismäßig beträchtliche Zahl anderssprachiger als deutscher österreichischer Staatsangehöriger wohnt, angemessene Erleichterungen gewähren, um sicherzustellen, daß in den Volksschulen den Kindern dieser Staatsangehörigen der Unterricht in ihrer eigenen Sprache erteilt werde. Diese Bestimmung wird die österreichische Regierung nicht hindern, den Unterricht der deutschen Sprache in den besagten Schulen zu einem Pflichtgegenstand zu machen. In Städten und Bezirken, wo eine verhältnismäßig beträchtliche Zahl österreichischer Staatsangehöriger wohnt, die einer Minderheit nach Rasse, Religion oder Sprache angehören, wird diesen Minderheiten von allen Beträgen, die etwa Erziehung, Religions- und Wohltätigkeitszwecke aus öffentlichen Mittel in Staats-, Gemeinde- oder anderen Budgets ausgeworfen werden, ein angemessener Teil zu Nutzen und Verwendung gesichert.«[2]

Realiter waren diese Bestimmungen zur allmählichen Assimilation der Minderheiten geeignet. Die Verwendung der Muttersprache sollte nur der Überbrückung der Zeit dienen, bis die Erlernung der deutschen Sprache, die zum Pflichtgegenstand erhoben wurde, in ausreichendem Maß gegeben war.

In jedem Fall jedoch bedeuteten sie einen Rückschritt gegenüber der Regelung dieser Frage in der Habsburgermonarchie. Im Artikel XIX des Staatsgrundgesetzes hatte es nämlich geheißen: »Alle Volksstämme des Staates sind gleichberechtigt, und jeder Volksstamm hat ein unverletzliches Recht auf Wahrung und Pflege seiner Nationalität und Sprache. Die Gleichberechtigung aller landesüblichen Sprachen in Schule, Amt und öffentlichem Leben wird vom Staat anerkannt. In den Ländern, in welchen mehrere Volksstämme wohnen, sollen die öffentlichen Unterrichtsanstalten derart eingerichtet sein, daß ohne Anwendung eines Zwanges zur Erlernung einer zweiten Landessprache jeder dieser Volksstämme die erforderlichen Mittel zur Ausbildung in seiner Sprache erhält.«

Dieser Artikel XIX, der im alten Österreich als unmittelbar anzuwendendes Recht galt, wurde, wie das gesamte Staatsgrundgesetz, als zusätzliche Norm in die Bundesverfassung von 1920 übernommen. Es erscheint daher logisch, daß der Artikel XIX weithin Gültigkeit gehabt hätte und zur Anwendung gebracht worden wäre. Dies geschah jedoch nicht. Ludwig Adamovich vertrat als maßgeblicher Verfassungsrechtler der Ersten Republik die Auffassung, daß der Artikel XIX insofern als

---

1 Haas/Stuhlpfarrer: Österreich und seine Slowenen. Wien 1977, S. 32.

2 Veiter, a. a. O., S. 39.

aufgehoben zu betrachten sei, als es in Österreich »keine Volksstämme« und auch »keine landesüblichen Sprachen« mehr gebe, mit Ausnahme des Deutschen.[1]

Doch auch den Bestimmungen des Vertrages von St. Germain wurde nicht entsprochen, diesbezüglich gab es vom Slowenischen Schulverein sogar eine Beschwerde beim Völkerbund, die aber nach einer Willenserklärung Österreichs vom Völkerbund nicht mehr behandelt wurde.[2]

Auch die Formulierung »Städte und Bezirke«, in denen die Minderheit »einen beträchtlichen Teil der Bevölkerung« bilde, war in Wirklichkeit dazu angetan, sie mit dem Hinweis auf die Nichtexistenz solcher Städte und Bezirke als obsolet zu betrachten. In der Tat lebte damals nur ein verschwindend geringer Prozentsatz der Kärntner Slowenen in Städten, da der Großteil nach wie vor Bauern und Landarbeiter waren. Überdies war die Assimilationsrate von Slowenen, die in Städte zogen, überdurchschnittlich hoch.[3]

Inwieweit die Argumentation der Kärntner Landesregierung auch bei den politischen Bezirken stimmig ist, sei jedoch dahingestellt. Faktum ist, daß sich ein »beträchtlicher Teil« bei der Volkszählung von 1923 dazu bekannte, der slowenischen Volksgruppe anzugehören.[4] Auch die Koroška slovenska stranka, die aufgrund ihrer betont klerikalen Einstellung sicher nicht von allen Kärntner Slowenen – ein Teil der slowenischen Großbauern tendierte schon damals eher zum Landbund, Landarbeiter gaben in nicht unbeträchtlichem Ausmaß der Sozialdemokratie den Vorzug – gewählt wurde, konnte bei den Landtagswahlen 1923 Stimmengewinne verbuchen, wenn diese auch nicht zum Erringen eines dritten Mandates langten.[5]

Diese Ergebnisse wurden jedoch von den amtlichen Kärntner Stellen negiert. Mehr noch, es war das deklarierte Ziel der Landesregierung, die »Slowenenfrage« binnen »einem Menschenalter« einer Lösung zuzuführen, die auf das Verschwinden der slowenischen Volksgruppe orientierte.

Schon im November 1920 hatte Landesverweser Arthur Lemisch in einer Landtagssitzung erklärt: »Nur ein Menschenalter haben wir Zeit, diese Verführten zum Kärntnertum zurückzuführen: in der Lebensdauer einer Generation muß das Erziehungswerk vollendet sein. ... Mit deutscher Kultur und Kärntner Gemütlichkeit wollen wir, wenn Schule und Kirche das ihre tun, in einem Menschenalter die uns vorgesteckte Arbeit geleistet haben.«[6]

Es blieb nicht bei solchen Ankündigungen. Darüberhinaus kam es immer

---

1 Veiter, a. a. O., S. 35.
2 Veiter, a. a. O., S. 41.
3 Stefania Vavti: Das politische Bewußtsein der Slowenen in Kärnten. Wien 1981, S. 32.
4 Haas/Stuhlpfarrer, a. a. O., S. 33.
5 Landtagswahl 1921: 9863 Stimmen, 2 Abgeordnete (Ferdo Krajger, Vinko Poljanec); Landtagswahl 1923: 9868 Stimmen, ebenfalls 2 Abgeordnete (Vinko Poljanec, Franc Petek). Zitiert nach Veiter, a. a. O., S. 67.
6 Haas/Stuhlpfarrer, a. a. O., S. 34.

wieder zu bewaffneten Übergriffen auf Kärntner Slowenen, so wurde im Februar 1921 der Dekan Valentin Limpl aus Kappel/Kapla bei einem Attentat schwer verletzt, und selbst Bundeskanzler Mayr mußte feststellen, daß sich »in der Zone A Anzeichen einer Verfolgungspolitik seitens der österreichischen Justizbehörden gegen jene Personen geltend machen, die seinerzeit für Jugoslawien gestimmt haben.«

Das Außenministerium erhielt im Sommer 1921 eine Beschwerdenote aus Belgrad, in der behördliche und private Übergriffe gegen 150 namentlich angeführte Kärntner Slowenen mitgeteilt wurden. Sollten sich die Beschuldigungen als richtig erweisen, ließ das Außen- das Innenministerium wissen, »so würde sich daraus ergeben, daß die lokalen Behörden und Amtsorgane in Kärnten noch immer nicht jene Unparteilichkeit und Leidenschaftslosigkeit in nationaler Beziehung wiedergewonnen haben, die einst die Zierde der österreichischen Beamtenschaft in gemischtsprachigen Gebieten gewesen ist und auf die wir heute in Kärnten dringend angewiesen sind.«[1]

Die Beschuldigungen beruhten auf Wahrheit. Die Landesregierung selber hatte mit einer Denkschrift die Informationen und Daten der Jugoslawen größtenteils bestätigt.[2] *Hervorragenden Anteil an dieser Art von Politik hatte ohne Zweifel der Kärntner Heimatdienst (ab 1924 Kärntner Heimatbund).*

II.

Dieser war in den Tagen des »Abwehrkampfes« entstanden und verstand sich in der Folge als legitime Vertretung der Kärntner gegen Jugoslawien und deren »Agentur in Österreich«, die Kärntner Slowenen. Dieser »Kärnten-Patriotismus« erscheint jedoch in einem anderen Licht, wenn man das Buch »Sieg in deutscher Nacht« von Hans Steinacher, einem führenden Vertreter des KHD, liest. Dort heißt es: »Weil wir aber wegen der auf alldeutsche Umtriebe lauernden Interalliierten, vor allem der Franzosen, nicht in der Lage waren, ›Deutschland‹ zu rufen, wir ›Österreich‹ nicht sagen wollten, so wurde unser Kampfruf eben ›Kärnten‹.«[3]

Oberstes Ziel des KHD war (und ist) die Eindeutschung der slowenischen Volksgruppe. Zuerst sollte die Volksgruppe in zwei Gruppen gespalten werden, in deutschfreundliche und nationalbewußte Slowenen. Um die deutschfreundlichen Slowenen schneller zu assimilieren, entwickelten Martin Wutte und andere die sogenannte »Windischentheorie«, die besagt, daß sich im Laufe der Jahrhunderte neben dem Deutschen und dem Slowenischen das Windische als Mischsprache aus beiden entwickelt habe, das sich dadurch auszeichne, daß sehr viele deutsche Ausdrücke übernommen worden seien.[4] *In Wahrheit ist »win-*

---

1 Haas/Stuhlpfarrer, a. a. O., S. 35.

2 Ebd.

3 Vavti, a. a. O., S. 23.

4 Vgl. dazu: Viktor Miltschinsky: Kärnten – ein Jahrhundert Grenzlandschicksal. Wien 1959, S. 11 f.

disch« jedoch nur ein alter deutscher Ausdruck für »slowenisch«, der noch bis ins 19. Jahrhundert gängig war. Selbst Primož Trubar bezeichnete seine in slowenischer Sprache veröffentlichte Bibel als »Katechismus in der windischen Sprach«.[1]

Diese Windischen seien durch Jahrhunderte hinweg immer die besten Freunde und Weggefährten der Deutschkärntner gewesen, hätten sich 1920 für Österreich entschieden, während die Slowenen immer Irredentisten gewesen wären, deren Ziel es sei, die Deutschkärntner zu slowenisieren.

Auf diese Art wurde den deutschfreundlichen Slowenen eine »goldene Brücke« zur Assimilation gebaut, die durch wirtschaftliche Maßnahmen zusätzlich unterstützt wurde.

Die deutschsprachige Oberschicht in Kärnten schuf sich im slowenischen Gebiet eine Schicht von subsidiären Sachwaltern, in erster Linie die größeren Kaufleute, die größeren Grund- und Wirtschaftsbesitzer, die Vieh- und Holzhändler, das »Dorfbürgertum« also. Diese Leute waren Slowenen, bezeichneten sich aber als Deutsche, zumindest als Windische. Ihr Anhang, der meist wirtschaftlich von ihnen abhängig war, folgte dieser Tendenz.[2]

Bezeichnend in dem Zusammenhang ist, daß vom Nationalsozialismus die »Windischentheorie« nach dem Überfall auf Jugoslawien aufgegeben wurde (als man das »gesamte Slowenenproblem« mit Gewalt zu lösen begann) und erst nach 1945 wieder aufgegriffen wurde. 1942 sagte der Sekretär des KHB, Alois Maier-Kaibitsch, in unverblümter Offenheit: »Zur Zeit der Kärntner Volksabstimmung 1919/20 waren die Voraussetzungen andere, damals war es notwendig, daß wir unterschieden zwischen Deutschen, Windischen und Slowenen. Heute sind die Verhältnisse andere geworden. Der Schutz dieses Reiches verlangt eine volkspolitische Bereinigung im Grenzgebiet. Es kann auch keine Unterscheidung mehr gemacht werden in Deutsche, Windische und Slowenen. Die Windischen, die sich zur deutschen Volkszugehörigkeit bekannt haben, sind eben Deutsche, und für die Slowenen kann hier kein Platz mehr sein.«[3]

Die schlechte wirtschaftliche Lage der slowenischen Volksgruppe war bedingt durch die größere örtliche Entfernung von Absatzzentren, schlechtere Bodenverhältnisse und schwankende Erträge. Dies nutzten KHD und Landbund doppelt aus. Einerseits gab man deutschfreundlichen Slowenen großzügige Kredite, andererseits trieb man durch die Verweigerung jeglicher Unterstützung nationalbewußte Slowenen gezielt in den Ruin. Die vom KHB initiierte Kärntner Bodenvermittlungsstelle kaufte hernach die ruinierten slowenischen Wirtschaften günstig auf und »vermittelte« sie an Deutschkärntner und Reichsdeutsche. Bis 1933 wurden 196 Besitzungen mit insgesamt 4500 Hektar verkauft, davon allein 71 an Reichsdeutsche.[4]

So nennt denn auch Martin Wutte die Dinge beim Namen, wenn er seine

---

1 Siehe dazu Helena Verdel: Deutschnationale G'schichten. In: Rotzfrech 2/89, S. VIII.
2 Haas/Stuhlpfarrer, a. a. O., S. 40.
3 Vavti, a. a. O., S. 27.
4 Elisabeth Fandl-Pasterk: Die Aussiedlung der Kärntner Slowenen. Wien 1982, S. 26.

Ausführungen über die Veränderungen der sprachlichen Verhältnisse Kärntens und den Fortschritt der Germanisierung in den Satz kulminieren läßt: »Industrie, Handel und Verkehr sind also in Kärnten die besten Bundesgenossen des Deutschtums. Sie sind fast durchwegs in den Händen der wirtschaftlich stärkeren und fortschrittlicheren Deutschen, mit ihrer Entwicklung schreitet auch die Weiterverbreitung der deutschen Umgangssprache vor.«[1]

Die sogenannte »utraquistische« Schule war eine weitere Stütze des Deutschnationalismus. Slowenisch wurde nur in der untersten Schulstufe unterrichtet, um die Heranführung zur deutschen Sprache zu gewährleisten. Da man den Slowenen eigene Privatschulen konsequent verweigerte, wurde die Entwicklung einer slowenischen Intelligenz weitgehend verhindert.

Letztendlich ist noch erwähnenswert, daß der KHB mit einer Vielzahl von Schriften die Geschichte Kärntens uminterpretierte. Flaschberger konstatiert, vor allem in bezug auf den »Abwehrkampf«, daß die Darstellungen der deutschnationalen Historiker »als perfekte Umschreibung der Geschichte, an der eigentlich nur der Prozentsatz im Stimmverhältnis stimmt«, gelten können.[2]

III.

Die Sozialdemokraten hatten bis 1924 die minderheitenfeindliche Politik der Kärntner Landesregierung nicht nur mitgetragen, sondern 1921–1923 unter Landeshauptmann Florian Gröger maßgeblich geprägt. Nach dem 1924 erfolgten Austritt der Sozialdemokraten aus dem Kärntner Heimatdienst, der sich daraufhin in Kärntner Heimatbund umbenannte, suchte die Sozialdemokratie eine Annäherung an die Slowenen. In der Landtagssitzung vom 10. November 1925 startete sie daher die Debatte über eine Autonomie der slowenischen Volksgruppe. Dies hatte noch einen zweiten Grund. Ziel der Sozialdemokraten war es, »in Kärnten etwas Vorbildliches zu leisten, um die Position der deutschen Minderheit in Jugoslawien zu verbessern«.[3]

Wollten die Deutschnationalen nicht als »Verräter an der deutschen Sache« erscheinen, mußten sie zumindest Verhandlungen über eine Schul- und Kulturautonomie zustimmen. Bei Kundgebungen, aber auch in ihrer Presse sprachen sie sich jedoch von Anfang an gegen jede Form der Autonomie aus.

Schließlich erarbeiteten die deutschsprachigen Landtagsparteien 1927 ein Modell, das all jenen Kulturautonomie garantierte, die sich zur slowenischen Minderheit amtlich bekannte. Für die Vertreter der Kärntner Slowenen war klar, daß dies wieder nur der Spaltung der Volksgruppe dienen sollte, und sie lehnten daher eine solche Regelung ab.

---

1 Haas/Stuhlpfarrer, a. a. O., S. 47.

2 Flaschberger/Reiterer: Der tägliche Abwehrkampf. Wien 1980, S. 32.

3 Haas/Stuhlpfarrer, a. a. O., S. 54.

Wiederum war es Martin Wutte, der die Hintergedanken der Deutschnationalen preisgab. »Durch die Anlegung des nationalen Katasters wird eine Scheidung eintreten, und ich glaube, daß sich in den Kataster nicht mehr als 15.000 Slowenen eintragen werden, sodaß sie nach außen hin nicht mehr mit einer Ziffer von 50.000 operieren können.«[1]

Ähnliches schrieb auch der Leiter der Schulabteilung der Landesregierung an das Unterrichtsministerium: »Um allen Versuchen national verhetzender Politik den Boden abzugraben, soll eine reinliche Scheidung zwischen Anhängern des südslawischen Gedankens und den Anhängern des deutschen Kulturkreises vorgenommen werden, wodurch nach außen hin der Beweis erbracht wird, wie gering die Anhängerschaft der ersteren Richtung ist.«[2]

Zwar zeigten die Slowenen unter der Führung des Landtagsabgeordneten Franc Petek noch 1928 Kompromißbereitschaft, indem sie sogar bereit waren, das Bekenntnisprinzip für den Fall einer Ausweitung ihrer rechtlichen Befugnisse zu akzeptieren, doch stellte die deutschsprachige Seite neuerliche Bedingungen (Autonomieschulen mit verstärktem Slowenischunterricht sollen ausschließlich von Kindern der in den Katastern registrierten Eltern besucht werden). Im Winter 1929/30 wurden die Verhandlungen schließlich ergebnislos abgebrochen.

Nach dem Ende der Demokratie in Österreich versuchte der Ständestaat zwar den Slowenen einige »Geschenke«[3] zu machen, doch schon die Volkszählung von 1934 bewies, daß auch vom Ständestaat keine ernstzunehmenden Initiativen für die Kärntner Slowenen zu erwarten waren.

Johann Ogris hatte darüber Beschwerde geführt, daß man ihn als Zählkommissär nicht akzeptiert habe, während den Kärntner Slowenen feindlich eingestellte Personen ohne Widerspruch akzeptiert wurden. Dies veranlaßte Minister Kerber, der Kärntner Landesregierung nahezulegen, nicht »politisch profilierte« Leute, sondern Lehrer als Kommissäre heranzuziehen. Gerade die Lehrer hatten sich aber in den Dörfern als die entschiedensten Deutschnationalen herausgestellt. Auch die Fragestellung: »Welchem Land seid Ihr Euren Gedanken und Gefühlen nach mehr verbunden, Österreich oder Jugoslawien?« kann nur als bewußte Manipulation seitens der Landesregierung betrachtet werden.

Die Kärntner Slowenen wandten sich an den Völkerbund, wo sie gegen die derart erfolgte Dezimierung Beschwerde führten. Sie betonten, daß es in einigen Fällen zu offener Fälschung gekommen sei. Die Landesregierung, vom Völkerbund mit diesen Vorwürfen konfrontiert, führte als Argument für die Unbeweisbarkeit solcher Behauptungen an, daß Dr. Petek als Vertreter der Kärntner Slowenen der Aufforderung, Zeugen namhaft zu machen, nicht nachgekommen sei. Eine nachgerade frivole

---

1 Ebd., S. 56.

2 Ebd.

3 So wurden ihnen im neuen, 37 Mitglieder umfassenden »Landtag« drei statt bisher zwei Abgeordnete zugeteilt, und zwar Ogris und Mikl für die slowenische Bauernschaft und Blüml für die slowenische Geistlichkeit.

Behauptung, wenn man weiß, daß das diesbezügliche Schreiben an Petek, datiert mit 13. November, erst am 15. November abgeschickt wurde, und er es erst am 16., einen Tag vor Ablauf der ihm gesteckten Frist erhielt.[1]

Die Kritik an der Fragestellung veranlaßte das Bundeskanzleramt im abschließenden Bericht zu der Feststellung, daß die Zählkomissäre »den Befragten, die ja zum größeren Teile eine primitivdenkende bäuerliche Schicht vorstellen, den Begriff der Kulturzugehörigkeit in einer bisweilen vielleicht etwas drastischen Weise nahebringen wollten.«[2]

Darüberhinaus konnte selbst das Bundeskanzleramt nicht umhin, zuzugeben, daß bei mindestens 2.000 Volkszählungsbögen nachträglich eine Änderung von »slowenisch« zu »deutsch« erfolgt war.

Zwar versuchte Kanzler Schuschnigg in den Jahren 1935/36 durch Verhandlungen mit den Slowenenvertretern, eine neuerliche Debatte über die Durchsetzung der Rechte der Minderheit in Gang zu bringen, doch auch diese Gespräche endeten ohne konkretes Ergebnis und wurden schließlich durch die Ereignisse des Jahres 1938 hinfällig.

IV.

Als bislang wenig beachteter Teilaspekt sei hier noch auf die Rolle der slowenischen Genossenschaften eingegangen. Durch den Ausgang des Plebiszits wurden auch die slowenischen Genossenschaften in Kärnten vom Genossenschaftsverband in Ljubljana getrennt. Ihre Reorganisation stellte eine fast unüberwindbare Hürde dar, zumal ein Großteil der bisherigen Funktionäre entweder des Landes verwiesen wurde oder wegen Nichtzuerkennung der österreichischen Staatsbürgerschaft gezwungenermaßen auswandern mußte. Erschwert wurde die wirtschaftliche Entwicklung durch Bescheide der Kärntner Landesregierung, in denen die Verwendung der slowenischen Sprache untersagt wurde, wogegen die slowenischen Organisationen unter Berufung auf den Artikel 66 des Staatsvertrages von St. Germain laufend protestierten.[3]

Zunächst mußten jedoch neue Strukturen aufgebaut werden, um den Wegfall der Zentralen in Celje und Ljubljana wettzumachen. Ein Gründungskommitt unter der Leitung von Valentin Podgorc lud daher zur Gründungsversammlung des Verbandes Kärntner Genossenschaften (Zveza koroških zadrug) ein, die am 28. 2. 1921 stattfand.[4]

Die Registrierung des Verbandes, der ursprünglich aus 33 slowenischen Genossenschaften bestand und bis 1924 auf 45 erweitert wurde[5]*, erfolgte jedoch erst im September 1921. Um wirtschaftlich bestehen zu kön-*

---

1 Haas/Stuhlpfarrer, a. a. O., S. 69.
2 Ebd.
3 Siehe Bescheid der Ktn. Landesregierung vom 23. 5. 1924, Zl. 6693; Bescheid LGR Klagenfurt Gen. 6 – 3/9 vom 29. 1. 1926 sowie Entscheid des OLGR Graz R II/4 – 32 – 25 – 1, Gen. I – 63/59 vom 5.2.1926; zitiert nach Sitter, a. a. O., S. 52.
4 Mirt Zwitter: 30-letnica samostojnega zadružnega središča za Slovensko Koroško. In: Koroški Koledar 1952, S. 116–131.
5 Sitter, a. a. O., S. 54.

nen, beschloß die Zveza 1923, dem Allgemeinen Verband landwirtschaftlicher Genossenschaften in Österreich beizutreten. Da dieser die Aufnahme von der Beseitigung der slowenischen und Einführung der deutschen Geschäftssprache abhängig machte, was von slowenischer Seite nicht akzeptiert wurde, zogen sich die Verhandlungen bis 1928 hin. Zwar gelang dann der Beitritt zum Verband, die Aufnahme in die Girozentrale scheiterte jedoch endgültig.

Auch um die Zuerkennung des Revisionsrechtes mußte die Zveza kämpfen. Stellte sie bereits unmittelbar nach der Gründung einen diesbezüglichen Antrag bei der Kärntner Landesregierung, so wurde selbigem Ansuchen erst nach fast drei Jahren stattgegeben.

Trotzdem erlebte das slowenische Genossenschaftswesen in der ersten Hälfte der zwanziger Jahre einen merklichen Aufschwung. Die Wirtschaftsgenossenschaft Kühnsdorf/Sinča vas wurde zum Zentrum des Handels im Jauntal ausgebaut, es wurde sogar ein eigener Bahnanschluß für die Kühnsdorfer Genossenschaft in Erwägung gezogen, der aber mangels ausreichender Geldquellen nicht realisiert werden konnte.[1]

Darüberhinaus konnte in Ledenitzen/Ledince die erste slowenische Elektrizitätsgenossenschaft gegründet werden, deren Einfluß aber bescheiden blieb.

Ende der zwanziger Jahre, vor allem aber Anfang der dreißiger Jahre bekam auch die Zveza die Wirtschaftskrise zu spüren und einige Genossenschaften mußten liquidiert werden, so die in Völkermarkt/Velikovec. Nach der Errichtung des Ständestaates wurde versucht, die Selbständigkeit der slowenischen Genossenschaften zu eliminieren, und ein »Koordinationsausschuß« wurde ins Leben gerufen, dessen Aufgabe es war, unter dem Schlagwort »Rationalisierung des Kärntner Genossenschaftswesens« die genossenschaftlichen Organisationen der VF einzugliedern.

Zwar wurden die slowenischen Genossenschaften nach dem »Anschluß« nicht sofort enteignet, doch Anzeichen dafür bestanden bereits im Sommer 1938, als mit der polizeilichen Überwachung der Vorstands und Aufsichtsratsmitglieder sowie der Revisoren begonnen und die Registrierung neuer Ausschußmitglieder verweigert wurde.

Andreas Pittler

---

1 Franc Petek: Iz mojih spominov. Ferlach/Borovlje 1979, S. 116.

Tomaž Holmar

Der Pfarrer muß weg

Mein Vater war in Maria Saal Organist und daneben Aufseher im Forst des Klagenfurter Domherren. In Žabnice, das ausgesprochen slowenisch und mit dem Wallfahrtsort Luschari verbunden war, war er auch Organist und Messner. Was anderes hat er nicht gehabt, er mußte irgendwie auskommen damit. Sein Dienstposten war aber auch überall mit einer Wohnung verbunden.

Das Kanaltal war seit Jahrhunderten etwas sehr Beständiges. Also da war Tarvis, vorwiegend deutsch, dann Žabnice, das war slowenisch, dann Thörl im jetzigen Grenzgebiet, das war vorwiegend slowenisch, weiters Wolfsbach, auch slowenisch, Ukve slowenisch, Malborghet deutsch, dann noch weiter die Pfarre Leopoldskirchen, die war auch vorwiegend slowenisch, die deutschen Dörfer waren St. Kathrein und Lusnitz. Und das war so die letzte Pfarre nach dem Westen hin, bis zur Grenze, danach kommen dann Pontafel und Pontebba, früher der Grenzort zwischen Italien und Österreich.

Das war etwas sehr Interessantes, daß die Grenze dort so augenscheinlich war. Die Häuser auf der österreichischen Seite waren so wie die Häuser bei uns gebaut, besonders die Dachneigung, während auf der italienischen Seite diese Flachdächer, diese pfannengedeckten, waren.

Das war typisch dort, das eine typisch italienisch und das andere österreichisch. Und die Grenze, die Bela, war wie ein Schnitt hinein, sehr interessant. Nirgends war die Grenze so ohne Übergänge sichtbar.

Auch bezüglich der Sprachen gab es eine scharfe Trennung. Auf der einen Seite die Österreicher, auf der anderen die Italiener, wobei es in dem Dorf, in dem ich gelebt habe, eigentlich keinen Deutschsprachigen gegeben hat. Es waren alles Heimische, und diese Heimischen haben alle slowenische Wörter gesprochen, alle. Es gab aber Leute, die sich zum deutschen Kulturkreis zugehörig fühlten, das hat es natürlich gegeben, wie es das in Kärnten immer gegeben hat. Das hat es natürlich auch in Žabnice gegeben.

Dann ist der erste Weltkrieg ausgebrochen, die Familie ist nach Maria Saal gezogen, der kirchliche Dienst ging aber weiter, solange die Leute dort waren und der Pfarrer dort war, und so ist auch der Vater dortgeblieben.

Im österreichischen Militär herrschte Mißtrauen gegenüber allem, was slowenisch war, überhaupt gegen alles, was nicht deutsch war, ein furchtbares Mißtrauen, jeder, der sich nicht unbedingt zum Deutschen bekannte, war politisch verdächtig. Auch mein Vater stand unter der Beobachtung des österreichischen Militärs; den Pfarrer von Ukve, der Kukačka geheißen hat, den haben sie überhaupt gleich verhaftet und als Verräter vor das Gericht stellen wollen. Es hat sich aber das Ordinariat selbst eingesetzt, sodaß sie ihn freibekommen haben. Also ohne besondere Beweise, einfach auf Verdächtigungen hin, ist er festgenommen worden, und man wollte ihn des Hochverrates anklagen.

Dasselbe wollten sie auch mit meinem Vater machen. Damals durfte sich am Abend nach acht Uhr kein Zivilist mehr draußen zeigen. Jeder mußte daheim sein. Mein Vater hat in einem Gasthaus abendgegessen und er ist von dem Gasthaus auch immer rechtzeitig heimgegangen. Da kenne ich ihn, an solche Sachen hat er sich gehalten, um ja keine Handhabe gegen sich zu liefern. Trotzdem haben sie ihn festgenommen, mit der Beschuldigung, es wäre schon nach acht Uhr.

Sie suchten zuerst nach einem besonderen Grund, ihn als Verräter anprangern zu können, für diesen Zweck befahlen sie ihm, den Kirchenschlüssel mitzunehmen. Er nimmt den Kirchenschlüssel, geht eine Weile mit ihnen und will zur Pfarrkirche. In Žabnice gibt es zwei Kirchen, die Pfarrkirche und die Filialkirche. »Nein«, sagten sie, »nicht da hin, zu der Kirche hinauf«, also zur Filialkirche. »Entschuldigen, ich hab den richtigen Schlüssel dann gar nicht mit«. Wieder heim, den richtigen Schlüssel holen, dann schauen sie in der Filialkirche alles genau durch, ob es irgendwo eine versteckte Telefonleitung gibt, bis in den Turm hinauf durchsuchten sie alles. Der Vater verhielt sich natürlich dabei ganz gleichgültig, weil er gewußt hat, es gibt nichts. Und nachdem sie dort ergebnislos alles durchsucht haben, hat er die Kirche abgeschlossen, und diese Leute vom Militär haben ihn dann umstellt, rechts, links, ein Soldat vor ihm, ein Soldat hinter ihm, zwischen vier Männern eingeschlossen, und so haben sie ihn dann abgeführt. »So, Sie gehen jetzt mit uns!« Und sie stellten ihn gleich vor eine Art Gericht, in der Schule in Žabnice, vor Offiziere, und die haben gleich mit einem Verhör begonnen. »Sie waren nach acht Uhr draußen.« Er hat dem seelenruhig widersprochen: »Bitteschön, beweisen Sie es«, und die haben versucht, irgendeine Aussage aus ihm herauszupressen, mit der sie ihn dann erledigen könnten. Es war nichts zu holen bei ihm auf die Art, und er kam wieder frei. Am nächsten Tag fragte er die Kellnerin in dem Gasthaus: »Wann bin ich gestern von da fort?« Und die behauptete, das wäre schon nach acht Uhr gewesen. Und dann begegnet er Leuten im Dorf, und die wundern sich, daß sie ihn überhaupt sehen: »Sie sollen ja schon erschossen sein«. Da hat er erkannt, daß das eine abgemachte Sache war.

Dann kam das Jahr 1918, im Herbst brach die Front zusammen, und die ganzen österreichischen Soldaten kamen zurück. Damals konnten wir uns ein kleinwenig erholen, wir versuchten zu ergattern, was in verschiedenen Magazinen war, daß wir zu einem Sack Mehl oder so etwas Ähnlichem kommen, um so ein bißchen aufzuleben.

In Erinnerung habe ich noch den Rückzug des österreichischen Militärs, es war eine traurige Angelegenheit, da hat man Offiziere gesehen, die früher hoch zu Roß oder mit dem Auto hin- und hergefahren sind, die kamen jetzt schön zu Fuß zurückgewandert.

Tomaž Holmar

Einmal wurde ein ganz großer Viehzug durch das Dorf geführt. Die Tiere hatte man in Italien, bevor man abgezogen war, requiriert, und trieb sie jetzt ins österreichische Hinterland. Außerdem sahen wir große Lastautos, die Hausmaterial, Möbelstücke und so herüberführten.

Dann war das ganze Militär schon abgezogen und das Kanaltal vollkommen unbesetzt. Da hieß es dann: »Verhaltet euch ruhig, die Italiener kommen.« Und die sind eingezogen, durchaus nicht so kriegerisch, an einem Samstagnachmittag, Durch das Dorf marschierten sie als große Sieger und die Musik spielte einen Marsch, den ich nur damals gehört habe, aber die Melodie kann ich heute noch wiederholen, so ist mir das im Gedächtnis geblieben. So haben die Italiener das Kanaltal besetzt.

Mit der Schule war es so eine Angelegenheit. Ich war ja in Klagenfurt im Marianum, im Herbst 1917 war ich eingetreten. Anfang des zweiten Schuljahres war nach ein paar Tagen plötzlich Schluß, weil eine Grippeepidemie ausgebrochen war. Wir wurden alle wieder heimgeschickt, auf unbestimmte Zeit. Daheim aber war die italienische Besatzung.

Ich war damals sozusagen in Italien zuhause, das heißt, ich mußte nach Italien hinein, und hab' immer Schwierigkeiten gehabt. Es war ja so ungeregelt, und ich hab' keinen Paß gehabt, eigentlich wußte ich damals gar nicht, welcher Staatsbürger ich bin.

Wir wußten nicht, gelten wir jetzt als Italiener oder als Slowenen, also als Jugoslawen, oder als Österreicher. Ich habe mir dann eigentlich immer nur einen Extra-Passierschein geholt, den ich als einfacher, farbloser Student bekommen habe, der nicht schaden und nicht nützen kann. Mit dem Passierschein bin ich dann hin und hergewandert, solange es möglich war. Einen Paß hab' ich ja nicht gehabt. Schließlich bin ich halt grün über die Grenze gegangen, in den Osterferien, in den Weihnachtsferien und in den großen Ferien. Ich kannte mich ja aus auf der Grenze. Und wenn ich einmal einer Patrouille begegnet bin, ist es mir auch immer gelungen, meinen Weg weiter fortzusetzen, in die Richtung, in die ich wollte.

Das ging so bis zur achten Klasse, da hab' ich mir dann doch einen Paß besorgt, da war ich schon in Ljubljana: Es war damals schon klar, daß der Papa als Jugoslawe gilt, und auf das hin hab' ich einen jugoslawischen Paß bekommen.

Den Beginn des Abwehrkampfes habe ich noch im Marianum erlebt. Da gab es einmal einen großen Alarm: Die Jugoslawen rücken an, und sie wären schon an der Drau, und da haben sie jeden, der irgendwie ein Gewehr tragen konnte, gesucht, damit sie ihn einsetzen könnten gegen den Vormarsch der Jugoslawen. Und da ging auch der Ruf an die größeren Studenten, sie sollten sich zum Abwehrkampf melden. Nur, Bedingung war die Zustimmung seitens der Eltern. Da gab es eine Mordsbegeisterung, und enorm viele aus der 6., 7. und 8. Klasse meldeten sich. Die haben die Eltern gar nicht lange gefragt, haben sich das Einverständnis selbst verschafft und die sind dann in die Abwehrkämp-

Zwischenzeit

fer eingereiht worden. Ich weiß noch, wie im Marianum so ein Abmarsch vorbereitet worden ist. Die haben sich, das weiß ich aus der Erzählung der Teilnehmer nach ihrer Rückkehr, tapfer und frohgemut und voller Siegeszuversicht aufgemacht, sind von Klagenfurt nach Grafenstein gefahren, dann sind sie marschiert, von Grafenstein zur Drau hin. Dort mußten sie Stellung beziehen, auf der linken Seite der Drau, um einen jugoslawischen Durchbruch über die Annabrücke zu verhindern. Das haben sie ganz begeistert erzählt.

Wir Slowenen, viele waren wir ja nicht, die meisten sind ja in Kranj in die Schule gegangen, haben da nicht mitgemacht, das war nicht unsere Sache.

Der Schulbetrieb ging weiter, soweit es eben möglich war, in dieser unruhigen Zeit. Wir wurden aber schon Ende Mai, noch vor einem richtigen Jahresabschluß, heimgeschickt, denn die Jugoslawen hatten Klagenfurt besetzt. Die Zeugnisse schickten sie uns nach. Das war mein zweites Jahr im Gymnasium.

Bis zum 10. Oktober 1920, dem Tag der Abstimmung, gab es dann keine Schule mehr. Gleich nachher wurden wir dann nach Klagenfurt gerufen, zum Schulanfang. Ich kann mich noch erinnern, am Sonntag nach der Abstimmung hat man eine große Feier veranstaltet, in Klagenfurt auf dem Kardinalsplatz. Eine Messe wurde vom Bischof Hefter gehalten, mit Predigt und so weiter. Nach der Messe, da ist ein Theater aufgeführt worden: Die Verbrüderung zwischen Deutschen und Slowenen: Ein Deutscher und ein Slowene haben dort aus Bechern getrunken, und die Becher waren miteinander verbunden, die haben gleichzeitig aus diesen zwei Bechern getrunken, also Bruderschaft. Was dann später daraus geworden ist, das wissen wir ja, daß das eigentlich nur ein Theater war, trotz aller großen Versprechungen.

Ich bin dann 1937 als Kaplan nach St. Jakob im Rosental gekommen. Damals war eine gespannte Lage, auf der einen Seite die Nazis und auf der anderen Seite die Vaterländische Front. Das war damals, als man in St. Jakob dieses Denkmal errichtet hat. Der Pfarrhof hätte auch beflaggt werden sollen, die Frage war nur: Wer wird das tun? Ich wollte es natürlich nicht, der Dechant, der Herr des Hauses, der hat sich aus dem Staub gemacht, der wußte schon, was da los ist. Der nahm sich damals Urlaub, da waren wir dann zu zweit, und jetzt hieß es, wer von uns beiden wird diese Fahne hinausstecken? Es hat dann der Kaplan Schicho besorgt, der war ganz in diesen Wassern drinnen, in diesen nationalistischen. Er übernahm dann auch die Aufgabe, das Denkmal kirchlich zu weihen. An diesem Tag war ich von dieser Pflicht dadurch entbunden, daß gerade an dem Tag in Velden der Grundstein für eine neue Kirche gelegt werden sollte, das hat der Bischof Hefter gemacht, und da mußten wir, die umliegenden Vasallen, natürlich erscheinen.

Alle nationalbewußten Kärntner pilgerten damals nach St. Jakob, aber viele blieben an der Straße nach St. Jakob hängen. Was war los? Ein

29

antinazistischer St. Jakober hatte auf die Straße, auf der die kommen sollten, Nägel gestreut, diese Zockelnägel, die sind ganz kurz, und bleiben immer mit der Spitze nach oben liegen. Nachweisen konnte man ihm nichts. Er hat mir jedoch selbst erzählt, daß er am Tag zuvor beim Kaufmann, der war auch ein Slowene gefragt hat: »Du, hast du solche Nägel?« »Ja, hab ich.« »Gib sie!« Und die hat er dann ausgestreut, und dafür hat er dann gebüßt, als er nach dem März 1938 ins KZ gekommen ist.

Ich bin dann von St. Jakob weggekommen. Das war eine Strafversetzung. Von St. Jakob aus hatte ich als Kaplan die Seelsorge in Rosenbach gehabt. Dort in Rosenbach war eine neue Kirche gebaut worden, und diese Kirche war dezidiert als Abstimmungskirche gebaut, in der nicht slowenisch gesprochen werden durfte. Das ist eine Kirche ausschließlich für Deutsche. Jetzt hielt ich dort regelmäßig sonntags den Gottesdienst. Deutsche hat es verhältnismäßig wenige gegeben bei den Gottesdiensten, vor allem die umliegende Bevölkerung, die ja slowenisch war, ist dorthin zum Gottesdienst gegangen, weil das für sie das Bequemere war, als zur Pfarre nach St. Jakob zu gehen. Da dachte ich mir, es war gerade Pfingsten – das besondere Sprachfest also –, wenigstens jetzt müßte ich diesen Slowenen irgendwie entgegenkommen, und ich habe mir damals erlaubt, das Evangelium auf slowenisch zu verlesen. Ob ich auch etwas gepredigt habe, das weiß ich nicht. Die Deutschen dort, die dafür zu sorgen hatten, daß kein slowenisches Wort gesprochen wird, daß die Bestimmung gewahrt bleibt, die haben mich natürlich gleich beim Ordinariat dafür verklagt, und der Bischof Hefter war deswegen auch sehr ungehalten, weil er damit einverstanden war, daß diese Abstimmungskirche eben nur das Deutschtum zu begünstigen hätte. So bin ich deswegen versetzt worden. Dazu kamen auch die Schwierigkeiten in der Schule in Rosenbach, in der auch slowenisch und deutsch unterrichtet wurde. Der Herr Schicho folgte mir dort dann nach. Es waren jedenfalls nationale Schwierigkeiten, die mich von St. Jakob fortgeschafft hatten, und dem Herrn Dechant war es auch recht, der wollte ja schließlich als älterer Herr, obzwar er Slowene war, seine Ruhe haben, und ich als ein Hecht im Karpfenteich hab' dort nur Unruhe gestiftet als Slowene, und so war es ihm auch recht, daß ich dann versetzt wurde von St. Jakob nach St. Margarethen ob Töllerberg.

Dort hatte ich keine Haushälterin, so habe ich mir das Mittagessen in einem Gasthaus besorgt, beim »Fortin«, so hieß der Gasthausinhaber oder eigentlich seine Frau, der war zugleich auch Schulleiter in St. Margarethen. Es war für mich eigentlich immer eine unangenehme Geschichte, dorthin essen zu gehen, weil das ja ein betont deutschnationales Gasthaus war, aber ich hab es hingenommen.

Am Tag des Einmarsches, da hab' ich mir gedacht, soll ich jetzt in dieses Gasthaus essen gehen? Schließlich sagte ich mir: gehst! Und ich komme

hin ins Gasthaus, gehe zu meinem Platz, da stehen die Leute drinnen, Pfarrangehörige, von Geburt aus Slowenen, natürlich, aber alle stockdeutsch in der Gesinnung. Und sie sind mitten im Siegestaumel, haben gesprochen, gesungen, geredet, mir vor die Nase die Hand hingereckt mit dem »Heil Hitler!«. »Grüß Gott!«, sagte ich, ging auf meinen Platz und wartete, daß mir das Mädel des Hauses die Suppe bringt. Wie die mir den Teller bringt, hab' ich gemerkt, die hat das geübt: in der einen Hand hielt sie die Suppe, die andere hatte sie gestreckt: »Heil Hitler!«.

Tomaž Holmar

Am Sonntag habe ich in St. Margarethen die Messe gelesen, und dann in St. Franzisci, der Filialkirche, am Montag habe ich Schule gehalten in St. Franzisci, und mitten in den Unterricht hinein kommt ein Telegramm an mich, ein Telegramm vom Ordinariat, ich soll mich sofort in Klagenfurt melden. Ich bin nach der Schule sofort ins Ordinariat zum späteren Bischof Rohracher, der damals Generalvikar war, gegangen, und der eröffnet mir so ganz ruhig und behutsam, ich muß aus St. Margarethen fort. Er hätte eine Stelle für mich in Waxenberg, das ist oberhalb von Feldkirchen, ein kleines Dorf mit Bergbauern damals noch, jetzt ist das schon ein ausgesprochenes Fremdenverkehrsgebiet. Der Wechsel soll gleich geschehen. »Oh«, sagte ich, »das geht aber nicht so schnell, ich habe versprochen, daß ich am 25. März noch meinem Nachbarn aushelfe«. Es war üblich, daß der Pfarrer von St. Margarethen nach St. Georgen am Weinberg kommt, um dort eine slowenische Predigt zu halten. »Dieses Versprechen will ich noch halten, und dann werde ich gehen.« »Gut, aber dann bestimmt. Aber«, sagt er, »bitte, halte dich daran, sage niemandem etwas davon.« Ich verstand gleich, was das heißen soll.

Ich ging heim, machte alles fertig für die Übergabe, dann las ich am Samstag noch die Messe in St. Margarethen, und am nächsten Sonntag hätte ich die Messe in der Pfarre und dann bei der Filiale lesen sollen. Nach der Messe am Samstag packte ich meinen Koffer und nahm den Autobus nach Feldkirchen. Und alles, wie es mir der Bischof aufgetragen hat, ohne jemandem ein Wort zu sagen. Einem einzigen alten Mann, von dem ich wußte, es ist Verlaß auf ihn, habe ich erklärt, was los ist. »Ich gehe jetzt und sage es niemandem, ich habe niemandem etwas zu sagen, sagen auch Sie nichts, nur Sie sollen wissen, was eigentlich dahinter steckt«.

Am Sonntag, als die Leute zusammenkommen in Margarethen zur Messe, ist kein Pfarrer da. In St. Franzisci warten die Leute ebenfalls. Geläutet ist worden, nur der Pfarrer kommt nicht. Sie beten den Rosenkranz und gehen dann, ohne eine richtige Information zu haben, heim.

In der Nacht von Samstag auf Sonntag war der Pfarrhof bewacht worden. Da hatte sich eine Wache hingestellt von SA-Männern, vier Leute sollen es gewesen sein, die Namen sind mir auch genannt worden, und die haben dort den Pfarrhof bewacht, um am nächsten Tag den Pfarrer festzunehmen. Und als am nächsten Tag Zeit ist, daß er herauskommt, die Messe wird bald beginnen: kommt er nicht. So, jetzt läutet es schon, jetzt wird er kommen – er kommt nicht. Ja, und zum Schluß müssen sie feststellen, das Pfarrhaus ist leer, niemand ist da, der Pfarrer ist fort.

Zwischenzeit

Tomaž Holmar

Ich denke mir, daß die Nazis von der Pfarre sich an den Sicherheits-direktor oder an irgendeine höhergelegene Stelle gewandt hatten: »Der Pfarrer muß weg. Wenn Sie ihn nicht wegtun, werden wir ihn holen.« Ja, und wahrscheinlich hatte sie dann der Sicherheitsdirektor beruhigt und gesagt, bis zu der Zeit sollen sie noch warten, und wenn er bis dahin nicht weg ist, dann können sie ihn holen

Janko Tolmajer

Nach den Gefühlen fragten sie

Der Verein wurde 1904 gegründet. Damals gab es hauptsächlich diese wirtschaftlichen Versammlungen. Sie hatten dieses Zimmer so einge-richtet, daß auf jeder Wand die slowenische Fahne aufgemalt war, rot-blau-weiß, und eine Aufschrift »Z bogom« [Mit Gott] über der Tür und »Pridite spet« [Kommt wieder]. Es war eigentlich ein gewöhnliches Bauernhaus. Und im neunundzwanziger Jahr kamen Franjo Ogris, der hatte Matura und war Sekretär des slowenischen Kulturverbandes, da-mals »Christlich-Sozialer Verband« in Klagenfurt, und der junge Vinko Zwitter. Die rührten uns damals so auf, daß wir wieder anfingen und den Verein wiederbelebten. Der Verein hatte insofern auch noch nach dem Plebiszit gelebt, als er mit einer kirchlichen Bruderschaft »Marijino varstvo« verbunden war. Die hatte ein Heimischer, der Lackner gegrün-det. So bestand noch irgendetwas und die Pfarrer beriefen auch noch jedes Jahr eine Versammlung ein. Da kamen dann auch oft der Poljanec, der Starc, aber auch der Podgorc. Dieser Podgorc hatte eine eigene Art des Predigens. Er versuchte, in seinen Predigten mit etwas politisch Gefärbtem unsere Leute zu warnen. »Dieser grüne Landbund ist das Gift in der Suppe«, sagte er.

Von 1920–1929 gab es den Verein eigentlich nicht. Dann brachte der Vater meiner Frau, der war Organist, die Sänger zusammen, sodaß wir einen ziemlich starken Männerchor hatten, der bei Bedarf gesungen hat. Es gab ein paar Auftritte im Jahr. Dann kamen auch noch die Abgeord-neten, Starc und Poljanec, zu ihren Wählern. Es schien, als ob nun alles neu belebt würde. Dann hatten wir noch in der Gemeinde eine eigene slowenische Partei, die »Koroška slovenska stranka«, unter dem Namen traten wir auf. Interessant aber war, daß z. B. im Jahre '20, als die Abstimmung war, es 51% für Jugoslawien gab. Als dann im Frühjahr 1921 die Gemeinderatswahlen waren, da waren die Leute schon so eingeschüchtert, daß wir von 10 Gemeinderäten nur noch vier bekamen anstatt wenigstens die Hälfte, so war der Bürgermeister immer ein *nemčur*. Wir hatten auch immer einen *nemčur* als Lehrer. Der war so ein Säuferchen, ein Steirer war er. Verflucht und beschimpft hat er uns immer slowenisch und er konnte es. Ansonsten hatte er es aber am liebsten, wenn wir nur deutsch sprachen. Wie wir in die Schule kamen, mußten wir schon am ersten Tag das deutsche Vaterunser lernen. Man

Zwischenzeit

betete ja vor dem Unterricht, aber nur deutsch, der Religionsunterricht
war aber slowenisch.

Slowenisch brachte uns der Lehrer gerade soviel bei, wie notwendig
war. Wir hatten diesen sogenannten »Močnikov abecedar«: eine Seite
deutsch, die andere slowenisch. Die Schwierigkeit lag darin, daß das
Slowenische zwar in der Lateinschrift war, das Deutsche aber alles
kurrent. Wir mußten das zweite Jahr schon deutsch schreiben, und zwar
in Kurrentschrift. Wie wir in die zweite Klasse kamen, war dort eine
verbissene Deutsche, und wir Kinder, alle Slowenen, lernten nur noch
deutsche Buchstaben. Das gab es nicht mehr, daß wir in der zweiten
Klasse noch irgendetwas slowenisch gelesen hätten, gar nichts mehr.

Wir spürten, daß der Lehrer ein *nemčur* war. Das begann schon vor dem
Ersten Weltkrieg, dann aber vor allem nach 1920, wo halt zwei Richtungen in der Schule waren. Wir waren die »Tschuschen« und die »Serben«, und sie waren die *nemčurji*. In diesen eineinhalb Jahren, in denen
die jugoslawische Besetzung da war, war das für mich ein Sprung. Ich
bekam Freude am Lesen und lernte sehr viel. Dann hatte ich noch den
Vorteil, daß mein Vater sehr viel in Klagenfurt war, und seine Freunde
kamen auch nach Hause, und so hörte ich sehr viel deutsch reden und
verstand es auch.

Der Streit zwischen uns und den *nemčurji* reicht schon zurück in die
Zeit, in der der Verein entstanden ist. Da gab es einen Lehrer damals,
einen verbissenen *nemčur*, er war in Feistritz zuhause, ein gewisser
Ibounig. Einer seiner Söhne war genauso alt wie ich, die waren Abwehrkämpfer, und der Alte war hier ungefähr zehn Jahre Lehrer, ganz auf der
deutschen Seite. Der begründete die Feuerwehr als Gegengewicht zum
slowenischen Verein und so begann dieses Auseinanderbrechen. Aber
über eines wundere ich mich: bei uns ist noch etwas Slowenisches
geblieben, weil der Verein die Achse war, wohingegen z. B. St. Margarethen viel assimilierter ist, und dort gab es nie einen Verein.

Bei uns fing das alles zuerst parteipolitisch an. Die Slowenen hatten ihre
Partei, der politisch-wirtschaftliche Verein war hier und die Zeitung
»Mir«. Die anderen hatten den Bauernbund, der war eine deutsche
Partei, und nur früher waren die Bauernbündler sogenannte »Freisinni-
ge« – unsere Leute nannten sie Liberale, und sicher das erste war, daß
sie die Bürgermeister stellten. Der Bürgermeister hatte ja einen großen
Einfluß damals, die Leute waren großteils Analphabeten, und wenn es
auf der Gemeinde etwas zu bestätigen gab, waren sie abhängig von
diesem Sekretär, der in der Regel der Lehrer war.

Von der »Mai-Deklaration« hörte man bei uns eigentlich nichts. Wir
lasen darüber, weil die Mutter diese Zeitung aus Ljubljana bekam, in der
darüber geschrieben wurde; ich weiß nicht, ob sie bei uns überhaupt
unterschrieben haben. Es unterschrieben aber sehr viele Priester. Deswegen mußten dann 40 Priester aus Kärnten nach dem Plebiszit weggehen. Und dann kamen z. B. echte Deutsche, die waren in Grafenstein, in

Griffen, in Ruden und Ferlach, lauter deutsche Priester, der eine war aus Bayern, ein Böhm, den hab' ich noch persönlich gekannt, der kam zuerst, weil der Bischof war ja auch ein Bayer, vom Chiemsee war dieser Hefter. Die slowenischen Priester gingen weg, und es blieben sehr viele Pfarren leer, und diese deutschen Priester kamen.

Im neunzehner Jahr besetzten die Jugoslawen diesen Teil und dann hatten wir überall slowenische Lehrer, damals hob sich das Niveau deutlich, denn der Lehrer konnte etwas und wußte mit den Kindern umzugehen, und dieser *nemčur* ist weggezogen und kam erst nach dem Plebiszit wieder zurück.

Wir spürten auch den Abwehrkampf, Gott weiß, was hier alles los war. Die Front verlief hier entlang der Drau, und aus St. Margarethen schossen sie herüber. Im achtzehner Jahr begann es, als sie den ersten Pfarrer einsperrten – unser Pfarrer ist geflohen. Auf der anderen Seite der Drau waren schon die slowenischen Truppen, das waren damals noch lauter Slowenen, keine Serben. Da machten sie diesen Abwehrkampf, den der Steinacher organisierte. Sie vertrieben die Jugoslawen bis ins Mießtal und wüteten.

Diese Abwehrkämpfer, Volkswehrler nannte man sie damals, die wurden ja teilweise zwangsrekrutiert. Da bei Mieger gab es eine Stelle, wo sie die Heimkehrer wieder ins Heer eingliederten, ein paar flohen aber gleich wieder, sie hatten nach vier Jahren Krieg diesen satt und wollten nicht mehr dienen. Bei uns war auch einer, den erwischten sie irgendwo in Ebental, der mußte wieder mit und unten an der Drau, so erzählte er mir dann später, ließ er die Waffen liegen und haute ab. Dann kam der Gegenstoß und die Serben· besetzten im Mai 1919 über Klagenfurt hinaus Kärnten, mußten aber schon Mitte Juni Klagenfurt wieder verlassen und zur Demarkationslinie zurückkehren. Freilich, dann war das für unsere Leute hier die Zone A, abgeschnitten von Klagenfurt. »Wie werden wir ohne Klagenfurt leben?« Klagenfurt war damals das einzige Zentrum, wo verkauft wurde. Nehmen wir z. B. Gotschuchen her, deren Holzwaren, Scheffel und so. Die gingen ja jeden Donnerstag nach Klagenfurt. Wohin sollst du denn gehen, über den Loibl nach Ljubljana, deine Ware verkaufen? Die hatten davon selber genug. Die Ferlacher ebenfalls: »Wohin mit unseren Waffen, wir können sie ja nicht verkaufen.« Wir Radsberger z. B. haben Klagenfurt mit Holz versorgt, jede Woche Holz geliefert.

Dann kamen die Plebiszitvorbereitungen. Jugoslawien bereitete sich auch vor. Weil alles fehlte, Zucker gab es keinen und kein Petroleum, besorgten es die Jugoslawen. Sogar amerikanisches Petroleum schleppten sie an. Aber das half alles nichts, weil ohne Klagenfurt konnten wir nicht leben. Es war aber so eingerichtet, daß in der Zone B, zu der Klagenfurt gehörte, erst dann eine Volksabstimmung gewesen wäre, wenn hier in der Zone A Jugoslawien gewonnen hätte. Aber darauf bestand überhaupt keine Aussicht. Und das war dann das Atout in den Händen Österreichs: »Wählt Österreich, denn ohne Klagenfurt kann das ländliche Umfeld nicht leben.« Mitte Juni oder Juli haben sie Klagenfurt geöffnet, und alle jene, die vor den Jugoslawen über die Demarkationslinie geflüchtet waren, durften wieder zurück. An Überfälle kann ich mich auch erinnern. Das waren diese Volkswehrler, das waren hauptsächlich diese Soldaten, die drei, vier Jahre vor dem ersten Weltkrieg ausgebildet wurden und die herumwüteten. Vor allem die Pfarrhöfe waren betroffen. Unseren stellten sie zur Gänze auf den Kopf und der Pfarrer hielt sich irgendwo in Zell Winkel auf Dachböden versteckt, der Vavti. Und in St. Margarethen durchwühlten sie angeblich auch den ganzen Pfarrhof und vernichteten ein paar Matrikelbücher. In Tainach, dort war ja der Probst aus Suetschach, Gregor Einspieler, der Abgeordnete, Politiker und Besitzer dieser Zeitschrift »Mir«, stellten sie den ganzen Pfarrhof und die Probstei auf den Kopf. Und angeblich ritt einer unten in Grafenstein, so wurde erzählt, mit dieser roten Probstkappe herum.

Es gab auch Versammlungen, zwei- oder dreimal war ich dabei. Ein Pfarrer war aus Köttmannsdorf, der war so ein Missionar, er war ein exzellenter Redner und agitierte für Jugoslawien. Er sagte, die einzige Möglichkeit für uns ist, daß wir für Jugoslawien stimmen, damit wir unser Geschlecht erhalten. Den Menschen war eigentlich sehr wenig Nationalbewußtsein eigen, weil die Schule sie ganz eingedeutscht hatte. Der Ogris, der erzählte mir dann später von dem größeren Treffen aller Vertrauensleute aus den Südkärntner Gemeinden in Völkermarkt. Das war noch zur Zeit der jugoslawischen Besetzung, und er war auch dort: »Ich habe mich gemeldet, weil einige so optimistisch waren, daß die Abstimmung auf jeden Fall günstig für uns ausgehen würde, 60–70% für Jugoslawien.« Er sagte: »Ich bin aufgestanden und hab' gesagt, wißt ihr was, so rosig dürfen wir das nicht sehen. Der deutsche Geist ist im Volke, die Schule hat all die Jahre eingedeutscht, wir dürfen nicht so optimistisch sein.« Und er erzählte, daß einige sehr böse waren, und wirklich, es fiel dann so aus, wie er vermutet hatte.

Schon in der ersten Woche, nachdem bekannt wurde, daß das Plebiszit verloren ist, wurde der slowenische Bürgermeister abgelöst. Und der alte Bürgermeister, der früher schon ein *nemčur* war, der übernahm wieder das Amt.

Die ersten Wahlen im einundzwanziger Jahr fanden schon im Frühjahr statt, und zwar die ersten Gemeinderatswahlen. Es war ja früher so, während des Ersten Weltkrieges, da gab es keine Gemeinderatswahlen, überhaupt keine Wahlen, und im einundzwanziger Jahr schon die Gemeinderatswahlen; sie hatten die Leute schon so weit präpariert, daß dort, wo früher 51% für Jugoslawien gestimmt hatten, es nun nur noch 35–40% slowenische Stimmen gab.

Freilich gab es eine fürchterliche Enttäuschung über den Ausgang des Plebiszits, und Angst war unter den Leuten, alle Intellektuellen mußten sofort ihre sieben Sachen packen, die Lehrer, die Priester, bei uns blieb der Pfarrer noch bis Mitte November, dann ist auch er gegangen.

Und in der Schule war es so, daß diese zwei slowenischen Lehrer sofort gegangen sind. Die reisten in der Woche ab, in der das Plebiszitergebnis klar war. Wir hatten noch im September und Oktober Ferien, um das Vieh zu hüten, und zu Allerheiligen begann die Schule, und da kam dieser frühere Lehrer, der auch Gemeindesekretär war. Ein *nemčur*, ein Säufer war er. Er durfte schon vor dem Plebiszit zurück und Propaganda machen. Der kam für die erste Klasse, und für die zweite Klasse kam ein Deutscher. Den verstanden wir nicht, er uns auch nicht. Und wir schrieben halt, was auf der Tafel aufgeschrieben war. Es gab keinen Deutschen in der Schule, der Unterricht aber war ausschließlich in Deutsch, obgleich es nach dem Gesetz dieser utraquistischen Schule auch Slowenisch hätte geben müssen. Zwei Stunden in der Woche, was aber in Wirklichkeit nie ausgeführt wurde. Die letzten zwei Jahre hatte ich dann diese Sommerbefreiung. Ich mußte zuhause die Herde hüten, vor dem Vieh gehen, wenn wir pflügten, und Garben tragen, wenn geerntet wurde. Da ließ dich ja niemand spazierengehen, es hieß, das Brot muß verdient sein, und die Schule gibt kein Brot.

Als ich mit der Schule fertig war, mit fünfzehn Jahren, mein Vater handelte ein bißchen mit Holz, mußte ich fuhrwerken. Wir brachten alles von Radsberg hinunter, man fuhr ja mit den Pferden, Sommer und Winter.

Ich konnte keinen Beruf erlernen, sondern mußte zuhause arbeiten. Ich träumte zuerst davon, studieren gehen zu können, aber da war überhaupt keine Aussicht.

Und zweitens war es so, als bewußter Slowene hatte man nicht viel Aussicht, eine Arbeit zu bekommen. Z. B. im Jahre 1920, da war ein gewisser Rado Wutte, der war Lehrer, und den haben sie nach dem Plebiszit nicht mehr angestellt, dann der Vater vom Milan Kupper, auch ein Lehrer, der kam beim Klagenfurter Genossenschaftsverband als Revisor unter, dann war ein bestimmter Zupanc aus Maria Rain, der war auch Lehrer, der war Sekretär der politisch-wirtschaftlichen Vereins. Großteils aber flohen sie nach Slowenien.

1929 belebte man bei uns den Verein wieder. Weil ich gerne las, wurde ich zuerst Bibliothekar, 1931 kam ich dann in den Ausschuß des Kulturverbandes in Klagenfurt, so kam ich sehr viel herum, zu Fuß.

Der Bibliothekar hatte die Bücher über. Damals las man noch viel mehr, weil es kein Radio gab. Wir hatten die Bücherei in Ordnung, 300 oder 400 Bücher gab es, wir bekamen auch Bücher aus Slowenien. Wenn neue Bücher herauskamen, da erhielten sie die Vereine als Geschenk, es gab natürlich die Hermagoras-Bücher.

Dann kam die Volkszählung. Die führte die Gemeinde durch, und sie stellte diese Zählkommissare auf. Das waren alles *nemčurji*. Mit denen zerstritt ich mich, das war, glaub' ich, 1930 oder 1931. Da war ein Ferlacher Lehrer, der Popatnig, und mit dem zerkrachte ich mich fürchterlich. Sie fragten nämlich nicht nach der Sprache, die du redest, sondern wie sich einer fühlt. Und ich ging zu ihm hin und sagte, das kann doch nicht stimmen, wie ihr zählt. »Schauen Sie, ich habe Weisungen da.« Und dann zeigte er mir diesen Akt, und da wurde nicht nach der Sprache, sondern nach dem Gefühl gefragt, nach den Gefühlen fragten sie und nicht nach der Wahrheit, denn man kann sagen, daß 80% der Leute bei uns das Deutsche nicht beherrschten, außer denen, die vier Jahre lang Soldaten waren, die hatten es sich irgendwie angewöhnt. Aber ein schönes Deutsch haben auch sie nicht gesprochen. Sie haben weder Slowenisch noch Deutsch gelernt. Und es war die Strategie der Eindeutscher, die Leute auf möglichst niedrigem Niveau zu halten. Für Knechte und Arbeiter war das sowieso gut genug. Die Lehrer haben ja auch wirklich so gearbeitet. Es gab einen richtigen Kampf um die Schulen. Die zwei nationalen Schulen in St. Ruprecht und St. Peter, die nach 1920 geschlossen werden mußten, waren vor dem Krieg Nationalschulen, in die die Kinder geschickt wurden, damit sie richtig und ordentlich Slowenisch lernen konnten, und da hat einer der Eindeutscher zum alten Kopeinig gesagt: »Ja, was denkst du, wenn wir ihnen noch die Schule geben, dann überflügeln sie uns ja noch, diese Slowenen.«

Aber auch die eigenen Leute, diese *nemčurji* wollten sie nicht haben. Das einfache Bauernvolk war dazu ausersehen, daß es für die Arbeit gut genug war. Sie wollten auch die eigenen *nemčurji* auf niedrigem Niveau halten.

1934 war dann der Arbeiteraufstand, den spürten wir bei uns kaum. Wir hatten damals einen Haushaltungskurs, den die Milka Hartman leitete. Und dann hatten sie eine Abschlußveranstaltung, das Patronat übernahm der Herr Pfarrer. Der Kurs fand auch im Pfarrhof statt und in dem Gasthaus, deren Besitzer uns gegenüber eigentlich ein bißchen reserviert waren. Der Pfarrer erreichte aber dann doch, daß dort die Abschlußfeier stattfinden konnte, und es war ein großer Erfolg, es waren 15 Mädchen dabei. Die Kurse der Milka waren nicht nur dafür da, um kochen zu lernen, sondern sie drückte ihnen auch immer einen nationalen Stempel auf. Dann kam der Abschlußabend, und die Sänger waren eingeladen, ein Imbiß war vorbereitet, und das Tamburizzaorchester war dort. Und um 10 Uhr am Abend erschien der Gemeindediener: »Es ist Ausnahmezustand, jede Versammlung ist verboten.« Freilich, zu uns sind sie schon in der Nacht gekommen.

Wir reagierten aber nicht besonders darauf. Die politischen Organisationen wurden ja aufgelöst, und die politischen Vereine eigentlich auch, es gab dann nur noch die Prosvetna zveza, die diese Funktionen übernahm. Dort war natürlich ein Pfarrer Vorsitzender, und der Sekretär war, wenn ich so sagen darf, klerikal, obwohl sie sich ja wirklich bemühten, alle diese Funktionen zu übernehmen. Mitte 1934 wurden dann alle Gemeinderäte neu besetzt. Das war eine Benennung nach dem Führerprinzip, könnte man sagen. Sie waren damals noch so weit anständig, daß sie so viele beriefen, wie bei den letzten Wahlen erreicht wurden, wenn die Slowenen 3, 4 oder 5 hatten, dann wurden auch so viele Mandate zugeteilt. Wir ernannten vier. Selbstverständlich die alten Männer, und dann kommen wir nach Klagenfurt, und da sagt mir der Vinko Zwitter: »Weißt du was, den Pisjak wollen sie nicht, den will sie nicht nominieren, die VF.« Der war so durchschlagskräftig und führend bei den Slowenen und nahm sich auch nie ein Blatt vor den Mund, sondern sagte, was er sich dachte. Darum hatten ihn die *nemčurji* so angeschwärzt, daß sie ihn auf der Bezirkshauptmannschaft oder auf der Landesregierung, ich weiß nicht, wo dieses Referat war, wo die Gemeindeabgeordneten berufen wurden, nicht nehmen wollten, und der Zwitter sagt: »Jetzt brauchen wir dringend jemanden.« »Und wen?« frage ich. Da sagt der Zwitter zu mir: »Dann geh' halt du.« Und ich: »Dann gib' mir halt das Mandat.« Das war dann unseren Alten, ich war so ein junger Hupfer, kaum 25 Jahre alt, nicht recht. Und doch haben wir bis 1938 das Ding geschaukelt.

Wir kamen mehrmals zusammen, denn die Gemeinde hatte ja damals kaum einen Einfluß, es war nur eine Verwaltungszentrale der Jahresabrechnung. Das war natürlich unbezahlte Arbeit. Die Gemeinde hatte ja kaum Geld. Sie hob die Gemeindeabgabe ein, die nach der Grundsteuer berechnet wurde. Manchmal, wenn sie mehr Ausgaben hatte, wenn z. B. irgendwelche Wege zu richten waren oder bei der Schule etwas zu bauen war, hob die Gemeinde die Abgaben auf 80%, 100% oder 150% der allgemeinen Steuervorschreibung an.

Man mußte dem Staat aber auch noch extra Steuer zahlen. Nach dem Schlüssel der Grundsteuer in der Gemeinde wurde jedes Jahr bestimmt, wieviel eingehoben wird. Ein wenig bekam die Gemeinde noch vom Staat. Die größten Ausgaben gab es ja für die Bettler, die ins Kranken- oder ins Siechenhaus kamen, heute sagt man Pflegeheim dazu. Dort waren Leute, die wir nie zuvor gesehen hatten, die aber zur Gemeinde gehörten.

Damals war das Gemeindegesetz noch so, daß man 10 Jahre in einer Gemeinde leben mußte, damit man zu ihr gehörte. Wenn aber jemand nicht mehr konnte und ins Krankenhaus kam, mußte die Gemeinde für ihn zahlen. Die Gemeinde war sozusagen verpflichtet, für ihre Gemeindearmen zu sorgen. Es war aber auch so, daß manche, wenn sie nicht mehr arbeiten konnten und keine Mittel hatten, betteln gehen mußten. Es war beispielsweise tragisch in der Zeit, als viele während des Ersten Weltkrieges Kriegsanleihen hatten, und das dann alles zusammenschmolz in der Inflation. Da war einer oben in Dvorec, ein Joza, der hatte einen schönen Anteil, das war damals viel Geld, und er hatte schon ausgehandelt, daß er sich eine Keusche kaufen und daß er sich selbständig machen würde. Die Inflation hat ihm alles weggefressen, sodaß er dann die letzten Jahre von Haus zu Haus betteln gehen mußte. Wir bekamen vorgeschrieben, daß wir ihn drei Tage versorgen mußten, Essen geben und ein Dach über dem Kopf. Einige waren bescheiden und demütig, mit denen gab es keine Schwierigkeiten, er war so einer. Nur einen Fehler machte er, er wollte nicht zu jedem Haus gehen, die Gemeinde teilte ja die Häuser zu. Er hatte so ein Büchlein, darin war aufgeschrieben, bei wem er war. Ein größerer Bauer nahm ihn für vier, fünf Tage, bei uns blieb er drei Tage, weil wir einen kleineren Bauernhof hatten. Es waren auch Keuschen, die hatten ihn nur einen Tag oder zwei, so war das sozial eingerichtet. Freilich war das für ihn bitter. Im Sommer schlief er irgendwo auf der Tenne, im Winter im Stall. Auf manchen Höfen gaben sie ihm ein Zimmer, für gewöhnlich aber nicht. Freilich waren einige auch vernachlässigt, alle möglichen Dinge kamen vor. Es war eine Tragödie. Die Gemeinde mußte einmal im Jahr das Gewand übernehmen, sodaß sie ihn zur Not anzog. Bei den Bauern bekam er das Essen, Geld mußte man ihm keines geben, es gab ja auch keines. Mancherorts, wo noch gute Hausfrauen waren, bekam er noch ein bißchen Jause, ansonsten bekam er dreimal am Tag zu essen. Es gab auch einige unter ihnen, die noch eine Kleinigkeit arbeiten konnten, sie haben z. B. Äste gehackt. In der Wirtschaftskrise war es dann noch schlimmer. Da waren noch die sogenannten »Wanderer«, so nannten wir sie. Die zogen von Haus zu Haus und hatten keine Arbeit. Nach einer Zeit wurden sie ausgesteuert, und dann bekamen sie überhaupt nichts mehr. Von denen gab es viele hier. Als Hitler in Deutschland an die Macht kam, da kamen sogar Deutsche herüber und zogen hier umher. Ich traf sie draußen, wenn sie bei uns bettelten. Am liebsten hatten sie Geld. Aber Geld hat bei den Bauernhäusern überall gefehlt.

Die Wirtschaftskrise spürten wir schon sehr. Man verkaufte schwer, wir lieferten hier aus Radsberg Holz nach Klagenfurt. Am Anfang bekamen wir noch 20 Schilling für eine Fuhre, das waren vier Festmeter auf einem Wagen. Wenn es schlecht ging, dann nur noch 15 Schilling. Und für 10–15 Schilling konntest du das Notwendigste kaufen, Salz, Zucker und ein bißchen Petroleum. Der Stiefvater war Führer der VF in der Gemeinde, da gab es das Führerprinzip, die trugen so eine kleine österreichische Fahne. Ich trat auch bei, das tat mir dann leid. Es hieß, daß du dich damit zum Ständestaat bekennst, lange redete man so.

Da waren auch schon die Naziaktionen. Ja, sie haben hier herumge-schmiert, und dann haben wurden auch einige eingesperrt, aber die Anstifter in der Regel nicht. Bei uns war ein Zugewanderter aus Ober-kärnten, den hatten sie drei- oder viermal eingesperrt. Aber ich denke mir, da waren noch andere Leute im Hintergrund. Der hat sich halt ausnützen lassen. In den Gefängnissen holte er sich TBC und starb schon im Jahre 1937, vor dem Anschluß.

Als die Wahl verlautbart wurde, da machten die Slowenen selbst Plaka-te. »Wählt für Österreich.« Es gab ja keine andere Möglichkeit, und das war auch eine Verbeugung vor der VF. Der »Koroški Slovenec«, die Zeitung damals, schrieb: »Wir stimmen mit »Ja« für Österreich.« Wir strengten uns nicht besonders an. Damals kam einmal der Schuschnigg nach Ferlach, da gingen 20 oder 30 zu dieser Versammlung. Das war alles. Auch die VF, ich kann mich nicht erinnern, daß sie irgendwelche Versammlungen gehabt hätte. Und bei den Gemeinderäten war das so, daß wir am Sonntag vor dem 13. die letzte Gemeinderatssitzung abhiel-ten, und am Samstag, den 12., besetzte Hitler Österreich.

Janez Urank

Wie träumst du?

Zum Verhältnis zwischen den beiden Gruppen, den sogenannten traditionsbewußten Slowenen und denjenigen, die assimilationswillig waren, muß ich folgendes sagen:

Die assimilationswilligen Leute gingen ja nicht von sich aus in diese Richtung. Es wurde ihnen in der Schule schon eingeimpft. Wenn ich an meinen Schuldirektor denke, in der Volksschule, der sagte immer: »Red' nicht slowenisch, da kommst du nicht weiter, du mußt deutsch lernen, du mußt deutsch sprechen.« Gerade die Familien, die dann diesen Intentionen gefolgt sind, sind von der Lehrerschaft beeinflußt worden. Es wurden Theaterstücke aufgeführt, in der Schule, mit den Kindern, die wurden dann beschenkt; da gab es einen Verein, den Schulverein Südmark, der verteilte Geschenke, ich bekam auch welche. Ich kann mich erinnern, daß mein Vater sehr böse war, daß ich bei diesem Lehrer mitspielte. Es war ihm nicht recht, weil das ein Mittel war, die Leute zu beeinflussen, daß sie assimilationswilliger wurden. Da gab es dann viele, die den Landbund unterstützten, obwohl – es hat ja kein Mensch ein deutsches Lied gesungen, es sind die alten Lieder gesungen worden – da niemand richtig deutsch konnte. Da fragte einmal mein Vater den alten Planteu, mit dem er in die Schule gegangen war, auf slowenisch: »Jetzt sag' einmal, wie träumst du, slowenisch oder deutsch?« »Ja, freilich slowenisch. Ich red' ja auch slowenisch.« »Na also, du bist Slowene.« Aber dennoch stimmte der Planteu bei den Wahlen weiter für die Deutschen.

Da gab es einmal eine Geschichte, die passierte schon früher mit meinem Großvater, vor 1900, da konnte in der Gemeinde überhaupt noch niemand deutsch. Die Schule war gerade erst aufgekommen, und zuerst wurde im wesentlichen slowenisch unterrichtet. Da reiste einmal der alte Kaiser durch seine Kronlande, und die Bauern fuhren alle mit den Wägen herein nach Klagenfurt, den Kaiser schauen, das ist ja klar. Der Kaiser sprach dort auch zu seinem Volk, und da gab es eine Mordsbegeisterung. Am Abend kamen die Leute aber zu uns und sagten zu meinem Großvater, auf slowenisch: »Jetzt sag' einmal Kauch, was haben denn der Herr Kaiser gesagt? Weil du kannst ja deutsch.« Das ist typisch, das waren Leute, die sich schön langsam zur Assimilation bewegt haben.

Es gab ja auch Slowenen im Dorf, die Landbundmandatare im Gemeinderat waren. So lange mein Vater Bürgermeister war, also vor dem Krieg, wurde ja im Gemeinderat auch bei den Sitzungen überhaupt nicht deutsch gesprochen, weil die meisten so schlecht deutsch konnten, auch diejenigen, die beim Landbund kandidierten. Die Mutter gab mir als Buben Most und sagte, daß ich hinunter zur Sitzung gehen solle, damit sie etwas zum Trinken hätten, und da wurde nur slowenisch gesprochen. Oder nach der Kirche, am Sonntag, wenn irgendwelche besonderen

Verordnungen bekanntgegeben wurden, das wurde alles slowenisch ausgerufen, nach der Messe, vor der Kirche. Das war auch nach dem Krieg noch so, beim Kraiger, das war ein sozialistischer Bürgermeister, der hat ebenfalls slowenisch ausgerufen, später dann auch deutsch. Zwar wurden die Protokolle der Sitzungen und Verhandlungen auf deutsch verfaßt, denn das war Vorschrift, aber sonst war alles slowenisch.

Wir hatten auch ein recht gutes Verhältnis zu den Sozialisten. Die »Koroška slovenska stranka« war zwar christlich, aber nicht in dem Sinne wie die Seipelpartei, und es ist ja bekannt, daß im Bezirk Villach schon vor dem Ersten Weltkrieg der Anton Falle mit den Stimmen der Slowenen ins Parlament gewählt wurde. Mein Vater saß gern mit den Arbeitern, mit den Sozialisten zusammen, der Wedenig, der spätere Landeshauptmann, war damals Parteisekretär der Völkermarkter SP, der war auch oft bei uns, und mein Vater wurde auch mit den Stimmen der Sozialisten zum Bürgermeister gewählt. Deswegen mußte er dann nach 1934 sein Amt zur Verfügung stellen.

Bis Hitler selber kam

Die Angaben bei den Volkszählungen sammelten sie immer auf eine Art und Weise, die wir Slowenen kritisierten. Sie gingen zu Weiblein, die sie nicht richtig fragten, und die auch nicht wußten, worum es ging. Sie stellten immer solche Leute als Zählkommissare auf, die nicht richtig fragten, sondern einfach »Deutsch« hinschrieben. Es geschahen Unregelmäßigkeiten, das ist wahr. Du mußtest selber aufpassen, wenn du »Slowenisch« haben wolltest. Dann wurde zusammengezählt, so viel sind Slowenen, so viel Deutsche, aber Deutsche gab es in Wirklichkeit gar nicht so viele. Sie taten immer etwas Unehrenhaftes und wir kritisierten es hinterher, als es zu spät war, denn was geschrieben ist, ist geschrieben.

Es saßen auch auf der Gemeinde Leute, die so arbeiteten. Dort, wo slowenische Bürgermeister waren, war es ein bißchen besser, wo die Sozialisten waren, die waren auch eher auf der deutschen Seite, dort gab es schon Kritik. Unanständig ist das. Es wissen alle, daß nicht korrekt gezählt wurde. Bei uns gab es ja viele Leute, die nicht lasen, die sich für nichts interessierten, die einfach in den Tag hinein lebten.

Der Zählkommissar bei der Volkszählung war meistens einer von der Gemeinde, wenn aber das Vieh zu zählen war, dann mußte mein Mann gehen. Wieviel einer Getreide, Vieh, Hektar hat, wieviel Wiesen, wieviel Getreidefelder, was halt alle paar Jahre aufgeschrieben wird, da mußte immer mein Mann hier in den Bergen der Umgebung herumlaufen. Die Volkszählungen vertrauten sie ihm aber nicht an, dazu war er zu anständig und das paßte ihnen nicht, ganz bestimmt. Die Landwirtschaftszählung mußte in der Regel ein Bauer machen, ein anderer hätte sich ja sowieso nicht ausgekannt, wer halt am talentiertesten war, schreiben und gut deutsch konnte, der wurde ausgewählt. Mein Mann konnte richtig deutsch. Ich war aber überhaupt nicht zufrieden, daß er das machen mußte und sagte einmal zu der Sekretärin in Bleiburg: »Nehmt

Fahnengruß: aus Österreich nach Jugoslawien geflüchtete Nationalsozialisten in Varaždin, August 1943.

doch andere dazu, Ihr habt ja Leute genug, es soll einer aus Loibach gehen.« Dort waren ja schreckliche *nemčurji* zuhause. Da sagte sie: »Wenn wir sie aber nicht brauchen können.«

Bettler gab es bei uns nur bis zum zwanziger Jahr, danach kam höchstens hin und wieder jemand, der von Haus zu Haus ging, das war der sogenannte Gemeindearme. In den dreißiger Jahren kamen sie wieder, auf deutsch sagte man »Schnallendrücker« zu ihnen. Wanderer nannte man sie auch. Es gab viele, die in Deutschland nicht mehr betteln durften, die kamen dafür nach Österreich. Nach dem Anschluß war ein Mitschüler von mir, Bauer aus Gonowetz, bei der Grenzwacht, hier verlief ja zwischen 1938 und 1941 die jugoslawische Grenze, und er war eine Art Hilfszöllner dort. Im alten Österreich kam sein späterer Kommandant oft zu ihm, aß sich bei ihm satt und übernachtete auch dort. Dieser Bauer war in der Hitlerzeit unter dem Kommando jenes Menschen, der früher bei ihm um Essen und einen Schlafplatz gebettelt hatte. Der kam aus Deutschland hierher betteln. Der Bauer, von dem ich erzähle, unterhielt sich mit dem Deutschen und fragte ihn: »Na, wie Ihr durch Österreich gewandert seid, wo war es am besten?« und der sagte: »Am besten war es im slowenischen Kärnten, hier waren die besten Leute.« Er sagte, daß er gerne hier umhergegangen wäre. Die kamen hungrig, und du gabst ihnen, was du hattest, etwas Brot und Fett drauf.

Sie aßen, was es gab, sie aßen oft auch mit uns. Es war interessant, wie der eine sagte: »Die Deutschen sperren dich gleich ein, dort im Lavanttal, um Lavamünd.««

Vom Arbeiteraufstand war bei uns nicht viel zu spüren, aber der Putsch im vierunddreißiger Jahr, der war schon schlimmer, denn von den illegalen Nazis gab es mehr als genug. Aus Bleiburg gab es welche, die dabei waren, aus Feistritz, Penk, in unserer Umgebung waren ungefähr 50 bis 60 dabei. Als das Zollhaus überfallen wurde, da waren auch die Zivilisten dabei. Vom Heimatschutz hieß es, er sei österreichisch, aber der war nicht so österreichisch, der war eher hitlerisch, schon österreichisch, aber im hitlerischen Geiste. Es lebten auch in unserer Umgebung welche, die beim Heimatschutz waren. Die hatten dunkelgraue oder graublaue Kleider und Hüte mit Federn und die rannten, um die Bleiburger Ämter zu besetzen. Nur erfuhren sie schon auf dem Weg hin, daß der Putsch mißlungen war, daß er schon in Wien eingedämmt war und bald in ganz Österreich, und sie kehrten um. Die erwischten sie nicht, aber die anderen, die auf das Zollhaus geschossen hatten, die wurden nach Wöllersdorf geschickt, dort waren sie eingesperrt. Viele flohen aber auch nach Jugoslawien, dort hatten sie in Varaždin und Bjelovar ihre Lager, viele tauchten bei Bekannten unter. Die meisten gingen nach Deutschland, dort warteten sie bis zum achtunddreißiger Jahr. Vier Jahre warteten sie.

Die in Wöllersdorf eingesperrt gewesen waren, die kamen alle zurück, die wurden freigelassen. Einer aus Bleiburg, der Verantwortliche, der war zwei Jahre in Karlau, dann wurde er freigelassen und arbeitete wieder für Hitler. Im sechsunddreißiger Jahr kam er nach Hause und arbeitete noch zwei Jahre für Hitler, bis der dann 1938 selber kam.

Von diesen illegalen Nazis waren viele der Abstammung nach Slowenen. Nur einer oder zwei waren reine Deutsche aus unserer Gegend. Die anderen redeten zuhause slowenisch, mit den Eltern slowenisch, ihrer Geisteshaltung nach aber waren sie Deutsche, in Wirklichkeit halt *nemčurji*. Die Hitlerpropaganda hatte ja einen Rieseneinfluß auf die Menschen, die dachten wirklich, es käme das Glück, es käme etwas Besseres.

Wo muß man das Kreuz machen?

In der Zeit vor dem Plebiszit gab es natürlich ständig Konflikte. Mein ältester Bruder Franz war damals 18 bis 20 Jahre alt und war beim christlichen slowenischen Turnerverein, bei den Orli. Das war allgemein bekannt. Als er einmal am Sonntag in die Kirche ging – wir gehörten zur Pfarre Bleiburg, und da mußte man in Unterloibach um die

Friedhofsmauer gehn –, überfiel ihn hinter der Friedhofsmauer ein Bauernbursch mit einer Mistgabel. Mein Bruder konnte noch ausweichen und kam nach Hause zurück. Dieser Bauernbursch war der Bruder des späteren nazistischen Bürgermeisters von Loibach.

Dann war die Volksabstimmung, die Jugoslawien verlor. Meine Familie stimmte für Jugoslawien, ganz offen. In den ersten Tagen nach der Volksabstimmung gab es natürlich in der Familie eine Weltuntergangsstimmung, aber nicht nur deshalb, weil man sehr betroffen oder traurig war, sondern mehr aus Angst. Man hatte Angst vor dem, was jetzt kommen würde. Mein Vater stammte aus einer Gegend, die heute zu Jugoslawien gehört, und zwar aus der Gegend Uršlja gora, das heißt von den Bergen um das Mießtal, Ursulaberg heißt das auf deutsch. Er hatte Verwandte da drüben, und diese rieten ihm: »Verkauf oben und kommt's her.« Meine Eltern sagten aber: »Wir bleiben da«, genauso meine Brüder. Sie wollten die Heimat nicht aufgeben.

In unserer zweiklassigen Volksschule waren zwei Lehrer. Die Kleinen unterrichtete eine Lehrerin, die mußte slowenisch können, weil sie sich sonst nicht mit den Kindern verständigen konnte. Ihre Aufgabe war es, zuerst einmal mit den Kindern slowenisch zu reden, und sie dann schön langsam in den ersten zwei Jahren zum Deutschen hinzuführen. Bevor ich in die Schule kam, so mit fünf, sechs Jahren, da war der Oberlehrer Scheschark schon da. Seine Kinder konnten nur Deutsch. Er hatte einen Sohn, der war so alt wie ich, und hieß Siegfried. Meine ersten deutschen Worte waren: »Siegfried, gemma Birnen.« Bei unserem Haus war ein großer Birnbaum, der trug kleine Birnen, die wunderbar gut, süß und saftig waren. Siegfried kam immer, um Birnen zu essen. So lernte ich meine ersten deutschen Worte: »Siegfried, gemma Birnen«.

Dann kam für mich die Schulzeit. Die Schule war praktisch neben unserem Haus, keine 100 Meter entfernt. Wir hatten in der zweiten Abteilung als Lehrer diesen Scheschark. Er war als Lehrer gut. Aber er war so eingestellt, daß er jene Kinder, die von bewußt slowenischen Eltern waren, immer ein bißchen schief anschaute. Er brachte auch seinen Geographie- oder Geschichtsunterricht so, daß er uns in die deutschnationale Richtung drängte. Eigentlich hätten wir ja auch Slowenisch lernen müssen. Wir waren in einer utraquistischen Schule, wo in der ersten Klasse, in der die ersten beiden Jahrgänge zusammengefaßt waren, slowenisch unterrichtet wurde, damit die Kinder überhaupt verstanden, was der Lehrer von ihnen wollte. Und zu den slowenischen Worten lernten wir dann die deutsche Bedeutung, damit wir ab der dritten Schulstufe den Oberlehrer Scheschark verstehen konnten, der nur deutsch mit uns sprach. Allerdings gab es einen Stundenplan, auf dem vermerkt war, wie viele Stunden Slowenischunterricht zu halten sei. Nur erlebte ich in der zweiten Klasse nie eine slowenische Stunde. Der Oberlehrer beachtete das überhaupt nicht, sodaß wir slowenisch nur im Religionsunterricht hörten. Einmal kam der Schulinspektor aus Völkermarkt, er war der Sohn eines Kleinbauern aus Unterloibach, inspizieren, und fragte uns Kinder: »Na, und wie geht's euch mit dem Slowe-nischunterricht? Lernt's ihr auch Slowenisch?« Wir waren irritiert, kei-ner traute sich, irgendetwas zu sagen, aber der Lehrer war schnell und sagte: »Ja, schon, schon. Aber wir kommen halt weniger dazu.« Damit war die Frage abgetan. Der Oberlehrer war als Geographielehrer blen-dend. Ich bekam von ihm die Liebe zur Geographie vermittelt. Andere Mitschüler lasen zum Beispiel in der Freizeit Tom Shark-Hefteln, aber ich studierte Landkarten. Für mich war die Geographie ein ernstes Hobby. Einmal sprach er in der Geschichtestunde – Geschichtestunde und Geographiestunde waren meistens verbunden – von der Volks-abstimmung, und verglich die Kärntner Slowenen mit einem Hund, der einem Fremden nachläuft, nur weil der ihm eine Wurst zeigt. Wir saßen damals zu zweit in der letzten Bank. Auf diese Äußerung hin sagte mein Kollege: »Der ist ja auch so einer. Der ist ja auch nur von Gottschee heraufgekommen, weil er geglaubt hat, daß er da besser leben wird.« Ich hab' gelacht. Der Lehrer saß am Katheder vorn und schmiß mir den Haustorschlüssel direkt an den Kopf. Der hätte mich am Auge treffen können. Ich bin natürlich sehr erschrocken, er aber auch.

Slowenisch lernten wir in der Schule also nicht. Zuhause bekam ich aber die Liebe zur Literatur eingeimpft. Meine Mutter war eine gewöhnliche Bauersfrau, die aber sehr viel las. Alle anderen in der Familie gingen so um neun Uhr ins Bett, sie setzte sich erst nach der Arbeit hin und las, bis sie hinterm Tisch einschlief. Ich fing in der Volksschule an, Bücher zu lesen, die ich zuhause erhielt – jene von der Hermagoras-Bruderschaft waren bei uns selbstverständlich. Außerdem hatte meine Mutter mehre-re slowenische Monatszeitschriften und das Wochenblatt »Koroški Slo-venec« abonniert. Und in der Kaplanei in Bleiburg, da gab es kein Buch mehr, das ich nicht gelesen hätte. Später, als ich am Gymnasium war, borgte ich mir auch Bücher beim Slowenischen Kulturverein aus.

Mit 13 kam ich dann ins Gymnasium. Im Marianum, wo ich Inter-natsschüler war, gab es folgendes Kuriosum. Es war streng verboten, slowenisch zu sprechen. Ich könnte es noch verstehen – in der Klasse waren 20 Schüler, davon waren 5 oder 6 Slowenen –, wenn es geheißen hätte: »Ihr dürft nicht slowenisch reden, wenn ihr mit Deutschspre-chenden zusammen seid.« Aber wir durften ja auch, wenn wir Slowenen allein waren, nicht untereinander slowenisch reden. Noch kurioser aber war es, daß Brüder untereinander überhaupt nicht sprechen durften, wenn sie nicht im selben Zimmer untergebracht waren. Es gab dort zwei Fälle. Mein Bruder war eine Klasse höher als ich, beziehungsweise im Marianum einen Stock tiefer als ich. Mir war es strengstens verboten, mit ihm zu sprechen! Ich mußte immer um besondere Erlaubnis bitten. Einmal herrschte mich der Präfekt an, was ich denn mit dem Bruder so viel zu reden hätte. Es war das Heimweh, das mich dazu trieb. Seit dieser schweren »Kränkung« fragte ich nie mehr um Erlaubnis. Das zweite Brüderpaar waren die beiden Zwitter, Franzi und Mirt. Franzi war zwei Klassen vor Mirt, Mirt war mein Mitschüler. Wir leiteten dann eine Art Revolution ein. Es kam ein Tag, da wir auf das Verbot nicht mehr achteten. Wenn wir im Garten beim Spazieren zusammenkamen, redeten wir slowenisch.

Es gab dann Konsequenzen. Wir, der Zwitter Mirt und ich, flogen aus dem Marianum, und zwar nach der 6. Klasse. Ich kam in den Ferien gerade von einer Radwanderschaft – ich kam sehr viel in Kärnten herum, zu Fuß oder mit Rad – nach Hause, Ende August. Die Mutter weinte, der Vater brummte. »Was ist los?« »Ja, so Sachen machst, machst uns solche Sorgen.« Ich sagte: »Was ist denn, um Gottes Willen?« Sie zeigten mir den Brief, in dem es hieß: »Das Fürstbischöfliche Marianum muß Ihnen leider mitteilen, daß wir nächstes Schuljahr Ihren Sohn Anton nicht mehr ins Fürstbischöfliche Marianum aufnehmen können, um die Ruhe im Hause zu wahren.« Mirt Zwitter, beziehungsweise seine Mutter, erhielt genau den gleichen Brief, nur der Name war geändert. Dazu war es gekommen, weil wir die Vorschriften nicht mehr ertragen konnten. Wir sagten: »Das ist doch unmenschlich.« Das war nicht Erziehung, das war Dressur. Die Erziehungsstatuten stammten praktisch noch aus der Zeit des Tridentinums. So streng waren sie und mir einfach unverständlich. Mein erster Winter im Marianum war 1930 und es war furchtbar kalt. Die Waschräume waren mit Marmorboden und Marmorwaschbecken ausgestattet. Egal, wann das war, und wenn es minus 30 Grad hatte, mußten wir uns mit freiem Oberkörper mit eiskaltem Wasser waschen. Eine Heizung gab es nicht. Wenn das Wasser wegspritzte, war es sofort Eis. Dann mußten wir jeden Tag in der Früh in die Kapelle und dort während der ganzen Messe knien. Handschuhe waren verboten. Wir hatten alle an den kleinen Fingern Frostbeulen, weil wir die Hände so hielten, daß wir hineinhauchen konnten. Auf den Knien hatten wir Haut wie Ledersohlen. Sonntags waren zwei Messen, eine in der Früh und die zweite vormittags um zehn oder halb zehn, mit Predigt. Die Kapelle war auch ungeheizt. Es war Pflicht, am Sonntag zur Kommunion zu gehen, werktags war es erwünscht. Ich ging immer am Sonntag zur Kommunion und werktags manchmal auch. Zwei-, drei, viermal, je nachdem. Aber es hieß: »Du mußt nicht«, also ging ich nicht immer. Eines Tages ruft mich der Präfekt in sein Zimmer, zu einem Gespräch und fragt mich: »Gehst du zur Kommunion auch?« Ich sage: »Ja.« »Na, am Sonntag? Gehst jeden Sonntag?« »Ja.« Er fragt weiter: »Werktags? Gehst werktags auch?« Ich sage: »Ja, aber nicht immer.« Fragt er: »Na, zum Beispiel, wie oft warst du letzte Woche?« Und ich nannte ihm irgendeine Ziffer, dreimal oder viermal. Er stand vom Tisch auf, ging an seinen Schreibtisch, nahm aus der Lade ein Notizbuch und sagte: »Das stimmt nicht, was du sagst. Du warst nur zweimal.« In dieser Woche war ich werktags aus Protest zum letzten Mal bei der Kommunion. Was so jemand einem jungen Menschen an Gewissenskonflikten verursachen kann!

Oder das Verbot des Gesprächs unter Brüdern. Es passierte zum Beispiel Folgendes: Ein Schulkollege, der jeden Tag in die Hauptschule fuhr, brachte einmal ein Paket für uns beide mit. Mir gehörte die eine Hälfte, meinem Bruder die andere Hälfte. Nach der Schule teilte ich das Paket und nahm es zum Mittagessen mit, um es meinem Bruder zu geben. Zum Essen mußten wir im Gänsemarsch auf jeder Seite der Stufen gehen, bei strengstem Silentium. Beim Frühstück immer Silentium, beim Mittagessen die erste Hälfte Silentium, während irgendeiner Lesung. Nach dem Mittagessen wieder im Gänsemarsch über die Stiegen, aber nicht in die Zimmer, sondern in die Kapelle. Es gab keine Möglichkeit, das Paket auszuhändigen. Nach dem Gebet wartete ich auf meinen Bruder, gab ihm das Paket und sagte: »Du, der Pepi hat das gebracht. Es ist von der Mutter, das gehört dir.« Der Präfekt erwischte mich dabei. Also das war eine Standpauke damals. Er sagte: »Wenn du dich nicht an die Disziplin halten kannst, dann wirst du gehen.« Ich hatte zweimal das Consilium abeundi bekommen, also die Drohung, bei einer weiteren Mißachtung der Hausordnung entlassen zu werden.

Oder ein anderes Beispiel. Alle slowenischen Studenten, die damals im Marianum waren, sammelten Bücher. Und zwar veranstalteten in Jugoslawien, in Maribor und Ljubljana, in Kranj und in Celje Studenten eine Sammelaktion. Diese durchwegs alten Bücher schickten sie uns. Ein Teil davon kam nach Bleiburg. Dort holte ich sie ab und brachte sie nach Klagenfurt. Wir fertigten Verzeichnisse an und brachten die Bücher in die Anstaltsbücherei. »Das sind jetzt unsere Bücher«, das war unser Stolz. Dann wurde ein Bibliothekar vom Direktor Dr. Brunner ernannt. Wir ersuchten ihn, noch einen slowenischen Studenten zu bestellen, der über die slowenischen Bücher zu verfügen hätte und der die Bücher auch lesen konnte und wußte, wem bestimmte Bücher geborgt werden konnten. Der Direktor sagte: »Nein, das sind nicht eure Bücher.« Wir behaupteten: »Das sind doch unsere Bücher, die haben doch wir gesammelt.« »In dem Moment, wo ihr sie in unsere Bibliothek eingebracht habt, sind es nicht mehr eure Bücher. Das sind unsere Bücher, und ich werde entscheiden, wer über diese Bücher verfügen kann, beziehungsweise sie verteilen kann«, meinte er. Er bestellte einen zum Bibliothekar, der kein Wort slowenisch konnte, ohne unsere Bitten zu beachten. Und das war auch wieder ein Protestfall. So kam es so weit, daß wir als Unruhestifter aus dem Marianum flogen. In Kärnten ist auch heute noch ein Unruhestifter, wer auf seinem Menschenrecht beharrt.

In unserer Gegend war es durchaus üblich, sich durch nicht ganz legalen Handel an der Grenze etwas dazuzuverdienen. Das war bei uns auch so. Zum Hof meiner Familie gehörte ein Waldstück, besser gesagt ein ganzer Hügel, um den die Staatsgrenze herumgezogen war und noch ist. Vor diesem Wald lag eine Wiese, ganz an der Grenze. Dort führte man im Winter Holz. Es war meist so eingerichtet, daß man mit einem Pferd in den Wald ging und mit zwei Pferden heimkam. Und dieses Pferd stand dann bei uns vielleicht eine Nacht im Stall, dann wurde es weitergebracht. Einige Kilometer weiter war irgendwo ein Viehhändler, mit einem entsprechenden Viehpaß, der in Vorarlberg oder sonstwo ausgestellt war. So kam das Pferd als »weißes« Pferd weiter in andere Hände. Mit Kühen war es ähnlich. Da war einmal ein Fall, über den redete man viel. Die Petzen, das ist ein langgestreckter Berg mit Vorbergen. Die

47

Tiere kamen über die Grenze zwischen dem Mießtal und dem Jauntal. Eine Herde wurde entlang der Vorberge, eine einzelne Kuh durch die Ebene getrieben, sodaß sie den Finanzern in die Hände fallen mußte. Auf den Zuruf der Finanzer: »Halt!«, begann der Schmuggler so laut zu schreien, daß ihn die andere Partie hören mußte. Nach dieser Warnung rannte er davon. Die Finanzer erwischten nur die Kuh, ohne zu ahnen, daß die andere Herde durch dieses Geschrei alarmiert wurde und sich der Gefahr entziehen konnte. Ich selbst bin einmal Posten gestanden. Das war im Herbst, es regnete stark und mein Bruder sagte: »Du, da kommen zwei Pferde von oben herunter.« Ich sollte mich dort versteckt halten, hinter Heustangen, ganz nahe an der Straße. Mein Bruder sagte: »Wenn die zwei Pferde vorbeikommen, dann komm' schnell nach Hause und ruf' mich.« Ich stand dort, es schüttete, es blitzte, es donnerte, ich stand dort, und es kam nichts, es kam nichts. Kein Pferd, nichts. Nach längerer Zeit rief mich mein Bruder und schrie: »Wo bist du?« Ich sagte: »Ich warte da.« Sagte er: »Was heißt warten, die Pferd' sind schon längst im Stall.« Über solche Tätigkeiten konnte mein ältester Bruder dann im Gefängnis lange nachdenken.

Im Jahre 1936 ging ich dann nach Innsbruck, um Jus zu studieren. Wir hatten dort auch eine Art Klub slowenischer Studenten, keinen offiziellen. Es waren einige Slowenen in Innsbruck. Wir wohnten zu viert in derselben Wohnung. Mein Bruder und sein Kollege hatten ein Zimmer, und Zwitter Mirt und ich ein anderes. Außerdem waren da noch ein gewisser Diplomkaufmann Picej Adolf, ein Niko Wedenig. Der Zwitter, ich und Wedenig waren Juristen, mein Bruder und Markic waren Mediziner, der Picej war ein Diplomkaufmann. Dann waren noch Theologen im Canisianum; Zwitter Franzi studierte dort drei Jahre Theologie. Er trat dann aus und sattelte auf Jus um. Weiters waren noch der Srienc Kristo, Janko Hornböck und ein gewisser Žabkar draußen. Letzterer war dann päpstlicher Diplomat. Ebenso Slowenen waren Gusto Maraš und andere. Wir sind immer wieder zusammengekommen, auf Ausflügen oder beim Kartenspielen in unseren Zimmern. Ja, da war noch ein gewisser Thomas Struckl, auch ein Slowene aus der Umgebung von Velden. Ich glaube, der ist gefallen. Mit dem gab es eine interessante Episode. Wir saßen da und wälzten halt unsere Probleme, dieser Thomas Struckl auch. Der kam auch immer zu uns. Geld hatte keiner von uns, aber er am allerwenigsten. Und eines Tages lud er uns ein, in ein Gasthaus, in ein nobles Lokal und bestellte Wein. Einen guten Wein, wir hätten den nie bestellt. Uns fiel auf, daß er auf einmal soviel Geld hatte. Das war schon in der Nazizeit. Und wir fragten ihn danach: »Ja«, sagte er: »Ich hab' in den Ferien den Sohn eines Veldener Hoteliers instruiert, da hat er mir eine Sonderanerkennung gegeben und mir Geld geschickt.« Und so lud er uns halt ein. Mir war das nicht so ganz verständlich. Ich debattierte noch mit Mirt Zwitter darüber und sagte: »Da stimmt was nicht.« Und Mirt meinte noch: »Ja, ihr Jauntaler seid's alle so. Wenn einer nicht so ist, wie ihr ihn euch vorstellt, dann ist er schon abgeschrieben. Deshalb werden ja so viele abgestoßen.« Ich sagte nichts mehr. Viel später, eigentlich dann schon bei der Gestapo in Klagenfurt, kam ich drauf, was war. Der hatte eine Belohnung erhalten, saß schön in unserer Gesellschaft und trug das, was er bei uns sah und hörte, weiter, was natürlich auch der Gestapo nicht entging.

In den Semesterferien 1938 fuhr ich heim. Da war ich dann für die Abstimmung von Schuschnigg aktiv. Vor unserem Hof stand an einem Wegdreieck ein großer Lindenbaum, und dort affichierte ich die Volksabstimmungsplakate. Ich war gerade bei der Arbeit, es war Abend, als von einer Hecke her Steine auf mich flogen, sodaß ich diese Tätigkeit aufgeben mußte. Ich dachte mir, am nächsten Tag mache ich weiter. Am nächsten Tag war die Welt schon anders. Da begannen die Nazidemonstrationen. Es war ein derartiges Gebrüll, daß man das Gefühl hatte, als ob die Menschen wild geworden wären. Bei allen Leuten, die nicht nazistisch dachten, löste das große Besorgnis aus, bei meiner Familie überhaupt. Schon am Tag nach dem Anschluß kam der Oberlehrer zu uns, um zu inspizieren, ob wir die Hitlerfahne laut Weisung ausgehängt hätten. Ich hatte in zwei Giebelfenster im Hof zwei Fahnen gesteckt, wohlwissend, daß eine offene Opposition gleich am Anfang gefährlich war. Da gab es kleine Papierfahnen und diese Papierfahnen steckte ich in die Fensteröffnungen. Wenn man beim Haus vorbeiging, sah man sie nicht. Und der Oberlehrer fragte, warum wir noch keine Hitlerfahne hinausgehängt hätten? Ich sagte: »Herr Oberlehrer, das stimmt nicht, es gibt in unserem Haus zwei Hitlerfahnen, nicht nur eine.« »Wo?« Er schaut hinauf, sieht keine. Durch den Hof führte ein öffentlicher Weg, zwischen Haus und Misthaufen. Um die beiden Fahnen genau zu sehen, mußte man auf den Misthaufen treten, der sich gegenüber dem Wohnhaus befand. Er konnte nichts weiter sagen, es stimmte, es waren zwei Fahnen da. Aber der Blockwart bekam eine derartige Wut, daß er rot anlief und sagte: »Na, wir sprechen uns noch«, und weg war er. Nach ein paar Tagen kam mein Bruder Stanko von Innsbruck nach Hause, es waren ja Semesterferien. Er erzählte uns, daß die Studentenschaft und überhaupt die Innsbrucker für Schuschnigg demonstriert hatten. Noch am Vorabend des Rücktrittes Schuschniggs war alles für ihn gewesen. Nach dem Anschluß gab es Nazidemonstrationen, bei denen dieselben Leute für Hitler demonstrierten. Das war typisch für die Einstellung der Bevölkerung.

Dann kam die Zeit der Vorbereitung für die Volksabstimmung am 10. April 1938. In der Zwischenzeit geschah einiges, zum Beispiel, daß man den ehemaligen Landtagsabgeordneten der Slowenen, den Pfarrer Poljanec verhaftete und einige Pfarrer versetzte. Das rief natürlich eine große Spannung hervor. Dann kam der 10. April näher. Es war ein Sonntag, es gab natürlich viel Propaganda, alles muß für Hitler stimmen. Unser Wahllokal war im Gasthaus Hrust in Unterloibach, nahe der Grenze zu Jugoslawien. Die Nazis wollten, daß möglichst alle schon rechtzeitig zur Wahlurne schreiten. Am Samstag, das heißt am 9. April, bekamen wir unverhofft Besuch von einem Nachbarn. Das war ein SA-Mann, der seine militärische Ausbildung auf der Petzen machte. Auf der Petzen wurde nämlich zu jener Zeit ein Touristenhaus gebaut, die sogenannte Bleiburger Hütte. Die Arbeiter waren alles Burschen aus der Umgebung von Bleiburg. In Wirklichkeit war es eine SA-Kompanie. Diese konnte dort oben frei und ungestört ihre militärischen Übungen abhalten. Dieser SA-Mann kam auf Besuch, in voller Uniform, mein Vater und ich waren in der Küche. Mein Vater brachte ihm Most, wie das bei Bauern so üblich ist. Wir tranken und debattierten. Und als er glaubte, er hätte genug getrunken, sagte er: »Also, morgen ist die Wahl und es ist der strenge Auftrag, es muß 100%ig für Hitler gestimmt werden. Wenn jemand dagegen stimmt, so werden wir diesen zu finden wissen. Wir wissen im voraus, wo wir ihn suchen werden.« Also, das war wirklich eine offene Drohung. Am nächsten Tag gingen wir nicht am Vormittag zur Wahl, sondern ließen uns Zeit bis Nachmittag, ich glaub' um fünf war Schluß. Es kamen ein paar SA-Männer mit Auto und forderten uns auf, sofort zur Wahl zu gehen, alles habe schon gewählt: »Warum kommt ihr nicht?« Nun gingen wir. Vor dem Wahllokal empfingen uns ein paar SA-Männer. Jener, der am Samstag bei uns gewesen war, der Sohn des Oberlehrers, eigentlich ehemals ein Schulfreund von mir, dann einer aus Unterloibach, der angeblich heute bei der Gemeinde Bleiburg eine ziemlich wichtige Rolle spielt. Die provozierten genauso: »Na, wir wissen schon, wer dagegen ist.« Und, was machten wir? Mein Bruder Stanko und ich machten vor dem Wahlkommissär das erwünschte Kreuz. Wir konnten ja nichts anderes tun, sonst wären wir schon am nächsten Tag nach Dachau gefahren. Mein Vater aber nahm den Wahlzettel, zeigte ihn dem Wahlkommissär und fragte: »Sagen Sie, ich kenn' mich nicht aus, wo muß man da das Kreuz machen?« Der Kommissär zeigte ihm den großen Kreis, der Vater sagte: »Wissen Sie was, Sie kennen sich aus, da haben Sie den Zettel, machen Sie es.« Und der machte wirklich das Kreuz für ihn. Mein Vater lachte ein bißchen verschmitzt, so quasi: Ich hab es ja doch nicht gemacht.

Deutscher bleibt Deutscher

Ich wurde am 21. 6. 1909 geboren. Mein Vater war Fabriksarbeiter der Krainischen Industriegesellschaft in Feistritz. Das war eine Filiale der Fabrik in Jesenice. Die Mutter arbeitete vor der Heirat mit meinem Vater als Magd. Meine Eltern hatten so viel gespart, daß sie sich eine kleine Keusche beim Breznikar in Hundsdorf kaufen konnten, wo ich dann geboren wurde.

Mit vier Jahren erkrankte ich, ich hatte Tuberkulose im rechten Bein und im Gelenk. Damals bekam ich vom Geschehen rund um mich sehr wenig mit, ich konnte mich nicht bewegen, ich konnte nicht gehen, gar nichts. Die Mutter hatte viel zu tun in der Keusche, der Vater in der

Fabrik und so lehrte mich die Mutter lesen. Mit fünfeinhalb Jahren konnte ich schon lesen, damit die Mutter Ruhe vor mir hatte, habe ich selber Fabeln gelesen und dabei die slowenische Schriftsprache gelernt. Damals freute ich mich schon auf die Schule, weil ich ja schon alles konnte. Im Jahre 1916, nach Ostern, begann ich mit der Schule. Wir kamen in die Schule und was war? Von uns konnte keiner deutsch, die Lehrerin aber konnte nicht slowenisch. Und da schauten wir wie der Ochse auf das neue Tor. Das war die sogenannte utraquistische Schule, ein System, die Slowenen so schnell wie möglich einzudeutschen. Diese Schule haßte ich von Anfang an. Einige Zeit war ich total verzweifelt. Einmal ging ich dann eine Woche lang nicht in die Schule. Ich ging von zuhause in Richtung Schule, aber statt hineinzugehen, strolchte ich draußen umher und nach Schulschluß ging ich wieder nach Hause. Dann schrieben sie von der Schule aus an meinen Vater und an die Mutter, warum ich nicht zur Schule komme, daraufhin jagte mich meine Mutter jeden Tag mit der Rute zur Schule. Aber sie weinte dabei, es war schlimm für sie.

Als im achtzehner Jahr im Herbst der Krieg aus war, da hütete ich gerade Schafe bei meinem Onkel, neben der Straße. Damals flohen die Soldaten von der italienischen Front und ich kann mich noch erinnern, wie sie begannen, auf meine Schafe zu schießen. Vermutlich hatten sie Lust auf Fleisch. Aber sie erwischten keines, die Schafe liefen davon. Dann war es einige Zeit so: Österreich war zerfallen, wir wußten nicht, was kommen würde, es gab keine Grenze und gar nichts. Seinerzeit hatte ja Slowenien dazugehört, von den Karawanken als Grenze wußten wir nichts. Dann kann ich mich daran erinnern, wie Anfang 1919 eine Patrouille slowenischer Soldaten durch das Rosental kam, wenn ich mich nicht irre, dann war das am 27. oder 28. April. Der Mesner von St. Johann war ein bewußter Slowene und er dachte, daß alles in Ordnung sei und wir eine slowenische Regierung bekommen würden, und er ging und hängte die slowenische Fahne auf den Kirchturm. Auf dem Hollenburger Hügel aber hatte die Volkswehr ihre Artillerie aufgestellt, sie begann St. Johann zu beschießen und beschädigte die Kirche schwer. Neben der Kirche war der Šlemic-Hof, Štih schrieben sie sich damals, und deren Wirtschaftsgebäude wurde durch das Schießen und die Granaten in Brand gesetzt. Es brannte ab. Das war am 29. April 1919. In der Nacht kamen dann die Volkswehrler, brachen im Pfarrhof ein und stahlen, was sie wegtragen konnten. Alles andere zerschlugen sie. Sie stahlen auch noch einiges aus der Kirche. In der St. Johanner Kirche sieht man noch heute die Einschüsse aus dieser Zeit in den Bänken. Geht nur hin und fotografiert es.

Und dann ging die Hatz hin und her. Einmal sind sie aus Rosenbach auf einer Draisine heruntergefahren, auf der ein Maschinengewehr montiert war, und sie terrorisierten damit das ganze Rosental. Ich weiß nicht, welche das waren. Herunter sind sie gekommen, weil es bergab ging, hinauf mußte dann ein Bauer anschirren und diese Draisine zurück nach Rosenbach schleppen.

Einmal arretierten die Slowenen einige dieser Volkswehrler in Feistritz und wollten sie abführen. Es war Nacht und diese Leute mit dem Maschinengewehr waren gerade auf dem Feistritzer Bahnhof postiert, sie begannen zu schießen. Ein slowenischer Soldat war tot, und von den Arretierten waren auch einige verletzt.

Einige Slowenen verrichteten bei der slowenischen Gendarmerie ihren Dienst, die eher deutschtümelnd Eingestellten gingen zu den Abwehrkämpfern. Damals war die Lage ja schwierig. Jugoslawien war gerade entstanden und mancher bei uns in Kärnten, auch von den bewußten Slowenen, wußte nicht, was daraus wird. Wer nicht viel las und wer nicht gebildet war, der wußte ja nicht, was Jugoslawien ist, Österreich aber hat er sein Leben lang erlebt.

Dann kam die jugoslawische Armee, in der waren hauptsächlich Serben, vor denen hatten die Deutschen Angst. Wo die Serben auftauchten, da flohen die Deutschen, sie zogen sich nach St. Veit zurück. Die waren nur mutig, solange sie stärker waren. Dann sahen sie, jetzt kommen gleichwertige Soldaten, und da sind sie abgehauen.

In der Zeit bekamen wir slowenische Lehrer. Damals bin ich mit Freude zur Schule gegangen, als ich mich slowenisch ausdrücken durfte.

Dann begann die Propaganda von beiden Seiten, aber die Deutschen konnten das besser ausnutzen. Sie schleppten zum Plebiszit alle Menschen an, die irgendwann einmal in der Gemeinde angemeldet gewesen waren. Ich weiß noch, eine, die lebte in Graz, sie war irgendwann einmal in Hundsdorf gemeldet gewesen, die schleppten sie auch an, damit sie mitstimmte. Südlich der Drau, wo wir lebten, hat es wenige Aufmärsche von seiten der Deutschen gegeben. Dort hatten wir Slowenen unsere Veranstaltungen. Nur einmal, kann ich mich erinnern, da hatten sie in Feistritz eine Versammlung, »unter der Linde« wurde dazu gesagt, und sie schleppten den Pfarrer Feinig an, der damals sehr deutschtümelnd eingestellt war, der wurde als Redner hingebracht. Die Slowenen zerschlugen die Versammlung, ich war damals dabei, die Deutschen kamen, aber es waren viel mehr Slowenen dort und so mußten sie sich zurückziehen, ihren Pfarrer Feinig einpacken und gehen.

Als das Plebiszit verloren war, war das schlimm, alle die gehen mußten, haben geweint. Die slowenische Lehrer- und Beamtenschaft mußte gehen. Es gab ja viele, die engagiert gewesen waren als Gendarmen, oder die Intelligenz, die ging fast zur Gänze nach Jugoslawien. Das war unser größtes Unglück, daß wir die Intelligenz verloren. Nur ein paar Priester blieben hier und der Dr. Petek, ein Arzt, und der Lehrer Aichholzer ist geblieben, der Kupper blieb, der war auch Lehrer, aber den warfen sie aus den Dienst, und ein Herzele, der blieb auch, der war Lehrer in Ferlach. Freilich drohte man ihnen, und es gab auch noch lange eine Hetze gegen slowenische Priester. Zum Beispiel in Kappel an der Drau, da war der Dekan Limpl, der wurde eines Nachts unter dem Vorwand nach Reßnig gerufen, einem Todkranken die Beichte abzunehmen. Auf dem Weg von Goritschach nach Reßnig schossen sie ihn an und verletzten ihn schwer. Er erholte sich zwar einigermaßen, litt aber bis zu seinem Tod unter der Verletzung.

Sie beschimpften unsere Leute noch lange als Tschuschen und schrien »Horuck über den Loibl!«. Wenn sie einmal betrunken waren, und das war oft in unserem Dorf, weil bei uns gab es viele rohe und abstoßende Menschen, dann schrien sie immer: »Die Tschuschen über den Loibl!« Oder in Feistritz, da war ein Gendarmeriewachtmeister, der Oitzl, der hatte in der Zeit der Besetzung des Rosentales durch Jugoslawien seinen Dienst weiter versehen, wie unter Österreich, dann, als sich die Jugoslawen zurückziehen mußten, warfen ihn die Deutschen aus dem Dienst hinaus und aberkannten ihm die Staatsbürgerschaft.

Vorher war der Krasnik Matevž aus St. Johann der Bürgermeister gewesen. Gleich nach dem Plebiszit wurde er abgesetzt und wir bekamen einen Deutschen als Bürgermeister, das heißt einen *nemčur*, weil deutsch konnte der gar nicht richtig. Im zweiundzwanziger Jahr kehrte dann der Florian Lapuš aus russischer Kriegsgefangenschaft heim. Der war ein intelligenter Mensch, er begann die Slowenen zu organisieren, und wir gewannen bei den Wahlen und bekamen einen slowenischen Bürgermeister. Mein Vater war als Arbeiter bei den Sozialisten organisiert und er wurde Gemeinderat, die Sozialisten wählten ihn. Er war aber auch ein sehr bewußter Slowene. Damals hatten wir Kärntner Slowenen auf Landesebene aber eine klerikale Führung und die Schwarzen warfen meinem Vater immer vor, daß er kein Slowene mehr sei, weil er bei den Sozialisten organisiert war. Er stritt oft mit ihnen und sagte: »Ich bin mehr Slowene als ihr.« Als der erste Bürgermeister gewählt wurde, da überredete der Vater die anderen sozialistischen Mandatare, daß sie ihre Stimme dem slowenischen Bürgermeister geben sollten. Ich betätigte mich als Erwachsener nicht bei den Sozialisten, weil mir mein Vater erzählt hatte, wie sie später von der Parteileitung aus auf ihn Druck auszuüben begannen, er solle mehr zum *nemčur* werden und ich sagte mir, damit will ich nichts zu tun haben.

In der Schule bekamen wir einen neuen Lehrer, Tratnik Franc hieß er. Er war aus Klagenfurt, aber eigentlich auch slowenischer Herkunft, die Tratniks waren ja früher Slowenen. Er konnte nicht mehr slowenisch, war aber ansonsten ein guter Lehrer. Ich begann schon bald, mir aus der Vereinsbibliothek slowenische Bücher auszuleihen. Weil ich etwas weiter von der Schule entfernt wohnte und dazu noch schwer gehen konnte, blieb ich über Mittag immer in der Schule, wir hatten ja vormittags und nachmittags Schule, und las in der Mittagspause ein slowenisches Buch. Da kommt der Tratnik und fragt: »Was liest denn du? Aha, ein slowenisches Buch. Wo hast du das bekommen?« »Beim slowenischen Bildungsverein.« Er sagte nichts. Später erst, ich war schon längst erwachsen, da trafen wir uns wieder und er sagte zu mir: »Ja, ja, du warst schon ein nationaler Slowene, nicht einmal singen wolltest du, wenn wir ein deutschnationales Lied gesungen haben.« Ich sang ja sonst gerne, aber ein deutschnationales Lied wollte ich nicht singen.

Nach der Schule wäre ich gerne studieren gegangen, ich lernte ja leicht. Aber als ich die Schule verließ, kam gerade die Inflation und der Vater verlor das ganze Geld, das er für mein Studium zusammengespart hatte. Damals gab es keine Unterstützung, einzig und allein die Priester unterstützten jene Studenten, die Priester werden wollten. Aber mein Vater war sehr vorsichtig und sagte: »Ich kann dich nicht studieren lassen, mein Geld ist weg. Du wirst in die Lehre müssen.« Wir hatten sehr viele Verwandte in Ferlach, die Büchsenmacher waren, aber ich konnte nicht Büchsenmacher werden, da hätte ich den ganzen Tag beim Schraubstock stehen müssen. Wir bekamen in Ferlach beim Wieser einen Lehrplatz und ich ging in die Schneiderlehre. Im vierundzwanziger Jahr begann ich mit der Lehre, 1929 verließ ich Ferlach, ich bekam Arbeit in Hamburg. Damals war Ferlach in Sachen Mode nicht gerade auf der Höhe der Zeit. Bis 1931 arbeitete ich in Hamburg, doch ging mir diese Ebene auf die Nerven, ich hielt das nicht mehr aus. Ich stieg jeden Sonntag auf einen Hügel in der Nähe der Elbe, ich weiß nicht, ob der 40 Meter hoch war. Dort war ich jeden Sonntag und dann schaute ich im einunddreißiger Jahr einen österreichischen Film an: »Der unsterbliche Lump«, und dort sind herrliche Bergaufnahmen. Da bekam ich so Heimweh, daß ich mir sagte: ich gehe zurück nach Kärnten. Der Meister wollte mir seine Schneiderei überlassen, denn sein Sohn studierte Architektur, und er hätte mir seine Tochter dazugegeben. Aber ich wollte weg.

Als ich 1931 zurückkam, sagte ich mir: »Jetzt habe ich meine Gesellenjahre beisammen, jetzt könnte ich selbständig werden.« Ich ging nach Ferlach zum Genossenschaftsvorsteher, bei dem mußte ich melden, daß ich selbstständig werden will. Er schaute mich an: »Du traust dich aber viel, wir haben keine Arbeit und du willst dich selbstständig machen.« Ich sagte: »Ich werde es versuchen, wenn es geht, geht es, wenn nicht, ich kann jederzeit aufhören.« Dann packte ich fest an, ich hatte ja draußen in Hamburg die schönsten Arbeiten gelernt, und so hatte ich immer genug Arbeit. Aber damals war ja eine Krise, so daß die Leute kein Geld hatten. Es gab viele Arbeitslose im einunddreißiger Jahr. Ich hatte Glück, damals gab es ein Berufsheer und jeder Soldat bekam 120 Schilling und die Verpflegung in der Kaserne. Die hatten Geld. Einer aus der Jesuitenkaserne ging nach Weizelsdorf werben um ein Mädchen, ihre Familie ließ die Kleider bei uns machen. Und da kam auch er und ließ sich ein Gewand machen, ein feines aus schönem Stoff. Er kommt in die Kaserne zurück, da waren alle verrückt: »Wo hast du das schöne Gewand her, wer hat es dir gemacht?« Und dann kamen die Soldaten haufenweise zu uns. Die hatten Geld.

1935 kaufte ich hier in St. Johann ein Grundstück vom Krasnik, vom damaligen Bürgermeister. 7000 Quadratmeter für 700 Schilling, 10 Groschen für einen Quadratmeter. Dann begannen wir zu bauen. Viele der Arbeitslosen hatten Schulden bei mir und die kamen helfen und dienten so ihre Schulden ab und noch etwas Geld bekamen sie dazu. Wir hatten nur einen Maurer, der alles machte. Der übernahm für 1.250 Schilling den ganzen Hausbau und 7 Helfer mußte ich ihm geben.

In der Ersten Republik hatte jede Partei ihre bewaffnete Formation. Die Sozialisten hatten den Schutzbund, dann gab es die Ostmärkische Sturmschar, das war ein christlicher Verein, und die Heimwehr, wo der Starhemberg Führer war, und dann gab es noch die Nazis, die SA. Jeden Sonntag trieb sich eine dieser Abteilungen hier im Wald herum und hielt Manöver ab.

Janez Weiss

Im vierunddreißiger Jahr im Februar wurden zuerst die Sozialisten erstickt, im Juli putschten die Nazis und erschossen den Dollfuß. Dann wurde die Vaterländische Front organisiert und im Hintergrund arbeitete der Prälat Blüml sehr dafür. Sein Bruder war mit meiner Schwägerin verheiratet und die organisierten das. Aber die Slowenen wollten größteils nicht direkt in die Vaterländische Front. Wir sagten uns: »Deutscher bleibt Deutscher.« Wir verhielten uns immer neutral, wir hatten unsere Veranstaltungen, unser Betätigungsfeld, für uns veränderte sich nicht viel.

Sofort Verfolgung oder Aufschub

Danilo Kupper

Ich bin 1922 geboren. Mein Vater war ausgebildeter Lehrer. Er besuchte in Maribor die Lehrerbildungsanstalt und war dann in der Untersteiermark tätig. Während der Plebiszitzeit war er dann Lehrer in Südkärnten, in Möchling. In der Zeit war er auch slowenischer Aktivist. Meine Mutter war eine Bauerntochter.

Nach Völkermarkt kamen meine Eltern, weil dem Vater an der wieder zu gründenden slowenischen Schule der Leiterposten angeboten wurde, was in den Erinnerungen des Dr. Petek nachzulesen ist. Daraus wurde aber nichts. Er bekam nach dem Plebiszit keine Stelle mehr. Er bewarb sich für Lehrerstellen auch in den hintersten Winkeln, wo kein anderer hinwollte. Da zog man dann die Ausschreibung zurück, damit man nicht ihm die Stelle geben mußte, weil man ihn als »Nationalslowenen« kannte. Er war ja Lehrer in der besetzten Zone, in der Zone A gewesen, angestellt von der Macht, die damals dort regierte, und das waren eben die Jugoslawen. Das wurde ihm dann von Österreich nicht als österreichischer Dienst anerkannt, und so wurde er nicht aus dem österreichischen Dienst entlassen, sondern nach 1920 nie in denselben aufgenommen. Er begann dann bei der Posojilnica [slowenische Darlehenskasse] in Völkermarkt zu arbeiten, die er leitete. Zugleich war er beim Verband der slowenischen Genossenschaften einmal wöchentlich tätig. Jeden Donnerstag fuhr er mit dem Rad nach Klagenfurt.

Wir waren fünf Kinder, vier Brüder und eine Schwester, alle jünger als ich. An der Peripherie von Völkermarkt, dort in St. Ruprecht, wo die Schule steht, die seinerzeit dem Ciril- und Method-Verein gehört hatte,

Zwischenzeit

wo die Nonnen drin sind, in dem Gebäude hätte die slowenische Schule untergebracht werden sollen. Vis-à-vis war ein zur damaligen Schule gehörendes Lehrerhaus, dort wohnte der Vater.

Narodu in domovini zvesti koroški Slovenci!

Avstrija stoji pred usodno odločitvijo!
Ali smo za stanovsko, socialno in krščansko državo?
Ali smo za red in mir?
Ali smo za samostojno Avstrijo?

Ja!

Zato glasujemo v nedeljo 13. marca enoglasno za

kanclerja Schuschnigga!

Slovenska prosvetna zveza.

Ich hatte damals hauptsächlich zu meinen Mitschülern Kontakt, das waren slowenische Kinder und deutsche. Und in der 4. Klasse Volksschule ohrfeigte ein Lehrer, ein verbissener Heimatbündler, einen Mitschüler und mich durch die ganze Klasse bis zur letzten Bank, weil wir slowenisch geredet hatten. Solche Sachen erlebte ich öfter. Der Lehrer strengte sich sehr an, mich und andere Slowenenkinder einzudeutschen. Er schickte absichtlich mich oder andere Slowenen die Zeitung »Koroška domovina« kaufen, das war nach heutigen Begriffen ein Heimatdienstblatt, zweisprachig geschrieben mit dem Ziel, die Slowenen einzudeutschen.

56

Danilo Kupper

Im Jahre 1929 spürten wir schon die Arbeitslosigkeit, und daß unsere Spar- und Darlehenskassen auf schwachen Beinen standen. Da mußte mein Vater – es war um das Jahr 1930 –, wir hatten nichts mehr zu essen, nach Podravlje/Föderlach zu meinem Großvater gehen und als Knecht am Feld helfen. In der Posojilnica gab es nicht viel zu tun und nichts mehr zu verdienen, und so ging er mehr oder weniger als Knecht aushelfen, soviel, daß wir zu essen hatten. Wir waren dann alle oben, ein Teil schlief bei einem Onkel, der andere bei der Großmutter. Mein Vater war bei der Posojilnica nicht richtig angestellt. Er hatte nirgends eine feste Anstellung, deswegen hatte er später eine sehr schlechte Pension. Er machte auch für andere Sparkassen Bilanzen, alles auf Honorarbasis. Es gab ja keine ausgebildeten Leute dafür. Er war zwar Lehrer, aber er brachte sich das Bilanzieren selbst bei. Dadurch hatten wir aber das Problem, daß wir alle nicht krankenversichert waren, und wir haben Dr. Petek viel zu verdanken, weil er unsere Familie, wie auch viele andere slowenische Familien in der Umgebung, umsonst verarztete. Ich kann mich nicht erinnern, daß wir ihm jemals etwas bezahlt hätten.

Mein Vater hatte einen sehr engen Kontakt zu Dr. Petek, arbeitete mit ihm im damaligen Verein zusammen, und da ist mir eine Sache in Erinnerung geblieben, weil Dr. Petek in seinen Erinnerungen den alten Vospernik, den langjährigen Vorsitzenden des slowenischen Genossenschaftsverbandes, meinen Großvater, in die klerikalen Reihen einreiht, die sich mit der Linie von Dr. Petek nicht einverstanden erklärten. Ich war aber zufällig bei so einer Sitzung dabei, einer Sitzung der Slowenischen Partei, wo die Klerikalen, wie Vinko Zwitter, der spätere Prälat Blüml und andere wie Starc dafür plädierten, daß sich die slowenischen Organisationen der VF anschließen sollten. Und ich kann mich gut erinnern, wie mein Großvater aufstand und ihnen sagte: »Wartet noch ein bißchen, bis wir Alten uns ins Grab legen und dann geht dorthin, mit mir nicht.« Diese Worte höre ich noch heute und deswegen war für mich mein Großvater zwar ein religiöser Mensch, aber kein politisch Klerikaler. Hier hat sich Dr. Petek geirrt.

Dann war die Volksabstimmung, die noch der Schuschnigg ansetzte, und die klerikale Führung war auch wirklich für ein unabhängiges Österreich. Der »Koroški Slovenec« schrieb natürlich dafür, weil da waren ja auch die Leute dabei, die die Slowenische Partei der VF angliedern wollten. Der gleiche »Koroški Slovenec« hat dann später geschrieben, daß man für den Anschluß votieren soll, und zahlreiche slowenische Gemeinden wurden »Führergemeinden«. Diese Vorgangsweise wählten unsere Funktionäre wie Dr. Petek, Aichholzer, Dr. Hafner, mein Vater und andere, die keine Klerikalen waren, weil sie wußten, was kommen würde und sie uns zu schützen versuchten. Sie überredeten die Leute, offen mit »Ja« zu stimmen. Die Parole war: öffentlich mit »Ja« stimmen, keiner unserer Leute sollte geheim wählen, damit sie nicht bei einer »Nein«-Stimme auf einen Slowenen zeigen und sagen konnten: »Das war ein Slowene.« Das mußte verhindert werden, damit

Zwischenzeit

die Hetze gegen die Slowenen nicht sofort begann. Einige waren ja sowieso sofort dran: der Pfarrer Šuštar ist nach Dachau gekommen oder auch Rado Wutte, Redakteur des »Koroški Slovenec«. Offen mit »Ja« zu stimmen verzögerte die Aussiedlung und die Transporte in die KZ. Ich glaube auch heute, daß das eine richtige und gute Entscheidung war.

Wir gingen von Haus zu Haus, wir machten aufmerksam: »Sei nicht blöd, mach keine Dummheiten, weil du sonst draufzahlst.« Man nahm auch an, daß es passieren könnte, daß irgendwelche Nazisten mit »Nein« stimmten und dann die Schuld auf die Slowenen abwälzten. Ich verteilte hauptsächlich Zettel, wenn ich gefragt wurde, dann sagte ich, daß diese Gefahr bestünde und ich weiß keinen, der gesagt hätte, das sei Verrat oder so. Alle waren mehr oder weniger dankbar, weil man sah, es gibt keinen anderen Weg: entweder sofort Verfolgung oder einen Aufschub.

Am 21. April flog ich aus der Lehrerbildungsanstalt. Der Direktor rief mich und auch andere zu sich und erklärte uns, daß wir einpacken und gehen sollten. Ich war der einzige Slowene, die anderen waren Kinder von Vätern, die in der Schuschniggzeit Bürgermeister oder Funktionäre gewesen waren. Es hieß, das geschähe aus Wiedergutmachungsgründen. Sie behaupteten, daß damit, daß die VF uns in die Lehrerbildungsanstalt aufgenommen hätte, Söhne illegaler Nazisten nicht aufgenommen worden wären. Da war es egal, daß ich schon in der 2. Klasse war. Wenn irgendwelche Nazis sagten, sie hätten sich im sechsunddreißiger Jahr um die Aufnahme bemüht, wären aber nicht aufgenommen worden, weil ein Klerikaler oder ein Slowene an ihrer Stelle aufgenommen worden sei, wurden sie auch in die dritte Klasse aufgenommen.

Offiziell sagte der kommissarische Leiter Anderluh, ich würde wegen »Unbildsamkeit des musikalischen Gehörs« von der Anstalt verwiesen. Wir machten dann einen Rekurs, bei dem mein Vater nach zwei Jahren auch Recht bekam. Aber ich ging dann nicht mehr in die Lehrerbildungsanstalt zurück, weil das sinnlos gewesen wäre. Der Anderluh, der inzwischen Direktor war, der mich rausgeschmissen hatte, der unterrichtete Musik. Er war derjenige, der das amtlich aussagte. Von hinten herum erfuhren wir, was der interne Grund war: der Sohn eines nationalbewußten Slowenen durfte nicht deutscher Jugenderzieher werden. Ich wurde ausgeschlossen, weil der Vater ein nationalbewußter Slowene war, das nennt man Sippenhaftung.

Die Slawen sind ein Hauptwort

Janko Messner

Meine Familie mütterlicherseits stammt aus Rakitnik bei Postojna, deutsch Adelsberger Grotte, vier Kilometer südlich von diesem weltberühmten Reiseziel auf der Strecke gegen Rijeka. Dort hatte mein Großvater Janez Možinan noch vor dem Ersten Weltkrieg seine armselige Landwirtschaft verkauft und war mit seiner ganzen Familie nach Aich bei Bleiburg übersiedelt, wo er einen Bauernhof erwarb. Es war damals eine schlimme Zeit, und in Kärnten wurden zahlreiche Wirtschaften feilgeboten, weil die Bauern verkaufen mußten. Er kaufte sich den Besitz vulgo Žlinder, und dorthin wagte sich dann mein Vater Stefan vulgo Peter und bekam meine Mutter Ivana zur Frau. Meine Eltern hatten sechs Kinder, vier Kühe und zwei Ochsen, 26 Hektar, davon 11–12 Hektar Nutzfläche, der Rest mehr oder weniger Föhren- und Buchenwald, mit einem Wort, für sechs Kinder in der Krisenzeit der späten zwanziger und frühen dreißiger Jahre zuviel zum Sterben und zu wenig zum Leben.

Meine Tante Meta heiratete ebenfalls bei einem Nachbarn ein, sodaß es im Dorf drei »Krainer-Höfe« gab, was – nationalpolitisch gesehen – eine Art Auffrischung bedeutete, denn die Leute aus dem Karstgebiet sind bekannt für ihren Stolz und ihre Hartnäckigkeit, was das nationale Bewußtsein anbelangt; sie kommen von einem harten Boden her, wo einem nichts geschenkt wird. Wollte man dort auch noch die menschliche Würde aufgeben, könnte man überhaupt nicht existieren.

Unser Hof war sehr klein, es gab nur zwei Räume für eine achtköpfige Familie. Da war ein kleiner Flur, links die Küche, geradeaus die Speisekammer, rechts noch das sogenannte »Haus«, man sagte »hiša« zum Empfangszimmer für den Herrn Pfarrer. Ein Wohnzimmer oder Tagraum war das nicht, wir Kinder durften untertags da nie hinein. Dahinter war noch ein Stübl. Unser Haus war aus Tuffstein, unverputzt, denn einen Verputz konnte sich der Vater nie leisten. Er hatte ein Mordsdarlehen – mit Betonung auf »Mords« – bei der Hypobank in Völkermarkt aufgenommen, und von da an konnten wir immer sein Klagen hören über die drei Drachen: Steuer, Feuersekuranz und Hypothek. Drei Drachen, die ihm den letzten Groschen aus der Tasche zogen, oft hatten wir nicht einmal Geld für Salz. Wenn er einmal eine Wurst verspeiste, war das eine Braunschweiger, die schlechteste Wurst, die es überhaupt gab, aus Restln gemacht, mit viel Knoblauch drin. Die hielt er dann immer fest in der Faust versteckt, und drüber das Brot. Und wenn wir vorbeikamen, dann war nur das Brot zu sehen. Manchmal sperrte er sich auch ein und wir klopften an die Tür: »Vater, öffne die Tür!« Damals sagte man »Ihr« zu Vater und Mutter. Die Mutter rügte uns dann: »So laßt doch dem Vater das bißchen Wurst, er arbeitet so schwer.«

Natürlich hatten wir auch Viehzucht. Meine Mutter hatte einen Eber, und damit verdienten wir etwas. Er war sozusagen einer der besten

Zwischenzeit

Gemeindeeber. In unserem Dorf gab es keinen weiteren. Nicht nur, daß die Mutter für seine Sprünge ein Kleingeld kassierte, sie hatte auch eine Ferkelzucht, die sehr bekannt war.

Wir hatten auch zwei Ochsen, die spannte der Vater ins Joch. Ich lernte ackern, den Pflug zu halten, und als ich auf's Gymnasium kam, konnte ich schon mähen. Wir jäteten viel, ernteten Rüben, Runkelrüben, mit einem Wort, wir arbeiteten, arbeiteten und arbeiteten.

Was mein Vater in den dreißiger Jahren zu spüren bekam, hatte seinen Ursprung in der Grenze. Das agrarische Jauntal hatte das industrielle Mießtal zum idealen Wirtschaftspartner gehabt. 1920 aber wurde nur drei Kilometer oberhalb unseres Dorfes über den Berg Strojna die Grenze zwischen Österreich und Jugoslawien gezogen. Das beeindruckte allerdings unsere slowenischen Burschen nicht im geringsten. Sie entwickelten in der Folge auf dem Strojna-Berg einen flotten Schmuggel, der seinesgleichen suchte. Während einige von ihnen in ausgeklügelten gemeinsamen Unternehmen irgendeine alte Kuh mit großem Tamtam über die Grenze peitschten und damit die Aufmerksamkeit aller Grenzer auf sich konzentrierten, ritt eine zweite Gruppe an einer anderen Stelle bei günstigem Wind auf leisen Hufen mit Prachtpferden zollfrei über die Grenze nach Österreich.

Im Februar 1934 war bei uns nichts los, aber im Juli, da gab es im Nachbardorf, Replach, Nationalsozialisten, die auch putschen wollten; die wurden aber dann verhaftet. Das waren aber Dinge, die uns nicht sehr interessierten. Wir wußten zwar, daß es jetzt einen Schuschnigg gab, weil sie einen Dollfuß abgeknallt hatten, und daß der viel auf den Herrgott gab. Das war aber auch schon alles. Der politische Horizont unsereines war auf Fragen des wirtschaftlichen Überlebens eingeschränkt.

Im Frühjahr 1935 fragte mich dann mein Bruder Štefan, der schon im Marianum war, ob ich denn nicht auch auf's Gymnasium wollte, und was soll ich sagen, es freute mich, daß er sich für mich interessierte, und so kam ich dann auf's Gymnasium. Vorher hatte mir der Pfarrer Ignaz Muri aus der Nachbarpfarre jenseits der Drau geholfen und mir die deutsche Wort- und Satzanalyse beigebracht. Seine Instruktionsstunde verlief so, wie ich es in einem Streiflicht des Kärntner Heimatbuches beschrieben habe. »Wie heißt das Prädikat auf Deutsch, mein Bub?« »Es heißt Satzaussage.« »Richtig. Und wie fragt man nach der Satzaussage?« »Was wird im Satze ausgesagt?« »Richtig. Die Satzaussage ist beim Sprechen das Wichtigste. Merk dir das. Und hör' genau hin, was unsere deutschen Feinde in Kärnten über uns Slowenen aussagen! Sie sagen viele unverschämte Lügen über uns aus, zum Beispiel die, daß sie die Sieger im Abwehrkampf waren, oder die, daß sie die Volksabstimmung demokratisch vollzogen haben, und die, daß das ungeteilte Kärnten Gottes Wille sei. Solche Lügen sind ihre Satzaussagen. Und jetzt sag mir schnell, wie heißt das Subjekt auf Deutsch?« »Es heißt Satzgegenstand.« »Richtig. Und siehst du, diese deutschen Feinde sind jene Sub-

60

jekte, die in Kärnten das Sagen haben. Und wir Slowenen sind nur ihre Objekte, die sie mißbrauchen und verachten. Aber du mußt wissen, daß wir Kärntner Slowenen zum großen Stamm der Slawen gehören. Und nun sag mir, was für eine Wortart sind die Slawen?« »Die Slawen sind ein Hauptwort.« »Brav, ein Hauptwort. Ein Hauptwort in der Mehrzahl, merk dir das. Da sind die Russen, Ukrainer, Polen, Tschechen, Slowaken, Lausitzer Sorben, Kroaten, Serben, Makedonier, Montenegriner, Bulgaren und wir Slowenen. Wir alle sind Slawen. Die Slawen sind Hauptwörter. Wir Slowenen sind ihre Brüder. Wir sind Kinder derselben Mutter. Und nun nenne mir ein Zeitwort, wenn du eines kennst.« »Essen, trinken, spielen ...« »Richtig, mein Bub, und lieben. Ja, lieben ist auch ein Zeitwort. Das wichtigste Zeitwort im Leben eines Menschen. Christus hat das gesagt. Jeder Mensch sollte seine Muttersprache lieben, wie er seine Mutter lieben sollte, mag diese nobel sein oder einfach. Und verraten ist auch ein Zeitwort, das verächtlichste Zeitwort im Leben eines Menschen, denn wer seine Muttersprache verrät, ist wie Judas Ischariot. Der hat Christus verraten um dreißig Silberlinge. Und ein Judaskuß, was meinst du wohl, was für ein Wort ist das?« »Ich weiß es nicht, Herr Pfarrer!« »Das ist ein zusammengesetztes Hauptwort. Zusammengesetzt aus Verrat und Freundlichkeit. Das verwerflichste zusammengesetzte Hauptwort überhaupt. Und Muttersprache, nun, was meinst du?« »Ist auch ein zusammengesetztes Hauptwort, Herr Pfarrer.« »Richtig, es ist das herrlichste, das heiligste zusammengesetzte Hauptwort im Leben eines Menschen, zusammengesetzt aus Liebe und Selbstachtung. Wer es in den Dreck wirft, ist wie ein Gotteslästerer, ist ein ruchloser Mensch.« »Und was bedeutet ruchlos, Herr Pfarrer?« »Ruchlos ist ein Eigenschaftswort. Es bedeutet gewissenlos, niederträchtig, gemein, ehrfurchtslos. Und weißt du noch, wie man ein Eigenschaftswort erkennt?« »Indem man fragt, wie jemand ist.« »Brav. Siehst du, nun frage ich dich, wie die *nemčurji* sind. Sie sind ruchlos, diese Deutschtümler, weil sie sich ihrer slowenischen Muttersprache schämen und sie zu leugnen versuchen. Weil sie etwas zu sein behaupten, was sie nicht sein können – Deutsche. Weil sie versuchen, das Blaue vom Himmel herunterzulügen. Das aber ist eine schwere Sünde, mein Lieber, eine Sünde wider den Heiligen Geist, denn wenn es schon verwerflich ist, daß hochmütige Deutsche uns Slowenen in Kärnten verachten, so ist es ruchlos, wenn ein Slowene sich gegen das eigene Volk stellt, in seine eigene Schüssel spuckt.« Diese Instruktionen des Herrn Muri gingen mir unter die Haut.

Ich bestand die Aufnahmsprüfung fürs Gymnasium, obwohl ich auf die schriftliche Arbeit »Meine erste Fahrt mit der Eisenbahn« ein Nicht genügend bekommen hatte.

Klagenfurt war für mich natürlich ein richtiger Schock. Es war ja alles deutsch, und in dieser Sprache konnte ich kaum radebrechen. Meiner Seele, wie ich zitterte, vor jeder Prüfung ... Das einzige, das mich freute, war Latein. Die Sätze waren klar konstruiert, biegen konnte ich, Deutsch wie Latein, da war ich ganz groß. Das hat mir ein großes

Janko Messner

Ansehen in der Klasse bereitet, und ich war dann der Einsager und Schwindelzettelverfasser.

Aber sonst war ich eingeschüchtert und die Sätze gingen mir nicht von der Zunge. Einmal bekam ich in Geschichte beim Professor Moro sogar einen Zwischenfünfer, der sich gewaschen hatte, da dachte ich schon, ich müßte alles aufgeben, es würde nicht gehen. Dann sagte mein Bruder zu mir: »Tu fest lesen, daß du mehr deutsche Wörter kriegst.« Also, mit einem Wort, wir hätten damals schon ein zweisprachiges Gymnasium haben sollen.

Der Rektor des Marianums, ein gewisser Dr. Brunner, ein Prälat mit Rot unterm Kinn, ließ mich eines Tages zu sich rufen. Da schrie er mich an: »Ich höre, ihr habt auch die slowenische politische Zeitung, den ›Koroški Slovenec‹ in eurer Abteilung. Das darf nicht sein. Beten sollt ihr, beten, und nicht Politik betreiben!« Das war ein ganz schlimmer seelischer Terror, dabei war der »Koroški Slovenec« eh' nur national-klerikal oder sagen wir besser provinziell-klerikal.

Die Obergymnasiasten ließen sich das nicht mehr so gefallen, die hatten ihre Zusammenkünfte und gaben auch, zumindest zeitweilig, eine eigene slowenische Schülerzeitung mit dem Namen »Zvezda« heraus. Wir bekamen immer Zuspruch und Aufmunterung von ihnen, wir wurden von ihnen aufgesucht, in der Schule und außerhalb. So ging es von Mund zu Mund, daß man Slowene bleiben sollte, wir bekamen eben von diesen Obergymnasiasten den »Koroški Slovenec«, sodaß man wenigstens ein bißchen Kontakt hatte mit den nationalen und sprachlichen Fragen.

Wir mußten vorzeigen, was wir in der Freizeit lasen, und wenn der Präfekt nicht Slowenisch konnte, zeigte er es einem Kollegen, der das konnte. Wir konnten uns auch nichts aus der Bibliothek entleihen, das war nur den Obergymnasiasten erlaubt. Sicher hat es einen Jurčič oder einen Erjavec in der Bibliothek gegeben, einen Prešeren schon kaum mehr, von Cankar ganz zu schweigen.

Janez Wutte-Luc

Die Gemeinde war bei uns

Mein Vater stimmte 1920 für Jugoslawien, obwohl er vorher Schwierigkeiten mit den serbischen Soldaten gehabt hatte. Wir hatten Nachbarn, die wollten ihre eigene Haut retten, die liefen den Serben entgegen und haben gesagt: »Brüder, hier *švaba*-Wiese, dort *švaba*-Wiese.« Und da kamen die Serben zu uns, erschossen die Schweine, machten am Hof ein Feuer und brieten sie. Den Vater hatten sie derweilen gefesselt. Erst als ein Kriegskollege von ihm kam, ein Slowene, der ihn kannte und der

Zwischenzeit

wußte, was los ist, kam das schnell in Ordnung und die Situation hat sich umgekehrt. Aber mein Vater hat gesagt, er will keine Rache.

Und wie er dann am 18. Mai 1938 starb, und wie er am Sterbebett lag, ich kann mich noch genau erinnern, es waren mehrere Nachbarn und sein Bruder da, da kam eine halbe Stunde oder eine Stunde, bevor er starb, diese Nachbarin gelaufen, fiel auf die Knie, nahm seine Hand und sagte: »Luka, verzeih mir, verzeih mir, wieviel Leid habe ich über dich gebracht.« Er hat so mit der Hand abgewunken, er dachte wahrscheinlich, was soll das jetzt noch. Sie hielt seine Hand und küßte sie, bat um Verzeihung und weinte. Das war eine eingefleischte nemčurka.

In der Schule ging das dann so weiter, ich kann mich erinnern, da kamen die Funktionäre vom Schulverein Südmark, die übernahmen die Patenschaft über die slowenischen Schulen, verbreiteten so ihren deutschnationalen Chauvinismus und vergifteten die Atmosphäre. Da fingen wir noch am gleichen Tag an zu raufen, wir Kinder, wir waren die Tschuschen und sie waren die *švaba*.

Ab dem dritten Jahr mußten wir dann unsere Tafeln und Griffel weglegen und wir bekamen Hefte, und da gab es kein Slowenisch mehr. Auf den Tafeln brachten sie uns zuerst Deutsch und Slowenisch bei, und dann mußten wir deutsch weiterschreiben, in den Heften gab es kein slowenisches Wort mehr.

Die Lehrer waren bis auf einen, zwei alle entweder nemčurji, Nazisten oder Volksdeutsche, Gottscheer. Positiv war nur der Štarc, der war lange Oberlehrer, dann noch ein Pratnikar und ein Fantur, die waren objektiv, nicht feindlich und nicht freundlich, sondern objektiv. Aber dann gab es noch den Hugo Ibounig, diesen alten Blutordensträger, der boxte uns und sagte: »Rot-weiß-rot, österreichische Krot, rot-weiß-blau, windische Sau.« Das ging so weit, daß wir diese Beschimpfungen nicht mehr ertrugen, und da sprachen wir uns aus, daß wir ihn verdreschen würden.

Da waren wir etwa 14 Jahre alt, da haben wir ihn verprügelt, aber weil er so geredet hatte, wagte er nicht, uns anzuzeigen. Wegen seiner Beschimpfungen war schon früher der Schulrat zusammengekommen und sie wollten ihn entlassen und der Ibounig hatte niederknien und bitten müssen. Das war '32, daß der Ibounig niedergekniet ist und gebeten hat, und dort war der alte Wakounig im Schulausschuß und mein Vater und ein Bauer Urak, die wollten ihn entlassen (das heißt, sich bei der Landesregierung beschweren wegen »rot-weiß-rot, österreichische Krot«), und er kniete nieder und bettelte so, daß sie ihn ließen und er seine Arbeit nicht verlor.

Er hetzte aber weiter, und im Winter 1932/33, es lag Schnee, fing er wieder an, vor der Schule. Er nutzte es bis zur Grenze aus, so hat er gestichelt. Und da packten wir ihn und steckten ihn in den Schnee, und da war ein Mädchen, 14 Jahre alt, so eine Stute, und wir hielten ihn, und sie setzte sich ihm auf den Kopf. Seine Geliebte, die er dann später heiratete, die sah beim Fenster hinaus und rief: »Hugo, laß' dir das nicht

Schulklasse
mit Lehrer aus
St. Michael ob
Bleiburg/Šmihel
pri Pliberku,
um 1910.
Unter den
Schülerinnen:
Pavla Apovnik.

gefallen, Hugo, laß' dir das nicht gefallen!« Und er schrie nur: »Du Schwein, du stinkst!« Er war ja ein Nazi, und so traute er sich nicht, sich aufzuregen, weil die Schulleitung und der Landesschulrat, die waren ja alle christlich-sozial.

Auch die Kämpfe mit den *nemčurji* in der Klasse gingen weiter, wir bekämpften uns auf dem Weg von der Schule nach Hause immer, zuerst mit Messern, dann nahm uns der Lehrer die Messer weg und wir hatten kein Geld für neue, da bastelten wir uns einen Griff, einen Nagel hinein, den spitzten wir dann zu, eine andere Waffe war die Radkette, die wir auf einen Griff in den Hosensack in der Hand hatten und rums.

Mein Vater war ein k. u. k. Soldat gewesen, und wir Kinder mußten spuren wie die Rekruten: »Du machst das, du das und du das.« Die Schule begann um 9 Uhr, und wir mußten in der Früh, bevor wir in die Schule gingen, zuerst noch das Vieh füttern, dann auf's Feld, säen, und zehn vor neun sah der Vater auf die Uhr und sagte: »Jetzt renne.« Wir liefen nach Hause und manchmal hattest du Zeit, dich zu waschen, manchmal nicht. Wenn wir zu spät in die Schule kamen, dann brüllte uns der Lehrer an und wir mußten hinter die Tafel knien gehen. Das war manchmal ganz schön kritisch.

Mein Vater war all die Jahre Vizebürgermeister, Bürgermeister war der Boštjančič, aber »die Gemeinde«, die Bürgermeisterei war bei uns. Da war auch immer etwas los. Aber 1930 wollte mein Vater dann nicht mehr, und so ist das Gemeindeamt dann zum Boštjančič nach St. Veit gekommen.

Es war eine große Gemeinde, sie hatte aber keine Industrie, und da gab es viele Arbeitslose, Bettler und viele Gemeindearme. Und die gaben sich bei uns die Klinke in die Hand, es gab je keine Sozialversicherung, der eine blieb drei Wochen, der andere einen Monat, der dritte 14 Tage, und

Zwischenzeit

64

sie sind von Haus zu Haus gegangen, und alle diese sozialen Probleme mußte die Gemeinde in ihrem Gebiet lösen. Die Haupteinnahme der Gemeinde war die Grundsteuer, aber die war so minimal, daß der Bürgermeister im Jahr nur ein paar Schuhe bekam, und wenn er dienstlich irgendwohin mußte, hat er das Geld für die Zugfahrt zurückbekommen.

Das wurde dann immer ärger, Leute, die aus verschiedensten Gründen nicht mehr arbeiten konnten und Gemeindeangehörige waren, die irgendwo in der Welt herum waren, die wurden in die Heimatgemeinde abgeschoben. Das waren Köchinnen, eine Krankenschwester war dabei, Leute verschiedener Berufe, die im Alter abgeschoben wurden in die Heimatgemeinde. Oder die Walzbrüder, die gingen von Haus zu Haus, oft in ganzen Gruppen, die schliefen im Winter im Stall, im Sommer auf dem Heuschober.

Janez Wutte-Luc

Mannsbild

Marija Lienhard

Daß unser Lehrer ein Nazi war, das hat ja jeder gewußt. Er war Gottscheer und er war die Nazi-Persönlichkeit in unserem Ort, eigentlich in dem gesamten Gebiet hier. Er kannte jeden durch und durch, die meisten Leute meiner Generation sind ja bei ihm zur Schule gegangen. Mein Mann hatte ihn die letzten Jahre und ich von Anfang bis zum Ende. Wir hatten keinen anderen Lehrer, nur hie und da eine Lehrerin. Aber die wechselten wie die Unterhemden, es blieb ja keine. Wenn eine zwei Jahre blieb, war das schon sehr viel. Wieso das so war, das weiß ich nicht einmal genau. Aber vermutlich wegen ihm. Er war, wie soll ich das sagen, die Bosheit an sich, er war aggressiv und boshaft. Er konnte die Kinder verprügeln, das kann sich niemand vorstellen, niemand kann sich vorstellen, wie er zuschlug. Die Mädchen weniger. Mich hat er nur einmal geohrfeigt, aber das so, daß ich dachte, mir fällt der Kopf weg. Aber damals war ich selber schuld. Ich habe ihn geärgert. Ich lernte sehr leicht und er hatte gerade sein Bein gebrochen und in Gips, er saß vorn beim Pult und er rief mich, ich solle hinaus zur Tafel rechnen kommen, ich warte und warte, warte, nichts kommt, er sitzt dort und schreibt etwas, feig war ich nicht, gedacht habe ich mir, erreichen kann er dich sowieso nicht, er hat ja das Bein in Gips, und da sage ich: »Wird was oder wird nichts?« Und das war mehr als genug, er springt irgendwie auf und schlägt mir von hinten drauf, daß ich Sterne gesehen habe. Das hat so an mir gefressen, ich dachte mir, ich werde mich noch revanchieren, aber was kann ein Kind gegen einen Erwachsenen schon tun. Die Jungen hat er mit dem Stock verprügelt. Er ließ sich einen Meter lange Stöcke bringen, dicke Haselstöcke, geschälte, er hat sie schön geschält, sie waren richtig weiß, und dann brauchte nur einer etwas anstellen, nicht viel, vielleicht, daß zwei gekichert haben, dann rief er einen hinaus, der mußte auf die erste Stufe niederknien, er hat ihm den Hosenboden strammgezogen, sich hinter seinen Hals gekniet und dann hat er ihn so verprügelt, daß gewöhnlich die Splitter vom Stock in die letzte Ecke geflogen sind. Auf die Weise hat er einem Jungen die Rippen gebrochen. Richtig die Rippen. Einem anderen hat er den Daumen gebrochen. Daß er sie so verprügelt hat, daß sie ein paar Tage nicht sitzen konnten, das war normal. Und niemand traute sich, etwas dagegen zu unternehmen. Ich verstehe das bis heute nicht, wir waren alle zornig auf ihn, unternommen hat niemand etwas. Auch die Eltern nicht. Ich weiß gar nicht, ob sie etwas unternehmen hätten können oder ob sie sich nicht getraut haben, ich verstehe es jedenfalls nicht. Dieses Mannsbild hat die Kinder so verprügelt. Ich kann mich erinnern, mein Cousin, der konnte mit den Händen alle möglichen Figuren machen, und er konnte auch den Daumen ganz zurückbiegen. Er hat gelacht, sein Nachbar auch, und als der Lehrer das sah, wurden sie verprügelt. Oder, wenn ein Bub mit einem Papierschnitzel um sich warf, für jeden Dreck wurden sie verprügelt. Die Mädchen weniger, die Mädchen hat er nicht verprügelt, aber die Jungen so, daß es ein Graus war.

Erzählt hat er, wie es ihm paßte, so wie halt der Heimatdienst heute es lehrt, die gleichen Parolen, die wir heute vom Heimatdienst hören, hat er uns dort aufgetischt. Mein Glück war, daß mir meine Eltern auch die andere Seite der Wahrheit erzählt haben, aber jene Kinder, die keine Eltern hatten, die ihnen auch noch etwas anderes erzählt hätten, die wurden, wie es der Heimatdienst haben wollte. Und der Lehrer war selbstverständlich furchtbar gegen alles, was slowenisch war, gegen alles.

Handvoll Mehl

Ich wurde als lediger Sohn einer Näherin, die sich recht und schlecht durchs Leben brachte, in St. Peter am Wallersberg im Bezirk Völkermarkt geboren. Ich stamme aus ärmlichen Verhältnissen, meine Geburtsstätte ist eine alte Keusche, in der acht Jahre später auch meine Schwester geboren wurde. Mein Vater war Bauer, das heißt ein Bauernsohn, der meine Mutter heiraten wollte, aber das hätte in diesen traditionellen Verhältnissen keine standesgemäße Ehe bedeutet. Mein Vater, der als Erstgeborener das Erbrecht auf den Hof gehabt hätte, hat diesen Anspruch verloren, weil er die Beziehung zu meiner Mutter nicht aufgeben wollte, bekam den Hof nicht, verließ daraufhin das Haus und zog nach Jugoslawien. Eine Geschichte, die in der Verwandtschaft der »Wildwüchslinge« (Samorastniki) eines Prežihov Voranc schon tausende Vorreiter hatte.

Ich muß immer wieder an das erste Schuljahr denken, wo wir mit zirka dreißig Schülern in der ersten Klasse zusammengesessen sind und keiner dieser Schüler Deutsch verstanden hat, nicht einmal grüßen konnte man von den Schülern verlangen, sie konnten es einfach nicht. Es scheint mir signifikant zu sein, daß sich die Situation in einem halben Jahrhundert geradezu umgekehrt hat, daß heute kaum noch ein Kind, wenn es dort eingeschult wird, Slowenisch kann. Es zeigt den Erfolg der Arbeit des Schulvereins Südmark, des Heimatdienstes und anderer Organisationen. Die Slowenen haben sich das nicht einfach so gefallen lassen. Nicht umsonst erstreckte sich die Partisanentätigkeit bis nach Diex. Die Eindeutschung geschah nicht bruchlos, aber, so muß man heute resümieren, sie war erfolgreich. Die Schule selbst legte den Grundstein dafür, daß eine slowenische Kulturbildung den Schülern einfach verwehrt blieb, sie eine solche Bildung nie erhielten, ich selbst kann sagen, meine Slowenischkenntnisse habe ich mir alle selbst beigebracht, denn in der ersten und zweiten Volksschulklasse wurden die Schüler nur darauf getrimmt, das Deutsche so gut zu erlernen, daß ab dem dritten Schuljahr nur mehr deutsch unterrichtet werden konnte. Und da ist es ja dann verständlich, daß viele derjenigen, die zwar die nötige Intelligenz aufgebracht haben, im Leben aber mit härteren Arbeitsbedingungen konfrontiert gewesen sind, sich nie die Mühe nahmen, in ein slowenisches Buch zu schauen, weil sie es nicht lesen konnten. Ich kann mich erinnern, wie ich die ersten slowenischen Schriftstücke las, es waren Beilagen zu slowenischen Zeitschriften, speziell für Kinder, verschiedene Kindergeschichten, die las ich mit großem Interesse, und da verstand ich vieles nicht, mußte immer wieder fragen, was gewisse Worte bedeuten. Auch meine Mutter konnte mir vieles nicht erklären, sie hatte ja auch keinen Schulunterricht in der Muttersprache genossen.

Jemand, der nie in seiner Muttersprache unterrichtet wurde, der nichts von seiner Literatur gehört hat, der die geistig Schaffenden seines Volkes nie gekannt, von ihnen nie gehört hat, sie auch nicht lesen konnte, wird dem Volkstum entfremdet. Daß so etwas nicht freiwillig geschieht, daß das System ist, daß ein politischer Liquidationswille vorherrscht, der solche Situationen erst schafft, die Voraussetzungen dafür, daß man sich assimiliert, das liegt auf der Hand.

Wir hatten als einzige slowenische Literatur die Bücher und Zeitschriften der St. Hermagoras-Bruderschaft, der Mohorjeva. Die waren meist religiösen Inhalts und wurden in Klagenfurt herausgegeben. Jedes Jahr kamen neue ins Haus, und zwar im Rahmen einer Büchergabe, die der Slowenische Kulturverband herausgegeben hat. In diesen Büchern wurden Legenden aus dem Leben Christi erzählt, manchmal hatten sie aber auch Sagen und Volksstücke der Slowenen zum Inhalt. Mit meiner Tante las ich öfters die Geschichten diverser Märtyrer. Das war eigentlich die Literatur, die ich zuhause erlebt habe.

Dann war natürlich auch der »Koroški Slovenec« im Haus. Woran ich mich noch erinnern kann, das sind die Kindererzählungen, die unter dem Titel »Stric Jože« erschienen sind, der auch von den Kindern angeschrieben wurde. »Stric Jože«, das heißt Onkel Josef, das war zufällig wirklich mein Onkel, der sich damit befaßte, war bei den Kindern sehr beliebt. Nur kannten ihn die meisten ja nicht. Er studierte in Wien eigentlich Technik. Er erzählte mir, wie er einmal in ein Dorf kam, wo sie ihn als »stric Jože« vorstellten. Da war alles ganz enttäuscht, denn die Kinder hatten sich alle einen alten Mann mit einem großen, langen, weißen Bart vorgestellt, und mein Onkel war vielleicht zweiundzwanzig, dreiundzwanzig Jahre alt.

Ich kam 1930 in die Schule. Es war eine vierklassige Volksschule, die erste Klasse mit zwei Abteilungen, in denen noch Slowenisch gesprochen wurde, damit die Schüler, die eben keine Deutschkenntnis hatten, langsam den Gebrauch der deutschen Sprache erlernten. Ab der zweiten gab es weder eine slowenische Stunde, noch wurde slowenisch gesprochen, überhaupt nichts. In der zweiten Klasse war der Lehrer ein Deutsch-Kärntner, der sich auch als solcher gebärdete, und der konnte kein Wort slowenisch. Wir mußten vom ersten Tag an mit ihm deutsch reden, und es wurde auch nur deutsch vorgetragen, deutsch gefragt und deutsch geantwortet. Natürlich sprachen die Kinder untereinander noch immer slowenisch. Während des Unterrichtes wurde immer geschwätzt, und es war halt damals so üblich, daß der Lehrer sagte: »Jawohl, deutsch geschwätzt ist erlaubt, slowenisch schwätzen ist verboten.« Deutsch konnte man schlecht schwätzen, das erlernte man eigentlich erst in der dritten Klasse so richtig. In der zweiten Klasse waren auch zwei Abteilungen, sodaß die vier Volksschuljahrgänge bis zum Ende der zweiten Klasse abgeschlossen waren. Dann kam die dritte Klasse, wo zum Teil schon eine Verringerung der Schülerzahl gegeben war, weil etliche von der Volksschule in die Hauptschule überwechselten, und weil in der dritten Klasse sehr viele Schüler »sommerbefreit« wurden. Also, sie brauchten im Sommer nicht zur Schule gehen, weil sie von den Bauern für die Landwirtschaft angefordert wurden; deswegen waren sicherlich fünfzig Prozent weniger Schüler in der Schule.

Es waren sehr viele Kinder von Bediensteten in der Landwirtschaft, also von Mägden und Knechten, die im Sommer auf dem Hof, wo ihre Eltern verdingt waren, gebraucht wurden. Da konnten dann die Bauern verlangen, daß sie zuhause bleiben, das Lernen war ja nicht so wichtig, zumindest für diejenigen, die nicht den nötigen Horizont hatten, zu erkennen, wie wichtig es ist, zur Schule zu gehen.

Nach dem fünften Volksschuljahr bin ich dann auch zur Hauptschule gegangen, ich legte eine Aufnahmsprüfung ab und trat in die zweite Klasse der Hauptschule ein.

Ich spürte die Diskriminierung, ein uneheliches Kind zu sein, nicht so unmittelbar, denn ledige Kinder waren in der Gemeinde keine Seltenheit. Schon meine Großmutter war Magd. Sie hatte auch nur ledige Kinder, eine Magd oder ein Knecht konnten ja nicht heiraten, da gab es gesellschaftspolitische Erwägungen, die verhinderten, daß Mann und Frau heiraten konnten, die auf dem gleichen Hof im Dienst waren. In der Regel durfte überhaupt nur der Bauer heiraten.

Die meisten Mägde konnten ihre Kinder nicht auf dem Hof halten, sie mußten schauen, daß sie sie irgendwo unterbrachten, damit nicht noch mehr beim Bauernhof vor der Schüssel saßen, die ja auch nicht immer so voll war. Es war damals überhaupt noch ein sehr großer Unterschied zwischen Dienerschaft und Herrschaft, obwohl in St. Peter nicht allzu viele Großbauern waren. Aber der Bauernstand war eben so, wenn er Leute beschäftigte, als Magd, als Knecht, Saudirn, oder irgendetwas, wollte er nicht noch ein Anhängsel, das auch mit am Tisch den Löffel schwang. Aus diesem Grund war die Diskriminierung jener Kinder schon durch den Stand der Eltern gegeben. Dazu trug sicherlich auch die Kirche bei, daß diese Diskriminierung auf den moralischen Bereich geschoben wurde, obwohl das natürlich ungerechtfertigt war. Wie sollte es sonst sein, wenn zwei Menschen gar nicht heiraten konnten, weil die Voraussetzungen dafür gefehlt haben. Das war eine soziale Frage und keine moralische.

Darüberhinaus gab es für die slowenischen Mägde und Knechte ja noch eine zweite Diskriminierung. Sie waren einem totalen Eindeutschungsdruck ausgesetzt, wenn ich zum Beispiel daran denke, wie mein Name zustande kommt, der so urdeutsch klingt.

Mein Onkel war Tischler und hat natürlich auch Glas geschnitten, also Scheiben in die Fenster. Er schrieb auf eine Scheibe in unserem Haus noch den ursprünglichen Namen unserer Familie: »Šlapar« hat er mit dem Diamanten des Glasschneiders dort in die Fensterscheibe hineingeritzt. Auf das »S« ein Hakerl drauf.

Ursprünglich war aber auch das Hakerl nicht drauf. Damals gab es Zimmerleute, die für die Mühlen, die in den Bergen oder in den gebirgigen Gegenden fast jeder Bauer gehabt hat – oft einmal auch ein Sägewerk, aber eine Mühle war üblich –, Wasserfälle konstruierten. Der Bauer brauchte Leute, die ihm diese Mühlenanlage bauten. Und darunter waren auch Zimmerleute, die diese Rinnen, in denen das Wasser dann auf das Wasserrad geflossen ist, und die dann den »slap«, so heißt es slowenisch, gebaut haben. Das waren »slaparji«, also so wie zum Beispiel ein Schuster, der Schuhe macht – auf slowenisch »čevlje« –, ein »čevljar« ist, und ein Schneider, der zum Beispiel einen »kroj« macht – »kroj« heißt Gewand –, ein »krojač« war, so war einer, der »slapove« gemacht hat, ein »slapar«. Die Verdeutschung der slowenischen Namen sieht man ja kreuz und quer in Kärnten. Wie man sich bei Ortsnamen bemüht hat, so ist es in gleicher Weise bei Personennamen zugegangen.

In den dreißiger Jahren war eine sehr große Krise, wir hatten es wirklich sehr, sehr schwer. Ich kann mich gut erinnern, wochenlang gab es mittags und abends nur Sterz und nichts anderes, und das Mehl zu diesem Sterz mußten wir selber auf der Handmühle mahlen, weil wir es uns auch nicht leisten konnten, zum Müller zu gehen oder zu irgendeiner Bauernmühle, die uns für das Mahlen natürlich Mehl abgezogen hätte. Da mahlten wir fortwährend mit dieser Handmühle. Damals gedieh bei uns noch der Buchweizen, und da verspeisten wir manchmal auch Buchweizenmehl in verschiedensten Variationen, aber hauptsächlich war es sogenannter Türkensterz und Polenta. Wenn man den Mais mahlt, dann wird der durchgesiebt, und das Durchgesiebte ist Mehl, aus dem man Sterz kochte, aus dem Rest hat man Polenta gemacht. Das war dann die große Abwechslung von abends bis in der Früh und wieder bis abends. Einmal Türkensterz, einmal Polenta, und jedes Mal Kaffee dazu, weil wir zu wenig Milch hatten, wir hatten nur Ziegen beim Haus, und Ziegen geben nicht so viel Milch, und im Winter schon gar nicht. Wir mußten Milch vom Bauern kaufen, und da wäre es zu teuer gekommen, daß wir nur Milch zum Sterz genommen hätten. Wir mußten Kaffee nehmen, Kaffee haben wir aus Gerste selbst gemacht. Echten Kaffee gab es kaum, den hatte nur meine alte Tante für ihre Kopfschmerzen. Da gab's also in der Früh Kaffee, mittags Kaffee und abends auch Kaffee. Einmal Polenta, einmal Sterz. Der Heidensterz aus Buchweizenmehl war ja gut, aber von dem gab es nur wenig.

Die ganze Umgebung war faktisch ein Armenviertel, alles kleine Keuschler, die sich beim Bauern im Wald verdingt haben, bei der Herrschaft, bei dem Grafen Helldorf und beim Leitgeb, also bei den großen Bauern, die Waldbesitzungen hatten, und zu denen man dann eben schlägern ging. Aus diesen Schlägerungen bezog man den Lebensunterhalt und gleichzeitig auch das Holz für den Winter. Denn die Äste, die am Baum abgeschlagen wurden, die wurden dann von diesen Keuschlern im Wald zusammengehackt. Das Grünzeug verwendeten die Bauern als Viehstreu, und die Äste teilten die Gutsherren ungefähr halb-halb mit den Keuschlern. So kam man zu Holz, daß man im Winter nicht so frieren mußte, denn die Keuschler wären nicht in der Lage gewesen, Holz zu kaufen, dafür hatten sie kein Geld. Das war gutes Holz, wenn die Fichtenäste getrocknet waren, gab das ein sehr hartes Material mit sehr hohem Heizwert.

Wir hatten ein kleines Haus. Ich sehe es jetzt noch vor mir, strohgedeckt, die Hälfte war gemauert, die andere Hälfte war Holz, es waren insgesamt nur zwei Räume, ein Raum war die Küche, dort schlief die Großmutter, weil sie als Magd nicht mehr arbeiten konnte und heimgeschickt worden war. Sie hatte offene Füße, war aber eine fleißige Natur. Bis zu ihrem Lebensende war sie wie eine Biene oder wie eine Ameise, konnte überhaupt nicht ruhen, deswegen hatte sie auch immer wieder die offenen Füße. Gleichzeitig war in der Küche auch die Tischlereiwerkstatt von meinem Großonkel, der dort seine Fenster, Kästen, Leichentruhen herstellte. Oft passierte es, daß nacheinander Leute starben, und da blieb er ganze Nächte auf, weil er ja alles mit der Hand machen mußte. So eine Leichentruhe hat sicherlich eineinhalb Tage gedauert, bis sie zusammengezimmert war.

Dieser Raum war vielleicht drei mal vier Meter, und da war die Tischlerwerkstätte, gleichzeitig die Küche, das Eßzimmer und die Schlafstelle der Großmutter. Und dann gab es ein gemauertes Zimmer, dort drin hat meine Mutter Näharbeiten verrichtet, und dort schliefen wir. Ich schlief bei der Mutter im Bett, die Schwester im Gitterbett und im anderen Bett der Großonkel mit der Großtante, also wir waren fünf Personen in dem Raum, der auch nur so groß wie die Küche war. Und dort nähte meine Mutter oft bis in die Morgenstunden hinein, weil die Leute halt ihr Gewand zu gewissen Gelegenheiten haben wollten, und sie mußte, um die Kundschaft zu behalten, pünktlich liefern. Außerdem brauchte sie ja Geld. Mit jedem Kleid ist irgendetwas ins Haus gekommen, wenn auch kaum einmal ein Kleid mit Geld bezahlt wurde, meist erhielten wir Naturalien. Ich trug als Bub, vielleicht war ich sieben Jahre alt, diese schön gebügelten Kleidungsstücke zu den Bauern aus und sagte: »Die Mutter läßt bitten, wenn Sie ihr irgendetwas dafür zahlen könnten, oder daß Sie irgendetwas geben könnten.« Das war eine reine Bettelreise zu demjenigen, dem man das Werkstück brachte, wobei sich die Leute meist gar nicht besonders freuten. Das wurde hingeworfen, und ich ging entweder leer aus oder mußte noch einmal hingehen und bitten, ob nicht irgendetwas dafür gezahlt oder gegeben werden könnte, und da ging die Bäuerin dann in die Speis und hantierte dort herum. Ich stand in der Türe und staunte über die großen Brotlaiber, die einer nach dem anderen dort gelagert waren. Aber ich brachte nie einen ganzen Laib nach Hause, so ein Scherzel wurde abgeschnitten, dann wurde vielleicht Topfen in einen Fetzen hineingeschnürt, oder – das war auch selten – ein Stückchen Butter irgendwo in ein Zeitungspapier. Hie und da bekam ich zwei, drei Würste, und dafür war ich oft zehn Kilometer weit gelaufen. In diesen Jahren hatten auch die Bauern wenig zu lachen, aber sie haben wenigstens zu essen gehabt, während bei uns oft sogar was Eßbares fehlte.

Einen Bauern gab es, mit dem waren wir gut bekannt, da bekam ich immer etwas. Und zwar Roggenbrot, vermahlen mitsamt der Kleie und dann gebacken, da war immer eine dicke Speckschichte drauf, die eigentlich noch halber Teig war, das schmeckte mir besonders, diesen Speck wollte niemand essen, ich aß den immer restlos auf. Dort bekam ich dann auch meistens Würste oder Äpfel. Ich schleppte oft wie ein Muli, denn die Äpfel durfte ich draußen unter den Bäumen zusammenklauben. Aber, ich muß sagen, ich erlebte manchmal Sachen, über die ich lange nachdachte, und noch jetzt in der Erinnerung sage ich mir, wie diese niederste Schichte einmal gelebt hat, bis in meine Jugendzeit hinein, das ist heute fast unvorstellbar. Unsere Kinder, die haben das nicht mehr erlebt, denen kannst du das gar nicht mehr erzählen, die glauben es fast nicht, die glauben, Märchen zu hören, wenn man über solche sozialen Erlebnisse spricht.

Kurz bevor Hitler einmarschierte, so um Weihnachten, probten wir im slowenischen Kulturverein ein Bühnenstück. Wir führten oft Bühnenstücke auf, keine politischen – reine Unterhaltungs-Bühnenstücke, aber doch in Slowenisch, und wer sich damit befaßte, war sowieso schon schwarz angeschrieben in den nationalistischen deutschtümelnden Kreisen. Die Kinder dieser Leute, die mit mir zur Schule gingen, sagten: »Paßt auf, ihr Tschuschen, ihr werdet uns noch kennenlernen.« Als der Anschluß dann passierte, war ich mit meiner Cousine eben unterwegs zu so einer Probe. Da war ich zirka vierzehn Jahre alt. Einer meiner Mitschüler kam mit seiner Bande daher und sagte: »Das sind auch diejenigen, die wir uns vornehmen werden!« Nur war es damals noch nicht so weit, solche Vorhaben auszuführen. Vorerst blieb es bei der Drohgebärde mit der Faust. Nur war es so, daß ich später ja nicht mehr zuhause war, und er mir aus diesem Grunde nicht persönlich zu Leibe rücken konnte. Ich war nicht einmal in den Ferien zuhause, weil ich mir Geld verdienen mußte, um weiter die Schule besuchen zu können.

Die Slowenen in unserer Gegend fürchteten die Nazis eigentlich weniger aus sozialer als aus nationalpolitischer Sicht. Bewußte Slowenen haben eben in slowenischen Sängerrunden gesungen und auch in Theaterstücken gespielt, schon deswegen, weil dort die Möglichkeit bestand, die slowenische Sprache zu erlernen und sich in der Sprache zu üben, und dadurch in der eigenen Muttersprache ein voller Mensch zu werden. Das wurde durchaus nicht politisch aufgefaßt, aber man wußte, daß es politisch bewertet wird. Und aus diesem Grunde war schon Sorge vorhanden, was jetzt wohl geschehen würde.

Es geschah im ersten Moment ja nicht allzu viel, aber Leute, wie zum Beispiel mein Onkel, der sich in der Kommunistischen Partei betätigt hatte, wurden gleich in den ersten vierzehn Tagen verhaftet und in das Gefängnis eingeliefert. Mein Onkel verbrachte dort zirka sechs Wochen, bis sie ihn wieder entließen, weil sie ihm diesbezüglich nichts nachweisen konnten, was sie berechtigt hätte, einen Prozeß einzuleiten. Aber es gelang der Gestapo – man hat in der ersten Zeit gar nicht einmal gewußt, wer es ist, man wußte nur, es ist eine Art Polizei – die Leute durch diese Pressionen einzuschüchtern, sodaß dann die Tätigkeiten faktisch aufhörten, die früher das nationale Leben der Volksgruppe ausgemacht hatten.

Wir waren als Kinder in die Gespräche, die von der kommunistischen Partei immer wieder geführt wurden, in diese Versammlungen, Zusammenkünfte nicht involviert, obwohl der Onkel öfters Sachen erzählte und uns Bücher angeraten hatte, die wir lesen sollten, zum Beispiel Cankar, seine sozialen Darstellungen, seine Essays und seine Novellen, die er aus seiner sozialen Not heraus geschrieben hatte. Auch »Die eiserne Faust« von Jack London, die Bücher von Remarque und die revolutionären Erzählungen eines B. Traven waren seine Empfehlung. Vieles aus dieser Literatur lebt noch heute in meiner Erinnerung – und war nicht ohne Einfluß auf meine sich entwickelnde Gedankenwelt.

Abarbeiten

Pavla Kelich

Kinder waren wir viele auf der Schaida, eine ganze Herde, am Gipfel der Schaida waren wir sieben, direkt im Ort waren es vier und in der Umgebung noch einmal sieben. Es gab genug Kinder. Am liebsten spielten wir Fangen. Eines der Kinder rannte, und wenn es ein anderes fing, dann mußte dieses weiterrennen und fangen. Wer erwischt wurde, hatte den schwarzen Punkt und mußte ihn weitergeben. Was wir noch spielten? Wir klaubten Schwarzbeeren und rannten im Wald umher. Unsere Puppen waren aus Fetzen gemacht, so wie sie halt die Mutter machte, ein paar Fetzen zusammen, einen drüber, damit eine Kugel entstand, das war der Kopf, dann der Körper ebenfalls aus Fetzen, dann hatten wir eine kleine Wiege und da kam die Puppe hinein und wurde gewiegt. Wir hatten keine gekauften, nur die Barba auf der Schaida, die hatte drei Puppen und zwei davon waren gekauft. Die hatte sie so schön weggelegt, die waren noch nach zwanzig Jahren wie neu. Sie hatte für sie oben am Dachboden in einem Kasten in der Lade ein Bett gemacht. Manchmal sonntags, wenn wir sie besuchen gingen, dann gingen wir hinauf auf den Dachboden, Puppen schauen. Wir rückten sie ein bißchen zurecht, zupften die Kleider und machten die Lade wieder zu. Du durftest sie ja nicht einfach aufheben, wenn sie schmutzig geworden wären, das wäre zu schade gewesen. Eine der Puppen konnte richtig zwinkern, die Augen wiegten vor und zurück, und wenn du sie hinlegtest, dann schloß sie die Augen, wenn du sie aufstelltest, dann öffnete sie sie wieder. An die kann ich mich noch gut erinnern. Ich hatte keine gekaufte Puppe. Der Vater machte uns längliche Wägelchen auf zwei Rädern mit einen Griff vorne. In denen fuhren wir kleine Kinder spazieren, setzten den Jüngsten hinein und gingen in den Wald, klaubten dort noch Tannenzapfen, brachten die nach Hause und dann hatten wir etwas zum Einheizen. So lebten wir. An anderes Spielzeug kann ich mich nicht erinnern. Doch, Rechen, kleine Rechen machte uns der Vater aus Holz, mit denen rechten wir aus Spaß mit, wir gingen mit zur Arbeit, zum Heurechen und machten halt ein bißchen mit. Aber wir wuchsen schnell, bald bekamen wir die großen Rechen und arbeiteten richtig damit.

Ich mußte schon während der Schulzeit ordentlich arbeiten. Hier in Ebriach war keine richtige Schule, da unterrichtete der Pfarrer, und so schickten sie mich nach Zell, weil auch alle anderen Kinder aus Schaida nach Zell gingen. Es war dorthin genauso weit wie nach Ebriach, nur der Weg war besser. Die Schule begann, glaube ich, um neun. Die Kinder kamen ja alle von weit her. Aus Winkel hatten sie es genauso weit wie wir, und wir gingen eineinhalb Stunden. Jeder hatte in seiner Tasche etwas Brot und vielleicht einen Apfel oder so und das war das Essen für den ganzen Tag. Für einige Zeit war es dann auch so, daß sie im Mesnerhaus ein Volksheim einrichteten, dort wo heute die neue Kirche steht, und da wurde dann zu Mittag eine Suppe gekocht und wir konnten hingehen. Zwei Winter, so erinnere ich mich, bin ich auch dorthin essen gegangen. Die Suppe gab es umsonst, Linsensuppe, Fisolensuppe, Kartoffelsuppe, die Pfarrersköchin und die Mesnerin haben, glaube ich, gekocht. Wir gingen hin, soweit wir überhaupt in die Schule kamen, denn im Winter gingen wir eher selten. Und im Sommer war es so, daß es immer Arbeit gab, ich mußte immer wieder zuhause bleiben, auf die Kinder aufpassen, damit die Mutter arbeiten gehen konnte. Ich ging wenig zur Schule, die meiste Zeit war ich zuhause.

*Tanz
auf einer Alm
bei Zell/Sele,
1931.*

Ich hatte zum Beispiel beim Pistotnik eine Tante, die Schwester meiner Mutter, die hatte lauter Buben im Haus, und zu der ging ich nähen. Seinerzeit nähten wir ja alles, die Hemden, die ganze Unterwäsche mußte gestopft werden, es gab kein Geld für neue Sachen. Wenn sie zerrissene Hemden hatten, ging ich hin zum Stopfen. Eine Woche war ich dort, bis alles gestopft war, dann war für einige Zeit Ruhe. Wenn sich wieder ein Korb voll zerrissener Fetzen angesammelt hatte, dann ging ich wieder hin und nähte eine Woche, damit sie wieder etwas zum Anziehen hatten. In der Zeit bin ich nicht zur Schule gegangen. Für die Arbeit bezahlten sie mich nicht, aber am Samstag, bevor ich nach Hause ging, packten sie mir einen Laib Brot, Dörrzwetschken und solche Sachen ein und manchmal noch etwas Butter dazu. Sie packte zusammen, daß ich es kaum tragen konnte, ich war eher schwächlich damals. Das war mein Lohn und wir hatten zu essen zuhause.

Manchmal ging ich noch im Frühjahr Fichten anpflanzen, einen Monat oder drei Wochen pflanzte ich Fichten an und blieb von der Schule weg. Als ich dann wieder in die Schule kam, wußte ich nicht, wo die anderen im Stoff schon waren. Ich konnte nie etwas. So lernte ich eben nie etwas. Die Mädchen, die oben bei der Kirche wohnten, die lernten sogar deutsch, die fehlten im ganzen Jahr nicht einmal und ich immer wieder. Es gab wieder Arbeit, die Mutter mußte weg, jemand mußte zuhause auf die Kinder aufpassen und ich blieb zuhause und es fehlte mir wieder eine Woche – oder zumindest zwei, drei Tage. Das bemerkte man sofort, wenn man zwei, drei Tage nicht in der Schule gewesen war. Die anderen hatten was gelernt, ich nicht, den fehlenden Stoff schrieb ich auch nie ab. Das war meine Schulzeit.

Meine Mutter mußte immer arbeiten gehen. Wir wohnten in der Nähe des Bauernhofes, in dem sie geboren worden war. Wir hatten dort das Wohnrecht, das war ihre Mitgift gewesen, Land hatte sie gerade so viel, daß etwas Schweinefutter blieb. Kühe hatten wir auch, für die durften wir beim Nachbarn mähen, auf dem Feld eines Bauern setzte sie zwei Reihen Kartoffeln an, beim nächsten Bauern wiederum mahlten wir das Getreide, ein anderer brachte uns das Holz, wieder einer das Heu, und wenn dann bei den Bauern viel zu tun war, dann mußte meine Mutter gehen und diese Schuld abdienen. So diente sie das Holz, das Heu, das Mähen und die Kartoffeln wieder ab. Wir hatten ja bei mehreren Bauern unsere Kartoffeln, bei dem einen zwei Reihen, bei dem anderen wieder eine. Und wenn beim Bauern Not am Mann war, dann lud der seine Schuldner ein, arbeiten zu kommen. Und so ging meine Mutter das ganze Jahr abdienen.

Mein Vater fand hie und da Arbeit. Im Winter ging er meistens stempeln. Daran, daß er den ganzen Winter stempeln ging, kann ich mich noch erinnern. Manchmal mußte er am Montag und am Donnerstag nach Eisenkappel stempeln gehen. Stempeln, das hieß, daß er als arbeitslos gemeldet war. Er ging den ganzen Winter nach Eisenkappel und im Frühjahr kam die Nachricht, daß er kein Geld bekommt, weil er nicht genug Arbeitszeit beisammen hätte. Und so ist er den ganzen Winter umsonst hin, und auch die Schillinge, die er mitgehabt hatte, hatte er sinnlos verbraucht. Das war im ersten Jahr seiner Arbeitslosigkeit. Jede Woche hieß es, das Geld komme nächste Woche und im Frühjahr dann hieß es, er bekomme kein Geld. Manches Jahr bekam er aber auch Arbeitslosengeld. Wovon wir wirklich lebten, das weiß ich nicht einmal mehr. Der Vater konnte alles Mögliche, er ging zu einem Bauern, machte etwas für ihn und so verdiente er ein bißchen. Gerade so viel, daß wir weiterwursteln konnten, viel war es ja nicht. Es war öfters kein Brot im Haus, aber da waren wir nicht die einzigen. Für die damalige Zeit war das nichts Außergewöhnliches. Hungrig waren wir auch ohne Brot nicht, knapp war es halt. Es gab Wochen, da hatten wir gerade so viel Mehl, daß die Mutter noch Sterz kochen konnte, oder ein paar Kartoffeln. Und dann kam doch wieder Brot ins Haus und wir hatten wieder etwas.

Anton Pečnik-Tine

Ausgehungert

In der Krise der dreißiger Jahre schmuggelte mein Vater ein bißchen, und wir Kinder halfen ihm dabei. Wir lebten hauptsächlich davon. Wir brachten Saccharin nach Jugoslawien, und zurück in der Regel Vieh, Mehl und Pferde. Ein Pferd, das man herübergetrieben hatte, brachte sofort seine fünf Schilling. Mit acht bis zehn Jahren begannen wir, durch den Wald zu gehen. Hinüber gingen wir noch an der Grenzkontrolle vorbei, wir hatten ja Grenzkarten, auf dem Rückweg aber, wenn wir Schmuggelware bei uns hatten, machten wir einen Bogen um sie. Da meldete man sich nicht mehr. Am Anfang mußte uns der Vater noch eintrichtern, daß wir mit niemandem darüber reden dürften, später wußten wir das alleine. Man gab uns hie und da einen Schilling, und wir machten uns auf den Weg. Wir waren an harte Arbeit gewöhnt, die Wege waren uns bekannt – wir hüteten ja das Vieh auf der Alm –, und beim Nachbarn in Jugoslawien zu sein, war für uns wie zuhause zu sein.

Meine Tante schmuggelte auch fest, meistens nachts; einmal, als sie nach Štefanovo unterwegs war, kam ihr jemand entgegen; sie sprang in die Brennesseln, weil sie sich sonst nirgendwo verstecken konnte. Sie erzählte später, daß sie die Brennesseln so gebrannt hätten, daß sie nicht mehr aus und ein wußte.

Einmal mußte ich ein Pferd holen gehen, einen Eisenschimmel, das war ein schweres Pferd; ich treibe es in Richtung Grenze. Es war beschlagen, und es hackte nur so die Lichtung hinauf. Dort lagen trockene Zweige, und es krachte wie der Teufel. Ich näherte mich dem Gipfel, da hörte ich schon den Grenzwachebeamten rennen. Die Grenzwache hatte beschlagene Schuhe mit so Schienen drauf, die konnte man von weitem hören. Ich rannte schnell durch die Schranken, warf die Stangen des Holzzauns ab und hinüber, den Steilhang geradewegs hinunter – das Pferd mit mir – und davon; sie konnten mich nicht fangen. Ich brachte es in den Stall; am nächsten Morgen spannte ich es vor einen Karren und fuhr los. Das Pferd war aber sehr scheu. Wir waren inmitten der Felder, da fiel das Rad von der Achse, und dann begann der Tanz. Das Pferd wollte nicht stehenbleiben; je mehr ich es zurückhielt, umso schneller rannte es. Ich war gezwungen, das Rad nebenher zu richten und den Holzstift an seinen rechten Platz zu stecken. Obwohl es sehr früh am Morgen war, wurde bei der Sadonik-Brücke schon gearbeitet, die Straßenarbeiter waren mit den Rädern gekommen. Das Pferd war so aufgescheucht, daß es im Galopp hinunter auf den Birkel zuraste, noch gut, daß ich nicht das Hauseck streifte, da wäre wohl alles in Brüche gegangen. Beim Birkel blieb es endlich stehen, und dort wurde es dann abgeholt. Die Händler kauften das gesamte Vieh ab, niemand fragte, aus welchem Stall es stammte.

Wir verkauften unser Vieh bis hinauf nach Griffen, und wir flogen kein einziges Mal auf. Hie und da fragte mich zwar ein Zollwachebeamter, warum ich denn jeden Tag mit einem anderen Pferd unterwegs wäre – die wollten mich ein bißchen aushorchen –, aber ich antwortete immer nur: »Ich habe immer dasselbe.« Schwieriger war es, Ochsen zu schmuggeln; da mußten wir dann Wachen entlang der Straße aufstellen, denn ein Ochse kam ja viel langsamer vorwärts. Menschen brachten wir nicht über die Grenze; nur einmal kam einer, der wollte nach Afrika, das behauptete er zumindest. Was für ein Mensch das war, weiß ich bis heute nicht. Er ist in niederen Schuhen beim Nachbarn aufgetaucht, beim Pavlič, der Schnee lag einen halben Meter hoch, und er sprach deutsch auf -isch, so wie die Tiroler. Aber niemand führte ihn hinüber. Ein paar Tage später nahm ihn die Polizei gefangen und brachte ihn weg. Was mit ihm geschah, weiß ich wirklich nicht. Das passierte im vierunddreißiger oder fünfunddreißiger Jahr, und wir nahmen an, daß es ein petokolonaš war, der für Hitler organisierte und hinunter nach Jugoslawien wollte.

Ich hatte große Freude mit Pferden; ein schönes Pferd zu kutschieren, das ist einfach ein Erlebnis. Ich hatte schon als ganz Kleiner angefangen. Mit fünf Jahren konnte ich schon das Pferd über das Feld ziehen. Meine Mutter hatte große Angst, das Pferd könnte mich einmal erdrücken. Auch später fuhrwerkte ich viel, und es machte mir Spaß. Hauptsächlich transportierte ich Holz; ich ritt aber auch. In Seče gab es eine schöne Alm, die gehörte uns und dem Covnik, dort konnten wir reiten. Als Kinder brachen wir gegen fünf Uhr in der Früh auf, gingen auf die Alm – wir waren viele, mein Cousin und die Štegerbuben –, und dort ritten wir auf den Pferden. Auf der Alm, die auf der einen Seite zu Österreich gehörte, auf der anderen zu Jugoslawien, weideten nicht nur unsere eigenen Rinder und Pferde, sondern auch jugoslawische. Das waren schöne Tiere. Unten wirtschafteten sie ja gut, die Bauern hatten dort 40 bis 50 Stück Rinder und 80 bis 100 Ziegen und Schafe sowie mehrere Pferde. Vor dem Ersten Weltkrieg halfen dort an die 30 Frauen bei der Ernte, auch meine Mutter war dabei, und am Abend wurde dann gefeiert.

Meine Mutter hatte eine andere Einstellung als mein Vater. Er hörte auf den Kordež Foltej, auf den Kommunisten, sie aber hat dem nicht so geglaubt. Man würde es nicht für möglich halten, aber er brachte meinen Vater dazu, die Steuern nicht mehr zu zahlen. Es kam dann so weit, daß wir nur knapp dem Exekutor entgingen. Im letzten Moment kam der Sparkassenleiter Grill zu uns herauf und fragte meine Mutter, ob sie denn den Grund verkaufen möchte. Sie verneinte: sie hätte ja Kinder. Da schlug er ihr vor: »Verkauft doch Holz, ihr habt ja soviel Holz, daß es hinunter auf das Haus hängt.« Und wir verkauften dann wirklich Holz und bekamen so viel dafür, daß wir die Steuern bezahlen konnten.

Meine Mutter war eher religiös, ansonsten aber eine sehr aufgeschlossene Frau. Sie las sehr viel, vor allem im Winter, da las sie, strickte und spann. Sie las hauptsächlich die Bücher der Mohorjeva, einige bekam

77

Anton
Pečnik-Tine

sie auch aus Jugoslawien; bei meinem Vater türmte sich die Literatur, manchmal mußte er einiges davon verteilen. Es gab auch Sitzungen in unserem Haus; mein Vater lobte andauernd den Stalin, aber ich habe mich damals nicht für Politik interessiert. Dafür zu interessieren begann ich mich erst nach der Aussiedlung. Früher einmal war es hier in den Bergen ja eher ruhig. Auch den Anschluß an Hitlerdeutschland nahmen wir ruhig auf. Nun ja, sie hatten uns so ausgehungert, daß viele Menschen einen Moment lang sogar dafür waren. Der Vater hatte kein Geld für Tabak. Wir hatten nicht einmal genug Geld für das Lebensnotwendigste. Wir betrieben die Mühle mit der Hand, um zu Sterz zu kommen, damit wir ein bißchen was zu essen hatten. Damals war es verdammt kalt, Wasser hatten wir keines, so mußten wir mit der Hand mahlen. Sie hatten uns ausgehungert. Es gab kein Geld, verkaufen konnte man nichts, das Holz ging auch nicht mehr, und dann bekamen wir plötzlich Margarine und andere Lebensmittel. Das war das erste; dann hatten wir auch schon bald Geld, wir verkauften alles, aber freilich, daran, was kommen würde, dachte keiner.

Ivana Sadolšek-Zala

Zucker, Mehl, Fett und Hitler

Ich kam 1931 in die Schule, mit acht Jahren, und das Interessante war, daß wir fast alle Slowenen waren, also ich verstand da überhaupt nichts, als ich in die Schule kam.

Deshalb hatten wir eine Lehrerin, die auch slowenisch können mußte, damit sie uns das Deutsche überhaupt beibringen konnte. Sonst hätte sie ja keinen Unterricht geben können. Und ich kann mich noch gut erinnern, meine Mutter instruierte mich vorher noch, weil wir ja alle so schüchtern waren, wir Kinder von da oben kamen ja nirgendwohin, ja, höchstens zu Ostern, wenn Auferstehung war oder so, da gingen wir in die Kirche nach Eisenkappel, aber sonst waren wir ja immer da heroben in Lobnig.

Die Schule war auch in Eisenkappel. Und an diesen ersten Schultag kann ich mich gut erinnern, da setzte mich meine Mutter in die letzte Reihe und sagte: »Jetzt wartest schön, bis die Lehrerin kommt.« Da waren wir rund 40 Kinder, und ich wußte gar nicht, was da los war, ich konnte ja überhaupt nicht Deutsch, ich wußte ja gar nicht, daß es das gibt. »Was ist Deutsch?«. Und da saß ich also, und rund um mich diese fremde Sprache.

1934, als der Naziputsch war, da mußten wir uns alle im Schulhof versammeln, und der Oberlehrer, der bei der VF war, hielt einen Vortrag, und vom Schulhof sieht man hinüber zum Troberfelsen, und dort hatten die Nazis ein riesengroßes Hakenkreuz in die Wiese gebrannt.

Zwischenzeit

Die Nazis sammelten die Buben um sich. Es gab bei uns welche, die nur Slowenisch konnten und solche, die Slowenisch und Deutsch beherrschten. Die, die Deutsch konnten, die holten sie sich. Vor dem Weltkrieg sprach in der Gegend jeder slowenisch. Das ist heute ja so ein Unterschied, damals gab es das überhaupt nicht, daß ein Nachbar mit seinen Kindern deutsch gesprochen hätte. Meine Großeltern hatten überhaupt nicht Deutsch gelernt, meine Mutter hatte es dann schon drei Jahre in der Schule, sodaß sie schreiben und ein bißchen lesen konnte, aber wenn man es nie verwenden muß, dann ist es einem nicht so geläufig.

Im sechsunddreißiger Jahr wurde ich aus der Schule entlassen, und ab da arbeitete ich am Hof mit, damals war der Großvater noch der Besitzer vom Hof. Der war klein und brachte kaum etwas ein. Wir hatten Schulden, und die Exekutoren wohnten schon fast bei uns, so oft waren die da.

Wir hatten ein paar Tiere, vor allem Rindviecher. Wir hatten auch ein Pferd, das wurde aber dann beschlagnahmt, zur Tilgung der Schulden. Auch Wägen und landwirtschaftliches Gerät, das wurde alles beschlagnahmt. Mein Großvater war damals schon sehr krank, er hatte Krebs, wir wußten das gar nicht, er siechte so dahin und starb dann 1938. Als er noch im Sterben lag, wollten sie den Hof versteigern, aber es waren zu hohe Schulden drauf. Deswegen steigerte niemand mit, es waren ja alle in der Krise. Und als dann der Hitler einmarschierte, wurde die Versteigerung abgeblasen, und man verkündete, die Bauern würden am Hof bleiben und Frieden würde sein. Die Nazis machten da so eine Politik: »Jetzt geht's euch wieder besser, wir erlassen euch die Schulden.«

Der Exekutor kam zu uns und sagte: »Jetzt seid ihr erlöst. Es wird keine Versteigerung geben, es wird Arbeit geben, alles wird besser werden.« Der versprach uns das Paradies auf Erden. Und ich kann mich erinnern, der Großvater lag am Sterbebett, die Mutter ging nach Eisenkappel, dort verteilten die Nazis Lebensmittel, Polenta, Fett, Mehl, Zucker und so weiter, es waren ja so viele Arbeitslose in Eisenkappel. Und da schrien die Nazis: »Ihr braucht euch nicht zu drängeln, Hitler hat so viel, es gibt für alle reichlich.« Das war Propaganda. Und die Mutter brachte Fett, Mehl und Zucker nach Hause, und der Großvater, der am Sterbebett gelegen ist, sagte: »Mei, ich werd' müssen sterben und ihr werdet es so gut haben.« Und diese Worte hatte ich dann später immer im Kopf, was hätte der Großvater noch alles mitmachen müssen, wenn er nicht gestorben wäre. Die Aussiedlung, die Ausrottung, das Abbrennen der ganzen Wirtschaft, die Plünderung.

Die Schulden erließen sie uns natürlich nicht. Da kam einer aus Klagenfurt mit dem Bürgermeister und dem Ortsbauernführer zu uns, hielt fest, wieviel Schulden wir hatten, und die mußten dann monatlich abgezahlt werden. Mein Bruder, der war fünf Jahre älter als ich, der studierte damals schon im Priesterseminar, was ihm der Eisenkappler Pfarrer Aleš Zechner ermöglicht hatte, der immer einige Studenten finanzierte. Da kann ich mich noch gut erinnern, wie die kamen, mein Bruder war

Ivana Sadolšek-Zala

Zwischenzeit

79

also nicht da, da waren wir alles Weiber, meine Großmutter, meine Mutter, die Tante Paula, die dann in Auschwitz umkam, und ich, wir waren lauter Frauen. Unsere Wirtschaft war aber ein Erbhof, das heißt, nur der nächste Verwandte war erbberechtigt, da war dann meine Mutter die Besitzerin vom Hof. Und da war der Ing. Lipscher von der Landwirtschaftskammer in Klagenfurt, der rief den Bruder herbei, weil er wissen wollte, wer eigentlich die Arbeitskraft am Hof sei. Der Bauernführer fragte: »Na, jetzt sagt's, wer soll Bauer werden da?« Und mein Bruder, fünf Jahre älter und studiert, der war schon couragierter, der sagte: »Ja, ich nicht, weil ich studier'.« Alle schauten auf mich, und die Mutter sagte: »Ja, sie wird's übernehmen.« Da sagte der Bauernführer: »Na, dann soll sie aber bald heiraten, damit eine männliche Kraft da ist.« Und so kam es dann auch.

Ich heiratete dann den Nachbarssohn, und wir zahlten die Schulden so langsam ab.

Aus, windische Ljubica

Mein Vater war Maurermeister und auch Besitzer eines Bauernhofes. Er arbeitete in der näheren Umgebung. Man muß das für diese Zeit besonders betonen, denn diese Kleinbetriebe ließen keinen größeren Aufschwung eines Handwerkers zu, weil es Beschränkungen gab. Man bekam nach bestimmten Paragraphen die Erlaubnis, bis zu welcher Höhe und mit welchen Umfang man als Meister arbeiten durfte. Wenn du darüber hinausgingst, dann mußtest du es mit einem zweiten Betrieb machen. Die wirtschaftlichen Verhältnisse dieser Zeit waren fürchterlich. Wir kamen sehr schwer durch, denn die meisten, die einen Maurermeister brauchten, waren sehr arm. Ich erinnere mich – ich war 13–14 Jahre alt –, daß mir der Vater an Samstagen, wenn er seine fünf bis sieben Arbeiter bezahlen mußte, den Auftrag gab, zu all diesen Baustellen aufzubrechen, und das Geld einzuheben, damit er seine Arbeiter ausbezahlen konnte. Manchmal kamen wir nur mit ganz kleinen Summen heim, das mußte er dann irgendwie aufteilen. Mit den kleinen Auftraggebern, die ein Haus bauten und nur eine Arbeitskraft brauchten, machte der Vater schon vorher aus, wie bezahlt wird, und wir wußten, er würde das Geld haben und es uns geben. Aber bei den Reichen, die groß und breit bauten, zahlte der Vater oft drauf, die liegen mir heute noch im Magen. 1933/34 standen wir knapp vor'm Bankrott, wir hätten fast vom Haus gehen müssen, weil die Verschuldung so groß war, weil er das Geld für die geleistete Arbeit nicht bekommen hatte. Die Zinsen, die er zahlen mußte, die Steuern, die Versicherung, das häufte sich alles an. Die Verhältnisse waren sehr kritisch. Ich beneidete manchmal die, die zwar wenig, aber das sicher hatten. Wenn nicht dieses ärmliche Haus – Bauernhof kannst ja nicht sagen, nach Prežihov Voranc

war das ein abgezwicktes Hüttel – gewesen wäre, wären wir noch
hungriger gewesen.

Mein Vater hatte keine fix angestellten Leute. Er nahm sie nach Bedarf
für die Arbeit, und zwar in der Sommerzeit. Im Winter schaute jeder, daß
er dieses kleine Arbeitslosengeld bekam. Es waren meistens 2–4 Ange-
lernte und ein paar Hilfsarbeiter.

Zu meinem Vater wäre noch zu sagen, daß er irgendwie sehr religiös
war. Ich weiß nicht, wie ich es sagen soll. Er war sehr nationalbewußt,
und daraus resultierte auch das religiöse Bewußtsein, das damals in
unserer Bevölkerung sehr verankert war. Er war auch sehr politisch. Ja,
er erzählte immer wieder über die Plebiszitkämpfe, wie oft er verprügelt
wurde, wie oft Vereinsversammlungen überfallen wurden, wie oft er bei
Lokalwahlen mitgearbeitet hatte. Er war Mitglied im Verein und bei den
Gemeinderatswahlen auf der Seite der Kärntner Slowenischen Partei. Er
war im Verein Funktionär und erzog auch uns in diese Richtung.

Seine Schwester aber lebte in Villach und war eine *nemčurka*. Ihr Mann
war pensionierter Eisenbahner. Sie war für unsere Verhältnisse gut
situiert und bereit, meine Ausbildung zu bezahlen. Der Vater sagte aber:
»Wenn das Mädchen oben bleibt, wird sie sich dem Slowenischen
entfremden, sie wird eine *nemčurka* werden, weil wir haben uns schon
in der Zeit des Plebiszits mit der Mojca gestritten, und das Dirndl bleibt
da.« Das tat mir irgendwie leid, weil ich was lernen hätte können,
irgendwas. Die Stadt mit ihren Schulen hätte ja viele Möglichkeiten
geboten, aber in der nationalen Frage war er konsequent. Außerdem
brauchten sie mich daheim.

Ich mußte auf diesem ärmlichen Bauernhof arbeiten, mähte Gras auf
den Ackerrainen, ging als Taglöhnerin, damit wir ein Pferd geliehen
bekamen, damit wir pflügen, eggen, säen oder was auch immer konnten. Ich erntete Kartoffeln und half, was der Vater auch furchtbar
ungern tat, auf Ämter zu gehen. Manchmal war das für mich eine große
Befriedigung. Ich erinnere mich an einen Fall, das war noch im alten
Österreich, und ich ungefähr 15 Jahre alt, da mußte ich auf der Bezirkshauptmannschaft in Völkermarkt eine Eingabe ausfüllen im Zusammenhang mit unserem Gewerbebetrieb. Der Vater hatte mir das befohlen, und ich stellte mich halt an. Vor mir waren Frauen, die auch einen
Betrieb hatten, Schneiderinnen oder so, und sie hatten das gleiche
Formular ausgefüllt, aber falsch. Und dann komm' ich an die Reihe und
der sagt: »Wie, das Kind, das halbe Kind kann das ausfüllen, ihr aber
nicht.« Das war großartig. Ich hatte es richtig ausgefüllt. Damit will ich
nur unterstreichen, die Selbständigkeit bekommst du nicht dadurch,
daß dir jemand sagt, was sein muß, sondern man muß dich ins Wasser
schmeißen.

Die 1. Klasse in der Schule war noch zweisprachig, nicht, weil das
verpflichtend gewesen wäre, sondern wir konnten ja kein deutsch, und
deshalb verlief der Unterricht so: »*miza* – Tisch, *riba* – Fisch«, so auf die

*Milena
Gröblacher-Vanda*

utraquistische Art. All die Jahre hindurch war nur der Religionsunterricht slowenisch, der aber vom ersten bis zum letzten Jahr. Als ich in die Schule gekommen bin, war sie dreiklassig, aber schon im ersten Jahr wurde sie auf eine vierklassige ausgeweitet. Im ersten Jahr war bis zur Hälfte ein gewisser Maklin als Lehrer tätig, dann kam ein gewisser Flajs. Dort mußten wir von heute auf morgen kurrent schreiben lernen. Bis zum Austritt schrieb ich nicht mehr Lateinschrift. Noch lange, lange kämpfte ich mit bestimmten Großbuchstaben im Slowenischen, weil ich sie einfach nicht vermittelt bekommen hatte.

Die Schule wirkte sich auf uns Kinder aus. Das merkten wir bei bestimmten Dingen, denn z. B. die Kinder aus Stein, das auch in den Schulbereich von St. Kanzian fiel, waren fast ohne Ausnahme *nemčurji*. Dies nicht so sehr sprachlich, sondern nach den Dörfern, sie mochten uns nicht und wir sie nicht. Da beschimpften wir uns dann slowenisch, das galt schon seit jeher und wir sagten: »Die Steiner sind aus Dreck gemacht, unter der Linde getauft und ärger als Hornissen.«

Nach der ersten Klasse gab es dann kein Slowenisch, auch keine Möglichkeit zur Anmeldung, überhaupt nichts. Es fragte auch niemand danach. Im Gegenteil, wir sprachen alle sehr schlecht deutsch, ich hatte zufällig ein sehr gutes Gehör für Sprachen, und ich machte nicht so schnell etwas falsch, aber ich hatte gerade aus Stein unter meinen Mitschülern solche, die sprachlich unterm Hund waren.

Die Schulzeiten waren von 9–12 und von 13–15 oder 16 Uhr, das war nach Tagen verschieden. Die Mittagszeit war für die Jause bestimmt, ich weiß nicht, wofür noch, denn ich mußte in der Mittagszeit immer nach Hause. Ich wohnte ja in der Nähe und mußte Holz tragen und so, was mir ziemlich gegen den Strich ging, weil ich viel lieber in der Schule herumgerannt wäre. Die anderen Kinder bekamen den Auftrag, in der Pause deutsch zu reden: »Ihr könnt ja nicht deutsch, redet deutsch, was plappert ihr denn windisch, oder slowenisch«, je nachdem, wie halt der Lehrer aufgelegt war.

Es kam vor, daß jemand mitten im Satz nicht weiterkonnte, dafür wurde er nicht bestraft. Wenn er etwas auf deutsch sagen mußte und nicht mehr weiterkonnte, sagte er's slowenisch fertig: »Warst du dort? Na, i woa nit. *Mama ni nahala.*« So ungefähr spielte sich der Unterricht ab.

Außerdem muß man noch eines wissen, bei uns war ein starker Einfluß vom Leitgeb. Nicht, daß er besonders deutschnational gewesen wäre, aber jeder, der hinging, glaubte automatisch, daß er jetzt ein Deutscher werden müßte, sodaß sehr wenig bewußte Slowenen dort arbeiteten. Daneben war noch ein anderes Moment, das die Klasse spaltete. Beim Leitgeb arbeiteten viele nichterbberechtigte Bauernsöhne, die aber trotzdem zuhause wohnten, und dort für kleine Dienste, mähen und dergleichen, zu essen bekamen. So einer war sozial viel besser gestellt als ein reiner Proletarier, der mit dem Lohn, den er bekam, die ganze Familie erhalten mußte. Das ist auch zu berücksichtigen. Und das war

Zwischenzeit

die einzige Industrie, die in dem Bereich des Jauntales existierte, wenn Rechberg nicht mitgezählt wird und der Fremdenverkehr. Beides wirkte sehr stark auf die Assimilation. Auf jeden, der sich damit beschäftigte, hatte das einen Einfluß.

Milena Gröblacher-Vanda

Dann würde ich auch die Rolle der Lehrer am Dorf als negativ einschätzen, denn den Lehrer sah man als Autorität an, und wenn der deutsch redete, dann war das eben auch Autorität. Auch war er neben dem Pfarrer und vielleicht noch dem Bürgermeister – Polizei hatten wir keine – derjenige, der etwas galt im Dorf. Ich wüßte nicht, wen ich noch dazuzählen sollte zu diesem Kreis.

Viele unserer Mädchen und Jungen waren in der Sommerzeit befreit. Die Schule dauerte bis zum Juni, Mitte Juli und August warst du frei, und die Schule begann mit Anfang September. Diese zwei Monate verlegten sie dann in den September und Oktober, damit die Kinder das Vieh hüten konnten und die Herbstarbeit erledigen. So waren sie für die Zeit Juli/August schulpflichtig und für diese zwei Monate konnten die Eltern eine Eingabe machen, damit die Kinder in dieser Zeit sommerbefreit waren, zusätzlich zu den anderen zwei Monaten. Das waren die Eltern, die beweisen konnten, daß sie die Kinder zuhause brauchten. Das wurde nach dem 10. Jahr bewilligt, nach dem 11. Jahr auf jeden Fall. Zu denjenigen gehörte auch ich, weil die Mutter wollte, daß ich arbeitete, weil wir Gäste hatten und so. Von denen gab es mehrere, sodaß der Lehrer manchmal nur eine ganz kleine Zahl von Schülern hatte, die er unterrichten konnte.

Ich verließ die Schule 1935, genau weiß ich das nicht, weil wir im Frühjahr mit der Schule begannen. Da kriegten wir auch die politischen Veränderungen mit, weil wir mußten in der Schule in diesen Phasen lernen, was war. Zum Beispiel über diesen Starhemberg. Als sie einmal eine Aktion machten – ich weiß nicht, ob er jemandes Firmpate war, jedenfalls stand er für etwas Pate – da hieß es, daß eine bestimmte Gruppe nach Wien gehen würde. Das war schon im Ständestaat, und sie meldeten sich an. Mein Bruder meldete sich auch an. Und dann ging niemand, weil sich vieles veränderte. Da war diese Dollfußgeschichte und wir mußten das lernen. In der Schule differenzierte man bestimmte Familien nach dem religiösen Engagement und auch für uns, die wir religiös erzogen wurden, war das furchtbar. Wir logen manchmal, daß wir beteten, auch wenn wir es nicht getan hatten. Das war so: »Hast du den Rosenkranz gebetet oder warst du bei dieser Zeremonie dabei?« – und das versuchte man irgendwie den Kindern einzuimpfen, mit dem wurde die nationale Zugehörigkeit gleichgesetzt, das schrieb man mir auch in ein Heft. Schade, daß ich es nicht mehr habe. »Wenn du eine anständige Slowenin bist, bist du auch eine gläubige Slowenin«, das hat der Poljanec geschrieben.

Ich hätte furchtbar gerne eine Ausbildung gehabt. Zuerst phantasierte ich von einer höheren Ausbildung wie jeder junge Mensch, das sind halt so Phantasien, und mich interessierte Architektur und Archäologie sehr.

Milena
Gröblacher-Vanda

Vielleicht ein bißchen nach dem Vater, weil ich seine Schulhefte durchgeschaut hatte. Diese Phantasien mußte ich bald begraben. Ich war bereit, irgendetwas zu lernen außer Haushalt und Nähen, das waren in der Schule die Gegenstände, die ich am meisten gehaßt hatte.

Dann machte ich ein bissel was Kulturelles. Wir hatten damals sehr bescheidene Kinderveranstaltungen, vom Pfarrhof organisiert. Manchmal riefen sie auch die Vereinsmitglieder zusammen, aber als Jugendlicher warst du nur ein Statist am Rande und hast dir furchtbar gewünscht, so alt zu sein, daß du kulturell etwas tun könntest. Das einzig Positive war, daß ich mir Bücher ausborgen konnte, weil im Pfarrhof eine Bücherei existierte, Bücher wie »Dekle z biseri« [Das Mädchen mit den Perlen], hauptsächlich Hermagoras-Bücher. Bei uns zuhause wurden Bücher sehr geschätzt, davon gab es immer genug, hauptsächlich von der Hermagoras, aber auch andere aus Slowenien. Auch von der Mutter hatte ich noch ein paar schöngeistige Bücher. Ich las aber auch solche, die nicht typisch Hermagoras waren. Cankar zum Beispiel, und dann grub ich irgendwo eine Übersetzung aus dem Französischen aus, die mußte ich aber verstecken, sie war für die damalige Zeit, könnte man sagen, halb pornographisch, vom Zola vielleicht. Es war eben so, daß ich nach verbotenen Dingen griff, die ich verstecken mußte. Auch deutsche las ich, die lieh ich mir aus, wenn ich zum Zahnarzt nach Völkermarkt mußte. Dort war ein Atzwanger, der Bücher verlieh, und das waren deutsche, aber auch Übersetzungen aus dem Französischen, denn die Deutschen waren hauptsächlich Anzengruber und so.

In der Zeit des Ständestaates hielten die Nazis irgendwelche Veranstaltungen und Feiern ab. Wo genau, weiß ich nicht, aber nach so einer Sache hingen am nächsten Tag in ganz St. Kanzian Nazi-Fahnen, wenn irgendeine Hitlerfeier oder so etwas war. Auf diesem Hügel, wir nennen ihn *Kura* [Henne], machten sie aus lauter Fackeln ein Hakenkreuz. Dann hängten sie die Hakenkreuze noch auf die elektrischen Leitungen. Sie nahmen einen Hakenkreuzwimpel, hängten eine Schnur, an deren Ende eine Schraube befestigt war, dran, und schmissen das hinauf. Die Schnur rollte sich um die Leitung, und so war die ganze Straße, weil die elektrischen Leitungen waren ja entlang der Straße gespannt, voll mit diesen Hakenkreuzen. Und am nächsten Tag rannte die Polizei mit diesen Stangen umher, bzw. verhaftete die Verdächtigen, na es waren ja auch ganz konkret die Verursacher dieser Aktionen. Sie führte sie an uns vorbei, zu einem großen Masten, an dem ganz oben die Fahne aufgehängt war. Die mußten sie mit einem Draht herunterholen, und der Nazi stellte sich so an – die Polizei stand unten, daß er recht lange die Fahne in der Luft herumschwenkte. Als halbe Kinder fanden wir das ja noch interessant. Dann hängten sie die Fahne einmal in den Turm. Wie sie da wohl hineingekommen waren?

Zwischenzeit

Dann wurden immer wieder Illegale eingesperrt, es waren ja mehrere, an alle kann ich mich konkret nicht erinnern. Daneben hatten die Führenden noch Helfershelfer in ihrem Schlepptau, das waren so junge Lehrlinge, Bürschchen, die das Bedürfnis hatten, was zu tun. Selber führten sie die Aktionen ja nie aus. Das machten immer andere. Ideell waren die jungen Burschen ja nicht dabei, sondern die taten es, weil es eine Hetz war. Und das kam ihnen später nach der Übernahme durch Deutschland zugute. Diese Bürschchen taten sich besonders hervor, wenn sie uns beschimpfen konnten. Die eigentlichen Nazis grüßten dich ja schön.

Ja, wie es dann klar war, daß es zu dieser Abstimmung kommen würde, fertigte die Klagenfurter Zentrale diese Plakate an und rief über den Koroški Slovenec und über die Vereine draußen dazu auf, für Schuschnigg zu stimmen. Die Plakate waren slowenisch, vielleicht gab es auch irgendwo deutsche, bei uns waren sie slowenisch. Das waren so große Plakate, die wir, wo immer es möglich war, aufnagelten.

Im achtunddreißiger Jahr, noch in der Zeit des alten Österreich, organisierte unser Verein einen Kochkurs mit der Milka Hartman, gerade in den Märzmonaten, in denen die Deutschen Österreich okkupierten, sodaß die Hälfte des Kurses schon unter den Deutschen stattfand. Das war oben in Vrhah, dorthin ging ich als einzige aus dem Tal. Der damalige christliche Verein warb für Schuschnigg und sie kamen mit Plakaten von der Prosvetna zveza. Zu diesem Kochkurs schickten sie mich, weil ich Interesse gezeigt hatte, und sie brachten in den Kurs Plakate. Wir sollten sie aufkleben und im Ort das Verteilen organisieren. In der Nähe wohnte auch die Familie Hönk, die hat diesen Turnersee gekauft, dorthin müßten wir die Plakate tragen, und keiner hat sich getraut. Da bin ich hingegangen. Die schrien mich zwar an, aber sie taten mir nichts. Ich fragte, ob ich die Plakate draußen auf die Tenne nageln dürfe. Das ließ er nicht zu, aber auf die Bäume durften wir sie dann nageln. Wer liest denn schon so etwas, brüllte er mich an. Und sagte dann: »Jaja, ich hab' schon g'hört.« Denn wir hatten noch so kleine Flugblätter, die las er dann alle durch, angeblich war er aus der Tschechei, vermutlich ein Sudetendeutscher.

Am nächsten Tag kam dann die deutsche Invasion. Die Bürschchen, die in St. Kanzian immer die Hakenkreuze angeschlagen hatten, beschimpften mich als erste. »Aus, windische Ljubica.« Und der Hönk sagte: »Jetzt tu die Plakate abservieren.«

Der Kurs ging dann weiter, er wurde aber verfrüht abgeschlossen. Damals kam es zu Denunziationen, die Gendarmen gingen dem dann nach. Einer kam in den Kurs, mit diesem deutschen Dingsda, und das genau an dem Tag, wo wir photographiert wurden. Und er stellte sich dazu.

Wetterleuchten

Die Kärntner Slowenen und das Jahr 1938

I.

Noch am Tag vor dem Einmarsch der deutschen Truppen in Österreich – am 11. 3. 1938 – erschien eine Sonderausgabe des »Koroški Slovenec«[1], in dem die Kärntner Slowenen aufgefordert wurden, bei der für den 13. 3. vorgesehenen Volksabstimmung für die österreichische Unabhängigkeit zu stimmen. Zeitzeugen berichten, daß sie als junge Aktivisten Plakate und Flugblätter desselben Inhalts noch zu einem Zeitpunkt klebten bzw. streuten, als die Nazis bereits die Macht im Lande übernommen hatten.

Der Grund für diese österreichische Orientierung der Kärntner slowenischen Führung kann nicht in einer besonderen Dankbarkeit gegenüber der österreichischen Staatsführung gesucht werden (Schuschniggs Regime hatte sie herb enttäuscht), sondern vor allem in (katholisch-ständestaatlich orientierter) ideologischer Verwandtschaft.

Die Reaktion der Kärntner Slowenen auf den Einmarsch war durchaus nicht einheitlich. Viele erlebten ihn als Schock, betrachteten ihn als Einleitung zu einem großen Krieg. Viele erlebten ihn vor allem deswegen als Schock, da die Erzgegner im Lande, die einheimischen Nationalsozialisten, nun plötzlich das Ruder in der Hand hatten. Und viele konnten vorerst ob der Kontinuität der deutschnationalen Politik in Kärnten nun zwar eine neue Ausprägung, jedoch keinen wesentlichen Wandel im Unterschied zum vorherigen Zustand feststellen, wobei natürlich auch Hoffnungen auf ein Ende der wirtschaftlichen Misere eine große Rolle spielten.

Der bereits zitierte »Koroški Slovenec« brachte nun in seiner Ausgabe vom 31. März 1938 auf der Titelseite neben einem Hitler-Porträt wiederum den Aufruf, mit »Ja« zu stimmen, diesmal allerdings für die »Wiedervereinigung« Österreichs mit dem Deutschen Reich. Was in den knappen drei Wochen davor auf der Ebene der politischen Entscheidungsträger geschehen war, läßt sich wie folgt zusammenfassen:

Am 15. März wurde der Vorsitzende des Slowenischen Kulturverbands Joško Tischler verhaftet, aber nach einigen Stunden wieder auf freien Fuß gesetzt und ins Amt der Kärntner Landesregierung bestellt, wo er schriftlich erklären mußte, nicht arretiert worden zu sein. Diese Erklärung hatte er umgehend dem jugoslawischen Konsulat zu übermitteln.[2] Offensichtliches Resultat dieses nach bisherigem Wissensstand ersten »offiziellen« Kontakts zwischen slowenischer Führung und den neuen

---

1 Organ der zentralen Kärntner slowenischen Organisation »Slovenska prosvetna zveza« (Slowenischer Kulturverband).

2 Vgl. August Walzl: Die Juden in Kärnten und das Dritte Reich. S. 150.

Machthabern war wohl das Rundschreiben des Kulturverbands an seine Vertrauensleute vom 16. März, in dem es hieß:

»Die zentrale Kulturorganisation gibt den Vertretern unserer slowenischen Organisationen folgendes bekannt:
1. Der Vertreter der Landesregierung bevollmächtigt uns zur Erklärung, daß die neue Landesregierung die slowenische nationale Treue respektieren und den Kärntner Slowenen volle kulturelle und wirtschaftliche Freiheit zugestehen wird.
2. Die Kulturvereine, die Darlehenskassen und die anderen wirtschaftlichen Organisationen wirken auch in Zukunft unbehelligt wie bisher.
3. ›Koroški Slovenec‹ erscheint wie bisher.
4. Sollten Personen oder Organisationen an der Ausübung ihrer nationalen Tätigkeit behindert werden, so ist dies unverzüglich zu melden, damit an zuständiger Stelle um Abhilfe gesorgt werden kann. Wir rufen unsere Landsleute zu eiserner Disziplin und zu bedingungslosem Gehorsam gegenüber dem neuen Staat und seinen Organen auf. Es gibt keinerlei Ursachen für irgendwelche Befürchtungen oder Ängste. Die staatlichen Organe garantieren vollkommene Ruhe und Ordnung auch bei uns. – Wir ersuchen unsere führenden Männer und Burschen ausdrücklich, beruhigend auf das ganze Volk zu wirken. Wir betonen noch einmal: eiserne Disziplin.«[1]

Am 17. März statteten Joško Tischler und Franc Petek den Vertretern der Landesregierung einen Besuch ab, um im Namen ihrer Organisation eine Loyalitätserklärung abzugeben. Die nationalsozialistischen »Freien Stimmen« veröffentlichten daraufhin eine Erklärung des Landeshauptmanns Pawlowsky, in der er für die bekundete Loyalität lobende Worte fand – und im selben Atemzug versprach, jeglichen Versuch, Kontakte über die Staatsgrenze hinweg zu knüpfen, mit »eiserner Faust« zu unterdrücken.

Am 24. März schließlich legten die Vertrauensleute der slowenischen Vereinigungen ihren Kurs bezüglich Volksabstimmung fest. Die Erklärung, die daraufhin am 30. März unter dem Titel »Koroški Slovenci, 10. aprila volimo: Ja! [Kärntner Slowenen, am 10. April stimmen wir mit Ja!]« veröffentlicht wurde, enthält alle wesentlichen Erklärungselemente für diese Haltung:

»Der Führer und Kanzler Adolf Hitler hat für den 10. April d. J. eine Volksabstimmung ausgeschrieben. Auch wir sollen darüber abstimmen, ob wir uns zum Führer Adolf Hitler und damit zur am 13. März vollzogenen Wiedervereinigung Österreichs mit Deutschland bekennen.
Wir alle stimmen geschlossen mit: Ja!
Warum? – der Nationalsozialismus Adolf Hitlers proklamiert die Nationalität als göttliches Gut und betrachtet Untreue oder Gegnerschaft gegenüber jener Nation, in die man hineingeboren wird, als widernatürlich und daher schändlich. Der Nationalsozialismus ruft jedermann zum aktiven Dienst an der nationalen und Volksgemeinschaft auf.

---

1 Übersetzt aus Domej, Teodor: Koroški Slovenci in leto 1938. Celovec 1988, S. 28.

*Im selben Maß, in dem diese Prinzipien für die Deutschen und die
deutsche Nation gelten, gelten sie nach den Aussagen des Führers
Großdeutschlands auch für nationale Minderheiten. ... In staatspoliti-
scher Hinsicht ist der Wille des Mehrheitsvolkes für die nationale Minderheit Gesetz.*

*Der 13. März 1938 hat ... auch für uns Kärntner Slowenen eine
unabänderliche Tatsache geschaffen. ... Wir sind wirtschaftlich und
staatspolitisch ein Teil des deutschen Staates geworden. ...*

*Das ›Ja‹ am 10. April 1938 im Sinne des Nationalsozialismus ändert
nichts an unserer Zugehörigkeit zur slowenischen Nationalität und an
unserer Beziehung zur Stammnation.*

*Der nationale deutsche Staat mit seiner vom Führer der deutschen
Nation und des deutschen Reiches Adolf Hitler selbst umrissenen Auffassung der Nation wird notwendigerweise auch die fremde Nationalität
achten. Diese gegenseitige Achtung wird auch von den beiderseitigen
staatlichen Interessen Deutschlands und Jugoslawiens diktiert, und darum sei unser ›Ja‹ am 10. April 1938 letztlich der Ausdruck unseres
Wunsches nach Freundschaft beider Nachbarstaaten.«*[1]

*Die zitierte prinzipielle Haltung (und Argumentation), daß die Fragen
der staatlichen Ordnung ausschließlich Angelegenheit des Mehrheitsvolkes seien, korrespondierte mit der offiziellen Stellungnahme der
jugoslawischen Regierung vom 14. März,*[2] *und ist auch als Ausdruck
einer (unter den gegebenen Umständen natürlich illusionären) auto-
nomistischen Grundhaltung einzuschätzen. Aus derselben Grundhaltung wird im Aufruf festgehalten, daß das Wahlverhalten der Minderheit
nichts an ihrer nationalen Zugehörigkeit ändere.*

*Aus dem Hinweis auf die zwischenstaatlichen Beziehungen ist zu erse-
hen, welche Erwartungen die slowenische Führung in den angenomme-
nen Zwang zur Rücksichtnahme auf die bilateralen Beziehungen setzte.
Zweifellos spielte dabei die Hoffnung mit, einen eben durch die interna-
tionale Konstellation im Ansatz zwar vorhandenen, aber in seiner realen
Bedeutung offensichtlich bei weitem überschätzten Interessensdissens
zwischer lokaler, kärntnerischer Naziobrigkeit und der Zentralgewalt
ausspielen zu können*[3].

*Über den Rahmen einer taktisch bedingten Argumentation hinaus gehen
die im kurzen Aufruf gleich an zwei Stellen und ausführlich angeführten
Hinweise auf weltanschauliche Parallelitäten zwischen eigener und
nationalsozialistischer Auffassung von »Nation« bzw. Nationalem. Hier*

---

1 Koroški Slovenec, 30. 3. 1938, S. 1.

2 »1.: Jugoslawien betrachtet die Vereinigung Österreichs mit Deutschland als interne
   Angelegenheit, in die es sich nicht einzumischen gedenkt. 2.: Jugoslawien hatte sich
   stets für die prinzipielle Vereinigung aller Deutschen eingesetzt und bleibt diesem
   Prinzip treu. 3.: Jugoslawien hat freundschaftliche Beziehungen zu Deutschland. Diese
   Freundschaft bleibt auch jetzt, da Deutschland ihr unmittelbarer Nachbar geworden ist,
   aufrecht.«.

3 Vgl. dazu die bei Domej, a. a. O., S. 42, beschriebene Episode vom mißglückten
   Versuch von F. Petek, Hitlers Propagandareise durch Kärnten für einen direkten Kontakt mit Hitler zu nutzen.

haben wohl die weltanschaulichen Grenzen die Grenzen der politischen Einsicht festgelegt, bzw. die (bewußte) Blindheit gegenüber dem rassistischen Gehalt nationalsozialistischer Ideologie begründet.

II.

Während die Linke (katholischer, liberaler, sozialdemokratischer und kommunistischer Ausprägung) im slowenischen Zentralraum den »Anschluß« Österreichs mit höchster Besorgnis registrierte[1] und ihn als Bedrohung der eigenen nationalen Existenz begriff, bezog die dort herrschende Politik den Standpunkt, es handle sich dabei um eine »innerdeutsche Angelegenheit«.

Beispielhaft veranschaulichen läßt sich die Bandbreite der Reaktionen anhand zweier publizistischer Reaktionen: »Delavska politika [Arbeiterpolitik]« erschien am 16. März mit dem Titel »Rjavi škorenj pregazil Avstrijo [Österreich unter dem braunen Stiefel]« und wurde deshalb beschlagnahmt. Dr. Dinko Punc dagegen meinte in der Zeitschrift »Slovenska beseda«, der Weltkrieg habe erst mit diesem Akt sein Ende gefunden. Und wörtlich (übers.): »Österreich ist dahin. Halleluja.«[2]

III.

Für die Nationalsozialisten in Kärnten stand die kurze Zeitspanne bis zur Volksabstimmung am 10. April unter der Devise, im gesamten Land, also auch in Südkärnten, das bestmögliche Resultat zu erreichen. Wohl war sofort nach der Machtübernahme der damals zweifellos aggressivste Exponent des Kärntner Deutschnationalismus – Alois Maier-Kaibitsch – in der neugebildeten Kärntner Landesregierung mit der Regelung der Minderheitenfrage beauftragt, und zugleich einer der wichtigsten Exponenten der slowenischen nationalen Bewegung, der St. Kanzianer Pfarrer Vinko Poljaňec, verhaftet worden (er starb Ende August desselben Jahres an den Folgen der Haft), doch ließen es sich die neuen Machthaber nicht nehmen, zur selben Zeit auch die Slowenen direkt um die Ja-Stimme anzusprechen. Maier-Kaibitsch z. B. tat dies in seiner Ferlacher Rede am 27. März und verband dies mit unverhüllter Drohung (»Die Minderheit soll sich im großen deutschen Reich entwickeln. Die Vorbedingung dafür ist ein ehrliches Verhältnis zum neuen Staat.

---

1 »Nach Österreich sind wir an der Reihe ... Slowenen, noch ist es an der Zeit, sich zu wehren ... Keine Verbrüderungen mehr mit dem deutschen Faschismus – Verbietet die Hitlerpropaganda in Slowenien – Befestigt unsere Nordgrenze ...« – Diese und ähnliche Forderungen erhoben die (in der Illegalität wirkenden) slowenischen Kommunisten unmittelbar nach dem »Anschluß« in gedruckten Flugblättern. Am 14. März 1938 fand in der Aula der Universität von Ljubljana sowie vor dem Universitätsgebäude eine große Manifestation der slowenischen Hochschüler gegen das »Vordringen des germanischen Imperialismus« statt, dessen erste Opfer die Slowenen in Kärnten geworden waren.

2 France Filipič: Slovenska politična levica o fašizmu ter nacizmu. In: »Der Anschluß und die Minderheiten in Österreich«. Klagenfurt/Celovec 1989, S. 169.

Von den Nationalslowenen selbst wird es abhängen, wie sich ihre weitere Entwicklung gestalten wird.«[1]*)*

Pawlowsky fand ähnliche Worte in seiner Rede am 8. April in St. Jakob /Šentjakob, wobei er (loyales Verhalten der Slowenen voraussetzend) auch weltanschauliche Komponenten ins Spiel brachte: Deutschland, das seine Größe und Macht auf der Nationalität aufgebaut hätte, würde auch die fremde Nationalität verstehen und beschützen.

T. Domej resümiert in seiner Broschüre »Koroški Slovenci in leto 1938«: »... die Volksabstimmungskampagne in Südkärnten wird dadurch charakterisiert, daß in ihr zahlreiche inhaltliche Parallelen zur Plebiszitpropaganda aus dem Jahre 1920 sichtbar werden – vor allem, was die den Slowenen gemachten Versprechungen betrifft. In ähnlichem Rahmen bewegten sich auch die Erklärungen von Regierungs- und Parteivertretern den anderen Minderheiten in Österreich gegenüber. Welchen Wert sie hatten, wußte ein hoher Nazibeamter in Wien bereits damals einzuschätzen; nach vollzogener Abstimmung schrieb er: ›Es war alles getan worden, um für die Abstimmung gute Beziehungen zu den Minderheiten herzustellen, ohne daß wir uns damit in irgend einer Weise hinsichtlich unserer zukünftigen Minderheitenpolitik festgelegt hätten.‹«[2]

Sofort nach der Volksabstimmung begannen die Kärntner Nazis mit koordinierter und systematischer Germanisierungsaktivität. Sie bedienten sich dabei der formellen und informellen Organisationsstrukturen des Kärntner Deutschnationalismus.

Zuallererst ging man die Kindergärten und die Volksschulen an. Am 5. Mai 1938 wurde vom Landesschulreferenten Dlaska ein erster Plan für ein dichtes Netz von Kindergärten vorgelegt, die dann im Gebiet mit slowenischsprachiger Bevölkerung explizite Eindeutschungsfunktion hatten. Mit Beginn des neuen Schuljahres war das Slowenische aus den bis dahin utraquistischen Schulen nahezu restlos verschwunden, mit ihm natürlich auch die slowenischsprachigen Unterrichtsmaterialien.

Die slowenischen Vereine konnten zwar (ebenso das Organ »Koroški Slovenec«) ihre formale Selbständigkeit beibehalten – abgesehen von einigen, die sofort verboten wurden –, mußten jedoch den Arierparagraphen und das Führerprinzip statutarisch verankern und wurden einer strikten und ständigen Kontrolle unterworfen. Die slowenischen wirtschaftlichen Vereinigungen (Genossenschaften) blieben zunächst unangetastet, doch ging der wirtschaftliche Aufschwung der Jahre 1938 und 1939 spurlos an ihnen vorüber. Grobem politischem Druck – Verhaftungen und Versetzungen – unterworfen wurden exponierte slowenische Geistliche, die »Moderatoren« traditioneller slowenischer Politik.

Bespitzelungen, wie anderswo in Österreich auch, waren an der Tagesordnung – jedoch hatten sie in Kärnten eine zusätzliche Dimension: Maier-Kaibitsch ließ im Oktober 1938 vertrauliche Befragungen unter

---

1 Freie Stimmen, 22. 3. 1938. S. 1. Rückübersetzung aus Domej, a. a. O.
2 Teodor Domej: Koroški Slovenci in leto 1938. Celovec/Klagenfurt 1988, S. 34. Rückübersetzung.

den Ortsvertrauensleuten und Schuldirektoren durchführen, deren Er-
gebnis ein Verzeichnis von 245 »nationalslowenischen Führern« war.
Die organisatorischen Grundlagen dieses Spitzelwesens bildete das
Netz des nach der Volksabstimmung 1920 ausgeformten Kärntner Hei-
matbundes.

Am 18. 11. 1938 wurde in einer zentralen Beamtenkonferenz, die in Wien
zum Thema der Volkstumspolitik im Grenzgebiet tagte, Kärnten als
Idealfall und Vorbild für die Organisierung und für die koordinierte
Vorgangsweise im Sinne nationalsozialistischer Volkstumspolitik ge-
priesen. Wohl zu Recht.

IV.

Ausschlaggebend für die skizzierte Haltung der slowenischen politi-
schen Führung bzw. für deren Unangefochtenheit in den Reihen der
Volksgruppe selbst war wohl die mangelnde politische Differenzierung
der slowenischen Bevölkerung Kärntens bzw. die weitgehende politisch-
organisatorische Schwäche und Isolierung der slowenischen Linken.

Es gab zwar links orientierte Personen oder Gruppen, jedoch hatten
sie weder relevanten Einfluß[1] auf die katholisch-ständestaatlich domi-
nierte slowenische Politik, noch konnten sie auf die Hilfe von bzw. eine
Zusammenarbeit mit entsprechenden gesellschaftlich relevanten
(deutsch-)österreichischen Gruppen und Parteien bauen. Die
österreichische Sozialdemokratie hatte durch ihre deutschnationale
Orientierung das Arbeiterelement aus der slowenischen Politik her-
ausgezogen und damit das Feld der zwischennationalen
Auseinandersetzung zugunsten sowohl der katholisch-klerikalen
slowenischen Politik als auch zugunsten der bürgerlich-deutschnatio-
nalen österreichischen Fraktionen geräumt.[2]

Die KPÖ hatte zwar auch unter der slowenischen Bevölkerung Mitglie-
der, war jedoch nur sehr beschränkt aktionsfähig. Vor allem hatte die
gemeinsame Erklärung[3] der italienischen, der slowenischen und der

---

1 Kennzeichnend für das von politisch-ideologischer Gegnerschaft gekennzeichnete Ver-
hältnis der konservativen slowenischen Führung zur slowenischen Linken war die
Reaktion des »Koroški Slovenec« auf den Hochverratsprozeß gegen die Eisenkappler
Kommunisten Kordeš, Prušnik und Šlef, der am 19. August 1935 mit mehrjährigen
Freiheitsstrafen abgeschlossen wurde. Der Zeitungsredaktion war die Meldung darüber
einige Zeilen wert – in der Rubrik »Mit wenigen Worten«.
2 Völlig unterschiedlich dazu verlief die politische Entwicklung unter den Slowenen in
Italien: Im Triestiner Gebiet gab es bereits seit der Machtergreifung Mussolinis im
Jahre 1922 bedeutende slowenische antifaschistische Aktivitäten, getragen zunächst
von der jugoslawisch orientierten Gruppierung TIGR und der national-revolutionären
»Borba«. Im sogenannten ersten Triestiner Prozeß im Jahre 1930 wurden vier ihrer
Aktivisten zum Tode verurteilt.
3 Veröffentlicht im »Stato operaio«, 4/1934. Wesentliche Aussage des Dokumentes war
die Festschreibung des Rechts der Slowenen auf Selbstbestimmung bzw. ihrer Loslö-
sung von Österreich bzw. Italien und ihrer staatlichen Vereinigung.

österreichischen kommunistischen Partei aus dem Jahre 1934 als Orientierungsbeschluß keine sichtbare Spur hinterlassen[1].

V.

Während die katholisch-konservative slowenische politische Führung ihre Hauptaufgabe darin sah, aufgrund anerkannter Loyalität »zu retten, was zu retten ist«, z. B. durch Interventionen ihrer führenden Persönlichkeiten zugunsten inhaftierter slowenischer Funktionäre sowie durch national-bekennende Publizistik, ausgehend von der fatalen Annahme einer Interessenskonformität des »wahren« Nationalsozialismus und des eigenen nationalen Weltbilds, aber zur konkreten Kärntner nationalsozialistischen Germanisierungspolitik in Widerspruch stehend, versuchten vor allem die Kommunisten, ihre illegale Tätigkeit wieder zu beleben.

Die sichtbarste Form der Ablehnung des Naziregimes war in dieser Periode zweifellos die in ihrem Umfang noch nicht restlos dokumentierte »Fahnenflucht« slowenischer Wehrmachtsangehöriger bzw. Einberufener. Die meisten der »Deserteure« entwichen nach Jugoslawien. Welche Bedeutung diese Form des Widerstands hatte, kann daraus ersehen werden, daß sich unter den »Deserteuren« auch für die spätere Entwicklung des Volksbefreiungskampfes so wichtige Persönlichkeiten befanden wie Jožef Šorli und Ivan Županc-Šorli.

Einzelne Kärntner Slowenen wirkten bei den April/Mai 1940 durchgeführten Aktionen der Organisation TIGR mit (Anschläge gegen Eisenbahneinrichtungen in der österreichischen Steiermark sowie im Kanaltal) und wurden gemeinsam mit anderen am 27. Juli 1941 vom Gericht in Klagenfurt zu langjährigen Haftstrafen oder zum Tode verurteilt. Die Genese dieser Aktion ist in der Kooperation des internationalen Widerstands zu suchen. Der Großteil der slowenischen Basis befand sich in den Jahren 1938 bis 1941 in einer passiv-abwehrenden Grundhaltung gegenüber den neuen Machthabern, wobei diese vereinzelt in Formen konspirativer Tätigkeit umschlug. Bild und Gehalt der slowenischen Politik in Kärnten sollten sich erst mit dem unter gesamtslowenischer Führung verlaufenden Volksbefreiungskampf gründlich ändern.

Mirko Messner

---

1 Wiederum im Unterschied zu Julisch-Venetien: dort gelang es den slowenischen Kommunisten, ab 1937 maßgeblich zur faktischen Bildung einer antifaschistischen Front beizutragen. 1940 kann bereits von einer Aktionseinheit zwischen kommunistischer, nicht-kommunistischer und christlich-sozialer slowenischer Jugendbewegung gesprochen werden, auch bestand ein konkretes Bündnis zwischen den Nationalrevolutionären und den Kommunisten. Wie bedeutend dieser Widerstand war, läßt sich an der Reaktion des italienischen faschistischen Regimes ablesen: 1940 wurden insgesamt 300 Slowenen festgenommen, 60 davon wurden im sogenannten zweiten Triestiner Prozeß abgeurteilt (2. bis 14. Dezember 1941). Gegen neun Festgenommene wurde das Todesurteil ausgesprochen, fünf von ihnen – darunter der führende kommunistische Organisator Pino Tomažič – wurden hingerichtet

Pavle Zablatnik

Amtswege

Anfang März 1938, bevor Hitler Österreich okkupiert hatte, ging ich eines Tages mit dem Kollegen Rudi Zeichen spazieren. Beide im Talar, sodaß wir als Theologen erkenntlich waren.

Wir waren gerade unterwegs zum Wörther See, da kamen uns zwei junge Kerle schon mit dem Parteiabzeichen entgegen, so ganz offen. Sie hielten uns die Hand unters Kinn: »Heil Hitler!« Mein Freund, der Rudi, war sehr schlagfertig und sagte: »Unheilbar.« Also aus »Heil Hitler« als Befehlsform leitete er den Schluß »unheilbar« ab. Na, wie die uns anschauten! Aber irgendwie brachial zu reagieren trauten sie sich noch nicht recht. Rudi aber kam später ins KZ Dachau.

Als dann Hitler einmarschiert war, rief uns der Regens des Priesterseminars, der Weihbischof Rohracher, zusammen und sagte: »Sie wissen, was geschehen ist. Wenn es sich jemand vielleicht jetzt überlegt, daß er sich nicht weihen lassen möchte, bitte. Es steht den Priestern nichts Gutes bevor, also ist es besser, er überlegt es sich früher, als daß er später vielleicht zu große Schwierigkeiten hätte.« Aber keiner von uns trat deswegen von der Weihe zurück.

Bald nach der Weihe bestellte er mich zu sich. Meine Primiz war im Jahr '38. Ich fuhr mit dem Rad zu ihm ins Ordinariat. Er sagte zu mir: »Wissen Sie, wo St. Leonhard bei Siebenbrünn ist?« Ich: »O ja. Ich bin da schon öfters mit dem Rad vorbeigefahren, hinauf ins Gailtal.« Wir Studenten trafen uns eben oft in den Ferien, da waren wir auch auf der Achomitzer Alm. »Dort hat die Kirche einen stumpfen Turm«, fügte ich noch hinzu. Da sagte er: »Ja, stimmt, dann sind Sie ja im Bilde. Der Pfarrer oben ist von den Nazis verhaftet worden, und wir hoffen, daß wir ihn in spätestens vierzehn Tagen freibekommen. Bis dahin ist die Pfarre nicht versorgt. Ich schicke Sie mit pfarrlicher Jurisdiktion hinauf, daß Sie die vierzehn Tage da oben die Seelsorge übernehmen. Vierzehn Tage – es kann vielleicht etwas länger dauern.«

Das war der Pfarrer Andreas Sadjak. Bei dem machten sie Kassasturz, und da stimmte die Buchhaltung mit der Kassa nicht ganz überein. Das genügte, daß sie ihn verhafteten und einsperrten. Sie hatten ja nur einen Vorwand gesucht. Er war nämlich zugleich der Kassier der slowenischen Sparkasse. Und die Kirche bekam ihn nicht frei, im Gegenteil, man brachte ihn von Villach, St. Leonhard liegt ja im Bezirk Villach, nach Klagenfurt ins Landesgericht. Da wurde er dann verurteilt zu zwei Jahren Haft und in die Strafanstalt Karlau überstellt.

Ich ging nach St. Leonhard und blieb einfach da oben, weil ich verständigt worden war: »Sie bleiben bis auf weiteres in St. Leonhard bei Siebenbrünn.« Diese Pfarre war damals auch noch kompakt slowenisch. Nur einmal im Monat, beim Frühgottesdienst, war eine deutsche Predigt vorgesehen. Ende Juni 1939 kam ich dann nach St. Margarethen am Töllerberg. Dort hatte ich im Filialpfarrhof eine Partei in Untermiete wohnen, das war ein pensionierter Oberlehrer, der früher an der Schule Direktor war. Und im Jahr '41 zog er auf einmal aus. Er hatte es mir schon vorher angekündigt, denn als er das letzte Mal den Zins zahlen kam, sagte er: »Nächstes Jahr werd' ich wahrscheinlich keine Miete mehr zahlen, da werd' ich nicht mehr da sein.«

Und im Oktober war er auf einmal ausgezogen, ohne daß er mir irgendetwas gemeldet hätte. Er stand offensichtlich unter dem Druck des Ortsgruppenleiters. Und da übergab er einfach den Schlüssel dem Ortsgruppenleiter. Der aber gab den Schlüssel einer anderen Partei weiter, die dann bei Nacht und Nebel in den Pfarrhof eingezogen war. Diese Partei war nationalsozialistisch gesinnt.

Als ich am nächsten Tag erfuhr, daß die Familie drinnen war, fuhr ich mit dem Rad zum Pfarrhof und überraschte sie. Als die Frau merkte, daß ich da war, zog sie sich ins Zimmer zurück, und so war niemand da, den ich ansprechen hätte können. Schließlich ist das Dienstmädchen heraus, die war einmal meine Schülerin. Ich fragte sie: »Wo ist denn die Frau Sebastian?« »Die ist krank.« Die hat sich also krank gestellt. »Sag ihr, ich möchte sie ganz kurz sprechen.« Dann kam sie doch heraus, und ich fragte sie: »Bitte, wie kommen Sie da herein?« »Ja, der Ortsgruppenleiter hat uns gesagt, wir können da einziehen.« Darauf sagte ich: »Schauen Sie, der Ortsgruppenleiter ist ein politischer Leiter. Höchstens die Gemeinde, die Verwaltung könnte Sie aufgrund irgendeines Gesetzes hier einquartieren, aber auch die nicht ohne Wissen des verantwortlichen Verwalters, und der bin eben ich.«

Gut, jedenfalls war dann die Sache die, daß die Frau sagte: »Der Ortsgruppenleiter hat gsagt, die Pfaffen ham heut nix zu reden«. In dem Ton redete sie dann mit mir. »So geht's nicht«, sagte ich. »Ich rate Ihnen, besser heute als morgen auszuziehen, sonst müßte ich gerichtliche Schritte unternehmen und Sie müßten dann die Folgen tragen. Ich rate Ihnen ...« Sie reagierte nicht darauf. Ich ging am nächsten Tag wieder hin mit einem Zeugen, und sie reagierte wieder nicht. Ich erhob dann im Einvernehmen mit dem bischöflichen Ordinariat über einen Rechtsanwalt Einspruch beim Landesreichsstatthalter Pawlovsky gegen diese gesetzwidrige Maßnahme, jemanden ohne vorherige Wohnungsanforderung einzuquartieren. Dieser Einspruch wurde positiv erledigt, und nach drei Wochen bekam ich es schwarz auf weiß, daß die Familie auszuziehen habe, weil sie rechtswidrig drinnen war. Sie zog immer noch nicht aus, dann hätt's sollen zu einem Prozeß kommen. Zum Schluß mußte sie doch ausziehen.

In der Kirche gab es slowenische Aufschriften, bei den Kreuzwegstationen und anderswo. Und da bekam ich vom Ortsgruppenleiter die Aufforderung, die In- und Aufschriften in und an den Kirchen sofort zu beseitigen. Ich rührte mich nicht, weil der Auftrag nicht von kompetenter Stelle gekommen war. Ich ließ es drauf ankommen, daß er mich noch einmal aufforderte. »Herr Ortsgruppenleiter, ich hab' nicht reagiert darauf, weil ich die Aufforderung nicht von kompetenter Stelle bekommen hab. Sie sind nicht zuständig, wissen Sie.« »Ha«, sagte er, »ich werd' mich bei der Kreisleitung beschweren.« Ich aber: »Das können Sie tun. Zuständig für solche Weisungen ist nur die Verwaltungsbehörde.« Das wäre damals der Landrat gewesen, die Bezirkshauptmannschaft hieß damals Landrat. »Veranlassen Sie, daß ich sie vom Landrat bekomme.« Da war er wild und wütete! So war's eben dann, daß ich mit ihm vor der Gendarmerie erscheinen mußte. Dort griff er mich an: »Die Partei bedeutet Ihnen nichts?« Da rief ich den Gendarmeriemeister als Zeugen an: »Herr Gendarmeriemeister, hab' ich g'sagt, daß die Partei nichts ist?« »Keineswegs«, antwortete dieser. So hob ich ihn sozusagen aus dem Sattel. Ich blamierte ihn direkt vor dem Gendarmeriemeister, so daß er zum Schluß einfach zurücksteckte und sagte: »Sagen's mir, Herr Pfarrer, wozu tut's ihr denn acht Jahr' studieren und noch vier Jahr' Theologie dazu?« Da ging er einfach, nur um irgendwie den schlechten Eindruck zu verwischen, den er gemacht hatte, eine Diskussion mit mir über religiöse Fragen ein. Und da plauschten wir gemütlich, sodaß er zum Schluß sagte: »Ich hab' gar nicht gewußt, daß man mit Ihnen so gemütlich plauschen kann.« »Ich steh' zur Verfügung. Wenn Sie irgendeinmal Lust verspüren ...« Und von da an urgierte er auch nicht mehr, die slowenischen Aufschriften zu beseitigen. Das war im Jahr '41. Bis '43 blieben die slowenischen Aufschriften.

Im dreiundvierziger Jahr, ich weiß nicht, wer es dann war, jemand mußte sich wieder dran gestoßen haben, wurde ich zur Gestapo vorgeladen. Weinmann hieß der Zuständige für die Geistlichen. »Ja, wer'ma gleich nachschauen«, sagte er und brachte einen Akt. »Na, ist schon ziemlich viel da«, sagte er. Ich aber: »Ich wüßte nicht was.« »Naja, das Neueste, Sie haben schon im Jahr '41 die Aufforderung bekommen, die slowenischen Aufschriften zu beseitigen. Das haben Sie nicht getan. Warum eigentlich nicht?« »Der Betreffende, der mir die Aufforderung zukommen hat lassen, der Ortsgruppenleiter, ist nicht die zuständige Stelle. Ich hab' ihm ja auch gesagt, wer zuständig wäre, nämlich der Landrat. Bitte, wenn nun Sie veranlassen, daß ich von dort etwas krieg', von der zuständigen Stelle, dann ist das etwas anderes. Es ist ja odios für mich, etwas anzuordnen, wofür ich keine Deckung bei der zuständigen Behörde besitze.«

Darauf er: »Jetzt nehmen Sie aber heute von uns, der Gestapo zur Kenntnis, daß die Partei auch was befehlen kann. Binnen zehn Tagen sind die Inschriften und die Aufschriften zu beseitigen. Die Gendarmerie erhält den Auftrag, nach zehn Tagen nachzuschauen. Wenn da diese Inschriften noch nicht verschwunden sind, werden Sie wieder zu uns herzitiert, dann gehen Sie aber nimmer heim«.

Nun, dann unterschrieb ich's halt, doch ich übermalte oder überstrich sie nicht. Ich nahm Goldpapier und legte es schön darüber. Nicht einmal überklebt, nur an den Enden befestigt. Am 8. Mai '45 war dieses Papier binnen ein paar Minuten herunten.

Misah, Sidrah und Abdenago

Kristo Srienc

Im Jahre '38 war ich zur Zeit des Einmarsches der deutschen Truppen in Innsbruck auf der theologischen Fakultät. Es war mein letztes Jahr und dort erlebte ich diesen historisch so typischen und »glorreichen« Tag des Anschlusses. Am 9. März kam Schuschnigg nach Innsbruck und hielt von der Veranda der Hofburg eine Ansprache an die Innsbrucker. Unser Regens im Kanzianum rief uns 250 Theologen zusammen und legte uns, entgegen seiner Art, sehr ans Herz, in Zivilkleidung hinzugehen, denn er war sonst ein Verfechter des Talars, der Priesterkleidung. Damals machte er eine Ausnahme: »Zieht euch soweit wie möglich zivil an und geht zur Manifestation für den Schuschnigg.« Wir zogen unsere Zivil-kleider an und gingen zur Hofburg. Die weltlichen Akademiker, die damals zumeist illegale Nazis und Hitleranhänger waren, die erkannten uns trotz der zivilen Kleidung und grüßten uns schön: »Gelobt sei Jesus Christus.« Damit wollten sie uns zeigen, na geht nur hin! Und der Schuschnigg schloß dort seine Rede mit »Gott schütze Österreich«. Er verkündete auch die Abstimmung. Am 13. März hätte das Volk selbst entscheiden sollen, ob es zum Reich, oder ein selbständiges Österreich bleiben wollte. Hitler verhinderte dieses Plebiszit, in der Nacht des 12. März marschierten deutsche Truppen in Österreich ein. Ich beobachtete den Einmarsch vom Fenster des Kanzianums aus. Es war ein herrliches Bild, schöne Uniformen, verschiedene Waffen, Kolonnen, eine diszipli-nierte Armee, ein lebendes Bild der Macht.

Das großdeutsche Reich mit Hitler an der Spitze ist zwar untergegan-gen, aber sein einstiger Befehl »Macht mir dieses Land deutsch« ist noch immer bestimmend für jene geblieben, denen die Slowenen ein lebendes Ärgernis sind und die sie am liebsten von der Kärntner Land-karte wischen würden. Die Dreiparteiennötigung des entnationalisie-renden Schulmodelles zeugt davon. Als der »Führer« nach Klagenfurt kam, wurde er überall hysterisch als Erretter begrüßt. Klagenfurt berei-tete ihm einen begeisterten, feierlichen Empfang. »Sieg Heil!« hallte es wie ein Riesenorchester die Straßen entlang. Auch die österreichische Kirche und deren Episkopat Kardinal Innitzer an der Spitze begrüßte den Anschluß herzlich und entbot dem Okkupanten einen Willkom-mensgruß, ihm Gottes Segen und Erfolg bei der Umsetzung seiner Pläne wünschend. In einem besonderen Hirtenbrief rief der Bischof alle Gläu-bigen auf, an dem von Hitler bestimmten Plebiszit des 10. April 1938 klar und deutlich für den Führer zu votieren, den uns die Vorsehung Gottes geschickt hätte. Diese Worte zitiere ich fast wortwörtlich aus dem damaligen Hirtenbrief, den die österreichischen Bischöfe auf be-sondere Initiative des Kardinals Innitzer im Volk verbreiteten. So half auch die österreichische Kirche mit ihrem Aufruf Hitler, den ge-waltsamen Anschluß zu legalisieren, und der Ausgang der Volksabstim-mung wies ihn vor der Welt nicht als Okkupanten, sondern als heiß

Wetterleuchten

ersehnten Befreier aus. So war damals die Meinung, auch die Meinung der höchsten kirchlichen Würdenträger. Die katholische Kirche mußte jedoch bald erkennen, wie der Hase lief, als die Nazis begannen, die agilsten Katholiken und Priester ein- und die kirchlichen Institutionen zuzusperren, die Schulen, die Priesterseminare, die Kindergärten. Bezeichnend für diese Zeit war, daß im Zusammenhang mit der Militarisierung nicht nur der deutsche militärische Apparat arbeitete, sondern auch die Propaganda. Alles wurde im falschen Licht als notwendig und berechtigt gezeigt, als Beitrag zur Lebenskraft des deutschen Volkes. Den Menschen wurde weisgemacht, daß alles zum Wohle des deutschen Volkes geschehe. Die unausweichliche Folge davon war – sie hießen alles gut. Damals wurde die Parole herausgebracht: Gut ist, was dem deutschen Volke nützt. Das war ein verpflichtendes Gesetz. Vielleicht erinnert sich mancher noch, wie die deutsche Propaganda, nachdem sie Polen und alle anderen Länder überfallen hatten, den gerecht fühlenden Menschen alles so darzustellen verstand, als ob sie, die Deutschen, die Überfallenen gewesen und gezwungen worden wären, ihren bedrohten Minderheiten zu Hilfe zu eilen.

Meine Primiz war am 24. 7. 1938 in Neuhaus. Das war damals mitsamt seiner Umgebung noch gänzlich slowenisch. Die Zweisprachigkeit, die utraquistische Schule, kannten wir noch nicht. Die Germanisierungswelle kam hauptsächlich aus dem Lavanttal, und es wurde versucht, Neuhaus systematisch einzudeutschen. Als Primiziant wurde ich Bleiburg zugeteilt. Da war ich knappe zwei Jahre Kaplan. Unter den Bleiburger Bürgern war der nazistische Geist schon sehr stark verbreitet.

Es war am 29. 9. 1938, am Tag des historischen schicksalhaften Treffens Hitlers mit Mussolini, Chamberlain und Daladier in München. Ich wartete am Bleiburger Bahnhof auf meinen Freund Gustl Čebul, der sich dazu entschlossen hatte, auf eine Eingebung des Heiligen Geistes hin, könnte man fast sagen, in die Kartause von Pleterje einzutreten. Ich mochte ihn sehr und mag ihn auch heute noch. Der Zug hatte fast zwei Stunden Verspätung, und bei der Gelegenheit erschien dort der Beamte Šuligoj aus Dravograd, der eine Art jugoslawischer Geheimpolizist war. Ich unterhielt mich mit diesem Mann ein bißchen, und die deutsche Geheimpolizei beobachtete uns vermutlich vom Fenster des Bahnhofsgebäudes aus. Drei Tage später, als ich nach Ravne zu Dr. Erat, einem Arzt, fuhr, fingen sie mich bei meiner Rückkehr im Zug ab. Ich durfte mich nicht mehr rühren, und die Gestapo führte mich am Bahnhof ab. Ich mußte mich nackt ausziehen. Sie durchsuchten mich und ließen mich mit der Drohung frei, sie würden mich ständig bewachen. Und wirklich, ich bemerkte, daß mir von dem Tag an, wenn ich irgendwohin ging, stets ein Schatten folgte.

Noch eine Episode aus der Bleiburger Zeit: In der Karwoche 1940 wurde ich als erster Priester unserer Diözese zur Musterung gerufen. Diese war am Kardienstag in der jetzigen Volksschule. Vor meinem Beichtstuhl warteten noch zirka fünfzig Menschen. Heute würden, glaube ich, in der ganzen Karwoche nicht mehr so viele kommen. Ich mußte sie stehenlassen und in die Schule gehen. Dort grüßte ich den diensthabenden Hauptmann mit Grüß Gott und bat ihn um die Erlaubnis, den Wartenden die Beichte abzunehmen. Er erlaubte es mir gerne. Bei der Musterung grüßte ich konsequent mit Grüß Gott. Die Bleiburger Gendarmerie faßte mich schließlich und drohte mir, wenn ich mich nicht des deutschen Grußes bedienen würde, mich zu »kassieren«. Am Ende der Musterung gab mir ein zivil gekleideter Beamter – ich glaube, er war von der Völkermarkter Bezirkshauptmannschaft – den Wehrpaß hin und sagte, ich solle ihn unterschreiben. Ich verweigerte in meiner jugendlichen Unbekümmertheit die Unterschrift. Heute würde ich so etwas nicht mehr wagen, aber damals hatte ich mich getraut, als junger Mensch ohne Erfahrung. Ich verweigerte also die Unterschrift energisch. Der Beamte fragte mich, mit welchem Argument ich sie verweigere. Da berief ich mich auf das österreichische Konkordat, wonach kein Priester verpflichtet sei, militärische Verpflichtungen zu übernehmen. Der Beamte schmunzelte ein bißchen, nahm aber dann den Wehrpaß zurück. Er blieb ohne Unterschrift, und ich mußte bis heute nicht zu den Soldaten. Dem Herrn Kaplan Kutej, er war damals Kaplan in St. Michael, gefiel das derart, daß er das Gleiche ein Jahr später wiederholte, aber für ihn war das schicksalhaft, er wurde gleich am nächsten Tag arretiert und in das KZ Buchenwald gebracht.

Im März 1940 wurde ich nach St. Philippen versetzt, wo die heimischen Verräter meinen Vorgänger Polak nach Dachau beziehungsweise Oranienburg gebracht hatten. Der war zu offen gewesen in seinen Gedanken und Worten. Schon bald kam eine Urne mit seiner Asche ins Dorf, er war an einer »Lungenentzündung« gestorben. Jetzt hatte ich das Glück oder Unglück, seine Asche zu begraben. Das war eine gefährliche Sache. Es wimmelte nur so von Gestapo und Verrätern, die darauf warteten, wie ich den Mund aufmachen und was ich sagen, worüber ich möglicherweise stolpern würde. Ich machte das Begräbnis lateinisch, nicht ein Wort deutsch oder slowenisch, und so mußte die Gesellschaft, die auf meine Verhaftung gewartet hatte, unverrichteter Dinge wieder abziehen.

Gleich am ersten Tag nach meiner Ankunft in St. Philippen machte mich meine gute Hausfrau Lenka, die schon Köchin zur Zeit des Pfarrers Polak gewesen war und so die Manieren der St. Philippener Nazis gekannt hatte, darauf aufmerksam, daß der Oberlehrer der Volksschule die Pfarrpost zensurierte. Die gesamte Post, sowohl die, die hereinkam, als auch die, die aus dem Pfarrhof hinausging. Ich wollte mich selbst überzeugen. Gleich am Tag darauf begab ich mich zum Schulverwalter P., stellte mich ihm als neuer Seelsorger vor und fragte ihn, wann ich denn die Religionsstunden in der Schule übernehmen könnte. Der Schulverwalter P. brüllte mich an: »Bei mir wird kein Pfaff die Schule betreten!« Ich grüßte ihn und ging. Wieder im Pfarrhof, war ich sehr niedergeschlagen. Ich suchte nach einer Möglichkeit, mich davon zu überzeugen, ob die Köchin in bezug auf die Zensur der Pfarrbriefe recht hatte. Als Kaplan in Bleiburg war ich ein großer Freund des Oberlehrers

Scheschark in Loibach gewesen. Er hatte seine nazistische Gesinnung auf der Grundlage der deutschen Philosophen Schopenhauer, Hegel und so weiter begründet. Und er hatte gerne mit mir philosophiert. Immer, wenn ich nach Loibach kam, sagte er: »Na schön, Herr Kaplan, jetzt sind Sie wieder da, jetzt werden wir ein bißchen philosophieren.« Und wir philosophierten in der Regel ein, zwei Stunden lang, und dann sagte er: »Jetzt wirst du deine Stunde abhalten.« Es war also nie auf Kosten des Religionsunterrichtes gegangen, sondern immer auf Kosten seiner

*Slowenische
Exerzitien
in St. Philippen
/Šentlipš,
1941.
In der Mitte
Kristo Srienc.*

Stunden. Er war vielleicht der Meinung, ich würde mit ihm sympathisieren, und hielt mich für einen Nazi. So schaute es aus. Als ich aus Bleiburg wegging, legte er mir die Hand auf die Schulter: »Herr Kaplan, wenn Sie mich einmal brauchen, ich stehe Ihnen immer zur Verfügung.« Und dieser Mann fiel mir ein, als die Pfarrköchin sagte, unsere Post würde zensuriert. Ich setzte mich gleich am nächsten Tag hin und schrieb ihm einen Brief darüber, wie sehr ich seine Freundschaft vermisse und daß ich hier in der Schule von St. Philippen einen Fußtritt abbekommen hätte, der mir als »überzeugtem Nationalsozialisten« wehtäte. Den Brief schloß ich mit Heil Hitler ab und gab ihn auf. Drei Tage später wurde ich zum Schulverwalter gerufen, und er sagte mir, daß es ihm leid täte, sich in meiner Person so geirrt zu haben, und daß ich selbstverständlich in die Schule unterrichten kommen könnte. Auf diese Weise wurde mir klar, daß P. wirklich die Pfarrhofspost zensurierte.

Zu Ostern 1941 wurde selbstverständlich auch ich abgeholt. Sie arretierten mich am Karmontag gegen 6 Uhr früh vom Altar weg. Der Gestapo-Mann im Auto witzelte noch: »Herr Pfarrer, nach dem Krieg kaufen wir alle einen Volkswagen.« Sie brachten mich im Volkswagen weg. Ich dachte mir, du schon, du hast ihn ja schon, ich werde ihn vermutlich sowieso nicht brauchen. Denn auf dem Gendarmerieposten Miklauzhof empfing mich der Bezirkskommandant, beschimpfte mich wie einen

Verbrecher und drohte mir, mich ins Konzentrationslager zu schicken. Im Eisenkappler Gefängnis leerten sie mir zuerst die Hosentaschen und sperrten mich in eine dunkle Zelle, ich glaube, Nummer 8. Sie brachten auch noch den Ebriacher Pfarrer Zupan herein und den grauhaarigen Kommendator Šporn aus Rechberg, sowie den Jurij Pasterk, einen aufrechten jungen Bauern aus Lobnig, der später in Wien geköpft wurde. Den Šporn ließen sie bald frei, Jurij Pasterk wurde in eine andere Zelle verlegt, so blieben wir mit dem Župan alleine und warteten jede Nacht darauf, unauffällig ins Konzentrationslager gebracht zu werden. Eines Abends klopfte jemand ans Fensterchen unserer Zelle. Es war Marta, die Köchin des Eisenkappler Dekans. Durch das Fenster reichte sie uns eine kleine Flasche echten Klagenfurter Klostergeist. Bei der Gelegenheit baten wir sie, den Dekan in unserem Namen um das Allerheiligste zu bitten. Der Kerkermeister, ein gewisser Damej, war uns wohlgesonnen. Es lebten damals auch in einer solchen Umgebung Menschen, die sich ein Herz, Anständigkeit und eine gewisse Liebe zu uns Priestern bewahrt hatten. Ich erkannte in ihm einen Freund und trug Marta auf, sie sollte uns am nächsten Abend in der Dämmerung das Allerheiligste schicken. Hinter dem Gefängnis sei ein Garten, rundherum ein Holzzaun und durch diesen Holzzaun sollte sie uns das Allerheiligste reichen. Zur vereinbarten Stunde brachte mir der Kerkermeister einen Überzieher. Ich nahm einen Kübel Asche und hantierte damit im Garten herum. Da kam auch schon der Kaplan Lex und brachte das Allerheiligste. In dem Moment meldete sich aus dem zweiten Stock der Richter, der sehr haßerfüllt gegen uns war. Er hatte ein paar Tage zuvor zum Kerkermeister gesagt: »Jetzt laden Sie Ihre Pistole, wir gehen in die Zelle 8, da sitzen die Pfaffen, ganz gefährliche Leute.« Und gerade als ich das Allerheiligste in Empfang nehmen wollte, brüllte er von oben: »Wer ist da unten?« Ich antwortete schnell: »Der Kerkermeister.« »Ah so, bitte um Entschuldigung.« Ich hatte ja den Überzieher des Kerkermeisters an.

Im Buch »Naši rajni duhovniki [Unsere verstorbenen Priester]« beschrieb ich seinerzeit alle Ereignisse rund um die Eisenkappler Geschehnisse. Dieses Abendmahl im Gefängnis hatte ich auch beschrieben, das war vielleicht das schönste Erlebnis meines Lebens. Im Arrest benannten wir uns nach den drei Jünglingen im brennenden Ofen aus der Bibel: Misah, Sidrah und Abdenago. Šporn war Misah, ich Sidrah und Zupan war Abdenago.

[K. S. zitiert aus seinem Buch:] »Sidrah und Abdenago litten am meisten unter der alptraumhaften Unsicherheit. Man hatte ihnen angedeutet, daß sie einmal des nachts heimlich ins KZ gebracht würden. Da nahm Sidrah seinen Mut zusammen. Mehrmals schon hatte der sympathische Kerkermeister Mitleid mit den eingesperrten Priestern und dem jungen Laien, dem Familienvater Pasterk gezeigt. Das bestärkte im Priester das Vertrauen. Die Uhr des Marktes schlug 8. Sidrah und Abdenago wurden unruhig. Nur noch eine Stunde und Jesus würde in ihre Nähe kommen. Doch wie zu ihm kommen durch die geschlossene Tür? Den Kerkermeister rührte ihr Vertrauen, das Auge wurde ihm feucht, er dachte kurz nach und sagte dann: ›Um acht Uhr seid bereit.‹ Langsam und doch allzuschnell verging die Zeit, da näherte sich jemand langsam und leise auf Zehenspitzen der Tür. Es war der Kerkermeister. Die Priester erzitterten, die Schlüssel klirrten, die Tür öffnete sich. ›Zieht meine Jacke an!‹ sagte der Kerkermeister, drückte Sidrah eine Kehrschaufel mit Asche in die Hand und sagte: ›Jetzt sind Sie der Kerkermeister. Merken Sie sich das. Geht durch den Hof in den Garten zum Misthaufen neben dem Birkenstrauch.‹ Schon bald versank Sidrah im Schatten der Nacht, die Turmuhr schlug 9: über den Garten schreitet ein Schatten, nähert sich dem Strauch, auch von der Kirche her nähert sich etwas Schwarzes, hinter dem Strauch vereinen sich die beiden Schatten für einen Moment und trennen sich wieder, der eine geht den Weg weiter, der andere nähert sich dem Hof. Durch den Garten eilt Sidrah, überglücklich, den versteckten Jesus und eine weiße Talgkerze an seine Brust drückend. Seine Augen leuchten in übernatürlicher Seligkeit, ein paar Schritte noch und die Sache ist gerettet ... Da tritt im zweiten Stock jemand mit harten Schritten auf die Veranda und brüllt herrisch in die dunkle Nacht: ›Wer ist da unten?‹ Sidrah erstarrte, als er die Stimme des giftigen Richters erkannte. ›Wer ist da unten?‹ Noch einmal. ›Ich, der Kerkermeister‹, entriß es sich da Sidrah aus der Kehle. ›Ah so, der Kerkermeister‹, entschuldigte sich der Richter, Blinar war sein Name. In der Zelle 8 öffnete sich der Himmel, Christus war zu Besuch bei zwei Häftlingen. Sidrah und Abdenago knieten die ganze Nacht vor dem Allerheiligsten. Der verkrüppelte, halb morsche Tisch diente als Altar, ein weißes Tuch war über ihn ausgebreitet, auf ihm ruhte das Allerheiligste. Die Talgkerze flackerte und erhellte matt zwei bleiche Gesichter, aus denen ein übernatürliches Glück leuchtete. Wie einst die Hirten zu Betlehem staunten, beteten, glaubten und liebten in dieser Nacht Sidrah und Abdenago. In der Zelle Nummer 8 war das für sie die schönste und heiligste Nacht ihres Priesterlebens ...« [Ende des Zitats]

Nie zuvor und nie danach beteten Abdenago und ich so viel. Ich glaube, das war eine Art im voraus bezahlten geistigen Kapitals. Fünf Wochen später kam ein Gestapo-Mann in die Zelle und legte uns einen Revers vor, den wir unterschreiben mußten. Darin stand geschrieben, daß wir innerhalb von drei Tagen die Pfarre zu verlassen, jeden Kontakt zu den Pfarrkindern und jegliche Amtshandlung zu unterlassen hätten, weitere Anweisungen würden wir auf der Diözese erhalten. Als ich am nächsten Tag nach Klagenfurt fuhr, um mir weitere Anweisungen bei Generalvikar Kadras zu holen, da wollte ich in Kühnsdorf im Zug einen freien Platz besetzen. Daneben saß eine Dame. Wie ich mich setzte, ich war im Priesterkleid, da schoß sie wie eine Schlange hoch und zischte feindselig: »Neben einem Pfaffen sitze ich nicht.« Das war damals die vergiftete Denkwelt der Menschen. Und diese Dame traf ich 1951 in Sittersdorf als Lehrerin wieder. Auch dieses Beispiel zeigt, wie man in Kärnten vorgeht: schon ein paar Jahre nach Kriegsende wurde eine Person, die für Hitler geglüht hatte, als Erzieherin in unseren Schulen eingesetzt. Der Zweck heiligt eben die Mittel.

Kristo Srienc

Nach meiner Vertreibung aus St. Philippen versetzte mich die Diözese nach Hohenfeld. Noch etwas möchte ich erwähnen. Zwei Tage blieb ich noch in St. Philippen und las jeweils um drei, vier Uhr früh heimlich die Messe. Das war mir ja verboten worden. Öffentlich. Die Menschen kamen heimlich über die Mundpropaganda in die Kirche. Nach der Messe legte ich mich für gewöhnlich gleich wieder hin. Ich glaube, es war am zweiten Tag nach meiner Freilassung, da lärmte jemand an der Küchentür. Die Köchin machte die Tür auf, und es war L., der Postenkommandant von Miklauzhof. »Was macht der Herr Pfarrer?« »Der schläft.« »Ja was, jetzt liest er doch die Messe?« »Nein, er liest keine Messe.« »Kann ich ihn sprechen?« Er kam zu mir und sagte: »Herr Pfarrer, ich komme offiziell um eine amtliche Auskunft. Besteht hier bei Ihnen eine Pfarrbibliothek?« Ich spürte sofort, was dahinter steckte, und sagte: »Herr Inspektor, ich muß Ihnen jede Auskunft verweigern, weil mir ja jede amtliche Handlung verboten ist.« »Ach so.« Hätte ich gesagt, die Pfarrbibliothek existiert oder existiert nicht, er hätte mich sofort verhaften können. Ich hatte mich zurechtgefunden.

Nach Malta kam ich am 21. 12. 1941. Dort war ich auf den Tag genau vier Jahre, vom 21. 12. 1941 bis 21. 12. 1945. Meine Rückkehr war verbunden mit einer bitteren Enttäuschung. Der Generalvikar Kadras wollte schon früher, daß ich nach Suetschach oder Latschach gehe. Ich lehnte das auch diesmal energisch ab mit dem Argument: »Wenigstens für einen Monat will ich nach St. Philippen zurück, damit der Gerechtigkeit Genüge getan wird, denn mich hat nicht die Kirche versetzt, ich wurde auch nicht eines Fehlers wegen versetzt, sondern aus politischen und nationalen Gründen. Ich will meine Genugtuung, ich will zurück nach St. Philippen.« Mein Nachfolger, d. h. mein Vertreter in der Zeit meiner Vertreibung, aber war der bekannte Pfarrer Muhar gewesen. Der hatte in der Pfarre gegen mich Unterschriften gesammelt und wollte auf diese Art meine Rückkehr verhindern. Auch dieser Schmerz und alles, was ich Bitteres und in den Jahren des Grauens erlebte, soll Gott geklagt sein. Und meinem toten Mitbruder verziehen.

Führergemeinde

Janko Tolmajer

Es hieß, sogar noch nachdem Hitler einmarschiert war, daß die Deutschen keine Absicht hätten, die Slowenen einzudeutschen. Auch wir stimmten dann am 10. April mit »Ja«, und die Nazis ließen verlauten, daß das nazistische Regime die Minderheit anerkenne, und daß sie solidarisch und großzügig zu den Minderheiten sein würde, denn das deutsche Volk müsse niemanden assimilieren, es wachse aus eigener

Wetterleuchten

Kraft. Das alles entsprach nicht der Wahrheit. Alle, die in den Gremien der österreichischen Organisationen gewesen waren, wechselten sofort in jene der Nazis, und das, obwohl sie noch am Tag zuvor bei der Vaterländischen Front gewesen waren. Schon daran konnte man sehen, daß keine Rede davon war, daß sich für uns Slowenen nichts ändern würde.

An den Anschluß selbst kann ich mich noch gut erinnern. Bei uns am Dorf hatten der Pfarrer ein Radio und der Professor Lojz, sonst niemand. Der Hitler war an einem Samstag einmarschiert. Meine Frau war in der Kirche, ich arbeitete im Wald, da donnerten schon die Flugzeuge über uns hinweg. Am Abend ging ich nach Mieger zum Pfarrer, Radio hören. Wir hörten den Sender Ljubljana, denn jeden Samstag hatte der Kuhar Lojze, der Bruder vom Prežihov Voranc, einen politischen Kommentar, den hörte ich immer. Und er sagte: »Dieser Tag ist der schwärzeste für die Kärntner Slowenen.« Am dritten Tag kam schon ein Gendarm zu mir, noch in österreichischer Uniform, aber schon mit der Hakenkreuzbinde und fragte, ob ich der Vorsitzende des hiesigen Kulturvereines sei, wieviel Vermögen er hätte und wieviele Mitglieder. Den ungefähren Stand sagte ich ihm. Nach einiger Zeit kam der Postenkommandant und verlangte, ich müsse alle Namen der Vereinsmitglieder nennen. Ich sagte zu ihm, daß ich ihm das Buch nicht geben könne, denn darin stünde auch, wieviel die einzelnen Mitgliedsbeitrag bezahlt hätten, und das wäre geheim, aber ich würde ihm eine Abschrift besorgen. Jetzt war es aber so, daß der Verein am Anfang 250 bis 300 Mitglieder gezählt hatte, und daß dabei auch viele Familien waren, die in der Zwischenzeit zu *nemčurji* geworden waren. Der Sekretär und ich setzten diese Namen auch auf die Liste.

Im Jahre 1940 hatten wir unsere letzte Generalversammlung, zwei Sitzungen hatten wir auch noch, zu denen jemand von der Partei kam, der slowenisch konnte und bei der SA war. Am meisten interessierte ihn wohl, wer anwesend war.

Die slowenische Führung hatte ja verlautbart, daß wir für Hitler stimmen sollen, das haben wir auch diskutiert, und es überwog die Meinung, auch Dr. Petek war dieser Ansicht, daß sich zu wehren keinen Sinn hätte, wir entscheiden nicht, was mit Österreich passiert, wir anerkennen das Regime, das herrscht, nicht in dem Sinn, daß wir uns zum deutschen Volke bekennen würden, aber der deutsche Staat ist ein Faktum, gegen welches wir nicht ankommen. In die Richtung interpretierten wir die Aufforderung der slowenischen Führung und trösteten auch uns selbst. Tatsächlich war es dann ja so, daß dort eine Kommission war, du kamst hin, sie hatten keine Zellen aufgestellt, einer schob dir den Zettel über den Tisch und zeigte: hier mach das Kreuz! Was konntest du anderes tun? Hier in Mieger jagte die Polizei schon am nächsten Tag einen, der mit Nein gestimmt hatte. Bei uns gab es das nicht. Wir wurden gelobt, wir waren eine Führergemeinde, hundertprozentig. Die Frau dieses Mannes aus Mieger war zwar eine bewußte Slowenin, auch seine Mutter, er persönlich gar nicht so, aber er war mit diesem Pack nicht einverstanden und sagte »Nein«. Viel passierte ihm dann ja nicht, sie schauten ihn halt schief an. Er galt als schwarzes Schaf.

Auch die Beziehungen der Menschen zueinander veränderten sich, man traute niemandem mehr. Daß du verfolgt und bespitzelt wurdest, das spürtest du sofort. Einige Menschen veränderten sich. Da war einer, der war jahrelang Vorsitzender unseres Vereines gewesen. Ich ging am 13. hinauf in die Kirche, derjenige tritt mir mit einer Hakenkreuzbinde um den Arm entgegen. »Um Gottes Willen, du kommst damit?« »Ja«, sagt er, »zum Teufel, was soll man tun, wenn man nichts tun kann, gegen den Wind kann man nicht brunzen.«

Als Vorsitzenden des Vereines rief mich der Gemeindesekretär zu sich. Wir gingen aus dem Amtszimmer, und draußen sagte er zu mir: »Sei vernünftig, tu zackig Heil Hitler grüßen und mach keine Scherereien.« Die Atmosphäre im Verein war schon sehr gedrückt, es herrschte das Gefühl, was soll's, man kann nichts mehr tun. Die Leute trauten sich nicht mehr zu den Veranstaltungen, auf der letzten Generalversammlung waren wir nur mehr dreißig, vierzig Leute, der Spitzel in der SA-Uniform kam zackig: »Heil Hitler«.

1941, nach dem Überfall auf Jugoslawien, wurde die Zentrale in Klagenfurt, die Slovenska prosvetna zveza, geschlossen, das war auch das Aus für unseren Verein. Interessant war nur, daß ich neben dem Pfarrer Dr. Mikula das einzige Ausschußmitglied war, das nicht eingesperrt wurde. Ich weiß nicht wieso, aber die anderen hatten sie alle eingesperrt.

Sofort im achtunddreißiger Jahr sperrten sie den Pfarrer Vinko Poljanec ein. Gegen Ende Mai ließen sie ihn dann wieder frei. Kurz darauf sehe ich in Klagenfurt. Ich gehe am Elisabethinenkrankenhaus vorbei und sehe den Mann auf der anderen Seite, wie er in Richtung Diözese geht. Ich renne über die Straße und begrüße ihn. Er hatte Tränen in den Augen: »Du wagst es, mich zu begrüßen?« »Warum denn nicht?« »Mich haben sie hinauf nach St. Veit geschickt, aber da halte ich es nicht aus, ich gehe zurück nach St. Kanzian, egal, was sie dann mit mir machen. Ich gehe auf die Diözese und sage ihnen, daß ich heimkehre.« Er hatte nämlich einen Gauverweis oder Kreisverweis. Mitte Juli einmal gehe ich wieder nach Klagenfurt und treffe den Kačnik, vulgo Joger, einen der führenden Slowenen aus St. Kanzian. Er leitete dort einen Chor und studierte Stücke ein. Ich frage ihn: »Wie geht es dem Herrn Pfarrer?« »Weißt du was, der Herr Pfarrer liegt drinnen bei den Elisabethinen, der ist schwer krank.« Ich gehe zu ihm, dort konnte man hinein, wann man wollte, ich komme in das Zimmer, und da liegt nur mehr ein Skelett im Bett. Er weinte, als er mich erblickte: »Du kommst auch?« »Freilich komme ich.« Man hatte ihn seinerzeit im Gefängnis vergiftet. 1952 erzählte mir jemand in Ljubljana, daß kurz nach dem Begräbnis von Vinko Poljanec ein Arzt aus Ljubljana in einer Regennacht mit seinen Studenten das Grab aufgemacht, den Leichnam geöffnet und die Organe mit nach Ljubljana genommen hätte. Dort hätten sie den Magen auf der klinischen Abteilung geöffnet und wären draufgekommen, daß man ihm zermahlenes Glas ins Essen gegeben hatte, das sei am Magen zu sehen gewesen. Zermahlener Glasstaub ist deswegen so schrecklich, weil man ihn nicht aus dem Körper bekommt. Früher einmal hat man auf diese Weise Hunde vergiftet. Du gibst ihm zermahlenes Glas, und er krepiert. Das ist unheilbar. Höchstens mit einer Magenoperation vielleicht. Sogar der »Koroški Slovenec« schrieb anläßlich des Geschehenen, wie sehr manche Vinko Poljanec gehaßt hatten. Aber auch so sah man, daß etwas nicht stimmte, er siechte dahin, keiner konnte ihm helfen. Wer ihn gekannt hatte, wußte, da war etwas nicht in Ordnung. Der Dekan Kindelmann sagte bei seinem Begräbnis unter anderem: »Es ist unverständlich, daß so ein gesunder, kräftiger Mann in seinen besten Jahren von uns gehen mußte.« An diese Worte kann ich mich gut erinnern.

Eure schäbige Marmelade

Als ich das Hitlerbild im »Koroški Slovenec« sah, dachte ich mir nichts Schönes dabei. Andererseits glaube ich, daß auch ohne den Aufruf im »Koroški Slovenec« viele Slowenen für den Anschluß gestimmt hätten. Die Erwartung einer Veränderung war im Volk. Daß sie so sein würde, wie sie dann war, dessen war sich, glaube ich, niemand bewußt. Einige glaubten, die Nazis würden uns vielleicht auch etwas geben. Ich kann mich an eine Frau erinnern, die sagte: »Du weißt ja nicht, letzten Endes geben sie den Slowenen so eine Autonomie wie den Polen.« Wir wußten ja nicht, was sie den Polen gegeben hatten. Wer hat das schon gewußt, am wenigsten ich. Wir hatten von den internationalen Angelegenheiten keine blasse Ahnung.

Was Hitler bedeutet, sagte uns niemand, bis sie dann den Pfarrer Poljanec einsperrten. Da ging wenigstens mir ein Licht auf. Er wurde sofort nach dem Anschluß arretiert und nach ein paar Wochen wieder freigelassen. Im August starb er dann. Die letzte Zeit rief er mich gerne zu sich, damit ich dies und das für ihn erledige. Ich ging gerne zu ihm, so konnte ich wenigstens für kurze Zeit der bäuerlichen Arbeit entfliehen, die ich nicht gerade mochte. Er erzählte nie genau, was im Klagenfurter Gefängnis mit ihm passiert war, er sagte nur: »Schaff ein wenig slowenische Literatur beiseite!« Ich wußte nicht, was für eine Art von Literatur er meinte – eine Bibliothek? Aber nein, er gab mir den »Bogoljub«, den »Glasnik«, lauter religiöse Zeitungen eben. Aber er wußte, daß sowohl politisch als auch im religiösen Leben – und die Religion war für ihn sehr wichtig – ein häßlicher, giftiger Umsturz kommen würde. Er schrieb auch diese Ariernachweise, diese Auszüge aus dem Taufregister, und hie und da kommentierte er sie in einer Weise, daß du dir erstens ein Bild von der betreffenden Person machen konntest und zweitens, was er über sie dachte. Gleich konntest du es ja nicht verstehen, ein junger Mensch kapiert ja nicht so schnell, wohl aber später, wenn du darüber nachdachtest. Zum Beispiel sagte er: »Dieser Teufel da ist ja ein echter Hund vom Kaibitsch.« Oder: »Dem rennt er nach, der ist doch der größte Barbar.« Und er begann mir über Kaibitsch zu erzählen, der für mich kein Begriff war. Auf die Art bekam ich eine negative Einstellung zu Menschen, von denen man wußte, daß sie Nazis waren. Er nannte aber nie die heimischen Nazis, ich weiß nicht warum, vielleicht hatte er Angst, daß ich mich verreden könnte, er nannte sie jedenfalls nie beim Namen.

Es kamen immer mehr Anfragen aus verschiedenen Gegenden, von Menschen, die du nicht mehr gekannt hast, die schon seit Jahren in Klagenfurt oder sonstwo lebten, und ich mußte die Angaben heraussuchen, während er sie dann aufschrieb und kommentierte. Da sah ich erst, wohin diese ganze Germanisierung geführt hatte.

Den Poljanec vergifteten sie ja im Gefängnis. Er sagte zu mir: »Am schlimmsten war, daß sie mir keinen Löffel gegeben haben, ich mußte die Suppe aus der Schale trinken, und ich weiß genau, wann ich dieses Gift getrunken habe.« Das sagte er zu mir, wenn wir alleine waren. Er sagte auch, daß die Suppe sehr fett gewesen war. Beweise für seine Vergiftung gibt es nicht. Nach seiner Entlassung siechte er dahin, am 25. August 1938 starb er.

Sein Begräbnis war, so könnte man fast sagen, eine slowenische Demonstration. Sehr viele Menschen waren gekommen und man hörte nur slowenisch. Die Studenten sangen an seinem Grab. Reden wurden gehalten und Kommentare im »Koroški Slovenec« ihm zu Ehren geschrieben. Die Gailtaler brachten einen Kranz aus Lindenblüten. In der Nacht verbrannten alle Blumen an seinem Grab. Es hieß dann, die Kerzen hätten sie entzündet, aber allgemein war man der Meinung, daß sie jemand absichtlich angezündet hatte, weil an allen Kränzen slowenische Bänder befestigt waren.

1939 war die Volkszählung. Der Ortsgruppenleiter hat diese Aufgabe den Lehrern übertragen. Wir agitierten damals im Ort dafür, daß möglichst viele »Slowenisch« eintragen sollten. Der Lehrer kam zu uns und sagte: »Hoffentlich habt ihr verstanden. Ihr müßt das einschreiben, was recht ist. Habt ihr verstanden?« Und als der Vater »slowenisch« einschrieb, sagte er nichts darauf, weil er wollte ja sagen, schreibt, was ihr wirklich seid.

Vor dem Angriff auf Jugoslawien hatten wir hier einen kleinen Kulturverein, der damals formal noch nicht aufgelöst war. Wir Jungen gingen furchtbar gerne hin, obwohl es für uns keine besonderen Funktionen gab. Es wurden Bücher verliehen, und wir hatten um das Neujahr 1941 einen letzten Auftritt. Gespielt wurde, das weiß ich noch genau, »Pri kapelici [Bei der Kapelle]«, kein besonderes Stück, eine schrecklich ruhige, weinerliche Angelegenheit, aber wir zogen damit viele Menschen an. Der Auftritt fand im Pfarrhof statt, und es kamen viele Men-

Milena
Gröblacher-Vanda

schen, die nicht aus St. Kanzian waren. Damals gab es nicht mehr so viele slowenische Vorstellungen, und so kamen mehr Menschen. Nach der Aufführung gingen wir noch zum Obir, dort saßen wir ein bißchen beisammen, wir Jungen. Das war ja schon etwas besonderes, es wagte ja niemand mehr, sich so auszuleben, wie in ruhigen, friedlichen Zeiten. Das Klima war bedrückend, nicht mehr so gelöst. Man wußte genau, es droht eine Gefahr. Wenn ich heute an diese Zeit zurückdenke, glaube ich, daß die Menschen, die auf solche slowenischen Veranstaltungen gingen, das Gefühl hatten, etwas Oppositionelles zu tun. Wenigstens unbewußt war dieses Gefühl da, bewußt war es wohl nur wenigen. Ich kann mich noch an ein Begräbnis erinnern: wer gestorben war, weiß ich nicht mehr, ein Slowene halt, da wurde slowenisch gesungen. Vor mir stand ein Mann, der sagte: »Jetzt werden wir das slowenische Lied nur mehr auf Begräbnissen hören und wir werden auf alle Begräbnisse gehen, um es wenigstens dort noch zu hören.« Bitte, ich behaupte nicht, daß das Opposition ist, auf jeden Fall aber der Wunsch nach dem Ausleben des slowenischen Wortes und des slowenischen Liedes. Ich kann mich auch erinnern, wie mein Vater in einem Gasthaus den Prušnik Gašper getroffen hat, ich wußte damals nicht, wer das ist und mein Vater sagte: »Das ist der Sohn vom Wölfl, der Alte arbeitet unten bei der ›Zadruga [Genossenschaft]‹. Es heißt, er soll ziemlich ein Kommunist sein.« Und er erzählte, daß im Gasthaus einer gesagt hätte: »Jetzt wird es besser, jetzt bekommen wir etwas.« Und der Prušnik hätte ihm geantwortet: »Ja, einen Haufen Dreck.« Und diese Worte wurden weiterkolportiert. Heutzutage klingt das nicht so besonders, aber damals hatte jedes kritische Wort, jede Anmerkung Gewicht. Man pflegte und wiederholte es, wenn man sich traute.

Bei slowenischen Veranstaltungen war immer auch ein Spitzel dabei, nicht offiziell in Uniform, aber du hattest das Gefühl einer ständigen Kontrolle. Sobald etwas los war, saß schon einer unserer Mächtigen im Saal und du wußtest, der ist nicht gekommen, um dir zuzuhören. Ich kann mich noch an unsere Generalversammlung erinnern, man wußte genau, die registrieren dich jetzt. Die Ängstlichen sind ausgeblieben. Alles spielte sich im Rahmen einer gewissen Zurückhaltung und Gefaßtheit ab. Unsere Bücherei war im Pfarrhof, ein paar Bücher gaben wir weg, zwei Kisten gaben wir nach Vrha, die haben wir nach dem Krieg auch wiederbekommen. Was wir dem Mohor Janez gegeben hatten, der von den Nazis umgebracht worden ist, ging verloren. Leid tut es mir nur um die Archive, waren sie noch so bescheiden: zwei ganze Bücher gingen verloren. Da waren die Sitzungsprotokolle drinnen, das Verzeichnis der ersten Ausschüsse, die Gründung des Vereines, lauter handschriftliche Dokumente, für die heutige Zeit Kleinigkeiten, aber für unsereinen eine wichtige Sache. Die Bücher hatten wir bewußt schon vor dem Jahr 1941 verteilt, nach dem Überfall auf Jugoslawien verbrannten dann die Nazis alles, was sie noch fanden.

Wetterleuchten

Mit diesem Überfall um Ostern 1941 fand jede öffentliche kulturelle Arbeit ein Ende. Unter den Slowenen war es auf einmal ganz still. Am

110

Vorabend des Überfalles auf Slowenien kamen Riesenlastwagen ange-
donnert und etablierten sich bei uns. Sie fuhren auf unser Grundstück,
der Vater fluchte, weil er sich aber nicht zu protestieren traute, sagte er:
»Diese Teufel, alle Äste werden sie abbrechen, alle Bäume ruinieren.«
Und sie fielen in Slowenien ein. Dann brachten die Deutschen sofort
den Pfarrer weg und auch andere Kirchenmänner. Ihr erster Akt war, die
Priester vom Volk zu isolieren, denn eine andere politische Kraft, eine
slowenische, gab es in St. Kanzian nicht. Der Rest der Bibliothek wurde
vernichtet, der Kulturverein verboten, unter der Bevölkerung verbreitete sich so eine Niedergeschlagenheit, sowohl unter den national bewußten als auch nicht bewußten Menschen. Diese Niedergeschlagenheit
beherrschte alle. Keiner wußte, wen der erste Stein trifft. Erst ab dieser
Zeit begannen die Nazis ihre Parteiorganisationen verstärkt zu formieren.

Zum Arbeitsdienst wurde ich zweimal vorgeladen. Mein Vater war
Maurermeister, meine Stiefmutter eine zierliche, dünne Frau, letztendlich sahen sie ein, daß sie nicht die ganze Bauernarbeit allein schaffen
konnte. Ich durfte zuhause bleiben. Wenn sie jemanden zum Arbeiten
brauchten, riefen sie mich kurzerhand mit der Begründung: »Die ist
zuhause, die soll gehen.« So wurden im einundvierziger Jahr, als sie
Jugoslawien überfielen, in der Schule Soldaten einquartiert, und weil
ich nicht beim Arbeitsdienst war, mußte ich dann mit zwei, drei anderen
die Schule putzen. Da waren furchtbar viele Läuse. Oder als sie die
Leute nach den Bombenangriffen aus den Städten wegbrachten und am
Land einquartierten: da mußte ich bei einem alten Ehepaar zwei oder
dreimal in der Woche aufräumen und Wasser ins Haus bringen. Das war
mein sogenannter Einsatz.

Jetzt begann man langsam, langsam vom Widerstand zu reden. Aus
Zeitungsnotizen erfuhr man, da sind Četniki, da Partisanen. Von letzte-
ren hörte man immer nur als Banditen. Freilich, unsereins wußte weder,
was das eine, noch was das andere war. Für gewöhnlich schrieben sie
nur über die »rigorosen Bestrafungen«, nie aber etwas Genaues, was wo
passiert war. Mein erstes Wissen über den Widerstand stammt weniger
aus unserer Gegend als aus dem Mießtal, wo damals noch zwei meiner
Cousins und eine Tante lebten. Sowohl meine Tante als auch ein Cousin
starben bald nach dem Überfall auf Jugoslawien. Der Cousin an Bleiver-
giftung. Er begann schon ziemlich jung im Bleibergwerk zu arbeiten
und erkrankte nach ein oder zwei Monaten an einer Vergiftung. Rettung
gab es keine für ihn. Die Deutschen hatten die gesamte Intelligenz
verschleppt, und so starb er an den Folgen. Ich kann mich noch erinnern:
damals mußte ich zum Kreisamt nach Völkermarkt gehen und nachweisen, daß mein Cousin wirklich gestorben war und auf welche Weise,
wollte ich zum Begräbnis gehen. Meine Tante starb kurz darauf an
irgendeiner Bauchgeschichte. Auch da mußten wir uns noch eine Art
Passierschein besorgen, damit wir nach Črna kamen. Dort hörte ich das
erste Mal vom organisierten Widerstand. Bis dahin war mir alles noch
fremd. Ich hatte wohl etwas von den *belogardisti*, den *četniki* und den

111

Partisanen gehört, ich hatte aber keine Ahnung, wer was vertrat und wer wofür kämpfte. Erst mein Cousin erklärte mir alles. Eine Art Widerstand regte sich im Mießtal sofort. Da gab es auch etwas Lustiges: als die Deutschen das Tal besetzten, gingen die *nemčurji* von hier in das Mieß-tal und brachten den Kindern Butter und Marmelade in die Schule. Die dachten wohl, unten wären alle am Verhungern. In der Nacht brachen dann die Heimischen im Magazin ein. Während sie die Butter mitnah-men, verschmierten sie die Marmelade am Zaun. Sie wollten damit sagen, wir haben von allem genug, und jetzt kommt ihr mit so einer schäbigen Marmelade daher.

Albert Furjan

War das ein Tier?

Als Hitler in Österreich einmarschierte, lag ich gerade im Spital. Ich hatte ein gebrochenes Bein und einen Gipsverband drauf, im Zimmer waren wir unser neun. Ich war noch ein Kind, zehn Jahre alt. Am Abend war es noch ruhig. In der Früh um halb drei begannen die Wärter Hakenkreuzfahnen aufzuhängen und »Heil Hitler« zu schreien. Freilich schauten wir alle dumm, und ich war noch so kindlich, daß ich nicht wußte, was das jetzt bedeutete, war das ein Tier oder was?

Alle waren von Hitler begeistert. Jeder dachte, was für einen Honig er mitbringen würde, keiner aber dachte an den Krieg. Und die Krise vorher war ja so schlimm. Ich wundere mich heute überhaupt nicht über die Leute, sie waren ja alle verschuldet. In Ebriach waren lauter Bauern, ich weiß nicht, welcher weiter hätte wirtschaften können. Wenn das noch zwei, drei, fünf Jahre so weitergegangen wäre, wären sie alle unter den Hammer gekommen. Es war eine furchtbare Krise. Man konnte nichts kaufen, keiner hatte Geld. Naja, und dann kam dieser Hitler, man hat gleich Arbeit bekommen, den Bauern wurden, glaube ich, die Schul-den gestrichen, sodaß sie auf ihrer Erde bleiben konnten. Und so begann es. Wegen des Slowenischen hatte anfangs niemand Bedenken, denn bei uns war ja alles slowenisch. Keiner sagte, der ist Slowene, der ist Deutscher, um die deutsche Sache hatte sich ja früher niemand geschert, erst nachdem Hitler gekommen war, wurde das »Kärntner sprich deutsch« jeden Tag fordernder. Der Gruß »Heil Hitler« galt von der ersten Stunde an, ein »*dober dan*« gab es nicht mehr. Wenn du in den Laden kamst, sprachst du nur mehr deutsch, slowenisch trautest du dich nur mehr zu sprechen, wenn du alleine mit dem Verkäufer im Laden warst. Sonst wagte ja niemand mehr offen zu reden. Natürlich mußte der Verkäufer manchmal noch slowenisch reden, wenn z. B. eine alte Frau oder ein alter Mann kamen, die kein Deutsch verstanden. Trotzdem glaube ich, war es noch lange niemandem bewußt, daß sie das sloweni-sche Volk derart verachten und schließlich aussiedeln würden, denn zuhause oder auf dem Feld wurde immer noch slowenisch gesprochen, deutsch konnte sowieso niemand.

Albert Furjan

Die Kinder von Ebriach waren vor dem »Anschluß« im Pfarrhof zur Schule gegangen. Bei uns unterrichtete der Herr Pfarrer, erst im neununddreißiger Jahr wurde eine neue Schule eingerichtet. Was hatten wir früher beim Pfarrer gelernt? Hauptsächlich Religion und ein bißchen lesen und schreiben. Deswegen konnte von den alten Ebriachern keiner deutsch. Wo hätte er es denn lernen sollen? Wir gingen auch nur dreimal

Schüler aus Ebriach/Obirsko, unter ihnen Albert Furjan, nach dem »Anschluß«.

pro Woche zur Schule. Und deswegen begannen sie im Jahr 1939 mit der Schule. Wir Kinder mußten jeden Tag zum Unterricht, und aus Zell kam dann der Lehrer Gustl zu uns, der mußte anfangs mit uns auch slowenisch reden, von uns konnte ja keiner deutsch. Zuerst sagte er alles slowenisch, und dann schrieb und übersetzte er alles ins Deutsche. Er schaute auch darauf, daß wir Kinder untereinander deutsch redeten. Ich glaube, er mußte so handeln, damals war ja eine furchtbare Diktatur. Heute sagt man von manchem, der und der war ein verbissener Nazi, aber du mußtest dich ja nach der Decke strecken. Du durftest ja nicht zeigen, daß du die Vorschriften vielleicht ablehnst. Das war ja eine schlimme Diktatur, man kann sich das heute gar nicht vorstellen. Wenn heute jemand käme und sagte: du darfst nicht mehr slowenisch reden, würdest du ja auch nur mehr mit denen slowenisch reden, bei denen du hundertprozentig sicher wärst, daß sie dich nicht verklagen. Wenn du dich nicht verlassen kannst, redest du ja nicht. So war es. Und für die Lehrer galt dasselbe. Sie mußten die Kinder lehren, wie es vorgeschrieben war. Ansonsten war er ja ein ordentlicher Lehrer, er unterrichtete die Kinder gut. Was ich lesen und schreiben kann, habe ich bei ihm gelernt.

Wetterleuchten

Lojzka Boštjančič

Mutterkreuze

Wir Jungen wußten ja nichts, wir waren ja politisch nicht reif, am Land schon gar nicht. Die Älteren schon, zum Beispiel unser Vater, der viel herumkam, weil er das Vieh in der Gemeinde heilte – ansonsten war er ja Bauer –, dadurch kam er viel auf andere Bauernhöfe und wußte, was los war. Unser Vater erzählte damals, daß es solche gegeben hatte, die auf der Jacke das Abzeichen der Vaterländischen Front trugen, darunter aber schon das Hakenkreuz, und das waren diejenigen, die den Anschluß vorbereiteten. Und als 1938 der Hitler kam, da hat so einer das obere Abzeichen weggeworfen und das untere draufgeheftet.

Im März waren viele Leute sehr begeistert. So sehr, daß man sich fragte, was jetzt wohl kommen würde. Wir wußten es auch nicht. Doch auch wir dachten, jetzt müsse eine bessere Zeit kommen, und es werde lustiger sein. Vor den Wahlen am 10. April, die Älteren werden sich vielleicht noch erinnern, bekam man Pakete, in denen waren alle möglichen Lebensmittel – Zucker, Kaffee und ähnliches. Wir dachten, das ist aber fein, jetzt werden wir gut leben. Meine Mutter war eine ganz gewöhnliche Frau, hatte keine besonderen Schulen, weil sie nie die Möglichkeit dazu hatte, aber sie las viel. Sie war überhaupt nicht begeistert darüber und sagte: »Mädchen, das ist nicht gut für uns. Ich koche lieber nur Kartoffeln als dieses Zeug.« Das Paket wollte sie überhaupt nicht annehmen.

Nachdem der Hitler gekommen war, gab es noch am gleichen Abend einen Aufmarsch in Ludmannsdorf, den ich nie vergessen werde. Alle waren organisiert – die Feuerwehr, die Musiker. Mein Vater mußte als Feuerwehrmann auch dabei sein, die Mutter und wir Mädchen aber standen draußen und schauten zu. Sie gingen über die Straße, läuteten alle Glocken und musizierten. Die Leute schrien, so daß man denken konnte, sie wären verrückt: »Ein Volk, ein Reich, ein Führer« und »Sieg Heil, Sieg heil«. Die Mutter sagte, ich höre sie noch heute: »Paßt auf, Mädchen, das ist die *divja jaga*, daraus wird Böses wachsen.« Wir dachten, woher kann sie denn das wissen, aber sie sagte: »Nein, das ist nicht gut.« Wir ahnten wohl, daß uns das Geschrei nichts Gutes bringen würde, daß wir Slowenen in Gefahr waren, weil diese *nemčurji* hinliefen und sich freuten über ihre Erlösung. Wir hatten das wohl irgendwo im Kopf, aha, die *nemčurji* freuen sich, aber daß es um mehr geht, dessen waren wir uns nicht bewußt, das erkannten wir erst später.

Wie verliefen die Wahlen? Ich durfte ja noch nicht wählen, ich war erst 18 Jahre alt, aber die anderen erzählten, wie gewählt wurde: da waren zwei Kreise eingezeichnet, ein großer und ein kleiner, und die Leute kamen hin zur Kommission. Die sagte: »Mach nur da in den großen Kreis dein Kreuz, das wird schon richtig sein.« Das war alles öffentlich, es gab zwar Wahlzellen, aber keiner traute sich hinein, überhaupt nicht. Und so haben alle offen gewählt.

Im Frühjahr 1939 war in Ludmannsdorf ein Kochkurs, die Leiterin war aus Köstenberg. Sie redete nur deutsch, aber sie konnte sicher auch slowenisch, nur verraten wollte sie das nicht. Am Abend sangen wir öfters gemeinsam mit der Landjugend. Diese war damals auch schon organisiert. Ich wäre gerne dabei gewesen, weil die sangen und tanzten, nur meine Eltern ließen mich nicht. Zum Kochkurs aber durften wir Mädchen dann hin und sangen und tanzten gemeinsam mit der Landjugend. Zur Abschlußveranstaltung wurden die Eltern der Mädchen eingeladen, und bei dieser Gelegenheit ging die Volksschullehrerin, eine feine Lehrerin war das, keine Nazistin, zu meinem Vater und zu meiner Mutter und sagte: »Lassen Sie doch Ihre Tochter weiter hingehen, wo sie so gerne singt und tanzt.« Da ließen sie mich dann zu diesen Heimabenden, wie sie hießen, gehen.

Im Mai, glaube ich, war es, vielleicht gerade zum Muttertag, genau weiß ich es nicht mehr, da wurden die Mütter zu einer Feier in die Schule geladen. Die Mütter der slowenischen Familien waren da nicht dabei. Die Lehrerin, die uns singen und tanzen beigebracht hatte, lud uns zu dieser Veranstaltung ein. Wir sollten die Mütter mit Liedern und Tänzen ehren. An dem Tag der Feier aber paßte sie mich vor der Schule ab und sagte zu mir: »Du, ich muß dir etwas sagen. Heute sind die Mütter dabei, die das Mutterkreuz bekommen werden.« Jene Frauen, die viele Kinder hatten, bekamen goldene, silberne oder bronzene Mutterkreuze, und die wurden ihnen bei der Veranstaltung feierlich überreicht. »Deine Mutter ist nicht dabei. Das wird nicht angenehm für dich. Gehe lieber nach Hause zurück.« Ich denke mir, wieso, wieso, ich wußte nicht wieso. Ich fragte sie noch, wieso meine Mutter nicht dabei ist, aber sie sagte nur: »Du wirst es schon erfahren.« Und da stand ich vor einer Wand. Wieso? Ich kam nach Hause, und meine Mutter fragte: »Ja, werdet ihr heute nicht singen? Du bist schon zurück?« Ich sagte: »Die Lehrerin hat mich nach Hause geschickt.« Und ich erzählte ihr, was los war, daß halt nur einige Mütter eingeladen waren, und sie nicht dabei wäre, und andere höchstwahrscheinlich auch nicht, und daß sie zu mir gesagt hatte, ich solle nach Hause gehen. Die Mutter aber meinte nur: »Ah, was ist denn das. Sei nicht traurig.« Ich war ja weinend nach Hause gekommen, ich hatte mir gedacht, so fein war das und jetzt soll alles vorbei sein. Sie sagte: »Du brauchst ja nicht hinzugehen.« »Ich bin aber gerne hingegangen, es war so lustig.« Das war für mich der erste harte Schlag, und ich wußte nicht einmal warum. Ich war jung, und ich hätte noch gerne gesungen und getanzt. Die Zeit, die so schön begonnen hatte, war für mich damit aus. Die Kreuze bekamen nur jene, die dem Regime zugetan waren, die slowenischen Mütter bekamen sie nicht, meine Mutter nicht, meine Tante nicht und viele andere auch nicht. Dann wurde ihnen mitgeteilt, sie sollten die Mutterkreuze bei der Gemeinde abholen. Sie gingen nicht hin. Ich kann mich noch erinnern, wie meine Tante sagte: »Oh, ich habe Kreuze genug, wozu brauche ich das!« Weil sie nicht auf

Lojzka Boštjančič

die Gemeinde gingen, wurden ihnen die Kreuze zugeschickt, auch meine Mutter bekam das goldene Mutterkreuz, sie hatte ja zwölf Kinder. Damals begann ich erst nachzudenken, wenn meine Mutter da nicht hingehört, dann auch ich nicht. Und von der Zeit an ging ich auch nicht mehr zur Landjugend.

Marija Lienhard

Haben Sie etwas gegen Lena?

Die Wahlen waren angesagt, abgehalten wurden sie dann nicht. Agitiert wurde schon dafür. Wir gingen zur Schule und sahen noch die Flugzettel am Boden liegen, heruntergerissen, wir pickten alle Flugzettel wieder auf. Wir kommen in die Schule, vor dem Lehrer hatten wir eine furchtbare Angst. Wenn er unten auf den Stufen hustete, war schon alles still. Das war immer so. Das gibt es heute nicht mehr. »Hm, Hm« räusperte er sich. Die Klasse stand wie erstarrt, und wenn er heraufkam, dann standen wir selbstverständlich auf und sagten »Grüß Gott« oder »Guten Morgen«. »Nein, Heil Hitler, ab heute wird nur noch mit Heil Hitler gegrüßt. Das ist unser neuer Gruß.« Freilich, von uns hatte ja niemand eine Ahnung, uns Kindern sagte ja niemand was. Wir mußten aufstehen, und er zeigte uns, wie man grüßt, den Hitlergruß. Dann erzählte er uns den ganzen Tag von Hitler, dem »Führer«, was geschehen war und was sein würde. Wir gingen nach Hause. Damals waren wir ja eine ganze Herde Kinder, nicht so wie heute, wo ein, zwei Kinder aus der Gegend zur Schule gehen. Wir blieben bei uns stehen: »Mama, Heil Hitler!« Die Mutter sprang auf: »Ja, was ist denn das für ein Unsinn?« »Ja, der Lehrer verlangt, daß von jetzt an nur mehr so gegrüßt wird, das ist der neue Gruß.« Und da sagte sie: »Damit ihr es nur wißt, bei uns heißt es noch immer ›Guten Morgen‹, ›Guten Tag‹ und ›Gute Nacht‹. Alles andere könnt ihr vergessen, das kommt nicht in Frage.« Naja, so bekamen wir die erste Ohrfeige wegen des »Heil Hitler!«. Wir gingen weiter zum Nachbarn, der hatte auch drei Mädchen. Wir kamen hin, der Vater war, wie soll ich es sagen, furchtbar vaterländisch eingestellt und ein Slowene und sie schnitten gerade mit der Hand die Streu. Wir stellten uns in einer Reihe auf, wie bei uns: »Vater, Heil Hitler.« Ich dachte, der bringt uns alle um, so begann dieser Mann zu brüllen. Erst kurz davor hatte er gesagt: »Unsere Mädchen«, er hatte drei davon, »unsere Mädchen werden die Zierde des slowenischen Volkes sein.« Seine Frau war Schneiderin und die brachte uns Kindern kleine Stücke bei für kleinere Auftritte und Deklamationen. Ich weiß, einmal spielten wir das Rotkäppchen, ich war ein Wolf, wie man nur schwer einen findet. Sie hatte dann die Mütter eingeladen, die Väter waren auch alle gekommen, und wir spielten. Bei dieser Familie stellten wir uns zum Hitlergruß auf. Der Vater war zornig, das komme gar nicht in Frage. Wir setzten uns hin und er erzählte uns, was Hitler heißt und welche grausamen Taten er voll-

Wetterleuchten

bringe. Er war so ein Mensch, der schon alles gelesen hatte. Aber es dauerte nicht lange und die Nachbarin war Ortsfrauenführerin. Ihr Mann war Wagner, früher sehr oft arbeitslos. Nun kam er ins Lavanttal, als dort die Zentrale gebaut wurde. Er hielt die Geräte in Ordnung und unser jetziger Nachbar, ein Küstenslowene, der in der Kriegszeit freiwillig hierher zum Arbeiten gekommen war, erzählte oft, wie sie später Juden in der Zentrale hatten, die dort arbeiten mußten, und daß ihnen der Mann oft das Werkzeug falsch hergerichtet hat. Zum Beispiel die Schaufel: die muß einen leicht gebogenen Stiel haben, damit man anständig arbeiten kann. Für sie wurden Schaufeln mit einem falsch gebogenen Stiel gemacht, sodaß sie neben der schweren Arbeit nicht einmal das richtige Werkzeug hatten. Wenn sie etwas aufladen wollten, dann drehte sich ihnen die Schaufel in der Hand um. Und sie litten furchtbar darunter. Es ist schlimm, wie ein Mensch sich verändern kann.

Zwei Mädchen, die ein bißchen älter waren als ich, wurden Lehrerinnen. Sie waren in so eine Art Schnellsiedekursus gegangen und ich weiß noch, was der Lehrer sagte, als die Älteste aus der Schule ging. Sie konnte noch in der achten Klasse nicht flüssig lesen, sondern buchstabierte das Wort, wenn es länger war: »Neži, ich weiß nicht, du kannst nach acht Jahren erst silbenweise lesen, du buchstabierst, wie wirst du es weiterbringen?« Lehrerin war sie bis zu ihrer Pensionierung vor ein paar Jahren.

Schon bald nach dem Einmarsch Hitlers wurde die Hitlerjugend organisiert. Den Bund deutscher Mädchen leitete eine Lehrerin, sie organisierte immer alle möglichen Aufmärsche und Feierlichkeiten, z. B. den Ersten Mai und Abendaufmärsche mit Fackeln und solches Zeug. Wir gingen ja nie hin, aber es gab von der Schule aus verpflichtende Veranstaltungen, da mußten wir hin, da gab es kein Pardon und ich weiß noch gut, wie die Vorschrift kam, wir müßten die Kärntnerdirndl anziehen, diese blauen mit den weißen Punkten. Die Mutter wollte sie nicht nähen. Sie sagte nein. Dann nähte sie uns eine Nachbarin umsonst, nur damit wir sie auch hatten. Unsere Mutter war in der Hinsicht hart. Sie ließ sich nicht beugen, keinen Zentimeter. Freilich, gehen mußten wir trotzdem, es war ja verpflichtend. Was hätten wir tun sollen, und so standen wir auf und marschierten in Bleiburg auf und ab.

Gleich nach der Schule absolvierte ich das Pflichtjahr, das war genau in dem Jahr, als die Deutschen in Jugoslawien einmarschierten. Ich machte mein Pflichtjahr auf dem Mežnar-Hof, ein feines Haus, mehr oder weniger noch slowenisch. Ein paar Tage vor dem Einmarsch kamen die Soldaten in den Ort. Beim Mežnar hatten sie riesige Keller, und die Soldaten verlangten, daß die Kellerfenster mit Kantholz vernagelt werden, falls eine Granate oder sonst etwas geflogen käme, damit sie nicht in den Keller fällt. Dann wurden fast alle Leute aus dem Dorf in diesen Mežnar-Keller gebracht. Die Soldaten zogen dann nach Jugoslawien. Wir hörten ein paar Schüsse und das war alles. Es gab keine Soldaten mehr hier, alle waren nach Slowenien gegangen. In Jugoslawien waren

sie auf den Blitzkrieg nicht vorbereitet, der Hitler hatte ja angegriffen, ohne den Krieg zu erklären. Auf der Wiese war mit Gras verdeckt eine Flak aufgestellt, eine Kanone, mit der schossen sie einfach direkt durch das Fenster des Zollhauses auf die Zöllner. Die saßen nichtsahnend beim Mittagessen. So erzählten es mir Leute, die hinauf schauen gegangen waren, das Schafsgulasch war auf den Wänden verspritzt, so genau hatten sie getroffen, die Zöllner waren geflüchtet. Es hat sich keiner richtig gewehrt, weil ja schon alles verraten war und die Kommandanten hatten vermutlich die Aufgabe, sich zurückzuziehen, oder was weiß ich.

Erschossene jugoslawische Zöllner bei Dravograd nach dem Überfall Deutschlands auf Jugoslawien, April 1941.

Ansonsten war das Pflichtjahr herrlich, beim Mežnar gab es viele Leute und es war eine lebhafte Atmosphäre, aber in dieser Atmosphäre passierte eine ungute Geschichte. Die Hausfrau hatte eine Schwester, die erkrankte in den Wechseljahren, und die Hausfrau sagte immer: »Die Lena ist nervenkrank.« Sie ging außer am Abend nie aus ihrem Zimmer. Das Essen brachten wir ihr. Sie tat niemandem etwas Böses. Etwas weiter weg aber wohnte ihr Bruder. Eines schönen Morgens, ich kam gerade aus dem Stall, fuhr ein Auto vor, drinnen saßen der Bruder und noch zwei Männer. Einer der Männer trat auf mich zu und fragte: »Haben Sie etwas gegen die Lena?« Mir war das sofort verdächtig, sie hatten Ledermäntel an und Hüte mit so Bändern. Halt, dachte ich mir, da stimmt etwas nicht, jetzt muß ich zur Lena halten, so in etwa kam es mir in den Sinn. »Was soll ich denn gegen die Lena haben?« fragte ich, »Ich habe nichts gegen sie.« »Ja, fällt sie Ihnen nicht auf die Nerven?« Ich antwortete: »Sie ist nicht lästig, sie tut niemanden was, sie ist eine kranke Frau, sie wird wieder gesund werden. Aber sie macht ja niemandem was.« »Und trotzdem haben Sie nichts gegen sie?« »Was soll ich denn gegen sie haben?« In der Zwischenzeit hatte schon die Hausfrau bemerkt, daß ich mich draußen mit jemandem deutsch unterhalte. Sie kam heraus, sah ihren Bruder und die anderen Mannsbilder. In der

Zwischenzeit kam die Arbeitsmaid dazu, die wußte nicht einmal, daß da noch jemand beim Haus ist. Von der Lena wußte sie nichts. Sie kam um das Hauseck, sie war aus Sachsen und auch so rund und fröhlich wie ich. Einer der Männer ging ihr entgegen und fragte sie, ob sie was gegen die Lena hätte. Die Hausfrau stand in der Tür, ich trat zu ihr, die Arbeitsmaid aber sagte: »Weiß ich nicht, habe ich noch nie gesehen.« Sie war aus Deutschland und schon ein bißchen mehr daran gewöhnt, was alles passieren konnte. Sie stellte sich sofort zu uns beiden und flüsterte mir leise zu: »Wir müssen zu der Chefin halten.« Ich sagte: »Ja.« Auch ganz leise, hinter ihrem Rücken. Dann kam der Bruder und sagte: »Wir sind die Lena holen gekommen, sie ist der Schandfleck der Familie.« Die Hausfrau aber trat ihm richtig stolz entgegen: »Wenn es einen Schandfleck in der Familie gibt, dann bist es du. Solange ich die Wirtin beim Mežnar-Hofe bin, werden du und deine Männer dieses Haus nicht betreten und was meine Schwester betrifft, habe ich die Verpflichtung, für sie zu sorgen, sie tut niemandem etwas und fällt nicht auf.« Und wir standen dort in der Tür, der eine Flügel war offen, der andere geschlossen, wie drei Säulen. Keines dieser Mannsbilder kam herein. Sie sagte ja noch mehr, aber an alles kann ich mich nicht erinnern, aber dieses ihr »Nein« gefiel mir sehr. Und die Mannsbilder fuhren ab, ohne daß einer die Schwelle hätte übertreten dürfen. Als sie dann weg waren, da herrschte eine gedrückte Atmosphäre im Haus, wir zitterten alle. Die Hausfrau bedankte sich bei uns dafür, daß wir ihr die Stange gehalten hatten. Sie wußte ja selbst nicht, was genau hätte passieren können. Wir wußten nur, daß einige in der Psychiatrie Klagenfurt einfach gestorben waren. Die Lena aber war kein Fall für die Psychiatrie, sie war ganz da, nur irgendwie depressiv. Wenn du mit ihr redetest, war alles in Ordnung. Nur die Füße trugen sie nicht recht, sie war richtig zusammengebrochen. Das dauerte ungefähr zehn Jahre, und dann war sie wieder voll da. Sie konnte wieder arbeiten, freilich, zehn Jahre älter, aber sie war vollkommen normal. Der Bruder kam nie wieder. Sie hatten sich deswegen überworfen, bis nach dem Krieg.

Bücher im Heu

Anfang 1937 begann ich mit der Schule. Damals begriff ich ja noch keine politischen Hintergründe, interessant aber war, daß einige Schüler in die Schule schon mit Hakenkreuzabzeichen kamen. Der Lehrer regte sich sehr auf und nahm ihnen die Abzeichen ab, nur wie es dann tatsächlich am 13. März zum Anschluß kam, da war ich schon erstaunt, als der Lehrer selber mit dem Hakenkreuz in die Schule kam. Und das gleich am ersten Tag. Das habe ich mir gemerkt, weil es interessant war. Einen Tag zuvor hatte er noch einen Schüler geohrfeigt und ihm das Abzeichen weggenommen, am nächsten Tag trug er es selber. Auch die

119

Fahnen fehlten schon am ersten Tag nicht. Das ist für mich ein Beweis, daß alles schon langfristig vorbereitet war.

Als ich in die Schule kam, wußte ich nicht, daß Österreich bereits besetzt war. Der Lehrer begann irgendetwas zu erzählen, aber offen gesagt, verstandesmäßig begriff ich das damals nicht. Ich nahm zur Kenntnis, daß da etwas passiert war, daß Soldaten einmarschiert waren und daß wir heim ins Reich zurückgekehrt waren. Aber ich wandte mich zuhause sofort an meinen Vater und an meine Mutter: »Was ist jetzt? Wir haben etwas Seltsames gehört.« Ich bekam keine richtige Antwort von meinen Eltern, aber ich bemerkte schon damals, daß sie besorgt waren. An ihnen merkte ich, daß seit dem Vortag etwas anders geworden war. Das heißt, die Eltern hatten ja eine größere Einsicht und zerbrachen sich sehr wohl den Kopf, wie weiter. Aber ich bekam keine genaueren Informationen und begnügte mich mit dem, was ich wußte. Nur, die kommenden Monate überzeugten mich bald davon, wie gründlich sich alles geändert hatte. In der Schule hatten wir statt dem Morgengebet einen Spruch. Unser Lehrer brachte uns verschiedene Parolen bei, wie: »Du bist nichts, dein Volk ist alles!« »Gemeinnutz geht vor Eigennutz!« Das mußten wir auswendig lernen. Wenn der Lehrer in die Klasse trat, mußten wir aufstehen und mit erhobenem Arm grüßen: »Heil Hitler!« Dann setzte er sich auf seinen Stuhl oder blieb beim Katheder stehen und rief jemanden: »Josef, einen Spruch!« Der mußte auf das kleine Podest vortreten und eine dieser Parolen aufsagen. Wir haben sie dann wiederholt.

In Latschach wurden auch sehr schnell die verschiedenen Hitlerformationen organisiert. Ich war für die Hitlerjugend noch zu jung, aber zu den Pimpfen konnte ich gehen. Bei den ersten Appellen war ich noch dabei. Das war kindliche Neugier. Ich war aber einer der wenigen ohne Uniform, die anderen hatten sie alle: schwarze, kurze Samthosen, braunes Hemd, schwarzer Gürtel, ein Überschwung, schwarzes Tuch und auch der Dolch durfte nicht fehlen. Ich hatte das alles nicht und fühlte mich deswegen als Mensch, der irgendwie nicht dazupaßte. Schon bald war die Rede vom Krieg und die älteren Jungen besorgten Papierhelme, verschiedene Abzeichen, die auf die Jacken genäht wurden und wir spielten Krieg. Ich war in diesen Spielen immer nur ein gewöhnlicher Soldat, aber lange machte ich sowieso nicht mit, weil eines Tages meine Mutter diesen Helm fand und ihn in den Ofen warf. Aus war es mit der Armee. Auf der anderen Seite bekam ich Schwierigkeiten mit den Pimpfen, weil ich mich nicht mehr an den Appellen beteiligte. Die wurden nämlich immer zur gleichen Zeit wie die Sonntagsmesse angesetzt, und ich mußte in der Kirche ministrieren. Daß ich nicht in die Kirche gegangen wäre, darüber gab es keine Debatte. Auf die Weise ließ ich einige Appelle aus. Dann bekam ich eine Aufforderung vom Jugendbannführer aus Villach, ich müsse an dem und dem Sonntag zum sogenannten Pflichtappell erscheinen. Es stand schwarz auf weiß in dem Brief, daß ich bei dem Appell dabeizusein hatte, ansonsten müßte ich mit einer Strafe rechnen. Es stand zwar nicht drinnen, mit welcher Strafe, aber es hieß noch, ich müßte mit der Turnausrüstung kommen.

Freilich, ich hatte diese schwarzen Turnhosen gar nicht, wir hatten ja kein Geld für solche Sachen. Ich hatte nur so eine Hose im ganzen, die man hinten zuknöpfen konnte. So ging ich zum Pflichtappell. Ich wußte ja nicht, was mich erwartete. Ich ging hin, da war ziemlich viel Jugend dort, Jungen und Mädchen, ich mußte extra bei den sogenannten Sträflingen stehen, auf einmal kam der Befehl: »Ausziehen!« Ich traute mich ja nicht, mich auszuziehen. Die anderen zogen sich aus, die hatten alle die vorgeschriebenen Turnhosen, ich hatte sie aber nicht und zog mich nicht aus. Da trat ein ungefähr 25 Jahre alter Jüngling zu mir, der brüllte mich furchtbar an. Gerade soviel, daß er mir keine geklebt hatte, aber gebrüllt hatte er. Ich zog mich blitzschnell aus und stand dort mit meinen Hosen – Leib- und Seelenhose wurde sie genannt. Lachen von links und rechts, ich genierte mich furchtbar. Wir hatten dann einen 60-Meter-Lauf, und ich mußte die Startposition einnehmen. Ich zeigte dort mein Hinterteil her, diese Hosen waren ja hinten offen. Ich rannte so schnell, daß ich dann der erste war, aber nicht wegen meiner besonderen Qualifikation, sondern aus Scham. Damals hatten mich diese Menschen demoralisiert – bereits als Kind. Das hat einen Einfluß auf ein Kind, du stehst dort, an die hundert Jugendliche um dich, und du bist für sie eine Bajazzofigur. Das gab mir schon ziemlich zu denken, und es entstand eine Bitterkeit in meinem Inneren. Ich glaube auch, daß ich von da an meine Eltern sehr gut verstand, ich fragte sie auch nichts mehr, ich hatte den Eindruck, daß sie auch besondere Erfahrungen hätten und nicht aus sich heraus könnten. Deswegen war ich um vieles aufgeweckter, als es bei einem Jungen meines Alters zu erwarten gewesen wäre. Ich war damals acht, neun Jahre alt. Das hatte auch die Wirkung auf mich, daß ich für mich selber beschloß, hier hast du nichts verloren.

Die Eltern wußten gut, daß sie nichts Besseres erwartet, höchstens etwas Schlechteres. Vor allem noch wegen der Volkszählung im neununddreißiger Jahr. Damals war noch unsere Großmutter da. Ein Zählkommissar kam zu uns und schrieb von vornherein einfach »Muttersprache: deutsch-windisch« in den Bogen. Da sagte die Großmutter: »Das stimmt nicht, das müssen Sie ausbessern.« »Ja, ja, schon in Ordnung« und er packte zusammen und ging. Die Großmutter aber gab keine Ruhe, sie sagte: »Ich ertrage das nicht, das muß er ausbessern.« Schließlich hatte er ja einleitend gesagt, daß jede falsche Angabe strafbar wäre. Und so sagte die Großmutter: »Das stimmt ja nicht, das ist eine Lüge. Wir sind ja weder Windische noch Deutsche.« Meine Großmutter war mit dem Deutschen überhaupt ein bißchen übers Kreuz. Sie sprach vielleicht ein paar Worte und verstand es so halbwegs. Also mußte meine Mutter noch einmal zu diesem Zählkommissar hin; dort sagte sie ihm, sie verlange, daß er das ausbessert. Er redete ihr einige Zeit zu, daß sei ein Blödsinn und das könnte Folgen haben. Meine Mutter aber sagte: »Ohne Rücksicht auf die Folgen, ich verlange, daß das geändert wird.« Und er suchte den Bogen heraus und sagte: »Nun gut, aber die Folgen können Sie sich selber zuschreiben.« Das war seine Antwort, und ich weiß, er hat dann »Muttersprache: deutsch-slowenisch« eingetragen.

Wirklich gespürt hat man das neue Regime auch in der Kirche. Das slowenische Singen wurde bald eingestellt. Sie traten an den Pfarrer Dr. Ogris heran, daß alle slowenischen Aufschriften zu verschwinden hätten. Das war schon 1939, 1940. Offiziell begann man mit der Entfernung slowenischer Aufschriften ja erst nach dem Überfall auf Jugoslawien, aber daß es bei uns früher war, daran kann ich mich erinnern, weil wir in unserer Kirche eine Gedenktafel aus dem Ersten Weltkrieg hatten. Die hatte Dr. Ogris organisiert, und die hatte eine rein slowenische Aufschrift. Nun hätte sie entfernt werden sollen. Aber Dr. Ogris war so schlau und hängte ein Bild davor. Auch die Texte auf den Kreuzwegstationen hätten verschwinden sollen. Ich war gerade in der Sakristei, als der Dr. Ogris den Vorsitzenden des Kulturvereines und Tischler Otmar zu sich rief und die beiden sich unterhielten, wie man diese Aufschriften am besten verdecken könnte. Otmar machte dann einen Abdruck vom unteren Teil dieser Bilder und schnitt solche Schablonen aus Holz heraus, die genau hinpaßten und die legten sie dann über den Text. Man sah fast nicht, daß sich etwas verändert hatte, sogar die Farbe hatte er getroffen, und so verschwanden diese Aufschriften. Dann kam der Befehl, ebenfalls noch vor 1941, die slowenischen Aufschriften auf den Glocken hätten zu verschwinden. Zwei Glocken hatten sie uns sowieso schon am Anfang des Krieges weggenommen, nur die große brachten sie nicht durch das Turmdachfenster, so ließen sie sie hängen. Aber sie sagten, wenn die slowenische Aufschrift nicht sofort verschwindet, würden sie das vergrößern und die Glocke hinunterschmeißen. Ich weiß, daß Dr. Ogris damals in einer Zwickmühle war, aber er fand dann jemanden, der ihm die Aufschrift herunterfeilte. Das slowenische Wort mußte verschwinden, nicht nur das laute, öffentliche, sondern auch das unauffällige, versteckte. Denn wer ging denn schon in den Turm Glockenaufschriften schauen? Auch wegen der Grabinschriften begannen sie zu hetzen, aber da wehrten sich mein Vater und auch andere mit ihm, sie sagten, davon gehen wir nicht ab, das wäre Vandalismus und so blieben die Grabaufschriften weiterhin slowenisch.

Das alles war noch vor dem Jahr 1941. Dieses blieb mir nämlich wegen der Verhaftung des Herrn Dr. Ogris in Erinnerung. Das war ein Palmsonntag, sehr feierlich, mit Palmbuschen und einer sehr feierlichen Messe. Dr. Ogris hielt noch eine Predigt, teilweise auf slowenisch, und ich erinnere mich, wie er sagte: »Du aber bleib du.« Das waren so seine Worte, viel redete er ja nicht, auch deutsch nicht. Am Nachmittag hätte die Vesper sein sollen. Toni Uršic und ich waren Ministranten. Wir kamen hin, er war nicht da. Wir wunderten uns, denn er war ansonsten sehr pünktlich und genau. Wir hörten etwas, der Messner kam: »Den Pfarrer haben sie eingesperrt.« Was jetzt? Wir rannten zum Pfarrhof und sahen, wie ihn die Polizei wegführte. Der Mann ging ziemlich schwer, er hatte sich das Jahr zuvor sein Bein gebrochen und hatte immer noch Schwierigkeiten, er konnte fast nur sitzen, und sie brachten ihn weg. Draußen standen die Frauen und weinten. Aber Dr. Ogris trat so selbstbewußt auf, als existiere die Polizei gar nicht. Wie sie sahen, daß er nicht gehen kann, gingen sie zum Gastwirt ein Pferd und eine Kutsche holen, setzten ihn darauf, und ich kann mich noch erinnern, wie er schon auf diesem Pferdewagen saß, da erhob er sich mit aller Mühe noch einmal, drehte sich zu den Frauen, die dort standen und weinten: O Herr, O Herr! Er sagte: *»Na svidenje!«* Gerade soviel, daß sie ihn nicht schlugen, aber einer stieß ihn mit dem Gewehrkolben und schrie: »Schweig, du Schwein!« und stieß ihn zurück auf den Sitz.

Franc Černut

Am gleichen Tag, noch vor der Messe, kam mein Vater zu mir und sagte: »Wir werden jetzt etwas tun, was du niemandem erzählen darfst.« Wir begannen, die Bücher aus unserer Vereinsbücherei zu schleppen. Die war all die Jahre bei uns gewesen. Der Vater hatte drei Kisten in der Scheune vorbereitet, und da legten wir sie hinein. Hauptsächlich waren das Bücher vom Hermagoras-Verlag und slowenische Zeitungen. Ich fragte ihn mehrmals: »Ja, Vater, wieso denn, wieso müssen wir die Bücher beiseite schaffen?« Er aber sagte nur: »Schweig, und sage zu niemandem ein Wort davon.« Nachdem wir die drei Kisten gefüllt hatten, legte er den Deckel drauf und nagelte die Kisten zu. Dann warfen wir Heu drauf. Das war einer jener Momente, der mir als Kind etwas bedeutete, ich kann noch heute nicht sagen, was. Denn damals war ich doch noch ein Kind, und der Vater sagte gewöhnlich: »Du Rotzbengel, wo bist du herumgelaufen?« und solche Sachen. Damals aber, nachdem wir mit der Arbeit fertig waren, packte er mich so fest, daß es weh tat, und sagte: »Franček, davon, was wir beide getan haben, darfst du niemandem ein Wort erzählen, auch deinen Freunden nicht, sonst ergeht es uns schlimm.« Mir erschien das so großartig, daß der Vater in mich, einen zehnjährigen Buben, Vertrauen hatte. Daher achtete ich ihn als Menschen und als Freund, von dem Tag an.

Von diesem Palmsonntag an war keine Rede mehr davon, daß man öffentlich slowenisch reden konnte. Wenn dich da jemand gehört hätte, ich bin überzeugt, er hätte dich geohrfeigt. Von da an gab es aber kein Pardon mehr. Nicht einmal zuhause ließen sie dich in Ruhe. 1941 wurde mein Bruder geboren. Damals brachte die Lehrerin uns Kindersachen. Die Deutschen hielten ja viel von kinderreichen Familien, sie führten ja auch das Mutterkreuz nicht umsonst ein. Die Lehrerin sprach mit uns selbstverständlich deutsch. Meine Schwester und ich unterhielten uns über irgendetwas, wir beide waren daran gewöhnt, slowenisch zu sprechen, und sie schrie uns fürchterlich an: »Wißt ihr denn nicht, jetzt wird nur mehr deutsch geredet, mit windisch ist es aus! Schluß!« Nicht einmal mehr zuhause, in den eigenen vier Wänden durfte man slowenisch reden, geschweige denn öffentlich. Und deswegen entstand im Dorfleben großes Mißtrauen, keiner traute mehr seinem Nachbarn. Die verläßlichen Nazis, die haben einander wohl getroffen, aber die Gegner Hitlers, oder die Neutralen, die wagten es nicht, irgend jemandem irgend etwas zu sagen. Es herrschte das Mißtrauen.

Janko Urank

Kundgebung

Am 13. März wurden wir aus dem Gymnasium nach Hause geschickt. Ich fand Vater und Mutter sowie die sieben Geschwister in heller Verzweiflung. Die SA-ler wollten meinen Vater schon damals verhaften, jedoch setzte sich einer seiner ehemaligen Mitschüler, für dessen Sohn mein Vater 1934 nach dem Naziputsch interveniert hatte, diesmal noch für ihn ein. Das war eine ganz böse Erfahrung für meinen Vater. 1934 hatten am Naziputsch auch aus unserer Gegend einige Burschen teilgenommen, und die waren dann nach Wöllersdorf gekommen. Da hatten dann ihre Eltern meinen Vater gebeten, er möge sich für die Kinder verwenden, und er hatte dann beim Hofrat Lestok, der damals Bezirkshauptmann war, interveniert, und die waren tatsächlich heimgekommen. Und nun ärgerte er sich: »Diese Burschen, für die habe ich mich eingesetzt, habe sie herausgeholt, und jetzt führen sie so etwas mit mir auf.«

Wenig später schlug die Propagandawelle für die Volksabstimmung am 10. April Wellen, darauf verstanden sich die Nazis. Im zweisprachigen Gebiet, das damals noch überwiegend slowenischsprachig war, wurden »Gauredner« eingesetzt, die slowenisch sprachen, so auch bei uns in Enzelsdorf im Gasthaus Sugetz, wo ich selbst dabei war. Die Aussagen waren dahingehend, daß wir nun alle im Großdeutschen Reich seien, und die Slowenen als tüchtige Arier gut deutsch lernen mögen, denn auch für sie können nun gute Zeiten und ein ungeheurer materieller Aufschwung kommen. Haßtiraden gab es gegen »die Marxisten« und die »morschen, abgetakelten, alten Systemparteien«.

Sogar gläubige, grundanständige Leute waren oft verwirrt angesichts dieser massiven Propagandawalze. So fragte mich ein einfacher alter Slowene: »A je menda res prišel ta, k'nas reši uboštva? [Ja, ist vielleicht wirklich der gekommen, der uns von der Armut befreit?]« Die Antwort erhielt er später bei der Aussiedlung auf brutale Weise. Mit dem »Hilfszug Bayern« wurden besondere Rattenfängermethoden betrieben. Ein armer, frommer Mensch aus Abtei sagte mir auf slowenisch, weil deutsch konnte er nicht: »Jejžes, Hitler je pa le'n dob'r človek, mi je moke dal. [Jesus, Hitler ist ja doch ein guter Mensch, er hat mir Mehl gegeben.]« In unseren Kreisen war es aber ein offenes Geheimnis, daß Hitler ja unsere Lager, vor allem aber die jüdischen, geplündert hatte.

Im Sommer 1938 starb – vergiftet und zum Sterben aus der Gestapohaft nach Hause entlassen – Pfarrer Vinko Poljanec, der auch slowenischer Landtagsabgeordneter gewesen war. Wir Studenten versuchten in allen Orten unserer Heimat, möglichst viele Leute für die Teilnahme am Begräbnis in St. Kanzian zu gewinnen. So wurde das Begräbnis eine mächtige Demonstration mit mehr als 3.000 Teilnehmern, und das damals, als man beträchtliche Wegstrecken zu Fuß, mit dem Fahrrad oder mit dem Pferd zurücklegen mußte. Die Gestapo hatte das sehr wohl registriert und holte mich dann im Herbst direkt aus der Schule. Ich verteidigte mich damit, daß es keine Demonstration gewesen sei, die irgendjemand organisiert hätte, vielmehr wäre das nur das Begräbnis eines beliebten Priesters gewesen. Über Intervention des Direktors Dr. Deutner, der zwar Nationalsozialist, aber im Herzen ein Mensch war, wurde ich wieder freigelassen: »Es wäre doch schade um einen gescheiten Buben.«

In unserer Klasse gab es nur einen einzigen Nazi, der aber früher maturieren durfte, sodaß es nachher – Deutschsprachige wie Slowenen – keine Nazis mehr gab. Wir hielten weiter zusammen wie Pech und Schwefel. Wir trafen uns einmal in der Woche im Gasthof Mikula am Alten Platz in einem Extrazimmer, wo wir slowenische Lieder sangen, diskutierten, und kräftig über die Nazis schimpften.

Wenig später holte man uns alle aus den Klassen – ich war damals in der achten –, es war anläßlich der Reichskristallnacht. Da stellte man uns alle, auch andere Schulklassen mußten kommen, am Neuen Platz in Klagenfurt in Reihen auf. Da gingen HJ-ler zwischen uns herum und schrien: »Juda verrecke! Juda verrecke!« Und gleich an der Ecke, wo heute der Grohar ist, war ein jüdisches Geschäft, Friedländer. Da hatten SA-Männer vom ersten Stock die Möbel heruntergeschmissen, die Frauen an den Haaren gezogen, sie beschimpft und so weiter, und wir mußten das als damals Achtzehnjährige mitansehen. Das Ganze erklärte man zur »Kundgebung«. Es war grauenhaft. Die Synagoge wurde auch ausgeräumt und niedergebrannt, die war in der Nähe der Landesregierung, südlich davon.

Ich lief danach zu meiner Tante, bei der ich seit der Auflösung des Marianums wohnte, und erzählte ihr blaß und mit bebender Stimme davon. Sie hatte nur einen Trost: »Beten wir für die Verfolgten«.

Ich maturierte dann im März 1939 und begann nach dem Arbeitsdienst am 1. Oktober 1939 in Wien an der Hochschule für Welthandel zu studieren. Dabei hatten wir Glück, denn seit September 1939 war ja Krieg, und sie wollten uns aus dem Arbeitsdienst nicht entlassen. Aber es gab eine Ausnahmeregelung für diejenigen, die ihr Studium antreten wollten, und da hatten wir uns sofort gemeldet.

Ich war dann auch im Klub slowenischer Studenten aktiv und wurde zum Referenten für die slowenischen Mittelschüler bestimmt. Und da war ich einmal in St. Paul bei der Gruppe vom Janko Messner, im Wald oberhalb vom Bauern Jäger, da hatten wir eine regelrechte geheime Versammlung, wo wir slowenisch sangen und unsere nationale Einstellung festigten.

Wir hielten dann noch zwei Versammlungen ab, eine in Abtei oben und eine in Maria Elend. Auch die waren natürlich streng geheim, konspirativ. Wir hatten keinen Verräter unter uns, und die Nazis sind auch nicht draufgekommen.

Janko Urank

Schon vorher, das muß noch 1938 gewesen sein, radelten wir einmal nach Eberndorf, dort hatte der Heimatbund ja sein »Haus der Heimat« gebaut. Da stellten wir uns am hellichten Tag so 12, 13 Leute auf, bespuckten das Haus und sangen das Maier-Kaibitsch-Lied, und dann hinauf auf die Räder und nichts wie weg. Die Polizei versuchte herauszubekommen, wer das war, das ist ihr aber nicht gelungen.

Wir mußten dann auch im Klub slowenischer Studenten die Statuten neu einreichen und den Führer- und Arierparagraphen hineinnehmen. Wir hielten uns intern natürlich nicht daran und waren weiter nach den alten Statuten aktiv. Interessanterweise hatten die Nazis unseren Klub nicht aufgelöst, und die Ausschußmitglieder bekamen sogar einen Ausweis, aus dem ersichtlich war, daß sie Studentenvertreter des Klubs slowakischer Studenten seien. Wir waren selbst ganz erstaunt, kamen aber bald drauf, was los war. Die Slowakei war ja damals ein Vasallenstaat Hitlers, unter dem Tiso. Und die Slowaken sprechen von sich selbst ja auch als »Slovenci«. Sie sprechen auch »slovensko«. »Slowaken« werden sie nur von den Deutschen bezeichnet. Und die Nazis hielten uns daher für den Studentenklub einer befreundeten Nation, und wir konnten im Klub weiter aktiv sein. Später kamen sie aber auf ihren Irrtum drauf, und der Klub wurde aufgelöst.

Ich hatte in der Zwischenzeit schon einige Prüfungen absolviert, Gesellschaftsrecht, Betriebswirtschaft, Buchhaltung, Statistik, aber ich konnte nicht weiterstudieren, weil ich im Dezember 1940 einberufen wurde. Sie haben mir zwar das Wintersemester 1940/41 voll angerechnet, aber weiterstudieren konnte ich nicht, ab Dezember 1940 war ich Soldat.

Janko Messner

Heckenschule

Am 14. März spürten wir eine ganz arge Erniedrigung und Verhöhnung. Einige Nationalsozialisten brachen ins Marianum ein, es waren etwa 20; das geschah am Nachmittag, als wir schon auf der Wiese spielten – es schien ja eine recht warme Frühlingssonne. Unter der Führung des Turnprofessors Ebster beeilten sie sich, das ganze Haus zu durchsuchen. Der Herr Direktor übergab ihnen die Schlüssel, unser Herr Präfekt sperrte sich in seinem Zimmer ein, wir Schüler aber mußten uns alle im Festsaal versammeln. Bald kamen sie in Stiefeln und mit roten Binden auf den Ärmeln, mit dem Hakenkreuz. Sie stellten sich vor die Sitzreihen, einer fing an, über die Ehrlichkeit, die Korrektheit und über den Glauben der Nationalsozialisten zu sprechen. Er lobte sie alle recht begeistert, sodaß mir das Herz wehtat. Er beteuerte, daß es eine Lüge wäre, wenn die Leute behaupteten, daß die Nationalsozialisten keinen Glauben hätten, denn sie wären gottgläubig. Dieser »Bekehrapostel« genehmigte uns dann auch, Fragen zu stellen, wenn wir irgendwelche Zweifel hegten.

Wetterleuchten

126

Als wir nach dem »Anschluß« – ich glaube, es war am Montag nach der Karwoche – wieder in die Schule kamen, mußten wir uns vor der Schule aufstellen; die Hakenkreuzfahne wurde gehißt, und wir mußten uns verschiedene Ansprachen und Reden anhören. Und da passierte es auch, daß verlangt wurde: »Juden und Krüppel vortreten!« Und da trat der Dr. Lorenz vor, Professor für Biologie; er hatte einen Klumpfuß. Von seiner Einstellung her stand er den Nazis nahe, aber der Klumpfuß, die damit verbundene Diskriminierung, versperrte ihm den Weg in die Partei. So war es damals. Und dann mußten wir die deutsche Hymne singen, die hatte man uns gleich eingetrichtert. Der Professor Dr. Erich Messner, unser Latein- und Deutschlehrer, hielt uns anschließend eine lange Predigt; er verwendete die ganze Stunde dafür und betonte, er würde die kommenden Stunden dazu benützen, sich alles vom Herzen herunterzureden, wir würden schon sehen und so weiter. So, und dann erzählte er uns allerhand Sachen, vor allem über den Volksabstimmungstag, über Abwehrkämpfer und so weiter, schilderte, was für Ungeheuer die Serben gewesen wären, wie sie mit scharfen Messern zwischen den Zähnen herumgetobt und die braven heimattreuen Kärntner, die Deutschtümler meinte er damit, bedroht, sie in Schweineställen aufgestöbert hätten, also ganz gruselige Geschichten.

Wir konnten die Osterfeiertage kaum erwarten. Da hörten wir am 7. 4. 1938, an einem Donnerstag, daß unsere Ferien etwas früher anfangen würden, denn es sollten deutsche Soldaten im Gymnasium einquartiert werden, oder sie brauchten das Gymnasium als Wahllokal. Auf alle Fälle waren mein Bruder Francelj und ich sehr froh darüber; der ältere Bruder Štefej, bereits Theologiestudent, half uns, den Koffer zum Bahnhof zu tragen, und zuhause erwarteten sie uns mit großer Freude, vor allem die Mutter, die den Hitler nicht ausstehen konnte, weil er so gar nicht nach ihren Vorstellungen aussah. Wir hatten so viel zu besprechen, und mußten einander nervös Antworten geben auf viele Fragen.

Auch von der Verfolgung des Matevž Nagele, unseres Kaplans, hörten wir zuhause, und zwar einen genauen Bericht. Dieser Herr hing besonders stark an der »slowenischen Schule«, die er aufgebaut hatte, und erwarb sich deshalb schlimme und große persönliche Feinde. Irgendein Mädchen tauchte an einem Sonntag bei ihm auf, ob aus Liebe zum Herrn oder mit der Absicht, seine Meinung dem Feind zuzutragen, war nicht genau zu ergründen, warnte ihn und riet ihm zur Flucht. Er machte sich sofort auf den Weg, sagte noch zu meiner Schwester Micka, sie sollte brav bleiben und der Mutter Nachricht geben, sonst aber nicht darüber sprechen, und *srečno*. Er eilte mit dem Stock in der Hand auf die Grenze zu, aber die Feinde hetzten ihn wie einen Hund; doch sein Gott beschützte ihn, und trotz dreier von der Kette gelassener Köter entkam er glücklich über die Grenze. Allerdings schoß er sich umgehend selbst einen Bock. Als er hörte, daß alle seine Gegenstände requiriert wurden und sein Freund Maček eingesperrt worden war, kehrte er zurück und mußte prompt in den Kerker nach Klagenfurt, weil er ohne Erlaubnis die Grenze übertreten hatte. Dort mußte er etwa vierzehn Tage sitzen, und

127

hatte bald darauf, am Karmittwoch oder Gründonnerstag, mit Tränen in den Augen in den deutschen Ort Paternion im Drautal zu ziehen.

Meine Mutter kaufte größtenteils beim Kaufmann Mori ein. Sie hatte mit ihm immer slowenisch gesprochen, ihn slowenisch gegrüßt und bestellt, was sie haben wollte, und da sagte derselbe Herr Mori plötzlich zu ihr: »Frau Peter«, auf deutsch; sie verstand wohl einiges, aber sprechen konnte sie nur schlecht, weil sie es nie wollte, radebrechen schon gar nicht, als waschechte Krainerin, das wäre für sie unvorstellbar gewesen. Er sagte also zu ihr: »So, Frau Peter, ab jetzt heißt es aber nicht mehr *dobro jutro*, jetzt heißt es ›Heil Hitler‹.« Und sie antwortete slowenisch, das erzählte sie mir selbst: »Wenn Ihnen, Herr Mori, *dobro jutro* jetzt nicht gut genug mehr ist, so werd' ich halt nicht mehr zu Ihnen kommen können, denn ›Heil Hitler‹ werd' ich nie sagen.«

Dieses Selbstbewußtsein übertrug sich auf mich und wurde bei Studentenzusammenkünften gefestigt. In den Ferien, da kamen die Universitätsstudenten und die Gymnasiasten zusammen, da wurden wir aufgebaut, moralisch, national, da lernten wir ein Lied, das habe ich aufgeschrieben und verschönert und verschnörkelt; es wird nach der Melodie des deutschen Liedes »Du Volk aus der Tiefe, du Volk aus der Nacht« gesungen und hat folgenden Inhalt: Wo immer der Schritt der Jugend erdröhnt, verschwindet die Finsternis, verschwinden die düsteren Wolken. Wenn uns der Weg durch unser Korotan – ein alter Ausdruck für Kärnten – führt, erglüht in uns die Flamme, klar wie der Tag. Wenn im Kampf aufmunternd unser Ziel vor uns erstrahlt, für ein neues Kärnten treten wir alle auf. Gemeint war natürlich ein slowenisches Kärnten. Und dann leisteten wir einen Schwur, mit dem Wortlaut: Ihr Kämpfer, ihr treuen, die ihr schon vor uns im Grabe liegt, wir werden euer Vermächtnis erfüllen. Dann die 5. Strophe: Oh Volk, oh Kärntner Volk, du leidendes Volk, für den Kampf bereit ist dein Sohn. Das muß natürlich slowenisch gelesen werden, weil es sich reimt: *Ti narod koroški, ti narod trpin, za borbo pripravljen je že tvoj sin.* Dann lernten wir bei diesen Zusammenkünften auch Spottgedichte über Mussolini: Mussolini zieht ins Manöver, und weil er sich vor Attentaten fürchtet, zieht er sich ein eisernes Hemd an. Ist er denn ein ganzer Narr, fragten wir im Lied, meint er denn, daß ihm das hilft? Und antworteten: Nein, das kann ihm nicht helfen. Oder ein anderes Beispiel: »Mussolini makarati« – wahrscheinlich waren Makkaroni damit gemeint: Ja, Benito Mussolini hat einen guten Appetit, er stopft sich den Bauch voll mit Polenta, damit er ein halbes Jahr lang satt ist. Und dann der Reim: er hat zerschlissene Pantoffel, und in Afrika spaziert er herum und traktiert dort seine Neger. Das war so eine Art Abwehrpoesie, die wir mit vollem Löffel genossen, wann immer wir einen Reim auffangen konnten. Das baute uns auf.

Ich legte ein Verzeichnis meiner Mitschüler aus unserer Klasse an. Die Slowenen zog ich doppelt, also schwarz mit der Feder nach, und die anderen waren die deutschsprachigen. Und dann schrieb ich: »15 Slowenen, 1 Abtrünniger, 18 Deutsche, kaum drei Jahre und so schaut heute schon das Bild aus. Wo sind Pignet, Lassnik, Staudecker und so weiter. Unsere Reihe wird wohl noch viel schütterer werden, paß' auf, Janko, daß du immer in diesem Alphabet bleibst.«

Am 20. 12. 1938 übernahmen in aller Herrgottsfrüh Professoren und der Direktor des Nazigymnasiums die Leitung unseres Benediktinerkonviktes in St. Paul im Lavanttal. Von da an gab es keine Messe mehr, wir beteten auch nicht mehr gemeinsam vor dem Frühstück. Die leitenden Nazi-Pädagogen lachten über uns und machten Dummheiten, und viele Mitschüler freuten sich, daß sie nicht mehr zu beten brauchten. Anstatt der Nonnen kamen sechs oder acht deutschsprachige Bauernmädchen aus der Umgebung. Eine von ihnen hatte die Wirtschaftsschule absolviert und übernahm nun das Kommando. In der Früh aßen wir eine halbe Stunde lang Kakao und Brot; das alles schmeckte uns sehr gut. Kakao hatten wir früher nie bekommen.

Doch wir Slowenen wußten, daß die Nazis uns beobachteten. Darum rissen wir aus. Wir packten die Koffer und ab über den Zaun, bei Nacht nach St. Martin bei St. Paul zu einem Bauern, von dem wir erfahren hatten, daß er bereit wäre, uns aufzunehmen. Das geschah am 23. 1. 1939, also mitten im Winter. Das Schülerheim – »Franz Kopp« hat es geheißen –, das wir auf diese Weise verließen, war dann ein ausgesprochenes Naziheim. Wir hieß: mein Bruder, Franjo Dragašnik, der spätere Pfarrer von Köstenberg, und der heutige Bauer Boštej Malle von St. Johann im Rosental und ich.

Wir wurden dann in der Schule sofort herabgesetzt. Alle, die davongelaufen waren, kamen auf eine schwarze Liste, mußten viel mehr lernen und bekamen bei der erstbesten Gelegenheit ihre Nicht genügend.

Wir sammelten daraufhin eine Gruppe von slowenischen Mitschülern um uns, in sogenannten Heckenschulen, um die Slowenischkenntnisse zu vertiefen. Unsere slowenische Propagandaarbeit machte recht gute Fortschritte. Wir trafen einander mindestens einmal in der Woche, wie Brüder, und hielten uns mit unseren schönen slowenischen Liedern bei Laune. Francelj und ich hatten auch unsere Tamburizza mit. Zikulnik, Cenc, Greif und Škof waren die bemerkenswertesten Besucher unserer Treffen von St. Martin, und auch die ersten, die ich in unsere illegale Tätigkeit eingeweiht hatte. Einmal besuchte uns auch der Akademiker Urank und flößte uns Mut ein. Als Akademiker bezeichneten wir damals jeden, der an der Uni studierte.

Ich machte mir über diese Gruppe viele Tagebuchnotizen. Die Eintragung über Uranks Besuch stammt vom 20. Dezember 1939. Da heißt es zum Beispiel: »Jetzt habe ich die Arbeit für unser Volk mit Volldampf aufgenommen. Ich habe« – die Eintragung ist vom 14. Jänner 1940 – »Kontakte hergestellt mit jüngeren Kameraden und sie zu mir eingeladen. Kulmež hat mir dabei sehr geholfen. Die erste Frucht dieser Arbeit ist, daß wir uns heute, am Samstag, den 12. 1. 1940, bereits zu zehnt versammelt haben. Für unsere Verhältnisse eine sehr schöne Zahl. Und das bereits bei der ersten Zusammenkunft. Die Burschen waren zuerst erstaunt, aber allmählich werden sie sich schon gut fühlen in der neuen Atmosphäre. Ich habe einem jeden von ihnen unseren geschichtlichen Beweis, das Bild des Herzogstuhls, geschenkt und ihnen den Sinn dieses alten Steindokuments in unserer Geschichte erklärt.«

Das mit dem Herzogstuhl ist aus heutigem Blickwinkel natürlich so eine halbe Sache. Den Fürstenstein, also den, der heute im Landesmuseum steht, das wahre Symbol der slowenischen Eigenstaatlichkeit aus dem 7., 8. Jahrhundert, den hatte ich nämlich bis dahin nie gesehen. Das war erst viel später der Fall. Das hinderte mich aber nicht daran, ihnen die Einsetzungsszene und alles, was dazugehört, genau zu erklären. »Wir sangen daraufhin verschiedene Lieder, wir lasen slowenische Gedichte, und Zdravko« – der Vavti Valentin – »gab uns auch eine kurze geographische Darstellung über das slowenische Volk, wieviele es gibt und wie weit sie reichen, territorial gesehen. Wir waren alle sehr zufrieden, vor allem ich selbst, weil mir ja die Aktion so gut gelungen war. Ich hoffe, daß auch in Zukunft alles so glatt gehen wird.«

Und jetzt kommt das Wichtigste, vom 3. März 1940: »Ich habe vor einer Woche meinen Studentenkalender verloren, darin: die deutsche Geschichte in Schlagwörtern für ein ganzes Jahr, einige lateinische Ausdrücke und Aphorismen, ein paar Dummheiten und vor allem die Namen der slowenischen Untergymnasiasten, das heißt der ersten vier Klassen, sowie die Bemerkungen, wer von ihnen zu welcher Stunde an Samstagen gekommen ist. Ich habe große Angst, daß daraus etwas ganz Blödes entsteht, daß ich zum Schluß noch aus dem Gymnasium fliege.« Zum Glück fand aber kein Nazi den Kalender.

Am 10. Oktober 1940 boykottierten wir die Schulfeiern. Wir trafen uns schon in der Früh, um neun Uhr oder halb zehn, auf einer vereinbarten Lichtung im Wald oberhalb von St. Martin, sangen, sprachen über die Ereignisse, über den Krieg, und schworen uns wieder die Treue, also, es war eine Art Verschwörung. Wir beschlossen, ein jeder von uns müsse am nächsten Tag eine Bestätigung von seiner Hausfrau in die Schule mitbringen, daß er krank gewesen wäre. Die Krankheiten wurden an Ort und Stelle auf der Lichtung festgelegt. Wir waren, glaube ich, zwölf oder dreizehn. Der Direktor hatte von der Sache Wind bekommen und suchte uns mit seinem bissigen Wolfshund im ganzen unteren Granitztal. Er fand uns nicht. Und beweisen konnte er uns auch nichts. Aber er hatte uns von diesem Moment an auf seiner Abschußliste.

Als dann im Herbst 1941 mein Einberufungsbefehl kam, wurde er von Jonke, dem nazistischen Gymnasialdirektor in Klagenfurt, nicht zurückgeschickt; auch die zwei, drei Monate Aufschub wurden mir nicht gewährt, die ich benötigt hätte, um nach dem 1. Semester in der 7. Klasse wie alle anderen bereits die Reifeklausel zu bekommen. Das war bei jenen Schülern, die einrücken mußten, damals so üblich. Nachdem Jože Knez aus Črna, mein Freund aus der 5. Klasse, von der

Gestapo arretiert worden war und mir die Adresse des Verbindungsmannes zum Ersten Partisanenbataillon in Štajerska nicht mehr aushändigen konnte, mußte ich Mitte November 1941 in die deutsche Wehrmacht einrücken.

Janko Messner

Du säst, aber du wirst nicht ernten

Marija Olip

Am 13. März standen die Nazis absichtlich vor unserem Haus und brüllten, damit wir es ja ordentlich hörten. Den Slowenen war dieser Anschluß nicht gleichgültig, uns war schlimm zumute, aber daß es kommen würde, wie es dann gekommen war, daß sie die Köpfe abschnitten, das hatte sich, glaube ich, niemand gedacht.

Daß uns das neue Regime nicht wohlgesonnen war, bemerkte man sofort. Am 13. war der Anschluß, am 24. kam die Polizei und die Gestapo zu mir, zum Kališ, wo ich damals mit meinem ältesten Bruder Hansi lebte. Damals lautete ja die Propaganda: »Wählt den Hitler«. Jemand hatte ihnen aber gemeldet, beim Kališ in der Küche wäre gesagt worden, nicht den Hitler zu wählen. Und sie kamen ganz wütend zu mir und fragten mich, was bei uns gesprochen worden war und wer das gesagt hätte. Ich antwortete: »Erstens interessiert es mich nicht, wer was sagt, zweitens bin ich nicht immer in der Küche, wenn wir Gäste haben. Was kümmert's mich, wer was redet.« Sie aber bedrängten mich weiter, sie wußten sogar genau, wer bei dem Gespräch am Tisch gesessen war und wo. Da sagte ich: »Wenn Euer Mensch behauptet, daß das gesagt wurde, gut. Ich verneine ja nicht, daß irgendwer so etwas gesagt haben könnte, nur habe ich es nicht gehört.« Da gingen sie wieder. Kurz darauf mußten sich zwei meiner Brüder auf die Gemeinde verteidigen gehen. Wir warteten alle voller Angst zuhause, was mit ihnen passieren würde. Nach langer Zeit kamen sie nach Hause. Hansi, der älteste Bruder, weinte und sagte: »Vater, vergelt's Gott, daß Sie mich so erzogen haben, daß ich auch in den schlimmsten Stunden meine Muttersprache nicht verleugnete.«

Der Tag der Wahl war für uns sehr schlimm. Sie richteten das so ein, daß Zell Schaida und Zell Pfarre extra wählen mußten, damit sie ja wußten, wer gegen Hitler gewählt hatte. Mein Bruder und ich mußten im Gasthaus Terkl wählen. Ich hatte das Gefühl, daß der Kopf dessen, der dagegen wählte, in Gefahr war. Mein Bruder und ich überlegten den ganzen Weg, was der Vater und die Mutter uns raten würden. Wir gingen sehr schwer hin. Unsere Familie war ja äußerst exponiert in Zell. Wenn von uns jemand nicht hingegangen wäre, ich weiß nicht, was da geschehen wäre. Jemand, der vorher still gewesen war, konnte sich leichter erlauben, dagegen zu sein. Drei oder vier Stimmen waren dann in Zell auch wirklich dagegen.

Wetterleuchten

Meine beiden älteren Brüder waren bei der Firma Goetz angestellt. Der älteste, Hansi, lieferte sein Holz vom Kališnik, Peter aber war beim Goetz Holzeinkäufer. Die Firma Goetz belieferte die Armee und der Chef sagte immer: »Solltet ihr den Einberufungsbefehl bekommen, kommt zu mir. Von meiner Firma lasse ich alle anderen früher weg als euch beide.« Und wirklich, der Peter bekam den Einberufungsbefehl, sie gingen beide nach Klagenfurt. Der Sekretär der Goetz-Firma ging mit und sagte zu ihnen: »Geht zum Moser und wartet auf mich. Ich werde zum Wehrkommando gehen und euch befreien lassen.« Und wirklich, die beiden saßen beim Moser, er kam aber lange nicht. Nach ungefähr einer Stunde war er dann doch vom Wehrkommando zurück und fragte: »Was habt denn ihr beide ausgefressen? Dort wurde mir gesagt, ihr kommt in die Strafkompanie, und das ohne jeden Urlaub.« Als sie das erfahren hatten, flohen sie am 14. Juni 1940 nach Jugoslawien. Damals war die Grenze noch bewacht. Sie gingen zu einem Mann in Zell Winkel, der die Schleichwege kannte, und erzählten ihm, was los war. Der Mensch hackte gerade Holz, er warf die Axt weg und sagte: »Ihr seid gerade noch zur rechten Zeit gekommen.« Er führte sie über die Grenze nach Jugoslawien. Der dritte Bruder, Foltej, der arbeitete gerade im Wald als Holzfäller. Als er hörte, was passiert war, ließ er ebenfalls alles liegen und stehen und ging seinen Brüdern nach. In Jugoslawien kamen sie wieder zusammen und gingen gemeinsam arbeiten. Bis zum einundvierziger Jahr hatten wir sehr wenig Kontakt mit ihnen, sie arbeiteten unten in Serbien und wir konnten ihnen nur heimlich über Kontaktpersonen schreiben.

Nach ihrer Flucht ging die Polizei sechs Wochen lang jeden Tag vor unserem Haus auf und ab und bewachte uns. Wenn ein Auto auf der Straße stehen blieb, begann meine Mutter am ganzen Körper zu zittern. Kein Mensch durfte aus dem Haus. Das mit der Polizei, das war schlimm. Sie verhörten uns. Sie sperrten meine Schwester Neži und mich in Ferlach ein. Neži war drei Tage lang eingesperrt, mich behielten sie eine Woche. Als sie die Neži frei ließen, sagte noch der Kommissar zu ihr, der Vater laufe ganz verstört umher und die Mutter hätte einen Nervenzusammenbruch.

Freilich, als Hitler 1941 Jugoslawien überfiel, das war schlimm. Wir mußten immerfort an unsere Brüder denken. Derselbe, der sie seinerzeit hinuntergebracht hatte, führte sie über Ljubljana wieder nach Kärnten zurück. Er sagte uns dann am Sonntag in der Früh vor der Kirche: »Eure Brüder sind bei uns.« Das hörte jemand, der aber so stark war, daß er sogar seiner Frau erst nach dem Krieg anvertraute, daß er gewußt hatte, wo meine Brüder waren. Dann versteckten sie sich zuhause. In der Scheune hatten sie den Winter über ihr Versteck. Nur manchmal, wenn sie glaubten, daß es sicherer war, gingen sie ein bißchen hinaus und hinunter in den Stall. Im Sommer aber waren sie im Wald, dort bauten sie sich eine Keusche, und wenn wir in der Früh das Vieh auf die Weide brachten, nahmen wir das Essen für sie mit.

Marija Olip

Wir konnten sie versteckt halten bis zu unserer Aussiedlung. Was sie mit uns vorhatten, wußten wir ja nicht, bis es dann fix war. Aber die anderen wußten es schon. Als wir im Frühjahr säten, kam einer vorbei und sagte zu mir: »Säen kannst du ja, aber ernten wirst du nicht mehr.« Also die, die für den Hitler waren, die *švabi* oder wie man sie sonst noch nannte, die wußten, daß wir vertrieben werden sollten. Deswegen konnte der eine auch sagen: »Du säst, aber du wirst nicht ernten.« Und diese *švabi* hatten angeblich eine Sitzung abgehalten, bei der sie unter sich ausmachten, wer weg mußte.

Am 14. April kam eine Bekannte angerannt – wir saßen gerade beim Mittagessen – und erzählte, in Ferlach wären Menschen weggebracht worden. Was jetzt? Wohin mit den Brüdern? Wir waren überzeugt davon, daß sie auch uns holen würden, und so riefen wir sie aus ihrem Versteck, bei Nacht. Wir stellten draußen Wachen auf, und um zwei Uhr nachts nahmen wir Abschied voneinander.

Wie macht man ein Kreuz?

Anton Jelen

In dieser Zeit, es muß im Sommer '38 gewesen sein, standen zahlreiche Versammlungen der Nationalsozialisten am Programm. In Oberloibach sprach in einem Wirtshaus Alois Maier-Kaibitsch. Ich selbst getraute mich nicht hin, aber ein Freund war dort und berichtete mir dann genau, wie Maier-Kaibitsch über die slowenischen Studenten und deren Familien hergezogen war und ihnen gedroht hatte, man würde mit ihnen schon fertig werden. Er bezog sich auf ein Lied, das die slowenische Jugend damals überall gesungen hat, und das für ihn furchtbar verletzend war. Man sprach in Kärnten – wieweit es stimmt, weiß ich nicht –, daß Maier-Kaibitsch ein Kroatenstämmling wäre. »Kaibitsch« weist ja irgendwie darauf hin. Und im Lied hieß es, daß Maier-Kaibitsch, ein Kroatensohn, nach Kärnten gekommen war und die Kärntner im Heimatbund gesammelt hatte, um gegen die Slowenen vorzugehen. Die zweite Strophe besagte, daß er sich in acht nehmen müsse, denn auch er würde einmal zertreten wie eine Laus. Er war sehr beleidigt darüber. Nach dem Anschluß traute sich selbstverständlich niemand mehr, es zu singen. Es war ja sicherlich eine Herausforderung.

Jede kulturelle Tätigkeit wurde dann natürlich sehr erschwert. Man übte am Anfang noch ein bißchen Rücksicht. Die Slowenen machten Buckerln nach allen Richtungen. Sie gaben Loyalitätserklärungen ab, in der Hoffnung, die Leute vor Konsequenzen zu retten. Das waren Dr. Petek, Dr. Tischler und andere, wie zum Beispiel Dr. Vinko Zwitter. Sie konnten natürlich nichts anderes tun, denn wenn sie offen gezeigt hätten, daß sie gegen den Nationalsozialismus waren, wären die slowenischen Or-

Wetterleuchten

ganisationen sofort erledigt gewesen. So beließ man doch noch einen gewissen modus vivendi bis zum Überfall auf Jugoslawien.

Im August 1939 wußte man schon, daß es bald krachen würde. Ich erfuhr in Innsbruck, daß Vorbereitungen gegen Polen im Gange waren. In Unterkärnten, also im Jauntal, waren mehrere Burschen, die so wie auch ich erklärt hatten, in die Hitlerarmee nicht eintreten zu wollen. Es wurden ein paar verhaftet, und so mußten sich die jungen Burschen und vor allem die Studenten entschließen, etwas zu tun. Am 1. September brach der Krieg aus, und am 4. und 5. September war in Bleiburg der Wiesenmarkt. Da kamen wir zu dritt zusammen, mein Bruder, ich und Rudolf Čik, damals Medizinstudent. Wir hatten gemerkt, daß uns die Gestapo auf Schritt und Tritt verfolgte. Und wir beschlossen, zu flüchten, und zwar mit dem Abendzug aus Bleiburg. Es kam aber irgendwas dazwischen, sodaß wir nicht auf den Zug aufspringen konnten. Eine SA-Patrouille verhinderte es. Mein Bruder und ich gingen nach Hause und Rudi Čik, den wir wegen dieses Hindernisses aus den Augen verloren, der schien auch nach Hause gegangen zu sein. Um drei Uhr in der Früh kommt er mit bepacktem Rucksack, und sagt: »Als ich nach Hause kam, haben's mich schon g'sucht gehabt. Und ich hab' sofort einen Rucksack gepackt und bin weg.« So war er zu uns gekommen, und wir sind dann gemeinsam über die Grenze ins Mießtal geflohen. Das war also das vorläufige Ende des Dritten Reiches für uns.

Im Besitz meiner Familie war ein Waldstück, praktisch ein ganzer Hügel, der an Jugoslawien grenzte. Die Parzellengrenze war gleichzeitig die Staatsgrenze. Und dort war eine Wiese davor, direkt an der Grenze. Auf dieser Wiese taten wir so, als ob wir mähen wollten, machten ein paar Schnitte, schmissen dann die Sensen weg und sind den Berg hinauf. Gleich über der Grenze wohnte ein Bauer, der mit unserer Familie befreundet war. Ganz auf der Anhöhe war ein zweiter Bauer, mit dem waren wir sogar weitschichtig verwandt. Und in der Zwischenlinie, also etwas höher oben, war die Unterkunft der jugoslawischen Grenzsoldaten. Wie wir dort ankamen, wurden wir freundlich begrüßt. Zeitig in der Früh war's, es war etwa 4 Uhr, da gaben sie uns sogar ein Frühstück. Dann führten sie uns zu einem anderen Stützpunkt. Dieser 6. September war ein kalter Tag, sodaß sie uns sogar Soldatenmäntel borgten. Wir marschierten dann nach Mežica hinunter, wurden aber vom Gendarmeriepostenkommandanten recht grob empfangen. Er fragte uns, was wir da suchten, was wir da wollten. Sicher seien wir von den Deutschen als Spione ausgeschickt worden. Dann stellte man uns auf den Gang hinaus, wo wir warten mußten. Ein Mädchen erkannte mich und holte einen Bekannten, der für uns ein gutes Wort einlegte. Daraufhin wurden wir rasch verhört und durften die erste Nacht in Mežica verbringen. Am nächsten Tag kamen wir nach Maribor und weiter zur Polizei nach Ljubljana. Von Maribor bis Ljubljana begleitete uns ein alter Polizeimann. Der wußte nicht, wer wir sind. Er fragte immer wieder, was wir in Deutschland angestellt hatten, daß sie uns davongejagt hätten. Er glaubte offenbar, daß wir Gastarbeiter waren, die polizeilich ausgewiesen wurden. In Ljubljana verhörte man uns und wies uns dann in den Polizeikotter ein. Wir kamen aber relativ schnell frei, mußten uns aber mehrmals in der Woche bei der Polizeidirektion melden. So nach drei Wochen erhielten wir Legitimationen und durften uns frei bewegen. Wir konnten in der ersten Zeit in einer alkoholfreien Mensa umsonst mittagessen. Die Inhaberin dieser Mensa war eine Bekannte aus Bleiburg. Das Frühstück hatten wir in einer Konditorei, beim Petriček. Die junge Frau Petriček war die Schwester eines guten Freundes in Klagenfurt. Und dann bekamen wir eine kostenlose Unterkunft in einem Studentenheim in der Nähe des Bahnhofes, genannt »Sibirien«. Das war ein Saal im Parterre, mit etwa 20 Betten, der nie geheizt wurde, also im Winter saukalt war, daher »Sibirien« hieß.

Einen Klub der Kärntner Slowenen gab es in Ljubljana auch, aber nur für solche, die schon jugoslawische Staatsbürger waren. Das waren gebürtige Slowenen, die also entweder schon vor dem Ersten Weltkrieg in Jugoslawien gelebt hatten oder nach dem Plebiszit hinunter gekommen waren. Der Vorsitzende war damals der Staatsanwalt Dr. Fellacher. Dieser half uns Studenten irgendwie weiter, entweder erwirkte er durch Vermittlungen bei anderen Stellen für uns eine Hilfe, oder wenn einer halt absolut nicht weiterkonnte und irgendwie Geld brauchte, bekam er auch finanzielle Unterstützung. Mein Bruder Stanko mußte dann nach

Belgrad, denn er hatte den ersten Studienabschnitt hinter sich, und in Ljubljana gab es damals keine volle medizinische Fakultät. In Ljubljana waren auch noch weitere Flüchtlinge, so Lojze Krištof und dessen Schwester, Neffe und Nichte des Bischofs Rožman und mehrere andere, mit denen wir sehr viel gesellschaftlichen Kontakt hatten. Einmal führten wir im Radio Ljubljana sogar ein Hörspiel auf, und zwar im Bleiburger Dialekt. Es ging um eine typische Kärntner Hochzeit. Wie das Studio von Radio Ljubljana damals – also im Jahr '39 und '40 – aussah, ist vielleicht interessant. In der Nähe des Hauptbahnhofes, neben der Strecke, war eine ziemlich primitive Holzbaracke. Es gab im Senderaum auch zwei Kästen neben den übrigen Utensilien. Ich hatte mehrere Rollen zu lesen. So sang ich zum Beispiel Kärntner Hochzeitsgstanzln, denn ich war der *camar,* wie es bei uns heißt, also der Zeremonienmeister oder der Brautführer. Deshalb mußte ich singen. Und bei einer Hochzeit, insbesondere einer Bauernhochzeit, mußte auch mit Böllern geschossen werden. Wie schießt man mit einem Böller in einem Studio in einer Holzbaracke? Da imitierte ich das Böllerschießen so, daß ich mit der Faust auf einen der Kästen schlug. Die Hörer glaubten, das wären wirklich Böllerschüsse. Es war ziemlich primitiv.

Und dann gab es noch einen Gesangsverein der Kärntner Flüchtlinge, genannt »Javornik«. Mitglieder der Gesangsgruppe waren die drei Brüder Olip, Hans, Peter und Valentin, sowie Johann Zupanc, der spätere erste Organisator der Partisanen in Kärnten. Dieses Oktett trat wiederholt im Radio auf. Dann gab es noch einen gewissen Janko Novak, einen pensionierten Postbeamten, gebürtig aus Ferlach, aber seit dem ersten Weltkrieg in Ljubljana ansässig. Auch unter dessen Leitung traten wir öfters mit slowenischen Kärntnerliedern im Radio auf.

Die Jugoslawen hatten natürlich vor Hitler Angst. Man mußte irgendwie damit rechnen, entweder man machte mit den Nazis gemeinsame Sache, oder man würde überrollt. Fürst Pavle, der damalige Regent, war vielleicht nicht selbst für den Beitritt zur Achse, aber er konnte dann aus politischer Vorsicht fast nichts mehr anderes tun. Auch der Innenminister Korošec, der Vorsitzende der SLS [Slowenische Volkspartei] war soweit, daß er es lieber gesehen hätte, Jugoslawien sagte »Ja« zum Pakt, als die Gefahr einer militärischen Intervention würde real. Nur ist Korošec vorher gestorben. Und im März wußte man, daß sich was tut, daß Minister Stojadinovič nach Wien gehen würde, wo die letzten Beitrittsverhandlungen zur Achse geführt werden sollten. In Belgrad wurde der Beitritt Jugoslawiens zur Achse jedoch durch den Putsch vereitelt. Fürst Pavle wurde abgesetzt und der jugendliche König Peter auf den Thron gesetzt. Es gab im ganzen Lande massive Demonstrationen, auch in Ljubljana, vor allem auf dem Kongresni Trg vor der Universität und vor dem Mediziner-Studentenheim »Oražnov Dom« in der Volfova ulica. Ich kam mit Rudi Čik in die Volfova Ulica vor das Studentenheim. Oben, an den Fenstern, war alles voller Leute, die schrien: »*Dol s paktom*«, also »Nieder mit dem Pakt!« Das große Tor war verschlossen. Auf jeder Seite dieses Tores saß ein Polizist auf einem Pferd. Auf der einen Seite war es der Polizeileutnant Hlebec. Die Polizei wollte hinein, aber die Studenten hatten das Tor von innen abgesperrt. Während die da unten demonstrierten, schüttete jemand vom ersten oder zweiten Stock einen Eimer Wasser genau auf diesen Polizeioffizier. Das Pferd bäumte sich auf, Hlebec gab dem Pferd die Sporen und setzte den Leuten zum Kongreßplatz nach. Čik und ich rannten, der Polizist uns auf dem Trottoir nach, und wir konnten uns dann gerade noch in das Kellerrestaurant »Zvezdna klet« retten. Dort konnten wir hin, weil ich die Inhaber gut kannte. Es war die Familie Silovič aus Dalmatien, die in Klagenfurt ein Weinlokal besessen hatte. Als die Nazis gekommen waren, hatten sie ihnen den ganzen Wein im Keller auf den Boden rinnen lassen, einfach die Fässer geöffnet. Dann mußte er sich absetzen, floh nach Jugoslawien und eröffnete dort eben dieses Kellerrestaurant. Ich war in Klagenfurt während meiner achten Klasse des Gymnasiums Hauslehrer seiner Kinder. Die Leute waren sehr hilfsbereit, und ich hatte bei ihnen lange Zeit freies Abendessen.

Jene Studenten, mit denen wir Kontakt hatten, waren fast alle gegen den Pakt, mit Ausnahme jener, die schon damals faschistisch eingestellt waren. Das waren jene Gruppen, aus denen sich die *bela garda*, beziehungsweise später die *domobranci* rekrutierten, zumindest die führende Schicht. Aber wir bewegten uns in einem Akademikerklub, der ursprünglich »Jadran« geheißen hatte. Weil er aber die Politik des Pavle und des Stojadinovič zuviel kritisiert hatte, war er verboten worden. Er konstituierte sich sofort wieder neu und zwar nicht mehr unter dem Namen »Jadran«, sondern unter dem Namen »Jugoslavija«. Er vertrat praktisch weiterhin die gleiche politische Linie. Es waren Kollegen, die später auch Partisanen waren.

Lange Debatten konnte es dann nicht mehr geben, denn gleich darauf kam der Palmsonntag. Es war an diesen drei, vier Tagen ein großes Hin und Her. Da waren die kommunistisch organisierten Studenten, die aber noch nicht offen auftreten konnten. Die Partei war ja offiziell verboten, obwohl es in der letzten Zeit nicht mehr so streng war. Da sind auch schon kommunistische Emigranten zurückgekommen. So zum Beispiel der Schriftsteller Prežihov Voranc, Lovro Kuhar, wie er wirklich geheißen hat. Er war in Paris gewesen und kehrte in dieser Zeit zurück. Oder Boris Kidrič, der spätere Wirtschaftsminister in der Titoregierung. Allerdings wurde ihm nach seiner Rückkehr 1940 der Prozeß gemacht, den ich zeitweilig sogar im Kreisgericht mitverfolgen konnte. Es gab kommunistische Studenten, die der Ansicht waren, man sollte diesen Staat nicht verteidigen, sondern zerfallen lassen, damit dann etwas Neues kommen könne. Sie rückten aber dann doch freiwillig mit der ersten Legion, der Studentenlegion, nach Kroatien ein.

Die meisten jungen Leute waren bereit, die Heimat zu verteidigen. Sie sagten, wir müssen uns wehren, damit die Welt nicht glaubte, wir seien einfach auf den Bauch gefallen. Das Militärkommando hatte jedoch für den Andrang von Freiwilligen überhaupt keine Vorbereitungen getroffen. Am Sonntag war der Überfall, am Dienstag und Mittwoch wurden erst viele Studenten als Freiwillige nach Kroatien abtransportiert. Das Militärkommando wußte auch nicht, was es mit den Freiwilligen machen sollte. Viele kamen bis Zagreb, dort wurden sie aber schon von den *ustaši* auf den Straßen gejagt, einige wurden sogar erschossen. Und mit uns freiwilligen Ausländern oder Flüchtlingen, solchen aus Kärnten und jenen aus Triest und Görz, wußte man auch nicht, was tun. Es wurde ein Transport zusammengestellt, ein Zug mit etwa 200 Burschen. Es dauerte bis zum Gründonnerstag, daß man uns in Richtung Lika abtransportierte. Die Lika ist das Hinterland von Dalmatien, südlich der Plitvicer Seen. Dort hätten wir uns formieren und einsatzbereit ausbilden sollen. Wir kamen am Donnerstag bis Novo mesto, wo wir im Kino einquartiert wurden. Am nächsten Tag, zeitig in der Früh, ging es mit dem Zug weiter in Richtung Karlovac. Kaum waren wir ein paar Kilometer von Novo mesto entfernt, bombardierten die Italiener die Stadt und trafen gerade das Kino. Wären wir vielleicht eine Stunde später abgefahren, hätte es uns getroffen. Dann erreichten wir während der Nacht vom Karfreitag auf Karsamstag die Kolpabrücke bei Bubnarce. Das ist bei Metlika an der kroatischen Grenze. Dort empfingen uns schon die *ustaši* mit Maschinengewehrfeuer, und wir mußten zurück bis zur ersten Station. Darauf – Telefonate, hin und her. Zurück ging's nicht, vor ging's nicht. Und so gegen Morgen einmal sagte unser Hauptmann: »Burschen, ich kann euch nicht mehr weiterhelfen, geht's halt, wohin ihr könnt.« So hat sich der ganze Haufen aufgelöst und verlaufen, nach allen Richtungen.

Ein Bleiburger und ich, wir wollten nicht zurück. Wir konnten nicht den deutschen Panzern entgegengehen. Wir gingen in die Ortschaft Drašiči, in das Geburtshaus meines Freundes und Kollegen Stane Bajuk. Der hatte einmal gesagt: »Wennst einmal da unten bist, gehst zu meinen Verwandten, zur Familie meines Bruders.« Und dort hinauf marschierten wir. Es war auf einer Anhöhe, ganz an der kroatischen Grenze. In diesem Haus hatten sie keinen Platz, aber in einem Nachbarhaus waren wir bis zum Ostermontag versteckt. Und am Ostermontag nachmittag, nach dem Mittagessen, kam die Hausfrau und sagte: »Burschen, es wird gefährlich. Mit Motorrädern fahren Patrouillen herum und suchen nach eventuellen Soldaten.« Wir konnten nicht mehr bleiben, also gingen wir, und zwar jeder in eine andere Richtung. Der Kollege ist über das Gebirge Richtung Ljubljana gegangen. Ich hatte die Idee, nach Belgrad zu gehen, um vielleicht meinen Bruder zu finden.

Bis zur nächsten größeren Ortschaft kam ich, bis nach Jastrebarsko. Dort erwischte mich ein *ustaša*. Ich ging da in die Ortschaft, nichts Schlimmes ahnend, auf einmal schrie einer hinter mir: »Stoj«. Er führte mich nach Jastrebarsko aufs Gemeindeamt. Je weiter wir gingen, um so mehr neugierige Weiber sammelten sich hinter uns. Hinter dem Schreibtisch der Gemeindestube saß ein Bauer mit einem riesigen Schnurrbart. Nachdem mich der eine *ustaša* ins Haus geführt hatte, stellten sich die Neugierigen im Halbkreis vor dem Haustor auf und warteten, was da kommen würde. Nun begann das Verhör. Es gab keine richtige Polizei, es waren einfach die Einheimischen, die da die Macht übernommen hatten. Es gab noch keine Organisation. Gerade deshalb war es vielleicht gefährlicher. Offensichtlich hielten die mich für einen *četnik*. Die *četniki* waren eine serbische, militante Gruppe. Man wollte mir unbedingt einreden, ich sei ein *četnik*, aber ich bestritt das vehement. Der Bauer fragte mich: »Warst du Soldat?« Hab' ich gesagt: »Ja.« »Und, wo?« »Gegen Maribor haben die mich geschickt, aber ich bin abgehauen.« Sagt er: »Wieso, wenn du Soldat warst, wieso bist du in Zivil?« Jetzt sag' ich: »Das hat mir eine alte Frau gegeben. Ich hab' mich in einem Haus gemeldet. Der Sohn dieser Frau war irgendwo beim Militär und ich bekam seine Zivilkleider. Die Montur hab' ich dort liegen lassen.« Ich log, was nur ging, alles war erlogen. Und wieder *četnik* hin und her. »Nein, ich bin keiner, ich bin keiner.« Dann wollten sie wissen, ob ich Student bin. Das verneinte ich. »Ja, was bist du?« »Friseur«, antworte ich. Wenn er zum Beweis verlangt hätte, ich müsse ihn mit dem Rasiermesser rasieren, ich glaube, ich hätte ihm vor lauter Angst die Gurgel durchgeschnitten. Fragt er, ob ich ein Messer habe. »Ja«, ich greif in die Tasche, ich hatte so ein kleines Taschenmesserl. Er: *»To nije nož*, das ist kein Messer. Hast du Geld?« Ich: »Ja.« – Jener Bauer, bei dem ich über Ostern versteckt war, hatte mir 1000 Dinar gegeben. Zuerst wollte ich's gar nicht annehmen, 1000 Dinar waren ja viel Geld. Er sagte: »Nimm's. Schau, ich war jahrelang in Sibirien in Kriegsgefangenschaft. Ich weiß, wie das ist. Wirst es schon brauchen.« – Also der *ustaša* fragte mich, ob ich Geld hätte. Ich sagte: »Ja«, griff in die Hosenstulpe hinein und zog den Tausender heraus. Er: »Das ist kein Geld, das ist Papier.« Dann fragte er mich, woher ich sei. »Aus St. Peter na Krasu«, das ist St. Peter am Karst, auf der italienischen Seite, denn ich konnte nicht sagen, woher ich wirklich war. Dann wollte er wissen, wohin ich gehe. »Nach Belgrad«. Er: »Was hast du dort zu suchen?« Ich: »Mein Vater ist dort«. »Was ist dein Vater?« »Maschinführer bei der Eisenbahn.« Viel Fragerei, aber sie glaubten mir noch immer nicht. Dann visitierten sie mich. Ich hatte von meiner Mutter einen Rosenkranz als Andenken an sie immer bei mir getragen. Den fanden sie. Dann mußte ich mich bekreuzigen. Denn die *ustaši* erschossen alle Gefangene, die sie als orthodoxe *četniki* erkannten. Ein Orthodoxer bekreuzigt sich anders als ein Katholike. Jetzt glaubten sie mir immer noch nicht so recht und riefen einen Gendarmen, der noch in der alten jugoslawischen Uniform war, einen Slowenen. Der sollte mit mir slowenisch, also krainerisch reden, damit sie wüßten, ob ich wirklich ein *Kranjec* sei. Die sagen dort ja nicht Slowene, sondern *Kranjec*. Erst nach dem Gespräch mit diesem Gendarmen glaubten sie mir, daß ich kein *četnik* war.

Danach jagten sie mich zurück nach Slowenien. In Ljubljana hatten sich mittlerweile die Italiener breitgemacht. Ich wartete ab, bis sich die Szene etwas beruhigt hatte, und zwar in einem Weingarten bei Drašiči, hart an der kroatischen Grenze, wo mich ein Student untergebracht hatte. Nach etwa zwei Wochen fuhr ich nach Ljubljana, um nach weiteren Flüchtlingen zu suchen, und mit ihnen über weitere Verhaltensmaßregeln zu sprechen. Es war jedoch von den Kärntnern niemand zu finden. Die meisten, vor allem jene aus Zell Pfarre, die sich nicht den Freiwilligen angeschlossen hatten, waren sofort nach der Okkupation in die heimischen Berge zurückgekehrt und hielten sich teils privat, teils als »grüne Kader« versteckt oder waren zu den Partisanen gegangen. Ich kam in Ljubljana nach wenigen Tagen in schwere Bedrängnis und mußte nach Unterkrain flüchten, wo ich bei Novo mesto bei Dipl. Ing. Kraut Unterschlupf fand. Dort waren auch schon vier von unserer Gruppe aufgetaucht, zwei Neffen des Ingenieurs und zwei Brüder Wutte. Nach etwa drei Wochen kehrte ich nach Ljubljana zurück, wo ich teilweise unter strenger Diskretion meinen Studienabschluß vorbereiten konnte. Als sich in der Stadt der geheime Widerstand gegen die italienische Besatzung verstärkte und die Befreiungsfront jeden willigen Helfer brauchte, konnte auch ich nicht beiseite stehen, bis ich mich entschloß, die Stadt zu verlassen und mich in die »Waldfront« zu begeben. Dazu kam es aber nicht mehr, da die Italiener mein Wohnviertel zernierten, mich verhafteten und in das Konzentrationslager Gonars schickten.

Lojze Kraut

Wir wollen Hitler nicht dienen

Im achtunddreißiger Jahr brachte mein Vater slowenische Plakate aus Klagenfurt mit, auf denen stand, daß es Wahlen geben würde, und wir sollten für Österreich stimmen. Einen oder zwei Tage später besetzte Hitler Österreich, und dann waren alle verrückt. Ich würde sagen, die Leute waren besessen: »Heil Hitler, Heil Hitler, Heil Hitler!« Die Nazis hatten den Juden Waren gestohlen und beschenkten damit die Bauern, aber bei uns hatten einige diese Geschenke nicht bekommen. Darauf trugen die Nazis dem Pfarrer auf, er müsse verkünden, daß jene, die nichts bekommen hatten, noch etwas bekommen würden. Und der inzwischen verstorbene Pfarrer Vinter sagte: »Wer noch nichts bekommen hat, der bekommt noch, aber ich will das nicht, und wenn man es mir nachschmeißt.«

Ein Jahr darauf brach aber sowieso schon der Krieg mit Polen aus, die Jungen mußten zu den Soldaten, es dauerte ein paar Tage, und Polen war besetzt, kurz darauf kreiste hier eine illegale Zeitung, in der geschrieben stand, was die Deutschen mit den Polen aufführen. Da versammelten sich bei uns ein paar Burschen, die gemeinsam nach Jugoslawien fliehen wollten. Wir sagten uns, daß wir dem Hitler nicht dienen wollten. Nur, aus der Flucht der ganzen Gruppe wurde nichts. Ich erfuhr, daß wir verraten worden waren, und daß die Nazis wußten, daß ich der Gruppe angehörte. Erfahren hatte ich das in der Früh, zu Mittag verschwand ich sofort. Nicht einmal zuhause sagte ich, wo ich hingehe. Am Abend suchte mich schon die Gestapo, sodaß ich gerade noch im letzten Moment Fersengeld gegeben hatte. Mein Bruder mußte nach Frankreich. Der flüchtete erst später in seiner deutschen Uniform nach Jugoslawien. Dann kamen noch mehrere aus diesem Bleiburger Eck, an die 15 waren es. Bei den Nazis herrschte natürlich helle Aufregung. Wer uns verraten hatte, das weiß ich bis heute nicht.

Ich ging am Dreikönigstag über die Grenze, ein bißchen Geld hatte ich mit, Gewand nur soviel ich anhatte. Die Grenze hatten wir schon früher ausgekundschaftet, und ich wußte, wo man hinüber konnte. Auf dem Weg hielt mich eine deutsche Wache auf. Ich sagte, daß ich irgendwelche Futtertröge reparieren müsse, und ging weiter. Schon auf der anderen Seite sah ich die jugoslawischen Zollwachebeamten hin und her rennen, aber ich wich ihnen aus. Ich wollte mich nicht arretieren lassen, die hätten mich vielleicht sogar zurückgeschickt. Jene, die nach mir geflohen waren, mußten für einige Zeit in den Arrest.

Zuerst ging ich nach Maribor, dort bekam ich eine Lehrlingsstelle bei einem Maler. Doch die fünfte Kolonne war in Maribor teuflisch stark, und ich bekam es mit der Angst zu tun. Eines Abends beschloß ich, zu gehen, und schon am nächsten Morgen ging ich. Man weiß ja nie, wozu die in der Lage sind, es könnte dich einer erschlagen oder zumindest verprügeln.

Von Maribor ging ich nach Radovljica zu einem Cousin und von dort weiter nach Novo mesto. Dort besuchte ich bis 1941 eine Landwirtschaftsschule. Meine Verwandten bezahlten sie. Dann unterschrieb Jugoslawien diesen verrückten Pakt mit Hitler, es gab Demonstrationen dagegen, wir gingen hin und bezogen Prügel.

Am Abend des Palmsonntag 1941 hätte es eine Theateraufführung geben sollen, da sagte einer: »Mir scheint, da wird irgendwo bombadiert.« Wir rannten hinaus, da kamen Flugzeuge und bombardierten den Bahnhof. So erfuhren wir, daß der Krieg da war. Wir waren viele bei der Aufführung, wohin sollten wir nun gehen und wie? Mit dem Zug trauten wir uns nicht zu fahren, so gingen wir am nächsten Tag zu Fuß über Sevnica, Trebnje, Novo mesto. Im Radio wurde gemeldet, daß sich dort die Freiwilligen versammeln würden, und ich schloß mich der Soška četa an. Wir fuhren gegen Kroatien ohne Uniformen, ohne Waffen. Die Freiwilligen, die als erste dort angekommen waren, zahlten ordentlich drauf. Die Kroaten hatten die Deutschen hereingelassen, und die *ustaši* begannen damit, die Freiwilligen zu erschlagen. Wir sind zu Fuß zurück nach Slowenien, die letzten Kilometer fuhren wir sogar mit dem Zug. In Novo mesto war schon eine Zivilwache installiert. Wir aber schmuggelten Waffen aus den Magazinen, für den Aufstand des slowenischen Volkes gegen die Deutschen. Wir wußten ja, wo die lagerten.

Ich bekam falsche Papiere von Menschen, die sehr weitsichtig waren. Meinen Bruder, der in Uniform geflohen war, suchte das Kriegsgericht

Graz, aber sie erwischten ihn nicht, er hatte ja auch schon einen anderen Namen. Sie hätten ihn sonst sicher erschossen. Seit der Besetzung Jugoslawiens hatte ich keinen Kontakt mehr mit meinen Eltern. Im zweiundvierziger Jahr wurden sie sowieso ausgesiedelt. Ich arbeitete von Anfang an für die Partisanen. Der Aufstand begann im einundvierziger Jahr mit dem Überfall auf Rußland. Wir auf dem Terrain sammelten Sanitätsmaterial, schmuggelten Literatur und Propagandamaterial.

Im Jahre 1942 wollten mich die Weißgardisten mobilisieren. Sie kamen herein und sagten: »*Smrt fašizmu* [Tod dem Faschismus]«. Ich aber antworte: »Gott bewahre.« Hätte ich geantwortet: »*Svoboda narodu* [Freiheit dem Volke]«, hätten sie mich sofort erschossen. Aber ich sah ja sofort, daß das keine Partisanen waren, und ich wußte auch, daß sie solche Tricks spielen. Einer sagte: »Jetzt müssen Sie packen und mit uns gehen.« »Ich gehe«, sagte ich, gab ein bißchen Wäsche in meinen Rucksack, brachte ihnen zwei Liter Wein und Zigaretten, dann aber sagte ich zu mir, so, jetzt geh ich aber baden, und sprang in die Krka. Die Weißgardisten blieben dort, ich überquerte die Krka und ging in der gleichen Nacht zu den Partisanen.

Bei den Partisanen kämpfte man ja für die eigenen Interessen. Die Deutschen waren gekommen, verfolgten die Menschen, schleppten sie in die Gefängnisse, und deswegen gingen die Menschen in den Wald. So war es.

Wer den Krieg beginnt, verliert ihn auch in der Regel, und auch die Heilige Schrift sagt: »Wer nach dem Schwert greift, wird durch das Schwert umkommen.«

Vertreibung

Die Vertreibung
der Kärntner Slowenen

Am 14. April 1942 begann die gewaltsame Vertreibung slowenischer Familien durch eigens dazu abkommandierte, motorisierte Abteilungen des Reservebataillons 171 und SS-Einheiten. »Umsiedlung von Slowenen aus Kärnten«[1] lautete ihr – den tatsächlichen Tatbestand verharmlosender – Einsatzbefehl. Mit dem euphemistischen Begriff Aussiedlung wird noch heute, selbst von den Betroffenen, ein Akt der Gewalt umschrieben, der den Nationalsozialisten die Möglichkeit bot, zwei Probleme mit einem Schlag zu lösen: erstens die Ansiedlung der Kanaltaler im deutschen Reichsgebiet und zweitens die »Bereinigung« der Slowenenfrage in Südkärnten.

Gerüchte über eine mögliche Aussiedlung nationalbewußter Slowenen tauchten schon anläßlich der Volkszählung im Mai 1939 auf, wo erstmals offiziell nicht nur zwischen Windisch und Slowenisch unterschieden wurde, sondern auch die Frage nach Muttersprache und Volkszugehörigkeit getrennt gestellt wurde. Der »Koroški Slovenec« versuchte daraufhin in der Ausgabe vom 26. 7. 1939 seine Leser zu beruhigen und tat Aussagen, die besagten, daß diejenigen Personen, die sich bei der Volkszählung zur slowenischen Volksgruppe bekannt hatten, gegen Deutsche aus Jugoslawien ausgetauscht werden würden, als unwahr ab. Jedoch waren die Gerüchte um die Aussiedlung nationalbewußter Kärntner Slowenen selbst im Jahre 1939 nicht von der Hand zu weisen. Nach dem deutsch-italienischen Abkommen über die Umsiedlung der Südtiroler und Kanaltaler Bevölkerung ins Deutsche Reich vom Oktober 1939[2] schrieb Alois Maier-Kaibitsch, Leiter des Gaugrenzlandamtes-Amtliche Umsiedlungstelle (später in Gauhauptamt für Volkstumsfragen der Gauleitung Kärnten der NSDAP umbenannt) am 13. 12. 1939 an das Amt des Reichskommissars für die Festigung deutschen Volkstums, daß er sich dafür einsetzen werde, daß im gemischtsprachigen Grenzgebiet Kärntens jede Möglichkeit zur Ansiedlung deutscher Grenzbauern ergriffen werde[3]. Ein weiteres Indiz dafür, daß schon zu dem Zeitpunkt an eine Aussiedlung der Kärntner Slowenen gedacht wurde, ist der Planungsbericht Ing. Nimpfers vom September 1940 für die Grödner Talgemeinschaft. Darin führte er aus, daß er als Ansiedlungsgebiet »das Gebiet von Eisenkappel-Zell Pfarre [bevorzugen würde, H.V.], in dem rund 290 Höfe existieren, die ausschließlich in volksfremden Händen sind; das Gebiet eignet sich vor allem landwirtschaftlich, klimatisch sowie betriebswirtschaftlich ganz besonders und würde

---

1 Tone Ferenc: Quellen zur nationalsozialistischen Entnationalisierungspolitik in Slowenien 1941–1945. Maribor 1980, S. 414.

2 Haas/Stuhlpfarrer: Österreich und seine Slowenen. Wien 1977, S. 83.

3 Tone Zorn: Problematika izselitve koroških Slovencev in aspekti tega vprašanja po drugi svetovni vojni. Ljubljana 1965, S. 61.

eine nahezu geschlossene Ansiedlung der ganzen Gruppe ermöglichen und damit den Idealfall bedeuten ... Die Bereinigung der Volkstumsfrage dieser Gegend scheint nahe zu sein, – sodaß die Aussiedlung in diesem Gebiet stets im Auge behalten werden muß.«[1] Da Nationalsozialisten kaum so realitätsfremd gewesen sein dürften, zu glauben, die slowenischen Bauern würden freiwillig ihre Felder räumen, mußten schon damals gewaltsame Lösungen zumindest diskutiert worden sein. Vorderhand verboten ihnen aber außenpolitische Rücksichten auf Jugoslawien eine Realisierung dieser Pläne.

Mit dem Überfall auf Jugoslawien im April 1941 waren auch diese letzten Rücksichten nicht mehr notwendig. Der unmittelbare Befehl zur Aussiedlung kam zwar aus Berlin und lautete, die Aussiedlung von Slowenen aus Kärnten betreffend:

»Das doppelsprachige Gebiet des Reichsgaues Kärnten (ehemaliges Abstimmungsgebiet) ist zur Bereinigung der volkspolitischen Lage für die Ansetzung der Kanaltaler besonders heranzuziehen. Die Betriebe der etwa 200 slowenischen Familien dieses Gebietes, die als volks- und staatsfeindlich bekannt sind, sind zur Besetzung mit Kanaltalern heranzuziehen ...«[2]

Alleine jedoch die ziemlich konkrete Zahlenangabe weist darauf hin, daß der unmittelbare Anstoß für die Aussiedlung der Kärntner Slowenen aus Kärnten selbst gekommen war, wo man offensichtlich schon den in Frage kommenden Personenkreis zu sondieren begonnen hatte. Erhärtet wird diese These durch Dokumente, die beweisen, daß NSDAP-Funktionäre auf Gemeindeebene Charakterisierungen und Namen nationalbewußter Slowenen weitergaben[3]. Für den 27. 9. 1941 wurde in Tarvis eine Tagung aller Ämter und Organisationen einberufen, die mit der Frage der Ansiedlung der Kanaltaler bzw. Vertreibung der Kärntner Slowenen befaßt waren. Dazu gehörten u. a.: Das Gaugrenzlandamt-Amtliche Umsiedlungstelle, der Beauftragte des Reichskommissars für die Festigung des deutschen Volkstums in Klagenfurt, die Deutsche Umsiedlungstreuhandgesellschaft m. b. H. (DUT), die Deutsche Ansiedlungsgesellschaft m. b. H. (DAG) sowie die Gestapo Klagenfurt[4]. Bei der konkreten Erstellung der Liste der Auszusiedelnden wurden sowohl die nationale Einstellung als auch die Vermögensverhältnisse berücksichtigt, wobei für die Gestapo nationale Momente kaum eine Rolle spielten. Wie wir aus der Aussage des Gestapo-Bediensteten Sellak beim Maier-Kaibitsch Prozeß 1947 wissen, strich der Leiter der Gestapo Klagenfurt besitzlose Personen aus der Liste der Auszusiedelnden[5], die

---

1 Haas/Stuhlpfarrer, a. a. O., S. 84.
2 Ferenc, a. a. O., S. 232 f.
3 Leander Krall: Die Aussiedlung der Kärntner Slowenen. Zur nationalsozialistischen Außen- und Volkstumspolitik. Klagenfurt 1965, S. 40 und 49 ff.
4 Pregnanstvo in upor. Ob 40. obletnici pregnanstva koroških Slovencev in njihove vključitve v boj proti nacifašizmu. Hrsg. Zveza slovenskih izseljencev. Klagenfurt/Celovec 1982, S. 34 f.
5 Krall, a. a. O., S. 49.

offensichtlich vorher von Funktionären der NSDAP hineinreklamiert worden waren.

Am 11. 4. 1942 erhielt das Reservepolizeibataillon 171 seinen Einsatzbefehl, laut dem die »Aussiedlung« am 14. 4. 1942 schlagartig ab 5 Uhr Früh erfolgen sollte. Am 13. 4. traf es in Klagenfurt ein, gleichzeitig mit den für die »Aussiedlung« bereitgestellten 22 Omnibussen und 22 Lastwägen. Am 14.4. wurde mit der Aktion begonnen, am 15.4. konnten die letzten Familien in das – vom Reichsarbeitsdienst eigens zur Verfügung gestellte – Lager in Ebenthal/Žrelec gebracht werden. Ihr Vermögen wurde dort von der DAG übernommen und an Ort und Stelle Beauftragten der Partei bzw. der Ortsbauernführer übergeben, damit keine Schäden entstehen konnten, die Vertriebenen selbst wurden mit Herdstellennummern versehen. Ursprünglich waren 1220 Personen für die »Aussiedlung« vorgesehen gewesen, 123 davon wurden schon vor Beginn zurückgestellt, weitere 158 Personen wurden noch aus dem Lager in Ebenthal/Žrelec wieder heimgeschickt, sodaß letztendlich 917 Slowenen aus Kärnten bei dieser ersten und größten Vertreibungsaktion in die Lager der Volksdeutschen Mittelstelle (Hesselberg, Hagenbüchach, Markt-Bibach, Frauenaurach und Glasow) verschickt wurden.[1]

Die vertriebenen Slowenen wurden von der Aktion buchstäblich im Schlaf überrascht. Trotz der einschneidenden Verschlechterung ihrer Lage nach dem Überfall Hitlerdeutschlands auf Jugoslawien – so wurden z. B. slowenische Priester und Funktionäre der politischen, genossenschaftlichen und kulturellen Vereine eingesperrt und versetzt – rechnete scheinbar niemand mit einem derart gewaltsamen Vorgehen der Nationalsozialisten. Andeutungen, die seitens lokaler Nazifunktionäre gefallen waren, wurden überhört, die Zeichen der Zeit übersehen. Wie tief der Schock über diese überfallsartige Vertreibung bei den Betroffenen ging, war selbst noch bei den Interviews, die immerhin 46 Jahre später geführt wurden, unübersehbar. Während die Polizei und SS-Truppen zur Eile antrieben und mancherorts daneben auch noch Zeit fanden, das eine oder das andere mitgehen zu lassen, mußten sie in der kurzen Zeit, die ihnen blieb, das Wichtigste packen – meist waren auch noch kleine Kinder anzuziehen – und ihr Heim verlassen, ohne zu wissen, wohin man sie brachte.

Die ersten Stationen nach dem Durchgangslager Ebenthal/Žrelec waren Hesselberg, Hagenbüchach, Markt-Bibach, Frauenaurach und Rehnitz bei Glasow. Die wenigsten Slowenen blieben die gesamten dreieinhalb Jahre ihrer Vertreibung in ein und demselben Lager. Ein-, zweimaliges Übersiedeln, sei es, weil das Lager für militärische Zwecke oder aber auch neue Gruppen Vertriebener gebraucht wurde, war keine Seltenheit. Ihr Leben wurde bestimmt vom Goodwill der Lagerleitung, der Arbeitgeber und nicht zuletzt von der Beurteilung durch die Kärntner Nationalsozialisten. Für manche von ihnen waren die Lager der Volksdeutschen Mittelstelle nur der Anfang eines Kreuzweges durch

---

1 Ferenc, a. a. O., S. 414 f.

Konzentrationslager und Zuchthäuser. In den Lagern selbst verblieben nach der kurzen Zeit der Lagersperre, wo es ihnen verboten war, das Lager zu verlassen, unter der Woche nur noch Mütter mit kleinen Kindern, Kinder bis zu 14 Jahren und Alte, die nicht mehr arbeitsfähig waren. Für die Kinder war kein Schulbesuch vorgesehen, die Vertriebenen organisierten den Unterricht ihrer Kinder selbst, wobei von seiten der Lagerleitung darauf geachtet wurde, daß ihnen nicht zuviel beigebracht wurde. Ihr Wissen hatte sich auf das Elementare zu beschränken, und der ihnen erlaubte Lehrplan kann unter dem Motto »lesen, schreiben, zähneputzen« subsumiert werden. Da wir die Lebens- und Arbeitsbedingungen in den Lagern hauptsächlich aus der autobiographischen Literatur kennen, sei auch hier auf die im Anhang befindlichen Interviews verwiesen.

In Kärnten hatte die Vertreibung vor allem unter den Slowenen für beträchtliche Aufregung gesorgt. Zahlreiche von ihnen erwarteten selbst stündlich ihre eigene Verschleppung. Von deutschsprachiger Seite sind Protestschreiben des Schriftstellers Josef Friedrich Perkonig, des Kapitularvikars von Gurk, Bischof Rohracher, und rangniedrigerer Parteigenossen bekannt[1]. Schwierigkeiten, die Vertreibung als gerechtfertigt zu begründen, ergaben sich allein schon aus der Tatsache, daß 101 Familienmitglieder der Vertriebenen Angehörige der Wehrmacht waren und so im Feld für den Staat kämpfen mußten, der ihnen ihr Zuhause genommen hatte. Die Wehrmacht bat daraufhin um eine Überprüfung jener Fälle, in denen Angehörige der Wehrmacht betroffen waren. Zu diesem Zweck fand am 15. 5. 1942 eine Besprechung zwischen Maier-Kaibitsch, dem Leiter der Gestapo Klagenfurt, aller an der Aussiedlung beteiligten Landesräte und Gauleiter Rainer statt, die im wesentlichen ergebnislos verlief. Außer in fünf Fällen – in zwei davon waren Wehrmachtsangehörige irrtümlich mitgenommen worden – wurde die Vertreibung als gerechtfertigt angesehen. Weiters wurde festgestellt, daß in vielen Fällen eher eine Verschärfung denn eine Revision der getroffenen Maßnahmen in Frage käme[2].

Die Kärntner Zeitungen gingen mit keinem Wort auf die Vertreibung ein, der geäußerte Unmut und die Unruhe unter der Bevölkerung machte es aber für die Nationalsozialisten notwendig, in den Südkärntner Gemeinden Versammlungen einzuberufen, auf denen die Aktion nachträglich begründet wurde. Auch Maier-Kaibitsch wies in einem Vortrag vom 10. 7. 1942 jede Kritik zurück und geißelte Parteigenossen,

»die sich in ihrem Unverstand an die Spitze dieser Greuelpropaganda stellten; das beweist nur wieviel Aufklärungsarbeit von uns versäumt wurde bzw. wieviel noch in dieser Hinsicht geleistet werden muß. Mit den ewigen ›Wenns‹ und ›Abers‹ wird keine praktische Eindeutschungsarbeit geleistet«[3]

---

1 Elisabeth Fandl-Pasterk: Die Aussiedlung von Kärntner Slowenen von 1942 und die Wiedergutmachung nach 1945. Wien 1986, S. 79 f.
2 Ferenc, a. a. O., S. 428.
3 Ferenc, a. a. O., S. 455.

Die von Maier-Kaibitsch postulierte praktische Eindeutschungsarbeit stand auch bei der Ansiedlung der Kanaltaler im Vordergrund, die nicht so reibungslos vonstatten ging, als ursprünglich angenommen. Sie waren nicht bereit, jeden Hof zu übernehmen, die Kärntner Funktionäre nicht, jeden Kanaltaler als Ansiedler zu akzeptieren, für sie hatte die Lösung der »Kärntner Frage« Priorität, zumal einige Parteigenossen selbst Ansprüche auf freigewordene Höfe stellten.[1]

Weitere Vertreibungen der Kärntner Slowenen im größeren Ausmaß waren zwar geplant, Himmler erklärte am 6. 2. 1943 das gemischtsprachige Gebiet im Reichsgau Kärnten zum Siedlungsgebiet, mit dem erklärten Ziel,

»das Volkstum in diesem Gebiet durch Umsiedlung volkspolitisch unzuverlässiger Menschen und Ansiedlung bewährter deutscher Menschen ... zu festigen«.[2]

Aufgrund der sich verschlechternden militärischen Lage kam es zu keiner Realisierung dieser Pläne. Einzelne Vertreibungen in die Lager der Volksdeutschen Mittelstelle wurden noch bis Ende 1944 vorgenommen, großteils jedoch wurden unliebsame Slowenen, die im Verdacht standen, die Partisanenbewegung unterstützt zu haben, nach 1942 in Konzentrationslager verschleppt.

Kärnten erlebte seine Befreiung in einer wohl einmaligen Form. Gauleiter Rainer übergab am 7. Mai 1945 die Agenden an Repräsentanten der neu gebildeten demokratischen Parteien. Nachdem die britische Militärregierung schon Anfang Mai die Rückgabe der slowenischen Liegenschaften forderte, zog die Landesregierung im Juni nach und propagierte eine Reihe slowenenfreundlicher Maßnahmen, unter denen sich auch die Wiedergutmachung und die Rückgabe den Slowenen weggenommener Liegenschaften befanden[3]. Daß schönen Reden nicht unbedingt Taten folgen müssen, stellte die Landesregierung aber schon in den nächsten Wochen und Monaten unter Beweis. Sie unterließ es, selbst konkrete Schritte zu setzen, die es den Vertriebenen ermöglicht hätte, in die Heimat zurückzukehren. Die Heimkehr blieb ihrer eigenen Findigkeit, der Intervention jugoslawischer Delegationen und nicht zuletzt den Besatzungsmächten der jeweiligen Zonen, wo sich die Slowenen gerade aufhielten, überlassen. In der Zwischenzeit wurde nichts getan, um die nach wie vor von den Kanaltalern besiedelten Höfe wieder freizumachen, und diesen eine menschenwürdige Ersatzunterkunft bereitzustellen. Im Gegenteil, die Begrüßung der ersten Heimkehrer am 17. Juli 1945 war mehr als unfreundlich. Statt von Villach ungehindert nach Klagenfurt weiterreisen zu können, mußten sie sich ihre Weiterfahrt erst durch einen Sitzstreik auf den Bahnsteigen erkämpfen. Der ursprüngliche Plan hatte vorgesehen, sie nach Deutschland zurückzuschicken. Ein Mißverständnis, so die Erklärung der Landesre-

---

1 Krall, a. a. O., S. 79 f.

2 Ferenc, a. a. O., S. 574.

3 Fandl-Pasterk, a. a. O., S. 124.

*gierung zwei Tage später, der Transport sei aufgrund eines Über-
setzungsfehlers für einen Rückwanderertransport Volksdeutscher nach
Jugoslawien gehalten worden[1]. Wie Slowene und Volksdeutscher falsch
übersetzt werden kann, bleibt der Beurteilung des einzelnen überlassen.
Daß sich die Landesregierung wenig Mühe gab, den Slowenen die
Heimkehr zu erleichtern, zeigt sich aus den nachfolgenden Ereignissen.*

*Am 18. Juli konnte der Transport mit 400 Slowenen endlich nach
Klagenfurt weiterfahren. Dort wurden sie in der ehemaligen Jesuitenkaserne untergebracht, wo für die Ankunft der 400 Personen nichts vorbereitet war. Sie mußten sich mit 2 WC's begnügen, die Verpflegung war
mangelhaft, Betten in ausreichender Anzahl waren nicht vorhanden.
Zwar wurde die Kaserne von einer britisch-österreichischen Kommission inspiziert, was aber an der Lage nichts änderte[2]. Die Heimkehr auf
die Höfe verzögerte sich wieder, sie waren z. T. noch immer besetzt, wo
sie leerstanden, waren sie nur zu oft in einem desolaten Zustand. Mancherorts mußten die Vertriebenen noch wochenlang in Ersatzquartieren,
bei Freunden und Verwandten zubringen, oder waren Gäste im eigenen
Haus.*

*Am 4. August begannen drei Wiedergutmachungskommissionen, beste-
hend aus Vertretern des Landes, der Gemeinden, der Vertriebenen,
Juristen und Fachkundigen, mit der Hofbegehung. Von seiten der betroffenen Slowenen wurde der niedrige Satz, nach dem der Schaden
geschätzt wurde, oftmals kritisiert. Auch verzögerte sich die Auszahlung
der Beträge, was die ohnehin mit wirtschaftlichen Schwierigkeiten
kämpfenden Betroffenen hart traf. Die erste Hilfe in der Höhe von
150.000 Schilling erhielten sie von den Briten zugesprochen, allerdings
war das Geld an die Anschaffung von Vieh gebunden und war so für die
meisten Bauern, die weder das notwendige Futter, oftmals nicht einmal
Ställe mehr hatten, nutzlos. Obwohl bis September 1946 der geschätzte
Schaden 3.150.890 Schilling betrug – die Kommissionierung war zu
dem Zeitpunkt allerdings noch nicht abgeschlossen – wurden bis zu
diesem Zeitpunkt von der Regierung nur 1.000.000 Schilling ausbezahlt.
Bis 1949 stand einer Gesamtschadenshöhe von 3.848.395 Schilling ein
ausbezahlter Betrag von 3.348.245 Schilling gegenüber. Daraus zu
schließen, der Schaden wäre fast zur Gänze wiedergutgemacht worden,[3]
ist insofern unzulässig, als das Geld langsam genug überwiesen wurde
und für jene, die es knapp vor der Währungsreform 1947 ausbezahlt
bekommen hatten, nur mehr ein Drittel wert war.*

*Darüberhinaus waren die Vertriebenen oft Schikanen ausgesetzt. So
schickte ihnen die Finanzlandesdirektion Kärnten im Jahre 1947 einen
Bescheid, in dem sie aufgefordert wurden, die noch ausstehenden Steuern für die Jahre 1944/45 nachzuzahlen. Ebenfalls erhielten manche
von ihnen, die vor der Vertreibung eine Konzession für ein Gasthaus*

---

1 Krall, a. a. O., S. 117.

2 Zorn, a. a. O., S. 155–161.

3 Fandl-Pasterk, a. a. O., S. 153 f.

oder ein Geschäft gehabt hatten, diese nicht mehr zurück.[1] *Um so eiliger hatte man es in Kärnten mit dem Verbieten. Angesichts der Tatsache, daß weder der errechnete Schaden ausbezahlt worden war, noch die Vertriebenen auch laut Grundbuch wieder Besitzer ihrer Liegenschaften geworden waren, nebst sonstiger kleinerer und größerer Schikanen, schlossen sich die Betroffenen zusammen und gründeten am 4. 2. 1946 den Verband der Ausgesiedelten. Dieser Verband wurde am 13. 8. 1946 aufgelöst. Die Begründung: Die Slowenen hätten im Slowenischen Kulturverband sowieso schon eine Vertretung, die sich ihrer kulturellen Belange annehme und weiter,*

»Der gegenständliche Verein will nach § 2 seiner Statuten und der vertretenen Grundsätze die Verfolgung von Zielen anstreben, die bereits einer gesetzlichen Regelung unterliegen und daher eines besonderen Bedürfnisses nicht entbehren.«[2]

Der Verband wehrte sich gegen die Auflösung und wandte ein, er hätte sich im inkriminierten § 2 niemals Exekutivgewalt angemaßt, die »Bestrebungen der Landesregierung«, Unrecht wiedergutzumachen, seien kein ausreichender Grund einen Verein aufzulösen, zumal die Kärntner Landesregierung bis dato in keinem einzigen Fall den Anspruch auf Fürsorge oder Entschädigung für Krankheiten infolge der Aussiedlung anerkannt hätte. Die Auflösung sei ein einseitiger Akt, der gegen die Slowenen gerichtet sei und nur die ungehinderte Betätigung von seinerzeitigen Anhängern des Dritten Reiches beweise[3]. *Erst ein gutes Jahr später wurde die Auflösung des Verbandes von Innenminister Helmer wieder aufgehoben.*

Während das dritte Rückstellungsgesetz aus dem Jahr 1947 es dem größten Teil der Vertriebenen ermöglichte, auch formal wieder Besitzer ihrer Liegenschaften zu werden, blieb die Frage der Wiedergutmachung an den Slowenen als politisch und rassisch Verfolgte bis 1961 ungelöst. Haftzeiten in Gefängnis und Konzentrationslager wurden zwar aufgrund der 7. Novelle des Opferfürsorgegesetzes vom Juli 1952 abgegolten[4], *den Slowenen wurde jedoch ihr Zwangsaufenthalt in den Lagern der Volksdeutschen Mittelstelle nicht als Haft anerkannt, sie bekamen lediglich Opferausweise, nicht jedoch die für die Haftentschädigung notwendige Amtsbestätigung. Erst nach der 12. Novelle aus dem Jahr 1961, in der der Kreis der Anspruchsberechtigten auch erweitert wurde, bekamen die Vertriebenen eine Entschädigung für ihre Zeit im Lager zuerkannt. Daß im Gegensatz dazu schon im Jahre 1957 Nationalsozialisten, die zu weniger als acht Jahren schweren Kerkers verurteilt worden waren, amnestiert, ihnen die Bezüge nachgezahlt und unter Streichung der Hemmungsjahre alle Zeiten im öffentlichen Dienst aner-*

---

1 Zorn, a. a. O., S. 176 f.

2 Bescheid der Bundespolizeidirektion Klagenfurt, zitiert nach Zorn, a. a. O., S. 196.

3 Berufung gegen die Auflösung vom 7. 10. 1946, zitiert nach Zorn, a. a. O., S. 197 f.

4 Vergl. Brigitte Galanda: Die Maßnahmen der Republik Österreich für die Widerstandskämpfer und Opfer des Faschismus – Wiedergutmachung. In: Verdrängte Schuld, verfehlte Sühne. Wien 1986, S. 143.

kannt wurden[1], macht Beteuerungen des offiziellen Österreich, es wisse das Leid und die Opferbereitschaft der Widerstandskämpfer und rassisch Verfolgter zu würdigen, auch nicht gerade glaubwürdig.

Zusammenfassend kann gesagt werden, daß die von den Nationalsozialisten vertriebenen Slowenen bei ihrer Rückkehr eher als lästige Eindringlinge denn als willkommene Heimkehrer empfangen wurden. Sie mußten jahrelang um die offizielle Anerkennung als Opfer des nationalsozialistischen Regimes kämpfen, sich gegen Behördenschikanen zur Wehr setzen und durften sich von deutschnationaler Seite auch noch anhören, wie gut es ihnen gegangen wäre. Sie hätten in Ruhe packen und alles mitnehmen können, hätten in den Lagern zusammengewohnt und es wären mehr Slowenen zurückgekommen, als ausgesiedelt worden waren[2]. Daß dies nicht nur absurde Behauptungen einzelner Rechtsextremisten wie Viktor Miltschinsky sind, zeigte sich in den Interviews. Das Leid, das die Vertriebenen erfuhren, wurde nach dem Krieg entweder nicht zur Kenntnis genommen oder relativiert.

Helena Verdel

---

1 Galanda, a. a. O., S. 148.

2 Viktor Miltschinsky: Kärnten – ein Jahrhundert Grenzlandschicksal. Wien 1959, S. 32 ff.

Tito, mein Retter

Katja
Sturm-Schnabl

Und ich erinnere mich, daß auf einmal bewaffnete Soldaten auftauchten. Ich erschrak furchtbar. Im Haus begann ein Geschrei und ein Weinen, die Tanten und die Mägde liefen wie verrückt hin und her, die Knechte waren außer sich. Alles, was ich begriff, war, daß man uns mit Gewalt wegbringen wollte. Da dachte ich mir, nein, nein, ich gehe nicht, wenn der Vater und die Mutter nicht dabei sind, gehe ich nirgendwohin, mit niemandem. Ich stahl mich aus dem Haus und floh in den Wald, um mich zu verstecken. Gerade zu dieser Zeit aber wurde dort Waldstreu gerecht, sodaß mich eine der Mägde entdeckte und nach Hause bringen wollte. Ich wehrte mich zwar sehr, aber wie wir aus dem Wald auf den Hof zu gingen, sah ich, daß mein Vater mit dem Traktor gekommen war. Mein Vater war einer der ersten Bauern, der schon vor dem Krieg einen Traktor erworben hatte. Als ich sah, daß er zurück war, ließ ich mich nach Hause tragen. Und dort war auch schon die Mutter, die in aller Eile die Koffer packte, vor allem aber hatte sie damit zu tun, uns Kinder anzuziehen, wir waren ja nicht zum Fortgehen angezogen, sodaß sie dann in furchtbarer Eile meinen kleinen Bruder anziehen mußte, der damals zweieinhalb Jahre alt war, meinen zweiten Bruder, der noch nicht fünf war, mich, die ich sechs Jahre alt war und meine Schwester, die gerade aus der Schule gekommen war. Aber das ging alles so schnell, ich kam gar nicht richtig zu mir, schon haben sie uns fortgetrieben: den Vater, die Mutter, die beiden Tanten und uns Kinder. Links und rechts von uns die brüllenden Soldaten mit ihren Gewehren und Pistolen. Damals schon dachte ich mir: gut, diese Deutschen, die sind nicht nur unheimlich, die können auch nicht reden, die bellen wie die Hunde, seltsame Laute geben sie von sich. Und so trieben sie uns aus dem Haus, über den Hof den Zaun entlang in Richtung der Nachbarhöfe.

Als wir beim zweiten Nachbarn vorbeikamen, so habe ich es in Erinnerung, begannen meine Tanten furchtbar zu weinen und zu jammern. Ich sah zu meiner Mutter auf und merkte, daß sie sich in dieser kurzen Zeit verändert hatte, sie sah ganz anders aus. Ihre Gesichtszüge hatten nichts Weiches mehr an sich, sie waren irgendwie gläsern. Und ich weiß noch, wie sie zu den Tanten sagte, daß der Mensch in so einer Situation nicht weinen darf, daß er dem Feind nicht zeigen darf, wie ihm ums Herz ist. Dann sah ich den Vater an, so von unten hinauf, wie es Kinder tun: auch er war völlig verändert. Er war immer der absolute Herr im Haus gewesen, den alle respektierten. Wir Kinder hatten keine Angst vor ihm, weil er gut war zu uns, aber wir haben alle gewußt, daß er der Herr unserer Hausgemeinschaft ist, und er war ja auch so ein schöner ernsthafter Mann, mit einem männlichen, dunklen Gesicht, mit einem Schnurrbart, konsequent, und er konnte richtig streng schauen. Das Gesicht dieses Menschen hatte sich total verändert, in diesem Gesicht war nur noch Angst, und es war grünlich grau. Ich erkannte meinen

153

Vater nicht wieder, seine Physiognomie hatte sich in dieser halben oder dreiviertel Stunde verändert. In diesem Moment habe ich mich noch mehr gefürchtet, weil die Menschen, auf die ich mich gestützt hatte, die mein Schutz und meine Sicherheit waren, innerhalb kürzester Zeit zusammengebrochen sind. Sie waren nicht mehr sie selbst, weder der Vater noch meine Mutter. Die Tanten, die haben nur geweint. Aber das war irgendwie menschlich, in diesem Weinen sah ich keine Veränderung, wohl aber in den gefrorenen Zügen meiner Mutter und im grauen Gesicht meines Vaters. Für mich als Kind brach eine Welt zusammen, weil sich die beiden so verändert hatten, das war so ein apokalyptisches Gefühl.

Und so trieben sie uns zur Straße hinauf, dort stand ein roter Autobus. Mit dem brachten sie uns in unser erstes Lager nach Ebenthal. Dort waren Baracken, und in den Baracken lag Stroh, wie bei uns im Stall. Auf diesem Stroh lagen Menschen, furchtbar viele Menschen. Alte, Frauen, Männer, Kinder aller Altersgruppen. Meine Mutter und ich suchten die Baracken nach Verwandten ab, und zu guter Letzt fanden wir auch meine Großmutter: eine 84 Jahre alte Greisin, die dort im Stroh lag, die Arme. Neben ihr der jüngste Enkel, mein Cousin, der damals acht Monate alt war. Es war immer sehr lustig und schön bei ihr gewesen, sie lebte in einem schönen, sehr großen Haus, auf einem schönen, großen Besitz. Sie hatte uns immer großzügig bewirtet, wenn wir auf Besuch waren, das war immer ein Feiertag. Und jetzt lag sie da, völlig zusammengebrochen auf diesem Stroh in der Baracke, wie im Stall, und murmelte etwas vor sich hin: »Zofka, Zofka« – das war meine Mutter – »die Deutschen verschleppen uns.« Und dann: »Na, besuch mich doch wieder.« Und zu mir: »Du komm mit, besuch mich auch.« Sie lud uns alle ein, mitzukommen. Sie redete im Wahn, sie konnte das alles einfach nicht ertragen, als 84 Jahre alte Frau verkraftete sie das nicht mehr. Das war so ein schlimmer Moment. Diese lustige, alte Dame lag jetzt wie ein Häufchen Elend im Stroh, das acht Monate alte Kind neben sich.

Ich kann mich noch erinnern, wie wir dann mit meiner Mutter diesen Platz vor den Baracken überquerten, da kam ein Deutscher, ein SS-ler, in Uniform und polierten Stiefeln, der hatte einen Fotoapparat, und er fotografierte meine Mutter und uns vier Kinder. Und ich weiß noch, wie wütend sie war: »Im schlimmsten Augenblick meines Lebens kommt er daher und fotografiert mich, daß er sich nicht schämt.« Aber wir wissen ja, daß sie auch in Dachau die schlimmsten Szenen fotografiert haben.

Am nächsten Tag schleppten sie uns zum Bahnhof, nicht direkt auf den Bahnhof, sondern zu einem Zug auf den Bahngeleisen, dort stopften sie uns und jede Menge anderer Leute in so einen Viehwaggon hinein und machten von draußen die Tür zu. Ich kann mich noch genau an den Moment erinnern, als die Tür zukrachte und es auf einmal finster war. Und dann ist der Zug Tag und Nacht gefahren, Tag und Nacht, entsetzlich lange. Manchmal kam es zu furchtbar hysterischen Momenten, wenn jemand in Panik verfiel. Ab und zu machte jemand mit einem Feuerzeug Licht, und einmal wollte jemand eine Kerze anzünden, da entstand ein Geschrei, nein, das sei gefährlich, es könnte etwas zu brennen beginnen. Es waren furchtbare Tage, eigentlich eine einzige furchtbare Nacht, es war dunkel, es waren ja Viehwaggons.

Der Zug hielt in einer Stadt namens Glasow. Das liegt in der Nähe von Stettin. Sie steckten uns in ein riesiges Gebäude, das war unser erstes Lager. Wir Kinder wurden von den Eltern getrennt und mußten in einen extra Speisesaal gehen. Das war das erste Mal, daß wir gewaltsam von den Eltern getrennt wurden. Für mich war das ein furchtbarer Schock. Ich kann mich noch heute erinnern, daß ich mir vor lauter Schock, aus Auflehnung und Zorn geschworen habe, diese deutsche Kost nicht zu essen. Ich wollte nicht essen. Wir Kinder saßen in einer Reihe, vor dem Tisch ging ein SS-ler auf und ab, mit polierten Stiefeln, neben ihm ein riesiger Schäferhund, und weil ich nichts aß, ich hatte noch alles auf meinem Teller, schrie er jedesmal, wenn er vorbeikam. Zwar verstand ich nicht, was er sagte, denn damals konnte ich noch kein Wort deutsch, aber ich verstand, daß es etwas Schreckliches war. In meiner lebhaften Phantasie stellte ich mir vor, daß, wenn er noch zwei- oder dreimal hin und hergeht, er mich dann vom Schäferhund zerreißen lassen würde. Obwohl ich es mir sehr lebhaft vorstellte, wie mich der Hund zerreißen würde, wurde mein Widerstand nur noch schlimmer, ich sagte mir: »Nein, das werde ich nicht essen«, und ich aß es auch nicht. Ich glaube, meine Schwester Veronika hatte auch den Eindruck, daß etwas Schreckliches passieren würde, und auf einmal, er war gerade am anderen Ende des Tisches, tauscht sie blitzschnell die beiden Schüsseln aus, gibt mir ihre leere und verschlingt den Brei aus meiner Schüssel mit einer unglaublichen Geschwindigkeit. Ich war überzeugt, daß mir meine Schwester damals das Leben gerettet hatte. Es ist furchtbar, wenn ein siebenjähriges Kind so etwas aus einer grauenhaften Ahnung heraus tut. So eine heroische Tat.

In dem Lager in Rehnitz waren wir nur drei Monate, bis August. Meine Mutter ging zu einer Frau in der Nähe aufräumen, und ich ging mit ihr. Als Kind kam es mir wahnsinnig komisch vor, daß diese Frau in ihrer armseligen Keusche, im Vergleich zu unserem riesigen Haus war das die reinste Armut, es sich jetzt in der Hitlerzeit erlauben konnte, eine Lagerinsassin als Aufräumerin für ihre vier Ecken zu haben. Und diese Frau zeigte meiner Mutter immer die Pakete, die ihr von ihrem Mann aus Jugoslawien geschickt wurden. Der war ein gewöhnlicher Soldat, ohne jeglichen Rang. Der schickte ihr jede Woche Pakete mit verschiedensten Sachen. Ganze Ballen Stoff für Vorhänge und Bettzeug. Meine Mutter sagte: »So ein gewöhnlicher Soldat, und kann schon so stehlen. Und wie erst die anderen.« Diese Frau war sehr stolz auf die Pakete ihres Mannes. Alles gestohlen.

Nach einiger Zeit brachten sie uns nach Eichstätt. Das war auch so ein improvisiertes Lager, sie haben einfach einen Teil eines Klosters requiriert. Dort war auch ein Lagerführer, der die Angewohnheit hatte zu brüllen. Das wurde dann Appell genannt, er stellte sich auf einen erhöhten Platz und schrie. Da waren so Drohungen darunter wie: »Ich lasse euch vergasen! Ihr kommt alle nach Auschwitz!« Er schrie einfach, ohne irgendeinen Anlaß, nur um die Leute zu erschrecken. Aus diesem Lager wurden dann auch die arbeitsfähigen Leute herausgesucht und irgendwohin geschickt. So arbeitete mein Vater zuerst in einer nahegelegenen Bierfabrik, meine Mutter in einer Schuhfabrik, und alle Kinder ab 13 Jahren wurden irgendwohin zum Arbeiten geschickt. Wir waren alle noch kleiner, wir brauchten nicht zu arbeiten. Tagsüber waren nur mehr wir Kinder und die Alten, die nicht mehr arbeiten konnten, im Lager. Es war zugesperrt, es gab Wachen und den Lagerführer, sowie die Sanitätsschwestern, die auch eine Art Wache darstellten. Das waren lauter Sadistinnen, sie haben auch nur gekreischt, keine konnte menschlich reden. Einmal führte eine von ihnen alle mehr als vier Jahre alten Kinder weit hinaus auf ein Feld, und wir mußten die Ähren auflesen, die nach der Ernte liegengeblieben waren. In der furchtbaren Hitze, lauter kleine Kinder, die Stoppel gingen mir bis zum Knie, anderen noch höher hinauf. Eichstätt liegt weit unten im Mühltal, bevor du auf die Anhöhen kommst, wo die Bauernhöfe und die Felder liegen, mußt du als Erwachsener eine Stunde Fußmarsch hinter dich bringen, und wie viel erst als kleines Kind. Ich kann mich noch gut erinnern, daß das ein dornenvoller Weg war. Und diese Schwester brüllte mit uns, wir konnten ja kaum mehr gehen. Und dann mußten wir für den Bauern dort »Ährenlesen«, so hieß es. Die Deutschen sind ja so genau, die lesen noch die Ähren auf, die zurückbleiben, weil sie so genau sind. Und das müssen dann vierjährige Kinder tun.

Dann war da noch ein Lagerarzt, vor dem hatten wir furchtbare Angst. Da war so ein Armutschkerl, Krukenhans nannten sie ihn, der ging auf Krüken, und der bekam einmal eine Blutvergiftung; der Lagerarzt ließ ihn einfach sterben. Einfach so, sie halfen ihm einfach nicht, und er starb. Wir wußten, daß es gefährlich war zu erkranken, daß sie einen einfach sterben ließen. Obwohl sie alles hatten, ein Krankenzimmer, Schwestern und einen Arzt, alles super organisiert. Aber das hatte nichts zu bedeuten bei den Deutschen. Bei den Deutschen bedeutet das nichts, denn die Deutschen, die ich im Lager traf, dieser Lagerführer, diese Schwestern, die hatten für mich kein menschliches Antlitz.

Dann erkrankten wir alle. Zuerst starben die Kinder. Zvonko starb, meine Schwester starb. Später erfuhr ich, daß meine Schwester nicht hätte sterben müssen, daß der Lagerarzt eine Injektion an ihr ausprobiert hatte. Die Mutter hatte Veronika im Arm gehalten, und er sagte: »Wollen wir 'mal das versuchen.« In dem Moment kippte ihr Kopf zur Seite. Das hat mir Jahre später eine Frau Olip aus Zell erzählt, die war dabei. Diese Olips waren ja zuerst alle in unserem Lager. Dann wurden alle fortgebracht, alle Mädchen und der Vater. Nur die Mutter blieb im Lager. Die trug dann das Kind ihrer Tochter Neža rund um die Uhr mit sich herum, sie gab es nicht aus der Hand, nicht eine Minute, nicht eine Sekunde.

Dieses Kind stellte sie nicht einmal auf den Boden, so hat sie es gehalten. Dieser Frau hatten sie alles genommen. Den Mann verschleppt, die Töchter verschleppt, nur das Kind war ihr geblieben.

Diese Scharlachepidemie hatte ein andauerndes Sterben zur Folge. Da bekam es die Stadtverwaltung mit der Angst zu tun; die Epidemie hätte ja auf die Stadt überspringen können, und sie verlangte und erreichte auch, daß wir anderen Kinder ins Spital gebracht wurden, ins städtische Krankenhaus. Deswegen haben zum Beispiel wir überlebt, im Lager hätte keines von uns Kindern die Epidemie überlebt, genausowenig wie meine Schwester, denn dieser Lagerarzt konnte sich ja alles erlauben; wer fragte ihn schon nach der Todesursache eines Kindes. Das alles war möglich. Wir waren ja nur Lagerinsassen, und als solche hatten wir keine Menschenrechte, keine menschliche Würde, wir waren einfach ein Nichts.

Ein Herr Partl aus St. Michael im Jauntal organisierte eine »Schule« und unterrichtete uns. Aber das dauerte nicht lange, denn der Lagerführer ließ natürlich nachfragen, ob das erlaubt wäre oder nicht. Und es kam der Befehl, diese Kinder dürften nicht unterrichtet werden. So hörte alles binnen kürzester Zeit wieder auf. Wir hatten ja kein Recht auf Bildung.

Den Tag über kümmerte sich dann niemand um uns. Wir spielten, beschäftigten uns selber. Für mich weiß ich, daß ich nie spielen wollte. In Wirklichkeit versuchte ich dauernd, irgendetwas aufzuschnappen, zu erfahren, was vor sich ging. Als Kind bist du ja in einer sehr unangenehmen Situation, die Erwachsenen sind so voller Angst und Grauen, zumindest im Lager waren sie so, und denken überhaupt nicht daran, daß auch ein Kind gern wissen würde, was für ein Schicksal es erwartet. Den Kindern erzählen sie gar nichts, weil sie denken: das sind ja noch Kinder, was wissen die schon. In Wirklichkeit weißt du aber als Kind alles, oder nicht? Wenn du deine Eltern verlierst, in der Form wie wir sie verloren haben, wenn aus den Eltern, die deine Sicherheit bedeutet haben, so hilflose, verschreckte Menschen werden, verändert sich deine Welt. Du kennst dein Schicksal und hast Angst davor. So lauschte ich denn immer, wenn die Erwachsenen miteinander flüsterten und die Informationen kreisten. Ich versuchte unablässig, zu diesen Informationen zu kommen und versteckte mich, damit ich sie hören konnte. Ich wußte alles. Ich wußte, was Ravensbrück ist, ich wußte, was es bedeutete, wenn der Lagerführer schrie: »Ich werde euch alle vergasen lassen!«

Aber es gab auch Lichtblicke, vor allem dann, wenn die Leute über die Partisanen redeten, über Tito, über den Krieg in Jugoslawien, und darüber, daß die Deutschen nicht weiter vorrücken könnten, weil es immer mehr Partisanen gab. Solche Informationen kreisten. Und das war natürlich sehr interessant. Ich hatte als Kind eine sehr lebhafte Phantasie und dachte sofort: dieser Genosse Tito weiß um mich, um die Katja Sturm im Lager, er wird alles tun, um mich zu befreien. Und so wurde der

*Katja
Sturm-Schnabl*

Genosse Tito für mich Lagerinsassin zum hellen Stern, und er bedeutet mir auch heute noch mehr als ich überhaupt sagen kann. Das war mein Held, mein Prinz aus dem Märchen, der mich befreien würde, der dort in Jugoslawien mit seinen Partisanen kämpfte. Ich war glücklich über jedes Wort, das ich über ihn aufschnappen konnte. Und so schuf ich mir einen persönlichen Helden Tito.

Auf der anderen Seite waren wir natürlich überzeugt, daß Freiheit und Sieg nahe waren. Daran haben wir nie gezweifelt, nie. Ich nicht, und die anderen auch nicht. Das war ganz klar. Wir erfuhren ja auch von den Niederlagen der Deutschen, das sprach sich schnell herum. Und das war immer ein triumphales Gefühl. Am meisten genossen habe ich, wenn bombardiert wurde. Eichstätt wurde nicht bombardiert, zufällig nicht. Es stand irgendwie unter Schutz, wegen des Doms, es war eine altertümliche Stadt, und nicht einmal die Amerikaner bombardierten sie. Und wie es aussah, hatten auch die Deutschen nichts Besonderes in Eichstätt, offensichtlich hatten sie Angst um die Stadt. Aber Nürnberg, Bamberg, Ingolstadt wurden bombardiert, es gab ja dauernd Fliegeralarm. Unser Lager hatte nicht einmal einen Keller, wenn es da eingeschlagen hätte, wären wir sowieso alle dahin gewesen. Aber als Lagerkind habe ich das genossen. Bei jeder Bombe, die einschlug, freute ich mich. Und dachte mir, wieder ein Schritt näher zur Freiheit. Und das hatte so einen psychologischen Effekt auf mich, ich habe ja seit dem Lager furchtbare Ängste und viele Schwierigkeiten. Es gibt Situationen, die ich so fürchte, daß ich nicht weiterkann, ich kann mit keinem Polizisten reden, bei Uniformierten muß ich so aufpassen, wenn er ein unfreundliches Wort sagt, verliere ich einfach die Kontrolle über mich, ich kann nicht auf Ämter gehen, ich bin schon oft auf Ämtern zusammengebrochen. Wenn jemand zu mir im amtlichen Ton spricht, dann beginnt sich alles zu drehen, ich werde stocksteif und aus ist es. Aber wenn es kracht, dann habe ich keine Angst. Auch heute nicht. Denn dieses Krachen, die Explosionen der Bomben waren für mich ein Genuß. Bei jeder Bombe klatschte ich in die Hände; wieder eine, und wieder eine. Ich hatte auch keine Angst vor Tiefffliegern, ich dachte mir, die wissen ja, daß ich da in diesem Lager bin. Das sind so kindliche Einbildungen. Für mich bedeuteten die Bomben Hoffnung, daß die Deutschen besiegt würden, daß wir bald in Freiheit wären. Ich wünschte mir innig noch mehr Bomben von den Amerikanern, alles sollten sie vernichten.

Und dann hatten wir solche Spiele; unter den Kindern gab es ja sehr schlimme Schicksale. Da war ein Junge, der hieß Marko. Er hatte eine wunderschöne Mutter, er war irgendwo aus Gorenjsko, aus Slowenien. Die Deutschen hatten seinen Vater geköpft und seine Mutter ins Lager geschickt. Mitten im Krieg in einem deutschen Lager lief dann unsere Unterhaltung in diesem Sinne: nach dem Sieg, nach Kriegsende würden wir allen Deutschen die Köpfe abschneiden. Wir waren davon überzeugt. Wir waren darauf vorbereitet, den Deutschen die Köpfe abzuschneiden. So etwas entsteht aus der Hilflosigkeit, wenn man so mit dir umspringt. Sie haben uns nicht zu Humanisten erzogen. Ja, das war

Vertreibung

unser Lieblingsspiel, unser Lieblingsthema. Da waren nicht alle Kinder dabei, da waren nur der Marko, ich und noch zwei. Wir schmiedeten Pläne, wie wir allen Deutschen die Köpfe abschneiden würden, und wir haben uns das lebhaft vorgestellt.

Katja Sturm-Schnabl

In dieser Stadt gab es viele Antifaschisten, das war eine katholische Stadt, keine durch und durch nazistische, beziehungsweise: es gab in der Stadt Menschen, die uns gerne geholfen hätten, wenn sie in der Lage dazu gewesen wären. Meine Eltern respektierten diese Menschen sehr; ich nicht, ich habe alle in einen Topf geworfen. Für mich war ein Deutscher ein Deutscher und Schluß. Ich war auch denen gegenüber, die freundlich zu mir waren, sehr mißtrauisch. Auch wenn meine Mutter dabei war. Ich habe nicht einmal ein Brot angenommen. Ich haßte das, ich empfand das als demütigend. Die Tatsache, daß ich mir im ersten Lager geschworen hatte, diese deutsche Kost nicht zu essen, hatte so einen psychologischen Effekt auf mich, daß ich mich an alles erinnern kann, nur nicht an den Hunger. Hungrig war ich nie. Wenn mir ein Deutscher gutmütig ein Stück Brot zustecken wollte, ließ ich es auf den Boden fallen, ich nahm es nicht. Von den Deutschen wollte ich nichts annehmen.

In so einer Zeit erziehen einen die Eltern nicht, sie sind ja hilflos. Entweder sie sind nicht da, sie sind bei der Arbeit, und wenn sie da sind, dann sind sie verwirrt. Wir haben uns selber erzogen, wir haben selber gewußt, was wir durften und was nicht. Die Kinder waren ja so diszipliniert. Was hättest du schon anstellen können im Lager. Da war das ständige Gebrüll, und ich habe schon damals gewußt: gebrüllt wird wegen jeder Kleinigkeit, so daß man sich sowieso nichts traute. Es waren ja Lappalien, deretwegen gebrüllt wurde, deretwegen die Schwestern herumbrüllten. Und sie hatten so seltsame Stimmen, wie Blech, Frauen wie Männer. Ein seltsames Volk. Ich werde ihr Geschrei bis an mein Lebensende nicht vergessen, die Brutalität in ihren Stimmen. Für mich als Kind hatten sie jede menschliche Qualität verloren. Ich habe in ihnen keine Menschen gesehen.

Dunkle deutsche Nacht

Franc Černut

In der Früh, es dämmerte gerade, zog ich mich für den Kirchgang an. Ich ging immer zuerst ministrieren und dann in die Schule. Der Vater war schon außer Haus, im Sägewerk. Wie ich noch im Bett war, habe ich gehört, wie er zur Mutter sagte: »Du, was machen denn die zwei Autos unten beim Birt?« Das ist ein Bauernhof unten an der Straße. Dort standen schon zwei Lastwagen, als mein Vater zur Arbeit gehen wollte. Das muß gegen 5 Uhr Früh gewesen sein. Ich war gerade beim Anzie-

Vertreibung

159

hen, da sehe ich Schatten am Fenster vorbeihuschen. Dann war es für einige Augenblicke ruhig, ich hörte ein leises Gespräch. Auf einmal ging die Türe auf, meine Mutter stand dort auf der Schwelle. Obwohl es noch verhältnismäßig dämmrig war, erschien sie mir seltsam bleich und eingefallen, die Augen weit aufgerissen vor Angst. Sie hielt mir einen Zettel hin, ich wußte, sie will etwas sagen, bringt es aber nicht heraus. Erst da sah ich, daß im Hintergrund irgendwelche Personen standen, im Moment habe ich sie gar nicht erkannt, dann erst sah ich, daß das militärische Personen waren. Es waren vier. Auf einmal weint die Mutter auf, umarmt mich und stößt hervor: »Schnell, den Vater, geh«, und hält mir den Zettel hin. Ich sah nur den Stempel mit dem Adler, den Rest las ich gar nicht. Soviel verstand ich, daß ich den Vater holen mußte, der schon im Sägewerk war. Ich wollte sofort losrennen, da schrie ein Polizist hinter mir her: »Halt, halt!« Zuerst wunderte ich mich noch, was er will, dann erst sah ich, daß er mich begleiten wollte. Ich durfte den Vater nicht einmal allein holen gehen, er traute mir nicht. Er ging den ganzen Weg mit mir. Freilich war ich aufgeregt. Ich wußte nicht, was ich tun sollte. Einerseits wäre ich den Menschen am liebsten angesprungen, obwohl er mir persönlich nichts Böses getan hatte, aber ich wußte, daß da etwas Grauenhaftes vor sich geht. Obwohl ich sonst eher schüchtern war, in diesem Moment konnte ich nicht anders, ich mußte ihn fragen: »Was geschieht mit uns?« Er sagte nur: »Umsiedlungszeit ist gekommen.« Nur diese drei Worte. Freilich, ich konnte mir unter diesen Worten nicht viel vorstellen.

Wir kamen zum Sägewerk. Der Vater, als ob er etwas gespürt hätte, hatte noch nicht zu arbeiten angefangen, obwohl er sonst immer einer der ersten war. Er sah uns kommen, rannte uns entgegen, packte mich und fragte: »Ja Franček, was ist denn los?« Der Polizist stieß ihn sofort zur Seite und sagte: »Herr Černut, Umsiedlungszeit ist gekommen.« Er sagte ihm also das gleiche wie mir. Dann hielt hat er ihm einen Zettel unter die Nase. Mein Vater bekam einen Nervenzusammenbruch, er fing dort zu weinen an. Wie wir nach Hause kamen, war schon ein SS-ler da. Die anderen waren Polizisten. Der sprach in einem ganz anderen Ton, der brüllte nicht so wie die Polizisten, die waren so schroff. Der SS-ler sagte nur: »Herr Černut, Sie haben nur eine Stunde Zeit. Packen Sie das Nötigste zusammen. Nur eine Stunde haben Sie Zeit, ich wiederhole. Haben Sie Koffer? Säcke? Packen Sie das Notdürftigste zusammen.« Freilich, mein Vater war nicht in der Lage, irgendetwas zu tun. Im Zimmer herrschte das Chaos. Alle weinten, die Mutter, die Schwester, mein Bruder, der kaum ein Jahr alt war. Das Frühstück stand am Tisch. Der Vater begann uns anzutreiben: »Hinaus, alle vor das Haus, alle hinaus.« Wir gehorchten alle. Und dann begann er uns aufzustellen: Zuerst die Mutter mit dem Bruder Hansi im Arm, dann die Schwester Rezika, dann mich, dann die Schwester Lojzka, zum Schluß stellte auch er sich an die Wand. Er schrie: »Schießt!« Sie schossen nicht. Er schrie noch: »Wir gehen nirgendwohin, wir bleiben hier.« Dann kam wieder der SS-ler, zog ihn zur Seite und sagte: »Herr Černut, Sie haben nur mehr eine halbe Stunde Zeit, machen Sie! Wo haben Sie Kisten, wo haben Sie Säcke, wo haben Sie Geselchtes, wo haben Sie Ihre Kleider?« Mein Vater zeigte es ihm irgendwie, und der SS-ler begann, irgendetwas in die Säcke zu schmeißen, wir waren nicht in der Lage dazu. Die Mutter packte noch etwas für den Hansi zusammen. Dann kam noch meine Tante, die in der Nähe wohnte, und half auch noch zu packen. Der SS-ler trat noch einmal zu meinem Vater, der war am Boden zerstört, ich kann das nicht beschreiben. Er zog ihn zur Seite und sagte: »Herr Černut, nach dem Regen scheint wieder die Sonne.« Ich wunderte mich darüber, daß das ein SS-ler sagte, das muß ich betonen.

Die Zeit verging schnell und wir mußten gehen. Wir kamen zu den Lastwagen, dort standen schon mehrere Familien aus der Umgebung, die Familien Birt und Kvačic und aus Unteraichwald waren auch welche. Auf einmal begann mein Bruder zu weinen. Niemand hatte an ihn gedacht, und er war hungrig. Die Mutter sagte noch: »Maria, ich habe das Fläschchen vergessen.« Der Vater fragte den SS-ler, ob er das Fläschchen holen dürfe. Der antwortete: »Nein, du gehst« und zeigte auf mich. Ich lief nachhause. Ich konnte es kaum finden, es herrschte ein heilloses Durcheinander. Plötzlich kam mir die Idee, vom Regal über dem Backofen die Zündholzschachtel zu nehmen und das Haus anzuzünden. Ich weiß nicht wieso, aber das ging mir durch den Kopf. Vermutlich kam mir der Gedanke bei der Erinnerung daran, wie mein Vater dem SS-ler, nachdem er das Haus abgeschlossen hatte, den Schlüssel übergeben hatte müssen. Das traf mich tief. Obwohl unser Daheim eine verhältnismäßig ärmliche Keusche war, teilweise aus Holz, war es doch unser Heim, unser einziges und unser alles. Wir trennten uns sehr schwer davon.

Nun ging es nach Klagenfurt. Dort waren wir mehrere, und das erleichtert dem Menschen automatisch das Leid, weil er doch sieht, daß er nicht ganz alleine ist, sondern daß es noch soundso viele Leidensgefährten gibt. Im Lager von Ebenthal sammelte man uns. Dort waren wir zwei Tage lang. Plötzlich, gegen Abend begannen sie uns über Lautsprecher aufzurufen: »Familie Černut mit der Herdstelle 214!« Und dann unsere Namen: Franc, Alois und so weiter. Interessant in dem Zusammenhang ist, daß mein Bruder, der 1941 geboren wurde, nicht mit in die Verbannung hätte gehen müssen, er war nicht auf der Liste. Meine Großmutter, die im neunundreißiger Jahr nach Jugoslawien gegangen war und wegen des Wirrwarrs nicht mehr zurück konnte, war aber auf der Liste, obwohl sie bei uns abgemeldet war. Mit anderen Worten, daraus können wir schließen, daß diese Listen schon lange vorher erstellt worden waren, und daß ein gewisser Hitler von uns gar nichts gewußt hatte.

Wir mußten zu Fuß zum Ostbahnhof, wo der Zug stand. Ich glaube, sie haben absichtlich auf die Dämmerung gewartet, die Klagenfurter waren doch sehr neugierig. Dann fuhren wir ab. In Villach hatten wir einen kurzen Aufenthalt, unsere Leute hatten offensichtlich davon erfahren, jedenfalls hörte man »Živijo«-Rufe und irgendwo begannen sie zu singen »Hej Slovani«. Die SS jagte nervös auf dem Trottoir hin und her. Auch in den Abteilen wurde gesungen, wenn aber die SS kam, verstummte alles. Es ist erstaunlich, daß in dieser dunklen, deutschen Nacht dieses Lied und diese »Živijo«-Rufe ertönten. Die SS schuf furchtbar hektisch Ordnung, sie trieb die Eisenbahner an, sodaß wir schnell weiterfuhren. Ich nickte dann noch ein bißchen ein. Der Vater und die Mutter konnten nicht schlafen. Die Mutter weinte. In der Nacht wachte ich einmal auf. Ich hielt es nicht mehr aus: »Vater, was wird aus uns, wohin fahren wir?« Er sagte: »Ich weiß es nicht, aber es wird schrecklich werden. Nur merke dir eines: vergiß mich ja nicht!« Das erschütterte mich sehr. Ich befürchtete, sie würden uns trennen. Ich hing sehr an meinen Eltern, und wir waren Trennungen nicht gewöhnt.

Endlich kamen wir ins Lager Frauenaurach. Es befand sich auf einer Ebene und war von Feldern umgeben. Ein Barackenlager, ungefähr zehn längliche Objekte. Wir kamen in die Baracke, da waren schon die Familie Bruker aus dem Gailtal und die Familie Golavčnik aus dem Jauntal drinnen, dann noch die beiden Cimpaser, Mann und Frau, und wir aus dem Rosental. An der Wand hing ein Hitlerbild mit der Parole: Ein Volk, ein Reich, ein Führer! Stockbetten, in der Art von Soldatenpritschen, ein Ofen, ein Tisch und Spinde. Das war praktisch alles, was drinnen stand. Der Lagerführer ließ uns in den Speisesaal kommen und erklärte, wir würden jetzt für den Sieg arbeiten. Er teilte uns die Tagesordnung mit. Die war ganz militärisch: Aufstehen, Frühstück, Mittagessen, Duschen, alles genau bestimmt, kurz und gut, wir erhielten alle Anweisungen. Ein paar Tage passierte nichts Besonderes, nach einigen Tagen begannen sie Männer für die Arbeit auszusuchen. Die ersten gingen nach Mainz in die MAN-Werke, dort wo die Unterseeboote und Tanker repariert wurden. Auch mein Vater war dabei. Bald mußte auch meine Mutter arbeiten gehen auf den Flughafen in Herzogenaurach, nur daß sie jeden Abend ins Lager zurückkam.

Weil wir in keine öffentliche Schule durften, baten die Eltern den Lagerführer, uns wenigstens eine private zu erlauben. Die Aufgabe des

Lehrers übernahm Dragašnik Hanzi aus Köstenberg. Ich glaube, der war früher in einem Priesterseminar. Er war auch ein sehr guter Lehrer. Man muß aber erwähnen, daß seine Schule ein recht eingeschränktes Arbeitsfeld hatte. Die Lagerführung schrieb vor, was wir lernen durften und was nicht. Allgemein hieß es: zählen und rechnen bis hundert, einfache Rechenoperationen, ein bißchen Schreiben, ein bißchen Lesen, aus. Mehr hätten wir nicht lernen dürfen. Wir lernten aber alles. Und das war wieder so eine Sache, die ich bis heute nicht verstehe. Die Schule war im sogenannten Speisesaal, in den jeden Moment der Lagerführer Pfaffenberger oder der Verantwortliche für die Verpflegung, der Österreicher Sauer treten konnten. Wir hatten aber alles mögliche: Physik, Chemie, Slowenisch, Religion, Stenographie. Und es kam vor, daß plötzlich der Lagerführer eintrat. Wir tarnten ohne vorherige Absprache sofort unser Tun. So hatten wir zum Beispiel Physik, und wenn die Tür aufging, begann der Dragašnik Hanzi: »Franc, wieviel ist 3 und 7?« Und wir machten mit, wie wenn wir nie etwas anderes getan hätten. Wir überlisteten ihn immer mit Leichtigkeit. Besondere Lernbehelfe hatten wir nicht, teilweise stoppelten wir sie selbst zusammen. Einmal allerdings erwischte uns Schüssler, der die Aufsicht über alle diese Lager innehatte. Da konnten wir unser Tun nicht mehr verbergen. Wir hatten gerade Stenographie und da mußte man ja schreiben. Damals gelang es uns wirklich nicht mehr, die Zettel verschwinden zu lassen. Er kam herein, schaute, wir waren in Stenographie ja schon richtig gut, ohne uns loben zu wollen, der Dragašnik Hanzi las ganz normal aus dem »Völkischen Beobachter«, und wir schrieben. Der Schüssler schaute eine Zeit, er konnte es nicht fassen. Da rief er einen: »Lies das!« Der las es ohne Schwierigkeiten. Dann rief er den Budnik France, der neben mir saß: »Lies du das!« Er las weiter. Da hat er nur mit dem Kopf geschüttelt, sein einziger Kommentar war: »Auch ich habe das einmal gekonnt.« Und aus war es. Er ging hinaus. Am nächsten Tag wurde die Schule eingestellt, und der Hanzi Dragašnik mußte an die Front.

Als diese Musterungskommission auftauchte, war es ja noch zu einer regelrechten Revolution gekommen. Die Männer, die noch im Lager waren, hatten sich der Einberufung widersetzt. Wir bekamen ja bald nach der Ankunft im Lager den Bescheid: Wegen volks- und staatsfeindlicher Betätigung verfällt der gesamte Besitz dem Deutschen Reich. Wir waren also volks- und staatsfeindlich. Die Menschen hatten sich dann darauf berufen und die Männer widersetzten sich: »Wie sollen wir als Feinde des Reiches für dieses Reich kämpfen?« Der Lagerführer versuchte uns am Anfang noch zu überzeugen, daß sich alles verändern würde, die Familien kämen nach Hause. Als das nichts half, die Leute glaubten das ja nicht, begann er mit der Pistole zu drohen, letztendlich unterschrieben sie und gingen.

Unsere Familie war in einer besonderen Situation. Als wir ins Lager kamen, erinnerte sich meine Mutter an ihren Bruder, der im alten Österreich Sozialdemokrat gewesen war. Als die Nazis kamen, wurde er zuerst eingesperrt. Er war Postmeister und hatte elf Kinder. Jetzt machte

163

er sich Sorgen, wie es weitergehen sollte. Er im Lager, was wird aus der Familie, etwas Gehirnwäsche kam noch dazu und einmal in Freiheit, trat er der NSDAP bei. Dann meldete er sich freiwillig nach Posen als Postmeister. Er kam auch wirklich hin. Die Mutter hatte noch brieflichen Kontakt zu ihm und sie schrieb ihm sofort, heimlich natürlich, denn unsere Post wurde ja zensuriert. Sie gab ihn in Herzogenaurach auf irgendeiner Post auf. Nicht lange darauf kam der Lagerführer zu meinem Vater: »Ja, Herr Černut, machen Sie sich bereit, Sie kommen demnächst in die Heimat.« Der Onkel hatte uns eine Abschrift seines Briefes an das Führerhauptquartier geschickt, in dem er schrieb, daß er erfahren hatte, daß sein Schwager vertrieben und der Besitz eingezogen wurde. Er könne garantieren, daß sich mein Vater nie politisch gegen das Reich engagiert habe und daß er deswegen verlange, daß ihm der Besitz zurückgegeben werde und die Familie heimkehren dürfe. Das erfuhren sie aber auch in Kärnten, vor allem jener Mensch, der sich so inbrünstig um unseren Besitz bemüht und uns auch das meiste gestohlen hatte. Und beim Heuführen war er auf diese verdammte Bücherkiste, die wir im einundvierziger Jahr versteckt hatten, gestoßen. Freilich, wie er sah, was für einen Schatz er da gefunden hatte, schickte er ihn nach Klagenfurt zur Gestapo und erklärte vor Zeugen: »Der Černut kommt nie wieder heim, man hat bei ihm belastendes Material gefunden.« Drei Wochen oder einen Monat später kam wieder der Lagerführer und sagte: »Leider, ihr Ansuchen ist abgelehnt.« Der Vater fragte ihn noch warum, wir wußten damals ja nicht, was in Kärnten passiert war, aber der Lagerführer sagte nur: »Irgendein belastendes Material liegt gegen Sie vor.« Der Vater überlegte hin und her, eine Zeit sprach er noch davon, daß er eine alte Pistole auf der Tenne versteckt hatte. Er befürchtete, daß sie sie gefunden hatten, aber die hatten sie nicht gefunden. Der Grund waren die Bücher, und wir blieben im Lager.

Das Essen war nicht das Beste, deswegen hatten wir Jungen, vor allem als es keine Schule mehr gab, uns zur Arbeit gemeldet. Wo immer es möglich war, versuchten wir Arbeit zu bekommen. Einige Zeit lang arbeitete ich in einer Gärtnerei, dann in einem Lagerhaus, wo ich Kisten schleppte, dann wollte ich zu einem Bäcker arbeiten gehen, damit ich etwas zu essen bekäme. Ich bat einen der Unsrigen, der in Erlangen arbeitete, sich zu erkundigen, ob irgendwo bei einem Bäcker eine Stelle frei wäre. Ich durfte ja nicht aus dem Lager hinaus. Einige Tage später kam er und sagte: »Ich habe einen Bäcker, der möchte dich haben.« Nur dieser Meister hatte eine große Eselei begangen: er ging her, rief den Lagerführer an und sagte: »Ich habe gehört, bei Ihnen ist ein Junge, der würde gerne bei mir arbeiten.« Der Lagerführer rief mich zu sich, ohrfeigte mich ordentlich: »Wir werden dich schicken, wohin wir wollen.« Aus. Zu diesem Bäcker kam ich nicht.

Einmal liefen wir Kinder draußen herum. Auf dem Misthaufen lag ein Laib Brot. Jemand von unseren Leuten hatte wohl ein Paket bekommen, das zu lange unterwegs war: das Brot war ganz verschimmelt. Ich dachte mir, vielleicht läßt sich doch noch etwas retten. Ich durchschnitt ihn, er war durch und durch grün. Das Allerschlimmste putzte ich weg, den Rest aß ich. Davon bekam ich einen Durchfall, daß mir angst und bange wurde. Ich konnte nichts mehr bei mir behalten. Zum Schluß war ich so schwach, daß ich praktisch nicht mehr gehen konnte. Meine Mutter arbeitete am Flughafen, mein Vater war zu der Zeit zufällig im Krankenstand. In der Fabrik in Nürnberg, wohin er versetzt worden war, war ihm etwas auf den Fuß gefallen. So war er ein paar Tage im Krankenstand. Da kam der Lagerführer in die Baracke und befahl: »Der Sohn soll sich bereithalten, in einer halben Stunde fährt er zum Arbeitseinsatz«. Damals lag ich noch im Bett. Ich war 13 Jahre alt. Der Vater begann zu widersprechen, daß ich nicht könne, daß ich zu geschwächt sei. Nichts da, ich mußte gehen, in einer halben Stunde sollte ich bereit sein. Mein Vater wurde heftiger. Da sagte der Lagerführer, er würde mir eine Krankenschwester zur Begleitung mitgeben. Das konnte meinen Vater nicht zufriedenstellen, er verlor die Nerven und begann zu schreien: »Das ist ja Kinderverschleppung, diese Diktatur.« Da wurde mir klar, jetzt wird es kritisch, weil ich wußte, daß sie einen Dovjak Peter, der sich kurz zuvor ähnlich ausgedrückt hatte, ins KZ verschleppt und dort ermordet hatten. Jetzt hatte ich Angst um den Vater und ich begann, ihm gut zuzureden: »Nein, Vater, ich werde gehen, sorge dich nicht.« Mein Vater war schwer zu beruhigen, aber ich brachte ihn doch soweit. Ich bat noch den Lagerführer: »Herr Lagerführer, ich habe fast nichts zum Anziehen.« Dann gab er mir zwei zu große SS-Hosen, einen Pullover und eine Jacke.

Wir hatten zwar kurz vorher Kleidung bekommen. Ein Lastwagen war gekommen, hat die Sachen einfach auf dem Platz abgeladen, es sollte sich jeder nehmen, was er wollte. Ein schöner Jumper war dabei, den wollte ich auf jeden Fall haben. Der Dragašnik Hanzi, unser früherer Lehrer, war aber zufällig auf Urlaub und hat ihn schneller gepackt. Wir schauten ihn uns genauer an: er hatte eine Tasche, die konnte man hochklappen, darunter war ein Judenstern. Der Stern war in der Mitte ein bißchen ausgefranst. Der Hanzi meinte: »Ich leihe ihn dir, wenn du ihn brauchst. Wir können ihn beide tragen, ich muß sowieso bald zurück an die Front.« Ich trug den Jumper zu meiner Mutter. Es war Sonntag, und sie war zuhause. Ich bat sie: »Mama, wenn du mir das flicken könntest.« Die Mutter schaute ihn an, drehte die Tasche um: drinnen war ein Loch und ein dunkler Fleck. Da begann sie zu weinen und sagte: »Zieh ihn nicht an, der ist aus dem KZ.« Erst da sagte sie mir, daß im KZ Juden erschossen werden. Ich habe den Jumper nie getragen und der Dragašnik Hanzi auch nicht.

Von der Judenvernichtung hatte ich bis dahin nichts gewußt, vom KZ aber schon damals, als sie den Dovjak Peter hinverschleppt hatten. Man sprach heimlich darüber. Ich weiß nicht, wen ich gefragt hatte, was das wäre und mir wurde erklärt, daß das eine Art Gefängnis sei. Aber ich dachte nicht weiter darüber nach. Daß das etwas Schreckliches sein mußte, das wußte ich. Sogar der Lagerführer erzählte uns einmal, daß in einem KZ Versuche gemacht wurden. Sie suchten einen jungen Polen heraus, 27 Jahre alt, untersuchten ihn ärztlich, fanden heraus, daß ihm kein Zahn fehlt, daß er vollkommen gesund sei. Sie sagten ihm, daß sie ihn töten würden. Sie verbanden ihm die Augen und sagten ihm, daß sie ihm die Adern aufschneiden würden. Dann stach ihn einer mit der Nadel, doch nicht in die Ader, nur so ins Fleisch, daneben hatten sie eine Anlage, aus der lauwarmes Wasser auf die Haut tropfte. Sie stellten fest, wie der Mensch immer blasser wurde und zum Schluß ohnmächtig umfiel. Was weiter mit ihm passierte, weiß ich nicht. Der Lagerführer erzählte das einer Gruppe unserer Leute, warum, weiß ich nicht. Was wollte er wohl damit sagen? Ich fragte dann doch einen der Burschen: »Wo ist das passiert?« Ich weiß nicht, wer mir antwortete: »Im KZ.« So begann ich mich auch in diese Richtung zu interessieren: was passiert da, warum tun sie das? Mit der Zeit erfuhr man ja, daß Menschen vernichtet wurden. Deswegen wagte auch niemand zu widersprechen, das hätte praktisch den Tod bedeutet.

Bei uns im Lager war auch eine Geisteskranke aus dem Jauntal. Während eines Fliegeralarmes, als wir alle in den Luftschutzbunker mußten, wollte sie nicht mit uns. Der Lagerführer ging aber durch die Baracken, um zu kontrollieren, ob alle Baracken leer wären. Diese Frau aber lag im Bett. Es war Nacht. Er wollte sie herausziehen, die Decke herunterziehen, sie aber sprang auf und ohrfeigte ihn. Sie war ja nicht bei Verstand. Gleich am nächsten Tag wurde sie ins KZ gebracht. Sie blieb spurlos verschwunden.

Ich marschierte damals im März 1944, mit dem Koffer, der Kleidung, die ich vom Lagerführer bekommen hatte, und der Krankenschwester aus dem Lager. Ich fragte nicht, wohin. Ich war ganz apathisch und es war mir gleichgültig, ob ich geradewegs in den Tod oder sonstwohin ging. In mir war überhaupt kein Wille mehr. In Bruck, bevor wir in den Zug einstiegen, sagte ich zur Schwester: »Sie brauchen mich nicht zu begleiten, ich werde schon alleine hinfinden, geben Sie mir nur die Adresse.« Sie gab mir ein Zettelchen und sagte: »Du fährst bis Fürth, dann steigst du um in den Zug nach Dachsbach an der Aisch.« Mir war so, als ginge mich das alles nichts an. Ich tat auch alles, was mir aufgetragen wurde. Als ich Richtung Dachsbach fuhr, zog ich diesen Zettel heraus und sah: Metzgerei Menger. Das gab mir einen Stich. Weil ich kann bis heute kein Huhn schlachten. Ich dachte mir, ein Fleischer – das wird nichts für mich. Aber was sollte ich?

Ich komme nach Dachsbach, suche die Metzgerei, gehe hinein, meine Gefühle von damals kann ich nicht beschreiben. Ich gehe den Gang entlang, höre Stimmen, klopfe: »Herein!«, brüllt jemand, ich öffne die Türe, ein verschrecktes Kind halt, sage: »Guten Tag.« und dann schaue ich erst hin, dort sitzt ein Mensch, ein richtiger Fleischhacker im zweifachen Sinn des Wortes, in SA-Uniform, sogar Abzeichen trug er. Der Mensch liest eine Zeitung, neben ihm sitzt seine Frau, er steht langsam auf, kommt langsam auf mich zu. Ich traue mich nicht, auch nur einen Schritt zu machen. Dann haut er mir links und rechts eine herunter, daß ich nicht mehr wußte, wo mir der Kopf steht. Dann sagte er: »Der deutsche Gruß ist Heil Hitler, merk dir das, Rußler!« Das war der Empfang. Und von da an war ich nur mehr der Rußler, ich hatte keinen anderen Namen mehr. Er nannte mich nie Franc.

Dieser Mensch zeigte mir, was ein Herrenvolk ist. Vom ersten Tag an. Den Sadismus, den der Mensch in sich hatte, kann man nicht beschreiben. Am Anfang verstand ich auch seinen Dialekt nicht recht. Wir waren im Schlachthaus, und er brüllte mich an: »Rußler, hol mal die Leda!« Was soll das heißen? Hol mal, das verstand ich. Ich soll etwas holen, aber was? Ich überlegte hin und her. Was? Was? Freilich kam ich nicht drauf. Ich ging zu ihm: »Herr Meister, bitte, was soll ich holen?« Er brüllte: »Hol mal die Leda!« Und in dem Moment begann er auch schon auf mich einzuschlagen, mit den Stiefeln, mit den Holzsohlen, wohin die Schläge eben fielen. Allmählich verstand ich ihn wenigstens teilweise. Ich war der letzte Dreck im Haus. Alles war so militärisch. Ich mußte in der Früh um fünf Uhr aufstehen, um halb sechs in den Stall. Dort waren 20, manchmal mehr, manchmal weniger Kühe, ich mußte alles ausmisten und reinigen. Wenn der Meister kam, mußte ich mich vor ihn hinstellen, immer: Heil Hitler! Ich melde mich zum Dienst. Dann verteilte er die Aufgaben, was im Laufe des Vormittages gemacht werden mußte. Das Mittagessen bekam ich in einem Eck, und am Nachmittag ging's weiter. Am schlimmsten waren die Abende, denn am meisten fehlte es mir an Schlaf. Das Essen war kein Problem. Ich hatte zwar kein besonderes Essen, die Magd schmiß mir irgendetwas hin, aber wenn ich hungrig war, dann stahl ich halt eine Wurst, da hatte ich keine Bedenken. Hungrig war ich nie, aber der Schlaf fehlte mir. Dieser Mensch war ausgesprochen bösartig. Meine letzte Aufgabe vor der Nachtruhe war es, die Wurstmaschinen zu reinigen. Wenn ich fertig war, hinein zu ihm: »Heil Hitler! Herr Meister, ich habe die Arbeit beendet.« Er ging nicht etwa hin, um sich die Maschinen anzuschauen. Sein erster Blick war auf die Uhr. Wenn es noch nicht neun Uhr war, dann ging er zu den Maschinen, schnitt ein Stück Fleisch ab und schmiß es hinein. Und ich durfte die Maschine noch einmal auseinandernehmen und putzen. Das machte er absichtlich, sodaß ich vor halb zehn, zehn nie ins Bett kam. Das war gemeinster Sadismus. Dreimal wollte ich all dem ein Ende machen, ich hatte einfach keine Hoffnung mehr. Wenn ich ihn fragte: »Herr Meister, wann kann ich ins Lager?«, bekam ich eine Ohrfeige, das war alles. Und ich wußte nicht, wie weiter. Nur die Mutter und mein Onkel schrieben mir, und die beiden gaben mir soviel Kraft, daß ich doch aushielt. Sicher, die Briefe waren zensuriert. So naiv war ich aber noch, daß ich ihm alles zeigte, und er öffnete auch jede Sendung, die ich bekommen habe.

Er war auch Jäger. Er fragte: »Rußler, kannst du radfahren?« Ich konnte es nicht. Er nahm sein Gewehr, setzte sich auf das Rad und fuhr los. Ich mußte hinterher. Auf der einen Seite lief sein Hund, auf der anderen ich. Als er schneller zu treiben begann, da blieb ich halt zurück. Nach 10 oder 20 Metern blieb er stehen: »Rußler, komm her!« Ich trat zu ihm und dann ohrfeigte er mich bis zum Amen. Dann mußte ich so schnell laufen, wie er fuhr. Der Hund hatte es besser: wenn er pinkeln mußte, dann durfte er wenigstens. Auf der anderen Seite war das meine einzige Erleichterung, wenn er befahl: »Rußler, hier setz dich hin!« Dann setzte ich mich hin, und wenn es krachte, mußte ich loslaufen und das, was er geschossen hatte, so schnell wie möglich finden. Manchmal dauerte es 10, manchmal auch 20 Minuten, in der Zeit konnte ich kurz einnicken. So konnte ich mich wenigstens ein bißchen ausruhen.

Einmal war ich moralisch total am Ende, und das kam so: Er hatte eine Tochter, ungefähr 20 Jahre alt, und die studierte in Nürnberg an der Universität. Normalerweise kam sie samstags am Nachmittag immer nach Hause. Wenn die zuhause war, das war für mich wie hundert und eins. Ich blieb zwar der Rußler, aber keine Ohrfeigen, keine Brüllerei, gar nichts. Er fragte nur: »Rußler, was tust du da?«, aber in einem recht gutmütigen Ton. Er schmierte mir keine und sekkierte mich nicht. Sonntags mußte ich sogar mit ihnen essen, im Herrenzimmer, einem wunderschönes Zimmer mit Stilmöbel. Gewöhnlich gab es Rehbraten, und er lud mir immer eine Menge Kartoffelklöße auf meinen Teller: »Rußler, alles 'nunter.« Drei, vier gab er mir, wo die anderen zusammen vier, höchstens fünf gegessen hatten. Er gab sie mir vor seiner Tochter. Kaum war sie gegangen, war es wieder aus, da war er wieder ein ganz anderer Mensch. Einen Samstag kam sie dann nicht. und das Regime blieb das gleiche. Am Sonntag gab es Fliegeralarm und wir mußten alle in den Keller. Ich war aber damals sehr deprimiert, denn der halbe Samstag und der Sonntag waren meine einzige Hoffnung auf Erholung, und da war sie nicht gekommen und ich war völlig fertig. Ah, sagte ich mir, jetzt aber nichts mehr, jetzt will ich nur noch sterben. Ich ging hinaus, als der Fliegeralarm begann, die anderen waren in den Keller gerannt, ich aber die Straße hinunter. Ich kam ein Stück aus dem Dorf hinaus, da flogen schon die Bomber-Geschwader gegen Nürnberg. Ich hatte eine blaue Jacke an, ich weiß nicht, woher ich die hatte. Ich zog sie aus und begann zu winken. Ich stellte mir vor, daß mich ein Pilot sehen würde und dann eine Bombe auf mich herunterließe, damit dieser »Spaß« ein Ende hätte. Freilich, das ist nicht passiert, aber dafür etwas ganz anderes. Das Haus des Fleischers stand so dumm, daß man den ganzen Platz und noch weit auf die Felder hinaus sehen konnte, und dieser Mensch war am Fenster gestanden und hatte vermutlich gesehen, wie ich winke. Ich möchte lieber nicht erzählen, was dann war, als ich zurück ins Haus kam.

Ich frage mich heute noch, wozu dieses Theater vor der Tochter gut war. Ich glaube, er hatte trotz allem ein Inneres, etwas wie Scham, ein Gewissen oder wer weiß was, das ihn daran hinderte, die Brutalität vor seiner Tochter auszuleben. Ich kann mir das nur so erklären. Denn die Tochter war in Ordnung. Einmal überlegte ich schon heimlich, ob ich ihr so durch die Blume ein bißchen erzählen sollte, was da passiert. Aber die Erfahrung, eine innere Stimme sagte mir, daß ich vermutlich nur draufzahlen würde, wenn ich davon redete. Vielleicht würde sich der Mensch noch mehr auf mich werfen. Was weiß ich, vielleicht auch nicht. Mein Beispiel ist ja nicht einzigartig. Aus Erzählungen von KZ-lern weiß ich, daß gerade die bösartigsten Aufseher zuhause die liebenswürdigsten, besten Väter waren.

Einmal erhielt ich dann doch die Erlaubnis, ins Lager zu gehen. Freilich träumte ich davon, mich bei meiner Mutter auszuweinen, dann würde mir gleich leichter. Dann kam ich ins Lager, sah dort die Mutter, mein Gott, ganz dünn. Auch der Vater war gerade zuhause. Ich brachte nichts heraus. Die Mutter fragte mich: »Wieso siehst du so schlecht aus?« Ich antwortete: »Ah, mir fehlt nur ein bißchen Schlaf, sonst geht es mir gut.« Ich sagte ihr kein Wort davon. Ich dachte mir, sie können mir ja nicht helfen. Vielleicht mache ich alles noch schlimmer für sie, schließlich haben sie schon genug Schwierigkeiten. Sollten sie sich noch meinetwegen kränken? Und tatsächlich erfuhren meine Eltern erst nach dem Krieg, was dort passiert war.

Franc Černut

Irgendwie durchkommen

Hanzi Ogris

Wir kamen nach Schwarzenberg. Die Bahnstation hieß Markt Bibart, dort wurden wir von der Gendarmerie und Omnibussen empfangen und ins Lager gebracht. Das war ein Kloster, einen Teil hatten noch die Patres, der andere Teil wurde mit uns belegt. Dort gab es scharfe Hunde, dort war auch die SS, mit einem schon älteren Sanitäter. Die nahmen uns in Empfang und teilten uns auf. Dort blieben wir bis zur nächsten Umsiedlung von einem Lager ins andere, weil sie Schwarzenberg wahrscheinlich für Ausgebombte brauchten.

Wir durften das Lager nicht ohne Genehmigung verlassen. Man mußte im Lager bleiben, bis die Arbeit aufgeteilt wurde, bei Betrieben und so weiter, da mußte man dann täglich hingehen und pünktlich wieder zurückkommen. Ich arbeitete in einer Buchdruckerei, dann in einer Bierbrauerei, in einer Gärtnerei, anschließend in einer Dachdeckerfirma, und dann wurde ich einer Kohlenfirma zugeteilt. Bei dieser Kohlenfirma kann ich mich fast nur an schlechte Zeiten erinnern. Kohlen schleppen mit vierzehn Jahren, 50 Sack Kohle laden und entladen aus den Waggons. Ich kannte keinen Sonntag, keinen Feiertag. Gearbeitet wurde mindestens zehn Stunden, je nachdem, manchmal auch zwölf oder dreizehn.

Dadurch, daß wir die deutsche Sprache beherrschten, war für uns die Verständigung im Betrieb leichter, und wenn man sich fügte, alles tat, was verlangt wurde, kam man mit den Leuten leichter aus. Vor allem gab es auch einige Arbeitskollegen, die sich sofort informierten: »Warum seid ihr da und von wo kommt ihr?« Die verstanden diese Maßnah-

Vertreibung

169

me nicht und meinten: »Die sind wirklich arm, wenn es so ist, wie sie erzählen«, sodaß einem dann die Arbeitskollegen das eine oder andere zusteckten.

Die Aufnahme bei der Bevölkerung war im großen und ganzen nicht schlecht, es gab aber auch Ausgesiedelte, die woanders arbeiteten, und die erzählten schon von manchen bösen Dingen. Aber bitte, der Wahrheit wegen muß man sagen, daß es auch andere Lager gegeben hat. Also mit einem KZ direkt könnte man diesen Aufenthalt nicht vergleichen, wenn man jetzt die Bücher liest und die Konzentrationslager besucht und sich interessiert, nachsieht, was in diesen Lagern alles geschehen ist.

Wer in unserem Lager einmal – wie die älteren und kränklichen Menschen – arbeitsunfähig war, und wer da länger krank war, einen Tag oder zwei, der mußte in die Krankenstube hinübergeführt oder -getragen werden, und von dort kamen wirklich nur wenige wieder heraus. Da kam immer der Chefarzt, ein SS-Offizier in Begleitung, besuchte die Leute, fragte was los wäre, gab Tabletten oder Spritzen, und dann starb eben der eine oder andere an »Altersschwäche«, »Herzversagen« oder sonst irgendwie. Wenn aber jemand aufmuckte, zum Appell nicht erschien oder so – ich kenne da zwei, drei Fälle –, da erstattete der Lagerführer eben eine Meldung an die Gendarmerie, und die kam dann, fuhr ab mit dem, und wir sahen ihn nie wieder.

Natürlich war es in allen Lagern strikt untersagt, mit der Heimat, mit Bekannten und Verwandten zuhause besondere Verbindungen zu haben, bzw. solche, die der Lagerführung nicht bekannt waren. Das heißt, daß alle Schreiben, die aus diesem Lager hinausgingen, beim Lagerführer abzugeben waren; sie wurden kontrolliert und verklebt, und alles, was wir von außen bekamen, war von der Lagerführung bereits geöffnet worden.

Von Schwarzenberg kamen wir dann nach Frauenaurach. Da war ich in einer Brauerei tätig, in der Flaschenabfüllabteilung. Da mußte ich oft sonntags arbeiten, je nachdem, wie der Bedarf war. Dort kam ich auch mit jugoslawischen Ausgesiedelten zusammen, die in einem anderen Lager untergebracht waren. So war ich vielleicht wieder einer von jenen, denen es möglich war, ein bißchen besser durchzukommen, weil ich ja die deutsche Sprache und Dank meiner Familie auch die slowenische Sprache beherrschte und hie und da vermitteln oder dolmetschen konnte, zwischen den jugoslawischen Ausgesiedelten und der Betriebsführung bzw. dem Leiter dieser Abteilung.

Im Frühjahr oder Sommer 1944 wurden wir von der Gutsverwaltung Maresch in Furth/Weissensee, das ist in Niederösterreich, über irgendwelche Stellen angefordert. Einige Familien wurden dann aufgrund dieser Antragsstellung aus dem Lager entlassen. Man teilte uns die Marschroute mit, und wo wir uns zu melden hätten. In der Forstverwaltung Maresch angekommen, wurden wir in einer Holzbaracke in einem Raum untergebracht, mit Herd und Betten, wieder so Stockbetten. Dann teilte man uns einem Forstmann zu, und der zeigte uns, was wir jeden Tag zu tun hatten. So arbeiteten wir dort im Wald und führten Holzschlägerungen durch. Da war die Arbeitszeit schon mehr geregelt, wir brauchten sonntags kaum zu arbeiten, das war immer vom Forstmann abhängig.

Im April oder März 1945, da kam die Front über das Burgenland herein, da steckte man uns dann in den Arbeitsdienst; das war aber schon sehr unorganisiert. Der Vater mußte zum Volkssturm, meine zwei Schwestern und die Mutter blieben in Furth zurück. Das war so: »Ihr kommt zum Volkssturm ohne Uniform und ihr kommt ohne Uniform zum Arbeitsdienst.« Das war ja ein wilder Haufen sozusagen, der Schützengräben schaufeln und das eine und andere zur Verteidigung machen mußte. Da waren Aufseher vom Arbeitsdienst, die vielleicht so 20, 30 Jahre alt waren, die überwachten uns.

Man kriegte natürlich mit, daß das Kriegsende nahte, und sammelte die Flugblätter von den Flugzeugen, und las sie, auch Zeitungen las man, die von der Rückverlegung der Front zu der und der Stadt berichteteten, und natürlich sagten wir uns dann: jetzt kann die Geschichte nicht mehr lange dauern, jetzt heißt es aufpassen und irgendwie überleben ...

In diesen Tagen sahen wir noch viele gräßliche Dinge, zum Beispiel, wie die Kriegsgefangenen oder KZ-ler in Massen auf den Straßen bei schwerster Bewachung zurückmußten. Es wäre ohne weiteres möglich gewesen, daß wir auch mitgenommen worden wären. Wir schaufelten noch Gräben, und auf einmal blieb auch unsere Gruppe ohne Führung. Da wählte jeder von uns seinen eigenen Weg, den bestmöglichen, um irgendwohin zu kommen. Der Vater und seine Freunde zum Beispiel nahmen den Weg nach Kärnten, und wir wußten gar nichts davon.

Unser Plus war, daß wir keine Uniform trugen; dadurch fielen wir nicht so auf und schlugen uns mit zwei, drei Freunden nach Furth durch. Dort erlebten wir nach zwei oder drei Tagen den russischen Einmarsch. Wir hatten eine kleine Menge Kartoffeln vergraben, und ich kann mich noch erinnern, da fuhr ein russischer Panzer drüber, und so war das auch noch weg. Aber an einer anderen Stelle waren noch ein paar Säcke Kartoffeln versteckt, und die blieben uns. So lebten wir einige Zeit nur von Kartoffeln und Milch, denn eine Kuh war beim Rückzug dort oben unerwartet hängengeblieben, die brachten wir dann auch irgendwie unter.

Wir lebten bis Juni im Blockhaus. Ende des Monats, glaube ich, kam dann eine Repatriierungskommission. Das war eine jugoslawische Delegation, die kam mit einem LKW und nahm uns und andere mit; in unserer Nähe befanden sich auch noch Kriegsgefangene, das kann man sich heute ja gar nicht mehr vorstellen.

Verschiedenste Organisationen aus Wien oder Wiener Neustadt hatten in der Umgebung solche Sammellager, wo sie die Leute zusammenfaßten und früher oder später per Eisenbahn entweder nach Polen, in die Tschechoslowakei, nach Rußland und eben auch nach Jugoslawien weiterbrachten. Auf diese Weise kamen wir nach Maribor. Dort verhandelten dann die Jugoslawen mit den Engländern, wann wir nach Kärnten zurückkehren dürften.

Wir sagten uns, jetzt kann uns nichts mehr passieren, wobei das natürlich sehr wohl möglich gewesen wäre, aber bitte, der Krieg war vorbei, es war Ende Juni, das war schon ein befreiendes Gefühl. Und dann kamen wir schließlich und endlich von Maribor nach Dravograd. Im dortigen Lager verstarb mein 16 Jahre alter Bruder Josef infolge einer Blutvergiftung. Seine Grabstätte ist uns unbekannt. In Dravograd hielten wir uns einige Wochen auf, um dann über Ljubljana durch den Karawankentunnel nach Kärnten zu gelangen. Dort warteten schon englische Fahrzeuge auf uns, die Dodges, die Chevrolets, kleine Fahrzeuge, so Fünftonner, die fuhren uns in Richtung Heimat. Ich kann mich erinnern, mit welchen Gefühlen wir da die Straße, die ja ganz anders aussah als heute, hinunterfuhren, und als wir den Kirchturm von Ludmannsdorf gesehen haben, das war erst ein Gefühl: »Jetzt bist du wieder da, bist du wieder frei.« Das empfand man auch als Junger. Und fragte sich: »Wie schaut es jetzt daheim aus, werden wir jetzt daheim weiterkönnen?« Als wir heimkamen, war der Vater schon da, er war einen Monat vor uns eingetroffen.

Ja, wir fanden unser Haus leer vor; also gingen wir hinein und machten uns wieder ansässig. Die Prozedur der Rückstellung dauerte sehr lange. Da gab es eine Kommission bei der Landesregierung, die führte die Prozesse; wir waren ja laut Grundbuch enteignet, und das mußte alles rückgängig gemacht werden; das hat allerdings ein bißchen zu lange gedauert, zwei Jahre oder so.

Man hörte auch von Fällen, daß die Leute, das heißt die Kanaltaler, der deutschen Umsiedlungsgesellschaft für das Haus irgend etwas gezahlt, also mehr oder weniger das Haus gekauft hatten. Das mußte man jetzt von seiten der Landesregierung ordnen.

Jedenfalls hatte man nicht das Gefühl, als wollte jetzt jemand etwas schnell wieder in Ordnung bringen. Aber schließlich und endlich gelang es nach Jahren doch, diese Situation von Amts wegen zu regeln. Zuletzt wurde einem das Haus auch grundbuchmäßig wieder zurückgegeben.

Es war schon eine gewisse Charaktereinstellung nötig, sehr menschlich zu handeln und ohne Rachegefühle, so daß man fast zu jedem sagen konnte: »Weißt du was, streiten wir jetzt nicht wie und warum, sondern schauen wir, daß es jetzt weitergeht.« Jedenfalls waren das Zeiten, die ich mir nicht um einen Millimeter noch einmal herbeiwünsche, niemandem wünsche ich, daß er in dieselbe Situation kommt. Eine Zeit, wo Mensch und Charakter ganz versaut waren und nur mehr Werkzeug eines anderen. Wir müssen alle zusammen dazu beitragen, alle, daß so etwas nicht mehr eintritt, und daß wir einer besseren Zeit entgegensehen können, ohne Furcht vor solchen Dingen. Aber bitte noch einmal, vergessen werden wir das nicht, wie es war.

Brüht das Wasser auf

Lojzka Boštjančič

Die Aussiedlung im zweiundvierziger Jahr war der Grund, daß wir mit dem Widerstand begannen. Die Partisanen kamen und organisierten uns. Die Aussiedlung erlebte ich ja auf schreckliche Weise mit. Ich war beim Plavc im Dienst. Am Nachmittag war ich aufs Feld Unkraut jäten gegangen, ungefähr um zwei Uhr kam mich meine Schwester holen: »Komm nach Hause, beim Plavc jagen sie die Leut' fort, komm nach Hause.« Ich rannte nach Hause, überall war Polizei, Gestapo, alles war besetzt, sie wollten mich nicht einmal hineinlassen. Erst als ich ihnen erklärt hatte, daß ich hier im Dienst war, ließen sie mich hinein. Drinnen hatten sie schon versucht, die Plavc-Mutter fortzubringen. Sie sagten mir: »Ja, die Frau muß aufstehen, sie muß gehen.« Sie hatten schon die Sachen in einen Koffer gepackt und wurden dauernd gedrängt: »Was ihr tragen könnt, könnt ihr ja mitnehmen.« »Ja, was werd' ich da schon, ich hab' ja nichts getan, ich werde ja zurückkommen, was brauch' ich denn mitnehmen«, sagte der Plavc die ganze Zeit, er war so ein alter Mann. Dann sagte ich: »Die Frau kann ja nicht aufstehen, sie kann ja nicht gehen, sie hat ja keine Haut mehr auf den Füßen.« Sie hatte Wassersucht, sodaß von den Fersen bis zu den Knien keine Haut mehr am Bein war. Es ist dauernd nur geronnen und wir haben sie gewickelt. Da sagte einer von ihnen: »Ja, da muß aber noch ein Arzt her.« Und die Rettung kam, der Arzt mit: »Jetzt zeigen Sie mir, wie krank die Frau ist.« Ich band ihr die Beine auf. Da hat er dann wohl angeordnet: »Nein, nein, die Mutter bleibt da und der Vater auch.« Die Plavc-Mutter, ganz rot im Gesicht, bat die ganze Zeit: »Tuat's mi do erschieß'n!« Das mußt du einmal durchmachen. Ein volles Haus, alles durcheinander, die nahmen, was zu nehmen war, viel war sowieso nicht mehr da. Die Rettung und der Arzt fuhren dann wieder weg. Ich ging bei der anderen Seite hinaus, da redeten schon die Leute: »Die Plavc haben sie nur so ins Auto geschmissen, sie sind schon gefahren mit ihnen.« Das waren die Heimischen, die so redeten, die wußten das schon vorher und meinten, das sei richtig so, daß sie mit ihnen abgefahren waren. Da sagte ich: »Wie könnt ihr nur behaupten, daß sie mit ihnen abgefahren sind, die sind ja noch zuhause, drinnen in der Stube.«

Der Miklavž war noch, bevor er wegmußte, zum Plavc gekommen und verabschiedete sich. Er sagte: »Mama wein' nicht, wir kommen schon noch nach Hause.« Und dann wartete sie so schwer auf ihn. Bevor der Miklavž fort mußte, spielte er noch »Hej Slovani«. Und sie gingen mit vier Kindern weg vom Hof, der Hanzi kam erst in Klagenfurt dazu, drei waren noch ganz klein, die Mojca sieben, acht Jahre, die Nani zwölf, so kleine Kinder mußten damals fort von zuhause.

Der Hašpi aber blieb beim Plavc, zehn Jahre war er alt. Was dieser Junge wohl gefühlt haben muß, die Eltern fort, die Brüder und Schwestern fort, und er allein mit den Großeltern zurückgeblieben. Dann waren wir ja so verschreckt, immer wenn ein Auto anhielt, ein militärisches, dachte man, jetzt kommen sie dich holen. In so einer Situation zu leben und dazu noch als Kind, das kann man sich nur schwer vorstellen. Zu essen hatten wir fast nichts mehr, eine Kuh hatten wir noch, sodaß wir wenigstens Milch hatten, ein Schwein mästeten wir noch, daß wir ein bißchen Fleisch hatten, und Kartoffeln besaßen wir auch noch. Wir aßen jeden Tag Kartoffeln mit Milch, manchmal ein kleines Stück Fleisch, ein bißchen Brot, das man auf Karten bekam. Es war ein schlimmes Leben, und dabei wäre es auch noch recht gewesen, den anderen etwas ins Lager zu schicken.

Die Plavc-Mutter blieb dann noch ein Jahr ans Bett gefesselt. Im April war die Aussiedlung, im Dezember verfiel sie vollkommen. Dann war sie ein Jahr ohne Verstand. Das hatte der Bub, der dageblieben war, alles mitgekriegt, ich auch, wir machten ja viel mit. Solange sie noch bei Verstand war, fragte sie jeden Tag: »Wird der Hanzi nicht wiederkommen?«. Dann, als ihr Zustand schon ganz schlecht war, wiederholte sie in einem fort: »Ja, den Hanzi, den hat aber der da, siehst du ihn, siehst du ihn, der hat ihn aufgefressen.« Wir mußten ein Hitlerbild an der Wand haben, so wie überall. Nun mußten wir es wegtun, sie starrte es dauernd an und sagte: »Siehst du den, das ist derjenige, das ist derjenige, der den Hanzi aufgefressen hat.« »Aufgefressen« sagte sie, »den Hanzi aufgefressen, wenn es den Hanzi noch gäbe, er würde schon wiederkommen.« Wir trösteten sie, der Hanzi wird schon kommen, der Hanzi wird schon kommen. Sie hat seine Heimkehr nicht mehr erlebt. Sie starb im Jahr darauf, im Dezember. Ein Jahr war es so zugegangen. Freilich, wenn die anderen zuhause gewesen wären, wäre alles anders gekommen, sie verfiel ja deswegen so rasch, die Aussiedlung hatte ihre Gedanken verwirrt.

Den Besitz bekam einer aus Gnesau, Gangl hieß er. Er fand ein ausgeplündertes Haus vor, die Heimischen hatten schon viel weggetragen. Die Magd mußte dortbleiben, der Ortsgruppenleiter Berger befahl ihr, das Vieh zu füttern, bis der aus Gnesau kommt. Am Abend beschlossen wir, noch etwas Nützliches zu unternehmen. Das Haus war versiegelt, eine Art Kuckuck war auf die Tür geklebt, den konnte man wegnehmen und hineingehen. Das war ja nur für uns versiegelt, nicht aber für die anderen, zum Beispiel für den Ortsgruppenleiter und seine Frau. Sie kamen am selben Abend, nahmen sich alles, was ihnen gefiel, und brachten es weg. Die Tini und ich gingen von hinten hinein, nahmen eine Marmelade aus der Speis und das Besteck. Dann gingen wir wieder hinten hinaus, die anderen beiden vorne und das gleich mit einem ganzen Sack. Wir schleppten noch einen Korb voll Werkzeug zum Plavc, denn Plavc und Miklavž nützten ja viele Geräte gemeinsam. Wir beide dachten nur daran, was wir da noch Gutes tun könnten, während die beiden anderen seelenruhig alles für sich ausräumten.

Zweimal war ich bei den Ausgesiedelten zu Besuch. Das war ein schlimmer Eindruck. Zuerst waren sie noch in Scheinfeld in einem Kloster, dort durfte man nicht ins Lager. Ich ging mit einem Foltej hin, bei dem sie zuhause gerade Schnaps gebrannt hatten. Er hatte eine Feldflasche voll

Lojzka Boštjančič

davon, etwa drei Liter. Sein Bruder war auch ausgesiedelt, ebenfalls im Kloster. Der Schnaps war für den Lagerführer, falls er uns beim Hineingehen ins Lager erwischen sollte. Wir mieteten in Scheinfeld zwei Zimmer und trafen uns schon dort mit den Ausgesiedelten. Am Abend gingen wir ins Lager, da kam der Lagerführer heraus. Foltejs Bruder hatte ihn schon bemerkt. »Er kommt, geht ein bißchen weg, ich werde mit ihm reden.« Und wie sich halt einige bestechen lassen, alle ja nicht, so bekam er den Schnaps und dafür durften wir beide ins Lager. Hoffnung hatten die Ausgesiedelten ja immer, daß die Hitlerei nicht gut ausgehen kann und daß sie doch einmal nach Hause kommen würden. »Brüht nur das Wasser auf, scheren werden wir sie selber.« Solch eine Wut hatten sie auf diejenigen, die sie in diese Lage gebracht hatten. Wie sie dann nach Hause gekommen waren, fühlten sie sich so glücklich, »Hauptsache, wir sind zuhause«, das war ihr Fehler. Damals hätte man die zur Rechenschaft ziehen sollen, die bei der Aussiedlung mitgeholfen hatten. In jeder Gemeinde gab es Leute, die gesagt hatten, der und der muß fort. Man wußte ja genau, wer bei der Aussiedlung mitgewirkt hatte. Und als sie nach Hause gekommen sind, war alles vergessen.

Der Miklavž war zu Kriegsende schon zuhause. Die Partisanen hatten ein paar eingesperrt, ich glaube sechs, und die hielten sie im Haus vom Miklavž fest. Da ging der Miklavž zu ihnen und sagte: »Nein, das sind unsere Leute, ich laß' es nicht zu, daß ihr sie wegbringt.« Und sie nahmen nur einen mit. Davon redet heute niemand, daß wieder ein Slowene so gut war und sagte: »Nein, nicht diese Leute, das sind unsere Leute, für die steh' ich ein.« Das ist so eine häßliche Sache, sie lassen es nicht gelten, daß es das Verdienst vom Miklavž war, diese Leute von den Partisanen freibekommen zu haben. Sie behaupten, der Befehl dazu sei von ganz woanders gekommen, von den Engländern. Dabei hatten die Partisanen sie eine Nacht hier, am nächsten Tag schon ließen sie sie frei, nur den Ortsgruppenleiter nahmen sie mit. Wenn du heute sagst, daß das die 100%ige Wahrheit ist, läßt es niemand gelten. »Nein, die Engländer waren ihre Befreier«, sagen sie. In Wirklichkeit hat zu dem Zeitpunkt noch niemand in Ludmannsdorf einen Engländer gesehen.

Daheim sterben

Marija Tolmajer

Acht Tage vorher haben sie mich auf die Probe gestellt. Ich ging um Bettwäsche auf die Gemeinde für die Marjanca, es war ja alles auf Bezugsschein, na ja, und du mußtest die Hand heben und mit »Heil Hitler« grüßen, da sagte der Bürgermeister: »Weißt du was, du kennst mich, ich kenne dich, wir beide werden uns slowenisch ausreden, du brauchst die Hand nicht zu heben. Du wirst alles bekommen. In den nächsten Tagen, am Dienstag, wirst du alles bekommen.«

Vertreibung

175

In den nächsten Tagen, am Dienstag um halb sieben in der Früh, holten sie mich. Am 15. April in der Früh sagt meine Tante: »Koch du das Frühstück, ich werde in den Stall gehen«. Sie geht, kommt zurück, sagt: »Ich weiß nicht, warum so viele Mannsbilder dort unten herumstehen, und so laut sind sie auch.« Und ich antworte: »Weißt du was, höchstwahrscheinlich sind sie gekommen, um sich den Hof anzuschauen, damit sie den Vater nach Hause schicken während der Aussaat.« Dann ein Luftzug und »Heil!«, so grob, so laut, sie kommen herein, der erste ist ein Höherer, ich werde unruhig, der sagt: »Aha, du schwarzer Hund, in einer Viertelstunde mußt du verschwinden«, darauf ich: »Wohin, warum?« »Frag nicht«, und dann sagt er noch, daß ich Verbindungen nach Jugoslawien hätte. Ich antworte, daß ich noch nie in Jugoslawien gewesen sei, außer – vielleicht als Schülerin vor langer Zeit auf einem Ausflug; da hebt er die Hand: »Sei nicht frech.« Ich zittere, da setzt er das Bajonett an, und ich breche zusammen. Das passierte mir das erstemal, noch nie vorher, noch nie. Wie sie sagten, daß ich weg muß, sagte ich noch zu der Ukrainerin: »Karolina, geh zu meinem Vater und zu meiner Mutter« – meine Eltern haben in Radsberg gewohnt – »und sag ihnen: Die Mici muß fort.« Und dieses Mädchen war so schlau, daß sie behauptete, sie müsse zur Näherin, als sie hinter ihr hergeschrien haben, wohin sie ginge. Soviel deutsch konnte sie. Sie ging ja nicht zur Näherin, sondern nach Hause, sodaß dann mein Vater und die Schwestern gekommen sind. Die Mutter konnte nicht, die war halbtot vor Schreck. Nachbarn brachten noch die Mutter von meinem Mann und seinen Halbbruder; die Mutter war auch fix und fertig, sie saß auf dem Wagen.

Ich wußte ja gar nichts, ich war bewußtlos. Sie baten und bettelten dann, daß ich noch zu Bewußtsein kommen dürfe. Mein Mädchen lag noch auf dem Bett ohne alles, ohne Frühstück, genauso mußte sie weg, wie sie da auf dem Bett lag. Als ich zu Bewußtsein kam, wollte ich ihr ein Frühstück richten, ein bißchen Milch, da sagte er: »Weg.« Dann war es soweit, wir gingen bei der Tür hinaus, und in dem Moment wurde mir bewußt: fort, irgendwohin. Ich habe um das Mädchen gebeten, sie sollten sie mir in den Arm legen dort an der Schwelle, da war eine Schwelle aus Beton, ich kniete mich nieder, hielt das Mädchen, faltete die Hände und bat, mich zu erschießen. Mir wäre alles recht gewesen, ich wäre gerne daheim gestorben. Daheim, daheim. Nein, diese Pflicht hätten sie nicht. Ein Wiener sagte mir, daß sie das nicht machen dürfen, daß sie mich nicht einfach so erschießen dürften. Ich habe gefragt, warum nicht. »Das geht nicht.« Soviel deutsch habe ich verstanden, der Höhere schrie mit mir wie mit einem Arrestanten, obwohl ich noch nie gesehen habe, wie es dort zugeht, aber genauso stelle ich mir das vor, garstig. Ich mußte aufstehen und gehen. Gehen. Mein Vater ging nicht mit, er küßte mich und gab mir die Hand: »Mici, auf Wiedersehen.«

Ich kam herunter, dort stand ein Viehwagen, ohne Planken. Dort hinein stießen sie zuerst die Mutter von meinem Mann und seinen Bruder. Die Mutter fiel zuerst hin, dann stieg sie die Stiege hinauf, konnte wieder nicht weiter, sie haben sie wieder gestoßen, sie fiel hin, rappelte sich auf und setzte sich an den Rand. Dann kam ich, aber dort war ein Teich, ich wäre mit dem Mädchen ins Wasser gegangen, da packte mich einer, ich glaube, der ahnte, was ich vorhatte, und sie hielten mich wie in der Zange. Hinein, zugesperrt, eine Stunde fuhren sie mit uns, wir wußten überhaupt nichts. Dann luden sie uns wieder um, in einen anderen Wagen, in dem es auch völlig dunkel war. Vielleicht dachten sie, daß die Leute das für ein Militärfahrzeug hielten. Wir fuhren nach Ebenthal, dort mußten wir hinaus, ich hielt die Tante, der Sohn stützte die Mutter, und sie hatten mich umstellt, damit ich mir dort ja nichts antue. Was hätte ich mir antun sollen? In Ebenthal waren so viele Menschen, sie hatten ja schon den Tag zuvor mit der Aussiedlung begonnen.

Wir übernachteten dann in Ebenthal. Ein paar Leute ohne Kinder hatten noch Decken, und die legten sie uns auf Stroh, sodaß ich mit dem Mädchen auf dem Stroh lag. Angezogen. Was hatte ich an? Sie hatten alles weggepackt, nichts mehr war übrig als mein weißes Hochzeitsgewand, und eine Jacke war noch im Kasten. Das hatte ich angezogen und fertig. Dann war noch ein Kreuz da, das mein Mann zur Hochzeit bekommen hatte, das habe ich auch mitgenommen. Schlimmer war es für die Kinder. Die Nachbarin hatte fünf Kinder, die weinten die ganze Nacht.

Dann riefen sie mich in die Kanzlei und fragten mich aus, wie es daheim sei, was daheim sei. Ich war nicht in der Lage zu antworten, sie mußten meinen Schwager holen gehen, den Nužej, daß er erzählte. Ich mußte ja alles verlassen. Ich konnte nicht mehr. Seit wir von daheim weggegangen waren, wußte ich nicht mehr, wie es dort war, wieviel Vieh wir hatten, nichts. Der Nužej sagte dann, daß wir sechs Stück Vieh hätten und sechs Schweine und 200 Hühner. Ich war noch bei Bewußtsein, aber ich konnte nicht reden, ich zitterte am ganzen Körper, der Nužej hat mich gehalten, und ein Polizist, ein Gestapo-Mann, damit ich nicht zusammenbreche. Auf einmal kam mein Mann, er hatte gerade Urlaub. Er hatte Post bekommen, er solle nach Hause säen gehen, und er wußte von nichts, erst in Klagenfurt hatte er alles erfahren. Der Nužej ging hinaus, ein Gestapo-Mann mit ihm, er durfte nicht viel reden. Er sagte: »Geh hinein, die Mici ist hier und weiß nicht um sich.« Mein Mann war fix und fertig. »Und die Mutter und die Tante, wir sind alle hier.« Dann ließen sie ihn wohl hinein. Alles in allem waren vier Soldaten da, denen wurde gesagt, sie sollten gehen, wohin sie wollten, nur heim dürften sie nicht. Aber ich ließ meinen Mann nicht los. Ich glaube, daß ich im Kopf soviel Kraft hatte, daß ich so stark war, daß ich das Mädchen und ihn gehalten habe, und ich ließ sie nicht aus. Ich habe mit meiner schwachen Kraft erreicht, daß diese Soldaten mitdurften. Nur vier waren dort. Noch drei weitere, die ihre Familien im Lager hatten. Mein Mann hielt mich und das Mädchen. Ich zitterte nur. Was kannst du machen? Gar nichts.

Dann brachten sie uns weg. Wir wurden in Waggons gesteckt, ohne Fenster, wir wußten nicht, wohin wir fuhren. Mir war alles gleichgültig, Hauptsache, mein Mann war mit, das wollte ich. Wenn wir das Leben geben müssen, dann würde auch mein Mann dabei sein. Wir würden gemeinsam sterben. Auf mein Leben gab ich nichts mehr. Nichts mehr. In solch einer schweren Zeit vergißt du auf alles. Hätten sie mich erschossen, wäre ich daheim gefallen, oder wenn es mir unten gelungen wäre, wäre ich ins Wasser gesprungen mit dem Mädchen. Es ging nicht, sie haben es bemerkt.

Der Nužej, der Halbbruder meines Mannes und seine Mutter sind in Kärnten geblieben. Der Vater vom Nužej hat erreicht, daß die beiden nach Hause zurückkonnten. Aber dann ist einer, der mit meinen Mann in die Schule gegangen war und nicht lesen und nicht schreiben konnte, in Klagenfurt herumgerannt und hat erreicht, daß sie doch wieder fortmußten. Sie kamen nach Frauenaurach. Zuerst waren wir nicht zusammen. Mein Mann erreichte dann, daß wir zu seiner Mutter und zu seinem Halbbruder nach Frauenaurach kamen.

Unser erstes Lager hieß Hagenbüchach, sonst war es ja schön, ein feines Haus, schöne Stiegen waren da. Dort erwarteten uns die Bauern mit Waffen, man hatte ihnen aufgetragen, auf uns aufzupassen, weil halt furchtbare Leute kommen würden. Dann empfingen sie uns aber sehr freundlich und sagten: »Was wir gehört haben, was ihr für Leute sein sollt. Wir haben gebetet und geweint.« Und wir weinten auch, freilich haben wir geweint, wir wußten ja nicht, wo wir sind. Ich stand noch immer unter Schock, da übernahm mich dann eine, die in der Küche arbeitete, die sagte: »Ich werde auf die Mici aufpassen.« Nach ein paar Tagen bin ich aus dem Bett geflohen, hinaus bei der Tür, dort waren Stiegen, die gingen gerade hinunter. Ich wäre da hinuntergesprungen, ich hätte es getan, aber die paßten so auf mich auf, daß ich es nicht tun konnte, obwohl ich den Tod schon vor Augen hatte. Als mein Mann dann sagte, hier werdet ihr sein, ich muß zurück an die Front, da begann ich erst, ein bißchen nachzudenken. Und diese Frau paßte wirklich auf, und sie half auch dem Mädchen sehr. Die bekam so einen Durchfall, aber alles ging gut, sie gaben ihr etwas Tee, sodaß sie wieder gesund wurde. In der Zwischenzeit hat mein Mann erfahren, daß die Mutter und der Bruder in Frauenaurach waren, und so kam ich im Mai auch dorthin.

Im Juli mußte ich dann ins Spital, ich habe den Nužej geboren. Die im Spital neben mir gelegen sind, glaubten, daß ich eine Russin sei. Ich wollte nichts reden, ich antwortete, wenn die Schwestern gefragt haben, sonst nichts. Im Spital gab es keine Ausnahmen, die Ärzte wußten, daß ich ein anderes Essen hätte bekommen müssen, ich war schon ziemlich unterernährt. Im Spital war es ja fein, wirklich, aber mit denen, die neben mir gelegen sind, redete ich nichts. Mir war das gleichgültig. Ich hätte acht Tage bleiben sollen, weil es mir aber so schlecht ging, blieb ich 14 Tage.

In Frauenaurach waren wir in Baracken untergebracht, in unserer Baracke Eltern und Kinder gemeinsam. 30, aber auch 50 waren drin, Stockbetten, ich lag unten, der Bruder meines Mannes oben, die Tante auch unten, darüber irgendwelche Kinder. Es verunglückten auch Kinder, sie fielen herunter, freilich, ein Kind dreht sich und dann kracht es. In den Baracken waren wir nur Slowenen, da war es am Anfang überhaupt herrlich. Die Männer hatten ihre Harmonika mit, wir sangen noch slowenisch, dann wurde es verboten. Und wir durften überhaupt nichts mehr.

Ordnung mußte sein, alles aufgebettet, die Männer waren draußen, die Frauen auch, wenn sie keine kleinen Kinder hatten, dann mußten sie gehen. Das Aufräumen mußte dann eine andere übernehmen. Tagsüber waren der Sani und die Schwestern im Lager, die einen freundlich, die anderen wie die Hunde. Der Lagerführer war ein furchtbarer Mann, niemand durfte ihm widersprechen, und einmal schrie er nur mehr:

»Auschwitz«, und wir wären nur mehr fürs Schlachten gut wie die Schweine. Das war wegen der Sprache, auch die alten Leute sollten deutsch reden. Mein Mann war gerade auf Urlaub, und er durfte dabeisein, er hat eine Zeit zugehört und dann ist er aufgestanden und hat dem Lagerführer gesagt, wie er sich das vorstellt, 60, 70, 80 Jahre alten Menschen heute zu sagen, ab morgen darfst du nur mehr deutsch reden.

Der Lagerführer beschimpfte uns, unserer Tante hat damals die Hand so gezittert wie mir heute, er hatte ihr so auf die Hand geschlagen, daß sie ihr hinuntergefallen ist. »Heil Hitler« in der Früh anstatt des Gebetes, und der Lagerführer paßte schön auf, wer die Hand nicht heben konnte, deswegen bekam unsere Tante als erstes einen Schlag auf die Hände.

Wenn jemand etwas ein bißchen falsch machte, dann rief der Lagerführer 300 Leute in den Speisesaal, sofort, und wenn das ein Kind war, dann wurde es am Nacken gepackt und verprügelt. Unsere Marjanca wurde auch einmal verprügelt, mit zwei Mädchen, die immer mit unserer zusammenwaren. Er schleppte sie in dieses Zimmer, das fürs Prügeln vorgesehen war. Sie waren überall blau, ganz blau, unsere hatte Schaum vor dem Mund. Was war geschehen? Es war Mai, die Mädchen gingen Blumen pflücken für die Mütter, für den Muttertag, sie haben schon gewußt, was das ist – Muttertag. Jede hat einen Löwenzahn gepflückt, meine für mich, die anderen für ihre Mütter. Als erstes hat er ihnen die Blumen weggenommen, sie ihnen ins Gesicht geschmiert, dann hat er sie hereingeschleppt und sie verprügelt, unsere war ganz blau, aufgeplatzt, und dann hat er sie in die Baracke geschleppt und vor mich hingeschmissen. Mich hat fast der Schlag getroffen. Wir weinten alle, die Kinder mit uns, alle weinten wir. Ein Kind ist ja unschuldig, das war furchtbar, wegen zwei Blumen. Das war der Sani, der war fürs Strafen da. Eigentlich war er Sanitäter, deswegen haben wir ihn Sani genannt.

In unserer Baracke war einer, der mußte schwer arbeiten, er war nicht ganz gesund. Die Frau mußte ihr fünf Jahre altes Mädchen allein lassen und auch arbeiten gehen, sonntags durften die beiden im Lager sein. Dieses Mädchen wurde auch so verprügelt, sie war allein und hat kein Wort deutsch verstanden, es hat ja keines der kleinen Kinder deutsch verstanden, und da sagte der Vater des Kindes: »Wenn ich bitte etwas sagen darf, schlagt wenigstens die Kinder nicht.« Die holten ihn sofort, sie verprügelten ihn dort in diesem Prügelzimmer, dann bekam er nichts zu essen, das war die Strafe. Er kam total verprügelt in die Baracke, er winkte nur so mit der Hand ab, voller Blut, alles aufgeplatzt. Du durftest nichts sagen, nichts. Und wenn sie die Tochter erschlagen hätten. Kurz darauf kamen sie ihn holen, in so einem großen schwarzen Auto, und brachten ihn weg. Die Mutter bekam die Asche. Ich weiß nicht, wohin er gekommen ist, wir hörten nichts, er kam nicht mehr zurück. Man mußte aufpassen, weil ein slowenisches Wort durfte keiner hören. Auch die Erwachsenen wurden bestraft. Wir machten dann aus, wenn einer den anderen trifft – den Kopf senken. Das hat so lange gedauert, bis mein Mann eine Predigt hielt, dann hatten wir es ein bißchen leichter, wenigstens drinnen haben sie uns nicht mehr beschimpft. In der Baracke mußten wir immer leise sein, dieser Sani hat herumgeschnüffelt, der hat gepetzt.

Aus dem Lager durften wir nicht. Einige alte Mütter gingen trotz des Verbots zur Messe, – unsere Tante, die Schwiegermutter und andere gingen zur Messe. Dann trugen sie mir auf, auf die Alten aufzupassen, sie dürften nicht aus dem Lager, überhaupt nicht. Sie waren draufgekommen, daß sie in die Kirche gingen. Dem Nužej sagten sie auch, er solle aufpassen. Nur damals widersprach der Nužej ordentlich. Er sagte, daß er jeden Tag um fünf zur Arbeit müsse, er wisse nicht, wohin die alten Frauen gingen und ich auch nicht, ich hätte die Kinder. Es war meine Aufgabe, auf sie aufzupassen, aber ich konnte nicht den ganzen Tag auf sie achten, sie verschwanden öfters, gingen im Lager herum und beteten, das war die Arbeit solch alter Leute. Und dieser Sani beobachtete immer, was die machten. Das Herumhocken und Beten war ja eine furchtbare Sünde bei den Nazis.

Unsere Tante starb dann im Lager an Durchfall. Ich bin auch krank geworden, ein paar Tage mußte ich im Bett bleiben. Einmal durfte ich die Tante im Krankenzimmer besuchen. Sie klammerte sich an mir fest und bat mich, bei ihr zu bleiben. Dann brachten sie sie doch ins Krankenhaus. Als sie sie aus der Baracke trugen, war sie schon halb tot, völlig verwirrt. »Maria, Maria, hilf«, sagte sie noch, wie ich sie bekreuzigte, und dann fuhren sie, der Nužej durfte mitfahren. Ich weiß nicht, wie weit sie mit ihr herumgefahren sind, nirgends war Platz, höchstwahrscheinlich haben sie in den Krankenhäusern auch Angst gehabt. Wie er zurückgekommen ist, hat er erzählt, daß sie in ein katholisches Krankenhaus gebracht worden ist, dort gaben sie ihr noch die Sakramente. Auf dem Weg ins Krankenhaus habe sie die ganze Zeit gemurmelt: »Was habe ich getan? Was habe ich getan? Gott hilf, was habe ich getan?« Immer wieder nur dasselbe und unter solchen Schmerzen.

Meine Schwester setzte sich sehr ein für mich. Wir hatten eine Bekanntschaft, eine Dr. Gelisija, Ärztin, die kannte den Kaibitsch, der für all das verantwortlich war. Meine Schwester erzählte ihr alles, und die ging dann zum Kaibitsch, und der sagte, daß ich ins Klagenfurter Gebiet nicht dürfe, nach Oberkärnten aber schon. Meine Schwester ist dann in Oberkärnten von Haus zu Haus gegangen, so lange, bis sie einen Platz für mich gefunden hatte, bei einem Kleinbauern, der kein Nazi war, Slowene auch nicht. Später erzählte mir der Bauer, daß er mehrere Deserteure versteckte, elf waren es. Der nächste Nachbar wußte nicht, daß er sie fütterte, die sind in der Nacht zu ihm gekommen, er hat ihnen ein Abendessen gerichtet, und sie sind im Dunkeln wieder gegangen. Die Schwester teilte dem Nužej mit, daß sie einen Platz bekommen hätte, er hat gearbeitet, ihn konnte man anrufen. Das ging so schnell, wir wußten auch, wo mein Mann war, es war ja noch Krieg, er hatte einen Hauptmann, der gab ihm sofort Urlaub, er durfte ins Lager, und er half mir, alle halfen mir beim Packen. Es war Winter, geschneit hat es, als ich nach Oberkärnten kam.

Als ich dann nach Hause kam, mußte ich in meinem Elternhaus wohnen, bis mein Mann aus dem Krieg zurückkam. Wir hatten ja keinen Platz, es war nichts mehr im Haus. Alles haben sie ausgeräumt, wir hatten keine Bleibe mehr. Die Tenne war zusammengefallen, keine Fenster, keine Türen, alles weg, was zum Wegtragen war, alles ausgeraubt.

Früher war ich nicht nervös. Wir lebten in Frieden, es gab keinen Krawall. Wir konnten uns nicht vorstellen, daß so etwas kommt, nicht einmal, als wir den Hitler in Klagenfurt gesehen hatten. Ich war damals auch in Klagenfurt, bin gerade mit meiner Schwester vom Markt gekommen, da ist er angekommen. Die Weiber brüllten: »Heil Hitler! Heil Hitler«, und sie heulten, die waren ja alle verrückt nach dem Mannsbild. Wir wußten trotzdem nicht, was kommen wird. Seitdem bin ich nervös, seit dem Lager, da habe ich den ersten Anfall bekommen. Es war schlimm, wirklich schlimm.

Kristina Hribernik

Wird der noch nicht gehen?

Meine Mutter war krank, sehr krank, es schüttelte sie nur so, und als mich auf einmal eines der Kinder holen kam, ich soll schnell hinauf in mein Elternhaus kommen, da dachte ich, daß es der Mutter schlechter geht. Ich gehe hinauf, und da sitzen sie alle in der Küche und weinen, es hieß, mein Onkel und meine Tante wären weggeschleppt worden. Meine Schwägerin weinte: »Jetzt werden sie auch mich fortschaffen.« Ich sagte: »Wenn wir gehen müssen, müssen wir sowieso alle gehen.« Mein Mann war am Feld und hat ausgesät. Ich wollte sofort hinauslaufen zu ihm und ihm sagen, was passiert ist. Ich schau auf meinen Mann, der dort sät, da gehen schon sechs Polizisten auf ihn zu, und sechs gehen hinunter ins Dorf. Da sage ich zu den Kindern: »Sie kommen uns schon holen«, einfach so, auf einmal. Wir wußten vorher nichts.

Dann trieben sie ihn nach Hause, er mußte das Pferd ausspannen und heim. Er sagte nur: »Wir müssen fort.« An dem Nachmittag sollten wir Kartoffeln setzen, meine Schwester hatte schon Mist gestreut, ich hatte die Kartoffeln vorbereitet und das Abendessen für die Kinder vorgekocht, damit sie etwas zu essen hatten, sie waren ja noch klein. Bevor wir wegmußten, war die Milch auch schon fertiggekocht, und ich wollte noch jedem Kind ein bißchen Milch geben. Da nahm ein Polizist den Topf Milch und warf alles zusammen auf die Wiese hinaus. Kein Kind durfte auch nur mehr einen Tropfen Milch trinken.

Sechs Polizisten gingen noch zuvor meinen Cousin holen, und dann kamen alle zu uns. Zwölf waren dann bei uns, und die packten ein für sich, was ihnen gefiel. Jeder legte ein Leintuch vor sich hin und alles, was er für sich fand, oder was er brauchte, gab er dort hinauf. Jeder für sich. Der brauchte Zucker, der andere Fleisch, sie machten alle Läden auf, durchsuchten alles, sie waren als erste überall dabei und nahmen, was ihnen paßte. Lebensmittelkarten, Kleiderkarten, alles. Zwölf Menschen, feste Mannsbilder, und jeder riß nur Laden auf, suchte und schaute, was er mitnehmen könnte. Die Polizisten waren eigentlich dafür da, die Leute wegzubringen, aber alle arbeiteten nur in die eigene Tasche. Einer ging noch die Neži in die Schule holen. Das war ja nicht leicht, du sitzt in der Schule und auf einmal kommt dich einer holen, du mußt sofort nach Hause. Du kommst nach Hause, überall Menschen. Jeder ist nur mehr verschüchtert dagestanden und hat geschaut, nicht einmal weinen konntest du mehr.

Einen Nachbarn zwangen sie dann, uns mit dem Pferd bis zur Mitte des Hügels zu bringen. Dort war dann schon die Straße, dorthin kam dann ein Lastwagen. In den stiegen wir ein. Der Bürgermeister kam auch, wie sie uns aussiedelten; als er den Nachbarn, der uns hinunterführen mußte, sah, da sagte er zum SS-ler: »Ah, wird der noch nicht gehen, bleibt der noch daheim?« Der war ihm auch noch im Weg, es wäre recht gewesen, wenn der auch noch am gleichen Tag weggekommen wäre.

Kristina Hribernik

Die Polizisten schnürten ihre Bündel und legten sie auf den Wagen, sodaß alles voll war. Und ich stand mit sieben kleinen Kindern da, von einem halben Jahr aufwärts. Wie sollten die den Hügel hinunterkommen, wir hatten auch noch ein paar Bündel. Mein Mann war aber mutiger, der war nicht so ängstlich, der sagte: »Wohin soll ich meine Kinder geben, wohin soll ich meine Bündel geben, wenn die alles drauf haben?« Als erstes antwortete ihm der Bürgermeister: »Was wirst denn du da reden, du gehörst schon längst weg. Was willst du da herumkommandieren, daß die was heruntergeben sollen.« Er sagte es aber einem anderen Polizisten und noch einem, und der erst befahl, alle Sachen herunterzugeben. Und sie mußten alles wieder abladen, alles, was sie für sich eingepackt hatten. Sie waren so zornig, daß ich dachte, sie würden den Vater – meinen Mann – unterwegs auffressen. Sie beschimpften ihn den ganzen Weg. Joj, waren die zornig. Und der Vater war auch zornig, am liebsten wäre er zurückgegangen und hätte alles angezündet, damit auch die anderen nichts haben.

Als wir in Ebenthal ankamen, da saßen ein Prušnik und ein Černut vor einer Baracke und spielten so auf, als ob das die größte Hetz auf Erden wäre. Statt daß sie weinten, als sie uns lieferten, spielten sie. Ich glaube, den Leuten gerieten die Gedanken in Unordnung. Die meisten weinten ja nur, die alten wie die jungen. Und es wurde permanent geliefert, einer nach dem anderen, hier eine Familie, dort eine Familie, und alle steckten sie in diese Ställe hinein, wo wir wie die Ferkel auf dem Stroh lagen. Und ich hatte ein halbjähriges Mädchen dabei und nichts zum Wickeln, nichts zum Anziehen. Ich bekam dann ein Männerhemd, damit wickelte ich sie. Es war ja nicht genug Zeit, alle Kinder anzuziehen. Du mußt ja jedem ein Gewand geben und es ein bißchen herrichten, du kannst sie ja nicht so alltäglich aus dem Haus lassen. Und dann kam die letzte Sekunde, da hieß es, marsch, hinaus, und ich mußte das Kind aus dem Bett nehmen, nicht gewickelt, nicht angezogen, gar nichts. Das war das Schlimmste von allem, nichts war so schlimm wie das. So ein halb nacktes Kind fortschleppen, wer weiß wohin, und du kannst es nicht wickeln. In Ebenthal wusch ich es mit kaltem Wasser, und ich hatte kein Puder, keine Creme zum Einschmieren. Lieber Gott, das kann man nicht beschreiben. Ich dachte die ganze Zeit nur, wie kann ich die Kleine anziehen. Am nächsten Tag mußten wir alle hinaus, sie riefen unsere Namen auf. Die, die aufgerufen wurden, mußten noch am gleichen Tag gehen. Wir waren nicht dabei, wir konnten noch einen Tag bleiben. Da kam dann noch meine Tante herunter, die brachte mir Löffel, ein bißchen Puder und die Strampelhosen. Der Polizist ging von der Tür weg und drehte sich weg. Ich sag ja, Gott hat auf mich geschaut. Ich kann das nicht vergessen, der ging sogar weg, es durfte ja niemand in die Nähe, und der drehte sich sogar weg, sodaß ich noch ein bißchen reden konnte. Das Mädchen konnte ich wenigstens ordentlich anziehen. Dann ging ich ein bißchen leichter fort.

Wir kamen nach Frauenaurach. Wir waren siebenundzwanzig in einer Baracke. In einer Ecke eine Familie, in der anderen die andere, gegessen haben wir in einem Speisesaal. Für die Kinderflasche mußten wir extra etwas in die Küche holen gehen. Ob einer gegessen hat oder nicht, war gleichgültig. Die Alten und die Kinder waren arm. Die Alten, weil sie nicht mehr essen konnten; einer in den besten Jahren, der kann noch

Familie Hribernik in Frauenaurach, fotografiert vom Lagerleiter.

alles essen, für den ist es nicht so schlimm, aber ein alter Mensch, der schon alle möglichen Krankheiten hat, für den ist es schwer. Es sind dort mehrere gestorben. Die Kinder und die Heranwachsenden hätten mehr Brot gebraucht und das gab es auch nicht.

Einige Zeit war mein Mann auch noch im Lager, dann gingen sie alle arbeiten. Nach Mainz, nach Nürnberg mußte er gehen, zum Schluß mußte er zu den Soldaten. Ein Jahr bekam ich keine Nachricht von ihm. Als wir nach Hause gingen, wußte ich nicht, ist er tot oder lebendig. Er war in Rußland.

184

Im Lager blieben die Alten und die Frauen mit kleinen Kindern. Alle anderen mußten in die Fabrik arbeiten gehen oder zu den Bauern in der Umgebung. Der älteste Junge arbeitete bei einem Bäcker, die Majda war noch nicht einmal 13 Jahre, als sie gehen mußte. Die brauchten sie irgendwo, und taten einfach so, als ob sie schon 14 wäre und schickten sie fort. Ich half in der Küche, was anderes konnte ich sowieso nicht, mit den kleinen Kindern. Die Kinder, die in die Schule gehen konnten, die unterrichtete zuerst ein Dragašnik und später ein Ogris aus Ludmannsdorf. Viel durften sie sowieso nicht lernen, und sie konnten es auch nicht. Sie hatten keine Materialien, keine Bleistifte und so etwas. Was man halt irgendwo auftreiben konnte, das hatten sie. Aber sie hatten trotzdem Religionsunterricht, obwohl das verboten war. Der Lehrer führte sie ein bißchen auf den Berg und lehrte sie dort. Die Kleinen spielten tagsüber draußen, viel durften sie sowieso nicht, aber halte sie zurück, wenn du kannst. Sie rannten halt draußen herum, sie waren ja klein. Wenn eines etwas anstellte, dann wurde es geschlagen. Die Kinder schlugen sie, die Erwachsenen schickten sie fort, wenn sie nicht parierten.

Jeden Sonntag vormittag war ein Appell, der Lagerführer predigte, das darf man, das nicht, so und so mußt du dich verhalten; du hast ja eh immer gehorcht, manchmal aber auch nicht. In die Kirche gingen wir trotz des Verbotes, slowenisch redeten wir auch. Wer konnte schon was anderes. An Sonntagen durften auch die Männer, die in Mainz oder Nürnberg arbeiteten, ihre Familien besuchen. Ein Dovjak, der mit meinem Mann zusammenarbeitete, ging an so einem Sonntag nicht zum Appell. Er sagte, er müsse noch etwas nähen. Den nächsten Tag kamen sie ihn holen und schickten ihn nach Dachau. Der kam nicht mehr zurück, den räumten sie weg, weil er nicht pariert hatte.

Als wir nach Hause kamen, da hatten wir gar nichts mehr, nicht einmal Wäsche. Wir gingen auf die Gemeinde, dort saßen Frauen, und anstatt daß sie uns etwas gegeben hätten, arbeiteten sie nur für sich. Was kannst du tun. Wenn es nichts gab, gab es nichts. Jedesmal sagte die eine: es gibt nichts. Und dann gingen andere was holen, denen sagten sie aber, sie müßten zuerst uns etwas geben, die wir nach Hause gekommen sind, da wir bedürftiger seien. Den anderen sagten sie es so, uns so, gegeben hat es nichts.

Wir mußten ganz von vorne beginnen. Alles zerschlagen, alles beschädigt rundherum. Drei Monate mußte ich noch bei meinem Bruder leben, und noch dann schliefen wir am Boden, als wir nach Hause kamen.

Die Kanaltaler gingen ein paar Tage vor Kriegsende. Dann wollten sie noch zurückkommen und das Vieh holen, aber da waren wir schon daheim. Wir hatten aber auch so ein Glück. Das ganze Futter hatten sie schon fortgeschafft, die hatten nicht gespart, nicht für die Schweine, nicht für das Vieh. Dann war schon Mai und wir ließen das Vieh hinaus. Wenn wir wie die anderen mitten im Jahr gekommen wären, wir hätten nicht einmal zu essen gehabt. So säten wir noch Buchweizen und

Gerste, richteten Holz für den Winter her. So hatten wir auf der einen Seite Glück, auf der anderen Seite – war alles zerstört. Die hätten Schnee vom Dach schaufeln sollen, taten es aber nicht. So ist auf einer Seite alles eingebrochen, alles starrte vor Dreck. Wir hatten eine schwarze Küche, drei Kessel zum Schweinefutterkochen waren drin, und auch eine Wasserleitung gab es, und die putzten, glaube ich, die ganzen drei Jahre die Asche nicht heraus. Dick lag der Dreck im Wasser. Zwei Töpfe hatte ich kurz vorher gekauft, zwei feine zum Sterzkochen, die blieben daheim. Ich hätte sie so gebraucht und dachte mir noch, wie fein es wäre, die jetzt zu haben. Ich komme nach Hause und sie liegen in der Asche – verrostet. Auch die Äxte lagen in der Asche, die kehrten nie auf, glaube ich. Wer das nicht gesehen hat, der kann das nicht glauben.

Aber die Kanaltaler bekamen ja auch nicht alles, was bei unserer Aussiedlung noch beim Haus war. Einer aus dem Nachbardorf nahm vorher schon vieles. Wir hatten ja viel Buchweizen in dem Jahr, dieser Mensch nahm unsere ganzen Vorräte, und als alles weg war, gab er den Besitz in Pacht. Der Kanaltaler bekam nicht mehr viel von unseren Sachen.

Als wir wieder zuhause waren, ist ja fast keiner näher gekommen. Die machten lieber einen Bogen um uns. Die heimischen, die Slowenen, die kamen, aber die, die uns weghaben wollten, die trafen wir nicht, ein paar Monate hast du niemanden getroffen.

Im Herbst säten wir dann Roggen. Jetzt wird ja nur mehr Hafer und Gerste angebaut, aber wir säten noch Roggen für das Brot. Mein Mann war noch nicht daheim, und so führte ich mit meinem ältesten Sohn Mist, und dann wurde gepflügt. Am Ende des Feldes war aber kein Grenzstein, und ich fragte den Nachbarn: »Wo ist denn der Grenzstein?« Ich wollte es wissen, um den Mist genauer zu streuen, du weißt ja sonst nicht, wie es richtig ist. Da sagte er: »Riech, und du wirst es wissen.«

Er trank sich öfters gerne einen Rausch an im Gasthaus, besoffen kam er dann zu uns herauf und beschimpfte uns. Er behauptete, er müsse immer nur für uns arbeiten. Früher, da hätten sie nur für uns gearbeitet, damit wir die Kinderbeihilfe bekommen, später, wie wir in Deutschland waren, da hätten sie wieder nur für uns arbeiten müssen, damit sie uns dort mästen konnten. Dann sind wir nach Hause gekommen und haben gebaut, und sie arbeiteten wieder nur für uns. Mein Mann wusch sich gerade, und er nahm das Holzschaff, trug es zu ihm an den Zaun und sagte: »Und was sagst du jetzt, Nachbar?« Und er schüttete ihm alles ins Gesicht, dem blieb die Luft weg. Er konnte nichts mehr sagen und ging gleich nach Hause. Er war naß bis auf die Haut. Immer diese Beschimpfungen, obwohl du nichts getan hast.

Es hat sich ja nichts geändert, sie behaupten immer dasselbe. Und man hat ihnen auch immer nachgegeben, die sind immer aufgekommen, diese Nazis und *nemčurji*. Die hatten irgendwo immer Glück. Gerade im Krieg sind ein paar von denen gefallen.

Ihr müßt euch gut benehmen

Ljudmila Sticker

Sie kamen ungefähr um fünf Uhr früh, so gegen dreiviertel fünf. Es dämmerte schon ein bißchen. Eigentlich wartete ich gerade darauf, daß der Wecker rasselt. Da klopfte jemand fest auf die Scheiben: »Aufmachen, geheime Staatspolizei ist da.« Maria, habe ich mich erschreckt ... Ich sagte zu meinem Mann: »Jozi, bitte versteck dich.« Zum Teufel, dachte ich, die kommen ihn holen. Sie hatten ja auch den Šimij und den Štefij so früh geholt, das erledigten sie meistens in der Nacht. Aber mein Mann sagte: »Warum soll ich mich verstecken, ich habe nichts getan.« Wir mußten uns anziehen und aufmachen. Sie traten ein: »Wo haben Sie das Wohnzimmer?« Sie hatten Stiefel an, SA oder SS, ich weiß es nicht mehr. Sie verlasen die Namen der Familienmitglieder, und befahlen uns, das Haus sofort zu verlassen. Dann sagte einer von ihnen: »Sie werden aufgefordert, die wichtigsten Sachen zusammenzupacken. Geld und Schmuck können Sie auch mitnehmen.« Schmuck hatten wir sowieso keinen, Geld auch nicht allzuviel. Ich fragte noch: »Warum?« Da antwortete er: »Dieses Gebiet ist unsicher und muß gefestigt werden.« Indirekt sagte er damit, wir seien unverläßlich.

Wir mußten in einer halben Stunde mit dem Packen fertig sein. Der Vater stand auch noch auf der Liste, der war aber schon vorher gestorben, am 20. Februar. Ich fragte noch: »Warum?« – ich war ja fix und fertig. Man kann sich vorstellen, ich hatte vier kleine Kinder, das älteste war vier Jahre alt, das jüngste 10 Wochen. »Wo soll ich denn mit den Kindern hin, wohin?« – »Ja zuerst einmal ins Sammellager und dann wahrscheinlich ins Altreich«, war die Antwort, und dann kam noch die Frage: »Wo wohnen die Baumgartner und die Isop?« Aha, dachte ich mir, wir sind mehrere. Und darüber war ich wieder froh, denn noch mehr fürchtete ich, daß sie nur ihn allein mitnehmen würden. Dann begann die Schwiegermutter zu weinen: »Ich gehe nicht, ich gehe nicht!« Ich sagte zu ihr: »Wie Ihr glaubt, aber vielleicht wäre es doch gut, damit Ihr auf die Kinder aufpassen könnt, ich werde ja doch arbeiten müssen.« Wir hatten früher bereits solche Büchlein bekommen – Arbeitsbücher, ich habe noch heute eines zuhause. Damit wir Rüben harken und ernten konnten. Dieses Arbeitsbuch hatten wir bald nach dem Anschluß bekommen, das war schon eine Art Vorbereitung. Nun, was konnte ich machen, außer die Kinder wecken und packen. Die Nachbarn kamen und nahmen einiges mit, was wir nicht mitnehmen konnten. Sie wollten es aufbewahren. Nur schnell, schnell mußte es gehen. Freilich, bis ich den Kindern ein bißchen zu essen gegeben hatte und bis sie halbwegs hergerichtet waren, das dauerte. Wir hatten ja auch nicht so viel praktische Dinge wie heute, auch nicht soviel Gewand. Wir hatten einfache Windeln, eher Fetzen.

Unsere Ankunft in Klagenfurt hätte jemand filmen sollen: Männer mit zwei Hüten am Kopf, von unseren hatte einer zwei verschiedene Socken an, ein Chaos. Wir hatten ja in aller Eile und Nervosität irgendetwas zusammengepackt. Die Hälfte war unnützes Zeug, und was du gebraucht hättest, war nicht da. Es war alles so schnell gegangen, da konnte man sich nicht vernünftig verhalten. Und diese Nervosität, lauter kleine Kinder, der älteste vier Jahre alt. Und dann so ein Essen, alle bekamen Durchfall. Waschen konnte ich nichts. Irgendwo gab es zwar kaltes Wasser, aber alles war in Unordnung.

In Ebenthal sah ich, wie viele wir waren. Als wir hingebracht wurden, waren schon viele dort, und dauernd kamen noch welche dazu. Alle mit diesen Bündeln. Nur wenige hatten einen alten Koffer. Bei den Bauern gab es keine Koffer, wozu auch, herumziehen mußten nur Knechte und Mägde. Die hatten diese Holzkoffer, die alten. Handkoffer hatte niemand, es ging ja auch niemand auf Reisen. Laken und Säcke hatten wir.

Am 14. zu Mittag kamen wir in der ärgsten Hitze ins Lager. Wir mußten alle zunächst in die Kanzlei; dort bekamen wir diese Blechtäfelchen. Ich bewahrte meines noch lange Zeit auf, aber irgendwann einmal hat es mir jemand genommen. Ein Spagat und eine Nummer auf Blech. Das war für die Kartothek.

In Ebenthal gaben sie uns Eintopf zu essen, so eine Suppe – ein Fraß. Ob ich Milch für die Kinder bekam, weiß ich nicht mehr. Ein bißchen hatte ich noch von zuhause mit, die wurde dann aber sauer. Es war ein Gfrett. Der nächste Tag auch. Wir fuhren eine ganze Nacht und noch einen ganzen Tag. Am Abend verteilten sie eine Jause. Und ich weiß nicht, wie es dazu kam, in unserem Abteil wurde jedenfalls eine Scheibe eingeschlagen, und es blies kalt herein. Ich legte die Kinder in das Gepäcksnetz schlafen. Es war ja wenig Platz im Zug. Wir hängten einen Mantel vor das Fenster, aber es blies trotzdem kalt herein, über den Tauern wehte ja ein kalter Wind. Kein Licht. Ich wußte nicht, wie die Milch wärmen, und drückte die Flasche in die Achselhöhle. Aber sie wurde nicht warm. Ich hatte auch einen Nachttopf mit, einen kleinen, für die Kinder, angebunden an eines der Bündel. Eine Schachtel Zündhölzer hatte ich auch, und mit diesen Zündhölzern versuchte ich, im Nachttopf Feuer zu machen, und darauf stellte ich einen anderen kleinen Topf. So wärmte ich die Milch. Anständig erwärmt hat sie sich aber nicht.

Es war dann so, daß alle krank wurden. Das Essen, die Kälte, am Boden ein bißchen Stroh, schon ganz zerbröselt. Darauf schliefen wir, oder genauer gesagt, legten wir uns nieder. Wir Erwachsenen konnten ja nicht schlafen. Die Kinder schliefen, und wir jammerten, weinten ein bißchen und warteten auf das, was noch geschehen würde.

Wir kamen nach Hesselberg. In Wassertrüdingen holten sie uns aus den Waggons und zählten uns ab. Die alten Leute und die Kinder wurden auf einen Traktoranhänger gesetzt, der Rest mußte zu Fuß gehen. Zwei Stunden Fußmarsch über den Berg, und oben waren Baracken. Auf den Ansichtskarten, die wir kauften, stand geschrieben: Hesselberg, der heilige Berg der Franken. Auf der schöneren Seite war eine Segelfliegerschule. Die Baracken lagen im Wald. Über 200 von uns steckten sie da hinein. Später wurden einige weggebracht, weil wir zu viele waren. In unserem Zimmer waren hauptsächlich Globasnitzer. Auf den Stockbetten lag Stroh, die Polster waren hart, gefüllt mit Seegras oder Stroh, ich weiß es nicht genau. Einige Zeit lang schliefen wir schlecht, bis wir uns daran gewöhnt hatten.

Besondere Wachen gab es nicht, einen Lagerführer gab es und diese Krankenschwestern. Ungefähr drei Wochen hatten wir Lagersperre, keiner durfte hinaus. Aber so schnell konnte man ja von dort nirgends hin. Einige gingen manchmal heimlich ins Dorf. Aber das waren Männer, die konnten das leichter machen, wir hatten ja kleine Kinder. Dann begannen sie, zu den Bauern arbeiten zu gehen, aber auch das eher heimlich. Später mußten wir sowieso arbeiten gehen.

Es war am Pfingstsonntag, als diese hohen SS-Sturmbannführer kamen, von der Umsiedlungsgesellschaft. Daraufhin schickten sie die Männer mittleren Alters in die Fabrik. Die Mädchen kamen zu verschiedenen Stellen als Dienstmädchen, auch die Frauen, einige wurden Bauern in der Nähe von Hesselberg zugeteilt, und wir kamen in eine kleine Fabrik. Dort arbeiteten die meisten von uns Frauen. Die meisten Männer arbeiteten in Stuttgart, in den Bosch-Werken.

In Hesselberg konnte man es noch aushalten, da war ein Lagerführer, der war noch erträglich. Einige Männer bekamen Kontakt zu ihm, und er war nicht so hart. Aber es hat auch sehr gemeine gegeben. In Frauenaurach, oder war das Gunzenhausen, da war ein besonders brutaler. Ich bin später nach Weißenburg gekommen, dort war der Lagerführer ein fanatischer Nationalsozialist, logisch, ein fanatischer SA-ler. Seine Söhne waren beide bei der SS. Aber der war seiner Natur nach gerecht. Damit meine ich, daß wir zu essen bekamen, was uns zustand. In Hesselberg zum Beispiel, oder in anderen Lagern, so wurde mir erzählt, schafften sich die Schwestern, die Familie hatten, einiges beiseite von unseren Lebensmittelzuteilungen. Für Weißenburg galt das nicht. Bei uns hatte die Frau des Lagerführers die Küche, d. h. die Verpflegung über. Wir bekamen die Rationen, die uns zustanden. Es gab auch nicht viel Personal, die Lagerführerin, ein Mädchen und ich halfen in der Küche.

In Weißenburg gab es auch eine Schwester, eine alte, die in der Stadt wohnte, und die nachmittags nachschauen kam, ob jemand krank geworden war oder ob jemandem etwas fehlte. Manchmal kam auch eine Ärztin. Die war sehr nett. Meine Mitzi, die zweitälteste, die bekam oben in Hesselberg die Windpoken und hohes Fieber. Die Schwestern dort waren eher nachlässig, und als ich einer von ihnen mitteilte, daß wir nicht umziehen könnten – wir hätten am nächsten Tag nach Weißenburg müssen – weil das Mädchen hohes Fieber und die Windpocken hatte, da bekam ich zur Antwort: »Ach, wir werden gleich einen Wickel machen, wird schon besser.« Und sie machte ihr einen Wickel. Am nächsten Tag zogen wir um. Nach ungefähr zwei Tagen in Weißenburg kam die

189

Ärztin. Die Kinder spielten gerade draußen, das Mädchen war ziemlich aufgedunsen, aber es fiel nicht so auf. Ich dachte, das ist eben von den Windpoken. Da fragte mich die Ärztin: »Ist das Mädchen immer so angeschwollen?« Und ich sagte: »Nein, normalerweise nicht. Aber bevor wir hergekommen sind, hat sie Windpoken gehabt und Fieber.« Da trug sie gleich der Schwester auf, den Urin des Mädchens in der Früh zu ihr zu bringen. Und die kam wirklich und brachte das Wasser zur Ärztin. Und dann mußte die Mitzi sofort ins Spital. Sie hatte eine Nierenentzündung. Ich erzählte, daß man ihr in Hesselberg Wadenwikel gegen das hohe Fieber gemacht hatte. Sie schimpfte: »Das ist eine Schlamperei, das darf nicht sein. Die Windpocken sind eine Fieberkrankheit und das muß so ausheilen, da darf man das Fieber nicht stoppen.« Ich sagte: »So war es, ich konnte ja nichts machen, sie wollten, daß wir auf den Transport gehen.« Und dann ist das Mädchen drei Wochen im Spital gelegen.

Ein Jahr darauf mußte mein Mann zu den Soldaten; genau ein Jahr nach der Aussiedlung bekam er im Lager die Einberufung. Er ärgerte sich und schimpfte, wollte nicht gehen. Auch vor dem Lagerführer begehrte er auf. Freilich, der redete ihm zu, er sollte doch froh sein, daß er für den Führer kämpfen dürfte. Mein Mann war sehr zornig, aber es half alles nichts. Sonst hätte er vielleicht ins KZ müssen – als Wehrdienstverweigerer.

Manchmal gab es schon gefährliche Situationen, sehr gefährliche. Es hingen ja überall diese Plakate herum: Ein Volk, ein Reich, ein Führer! In dem Haus in Weißenburg gab es eine Galerie und einen Vereinssaal, der früher auch als Theatersaal gedient hatte. Es gab dort auch eine Bühne. Und von dieser Galerie, vom Geländer, hing so ein Hitlerbild herunter. Diesem Hitler kratzten die Burschen eines Tages die Augen aus. Wir wußten zwar nicht, wer das gewesen war, wir hatten nur so eine Ahnung. Der Lagerführer merkte eine Zeitlang nichts, denn das Bild hing so, daß nur wir es im Auge hatten, er stand immer mit dem Rücken zum Bild, wenn er zu uns redete oder etwas kontrollierte. Wir versuchten, ein anderes aufzutreiben, aber das war unmöglich. Das war so ein Bild aus einer Serie. Und dann bemerkte er es doch. Da beschimpfte er uns und brüllte, er war selber richtig betroffen und ordentlich traurig, wo er doch so fanatisch war. Der Partl strich dann um ihn herum, und ich auch. Wir beschworen ihn, nichts zu unternehmen, da wir ja nichts dafür könnten und auch nicht wüßten, wer es getan haben könnte. Vermutlich wären das 12, 13 Jahre alte Burschen gewesen, Lausbuben eben. Damals war es sehr gefährlich für uns, wir hatten richtige Angst vor dem, was passieren könnte. Er sagte selbst: »Wenn ich das nach Nürnberg melde, sieht es nicht gut für euch aus.« Wir bettelten ihn halt an und schmeichelten ihm, besonders diejenigen, die sich ein bißchen mehr getrauten. Letztendlich meldete er den Vorfall nicht weiter und ließ sich beruhigen.

Wir sprachen untereinander slowenisch. Sie hämmerten uns zwar andauernd ein, daß wir mit den Kindern deutsch zu sprechen hätten, aber ich sagte zum Lagerführer: »Ich kann nicht. Ich kann mit den Kindern nicht deutsch reden, das ist mir fremd.« Und dann redete ich einmal hetzhalber beim Mittagessen mit den Kindern ein bißchen deutsch. Da sagten sie: »Mama, wir verstehen Sie ja nicht.« Daraufhin habe ich mich einfach stur gestellt. »Ich werde mir die Kinder nicht selbst entfremden. Die werden es schon später lernen, in der Schule. Ich habe es ja auch in der Schule gelernt.« »Aber das ist ja wichtig. Das muß so sein. Der Führer wünscht das. Ihr müßt euch fügen.« Das wiederholte sich bei den Appellen: wir müßten uns gut benehmen und untereinander sowie mit den Kindern deutsch reden. Aber da waren wir auch stur. Kaum jemand hielt sich daran und redete mit den Kindern deutsch. Manchmal vielleicht, und zwar vor dem Lagerführer. Wir waren ja überzeugt, daß wir bald nach Hause kommen würden. Zuerst dachten wir, im Herbst ist es vorbei. Im Herbst sagten wir uns dann: den Winter noch, und dann wirklich. So ging es drei Jahre.

Am schlimmsten auszuhalten im Lager war diese Gewißheit, daß du nicht nach Hause durftest. Wenn Besuch da war, war es besonders schlimm. Die fuhren wieder und du wußtest, du darfst nicht. Die alten Leute ertrugen das Lager sehr schwer. Meine Schwiegermutter hätte die drei Jahre nicht ausgehalten. Sie ging dauernd im Wald herum und weinte und betete. Und die Kinder taten ihr leid. Sie konnte sich nicht einleben. Unsereins war jung und hatte noch die besseren Nerven. Und wir wußten auch, daß wir nur wegen der Nationalität da waren, daß wir unschuldig waren.

Die Schwiegermutter wurde dann am 25. Juli nach Hause geschickt, und der Koren samt Familie aus Wackendorf auch. Für die Familie hatte angeblich die Firma, in der er als Polier gearbeitet hatte, ein Ansuchen gestellt. Für unsere Mutter hatte ihr Bruder interveniert. Der war Tierarzt in Villach und ein alter Illegaler, ein fester *nemčur*. Uns ließen sie nicht frei, nur die Schwiegermutter. Sie wäre sicher gestorben, so sehr trauerte sie. Sie konnte sich nicht einleben. Freilich, vom Bauernhof direkt ins Lager. Sie bekam kaum das Essen hinunter. Unsereins aß, was vorgesetzt wurde. Das Bessere wurde sowieso den Kindern überlassen, Brot und Fett, das wurde den Kindern gegeben. Ein Kind konnte sich leichter einleben. Es gab genug Kinder, und die lernten sich kennen. Ein Kind kann spielen, paßt sich an, es versteht noch nicht alles.

Gegen Ende waren wir schon fröhlicher, da waren wir schon alle guter Laune. Wir warteten und wußten, bald würde es vorbei sein. Die Invasion begann, auf der einen Seite die Engländer und die Amerikaner, auf der anderen die Russen. Schon nach Stalingrad war alles ein bißchen anders. Früher hatte uns der Lagerführer bei den Appellen immer wieder erzählt, daß wir in die Ukraine kommen würden, daß man uns dort ansiedeln würde und lauter solche Sachen, und dann hörte er damit auf. Wir hatten ihm ja wohl auch immer wieder entgegnet, was sollen wir dort, wir haben dort nichts verloren. Die Lagerführerin aber war brutal, brutaler als er. Sie war zwar gerecht beim Kochen, sie gab uns, was uns

Ljudmila Sticker

zustand, aber ihre Schreierei ... »Diese Schweine«, schrie sie, wenn die Kinder rauften, oder: »Wenn es einmal schief geht, machen wir das Gas auf.« Wir hatten einen Gasherd. Als es dem Ende zuging, als in der Nähe schon geschossen wurde, da saß sie dann in der Früh in der Küche und las das Meßbuch. Eigentlich waren sie ja Protestanten, ihr ältester Sohn hatte sogar Theologie studiert, war aber dann der SS beigetreten. Und zum Schluß saß sie dann vor dem Meßbuch und betete, obwohl sie so national und für den Hitler war. Und als ihr bewußt wurde, daß da nichts Gutes mehr daraus werden würde, verkündete sie, daß sie sich umbringen würde. Die letzten Tage fürchtete ich mich richtig, wenn ich in die Küche mußte: werde ich sie noch vorfinden oder nicht? Ich hatte schon Angst, noch bevor ich die Türe öffnete. Aber es geschah nichts. Doch, etwas schon, an dem Tag, bevor die Amerikaner kamen. Wir hatten so eine große Tafel mit dem Hakenkreuz drauf vor der Tür hängen. Eine massive Blechtafel. Auf einmal lag diese Tafel im Vorraum. Jemand hatte sie in der Nacht hineingelegt, der Lagerführer oder sie selbst. Und da sagte er zu mir: »Frau Sticker, möchten Sie nicht die Tafel und das Hakenkreuz draußen im Garten irgendwo vergraben?« Das war ja kein richtiger Garten, mehr eine Art Hof hinter dem Haus, ein bißchen Platz für die Hasen. »Ja«, antwortete ich, »das mache ich schon.«

In aller Herrgottsfrüh, die Sonne ging gerade auf, April war es, da erledigte ich den Auftrag. Wir hatten so einen Komposthaufen, den tat ich auseinander, warf die Tafel hinein, und das Ganze wieder drauf. Nichts in meinem Leben habe ich so sehr genossen wie das.

Jože Kaiser

Eine verbissene Nation

Die Deutschen im Reich waren zu uns nicht einmal so schlecht, sie waren besser als die Heimischen, die uns ausgesiedelt haben. Auch unser Lagerführer, ein gewisser Schneider, ein SS-ler, sagte: »Wir haben ja nicht gewußt, wer ihr seid. Dafür könnt ihr euch bei denen zuhause bedanken, beim Bürgermeister und bei den Nachbarn, die haben euch ins Lager gebracht.« Unser Lagerführer war noch der beste von allen Lagerführern. Seine Frau hat nach dem Krieg den Ausgesiedelten geschrieben, und wir verwendeten uns für ihn, sodaß er nur ein Jahr gesessen ist. Wir unterschrieben alle, daß er nicht so schlecht wie die anderen war. Die anderen haben nach dem Krieg sechs, sieben Jahre bekommen. Er kam jedes Jahr zu meiner Cousine auf Urlaub. Er besuchte dann alle Ausgesiedelten, die in diesem Lager in Hesselberg waren. Heuer war der Sohn da, auch bei mir. Er ist mit unseren Kindern aufgewachsen und kann noch heute slowenische Wörter. Der Lagerführer in Hesselberg sagte nichts, wenn wir slowenisch redeten. »Kärntner

Vertreibung

192

sprich deutsch«, haben sie ja nur bei uns geschrien. Das war unsere Muttersprache, und er hat nie gesagt, daß wir nicht slowenisch reden dürften. Nur wenn einer von den Oberen gekommen ist und ihn fest aufgehetzt hat, dann hat er ein bißchen geschrien. Aber da hat jeder gewußt, morgen ist alles in Ordnung.

Wir hatten zwar Appelle, dort wurden Anweisungen gegeben, so und so muß das Lager ausschau'n, so und so müssen wir uns verhalten, eben die Lagerordnung. Daß er uns politisch verarscht hätte, nie. Die Lagerführer der anderen Lager waren gemein. Wir gründeten im Lager sogar einen Chor zur Unterhaltung, damit die Zeit schneller vergangen ist. Sogar die Deutschen setzten sich außerhalb des Zauns hin und hörten zu. Unsere Sänger sind zusammengetreten und haben gesungen, und sogar die Deutschen sagten: »Das dürften aber keine schlechten Leut' sein, die so schön singen.« Von den Deutschen bekamen wir Mehl, Eier, Lebensmittel eben. Sie waren besser als die Heimischen hier. Der Deutsche hatte den Hitler vom dreiunddreißiger Jahr weg und ihn bis zum Hals satt, bei uns haben sie da erst richtig geschrien. Nach dem Krieg war das aber auch so, da behaupteten sie, nur der Ortsgruppenleiter und der Bürgermeister wären Nazis gewesen, die anderen waren angeblich alle dagegen. Die Deutschen waren nicht so eine verbissene, begeisterte Nation, wie die Kärntner Deutschen, die *nemčurji*. Die Aufsteiger waren die schlimmsten. Die verschuldeten Bauern bei uns, denen die Schulden getilgt waren, die haben geschrien und gebrüllt. Die Heimischen waren roh, ohne Herz. Die wußten, wo wir hinkommen werden.

Das haben sie früher auf den Gemeindesitzungen beschlossen, und keiner hat gesagt: »Das geht nicht, das können wir nicht machen.« Heute behaupten sie, uns sei es nicht schlecht gegangen. Wenn es uns so gut gegangen ist, warum haben sie es nicht ausprobiert? Der, der zuhause hinter seinem Tisch gesessen ist und diese Zeit genutzt hat, uns auszurauben, während wir ausgesiedelt wurden, der hat leicht reden. Freilich, so jemand wird immer sagen: gute alte Zeit.

Der Lagerführer war auch nicht so streng, wenn jemand zu Besuch kam. Er hat oft ein Auge zugedrückt und nichts gesehen. Es sind öfters Verwandte ihre Leute besuchen gekommen. Sie gingen zu ihm und sagten: »Herr Lagerführer, meine Tante ist zu Besuch, kann sie bleiben?« Er sagte: »Ich habe niemanden gesehen, ich weiß nichts.« In den anderen Lagern durften sie das nicht. In Frauenaurach war es überhaupt sehr streng, dort war ein gemeiner Lagerführer. Wenn einer nicht parierte, wurde er sofort arretiert und nach Dachau geschickt.

Mein Vater hatte einmal Schwierigkeiten. Bei uns wurde so eine Propaganda betrieben, wie modern und maschinell alles in Deutschland ist. Und mein Vater schrieb nach Hause, daß hauptsächlich mit Kühen gearbeitet wird, und daß sie viel weiter hinten seien als wir. Er schrieb: Das sind diese deutschen Traktoren, die mit Kühen arbeiten. Der Brief kam zur Zensur und er hat ein bißchen Schwierigkeiten bekommen.

Der heilige Berg der Franken, das war Hesselberg. In der Ebene lagen unsere Baracken. Drinnen ziemlich große Räume, Stockbetten mit Strohsäcken. 20, 30 waren wir in einem Raum. In der Mitte stand ein Tisch. Wer von zuhause etwas mitgebracht hatte, der konnte sich etwas kochen, der Rest mußte durch die Finger schau'n. Es hat auch Familien gegeben, die niemanden mehr zuhause hatten, der ihnen noch etwas geschickt hätte. Zu essen bekamen wir, was für uns bestimmt war, ein paar Kartoffeln und dies und das. Am schlimmsten war es für die kleinen Kinder, es gab keine richtige Milch. Die Milch, die sie bekamen, war wäßrig. Wir hatten unsere eigenen Schüsseln, meine Frau hat, glaube ich, noch eine zuhause als Erinnerung. Die Kartoffeln waren abgezählt. Jeder hat 3, 4 bekommen, ein kleines Stück Fett und Tee, das war das Abendessen. Wenn du Pech hattest, dann war eine Kartoffel faul, dann hattest du eben noch weniger. Das war halt alles so ein Eintopf. Wenn genug da gewesen wäre, wären wir ja noch zufrieden gewesen, aber du bist auch manchmal hungrig vom Tisch aufgestanden, besonders die Jugend, die ja mehr gebraucht hätte und auch nichts bekam. Aus Abtei ein Bauer, Wutte hieß der, der ist verzweifelt. Er hatte einen Buckel, war eher klein und konnte nicht arbeiten. Er war alleine und nicht verheiratet. Auf einmal verschwand er, das ganze Lager suchte ihn im Wald, dann fanden sie ihn – auf einem Baum, er hatte sich erhängt.

Die ersten vierzehn Tage spazierten wir im Lager herum und warteten, wann es wieder zu essen gab. Dann mußten wir Jüngeren zur Arbeit in die Holzwerke, Fabriken, auf die Bauernhöfe in der Umgebung. Es bekam uns ja niemand anders als die Parteimitglieder. Ich arbeitete einige Zeit in einer Molkerei, dann kam ich zu einem Bauern, von dort nach Neustadt an der Aisch in ein Sägewerk. Arbeiten mußte ich überall fest, aber wenigstens hungrig war ich nicht.

Im März oder April 1944 mußte ich dann zu den Soldaten. Bis Herbst habe ich mich in der Kaserne gehalten. Ich hatte einen offenen Fuß, da gab ich Kren drauf, damit die Wunde nicht verheilte, und so zögerte ich ein halbes Jahr hinaus. Rekruten, die mit mir eingerückt waren, kamen schon verletzt zurück, ich lag noch immer in der Kaserne. Ich sagte mir, ich solle vielleicht für die Heimat kämpfen, wo sie mich um mein Heim und um alles gebracht haben, da soll ich mit Begeisterung für die Deutschen kämpfen? Einem Deutschen aus Frankfurt erzählte ich, was mit uns passiert ist, und der redete mir sogar zu: »Kaiser, sei nicht blöd, mach das. Warum solltest du für eine Heimat kämpfen, du hast keine.« Einmal war es den Oberen dann zu blöd, und sie schickten mich aufs Schlachtfeld. Aber ich war ihnen draußen auch nichts nützlicher. Gerade so viel, daß ich mitgelaufen bin, gemacht habe ich nichts. Wo ich nur konnte, hielt ich mich zurück.

Keine Heimat

Jože Partl

Zuerst waren wir rund drei Monate in Hesselberg. Die Holzbaracken standen auf einem Hügel, so in einem Kreis. Es waren drei, vier Familien in jedem Raum untergebracht, je nach Größe der Familie, die Stockbetten standen wie beim Militär eng beieinander. Dann gab es einen einheitlichen großen Eßraum. Von angenehm kann man in einem Lager nicht sprechen, aber es war zu ertragen, man war nicht so sehr unter der Knute wie anderswo. Das hing halt immer vom Lagerführer ab.

Dieselbe Situation gab es auch in Weißenburg, wo wir für rund ein Jahr hingebracht wurden. Mein Vater war mit dem Lagerführer befreundet, und sie haben sich recht gut verstanden. Und nicht nur meine Eltern, alle durften zur Messe gehen, da drückte er immer ein Auge zu. Mein Vater erzählte mir später immer wieder, wieviel er eigentlich riskiert hatte, weil er mit diesem Lagerführer offen geredet hatte. Er hatte ihm prophezeit, daß die Nazis den Krieg verlieren würden. Und der hatte ihm sofort zu verstehen gegeben, daß er ihn jetzt aufgrund dieser Aussage in ein KZ schicken müßte, aber er würde es nicht tun, weil sie befreundet wären; er sollte so etwas aber nicht wieder erwähnen. Da hatte mein Vater zu ihm gesagt: »Machen wir, Herr Lagerführer, einen Kompromiß. Sie helfen mir jetzt, daß ich nicht ins KZ komme, und ich werde Ihnen helfen, wenn der Krieg aus sein wird – daß Sie nicht zu sehr leiden werden.« Und da hatten sie sich die Hand gegeben. Nach dem Krieg wurde er tatsächlich festgenommen, ich glaube, von den Amerikanern, und dann kam auch ein Schreiben von ihm hierher. Mein Vater setzte sich in einem Schreiben für ihn ein, teilte mit, daß er zu uns sehr gut gewesen wäre, schilderte alles, und der kam dann tatsächlich frei. Der Lagerführer hatte meinem Vater gegenüber seinerzeit angedeutet, er würde Selbstmord begehen, sollten die Nazis den Krieg verlieren, aber das hat er dann offensichtlich doch nicht gemacht.

Mein Vater konnte damals – vielleicht, weil er mit dem Lagerführer so gut auskam, und weil er für die damaligen bäuerlichen Verhältnisse vielleicht ein wenig gebildeter war als seine Leidensgenossen – die Rolle des Lehrers für uns ausgesiedelte Kinder übernehmen. Ähnlich war es auch in den anderen Lagern; soweit mir bekannt ist, sollen – nach dem persönlichen Ermessen der Lagerführer – die Tüchtigsten damals als Lehrer fungiert haben. In unserem Lager war dies mein Vater, obwohl er eigentlich kein Lehrer war. Er verstand ja praktisch nichts von der Pädagogik. Erst nach dem Krieg, als wir wieder zuhause in die Schule gingen, konnte er sich dafür interessieren, wie es denn die Lehrer machen; und er sprach dann immer wieder davon, daß er nicht geglaubt hätte, wie schwer es wäre, einem Fünf-, Sechsjährigen den Zusammenhang von Buchstaben und Silben beizubringen. Naja, es war halt dann der Erfolg auch relativ. Aber wir waren ja nicht dazu bestimmt, ausgebildet zu werden, sondern wir waren ja mehr als Arbeitskräfte gedacht. Mehr Bildung sollten wir gar nicht haben.

In Weißenburg waren wir in einem ehemaligen alten Theatersaal untergebracht. Wie viele Leute wir dort waren, das kann ich nicht mehr sagen. Aber alle waren wir in einem Raum. Das Schulzimmer hatten wir in so einem kleinen Nebenraum, der früher für Kostüme und ähnliches bestimmt war; einige Familien hatten auf der Bühne ihren Platz, auch auf der Galerie waren einige. Wenn ich diesen Lagerführer von Weißenburg noch beschreiben darf – er war ein sehr toleranter Mensch; hoffentlich rede ich nicht zu gut über die Nazis, das will ich nicht, aber es gibt halt auch unter den Nazis verschiedene Menschen.

In der Mitte des Saales hing das Bild des Führers vom Balkon herunter. Wir Kinder kratzten Adolf Hitler die Augen aus, machten zwei Löcher in die Augen. Natürlich, das brachte das Faß zum Überlaufen, auch bei diesem noch so humanen Nazi, dem Lagerführer. Der wollte Meldung nach Nürnberg machen, wo sich damals die Zentrale befand. Mein Vater sagte: »Es kann passieren, daß wir alle hingerichtet werden«, und flehte den Lagerführer an, keine Meldung zu machen, er würde aufpassen, daß das nicht mehr vorkäme, und wir würden sammeln und ein neues Bild kaufen. Und so passierte es dann auch. Wir klaubten das Geld zusammen – ein jeder hatte von zuhause ein wenig Geld mitgenommen oder es von seinen Verwandten bekommen –, und damit wurde ein neues Porträt vom Hitler gekauft und die ganze Sache wieder in Ordnung gebracht. Das war aber eigentlich eher ein Streich von uns Kindern. Naja, wir waren ja wohl so erzogen, daß Hitler nicht unser Führer war. Es war zwar ein Spitzbubenstreich, aber dafür hätte man uns alle ausrotten können. Wenn das der Lagerführer von Eichstätt gewesen wäre, dann wäre das auch passiert.

Wir mußten dann aus Weißenburg fort, weil andere Familien hinverlegt wurden. Nur die Familie Sticker blieb dort, weil die Frau eine so gute Köchin war. Die behielt der Lagerführer zurück. Unsere Familie kam nach Eichstätt. In Eichstätt kamen wir zunächst in ein Kloster, wo es, was die Versorgung anbelangt, verhältnismäßig in Ordnung war, weil auch die Klosterfrauen den Ausgesiedelten entgegenkamen. Aber dann wurde dieses Lager aufgelöst, und wir wurden in eine Realschule gebracht. Der Lagerführer in Eichstätt war etwas Schreckliches. Meine Eltern sagten immer wieder, daß die anderen zwei, von Hesselberg und von Weißenburg, wahre Heilige gewesen wären gegen diesen Lagerführer in Eichstätt. Das war ein sehr brutaler Mensch, er drohte immer wieder mit der Hinrichtung. Ich kann mich erinnern, daß er es genoß, wenn wir Kinder miteinander rauften. Er hetzte uns aufeinander, und wir mußten raufen. Und je mehr wir rauften, um so mehr Freude hatte er daran.

Mein Vater war auch in Eichstätt wieder Lehrer. Diese Funktion behielt er trotz der Härte des Eichstätter Lagerführers bei, und zwar bis Ende '44. Da machte er einen Fehler: er brachte uns Kindern ein Lied des Kärntner Komponisten Koschat bei, das geht irgendwie so: »Verlassen, verlassen,

verlassen bin ich, wie ein Stein auf der Straße. Keine Mutter hab ich.«
Und mein Vater machte aus der Mutter »keine Heimat«. Das war die
Ursache, daß cr aufhören mußte, Lehrer zu sein. Er wurde aus dem
Lager heraus in den Arrest gesteckt, weil er ein Lied gefälscht hatte. Und
ein zweiter Fehler, den er damals in den Augen des Lagerführers machte, war, mit jugoslawischen Kindern slowenisch zu sprechen. Es waren
bei uns auch einige Familien aus der Provinz Oberkrain, und die Kinder
konntena zu dieser Zeit noch nicht Deutsch. Er ersuchte, zweisprachig
unterrichten zu dürfen. Er wollte sich vor dem Lagerführer ver-
antworten: »Ich kann ja nicht deutsch reden, wenn die gar nichts verstehen, ich muß ja dolmetschen.« Deshalb wurde er auch angeklagt. Er
wurde aber, wahrscheinlich, weil die Alliierten schon ziemlich nahe
waren, nur zu drei Monaten Arrest verurteilt. Als er dann aus dem Arrest
herauskam, durfte er natürlich nicht mehr Lehrer sein und mußte in die
Fabrik.

Solange der Vater Lehrer war, hatte auch die Mutter »Privilegien«. Sie
durfte im Lager bleiben. Sobald mein Vater im Arrest war, mußte auch
sie in die Fabrik gehen. Dann gingen eben beide in die Fabrik arbeiten,
in eine Schuhfabrik.

Mein Vater verstand sich mit diesem Lagerführer – Bauer war sein Name
– überhaupt nicht. Der war halt ein sehr harter Nazi. Und mein Vater
erzählte immer wieder, daß es einen Beschluß der Lagerinsassen gegeben
hätte: nach dem Krieg, nach der Befreiung, wenn sie lebend hinauskä-
men, würden sie ihn lebend in die Jauchengrube werfen. Dazu ist es dann
nicht gekommen, weil er schon drei oder fünf Wochen vor dem Zusam-
menbruch flüchtete. Dann kam ein anderer. Dem war es schon zu heiß, er
fühlte sich nicht mehr sicher, auch als Lagerführer nicht; er dachte sich
wohl, vielleicht machen die doch etwas mit mir ...

Das bekam man als Kind schon mit, daß die Atmosphäre in diesem
Lager eine andere war als die in den vorhergegangen, schon durch die
Person des unmenschlichen Lagerführers. Ich kann mich auch selbst
noch auf die sonntäglichen Appelle erinnern; jedesmal wiederholte er,
wenn er den Befehl bekäme, uns zu erledigen, dann würde er diesen
Befehl glatt durchführen. Jeden Sonntag diese Worte des Lagerführers.
Das war dann schon etwas Ernstes, und das hat schon auf das ganze
Klima im Lager gedrückt.

Die letzten Tage waren dann sehr turbulent. Da hörte man Kanonen-
donner, und täglich, dauernd haben die Sirenen geheult, und dauernd
mußten wir in den Kellern sein wegen der Fliegerangriffe. Wir warteten
schon schwer auf die Amerikaner. Ich kann mich auf die Gespräche der
Väter erinnern, die sich unablässig gefragt haben, wann denn die Amerikaner kommen würden, und die sich wunderten, warum sie nicht
auftauchten, wo doch die ganze Stadt schon frei von den Nazis war. Und
dann stellten sie fest, daß die Amerikaner wohl zu feige wären, schnell
zu kommen. Aus Eichstätt, aus der ganzen Stadt, wurden ja die Nazis
abgezogen. Die Stadt war in so einem Kessel drinnen, auf der einen

Seite waren die Deutschen, und auf der anderen die Amerikaner, und da gab es noch Geplänkel. Und wenn ich mich richtig erinnere, zog der Bürgermeister oder ein neu gebildetes Komitee mit einer weißen Fahne den Amerikanern entgegen, und erst danach marschierten die Amerikaner in die Stadt ein.

Als die Deutschen aus der Stadt auszogen, zogen auch unsere Lagerführer mit. Wir waren dann allein. Das war der Grund, daß die Unseren sich fragten: »Warum kommen die Amerikaner nicht herunter vom Berg? Es ist doch keiner mehr da!« Als die Amerikaner dann doch kamen, gaben sie uns Kindern Schokolade, und das war in jener Zeit etwas Seltenes. Dann hieß es, wir kämen in ein Sammellager. Man lud uns, daran kann ich mich gut erinnern, alle auf Lastwägen, und führte uns einen ganzen Tag lang herum – und am Abend brachte man uns wieder zurück ins Eichstätter Lager.

Angeblich gab es nirgends einen Platz, oder keinen richtigen Befehl, oder man konnte wirklich nicht über die Brücke, das kann ich nicht sagen – auf jeden Fall hatte man uns einen ganzen Tag herumgeführt und am Abend wieder zurückgebracht. Dort in der Realschule blieben wir aber dennoch nicht lange. Wir kamen in ein nahegelegenes Sammellager, in eine ehemalige Erziehungsanstalt. Von dort wurden wir in die Stadt Bamberg gebracht. Dort herrschte das größte Elend. Da wurden so viele Leute, so viele Nationen zusammengepfercht. Wegen dieser Massenansammlung funktionierte kein einziges Klosett mehr, funktionierte gar nichts mehr. Nur die Rollen hatten sich geändert; jetzt mußten die SS-Leute die Klosetts putzen; aber das Elend war dasselbe. Wir lagen genauso auf Stroh wie vorher. Unsere Familie hauste auf dem Dachboden. Jetzt, meinte meine Mutter, könnte man erst ermessen, wie viele Leute die Nazis eigentlich aus verschiedenen Gebieten zusammengetrieben hatten.

Im Juli kamen wir dann nach Kärnten – aber nicht nach Hause. Wir wurden gemeinsam mit einem Zug nach Kärnten gebracht, und als wir ankamen, wollte man uns von Villach aus wieder zurückschicken, weil die provisorische Landesregierung uns nicht mehr zurücknehmen wollte. Wie wir das erfuhren, weiß ich nicht mehr genau, aber jedenfalls sprach man darüber, man fragte die Schaffner: »Geht's nicht weiter? Geht's nicht?« Irgendwie bekamen wir es auf jeden Fall heraus, daß wir keine Erlaubnis von der Landesregierung hatten, in Kärnten zu bleiben. Und als wir auf unsere Fragen die Antwort bekamen, wir seien keine Kärntner mehr, da uns die Nazis weggeschickt hätten, haben unsere Väter, unsere Mütter und die Größeren es so organisiert, daß alles, was wir mithatten, aus dem Zug herausgetragen und auf den Bahnsteig hingestellt wurde. Wir leerten den ganzen Zug. Den leeren Zug hätten sie zurückschicken können, aber uns nicht. So erzwangen wir das Dableiben. Natürlich waren alle empört. So ist das halt. Aber wir waren schon abgehärtet gegen Repressalien, wir haben auch das ertragen. Wie gesagt, die Heimat empfing uns nicht mit offenen Armen.

Und dann kamen wir nach Klagenfurt in diese Kaserne, die es jetzt nicht mehr gibt, auf dem heutigen Domplatz. Dort blieben wir, bis alles geregelt wäre, wie es hieß. Wir wurden nicht alle auf einmal nach Hause gelassen; unsere Familie wurde von meinem Onkel aus dem Rosental mitgenommen. Er meinte: »Ja, mein Bruder« – mein Vater war sein Bruder – »ist ein bißchen scharf.« Er fürchtete, mein Vater würde dem Kanaltaler eine schmieren, und dann müßte er vielleicht noch einmal in den Arrest. »Kommt's mit mir, bis sich das alles beruhigt.« Und so blieben wir, ich glaube, einen Monat vielleicht, beim Onkel oben im Rosental.

Mein Vater fuhr allerdings bereits am Tag darauf ins Jauntal auf unseren Hof, irgendwie war es ihm gelungen, Verbindung zu bekommen. Naja, und er sagte zu den Kanaltalern: »Ihr könnt bleiben, bis das geregelt ist, aber ihr müßt so arbeiten, wie ich es will.« Und das taten sie auch. Er schaffte an und versprach, in zwei, drei Tagen wiederzukommen; bis dahin müßte das und das erledigt werden, und so geschah es auch. Als wir heimkamen, war die Kanaltaler Familie noch da; wir waren auch noch – wie lange, kann ich nicht sagen – eine Zeitlang beisammen.

Den Hof zurückzubekommen, das funktionierte allerdings nicht reibungslos. Es waren unzählige Eingaben nötig, auch von seiten des im Jahre 1946 gegründeten Verbandes der Ausgesiedelten. Ich weiß nicht, andersherum, als man uns die Höfe genommen hatte, war es unbürokratischer gegangen. Jetzt gab es auf einmal Probleme. Wie gesagt, unser Hof war im Besitz meiner Mutter, auf dem Kömmel war die Hube von meinem Vater, und mein Vater hatte im Rosental auch noch zwei Parzellen Wald. Außerdem besaß meine Mutter eine Wiese, die auch nicht zur Liegenschaft gehörte – das war eine gesonderte Einlagezahl. Und alles das hatte man im Jahre 1942 oder 1943, als die Eltern unterschreiben mußten, daß sie auf alles zugunsten des Deutschen Reiches verzichteten, unbürokratisch genommen; aber nach 1945 ist es nicht so leicht gegangen. Mein Vater bekam seine Liegenschaft zurück, meine Mutter ihre, und niemand empfand es als notwenig, ins Grundbuch zu schauen; alle dachten, nun wäre endlich alles zurückgekommen; aber die Waldparzelle und die Wiese der Mutter waren nicht rücküberttragen worden.

Jetzt kann ich nicht sagen, in welchem Jahr das war, aber in Wien war eine Sammelstelle B eingerichtet, in der die gesamten Besitzungen jener zusammengefaßt wurden, die nicht mehr lebten und keine Erben hatten. Vieles davon stammte von Juden, von denen ganze Familien ausgerottet worden waren. In dieser Sammelstelle tauchten unsere beiden Parzellen auch auf, und die Liegenschaften einiger anderer ausgesiedelter Slowenen genauso.

Allerdings, wenn man diese Parzellen wieder zurückhaben wollte, mußte man erst wieder einen Rechtsanwalt bemühen. Da ärgerte sich mein

Vater dann immer: »Früher haben sie gewußt, wem etwas gehört, damit einem alles genommen werden konnte.«

Später meinten einige Leute, wir hätten es nicht so schlecht gehabt. Auch zu meiner Mutter wurde das gesagt, und sie fragte den Nachbarn, wenn er so blöd daherredete: »Aber damals, lieber Nachbar, bist du nicht herkommen und hast nicht gesagt, die Familie Partl soll dableiben, ich gehe an ihrer Stelle.«

*Das Lager
Frauenaurach.*

Bestandsaufnahme

Die Aussiedlung haben sie sicher schon früher geplant. Zu den Familien, die dann später ausgesiedelt wurden, kamen schon vorher Gendarmen und schrieben alle auf. Wenn nicht alle daheim waren, machte das nichts. Wer bei dieser Bestandsaufnahme nicht zuhause war, der blieb dann auch zuhause. Hier in Loibach waren sie beim Kušej, beim Hartman und anderen, von hier haben sie viele ausgesiedelt.

Diese Bestandsaufnahme war irgendwann im Jänner, ausgesiedelt wurde dann im April. Zu uns sind sie nicht gekommen, ich glaube wegen dem Schwiegervater, der hatte es sich so eingerichtet, daß keiner genau wußte, ob er die Deutschen oder die Slowenen lieber hatte. Während wir öffentlich zeigten, daß wir Slowenen sind, ist unser Schwiegervater eher neutral geblieben und das hat ihnen besser gepaßt. Auch wenn man nicht so begeistert war über die Deutschen, Hauptsache man war neutral, das

Vertreibung

war auch schon ein bißchen besser. Ich glaube, die Aussiedlung war ein Racheakt für das Plebiszit, denn die Ausgesiedelten sind in der Zeit des Plebiszits ganz besonders für Jugoslawien eingetreten. Ich denke mir, daß das eine plebiszitäre Jagd war. Sonst haben die ja nichts getan.

An dem Tag, an dem die Aussiedlung stattfand, war ich in Bleiburg. Ich ging aus Bleiburg nach Loibach, auf dem Weg lag ein kleines Geschäft, mit den Besitzern waren wir befreundet. Mein Mann und einige aus dieser Familie waren im Ersten Weltkrieg gemeinsam bei den Soldaten gewesen, all die Jahre waren sie befreundet, ich kaufte in dem Geschäft ein und komme gerade vorbei, als sie ausgesiedelt werden. Die Frau sagt mir noch: »Jetzt werden wir gehen, die wir so im Weg waren.« Und sie wußten nicht einmal, wohin sie kamen. Diese Aussiedlung wirkte auch auf die deutsch Gesinnten nicht besonders gut. Soweit ich es sah und mit den Leuten redete, hießen sie das nicht besonders gut. Freilich, die Verbissenen schon, die haben gesagt: »Die gehören eh alle weg.«

Dann hat es geheißen, daß in Klagenfurt Soldaten protestiert hätten, aber ich weiß nicht, ob das wahr ist. Sie hätten angeblich gesagt, daß das nicht ginge, die Väter an der Front, die Söhne an der Front, und hier würden die Mütter, die ganzen Familien ausgesiedelt. Es hieß, daß die Soldaten aufbegehrt hätten, daß sie nicht mehr kämpfen wollten, wenn die Familien ausgesiedelt würden. Aber wo hat denn ein Soldat schon was zu sagen gehabt, bei wem hätte er sich denn beschweren sollen? Es hat geheißen, deswegen hätten die Nazis aufgehört, die Leute auszusiedeln. Wieso sie wirklich aufhörten, weiß keiner. Der Ortsgruppenleiter sagte nach der Aussiedlung, daß nicht mehr ausgesiedelt würde, aber wer opponiere, sich gegen den Hitler, gegen den Nazismus versündige, »der kommt woanders hin.« So hat er es gesagt, mein Mann war dabei, wie es der Ortsgruppenleiter im Grenzlandheim in St. Michael vorgetragen hat. Damals bekamen die Männer den Befehl, hinzugehen und zuzuhören, ich ging nie hin, aber der Vater mußte gehen. Die waren schon für Dachau bestimmt, und wirklich sind sie später nach Dachau gekommen.

Auch ein Major

1942 war dann die Aussiedlung. Auch zwei Familien aus meiner Pfarre wurden damals ausgesiedelt. Eine Familie wurde am Nachmittag vom Feld geholt – sonst kamen sie immer in der Früh, da aber am Nachmittag. Sie wollten alle mitnehmen, auch den Sohn, doch der sagte: »Ich bin in der Wehrmacht«, und wies sich aus, da ließen sie ihn stehen, die anderen aber führten sie alle ab.

Ich war damals gerade auswärts, und als ich abends heimkam in den Pfarrhof, wartete er schon auf mich und erzählte mir, daß die Familie – das hatte ich ja schon unterwegs erfahren – ausgesiedelt wurde. Der Ortsbauernführer hätte das Haus übernommen, berichtete er. Und ich konnte ja gar nicht ahnen, was ihm dann passierte. Als er abends ins Haus hineinwollte, ließ ihn der Ortsbauernführer nicht hinein, und er mußte im Stall übernachten.

Ich sagte zu ihm: »Weißt was? Morgen gehst du am Vormittag ins Wehrbezirkskommando Völkermarkt. Ich war dort bei der Musterung, und ich kenn' den dortigen Major.« Graf hieß er, ich weiß den Namen noch jetzt, weil er auch unterschrieben hatte, als ich den Wehrpaß abgab, also die Bestätigung, daß ich nicht wehrdienstpflichtig bin, und er war sehr freundlich und sehr angenehm bei meiner Musterung. Und ich sagte: »Da ist ein sehr freundlicher Major drüben. Geh zu ihm und erzähl' ihm alles. Nimm dir ja kein Blatt vor den Mund, erzähl', daß du jetzt auf Urlaub gekommen bist, und da fährt auf einmal ein Wagen vor und binnen zwei Stunden mußten deine Geschwister und deine Eltern alles zusammenpacken, was sie mitnehmen wollten oder konnten, und sind abgeführt worden. Und dich wollten sie auch mitnehmen, du hast dich aber ausgewiesen, also ließen sie dich zurück. Jetzt geh einmal hin und sag dem guten Major, daß du nicht einsiehst, daß du jetzt wieder zurückkehren solltest an die Front und den Kopf hinhalten für eine Heimat, die man dir weggenommen hat. Du hast keine Heimat mehr, aber den Kopf hinhalten solltest du. Ich weiß, dieser Major wird wahrscheinlich Verständnis haben für deine Situation und etwas unternehmen.« Und weiter sagte ich: »Dann wird er wahrscheinlich fragen, wer eigentlich verantwortlich ist für so etwas, daß Familien da ausgesiedelt werden, dann sagst, auch ein Major ...«

Ja, da zeigte sich dieser Major tatsächlich darüber entsetzt, was da passiert war. »Selbstverständlich werden Sie nicht zurückkehren an die Front, bevor nicht Ihre Eltern wieder da sind und die Familie. Und wer ist verantwortlich?« »Eben ein Major Kaibitsch in Klagenfurt, der leitet diese Sache und ist verantwortlich dafür.« »Dann schicke ich Sie zu dem, zu diesem Major, und teilen Sie ihm mit, daß Sie von mir den Urlaub verlängert bekommen, solange bis er dafür sorgt, daß die Eltern und die Familie wieder zurückkommen. Wenn die wieder da ist, ist der Urlaub für Sie zu Ende und Sie können wieder zurück an die Front.«

Das erzählte er mir dann eben, bevor er nach Klagenfurt fuhr. Und ich sagte: »Oben sei ganz unerschrocken. Nimm dir kein Blatt vor den Mund, geh mutig hinauf zum Major Kaibitsch.« Und der Major war ganz, ganz konsterniert, daß ihn ein Major da hinaufgeschickt hatte und er sagte: »Das ist ein enormer Irrtum, das ist ein Irrtum. Natürlich, selbstverständlich werden die Eltern heimkommen.« Die Eltern, das heißt die Familien, sind ja in Ebenthal in einem Lager untergebracht gewesen. »Sofort durchgeben lassen, die Familie Škofič – die ist irrtümlich da hergebracht worden – soll nach Hause zurückgebracht werden.«

202

Gut, die Familie Škofič, der Name hat genügt, hat sich gemeldet. Aber es war nicht die Familie dieses Franz Kofitsch, sondern die des Bruders, sie sollte auch ausgesiedelt werden. Also die Familie ist herbeigeholt worden: »Sie sind irrtümlich hierhergebracht worden, Sie können heimgehen.« Die Familie fuhr heim, aber es war die falsche Familie, die Familie Andreas Škofič. Die sind heimgekommen, dann kam man erst drauf, daß man die falsche Familie heimgeschickt hatte, und die andere Familie, eben des Franz Kofitsch, war schon unterwegs. Da hat man dann Erkundigungen eingezogen, die Familie war aber inzwischen schon weggebracht worden.

Pavle Zablatnik

Und jetzt mußte der Major Kaibitsch dafür sorgen, daß in Erfahrung gebracht wurde, wo sich die richtige Familie befinde, und er schickte einen Befehl hinaus nach Stettin. Als die Familie in Stettin ankam, wartete draußen schon die Nachricht, daß sie irrtümlich dorthin gekommen wären und sie wieder zurückkehren könnten. Ungefähr zehn Tage hat es gedauert, dann waren sie wieder da.

Jedenfalls sind sie heimgekehrt, und weil der Major in Völkermarkt gesagt hatte: »Wenn Sie mir die Meldung bringen, daß die Eltern da sind, die Familie, die Geschwister, dann hört die Verlängerung des Urlaubs auf«, meldete er sich wieder an die Front. Leider ist er da draußen gefallen.

Wir saßen auf den Bündeln

Marija Lienhard

Ich fahre in der Früh zum Bahnhof, da kommen mir furchtbare Lastwägen entgegen, mit Sitzen und auf der Seite offen, drinnen nur solche Ketten, wie sie seinerzeit bei der Tramway üblich waren. Und ich fragte mich noch, was die hier tun, aber dann dachte ich, vermutlich fahren sie irgendwohin nach Jugoslawien. In Klagenfurt stieg ich aus dem Zug und sah ganz einfache Leute, mit diesen bäuerlichen Bündeln, da wußte ich, halt, hier ist etwas nicht in Ordnung, die Bahnhofstraße hinauf, hinter dem Bahnhof, überall waren die Leute. Wir kommen in die Werkstätte, da sagt die Meisterin: »Jetzt fangen sie an, die Schweine.« Sie sagte das nicht zu mir, sondern draußen zu einer aus Mežica, die auch bei uns arbeitete. Sie war eine sehr feine Schneiderin, die allerfeinsten Sachen machte sie. Und sie sagte: »Diese Schweine, jetzt fangen sie schon bei uns an.« Und sie schimpfte so, ich spitzte nur so die Ohren, ich hätte ja nicht zuhören dürfen. Aber damals kam ich drauf, daß sie ziemlich gegen die Nazis war, weil sie so empört über das alles war.

Als wir am Abend heimfuhren, bei Ebenthal vorbei, dort wo heute die Station ist, da war so ein Lager, und dort drinnen war alles voller Leute, das sahen wir vom Zug aus, der Zug fuhr sehr langsam dort vorbei. Ich

Vertreibung

kam nach Hause, da war schon alles gepackt. Die Mutter sagte: »Ach, was passiert ist. Alle haben sie ausgesiedelt, alle weggebracht.« Sie zählte alle auf und sagte noch: »Morgen kommen sie sicher uns holen, wir müssen vorbereitet sein, die anderen haben nur eine halbe Stunde Zeit gehabt. Ich habe alles zusammengepackt, jeder hat seinen Rucksack, jeder hat sein Bündel.« Und dann standen diese Bündel im Schlafzimmer, wer etwas zum Anziehen brauchte, nahm es von dort, dann wurde es schnell wieder gewaschen und in das Bündel zurückgegeben. Für den Fall, daß sie uns holen kommen, sollte jeder seine Sachen beisammen haben. Wie lange saßen wir wohl auf unseren Bündeln? Ich glaube einen Monat. Bis die ersten Briefe aus dem Lager kamen. Und dann hieß es, daß es keine Aussiedlung mehr geben werde, weil sie nicht wüßten, wohin mit den Leuten.

Ohne die Mithilfe der lokalen Machthaber hätte es nie eine Aussiedlung gegeben, es war überall die Unterschrift vom Bürgermeister drauf. Im unteren Gebiet um Bleiburg gab es keine Aussiedlung, da war der Bürgermeister dagegen, bei uns war der Bürgermeister dafür, und so kam es zur Aussiedlung. In der Zeit, in der wir auf unseren Bündeln saßen, das war so eine Atmosphäre, wir getrauten uns nicht einmal zu schlafen. Da war eine Spannung und Angst, entsetzliche Angst. Der kleinste Lärm warf dich aus dem Geleise.

In Klagenfurt bemerkte man von der Aussiedlung nur einen Tag etwas, am nächsten Tag war nichts mehr. Dann war Klagenfurt leergefegt, da gab es kein Bündel mehr, nichts. Nur in Ebenthal unten waren furchtbar viele Menschen, am nächsten Tag und noch ein paar Tage dazu. Dann kann ich mich noch daran erinnern, daß ein höherer Offizier in die Werkstatt kam, ein Verwandter der Meisterin, oder halt ein guter Bekannter, sie waren auf jeden Fall per du. Und wie der hereinkam, fing sie sofort an: »Nimm Platz, willst was trinken? Ja, für was ist denn das gut. Was wollt ihr damit bezwecken? Das ist ja wie im Mittelalter. Wir sind ja im 20. Jahrhundert und ein fortschrittlicher Staat. Was wollt ihr damit?« Er sagte nur: »Liebe Gisela, stelle mir keine solchen Fragen. Gisela, ich bitte dich, stelle mir keine solchen Fragen. Ich kann sie dir nicht beantworten. Ich darf sie dir nicht beantworten.« Und sie: »Und warum nicht?« Dann zeigte er vermutlich auf uns, das sah man nicht, aber sie sagte noch: »Was, die kommen ja aus dieser Gegend, die wissen das ja genau, die wissen mehr als ich. Wenn es öffentlich ist, wieso soll man das dann verschweigen?« Sie war so unerschrocken, und er verabschiedete sich sofort und ging. Dann kam sie herein und meinte: »Alles ist so feig.«

Dann kam ein neues Lehrmädchen zu uns, das war aus dem Kanaltal, und die war jetzt dort oben im Rosental oder im Gailtal, ich weiß nicht mehr genau wo, auf so einem Bauernhof angesiedelt. Die hat schon früher im Kanaltal gelernt und hier machte sie weiter. Dieses Mädchen war nicht so richtig beliebt bei uns, obwohl sie selber ja nichts dafür

konnte, sie war schrecklich unglücklich, weil sie ja unten auch ausgesiedelt wurde.

Marija Lienhard

Es waren nicht alle Zugewanderten glücklich. Sie erfuhren ja dann, was los
war, und wer kein Nazi war, der war auch als Zugewanderter nicht mit
dieser Tat einverstanden. Wir hatten am Dorf auch so einen Bauernhof, und
die Leute waren nicht einverstanden damit, die bekamen den Bauernhof
einfach zugeteilt. Andere wieder waren verbissen, noch und noch.

Da kommen Mörder und Verbrecher

Reginald Vospernik

Nachdem wir nach Rehnitz gekommen waren, mußten wir vom Bahnhof aus in einer Kolonne gehen. Das Gepäck wurde auf Pferdefuhrwerke oder Autos geladen, wir aber mußten zu Fuß gehen. Wir gingen also
durch Rehnitz, zu diesem Lager – es ist doch etwa eine halbe Stunde
Fußweg zu diesem Schloß –, und da standen die Leute links und rechts
neben der Straße; später erzählte mir meine Mutter, daß sie gesagt
hätten: »Aber das sind doch keine Mörder, die schauen doch gar nicht
aus wie Mörder.« Und daraufhin scheint doch jemand von uns gefragt
zu haben: »Wieso sollen wir denn Mörder sein?« »Ja, uns ist gesagt
worden, da kommen Mörder und Verbrecher.«

So also war die einheimische Bevölkerung dort informiert worden;
irgendwie wollte man ihr verständlich machen, warum wir da in ein
Verbrecherlager kamen. Aber die Leute stellten fest, daß da ja Frauen
und Kinder dabei waren, und meinten: »Das können ja keine Verbrecher
sein.«

In Rehnitz – Renice auf polnisch – wurden wir in einem alten Schloß
untergebracht, viele slowenische Familien mit Kindern und Kleinkindern. Dort blieben wir einige Zeit – ich kann mich jetzt nicht genau
erinnern, wie lange. Meine Mutter war eine tiefreligiöse Frau. Sie
besuchte in dieser Zeit heimlich – das durfte niemand wissen – Marien-
andachten in diesem Ort; sie war felsenfest davon überzeugt, daß ihre
Kirchenbesuche dazu beigetragen hatten, daß wir nach relativ kurzer
Zeit in ein anderes Lager verlegt wurden, in das Lager Eichstätt in
Bayern.

Zu Rehnitz wäre jedoch noch etwas zu sagen. Ich weiß, daß die Frauen
dort abendliche Andachten organisierten. Sie bauten irgendwo auf dem
Gang einen kleinen Altar auf, und dann wurde slowenisch gebetet und
slowenisch gesungen, alles in aller Heimlichkeit, denn man mußte ja
sichergehen, daß der Lagerleiter nicht irgendwo in der Nähe war. Aber
eines Tages scheint ihm doch zu Ohren gekommen zu sein, daß da etwas
Verbotenes vor sich ging, daß nämlich slowenisch gesprochen wurde;

das durfte nicht sein. Singen schon gar nicht, und ich kann mich noch an den durchdringenden Ton seines Geschreis erinnern, wie er da plötzlich auftauchte und die betenden Leute auseinanderstoben. Es war alles vorbei, und dann wagte niemand mehr, so etwas zu machen.

Marienaltar im Lager, Mai 1942.

Die Männer, vor allem die stärkeren, mußten im nahegelegenen Gut als Zugvieh dienen. Sie wurden vor den Pflug gespannt und mußten Pflüge und Eggen ziehen. Frauen mit kleinen Kindern waren insofern »privilegiert«, als sie bei den Kindern im Lager bleiben konnten. Trotzdem war es ein Lager mit sehr ungünstigen Lebensbedingungen. Mehrere Familien wurden in große Säle zusammengepfercht, Großfamilien oft gemeinsam mit den Großeltern, auch unser Großvater war ja zuerst mit ausgesiedelt. Er war schon relativ alt und hilflos, aber er mußte das bittere Los der Aussiedlung nicht bis zum Ende mitmachen, denn eine befreundete Familie stellte ein Ansuchen, und er wurde heimgeschickt. Er hat dann das Kriegsende bei einer seiner Töchter erlebt.

Wir kamen also nach Eichstätt in Bayern, in ein Kloster der Englischen Fräulein im Zentrum des Ortes. Das war schon vom Ambiente her ein wesentlich angenehmeres Lager, wenn man in diesem Zusammenhang überhaupt von angenehm sprechen kann. Die Räume waren kleiner, es waren zwar immer noch mehrere Leute zusammen, aber schon weniger als in den großen Sälen von Rehnitz. Bei den Schwestern hat man gemerkt, daß sie überhaupt nicht nationalsozialistisch eingestellt waren. Leute, die sich gut aufgeführt haben, wurden aus diesem Lager entlassen. Meine Tante zum Beispiel konnte nach Nürnberg gehen und dort in einer Wäscherei arbeiten. Und auch wir konnten Ende 1944 an einen freigewählten Platz gehen, außer nach Kärnten, denn dort hatten meine Mutter und ich Gauverbot.

Der größte Schock für meine Mutter in diesen Tagen war, daß die Kärntner Einheimischen an der Aussiedlung beteiligt waren. Man weiß ja, daß die Proskriptionslisten für diese Aussiedlung immer vom sogenannten Ortsdreieck erstellt wurden: Bürgermeister, Ortsgruppenleiter, Bauernführer. Diese Leute waren nach dem Krieg noch immer da, man mußte mit ihnen tagtäglich zusammenkommen, das war schon eine eigenartige Situation. Man erkannte, daß Leute, denen man vertraut und mit denen man im Dorf jahrzehntelang zusammengelebt hatte, plötzlich auf der anderen Seite standen. Ein guter Bekannter meiner Mutter, auch ein Gastwirt in Föderlach, hatte sich sofort zur Verfügung gestellt und bei unserer Aussiedlung den Schlüssel unseres Hauses übernommen. So hatte er das Recht, ins Haus zu gehen und alles zu durchsuchen. Oder unsere Nachbarin, die seinerzeit zu meiner Mutter betteln gekommen war, eine Witwe mit vier kleinen Kindern, deren Mann Selbstmord begangen hatte· »Gib mir doch das Häuserl, daß ich wo bleiben kann.« – Sie meinte das kleine Häuschen, ein Nebengebäude unseres Hauses, ursprünglich war das die Gärtnerei. Diese Frau also sagte zu meiner Mutter bei der Aussiedlung relativ triumphierend: »Ja, ihr müßt jetzt hinaus aus dem Haus.« Und wie wir schon weg waren, soll sie zu jemandem gesagt haben: »Jetzt ist das Haus endlich verkauft.« Das war der eigentliche Schock, daß jemand, zu dem man Vertrauen gehabt hatte, und von dem man, wenn schon nicht Dankbarkeit, so doch zumindest Neutralität erwartete, sich auf die Seite des Stärkeren stellte. In unser Haus kam dann ein Kanaltaler, der war der Meinung, es gehörte ihm, in Wirklichkeit war es im Grundbuch immer nur auf die »Deutsche Umsiedlungsgesellschaft« eingetragen.

Reginald Vospernik

Als wir dann Ende September, glaube ich, nach Hause kamen, ich kann mich noch an die Kukuruzfelder erinnern, die damals reif für die Ernte waren, war das für den Kanaltaler natürlich ein Schock. Er mußte nun fort, und er bat die Mutter, ob er denn nicht doch bleiben könnte, und die Mutter sagte zu. Natürlich konnte man ihn auch nicht von heute auf morgen hinausschmeißen. Er hatte dann eine komplette Wohnung für sich und seine Familie, sodaß wir direkt etwas beengt waren. Er blieb dann nicht, wie ursprünglich vorgesehen, zwei bis drei Wochen, sondern – ich glaube – sechs oder sieben Jahre. Die Mutter brachte es nicht übers Herz, ihm zu sagen: »Hörst du, jetzt such dir endlich etwas!« Er blieb im Haus. Mehr noch: ich kann mich sogar noch erinnern, daß er bei jeder geringfügigen Zinserhöhung – er mußte jetzt natürlich für die Wohnung Zins zahlen – zur Preisbehörde und was weiß ich wohin lief. Er trat meiner Mutter gegenüber ziemlich frech auf, gerierte sich eigentlich immer noch als Hausbesitzer, als einer, der das Recht hatte, hier zu sein. Das war ein ziemlich bitteres Erlebnis.

Dann kamen Kommissionen, die sahen sich das Haus an und stellten die Schäden fest. Es waren recht große Schäden entstanden während dieser Aussiedlungsjahre. Der »Neubesitzer« hatte nicht auf das Haus geschaut; ich kann mich erinnern, daß Böden durchgefault waren, weil kaputte Wasserleitungen nicht repariert worden waren. Das waren noch Böden aus Holz, keine Betonböden.

Ursprünglich hätte die Entschädigung 20.000 Schilling ausmachen sollen; das wurde sofort im ersten Revisionsverfahren auf 12.000 Schilling vermindert, dann wurde es noch einmal reduziert auf 9.000 Schilling. Die wurden dann eine Woche vor dem Umtausch 1:3 – das war diese große Geldentwertung – ausbezahlt. Die Entschädigung hat also im Endeffekt 3.000 Schilling ausgemacht.

Die dachten, wir würden über sie herfallen

Wie weh war mir ums Herz, als wir schon den dritten Tag in Ebenthal waren. Die Sonne schien und ich wußte, daß wir in der Nacht fortmußten. Sie kamen uns holen, wir mußten in die Kanzlei, damit wir unsere Nummern angaben, und da kam dieser Ibounig. Mein Mann sagte zu ihm: »Ich habe dich damals, wie du zum Miklavc exerzieren gegangen bist, nicht angezeigt.« Da antwortete er: »Sie waren halt so ein Mensch, angezeigt haben Sie niemanden, aber ein Gegner waren Sie durch und durch.« In der Nacht verluden sie uns in einen langen Zug und wir fuhren. Ach Maria, wenn Sie wüßten, wie das Volk geweint hat, als es gehen mußte.

Zuerst kamen wir nach Eichstätt, dort waren wir, glaube ich, einen Monat, dann schickten sie uns weiter nach Frauenaurach. Von dort fuhren die Männer nach Erlangen mit dem Zug arbeiten. Alle arbeiteten dort. In der Früh hinaus, um fünf oder so, dann diese fünf Kilometer mit dem Zug fahren, und dann arbeiteten sie dort in der Gegend. Mein Mann mußte im Spital arbeiten. Wer keine Kinder hatte, der mußte hinaus, irgendwohin. Ich hatte drei Kinder, ich mußte im Lager mithelfen, das heißt, den Haushalt dort führen, putzen, alles was halt so anfiel, heute die Küche, morgen den Speisesaal putzen, dann die Klos, in der Küche Gemüse putzen und Geschirr abwaschen, lauter solche Sachen. Es gab genug Arbeit. Ein Garten war auch dort und der Nachbar neben dem Lager hielt Hühner, die sind die ganze Zeit in den Garten gegangen. Unsere Leute hätten aber aufpassen sollen, daß die Hühner nicht in den Garten kommen. Ein alter Mann aus dem Rosental, der ist immer in der Früh auf und davon, so daß sie nicht wußten, wo er war. Er war so zornig: »Was werd' ich für die Deutschen auf die Hühner aufpassen.«

Das Essen war schlecht. Das erste Jahr ging es noch, das zweite war schon schlechter. Zuerst aßen wir noch die alten Kartoffeln vom Herbst, dann gingen die aus und wir putzten Futterrüben, hoben ziemlich große viereckige Gruben aus, einen Rauchfang hinein, damit es hinausrauchen konnte, und die Futterrüben wurden da hineingegeben, für uns, für das nächste Jahr. Nicht lange darauf fingen diese Futterrüben zu brennen an, das waren keine Rüben für Menschen, richtige Futterrüben waren das und die verbrannten. Wir mußten alles herausklauben, was faul war, wegschmeißen, den Rest reiben wie Kraut und zusammendrücken. Und dann mußten wir das essen. Ich habe mir noch gedacht, Maria, das esse ich nicht – aber was sollte ich denn sonst essen, was anderes gab es nicht.

Manchmal gingen wir noch zu den Bauern arbeiten. Ich ging auch öfters zu einem Bauern Buchweizen ernten, das war ein großer Bauer, weit zu gehen, aber Jause stellte er uns keine hin. Im Lager aßen wir um halb eins, bei dem Bauern mußtest du bis halb acht arbeiten, im Lager war aber um fünf das Abendessen, und wenn dir da nicht jemand etwas zu essen beiseitelegte, dann bekamst du kein Abendessen, im Lager nicht und beim Bauern auch nicht. Dann beschwerte sich einmal unser Lager-führer, er sagte, er müsse uns etwas geben, wir hielten das ja bis halb acht nicht aus. Na, dann brachten sie uns eine Kanne Kaffee aufs Feld, und noch den mußten wir stehend trinken, wir durften uns nicht einmal hinsetzen.

Gegen Ende des Krieges kamen wir wieder nach Eichstätt. Wir hatten so eine Angst vor dem, was kommen würde. Wir bekamen einen anderen Lagerführer, und der jammerte einmal, daß er noch nie irgendjemandem was getan hätte, und daß er uns nichts antun wollte und dies und jenes. Ich dachte mir, was kümmert das uns. Seine Frau und seine Tochter trauten sich nicht im ersten Stock zu wohnen, sie hatten oben eine Wohnung, beide saßen unten im Vorraum und seufzten. Heilige Jung-frau Maria! Einmal ging ich dort herum und die Frau stöhnte wieder so, da sagte ich ihr: »Wenn Sie niemandem etwas getan haben, dann wird Ihnen auch niemand was tun.« Die dachten, wir würden alle über sie herfallen.

Auf einmal stand in der Zeitung, daß Alarm geblasen wird, fünf Minuten lang, aber nicht, warum. Wir waren so neugierig, was dieser Alarm bedeutet. Unser Herr teilte die Lebensmittel aus, alles was noch da war, Brot und solche Sachen. Da begann dieser Alarm zu blasen und es war, als ob man einmal in die Luft schaute und schon waren alle geflohen, unsere Herrschaften waren alle weg. Die wußten, das heißt, ihr müßt fliehen. Und wir waren ganz alleine im Lager. Sie ließen alles da, die Lebensmittel, die sie gerade ausgeteilt hatten, und wir schauten uns nur mehr an.

Dann führten sie uns hinaus, zurück nach Erlangen, 83 Kilometer Rich-tung Babenberg, auf die Hauptstrecke, Babenberg und Eichstätt. Dort steckten sie uns in Viehwaggons, in der Mitte lagen unsere Sachen, wir saßen rundherum und so fuhren wir nach Hause. Die Bahnhöfe waren alle zerstört, es gab Wasser, wenn es noch irgendwo ein Rohr gab, so konnten die Männer wenigstens etwas zu trinken holen. Wir Frauen

209

trauten uns ja nicht aus diesen hohen Viehwaggons, weil kein Signal gegeben wurde, der Zug fuhr ab, wenn es Zeit war. Die Männer sprangen hinaus, holten das Wasser, gaben es uns bei der Tür herein. Wir trauten uns das ja nicht, der Zug war so schnell, wir hätten ihn nicht mehr erwischt. Drei Tage fuhren wir bis Villach. Wir fuhren über Salzburg, wir waren die ersten Ausgesiedelten, die nach Kärnten kamen. Aus Villach wollten sie uns ja zurückschicken. Ein Eisenbahner sagte uns rechtzeitig, wohin er uns zu bringen habe. Er sagte: »Verratet mich nicht, ich habe nicht den Auftrag, euch nach Klagenfurt zu bringen, sondern hinauf nach Salzburg. Aber verratet mich nicht.« Wie wir das hörten, sprangen wir alle aus dem Zug. Unser Volk wehrte sich: wir gehen nicht zurück ins Lager, wir waren schon lange genug dort, wir wollen nach Hause. Und dann saßen wir eine Nacht in Villach zwischen den Geleisen, die ganze Nacht. Warum das so war, weiß ich nicht, die hielten halt mehr die Leute in Ehren, die unsere Häuser besetzt hatten.

In der Früh brachten sie uns dann nach Klagenfurt in die Jägerkaserne, dort sind wir acht Tage geblieben. Es gab keine Betten, die Leute mußten am Boden liegen. Manche mußten bis zu drei Wochen warten, bis ihr Haus wieder leer war. Freilich waren sie zornig, sie waren so lange im Lager gewesen, und die anderen waren auch zornig, weil sie weg mußten. Einen Krawall gibt es ja immer.

Der, der auf unserem Grund war, meinte, das Haus sei groß genug, es sei für alle Platz. Er hatte unseren Besitz gekauft. Wir waren nicht mehr die Eigentümer, wir mußten von den Lebensmittelkarten leben, es gehörte ja alles dem. Und der wollte nicht fort. Er dachte halt dauernd, daß er bleiben wird können. In diesem Sommer ging ich Schwarzbeeren klauben, von den Lebensmittelkarten und den Schwarzbeeren lebten wir, es gab ja so viele, und was anderes gab es nicht. Im Herbst war es dann so weit, er hätte im November gehen müssen. Da sagte er zu meinem Mann: »Jetzt kommt der Winter. Wohin soll ich gehen, laßt mich bei euch bleiben.« Und er blieb bei uns. Später baute er sich im Dorf ein Haus und mein Mann führte noch Sand für ihn, wir hatten ja ein Pferd, damit er sein Haus bauen konnte. Wir stritten uns nie, wir waren nicht streitsüchtig, wir waren froh, daß wir alles zurückbekamen.

Setzt euch auf die Geleise

Mein Bruder und ich gingen in Ferlach zur Schule. Am 14. April war der Tag X, da stand die Aussiedlung am Programm. Wir sitzen in der Klasse, da öffnet sich die Tür, und herein kommt der Gestapo-Mann, dieser Kircher, der später von den Partisanen erschossen wurde; er salutiert vor der Lehrerin, dann höre ich meinen Namen, ich soll zur Lehrerin kommen, sie sagt: »Schaschl, du mußt schnell heim, deine Mutter erwartet dich.« Freilich, ich packe meine Schultasche zusammen und bin aus der Schule hinaus; draußen kommt schon mein Bruder aus der Hauptschule gerannt, dem hatten sie dasselbe gesagt: »Die Mutter läßt ausrichten, du mußt schnell heim.« Und wir beeilten uns, wir rannten, wir hatten gleich das seltsame Gefühl, daß wir nichts Gutes zu erwarten hätten. Wir liefen und liefen, ich bekam Seitenstechen. Da kam unser Bekannter Poschinger mit dem Fahrrad vorbei, sah, daß wir beide mitten am Vormittag durch die Gegend rannten, wo wir doch normalerweise in der Schule sein müßten, und wir erklärten ihm die Lage. Freilich, er konnte nur einen auf das Rad setzen, und er nahm mich, weil ich so Seitenstechen hatte, und sagte: »Bis Glainach kann ich dich bringen.« Meinen Bruder nahm jemand anderer mit, und den letzten Abschnitt rannten wir wieder gemeinsam. Je näher wir dem Zuhause kamen, umso angespannter waren wir, und da sahen wir sie schon, die Soldaten mit ihren Gewehren.

Sieben, acht Mannsbilder waren es – der Laster war noch nicht da, der wartete bei der Straße auf uns –, und die verfolgten uns dann auf Schritt und Tritt. Allein konntest du nirgendwohin gehen. Mit der Zeit ließen sie dann nach, es wurde ihnen zu dumm, so unschuldige Menschen, von denen ihnen keine Gefahr drohte, permanent zu überwachen. Da wurden sie ein bißchen kamoter. Und wir, man kann sich vorstellen, in welchem Zustand wir waren. Wir wollten das eine und das andere retten, einer trug das Radio zum Nachbarn hinunter, alles wollten wir retten, wie jeder Mensch. Ein, zwei Stunden hatten wir Zeit. Einer von den Soldaten saß auf der Bank vor dem Haus und weinte. Der ertrug das Leid nicht mehr, das er sah. Die Mutter weinte. Ein Ferlacher Gendarm, der Oberheinrich, zeichnete sich aus. Mein Großvater trat auf die Türschwelle hinaus und sagte: »Ich geh' aber nicht, lieber laß' ich mich erschießen.« Freilich, erschießen, so schnell ging das ja nicht; sie schauten sich an, das hatten sie nicht erwartet. Der Oberheinrich zog den Großvater von der Schwelle herunter, und dann trieben sie uns durch das Dorf. Die Soldaten hatten die Taschen voller Würste, es war ja alles beim Haus.

Die Nachbarn trauten sich nicht, uns zum Abschied die Hand zu geben. Ein einziger wagte es: der Valentin Zepitz, vulgo Tomaž, aus unserem Ort, der hatte Mut, der verabschiedete sich persönlich von uns. Der traute sich das noch. Dann luden sie uns auf den Lastwagen, das war ein offenes Einsatzfahrzeug, und wir fuhren los. Wir fuhren durch Dörfl, Unterglainach, bogen nach links ab, und dort warteten wieder welche, die Familie Magedin. Drei Kinder mit diesen geschnürten Bündeln zu Füßen. Dieses Weinen und diese Trauer. Auch die luden sie auf, und weiter. Die Borovniks, die Vertič-Familie und die Winklers waren schon vor uns in Klagenfurt; zwei Tage hindurch schleppten sie nur Leute an.

Wir bekamen Blechmarken um den Hals gehängt, wie Hundemarken, jeder hatte eine Nummer, und ein liegender Achter war drauf. Später bekam ich heraus, daß der Achter »politisch verdächtig« bedeutete. In Klagenfurt waren wir zwei Tage, um das Lager war ein Stacheldraht gezogen und Maschinengewehre waren aufgestellt. In der Nacht beleuchteten sie uns mit Scheinwerfern, und Hunde waren auch da. Die hatten solch eine Angst, daß unsere Leute abhauen würden. Aber unsere Leute sind ja nicht das Volk für so etwas. Dann begannen sie, über Lautsprecher diejenigen Personen aufzurufen, die sich bereithalten mußten. Wie die Diebe waggonierten sie uns ein, tagsüber trauten sie sich nicht, die Leute hätten wohl zu viele Fragen gestellt, da genierten sie sich, und so pferchten sie uns am Abend in die Waggons hinein. In jedem Waggon war eine deutsche Besatzung, die paßte auf uns auf, bewaffnet. Durch die Fenster bekamen wir ein bißchen zu essen, Brot und anderes.

Wir kamen am weitesten, bis nach Polen, ins Lager Rehnitz. Drei Tage und drei Nächte fuhren wir, ohne zu wissen, wohin. Das war furchtbar. In Erlangen blieben wir das erstemal stehen, da wurden die Waggons für Frauenaurach und Hesselberg abgekuppelt. Uns führten sie weiter, bis tief nach Polen hinein. In Frankfurt an der Oder bekamen wir das erstemal wieder zu essen. Sie reichten uns Suppe in Pappbechern durch das Fenster. Wir kamen nach Glasow, und da fing es an: »Alles aussteigen, in Reih und Glied aufstellen.« Wir stellten uns auf und wurden durch das Dorf getrieben, am hellichten Tag, durch deutsche Dörfer, die Menschen schauten uns haßerfüllt an: »Die Bolschewiken kommen«, sagten sie, und »Ihr Bolschewiken, ihr Schweine!« schrien sie. Mein Großvater drehte sich nach den Leuten um und sagte: »Ganz unschuldig haben sie uns von daheim vertrieben«, da packte ihn schon einer der Soldaten: »Verschwind«, und stieß in zurück in die Reihe. Der Großvater traute sich viel, er ließ sich nicht alles gefallen. So gingen wir, Frauen, Männer, Alte und Junge, die Erwachsenen trugen die Bündel und die Kleinkinder, neben uns die bewaffneten Wächter, die uns antrieben.

Wir waren abhängig von den heimischen Nazis, die uns fortbringen ließen. Die ganzen drei Jahre waren wir von ihren Berichten abhängig. Wie die über uns schrieben, so erging es uns dann. Der alte Užnik aus Zell, der auch ausgesiedelt war, den holte die Gestapo direkt vom Klo, nicht einmal verabschieden durfte er sich. Sie packten ihn ins Auto und fort, und er kam nie wieder zurück. Olip schrieb er sich.

Auch die Rückkehr war unvorstellbar. Was der Mensch nicht alles erlebt. Die bewaffnete SS, die Nazis hatten uns fortgetrieben, und zurück nach Klagenfurt trieben uns die Engländer, auch bewaffnet. Als wir nach Villach kamen, da freuten wir uns schon, endlich wieder in Kärnten zu sein. Wir kamen also am Bahnhof an; ein Transport von Unsrigen war schon früher da, die wußten schon, was lief, und sie sagten: »Springt sofort alle hinaus, räumt alles aus, sofort, bevor der Zug wer weiß wohin fährt, und setzt euch auf die Geleise.« Es gab Leute in Kärnten, die kein Interesse an unserer Rückkehr hatten. Sie sagten vermutlich: »Ihr seid freiwillig nach Deutschland gegangen, jetzt habt ihr kein Recht mehr zurückzukommen, geht nach Deutschland«, und sie wollten uns mit dem Zug nach Deutschland zurückschicken. Unsere Leute wehrten sich, sie saßen und lagen am Bahnhof, das Gepäck lag herum.

Man muß sich vorstellen, unsere Nazis hatten die Engländer aufgehußt, und die gingen mit den Gewehren auf uns zu, sie wollten uns Angst einjagen, damit wir in den Zug, der uns wieder von der Heimat fortbringen sollte, einsteigen und wegfahren. Aber wir waren darauf vorbereitet, weil ein Transport vor uns das alles schon durchgemacht hatte und schon die halbe Nacht auf den Geleisen gesessen war. Die Engländer hörten auf, uns mit Gewehren zu bedrohen, dann begannen die Verhandlungen mit der Obrigkeit. Der Dr. Tischler erreichte bei den Verhandlungen, daß wir weiterdurften. Ich war schon so erschöpft, daß mir schlecht war, nichts zu essen und dann noch dieser seelische Druck. In der Früh

Johann Schaschl

»*Willkommen zuhause*« – *Ausgesiedelte am Villacher Bahnhof, 1945.*

waren wir nach Villach gekommen, am Abend ließ man uns dann nach Klagenfurt. Nur waren unsere Leute schon so mißtrauisch, daß sie verlangten, daß einige von uns in die Lok gesetzt wurden, damit der Zug ja nicht in eine falsche Richtung fahren würde. Sie kontrollierten, daß wir wirklich Richtung Klagenfurt fuhren. Man muß sich ja einmal den Schock vorstellen, drei Jahre ausgesiedelt und dann dieser Empfang in der Heimat.

Auf Befehl des Gaus Südmark

Andrej Kokot

Am Anfang war die Aussiedlung ja noch aufregend für mich, so nach dem Motto, jetzt gehen wir in die weite Welt. Die Realität holte mich dann erst im Laufe des Jahres ein, vor allem als wir von Rehnitz nach Rastatt verlegt wurden. Dort war es einerseits schön, weil dort eine schöne Landschaft war, andererseits lernte ich die brutale Lagerführung kennen. Dort erfaßte ich erst richtig, daß wir nicht mehr daheim waren. Der Hunger kam, die Mutter konnte uns nichts zu essen geben. Das Lager war ein großes, umzäuntes Haus, mit Hof und Garten. Das war meine Welt, in der wir lebten. Manchmal durfte ich hinaus, aber eher selten. Hie und da holte uns auch die Hitlerjugend ab, führte uns durch die Stadt, zeigte uns in einer Klasse Flugzeugmodelle und Karten, die den Frontverlauf zeigten. Sie waren sehr freundlich zu uns, vor allem zu den kleineren, das war ein Erlebnis für uns.

Auf der anderen Seite waren die Eltern im Lager, und wie sie über den Verlauf der Front redeten. Zum Beispiel meine Schwester Frančka, die als Hausgehilfin bei einer SS-Familie in Karlsruhe arbeitete. Die hörte immer heimlich Fremdsender, und wir warteten immer schwer auf sie, wann sie endlich kommt und uns erzählt, was wahr ist. Sie wußte immer genau Bescheid, weil sie den Engländer hörte, aber auch andere Fremdsender. Die Neuigkeit von der Wende in Stalingrad erfuhren wir früher als die Deutschen, früher als unser Lagerführer. Das Abhören von Fremdsendern war sehr gefährlich, aber die Frančka war überhaupt sehr mutig. Sie fuhr zweimal illegal nach Kärnten. Ihre Arbeitgeberin gab ihr Urlaub, damit sie ins Lager könne, sie aber war schlau genug, sich einen Stempel zu organisieren, und mit dem »Urlaubsschein« fuhr sie dann nach Kärnten. Das erstemal war sie in Köstenberg, das zweitemal sah sie jemand und da flüchtete sie ins Jauntal zu einer Freundin. Dort blieb sie eine Woche und kam dann wieder zurück. Die Arbeitgeber dachten, sie sei im Lager bei ihrer Familie, im Lager dachten sie, sie sei an der Arbeitsstelle, und so ist ihr nie jemand draufgekommen.

Mit Ausnahme meiner Mutter, die im Lager aufräumte, der Mici und mir mußten alle hinaus arbeiten gehen. Sie waren die ganze Woche weg. Der Vater und mein Bruder Joža arbeiteten in einer Rüstungsfabrik in Ethingen, der Vinko und der Hansi bei einem Bauern, die Ančka war in einem Hotel am Bahnhof im Dienst, die Frančka in Karlsruhe, die Mali bei einer anderen Familie in Tauberbischofsheim, die Lizi und der Cenci, die waren etwas jünger, mußten in der Stadt arbeiten.

Der Cenci arbeitete bei einem Bäcker. Manchmal ging ich mit. Einmal mußten wir in einem kleinen Wagerl Apfelkuchen ausfahren, und da überfielen uns größere Burschen und stahlen alles. Sie waren hungrig. Das war furchtbar. Zuerst verdächtigten sie uns beide, daß wir den Apfelkuchen gestohlen hätten, aber der Lagerführer vertraute uns, aus welchen Gründen auch immer. Er sagte noch: »Soviel hätten sie ja gar nicht wegessen können.« Im Lager selbst gab es solche Köstlichkeiten nicht, sie durchsuchten trotzdem alles. Der Cenci war deswegen drei Tage in einem Bunker eingesperrt, und Prügel bekam er auch noch, mich sperrten sie nicht ein, ich war noch zu klein. Aber damals hatten wir furchtbare Angst, was wohl passieren wird. Unsere Rettung war eigentlich, daß uns der Bäcker glaubte, und daß er sich für meinen Bruder einsetzte. Er sagte: »Ich kenne diesen Jungen, der macht so etwas nicht.«

In Rastatt gab es auch für die kleineren Kinder keine Schule. Wenn es Arbeit gab, dann luden sie uns Kinder auf Autos, auf Lastwägen, und führten uns zum Kartoffelklauben, oder in den Straßengraben, Gras aufklauben, was auch immer. Solche Aktionen gab es. Ansonsten mußten wir im Lager selbst aushelfen, Holz schlichten, Kannen tragen, und wer nicht gehorchte, wurde verprügelt. Wenn etwas nicht in Ordnung war, dann bekamst du Schläge, manchmal hast du auch gar nicht gewußt, wofür du sie ausgefaßt hast.

Andrej Kokot

Die Angst war immer da. Vor allem gegen Ende zu, als sie meinen Bruder Jožko aus dem Lager wegbrachten. Zuerst war er im Stadtgefängnis, und ich kann mich noch erinnern, wie wir Erdbeeren für ihn klaubten und sie ihm heimlich zusteckten, wenn er mit dem Wärter durch die Stadt ging. Der Wärter tolerierte das. Der tat so, als ob er nichts sehen würde. Als wir ihn das letztemal trafen, sagte er zu uns, er weiß nicht, ob er noch heimkommt, weil er nicht weiß, wohin sie ihn bringen. Wir sahen ihn nie wieder. Er war erst 18 Jahre alt. Sie brachten ihn in Mauthausen um, und das auf Anweisung der Heimatgemeinde, von dort kam der Befehl, einen von den Kokots zu liquidieren. Warum ich das weiß? Als wir wieder zuhause waren, suchten wir unseren Bruder über das Schwarze Kreuz. Acht Jahre danach brachte der Gemeindebedienstete sein Todesurteil und die Nachricht, daß er in Mauthausen an diesem und diesem Tag exekutiert worden ist. Er ist aufgehängt worden. Die Gemeinde aber hatte die Nachricht schon von dem Tag an, an dem es geschehen ist, also von '44 weg. Sie wußten, daß mein Bruder Joža tot ist, aber die Mutter und wir alle waren noch der Überzeugung, daß er lebte und heimkehren würde. Die Nachricht von Jožkos Tod zerstörte die Mutter völlig. Sie kam nie mehr darüber hinweg, und sie ist ein paar Jahre darauf gestorben. Wäre er damals auf Anweisung von jemandem in Deutschland liquidiert worden, dann hätte man uns seinen Tod auch dort mitgeteilt und nicht erst acht Jahre später, noch dazu, wo die all die Jahre von seinem Tod gewußt hatten. Arretiert wurde er unter dem Vorwand, er gäbe sich zuviel mit russischen Häftlingen ab. Er hat ja mit ihnen zusammengearbeitet, wie hätte er das vermeiden können? Sie sagten nicht, wohin er kommt, sie sagten nur: »Auf Befehl des Gaus Südmark.« Das mit den Russen war nur ein Vorwand.

Mit uns war auch unser Leidensgefährte Waste, der mit dem Lagerführer politisierte. Sie unterhielten sich über den Plan, daß wir Kärntner Slowenen in die Ukraine kommen sollten, wo schon Dörfer für uns bereitstünden. Und der Waste sagte: »Das werden weder der Hitler noch Sie entscheiden, wo wir hinkommen, das werden andere entscheiden.« Und für diese Worte wurde er bestraft. Drei Monate war er im Konzentrationslager Schirmek. Der kam zurück, wir erkannten ihn nicht mehr, nur mehr Haut und Knochen. Aber er wußte, wohin er zur Strafe kommt. Das heißt, auch unser Jožko hätte es erfahren, wenn es nicht auf Befehl der Heimatgemeinde passiert wäre.

Gegen Ende des Krieges wurden wir nach Gerlachsheim verlegt. Dort war es noch schlimmer als in Rastatt. Hier hatte der Lagerführer zwar eine Pistole, aber der in Gerlachsheim hatte die große Maschinenpistole. Das war so, daß du auch als Kind das Gefühl hattest, in einem Lager zu sein, und daß die Gefahr bestand, jederzeit erschossen zu werden. Es wurden auch tatsächlich zwei Jugoslawen erschossen, weil sie mehr Brot haben wollten. Die, die hinaus arbeiten gehen konnten, hatten es besser als wir, die im Lager blieben, wo die Leute gegeneinander aufgehetzt wurden. Sogar vernadert haben sie sich gegenseitig. Die Steirer und die Unterkrainer prügelten sich ständig. Und ich kann mich noch an einen erinnern, der hat nur einen Arm gehabt, er war Aufpasser im Eßzimmer, wo wir unsere Menage bekamen, und der – selber Slowene – verprügelte Burschen, wenn sie nicht pariert haben. Freilich, der bekam ein bißchen mehr zu essen. In Gerlachsheim spielten sie Leute gegeneinander aus, das war sehr schlimm für uns, weil wir das nicht gewöhnt waren. Zu essen gab es nichts, gestohlen wurde und geprügelt.

In Gerlachsheim erlebten wir auch die Befreiung. Die Lagerführer unterlegten das Lager komplett mit Minen, wir sollten in die Luft gehen. Mein Vater rettete das Lager. Das kam so: Am Karfreitag kamen die Amerikaner und besetzten Gerlachsheim, die Front ging geradewegs durch die Stadt. Im Lager – einem alten Schloß – waren furchtbar dunkle, feuchte und unangenehme Keller. Meine Mutter wollte nicht in den Keller, sie sagte: »Wenn ich sterben muß, dann sterbe ich lieber hier oben, als unten begraben zu sein.« Ich klammerte mich immer an die Mutter, und am Karfreitag in der Früh, bei Tagesanbruch, begann die Schießerei. In dem Schloß war auch das Hauptquartier der Faschisten, der Militärs. Und als die Panzer ihre Kanonen gegen das Lager, gegen das Schloß richteten, rannte mein Vater hinunter zu einem der Panzer, klopfte ihm auf den Deckel, und als der aufgeht, schaut ein Schwarzer heraus. Damals sah ich das erstemal in meinem Leben einen Schwarzen, im amerikanischen Heer waren ja viele. Der Vater fragte ihn etwas, er zeigte auf den dritten Panzer. Heute weiß ich, was er ihn fragte. »Wo ist ein Slawe in eurem Militär?« Von denen gab es ja auch viele. Der Vater rannte zum dritten Panzer, dort war ein Tscheche. Dem erklärte er, daß in dem Schloß dreihundert Menschen eingesperrt seien, und daß sie nicht auf uns schießen sollten. Und sie hörten auf und kamen sofort herein. Im Keller unten fanden sie Zeitbomben. Wenn mein Vater das damals nicht getan hätte, das ganze Lager wäre in die Luft gegangen und wir wären heute nicht mehr hier. Der Lagerführer und einige andere waren schon in der Nacht vorher geflohen, von denen war keiner mehr im Schloß.

Von zuhause wußten wir nur, daß ein zugewanderter Deutscher »Besitzer« des Hofes war. Er hieß Neff. Er war auch Ortsgruppenleiter. Er verwaltete mit seiner Familie den Besitz, das Haus war an verschiedene Parteien vermietet. Auch Gefangene waren zeitweise drinnen. Als wir nach Hause kamen, war das Haus total demoliert und leer, nicht einmal

Betten standen drin. Als wir in Villach ankamen, erfuhren das die Leute und leerten noch schnell die Felder, ernteten den Weizen, mähten das Gras, sodaß die Felder komplett leer waren, der Stall war leer, das Haus war leer, alles leer. Der Anblick der nackten Wände, der zerschlagenen Scheiben war furchtbar traurig. Freundliche Nachbarn im Dorf gaben

Andrej Kokot

Demonstration ehemaliger slowenischer Ausgesiedelter für Wiedergutmachung in Klagenfurt 1947, von der Exekutive mit Wasserwerfern aufgelöst.

uns zu essen, drei Wochen konnten wir nicht einmal zuhause schlafen. Das war erschütternd, du kommst nach Hause und kannst nicht zuhause sein.

Dann organisierten wir uns einen Herd, so einen eisernen, in der Schule, aber der Bürgermeister kam mit der Polizei und nahm ihn wieder. Weil wir ihn angeblich gestohlen hätten. Ich weiß nicht, wo meine Eltern den anderen auftrieben, sodaß wir im Winter zumindest heizen konnten. Eine Nachbarin, die bei der Aussiedlung schon hinter der Hausecke

Vertreibung

217

gestanden ist und gewartet hat, wann sie aus dem Haus tragen kann, was sie will, die hatte auch unsere Betten. Und eines Nachts, ohne daß wir irgendetwas gesehen hätten, stellte sie sie wieder vor das Haus, so bekamen wir wenigstens ein paar Sachen zurück. Das war aber kurz nach dem Krieg, als sie noch Angst hatten, daß wir an Jugoslawien angeschlossen würden. Damals waren ja alle die größten Slowenen, manche noch größer als wir.

Der Empfang in der Heimat war sehr kühl. Die Freude über den Sieg über den Faschismus ist bald vergangen. Unsere Familie war schon bald wieder verhaßt in Köstenberg. Ein paar alte Nazis sind zwar einige Monate in Wolfsberg gesessen, aber nachdem sie zurückgekommen waren, saßen sie bald wieder in den Ämtern der Gemeinde, die gleichen Menschen, die uns fortgejagt hatten. Der Franz Neff, der auf unserem Besitz war, der erkrankte ein paar Jahre später an Krebs und der war der einzige, der meinen Vater am Totenbett zu sich rief und sich entschuldigte. Er war der einzige. Mein Vater sagte auch: »Verzeihen können wir, vergessen nie.«

Die Zeit nach dem Krieg war für mich persönlich schlimmer als das Lager. Mich verprügelten sie jeden Tag auf dem Schulweg, ich war eher klein, und so verdroschen sie mich ständig. Dann aberkannten sie uns die Staatsbürgerschaft. Wir wurden alle zu Ausländern. Vermutlich deswegen, weil wir bei der Heimkehr auf die Frage, was wir seien – Slowenen oder Österreicher – antworteten: Slowenen. Und das war der Grund, daß der ganzen Familie die Staatsbürgerschaft aberkannt wurde. Mein Vater war aus Štajerska, und damit wir nicht staatenlos waren, regelten wir das dann so, daß wir die jugoslawische Staatsbürgerschaft annahmen. Obwohl, wenn ich dazusagen darf, auch mein Vater nie Jugoslawe war. Er hat zu einer Zeit nach Köstenberg geheiratet, da war das ganze Gebiet noch österreichisch-ungarische Monarchie.

Beim Rückstellungsprozeß bekamen wir dann wegen unserer Staatsbürgerschaft Schwierigkeiten, es hat geheißen, ihr seid ja Ausländer. »Ihr seid nicht die Besitzer, euch können wir den Hof nicht zurückgeben.« Bei der Mutter mußten sie als erstes nachgeben und zugeben, daß sie nie Ausländerin war, daß sie in Köstenberg geboren ist, und das einzige Ausland, das sie je gesehen hat, war das Reich. Sie bekam nach sieben oder acht Jahren ihre Staatsbürgerschaft zurück, ich bekam sie erst 1962, als letzter in unserer Familie. Die Eltern sagten: »Wir sind Slowenen.« Die haben gesagt: »Wenn ihr Slowenen seid, dann seid ihr keine Österreicher.« Das beweist, wie schweinisch sie waren. Wir kamen nach Hause und sie machten uns zu Fremden – zu Ausländern.

Widerstand

Widerstand der Kärntner Slowenen

I.

Mit dem Überfall Hitlerdeutschlands auf Jugoslawien am 6. April 1941 änderte sich die Lage für die Kärntner Slowenen grundlegend. Von diesem Moment an wurde ihr Schicksal an das der gesamten slowenischen Nation gebunden. Das nationalsozialistische Regime beanspruchte im Sinne seiner geopolitischen Strategie[1] einen Großteil des slowenischen Territoriums als »alten deutschen Kulturboden« und sah im Einklang mit seiner rassistischen Orientierung für die Slowenen (ähnlich wie für andere Völker, denen noch Anteile »rassisch wertvoller Elemente« konzediert wurden) folgende »Alternative« vor: Eindeutschung der »Eindeutschungswilligen und -fähigen« sowie Beseitigung (durch Deportation und Vernichtung) jener, die weder willens noch fähig waren, diesem Anspruch zu genügen.

So wird in den am 18. 4. 1941 von Reichsführer-SS Heinrich Himmler erlassenen Richtlinien für die Aussiedlung »fremdvölkischer Elemente« aus dem nunmehr zum deutschen Reich gehörigen Gebiet der Untersteiermark angeordnet:

»1. Sofort auszusiedeln ist die gesamte slowenische Intelligenz.
2. Sofort ausgesiedelt werden alle nach dem Jahre 1914 eingewanderten Slowenen mit ihren Familien. Diese Auszusiedelnden sind jedoch durch Grobauslese noch zu überprüfen, ob unter ihnen rassisch besonders wertvolle Elemente sind...«[2]

Der Chef des Sicherheitsdienstes, Reinhard Heydrich, schrieb am 21. 4. 1941:

»Gemäß Führerbefehl soll umgehend mit der Bereinigung der Volkstumsfragen in den neu zum Reich kommenden Gebieten im Süd-Osten begonnen werden. Es handelt sich hierbei im wesentlichen um die Evakuierung von Slowenen ... Nach vorläufigen Feststellungen kommen hierfür etwa 260.000 Slowenen in Frage.«[3]

Anthropologische Kommissionen untersuchten unter der Leitung des »Rassenbiologen« K. Schultz die Slowenen hinsichtlich ihrer rassischen »Eignung«. Hier eine Aktennotiz des SS-Gruppenführers Hofmann über die Vorgangsweise der Anthropologen im Mai 1941:

»Die Bevölkerung wurde bei der rassischen Wertung in vier Gruppen aufgeteilt:
eine Gruppe I, in die vorwiegend nordische und fälische Sippen,

---

1 Die Grenzen der »Nation« sollten eins werden mit den Grenzen des Staates. Vgl. Tone Ferenc: Nacistični raznarodovalni program v Slovenci. In: Der »Anschluß« und die Minderheiten in Österreich. Klagenfurt/Celovec 1989, S. 51 ff.

2 Tone Ferenc: Viri o nacistični raznarodovalni politiki v Sloveniji 1941–1945. Maribor 1980, S. 60.

3 Ferenc, a. a. O., S. 67.

eine Gruppe II, in die ausgeglichene Mischlings-Sippen,
eine Gruppe III, in die unausgeglichene Sippen,
und eine Gruppe IV, in die vorwiegend fremdblütige und sonst uner-
wünschte Sippen eingeordnet wurden.«[1]

Das Ergebnis wurde von einem gewissen Hans Koch 1941 wie folgt
zusammengefaßt:

»Es wurden 63.334 Personen mit 14.086 Familien und 10.747 Allein-
stehende erfaßt:
Die Wertungsgruppen:
Gruppe I: Rein nordisch und rein fälisch, erbgesundheitlich und lei-
stungsmäßig erstklassig – 83 Personen.
Gruppe II: Vorwiegend nordisch und fälisch mit harmonischen Ein-
schlägen von dinarisch und westisch; ferner Dinarier, soweit sie nicht
dem Gesamtrassebild des deutschen Volkes als zu fremd erscheinen –
10.900 Personen.
Gruppe III: Weniger ausgeglichene Mischlinge mit überwiegenden
dinarischen oder westischen Anteilen und merklich ostischen und ost-
baltischen Merkmalen – 24.398 Personen.
Gruppe IV: Unausgeglichene Mischlinge, rein ostisch, rein ostbalti-
sche, ferner Personen mit außereuropäischem Einschlage, Fremdblüti-
ge, außerdem erscheinungsbildlich schwer Erbkranke – 3.088 Perso-
nen.«[2]

Am 20. 10. wurde die deutsche Schreibweise von Vor- und Familienna-
men von Slowenen verordnet ...

»Vornamen dürfen in Wort und Schrift nur in ihrer deutschen Form
gebraucht werden ... in den Geburten-, Sterbe- und Familienbüchern
dürfen nur noch deutsche Vornamen und die Familiennamen nur noch
in der deutschen Schreibweise eingetragen werden ...«[3]

...und am 19. 11. 1941 hieß es:

»... Das Ziel der Sprachpolitik ist, daß die slowenische Sprache ganz
ausgeschaltet wird. Im öffentlichen Leben darf nur die deutsche Sprache
gebraucht werden ... Es wird darauf hingearbeitet, daß in vier Jahren
die deutsche Sprache vorherrschend ist und die slowenische fast zur
Gänze verschwunden.«[4]

Ziel sämtlicher bevölkerungs- und kultur- bzw. sprachpolitischer Maß-
nahmen war also, die Slowenen als nationale und ethnische Einheit
auszulöschen, und zwar sowohl im slowenischen Zentralraum als auch
an seinem Rand in Kärnten. Der Terror, dem die Slowenen nach dem
Angriff auf Jugoslawien unterworfen waren, traf sie als Angehörige
einer den Herrschaftsansprüchen Nazideutschlands im Wege stehenden
Nation. So wurde die vom Kärntner Landesrat Alois Maier-Kaibitsch
mit wissender Hand geleitete »endgültige Lösung der slowenischen

---

1 Ferenc, a. a. O., S. 125.
2 Ferenc, a. a. O., S. 348.
3 Ferenc, a. a. O., S. 321.
4 Ferenc, a. a. O., S. 350.

*Frage in Kärnten« als Voraussetzung für die Germanisierung Ober-
krains und des Mießtals betrachtet, wiewohl sich die Nazis aufgrund der
besonderen Umstände in Kärnten, die unter anderem durch das Zusam-
menleben Deutsch- und Slowenischsprechender geprägt waren, offensichtlich Varianten überlegen mußten:*

*»Eine andere Lösung der Frage der slowenischen Intelligenz wäre
deren vollständige Vernichtung durch Erschießung oder sonstige Beseitigung, die aber dadurch nicht zweckmäßig ist, weil die Erfassung der
tatsächlichen Intelligenz dem Apparate der Gestapo durch die schwieri-
gen Erkundigungsverhältnisse nicht möglich ist.«[1]*

*Weiters waren besondere propagandistische Anstrengungen zu realisie-
ren:*

*»... In dem Gebiet nördlich der Karawanken müssen wir den Standpunkt
vertreten, daß der Gebrauch der deutschen Sprache auch Ausdruck der
Gesinnung bzw. des Bekenntnisses, zu welchem Volkstum man sich
zugehörig fühlt, sein muß.«[2]*

*Darüberhinaus kamen Maßnahmen, die für die Untersteiermark sehr
bald vorgeschrieben wurden, erst mit einigem Zeitverzug zur Geltung:*

*»1: Der Gebrauch der slowenischen Vornamen in Wort und Schrift ist
untersagt. An ihrer Stelle sind die entsprechenden deutschen Vornamen
zu verwenden.
2: Slowenische Familiennamen dürfen nur in den deutschen Sprech-
und Schreibweise entsprechenden Form gesprochen und geschrieben
werden.«[3]*

*Sofort nach dem Überfall auf Jugoslawien wurde der Slowenische
Kulturverband in Kärnten verboten (die letzte Nummer des »Koroški
Slovenec« erschien am 2. April 1941), 43 eingegliederte Kulturvereine
und 18 andere Organisationen aufgelöst und deren Vermögen beschlagnahmt. 13 slowenische Kulturheime und 26 Bühnen sowie Ver-
anstaltungssäle wurden ausgeraubt oder demoliert, 80.000 Bücher
vernichtet und slowenische Aufschriften entfernt. Am 22. Juli 1941
wurden auch die 36 slowenischen Spar- und Darlehenskassen geschlossen, der slowenische Genossenschaftsverband in Klagenfurt aufgelöst. Am 10. Juli 1942 verkündete der später als Kriegsverbrecher
verurteilte Alois Maier-Kaibitsch die Liquidierung der »Minderheitenfrage« in Kärnten.*

II.

*Im Sommer 1941 formierte sich der bewaffnete nationale Befreiungs-
kampf in Jugoslawien. Im selben Jahr, vor allem aber im Jahr darauf,*

---

1 Denkschrift über die Wege, die besetzten Gebiete Kärntens kulturell und völkisch in
  den Altgau Kärnten und das Reich einzugliedern. Veldes, 22. Mai 1922.
2 Aus einer Rede Maier-Kaibitschs vor Mitgliedern der NSDAP, Juli 1942. Zit. aus:
  Kladivo 8/88, S. 16.
3 Verordnung des Chefs der Zivilverwaltung Rainer. Klagenfurt, 13. August 1942.

breitete sich die Partisanenbewegung im slowenischen Zentralraum[1] stark aus.

Aus den Protokollen der Gendarmerieposten in Südkärnten ist zu ersehen, daß die ersten Nachrichten über Widerstand im besetzten Slowenien bereits im August und September 1941 unter der Bevölkerung kursierten – zu einer Zeit also, als die »Grenze« zum ehemaligen Jugoslawien noch gesperrt war. Im September 1941 werden mit dem Hinweis auf Lehrermangel und auf die drohende Gefahr von Partisanenaktionen 17 Schulen im Völkermarkter Bezirk geschlossen.[2] Ab Juli 1942 kann dann vom Beginn der Organisierung des bewaffneten Widerstands in Südkärnten gesprochen werden. Maßgeblichen Anteil daran hatten die ehemaligen Kärntner »Fahnenflüchtigen« und Deserteure aus der deutschen Wehrmacht, die nun als Angehörige der slowenischen Befreiungsfront und als aktive Kämpfer in ihre engere Heimat zurückkehrten. Die deutschen Maßnahmen gegen die slowenische Bevölkerung in Südkärnten – vor allem natürlich die Aussiedlung – hatten Illusionen, soweit noch vorhanden, zerstört und die ärgsten Befürchtungen Realität werden lassen. Die Bereitschaft, sich aktiv gegen die Naziherrschaft zu wehren, war gestiegen.

Eine gewaltige unterstützende psychologische Wirkung hatte in diesem Zusammenhang die erste bewaffnete Auseinandersetzung der slowenischen Partisanen mit SS-Einheiten auf Kärntner Boden: das erste Bataillon der Savinja-Abteilung (»Kranjčev bataljon«) war auf seinem Marsch von Unterkrain in die Steiermark aufgrund einer großen Offensive der deutschen Wehrmacht gegen die Partisaneneinheiten auf der Jelovica über die Karawanken ausgewichen und wurde nach der Überquerung der Košuta in Zell Mitterwinkel/Sele-Srednji kot am späten Nachmittag von Einheimischen herzlich begrüßt. Am 25. August gelangte das Bataillon in Fortsetzung seines Weges in die Nähe von Abtei /Apače und wurde dort, während es ruhte, von einer SS-Einheit überfallen. Der Kampf endete mit der Flucht der Deutschen, die 10 Tote zurückließen. Die Partisanen hatten zwei Todesopfer: Jože Vidergar-Senko und einen lediglich unter dem Decknamen »Škorc« bekannten Kämpfer. Sie waren die ersten Partisanen, die in Kärnten im Kampf mit den Deutschen gefallen waren[3]. Die Kunde von der geschlagenen SS-Einheit verbreitete sich unter der Bevölkerung wie ein Lauffeuer.

---

1 Das politisch-militärische Organisationmodell des nationalen Befreiungskampfes läßt sich schematisch wie folgt umreißen: politischer Motor war die Kommunistische Partei Sloweniens. Politischer Kern war deren Aktionseinheit mit anderen nationalen slowenischen Kräften. Aktionseinheit und Bündnis kamen vor allem in den Organisationen der slowenischen Befreiungsfront zum Ausdruck, in deren Händen auch die militärische Führung lag. Im Konkreten kam es in manchen Sektoren des nationalen Befreiungskampfes zu Überlappungen und Parallelitäten von Partei- und OF-Strukturen.

2 Vgl. Avguštin Malle: Koroški Slovenci in prve oblike njihovega odpora proti fašizmu. In: Der »Anschluß« und die Minderheiten in Österreich. Klagenfurt/Celovec 1989, S. 89 ff.

3 Vgl. Padlim za svobodo. Den Gefallenen für die Freiheit. Klagenfurt/Celovec-Trieste/Trst 1987, S. 23.

III.

Bereits im Juli 1942 kehrte Johan Županc, ehemaliger »Fahnenflüchtiger«, als Angehöriger der Kokra-Abteilung[1] der nationalen Volksbefreiungsarmee in seinen Heimatort Ebriach/Obirsko über Eisenkappel /Železna Kapla zurück und agitierte im Kreis seiner Bekannten für die Teilnahme am bewaffneten Widerstand.[2] Erste Partisanenpatrouillen seiner Abteilung unterstützten ihn dabei, und nachdem die Stimmung unter der Bevölkerung als günstig wahrgenommen wurde, schickte die Oberkrainer politische Führung im September desselben Jahres Stane Mrhar, einen in der illegalen Arbeit erfahrenen Kommunisten, zu seiner Unterstützung in das Eisenkappler Gebiet. Gemeinsam mit Županc schuf er ein Netz von Ortsausschüssen der OF (Osvobodilna fronta – Befreiungsfront). Einer der ersten, vielleicht sogar der erste in Kärnten überhaupt, war der Ausschuß in Lobnig/Lobnik. Zu seinen Mitgliedern gehörten unter anderen Jurij Pasterk und Karel Prušnik.

Das Organisationsnetz der OF wurde jedoch bereits im November 1942 aufgedeckt. Rund 200 Personen wurden verhaftet, 135 wurden von der Gestapo dem Staatsanwalt angezeigt. 36 davon wurde Anfang 1943 der Prozeß wegen Hochverrats gemacht (Županc, Mrhar und Prušnik entkamen der Verhaftung im letzten Augenblick). Zwischen 7. und 9. April wurden 13 von diesen vom Volksgerichtshof zum Tode verurteilt und am 29. April im Wiener Landesgericht enthauptet.

IV.

Zweiter Entwicklungspunkt der Kärntner Partisanenbewegung war der Osten des Landes. Bereits im August 1942 waren auch auf der ehemals österreichischen Seite des Gebietes um Koprein/Koprivna Patrouillen des im Mießtal operierenden Steirischen Bataillons unterwegs, und Ende Oktober 1942 wurden Pavle Žaucer und Ela Letonja-Atena als politische Funktionäre von der steirischen Gebietsleitung der KPS nach Kärnten geschickt. Verstärkt durch 12 Kämpfer aus dem Savinja-Bataillon entfalteten sie ihre Tätigkeit in den Ortschaften unter der Petzen und vergrößerten ihre Einheit durch Einheimische. Karel Prušnik, der soeben der Gestapo entgangen war, war einer unter ihnen. Der erfolgreiche Angriff dieser Einheit auf den deutschen Stützpunkt in Solčava (in der Nacht vom 15. auf den 16. Dezember 1942) kann als Geburtsstunde

---

1 Das Oberkommando der slowenischen Partisanengruppen hatte im März 1942 die Bildung von größeren militärischen Einheiten – der »Abteilungen« – befohlen, um die bis dahin selbständigen Kleingruppen und Bataillone miteinander zu verbinden. Die Abteilungen wiederum wurden in »Abteilungsgruppen« zusammengefaßt, so daß Ende 1942 die militärischen Formationen folgende Struktur hatten:
Abteilungsgruppe I: Oberkrain, Kokra und Kärnten;
Abteilungsgruppe II: Savinjsko, Pohorje, Dravsko;
Abteilungsgruppe III: Unterkrain, Bela krajina, Notranjsko;
Abteilungsgruppe IV (Ptuj, Haloze, Kozje) wurde nicht formiert.

2 Die Darstellung der Entwicklung des Volksbefreiungskampfes in Kärnten folgt im wesentlichen jener von Dr. France Škerl im Sammelband »Koroški Slovenci v Avstriji včeraj in danes«, Klagenfurt/Celovec-Ljubljana 1984, S. 50–62 bzw. 352 f.

der ersten Kärntner Partisaneneinheit bezeichnet werden. Aufgrund der raschen Zunahme der Zahl der Kämpfer wurde daraus das I. Kärntner Bataillon gebildet, formiert vom Kommandanten der IV. Operationszone Franc Rozman-Stane am 28. März 1943 in Koprein/Koprivna. Bataillonskommandant wurde France Pasterk-Lenart aus Lobnig bei Eisenkappel. Er wurde kurz danach beim Angriff auf Mežica (in der Nacht von 3. auf den 4. April) schwer verwundet und starb am 6. April.

Am 12. und 13. Mai wurde auf einer Konferenz der Kärntner politischen Aktivisten in Bela peč über Feistritz/Bistrica die bisherige Entwicklung der OF zusammengefaßt. In den darauffolgenden Monaten wuchs das Bataillon auf vier Truppen an. Ihr Operationsgebiet erstreckte sich zwischen dem Mießtal im Osten und Ferlach im Westen. Weitere Ausschüsse der OF wurden gegründet, parallel dazu Ausschüsse des Antifaschistischen Frauenverbands und der Jugend, sowie »Techniken« (Druckereien) eingerichtet.

Angesichts der bevorstehenden Kapitulation Italiens konzentrierte der Generalstab der nationalen Volksbefreiungsarmee die Partisaneneinheiten. In diesem Zusammenhang wurde im August 1943 auch das Kärntner Bataillon – an die 300 Kämpfer – aus dem Land abgezogen und Kampfeinheiten in der Steiermark zugeteilt. Lediglich an die 40 Partisanen blieben im Land.

V.

Im Westen Kärntens entwickelte sich die Befreiungsbewegung weniger rasch. Zentrale Persönlichkeit in diesem Raum war Matija Verdnik-Tomaž aus Feistritz im Rosental/Bistrica v Rožu. Er war ab Februar 1943 in diesem Bereich als politischer Aktivist tätig. Er organisierte – im Rahmen der Gebietsleitung für Oberkrain und Kärnten – mehrere Ausschüsse der OF. Am 18. Mai 1943 überfiel das Oberkrainer Bataillon den deutschen Stützpunkt in Feistritz im Rosental, vernichtete die dortige für die Kriegsindustrie produzierende Akkumulatorenfabrik und befreite 41 russische Kriegsgefangene. Auch im Frühjahr 1943 fanden in diesem Teil Kärntens mehrere militärische Aktionen statt.

VI.

Im Herbst 1943, nach der Kapitulation Italiens, gab es einen neuen kräftigen Entwicklungsschub für die Befreiungsbewegung in Kärnten. Eine einheitliche politische Führung auf Ebene der KPS entstand: die Gebietsleitung der KP Sloweniens für Kärnten mit Dušan Pirjevec-Ahac als Sekretär. Weiters wurde auch ein Stab der Westkärntner Abteilung mit dem St. Jakober Franc Primožič-Marko als Kommandanten geschaffen. Im März 1944 bekam ein Zug des 1. Bataillons den Kampfauftrag, seine Aktivitäten nördlich der Drau – die bis dahin lediglich von einzelnen Aktivisten überschritten worden war – im Gürtel bis hin zum Wörther See zu entfalten. Bei Ludmannsdorf/Bilčovs wurde der Übergang vollzogen, und trotz sofort einsetzender Aktivität der Deutschen, verbunden mit vielen Festnahmen, wurden neue Gruppen gebildet, die von den Sattnitzbergen ihre Kontakte bis nach Klagenfurt hinein ausdehnten. Großen Schaden unter der Befreiungsorganisation richtete eine großangelegte deutsche Aktion im Mai an, in deren Folge die Verbindung über die Drau abriß und die Partisanen nördlich davon für einige Zeit auf sich selbst gestellt waren.

Die im Osten des Landes auf zwei Bataillone angewachsene militärische Kraft wurde im Februar 1944 in der Ostkärntner Abteilung zusammengefaßt[1]. Im Monat darauf wurde schließlich auch die einheitliche Führung auf Ebene der Befreiungsfront gebildet: der Gebietsausschuß für Kärnten. Seine ersten Mitglieder waren Karel Prušnik (Sekretär), Pavle Žaucer-Matjaž, Stane Bizjak-Kosta, Ivana Sadolšek-Zala aus Lobnik, Tone Wutte-Janez aus St. Veit im Jauntal/Šentvid v Podjuni und Andrej Sienčnik-Smrekar aus Mökriach/Mokrije bei Eberndorf/Dobrla vas. Im Laufe des Jahres 1944 kamen Miha Rigl aus Kühnsdorf/Sinča vas, Urh Olipic-Peter aus Ferlach/Borovlje, Ludvik Primožič-Milan aus St. Jakob im Rosental/Šentjakob, Janez Weiss aus St. Johann im Rosental/Šentjanž sowie der Geistliche Franc Šmon dazu.

Der wohl entscheidende Schritt zur Vergrößerung der Kampfkraft war schließlich die Schaffung einer einheitlichen militärischen Führung in Kärnten: am 24. April 1944 wurde auf Befehl des slowenischen Generalstabs die Kärntner Abteilungsgruppe geschaffen. Kommandant wurde Vinko Simončič-Gašper. Eine englische Militärmission wurde dem Stab dieser Gruppe zugeteilt, was eine große Hilfe bedeutete bei der Aufbringung der für die Kärntner Partisanen bestimmten englischen Materiallieferungen.

In der Folge nahm der bewaffnete Kampf in Südkärnten bisher nicht gekannte Ausmaße an. In dieser Periode wurde auch das Kuriernetz ausgebaut.[2] Nach Abklingen der deutschen Mai-Offensive wurden ein neuerlicher Vorstoß über die Drau unternommen, diesmal vom Osten des Landes aus. Nach mehreren erfolglosen Versuchen gelang es der Gruppe Boj, sich im August 1944 auf der Saualm zu verankern. Mitglied dieser Kampfeinheit war unter anderem der heutige Vorsitzende des Kärntner Partisanenverbands, Janez Wutte-Luc.

Zwischen 19. und 24. August bescherten die slowenischen Partisanen den Deutschen die größte Niederlage auf Kärntner Boden. In unmittelbarer Nähe der ehemaligen jugoslawisch-österreichischen Grenze, bei Črna, fügten sie ihnen für Kärntner Verhältnisse gewaltige Verluste zu. Der Kommandant der alliierten Truppen in Italien, Marschall Alexander, sprach ihnen und ihrem Kommandanten Simončič-Gašper ausdrücklich Lob dafür aus. Auch die Chronik der Westkärntner Abteilung verzeichnet für diese Periode viele Zusammenstöße mit deutschen Einheiten und Posten. Aufgrund der Demoralisierung der dortigen Landwachen wurden diese gegen Polizeieinheiten ausgetauscht. Starke Akti-

---

1 In diesem Zeitraum fallen auch Kontakte der Gebietsleitung der OF mit österreichischen Antifaschisten in Villach und in Klagenfurt. Sie hatten vor allem politischen Charakter.

2 Vgl. Rado Zakonjšek: Partizanski kurirji. Ljubljana 1985, S. 676 ff.

vität entfalteten die Sabotageeinheiten, die sich vor allem auf die Störung der Verkehrsverbindungen konzentrierten.

Im August 1944 zählten die Partisaneneinheiten in Kärnten rund 700 Kämpfer. In Anbetracht dieser Situation ernannte Himmler im Sommer 1944 Südkärnten zum »Bandenkampfgebiet«.

VII.

Im Herbst 1944 kam es zu einer einschneidenden Veränderung in der militärischen Organisation der Partisaneneinheiten. Aus übergeordneten strategischen Überlegungen im Zusammenhang mit erwarteten alliierten Truppenbewegungen wurde die Kärntner Abteilungsgruppe am 12. September aufgelöst. An ihre Stelle trat die Kärntner Abteilung. Viele der besten Kämpfer wurden steirischen und anderen Truppenteilen zugeteilt, sodaß ab diesem Zeitpunkt nur mehr vier Züge in Südkärnten operierten. Die Einheit nördlich der Drau blieb von den Veränderungen unberührt.

Im Winter 1944/45 holte die deutsche Wehrmacht zu einem großen Vernichtungsschlag gegen die Befreiungsbewegung aus, die schon in der Höhe von Eberstein operierte. Ihr Ziel war, die Karawanken zu »säubern«, da sie als eventuelle Abwehrlinie gegen das Vordringen der anglo-amerikanischen Armee vorgesehen waren, vor allem aber der jugoslawischen Armee den Übergang nach Kärnten versperren sollten. Militärische und Polizeiaktionen griffen ineinander[1]. Im Frühling des letzten Kriegsjahres nahmen auch die Partisanenaktivitäten wieder zu.

VIII.

Ab 5. Mai 1945 befreiten die Kärntner Partisanen einige Ortschaften und ländliche Zentren, und am 8. Mai besetzten sie fast gleichzeitig mit den Engländern die Landeshauptstadt Klagenfurt.

Doch war dies noch nicht das Kriegsende in Kärnten. Es sollte sich in zweierlei Hinsicht stark vom Kriegsende anderswo in Österreich unterscheiden. Zunächst in der eigenartigen Tatsache, daß die einrückenden Engländer und Partisanen mit der Tatsache einer bereits im Amt befindlichen »provisorischen Landesregierung« konfrontiert wurden: eingesetzt vom Stellvertreter des Gauleiters Rainer in der Nacht vom 7. auf den 8. Mai 1945, der angesichts des herannahenden »Zusammenbruchs« die Macht an Vertreter der ehemaligen österreichischen Partei-

---

1 So wurden am 6. Januar 1945 zehn von dreizehn Mitgliedern der Gruppe »Käfer« zum Tode verurteilt und eine Woche später in Graz erhängt. Am 6. Februar 1945 wurden die malträtierten Körper von acht unter der Arichwand erschossenen Aktivisten und Kurieren zur Abschreckung der Bevölkerung einige Tage lang in St. Jakob im Rosental aufgehängt. Am 25. April 1945 verübten deutsche Einheiten ein Massaker am Peršmanhof über Eisenkappel: sie erschossen elf Mitglieder der dort ansässigen Familie – unter ihnen sieben Kinder – und setzten das Anwesen in Flammen. Am 4. Mai wurde Majda Vrhovnik-Lojzka, Aktivistin der OF im Klagenfurter Sattnitzgebiet, von der Gestapo gefoltert und erschossen.

en übergeben ließ[1] (erst am 6. Juni 1945 wurde die »provisorische Landesregierung« von der englischen Behörde durch ein besonderes Beratungsorgan ersetzt, dem im Einverständnis mit der Befreiungsfront auch Joško Tischler angehörte). Die am 16. Mai in Klagenfurt auf einer Delegiertenversammlung gegründete, aus slowenisch- und deutschsprachigen Kärntnern zusammengesetzte »Gegenregierung« mit Dr. Franc Petek als Vorsitzendem wurde aufgrund ihrer Forderung nach Vereinigung Südkärntens mit Jugoslawien von den Engländern als Vertreterin jugoslawischer Interessen akzeptiert – bis zum Abzug der jugoslawischen Armee am 20. Mai 1945.

Bevor die jugoslawische Armee jedoch auf Weisung der Alliierten aus Kärnten wieder abzog, trug sie – und mit ihr die Kärntner Partisaneneinheiten – noch schwere Gefechte mit deutschen Armeeteilen und ihren Verbündeten aus. Der Grund dafür war, daß sich die aus dem Süden Europas rückflutenden deutschen und die mit ihnen verbündeten Armee-Einheiten nicht den jugoslawischen Verbänden ergeben wollten und hofften, notfalls auch mit Gewalt in den Herrschaftbereich der Westalliierten zu gelangen. Zu den erbittertsten Gefechten zählen die Schlacht um Ferlach am 11. Mai, in der es deutschen Truppenteilen gelang, im Verein mit Einheiten der domobranci den Durchbruch nach Klagenfurt zu schaffen (180 Gefallene auf Seiten der Partisaneneinheiten), sowie jenes vom 13. Mai mit den Deutschen bei Poljana, wo der 104. deutschen Jägerdivision der Durchbruch in Richtung Norden vereitelt wurde und über 20.000 Gefangene gemacht wurden. Diese Umstände trugen dazu bei, daß der 2. Weltkrieg in Kärnten de facto erst mit den Kapitulationsverhandlungen der Ustaša-Einheiten am 15. Mai im Bleiburger Schloß des Grafen Thurn[2] sowie mit der Gefangennahme von über 30.000 Angehörigen der ustaši und četniki (ebenfalls bei Poljana) durch die jugoslawische Armee beendet wurde.

IX.

Die Bedeutung des Partisanenkampfes in Kärnten ist nicht nur in seiner militärischen Dimension zu betrachten – es wurden rund 10.000 deutsche Soldaten gebunden, die anderswo abgingen, in über 600 bewaffneten Aktionen wurde den Nazis materieller Schaden zugefügt, ihre Moral

---

1 Aus Rainers Abschiedsrede anläßlich der Machtübergabe: »Die Besetzung Kärntens durch feindliche Mächte hat begonnen. Die politische Tätigkeit der Partei geht damit zu Ende. (...) Ich als Nationalsozialist würde von den Feinden nicht als Anwalt der Kärntner Interessen anerkannt und gehört werden. Daher trete ich als Vertreter des Staates zurück, um jenen Kräften, die den Vorstellungen unserer Feinde besser entsprechen, die Gelegenheit zur Schaffung einer politischen Plattform zu geben. (...) Nationalsozialisten und Nationalsozialistinnen! Ich danke euch für die Treue zum Führer. Sein Geist lebt in uns. Tretet jetzt alle geeint und mit allen Kräften für ein freies und ungeteiltes Kärnten ein.« (Zit. nach »Padlim za svobodo«, S. 21).

2 Eine ausführliche Dokumentation dieser Verhandlungen liegt bis dato nicht vor. Konkrete Hinweise befinden sich in France Štrle: Veliki finale na Koroškem. Ljubljana 1976, S. 298 ff. sowie in Tone Ferenc: Sklepne operacije jugoslovanske armade za osvoboditev Koroške. Klagenfurt/Celovec-Ljubljana 1984, S. 69.

geschwächt –, sondern auch unter dem Gesichtspunkt des unter lebens-bedrohenden Umständen sich von der deutschnationalen Unterdrük-kung emanzipierenden slowenischen Teils der Bevölkerung. Daß ein Teil dieser Bevölkerung Südkärnten nach dem Krieg lieber als Bestand-teil Jugoslawiens gesehen hätte, wird ihr heute gerade von den Erben jener vorgeworfen, die keinen Augenblick gezögert hatten, im Dienste des Nationalsozialismus Österreich von der Landkarte und aus dem Sinn zu streichen. Dieser in Kärnten ungebrochen aktuelle Vorwurf an die Adresse slowenischer antifaschistischer Kämpfer charakterisiert trotz zusehends »österreichischer« Wortwahl die ungebrochene Argu-mentationslinie jener Kräfte, die es seit dem Jahre 1920 darauf abgese-hen hatten, das Slowenische aus der Gesellschaft auszugrenzen, und die dadurch wesentlich zur jugoslawischen Orientierung eines großen Teils des slowenischen Widerstands gegen den Nationalsozialismus beigetra-gen haben. Daß dieser Widerstand, egal, ob er nun österreichisch, jugoslawisch oder sonstwie orientiert war, vor allem eine originäre, und in den Grenzen des deutschen Reiches im Hinblick auf Breite und Organisationsgrad einzigartige Form des bewaffneten Widerstands ge-gen nationalsozialistisches Herrenmenschentum war, stört diese Kräfte natürlich in erster Linie. Ganz anders verhielt sich sofort nach Kriegs-ende die österreichische Diplomatie, die es verstand, dort, wo nach dem eigenen Beitrag Österreichs zu seiner Befreiung gefragt wurde, den bewaffneten Kampf der slowenischen Partisanen in Kärnten hervorzu-heben.

Mirko Messner

Begunje – Klagenfurt – Stein

Anton Jelen

Schon bald nach der Okkupation Jugoslawiens wurde die »Osvobodilna fronta slovenskega naroda« (Befreiungsfront des slowenischen Volkes) gegründet. Die Gründungssitzung war im April 1941 in der Villa des bekannten Literaten Josip Vidmar. Beteiligt waren daran verschiedene politische Gruppen, wie Kommunisten, Christliche Sozialisten mit deren Führer Professor Edvard Kocbek, Sokoli, Liberale etc. Die Führungsrolle im Befreiungskampf übernahmen die Kommunisten erst später, nachdem der Volksbefreiungskampf zur kommunistischen Revolution wurde.

Von den in Slowenien lebenden Kärntner Slowenen, Deserteuren und Flüchtlingen war nur Johann Županc, gebürtig aus Ebriach bei Eisenkappel, kommunistisch organisiert. Er war es auch, der als erster zu den Partisanen ging. Ich traf ihn im Sommer 1941 zufällig vor der Matica am Kongresni trg in Ljubljana. Er erklärte mir, er werde nun bald zu den Partisanen gehen und fragte mich, ob ich nicht mitkommen wolle. Ich steckte damals sozusagen im Endspurt meines Jusstudiums und erklärte ihm, daß ich auf jeden Fall das Studium zuerst beenden wolle, dann werde ich weitersehen. Am Ausgang des Weltkrieges habe ich nie gezweifelt und wollte daher mein Studium bald beenden, um nicht später nochmals beginnen zu müssen. Das Schicksal wollte es jedoch so, daß ich mich tatsächlich dreimal mit der Materie herumschlagen mußte, bevor ich wirklich den Abschluß des Studiums erreichte.

Županc war also der erste Kärntner Partisan. Er ging nach Unterkrain, erkrankte dort, und kam nach einiger Zeit wieder nach Ljubljana, wo er bis zu seiner Gesundung als »U-Boot« lebte. Nach der Genesung ging er nach Oberkrain zu den dortigen Partisanenverbänden, wo er den Auftrag erhielt, gemeinsam mit einem Kollegen aus Šentvid bei Ljubljana namens Stane Mrhar, in Kärnten die ersten Zellen der OF zu organisieren. In seiner engeren Heimat, in den Bergen um Eisenkappel waren die beiden sehr rege tätig. Sie organisierten Nachrichtenverbindungen nach Klagenfurt und anderen größeren Ortschaften und hielten Zusammenkünfte ab, so bei verschiedenen Bauern, wie zum Beispiel beim Golob in Ebriach und beim Jurij Pasterk in Lobnig. Zu dieser Zeit desertierten auch Fronturlauber und schlossen sich den Partisanen an, wie der Bruder des Jurij Pasterk, France, mit Partisanennamen Lenart, der später als Kommandant in der Nähe von Mežica gefallen ist.

Infolge eines Verrates wurde eine geheime Versammlung organisiert, Županc und Mrhar in Ebriach aufgedeckt. Die beiden konnten sich der Gefangennahme entziehen. Das war im Spätherbst 1942. Es begannen Massenverhaftungen. Über 60 Personen wurden in die Gestapogefängnisse nach Klagenfurt eingeliefert. Sie wurden vor den Volksgerichtshof

Freislers gebracht. 32 oder 33 davon wurden zu verschiedenen Gefängnisstrafen, 13 zum Tode verurteilt, unter ihnen Jurij Pasterk.

In der Zeit der Massenverhaftungen war ich im Gestapogefängnis Begunje in Oberkrain inhaftiert. Dort befand ich mich von Anfang August bis gegen Weihnachten 1942, ohne jemals ernsthaft vernommen worden zu sein, was ich mir erst nach der Einlieferung in Klagenfurt erklären konnte. Ich war sozusagen bis zum Abschluß der Verhaftungen in Kärnten auf Eis gelegt. Man nahm an, daß ich zu diesen Gruppen gehöre.

Ich wurde am 27. Juni 1942 in aller Früh verhaftet. Die Italiener umstellten die Häuser und nahmen alle Männer, die zwischen 15 und 60 Jahre alt waren, mit. Erst in der Kaserne wurde dann selektiert. Die hatten einen genauen Plan. Die ganze Stadt war in Sektoren eingeteilt. Man riegelte zum Beispiel einen Sektor hermetisch ab, sodaß niemand durchkommen konnte. Dann holte man die Leute aus den Häusern und brachte sie in die Kasernen. Diese Großrazzien haben am 26. Juni '42 begonnen. Am 26. ist bereits der erste Transport nach Gonars abgegangen. Dort war noch nichts vorbereitet. Wir kamen hin bei strömendem Regen. Es schüttete den ganzen Nachmittag und die ganze Nacht. Und wir mußten die ersten Tage in Zelten übernachten. Diese schwarze, fast wie Moor aussehende Erde, friulanische Erde, war total durchnäßt. Wir lagen dort zu viert in einem kleinen Zelt ohne Unterlage, wie man sie heute zum Beispiel hat. Wir lagen in der Früh buchstäblich im Dreck. Kein Abfluß, nix. Eine Mulde war's. Wenn es regnete, wurde die Erde immer nasser und nasser, und dann sank man ein auf 10 bis 20 Zentimeter. Nach einiger Zeit verlegte man uns dann doch in Baracken.

Das Schlimmste war ja, daß man nichts arbeiten konnte. Wir mußten die ganze Zeit warten und herumlungern. Zu Essen gab es wahnsinnig wenig. Braunes Wasser in der Früh mit einem kleinen Stückerl Brot, zu Mittag meistens auch ein kleines Stückerl Brot mit einer sogenannten Suppe, in der vielleicht ein Krautblattl g'schwommen ist. Der Kommandant, der Macchi und sein Leutnant, Cantalupo, waren richtige Schweine. Gern haben wir den Trompeter gehabt, der hat immer am Abend den Zapfenstreich geblasen. Es war ein kleiner, schwarzhaariger. Wir glaubten, er sei ein Zigeuner, vielleicht war's ein Sizilianer. Der blies mit einem richtigen Gefühl, sodaß wir uns den ganzen Tag schon auf sein Retraite freuten. In Gonars erschlug man die Leute zwar nicht massenweise, aber Folterungen gab es. Das kam öfters vor. Einer tat mir besonders leid. Er gab nur irgendwie eine freche Antwort. Den hängten sie in der prallen Sonne in einem abgezäunten Quadrat auf einen Pfosten. Hinten die Hände zusammgebunden, aufgehängt auf den Pfosten und zwar so, daß er grad noch mit den Zehen den Fußboden berühren konnte. Und dort ist er gehängt, in praller Sonne, bis er in Ohnmacht gefallen ist, also bewußtlos geworden ist. Dann erst haben sie ihn weggebracht. Das war das Schlimmste. Oder, es gab kein richtiges Wasser, zum Waschen praktisch nichts. Eine richtige Wasserleitung gab's nicht, da mußten die Häftlinge das Wasser heraufpumpen in eine

Zisterne, diese war den ganzen Tag in der prallen Sonne. Ein Klosett gab's nicht, sondern einen Graben, einen Laufgraben, ziemlich tief, vielleicht einen Meter, und drüber waren Bretter gelegt. Wenn einer die große Notdurft verrichten mußte, mußte er sich über'n Graben auf die zwei Bretter draufhoken. Einmal passierte es, die Leute hatten Paratyphus, g'schwächt waren's, ständig haben's rennen müssen, da fiel einer hinein in diesen Matsch. Er konnte das Gleichgewicht nimmer halten und fiel in den Dreck hinein. Dann die Wäsche. Ich zog meine Wäsche, die ich am 27. Juni anhatte, Hemd und kurze Unterhosen, nicht ein einziges Mal aus, mit einer Ausnahme, als wir in Begunje ankamen. Damals zog ich sie aus, als wir entlaust wurden. Vom Juni bis irgendwo im Oktober hatte ich sie an. Zerrissen. Das Hemd war vollkommen zerfetzt. Und wie mich der Obersturmführer Guck in Begunje zur Arbeit eingeteilt hat, bat ich ihn: »Könnt' ich ein Hemd haben oder eine Unterwäsche. Mein's ist total zerrissen.« Gab er mir zur Antwort: »Zum Sterben ist auch ein zerrissenes Hemd gut.« Das war der Guck, der stellvertretende Lagerleiter, ein Frankfurter.

In der Nachbarbaracke in Gonars waren einige Studenten, Burschen, die später als Politiker eine große Rolle spielten. Ich glaub', es waren der Bebler dabei und der Krajgher. Ich wußte natürlich nicht, daß es organisierte Kommunisten waren. In dieser Baracke gruben sie einen Stollen. Der begann unter dem Fußboden der Baracke, und endete nach 60 Metern in einem Kukuruzacker außerhalb des Lagers. Sie gruben so konspirativ, daß es niemand ahnte. Wir in der Nachbarbaracke hatten keine Ahnung, nicht einmal die Leute in derselben Baracke wußten es, außer jenen, die mitgemacht haben. Sie verrechneten sich irgendwie und kamen direkt unter's Wachhäuschen. Sie mußten zurück, den Teil wieder verschütten und eine andere Richtung einschlagen, bis sie im Kukuruzacker herauskamen. Die Flucht glückte aber nur wenigen, ich glaube, es waren sieben oder acht, ich kann es nicht genau sagen, ich las es nur nachträglich. Die kamen alle zu den Partisanen, und zwar in der Gegend um Gorica. Fluchtversuche hat es dort in Gonars mehrere gegeben. Es gab ein Nebenlager für jugoslawische Offiziere. Dort gab es auch einen Ausbruch, einige sind auch geflüchtet, es wurden aber alle wieder eingefangen. Dann kann ich mich auch an die Flucht eines Burschen erinnern, der sich im Chassis eines Lastautos verstecken konnte und durch die Kontrollen durchgekommen ist. Irgendwo hinter Triest, also im Karst, ließ er sich dann aus dem Lastwagen fallen und war auch gerettet. Das sind so kleine Episoden aus Gonars.

Nach zirka 6 Wochen, es dürfte am 11. August gewesen sein, holte mich der Gestapo-Mann Dutschke. Ich wurde mit noch zwei Burschen nach Ljubljana in die Kaserne transportiert. Diese beiden Burschen waren die Söhne des Professors Kramolc, auch eines Kärntners, aber von der jugoslawischen Seite, von Šentanel, ganz in der Nähe von Bleiburg.

Wir kamen zu dritt nach Ljubljana, ich wurde aber sofort, am nächsten Tag in aller Früh, mit sechs anderen weiter transportiert nach Begunje.

Unterwegs haben sie in Šentvid, beim Umsteigen vom italienischen Lastauto auf den deutschen Wagen, einen erschossen. Er versuchte zu flüchten. Er war nämlich allein, die anderen waren immer zu zweit zusammengebunden. Dann kam ich nach Begunje, dort hielt man mich bis knapp vor Weihnachten, und ich zitterte immer vor den Verhören. Denn wir sahen ja, wie das mit den Verhören war. Die Gestapo hat die Leute manchmal so verdroschen, daß sie praktisch als blutiger Klumpen in die Zellen gebracht wurden. Wenn einer nicht zugeben wollte oder konnte, was die von ihm verlangten, wurde er gedroschen, ganz furchtbar. Also die Schreie, die wir manchmal aus den Verhörräumen hörten, das war fürchterlich. Und wenn einer nichts zugegeben hat, bekam er drei Tage nichts zu Essen und kein Wasser. Am vierten Tag bekam er zu

Geiselerschießung in Begunje.

Essen, zu Trinken, wenn er durstig war, und ging wieder zum Verhör. Das machten die manchmal bis zu dreimal hintereinander. Und ich war in Begunje vom 10. August bis Ende September im Bunker Nummer 3. Das war ein Nebenbau. Vom Park aus sieht der Anbau aus wie ein Schweinestall bei Großbauern, so ein langgezogener Bau mit kleinen Gukerln oben. Es gab zehn Zellen, und ich war in der Dreierzelle, Nummer 3626. Vom Bunker konnte man ja nirgends hinsehen, das war die Stelle, von wo aus die Geißeln ausgesucht wurden, wenn man sie zum Erschießen in die sogenannte Draga beförderte. Im Bunker war ich zeitweise allein, zeitweise mit zwei Burschen. Einer war aus Ljubljana, einer aus der Umgebung von Ljubljana. Soweit ich mich noch erinnere, hieß der eine Torkar.

Vom Bunker kam ich dann in den ersten Stock hinauf, in eine Gemeinschaftszelle. Eine Zeitlang war ich sogar Zimmerältester, weil ich der einzige war, der deutsch sprechen konnte. Von dort holte man mich dann zum Arbeiten, wieder in erster Linie, um zu dolmetschen.

Die Pflicht des Zimmerältesten war es, auf Ordnung zu schauen und sozusagen der Prellbock beziehungsweise der Sündenbock für alles zu sein, was passierte. Es war gar nicht so angenehm, jeder fürchtete sich davor. Zum Beispiel gab es keine Strohsäcke in den Gemeinschaftsräumen – es waren zwei große Zimmer hintereinander –, es gab nur Stroh auf dem Fußboden, und nur der Zimmerälteste hatte einen Strohsack in seiner Ecke. Und dieser Strohsack hatte den furchtbaren Vorteil, daß sich alles Ungeziefer darin aufhielt. Wenn man zum Beispiel den Schlüssel hörte, daß jemand die Tür öffnen sollte, mußte der Zimmerälteste schon mitten im Zimmer stehen und schreien »Achtung«, und wenn dann jemand hereinkam, ob das ein Wachtposten war oder der Guck, da mußte er schreien: »Achtung, so und so viel Mann angetreten!« Er mußte immer die Leute abzählen, daß ja alles stimmte. Das war sozusagen seine Arbeit. Es muß so im Oktober gewesen sein, als der Lagerleiter Glanzer abgelöst wurde und ein Sachse an seine Stelle kam, ein SS-Mann, ich weiß den Namen nicht mehr. Der war ein bisserl anders als der Glanzer. Der Glanzer kümmete sich wenig um die Ordnung. Die SS-Burschen, die ja die Wache hatten, die taten, was sie wollten. Zum Beispiel, die Leute bekamen Pakete, sie durften Pakete von zu Hause bekommen, aber sie bekamen selten das, was in den Paketen drinnen war. Vielleicht das verschimmelte Brot, aber wenn etwa Geselchtes drinnen war oder sowas, dann bekamen die Häftlinge das meistens nicht, das wurde irgendwo abgezweigt. Dann kam dieser Sachse, und der hat die Zimmerältesten vergattert vor seinem Büro auf dem Gang und hat eine sogenannte Standpauke gehalten. Also, er werde keine kommunistische Unordnung hier einreißen lassen, es werde streng auf Ordnung geschaut, usw. Und die Zimmerältesten bekamen den Befehl, die Räume peinlichst genau zu durchsuchen. Messer, Haken, alles was irgendwie als Waffe dienen könnte, Drahtstückerl usw., mußten abgegeben werden. Es gab natürlich Burschen, die Messer hatten, die haben's schon verstanden, das irgendwo zu verstecken. Meistens hatten sie die Messer im Hosenschlitz. Irgendetwas mußte man aber finden. Vielleicht ein Blechstückerl oder einen Draht, und hat das abgeliefert. Interessant war eines. Dieses Gefängnis, Begunje, war ja ein altes Kloster. Auf den Gängen waren herrliche Fresken. Und eine Uhr war auf dem Gang, die hatte einen herrlichen Dreiklang, aber dieser Dreiklang war wie ein Fanal. Wenn man diese Uhr hörte, war man sich dessen genau bewußt, wo man war. Und diese Fresken, es waren sehr schöne Bilder. Als dieser Sachse kam, ließ er Ordnung und Sauberkeit herstellen und alle Fresken weiß übertünchen. Das war so typisch für die Nazis. Ich war mit einem älteren Mann zusammen, er war ein Wagnermeister aus Bled. Mit dem verstand ich mich sehr gut, und wir besprachen so verschiedenes, darunter auch meinen Wunsch, irgendwie auszubrechen, was natürlich unmöglich war. Es war ja alles so streng bewacht und von Mauern umgeben. Der sagte: »Du, wenn ich freikomm', werd' ich versuchen, dir irgendwie zu helfen. Und zwar über meine Tochter.« Und wirklich, nach einiger Zeit ruft mich ein SS-Mann, bzw. ein SD-Mann, ein Wiener, der war dort eine Art Arbeitskommandant. Der hat eine Gruppe zusammengestellt, die in Bled bei einem Hotel eine Garage gebaut hat. Eines Montags in der Früh wurden solche Arbeiter ausgesucht. Ein paar waren schon fix, weil sie schon früher dort gearbeitet

235

hatten. Und dann sagt er: »Und jetzt brauch' ich noch einen Elektriker.« Ruft mich auf. Ich stell' mich in die Reihe und mein Kollege, der von Ljubljana mit mir im selben Transport gekommen ist, war wirklich Elektriker. Er hat die elektrotechnische Mittelschule gemacht. Er ist hinten g'standen, trat aber vor und sagte: »Bitte, ich bin Elektriker, der Jelen ist kein Elektriker.« Jetzt fragt mich der SD-Mann, Brandtner hat er geheißen: »Ja, san Sie Elektriker oder san's net?« Sag' ich: »Nein.« Sagt er: »Ich brauch' aber trotzdem den Jelen.« Na ja, so bin ich g'fahren, und habe mir gedacht: »Wieso braucht der grad mich?« Na, und dann draußen bei der Garage fragt er: »Also, Sie versteh'n vom Elektrischen nichts?« »Nein.« Sagt er: »Ja, was san's denn von Beruf?« Und ich: »Student, Jusstudent«, und da sagt er: »Macht nix. Werden's halt Scheibtruhe schieben. Aber, passen's auf, die Scheibtruhe muß net voll sein. Schön pomali die halbe Scheibtruhe, weil wir haben net das Interesse, daß wir schnell fertig sind. Wir wollen vielmehr gute Arbeit leisten.«

Zur Mittagszeit ruft er mich und sagt: »Jelen herkommen. Besuch ist da.« Jetzt seh' ich ein Mädel, das mit einem Korb kommt. Sagt er: »Geht's da hinter die Planken, da kannst essen.« Es waren aber Burschen aus der Umgebung da, es waren offensichtlich solche dabei, die das Mädel gekannt haben. Wir mußten also ein bißl Theater spielen, haben uns umarmt, ich sage ihr g'schwind, wie ich heiße, sie sagt g'schwind, wie sie heißt, und wir unterhalten uns laut per du. Dann frage ich sie: »Wie schaut's denn da aus? Kann man irgendwo abpaschen?« Sagt sie: »Möglich ist's schon, aber es ist wahnsinnig gefährlich. Wir werden noch Gelegenheit haben, zu reden.« Am nächsten Tag kommt sie wieder. Sie sagt: »Ich streck' ein bißl die Fühler aus, und vielleicht kann man Ende der Woche was machen.« Am dritten Tag kam sie wieder, wir entfernten uns von der Garage, auf eine Wiese in eine kleine Mulde, vielleicht 50 Meter von der Garage entfernt. Dort hab' ich gegessen, und sie meinte: »Am Freitag kommst ja auch arbeiten, und so um die Mittagszeit werde ich schauen, daß du wegkommst.«

Doch am Nachmittag sagt der Kommandant: »Du mußt jetzt in eine andere Garage«, »Alpgarage« hieß sie, so eine alte Garage. »Du gehst jetzt da hin mit noch einem.« Jeder hatte einen Meißel, einen großen, und einen Hammer, mit dem Befehl, dort in der Alpgarage den Betonboden aufzustemmen. Ein Wachtposten war dabei. Wir stemmen dort, es ist halt nicht so leicht weitergegangen. Auf einmal sagt der Wachtposten: »Du, dein Meißel ist aber schon ziemlich stumpf, den mußt du schärfen lassen.« Na, sag' ich: »Aber wo schärfen lassen?« Sagt er: »Da oben, wenn du da auf der Straße grade hinaufgehst, da ist der Schmied.« Na gut, hab' ich mir gedacht, wer geht da mit, denn er muß ja den anderen bewachen. Sagt er: »Du brauchst keine Wache. Du gehst da hinauf, und da oben in der Nähe der Kirche ist der Schmied.« Ich konnte das nicht kapieren, daß mich der alleine gehen ließ. Ich gehe also, schau' links, schau' rechts – nichts. Geh' weiter, die Gärten entlang, auf einmal höre ich ein Geräusch hinter mir, drehe mich um und sehe, daß mir ganz

236

leise ein Auto nachgefahren ist. Drinnen saßen zwei SS-Männer. Schön langsam weiter, ja nicht rechts oder links schauen. »Wie ist das möglich«, dachte ich mir, »die lassen mich allein gehen, das muß einen Grund haben.« Wahrscheinlich dachten sie, wenn der abpaschen will, dann haben wir ihn sofort. Dann hätten sie mich natürlich niedergeknallt. Nächsten Tag durfte ich nicht mehr mitgehen. So ging ich mit der Partie nimmer mit. Da wurde ich dann innen eingesetzt. Hinter dem Gefängnis war ein Krautacker und dort mußte ich mitarbeiten und als Dolmetscher fungieren. Da schnitten wir Kraut, davon bekamen die anderen auch etwas ab. Wir stopften natürlich, soweit es möglich war, das Kraut in die Hemden hinein, kamen dann so in die Zellen hinauf und verteilten dieses rohe Kraut unter die Burschen. Später haben wir gedroschen. Drei wurden wir ausgesucht, Hirse zu dreschen. Es gab beim Gefängnis auch einen Wirtschaftsbetrieb. Bei den Stallungen waren noch zwei ältere Frauen, Strafgefangene noch aus der jugoslawischen Zeit. Begunje war früher ein Frauengefängnis. Das Dreschen erfolgte mit Dreschflegeln. Die Arbeit hätten wir an einem Tag leicht bewältigt. Drei oder vier Tage haben wir gedroschen, so daß das Stroh schon ganz zerschlagen war. Wir droschen immer wieder, weil die zwei Frauen, die im Stall arbeiteten, uns jeden Tag etwas Eßbares brachten, ein Stück Brot, ein rohes Ei oder so. Da war es natürlich unser Interesse, möglichst lange dort zu bleiben. Es bewachte uns ein junger SS-Mann, der vom Dreschen nichts verstand, sonst hätte er gesagt: »Hört's, das Stroh muß ja Stroh bleiben.« Das war schon ganz zerbröselt. Von dort teilte man mich dann zum Laubrechen ein. Hinterm Gefängnis ist eine steile Wiese und dort rechten wir das Laub. Hier bewachte uns ein SS-Mann mit einem Hund. Kommt von weiter unten ein Wachtposten und ruft mich. »Jetzt gehst zum Verhör«, das war mein erster Gedanke. Bei der Einlieferung nahm man mir die Fingerabdrücke ab, fotografierte mich und nahm die Generalien auf. Der Mann, der das machte, war ein Kriminalbeamter aus Bled. Er stammte aus Villach.

Zu diesem wurde ich jetzt geführt. Er befragte mich über verschiedenes, woher ich komme, warum ich hier sei, Beruf usw. Ich sagte ihm, daß ich in Loibach bei Bleiburg in Kärnten geboren bin. Fragt er: »Wie kommen denn Sie da her?« Jetzt sagte ich ihm kurz warum: »Ich bin geflüchtet weil ich Angst hatte, nach Dachau zu kommen«, und der sagt: »Ich kenn' ja sogar Ihr Geburtshaus.« So bekamen wir irgendwie einen kleinen persönlichen Kontakt. Er hatte nämlich einmal dienstlich in unserer Ortschaft zu tun. Und er fragt: »Können Sie fotografieren?« Ich erschrak. Was heißt fotografieren? Haben sie mich vielleicht beim Fotografieren erwischt? Fotografiert habe ich ja, und ich antwortete: »Ja, ja. Fotografieren kann ich schon, knipsen.« »Nein, nein«, sagte er, »ich mein', ob Sie ausarbeiten können?« Sagte ich: »Nein, ich hab' nie selber irgendwas ausgearbeitet.« »Wir werden schon sehen. Sie werden mir jetzt helfen, Fingerabdrücke abnehmen, die Fotos entwickeln und dann die Gefäße auswaschen«, sagte er, »Sie brauchen nur in der Früh anklopfen.« Der Wachtposten werde mich in der Früh hinaufbringen in den zweiten Stock und mich einsperren, damit ich allein bleibe. »Wenn Sie auf's Klo müssen, müssen's halt klopfen und rufen. Und wenn die Gefäße zu reinigen sind, dürfen Sie hinuntergehen in die Waschküche, und der Posten wird Sie hinunterlassen.« Ich ging natürlich diese Schalen und die Heferln auswaschen, so oft es nur möglich war. Der Mann war nicht jeden Tag da, der kam nur dreimal in der Woche. In der Waschküche waren Frauen, da gab es oft ein Stückerl Brot. Eine Studentin war auch dort, mit der sprach ich sehr oft. Sie kam dann nach Ravensbrück.

Zwischendurch wenn er nicht da war, genoß ich den Ausblick. Es war Spätherbst. Von dem Fenster aus konnte man herrlich nach Bled sehen, die Burg, das Kircherl und hinten, so rechts hinter der Burg den Triglav, ganz weiß. Das animierte mich, dieses Motiv auf Papier zu bringen. Papier hatte ich ja, und ich fing an zu zeichnen. Das zeigte ich einigen Burschen, und die kamen auf die Idee, die Zeichnung nach Hause zu schicken, der Schwester, oder einem Mädel oder der Mutter. Sie wollten sich das gerne nähen lassen, so quasi als Erinnerungsbild. Das machte ich einigen, und diese Idee ist mir geblieben. Ich habe sie in Klagenfurt im Gefängnis selber verwirklicht. Jurij Pasterk, der dann geköpft worden ist, war längere Zeit mein Zellengenosse. Mit ihm verstand ich mich sehr gut. Er gab mir ein Taschentuch sagte: »Schau, da hast das Taschentuch, zum Nähen. Und wenn ich überleb', g'hört's mir, falls wir's retten können. Wenn ich nicht überleb', dann g'hört's halt dir.« Meine Tante brachte mir bei einem Besuch Zwirn und eine Nadel mit. Irgendwie muß man das verwerten, weil im Häf'n kannst ja nicht nur in die Luft schauen und grübeln, da wirst ja verrückt. Und auf diesem Taschentuch zeichnete ich mir in einem Oval mein Geburtshaus ein, mit einem großen Lindenbaum und der Spitze des Kirchturms. In jeder Ecke eine Rose mit Stacheln, und unter jeder Rose die erste Strophe von irgendeinem Lied. Und darüber dann die Daten, von bis in Gonars, von bis in Begunje, und vom Dezember '42 bis in Klagenfurt, das weitere Datum blieb dann aus. Dieses Taschentuch ist mir geblieben, das habe ich als Andenken an diesen meinen Freund.

Im Gestapogefängnis wurde ich dann verhört von einem Herrn Waldbauer. Der ist dann nach Kriegsende in Wolfsberg gesessen. Er verhörte mich, einmal zeitig von in der Früh bis spät in die Nacht. Er brachte mich nervlich soweit, daß ich das Protokoll, ohne es genau durchzulesen, unterschrieb. Und darin stand: »Ich gebe frei und offen zu, daß ich mich landesverräterisch betätigt habe.« Die Beschuldigung ging nämlich dahin, ich hätte in Kärnten, vor allem im Jauntal, Burschen und auch Soldaten organisiert und sie zur Flucht und auch zur Desertion überredet, und sie dann weiter gelotst, nach Ljubljana oder andere Gegenden und dort geholfen, ihnen Arbeitsposten zu verschaffen, wo sie dann organisiert und als organisierte Partisanen nach Kärnten geschickt worden seien. In diesem Sinn beschuldigte man mich, was in Details ja stimmte. Ich habe keine Partisanen organisiert, ich war ja selber keiner, aber, daß wir mehrere geflüchtet sind, bevor wir einrücken hätten müssen, das stimmte ja.

Dann gab es einen Fall, daß ich, weil ich ja nicht mehr nach Hause konnte, in Mežica auf Kurzurlaub war. In Dravograd kannte ich zufällig einen Gendarmen, der kam, weil er den Zug kontrollierte, und sagte: »Du, im Nebenzug, ist ein deutscher Soldat, der ist da über die Petzen geflüchtet, in voller Uniform. Er sagt, er sei aus einer bekannten slowenischen Familie aus Feistritz, hat aber einen deutschen Namen. Wir wissen jetzt nicht, was mit ihm los ist. Ist er ein Slowene, ist er keiner? Schau' ihn dir an, vielleicht kennst ihn?« Na, ich bin wirklich hingegangen, in den Zug, der nach Celje fahren sollte. Der Soldat war ein guter Bekannter, der Igor Kraut aus Feistritz. Sein Vater ist im selben Lager gestorben wie mein Vater, also er war ausgesiedelt, genauso wie meine Familie. Sein jüngerer Bruder, der Alois Kraut, war schon bei seinem Onkel in Novo mesto, und dorthin wollte der Igor auch.

Und damals war ja die fünfte Kolonne schon überall organisiert, speziell in Mežica. So dürfte die Gestapo von meiner Begegnung erfahren haben. Ich hätte also Deserteure organisiert, sie von Ljubljana aus an der Grenze abgeholt, das waren die Anschuldigungen bei der Gestapo, aber man konnte mir nichts beweisen. Da versuchte es der Waldbauer halt anders. Meine Tätschen bekam ich und er fragt: »Wie sind Sie nach Jugoslawien gekommen?« Ich stelle mich blöd: »Wie meinen Sie das?« Und er fragt weiter: »Wie sind Sie über die Grenze gegangen? Mit Reisepaß oder ohne Reisepaß?« »Mit Reisepaß.« Da hat's schon gekracht. »Das ist nicht wahr. Wir wissen, Sie sind über die grüne Grenze gegangen.« »Das stimmt schon, aber ich hab' den Reisepaß mitgehabt.« Jetzt begann er, mich zu beschuldigen, ich hätte den Reisepaß absichtlich mitgenommen, um ihn für Spionagezwecke, oder weiß der Teufel für was, zur Verfügung zu stellen. Ich widersprach: »Das stimmt nicht. Ich habe den Reisepaß in Jugoslawien in einem Wald zerrissen«, was stimmte. Damals, als uns die *ustaši* zerstreut haben und ich in die Ortschaft gekommen bin, wo ich mich dann versteckt gehalten habe, dort habe ich beides zerrissen, den Reisepaß und den Wehrpaß. Daß ich den Wehrpaß mitgenommen habe, um Gottes Willen, so g'scheit war ich damals auch schon, daß ich das verschwieg. Sagt er: »Na, Sie haben ja schon einen Wehrpaß gehabt. Wo ist der Wehrpaß?« Sag' ich: »Den Wehrpaß haben Sie.« Schaut er mich ein bißl entgeistert an. »Ich soll ihn haben?« »Nicht Sie persönlich. Die Gestapo hat ihn.« »Ja, wieso?« »Schaun's, das muß ich Ihnen so erklären. Die Gestapo hat meine Eltern enteignet, hat meine Eltern ins Lager gebracht. Die zwei Brüder, die noch zu Hause waren, mußten einrücken. Also hat die Gestapo das Haus übernommen, mit allem was drinnen war, daher auch mit meinem Wehrpaß.« »Wo war der Wehrpaß?« »Vielleicht ist er jetzt noch dort«, sag ich. »Wenn Sie in den Hausflur hineinkommen, so ist rechts vom Haustor das erste Zimmer, das von meinem Bruder und von mir. Wenn Sie bei der Tür hineinschauen, in der linken Ecke ist ein Bett, und ober dem Bett ist ein Wandkasten, so ein Wandschrank. Dort waren drei

Reihen Bücher drinnen und in der mittleren Reihe ungefähr in der Mitte ist der Wehrpaß. Wenn ihn noch niemand genommen hat, lassen's nachschauen, dort wird er noch sein.« In Wirklichkeit hatte ich ihn zerrissen. Auf meine Erklärung wußte er dann nicht mehr so recht, was er sagen sollte: »Sie wollten nicht einrücken. Sie sind ein Refrakteur.« Dann ich: »Ich weiß nicht, was das ist.« Er hat mir's erklärt, einer der nicht einrücken will, obwohl er sollte. Er war noch nicht eingerückt, aber er will nicht, also ist das kein Deserteur, sondern ein Refrakteur. Na, dann behauptete er, das sei Landesverrat, weil ich nicht einrücken wollte und über die Grenze ins Ausland gegangen bin. Darauf ich: »Das gibt's nicht. Ich kenn' zwar das deutsche Strafgesetz nicht genau, aber das gibt es nicht. Das ist unlogisch, das kann nicht sein. Ich hab' doch nichts Landesverräterisches getan. Ich bin einfach weg. Bitt' schön, ja, ich hab' mich vor'm Einrücken gedrückt. Obwohl, sich drücken ist was anderes. Ich bin aus Angst davon, weil ich sonst nach Dachau gekommen wär'. Meine Eltern sind ja auch ins Lager gekommen. Die Angst war's, die uns zur Flucht trieb.« »Nein, das gibt es nicht. Sie haben ja g'sagt, Sie werden die Uniform nie tragen.« »Ja«, sag' ich, »das war ja so gemeint, daß ich eh nicht dazu komme, weil wahrscheinlich werden's mich früher schnappen und einsperren.« Also, später versteht man's eigentlich nicht so, was einem in dieser Situation alles einfällt, was man da alles sagt. Er ist dabei geblieben, es sei Landesverrat. So, daß ich dann nichts anderes mehr sagen konnte: »Ja bitte, wenn Sie dieser Ansicht sind, kann ich Sie davon nicht abbringen. Ich bin anderer Meinung.« Auf das hin schreibt er ins Protokoll: »Ich gebe frei und offen zu, daß ich mich landesverräterisch betätigt habe.« Also, einige Zeit nach diesem Verhör wurde dann mein Bruder ins Gestapogefängnis gebracht und verhört. Ihm ist es gelungen, diesen meinen fatalen Schritt ein bisserl auszubügeln.

Ich habe aber dann trotzdem etwas getan, was sich damals keiner getraut hat. Ich habe einen Klagenfurter Anwalt betraut, es war ein älterer Herr. Dem habe ich die Geschichte erzählt. Mein Protokoll ist ja nach Berlin gegangen, zum Reichsanwalt. Und ich sagte zu meinem Anwalt, das könne ich nicht so auf mir sitzen lassen, ich muß irgendwas tun, ich werde mich bei Gericht gegen die Art der Vernehmung durch den Gestapo-Mann beschweren. Der Anwalt schaut mich entgeistert an und sagt: »Das können Sie um Gottes Willen nicht tun, das kann Sie den Kopf kosten.« »Herr Doktor, wenn ich nichts mach', ist der Kopf auf jeden Fall weg. Ich kann ihn nur retten.« Dann ließ ich mich zu einem Richter vorführen, beschwerte mich zu Protokoll darüber, daß die Vernehmung so hart war, von zeitig früh bis spät am Abend, daß ich nervlich total kaputt war, daß ich eine Version unterschrieben habe, die absolut nicht stimmt, und daß der Vernehmende mir das praktisch aufoktroyiert hat. Und das wurde abgeschickt nach Berlin. Nun begann die fürchterliche Zeit. Die Vernehmung war im Jänner, und es dürfte etwa Mitte April gewesen sein, bis die Entscheidung aus Berlin kam. Das waren etwa drei Monate, eine fürchterliche Zeit. Ich wurde dann überstellt ins Gerichtsgefängnis, das war im selben Haus, nur einen Stock tiefer. Da war ich dann eben in einer Zelle mit dem Jurij Pasterk. Ich phantasierte manchmal schon, weil man ja nicht weiß, was los ist. Ich wußte, wo die große Gefahr besteht. In dieser Zeit bestimmte mich der Traktkommandant zum Bibliothekar. Da gab's eine Bibliothek im Gefängnis, auch mit slowenischen Büchern. Dort konnte ich lesen. Mein Auftrag war, alle beschädigten Bücher zu reparieren, verkleben, neu einbinden usw. Ein Tag in der Woche war Bücherausgabe für die Frauenabteilung, und einer für die Männerabteilung. Männer haben fast nichts gelesen, Frauen schon. Die Frau eines Bekannten war auch dort inhaftiert.

Dort war ich eine Zeitlang Postillion. Ich hatte ja Bleistift und Papier in der Bibliothek. Ein kleines Fuzerl genügte. Darauf schrieb man irgendwas, aber ganz klein. Das steckte ich hinten in den Einband hinein, und irgendwo mitten im Buch vermerkte ich zwischen zwei Zeilen mit Bleistift: »Suche, du hast einen Brief.« Das hat eine Zeitlang funktioniert. Während dieser Zeit war ich ja sehr oft länger ganz allein in der Bibliothek. Singen kannst ja nicht, das wäre zu auffällig – so hab' ich gepfiffen. Einmal schrie der Traktchef, was das für ein Teufel sei, dem's so gut gehe, daß er in einer Tour pfeift. Dabei war die Pfeiferei nichts anderes als ein Versuch, die Angst zu dämpfen. Ich konnte nächtelang nicht schlafen. Ich hatte lange nicht mehr gebetet, aber damals lernte ich beten. Mensch, es ist furchtbar, wenn du hinkommst und glaubst, in den nächsten Minuten erschießen's dich, da hast eine schreckliche Angst und dann passiert's halt. Aber drei Monate nichts wissen. Der Anwalt sagte, es koste dich den Kopf, wenn du dich beschwerst. Andererseits, wenn du dich nicht beschwerst, wenn's so bleibt, bist ja auch erledigt. No, und nach etwa drei Monaten, es war so Mitte April oder vielleicht noch später, bekomme ich vom Klagenfurter Senat des Sondergerichtshofes die Entscheidung des Berliner Volksgerichtshofes, daß ich aus der Untersuchung beim Volksgerichtshof Berlin entlassen und dem Untersuchungsrichter beim Sondergericht in Klagenfurt zugeteilt werde. Und dann rief mich der U-Richter und sagte: »Sie können sich glücklich schätzen, wir in Klagenfurt sind halt doch ein bißl weniger streng als die Berliner«, so ungefähr brachte er mir das bei. Und das war damals doch knapp vor dem großen Prozeß der Eisenkappler, wo ich höchstwahrscheinlich dabei gewesen wäre, wenn mir diese Frechheit nicht gelungen wäre. Und dann kam halt unsere Verurteilung. Anfang Mai bin ich mit dem Bruder vor's Sondergericht gekommen.

Der Staatsanwalt zeigte sich natürlich stark, sagte: »Ich kann überhaupt nicht verstehen, was es in dieser Situation noch zu verteidigen gibt.« Also ganz schlimm, und wozu man eigentlich einen Verteidiger brauche bei solchen Verbrechern. Unser Anwalt verteidigte uns auf die Art, daß er sich beim Staatsanwalt quasi entschuldigte, daß er da sitzt. Sagt er: »Na ja, solange Rechtswahrer in Deutschland noch zugelassen sind, habe ich schon das Recht, als Verteidiger hier zu sein.« So in dem Sinn.

Sonst brachte er praktisch nichts. Na ja, Urteilsspruch: je zehn Jahre Haft und Verlust der staatsbürgerlichen Rechte. Ich verlor die Staatsbürgerschaft und wurde mit der blauen Karte für wehrunwürdig erklärt. Also, ich durfte gar nicht zum Militär, geschweige denn, daß ich gewollt hätte.

So wurden wir dann mit mehreren Slowenen zum Bahnhof gebracht und mit einem Zug abtransportiert. Der Transport ging über Maribor, Graz, Wien, Salzburg nach Bernau. Von dort wurde ich nach einem Monat weitertransportiert. Es war auch ein Russe dabei, ein Riesenlackl. Der Zug hält in Mauthausen, draußen steh'n fünf SS-Leute, wir haben natürlich alle gedacht, jetzt sind wir dran, wir gehen nach Mauthausen. Es wurde aber nur der Russe aufgerufen. Der Russe mußte raus, und fünf SS-Männer haben diesen Mann eskortiert. Wir kamen nach Stein. In Stein war ich dann in einer Einzelzelle, also längere Zeit ganz allein. Ist ja klar, bevor die Leute einen da arbeitsmäßig einteilen, denn dort mußte man arbeiten.

Ich war im Nordtrakt und mein erstes Interesse war, Bekannte zu finden. Ich wußte, daß sich einige aus Klagenfurt auch in Stein befanden. Ich begann sie zu suchen. Wer ist alles in Stein? Vielleicht konnte ich Verbindung bekommen zu den Leuten. Der Vater vom Rutar war da, der alte Olip-Vater, der alte Meležnik. Aber es gab ein paar andere auch, ich glaub' der Golob, ein jüngerer, war auch dort. Ich suchte die Leute auf die Art, daß ich das Fenster aufmachte und pfiff. Und zwar die Melodie des slowenischen Liedes »N'mav čez izaro«. Die Suche nach Gleichgesinnten war für mich deshalb ein besonderes Bedürfnis, weil mich der amtliche Auftrag »Von Gleichgesinnten streng absondern« stets begleitet hat.

Nach einer gewissen Zeit wurde ich dann zur Arbeit eingeteilt und mußte in der Aufnahmskanzlei dolmetschen, Schreibarbeiten, die notwendig waren, erledigen. Wir legten zum Beispiel für jeden das Standblatt an. Alle möglichen Sprachen mußte ich dolmetschen, obwohl ich sie nicht beherrschte. Zum Beispiel altgriechisch. Ich hatte mir ein paar Worte gemerkt und so versuchte ich es im Neugriechischen: »Name?« »Wo geboren?« und die Griechen haben das verstanden, und ich lernte von ihnen, vor allem von jenen, die ein bißl Deutsch konnten. Französisch lernte ich erst später, so aus dem Lateinischen heraus. Italienisch ist's besser gegangen. Da konnte ich mich zur Not auch über anderes verständigen, nicht nur Namen und Daten. Es war interessant. Da kommt einmal einer, und ich frag' ihn so auf italienisch nach Namen und Geburtsort, und er fragt mich zurück, ob ich Italiener sei. Ich sag': »Nein, ich bin Österreicher.« »Du kannst aber ganz gut Italienisch.« Sag' ich: »Hab' ich ein bißl gelernt«, und ich frag' ihn: »Woher bist du?« »Aus Kalabrien. Ich bin aber kein Italiener, von Geburt bin ich Serbe.« »Wie das?« Da erfuhr ich das erste Mal – er hat serbisch gesprochen, ein bißl holprig, aber doch – daß es dort bei 70.000 Serben geben soll, in Kalabrien. Und zwar noch aus der Zeit der Türken. Die sind von Serbien über Albanien und über's Meer nach Italien geflüchtet. Sie halten sich heute noch, haben heute noch ihre Sprache, zum Teil wenigstens, wie das so ist.

Im Winter '44 auf '45 spürte man schon, es geht alles zurück, der »Endsieg« kommt immer näher. Es mußte alles aufgewendet werden für den »Endsieg«. Da schickten sie dann auch verurteilte Soldaten wieder an die Front. Es waren Burschen im Gefängnis, Soldaten, die irgendwas angestellt hatten, Schwarzhandel getrieben oder so. Diese Soldaten zogen sie dann wieder ein. Die kamen wahrscheinlich in die Strafkompanie. Dann suchten sie Freiwillige, das war schon im März '45. Der Sekretär Schaar trat einmal an mich heran, im Büro, und sagte: »Jetzt müssen alle Kräfte aufgewendet werden. Wer sich jetzt bewährt, der ist dann gut gestellt. Von Ihnen kann man's zwar nicht verlangen, denn Sie sind ja wehrunwürdig und haben sogar die Staatsbürgerschaft verloren. Aber Sie könnten sich jetzt freiwillig melden und wenn's durchkommen, dann sind Sie ein gemachter Mann für's Leben.« Ich sagte: »Herr Sekretär, Sie wissen, warum ich da bin. Ich müßte ja ein versauertes Hirn haben, wenn ich's Leben riskiert hab', um nicht dazu gehen zu müssen, und mich jetzt freiwillig melden würde.« Er schaute mich an und sagte kein Wort. Aber sie dürften schon einige überzeugt haben auf diese Art. Na klar, jeder, der so lange drinnensitzt, wenn er einmal drei Jahre in einer Zelle sitzt, dann wird er mit der Zeit narrisch, da tut er alles, nur um hinauszukommen. Na, ich bin geblieben.

Es kam eine gewisse Nervosität auf im Haus. Dann kam also jener grauenvolle Tag. Auf einmal kommt einer und sagt: »Du kannst dir deine Zivilkleider anziehen. Komm schnell, vielleicht findest dir was z'samm.« Ich rannte und zog mich um, dann in die Kanzlei, der Schaar war nicht da. Und dann ein Rennen rundherum, Stimmen hörte man, aber ich getraute mich nicht hinauszugehen. Die Zellen wurden aufgemacht, es hieß, jeder soll sich seine Kleidung nehmen, soll sich anziehen und er kann gehen. Im Hof waren Kleider und Schuhe aufgelegt, und die Leute haben nach ihren Sachen gesucht. Ältere Leute sind nimmer dazu gekommen. Dieser Ožbolt aus Zell, ein alter Mann, der hat seine Schuhe gesucht und gesagt er finde die Schuhe nicht. Sage ich: »Nimm' irgendwas. Probier' die Schuh' und wenn's dir passen, dann nimm's und geh'.« »Nein, nein, ich will meine Schuhe haben.« Was ist passiert, er ist dann umgekommen, die SS hat ihn erschossen, weil er nicht sofort fliehen konnte. Den Rutar-Vater habe ich dort getroffen, wir haben noch geredet. Dann habe ich ihn nicht mehr gesehen. Ich weiß nicht, ist er in der Anstalt gefallen oder draußen auf der Straße. Die Leute zogen sich an und drängten aus dem Hof. Stein hat mehrere Höfe. Der erste Hof mündet in ein kurzes Gasserl, so zwischen Beamtenwohnhäusern. Durch das zweite Tor kommt man erst auf die Hauptstraße. Ich tat mich mit einem Kollegen, dem Kramberger, einem Kaufmann, zusammen, und wir wollten hinaus. Dort trafen wir noch den Direktor Kodré. Er war ganz verdattert und sagte: »Ja, wer hat denn diesen Auftrag erteilt? Ich hab' doch keinen Befehl gegeben, die Häftlinge auszulassen.« Da sind wir hinaus, durch diese schmale Gasse, und als wir gegen das äußere Tor kommen, seh' ich den Direktorstellvertreter Lang und den Wachtposten, den Oberwachtmeister Pomeisl, der als Grobian bekannt war und ihn, den Lang, attackierte.

Draußen kamen SS-Uniformen zum Vorschein, zwei, drei SS-Offiziere, und ich sagte: »Geh'n wir zurück, da kommt was, das wird gefährlich.« »Weißt was, verstecken wir uns hinter den Häusern da«, meinte der Kramberger. Innerhalb des Gefängnissprengels waren zwei oder drei einstöckige Villen, Beamtenwohnungen. Ich sage: »Um Gottes Willen, nur das nicht, nur hinein in das Gefängnis, das ist die einzige Rettung.« Das habe ich instinktiv gespürt. Und wir rennen wirklich, rennen gegen das Tor, durch den Hof, nach links zum Tor hin, durch dieses durch. Wenn man sich zum Kreuzhaus wendet, ist dort ein großes Fenster. In dem Moment, als wir beim Tor sind, höre ich von hinten: »Zurück Bande«. Und dann ist es schon losgegangen. Als wir beim Fenster vorbeilaufen, explodiert davor eine Handgranate. Alle Scherben fliegen auf uns. Dann rennen wir. Nach einigen Metern ist rechts eine Tür zum Klo. Vor der Tür zum Klo liegt ein junger Bursch, der erst ein paar Tage vorher eingeliefert wurde. Dem hat's die Schlagader durchschossen. Wie das passiert ist, weiß ich nicht. Jedenfalls liegt er dort in seinem Blut. Wir haben ihn in die Türnische gelegt, damit er nicht von den Flüchtenden zertrampelt wird. Dann rennen wir in den ersten Stock hinauf, oben steht ein Mann an die Brüstung gelehnt, unten steht ein SS-Mann und zielt mit seiner Maschinenpistole hinauf und schreit: »Hinein in die Zelle, sonst schieß' ich.« Und im Vorbeirennen erkenn' ich den alten Olip-Vater. Ich hab' ihn gepackt, ihn einfach hineingestossen in die offene Zelle. Aber soweit ich später erfahren hab', war er damals schon verwundet, und ist dann im »Revier« verstorben.

Auf der anderen Seite ging die Schießerei noch weiter. Dann hören wir Schritte, Marschtritte, die von irgendwo aus einem anderen Hof unter unsere Fenster kommen. Kramberger hebt mich auf, sodaß ich beim Fenster hinunterschauen kann. Da sehe ich, wie sie den Direktor Kodré, seinen Stellvertreter Lang und den Wachekommandanten bringen, an die Wand stellen und erschießen. Die SS behauptete, sie wären schuld, sie hätten einen Aufstand angezettelt. Es wurde ja dann auch in der Umgebung überall verbreitet, die Steiner Verbrecher hätten einen Aufstand versucht und die SS mußte eingreifen. In Wirklichkeit war's nicht so. Der Kodré und der Lang wollten nämlich die Häftlinge einfach entlassen und sich absetzen. Der Baumgartner, der erster Stellvertreter vom Kodré war, wollte aber den Befehl Himmlers, die Häftlinge nach Deutschland zu transportieren, ausführen.

Die SS machte einfach mit Handgranaten und mit Maschinenpistolen die Leute nieder. Alles, was im Hof zu erwischen war. Zum Beispiel war ein Obersekretär in Uniform mitten unter den Leuten, im Hof. Als die Schießerei begann, flüchtete er sich in die Garage und wurde genauso erschossen wie alle anderen. Es war ein Glück, daß mir dieser Gedanke gekommen ist – nur ins Haus, draußen ist's zu gefährlich. Einer, zum Beispiel, konnte sich retten. Er kam nach zwei Nächten ins Gefangenenhaus und meldete sich. Wohin sollte er auch gehen. Irgendwo hinter der Garage war ein Holzstoß aufgestapelt. Dort hatte er sich hineinverkrochen, hinter's Holz oder unter das Holz. Er ist dort zwei Tage und zwei Nächte geblieben. Es gab zwischen 300 und 600 Opfer.

Dann kam das Kriegsende immer näher. Und da hieß es dann, in kleinen Gruppen, etwa zu zehnt werden wir entlassen, bekommen Entlassungsscheine und können freigehen. Nun haben wir mit Kramberger, weil wir ja in die Amtstube abkommandiert worden waren und solche Entlassungsscheine geschrieben haben, natürlich den Wunsch geäußert, auch frei zu gehen, zumindestens wenn wir die Arbeit fertig hätten. Der neue Direktor Baumgartner war dagegen. Da bearbeiteten wir eine Frau Kreibich, die in der Kanzlei den Dienst versah, so lange, bis sie zum Baumgartner gegangen ist. Auf einmal erklärte er ganz streng: »Na sollen's halt gehen, wenn's so stur sind.« Ich weiß, zwei Gruppen wurden auf die Art entlassen. Sie stellten sich dort vor den Kanzleien auf, jeder bekam seinen Entlassungsschein, und dann marschierten sie ab. Wir kamen aber drauf, daß sie nicht frei nach Hause gehen konnten, sondern an die Front mußten, Schützengräben graben. Na, das wollten wir auch nicht. Jetzt hat uns doch eine Panik ergriffen, und wir bettelten wieder, uns die Entlassungsscheine zu annullieren, und daß wir doch lieber mit der ganzen Belegschaft nach Westen oder nach Norden fahren wollten. Als alles fertig war, führten sie die Leute ab zum Steiner Donauhafen. Wie das vor sich gegangen ist, kann ich gar nicht sagen, ich habe es nicht gesehen. Wir wußten nur, es wird evakuiert, aber wie die Leute hingeführt worden sind, das sahen wir nicht, denn wir waren in der Kanzlei, im Parterre. Der Weg auf die Straße und zum Hafen war von dort nicht zu sehen. Als alles beendet war, holte uns der Obersekretär Vetter, bedankte sich bei uns noch und sagte, wir hätten uns kollegial gegenüber den Angestellten benommen und viel dazu beigetragen, daß alles ruhig und ohne weitere Opfer abgelaufen sei. Wir hätten sehr geholfen und könnten jetzt frei gehen, wie wir wollten. Wir durften unsere Entlassungsscheine behalten, die wir uns ja früher praktisch selber geschrieben hatten, allerdings hatte der neue Direktor darauf unterschrieben. Diese Entlassungsscheine dürften uns dann auch bei der SS in Aggsbach/Klause die Haut gerettet haben. Wenn wir ohne Papiere dorthin gekommen wären, hätten sie wahrscheinlich kurzen Prozeß mit uns gemacht. Der Obersekretär gab uns jedem noch einen kleinen Laib Brot, und die Zahnbürsten durften wir auch mitnehmen. Dann fand ich noch irgendwo einen Spagat, und der Kramberger ergatterte noch eine Plane, so eine Art Wetterfleck. Das war alles, was wir mitnahmen. Dann marschierten wir über die Brücke nach Mautern, und von Mautern ins Hügelland, in den Dunkelsteiner Wald Richtung Melk.

Spießrutenlauf

Als ich im Herbst 1941 auf Urlaub war, traf ich mich mit Studienkollegen aus meiner engeren Heimat. Jožko Rutar, damals vor der Matura, erzählte mir von einem Schüler aus dem Mießtal, der mit ihm täglich mit dem Zug ins Gymnasium nach Klagenfurt fuhr. Er hieß Jože Knez, sein späterer Partisanenname war »Kolja«, und brachte bereits geheimes Propagandamaterial über den sich formierenden Widerstand und die beginnende Partisanentätigkeit.

Mit Jožko vereinbarten wir, daß er ihn zu uns nach Hause, zum Kavh, wie es beim Haus hieß, nach Enzelsdorf bringen würde, damit wir bis zum nächsten Tag Zeit hätten zu debattieren. Knez, heute hoher Funktionär in Ljubljana, erzählte, wie es in Slowenien zuging, wo man vor allem die Intelligenz einsperrte, Leute mit Vermögen nach Serbien, aber auch nach Norddeutschland aussiedelte, das slowenische Wort verbot und so weiter, sodaß Verzweiflung herrschte. Daraus erwuchs der organisierte Widerstand unter Leitung der »Befreiungsfront«. Ich war also solcherart schon vorbereitet, als ich 1942 mit dem beginnenden Widerstand in Kärnten näher in Kontakt kam.

Die NS-Mühlen mahlten immer härter und schließlich wurde unsere Familie – wie viele andere auch – im April 1942 ausgesiedelt, das gesamte Vermögen wurde beschlagnahmt; die Begründung: »staatsfeindliche nationalslowenische Einstellung«. Aus dem Sammellager in Ebental schrieb mir mein Vater eine offene Korrespondenzkarte auf slowenisch: »Zapustiti smo morali domovino. Kam? Bog nam pomagaj! [Vertrieben aus der Heimat. Wohin? Gott helfe uns!]«

Ich bekam Urlaub und brach daheim beim Kellerfenster ein. Ich holte mir ein paar Sachen aus dem Haus. Am Rückweg zur Einheit gelang es mir, meine Familie, die mittlerweile in Hesselberg in Oberfranken war, zu besuchen. Ich hatte die Adresse vom Klagenfurter Stadtkommandanten Dr. Wohlfahrt erhalten, der zwar ein illegaler Nazi gewesen war, aber sonst ein äußerst anständiger Mensch.

Nach Hesselberg fuhr man mit dem Zug bis Wassertrüdingen, dann mußte man zu Fuß auf den Berg, und dort war ein Barackenlager. Die Situation war schrecklich: Die Familien waren zusammengepfercht, so eng, daß man es sich nicht vorstellen kann, da lagen sie in drei Etagen übereinander, quer in den Betten, das Essen war schlecht, die ganze Situation war bedrückend. Als ich im Herbst – also ein halbes Jahr später – wieder Urlaub hatte und die Familie noch einmal besuchte, fand ich schon eine ganz andere Stimmung vor: Die Leute hatten Hoffnung geschöpft, daß der Hitler doch einmal untergehe. In unserer Familie geschah aber auch noch etwas: Eine meiner Schwestern war zu dieser Zeit schwanger. Nach der Geburt nahm man ihr das Kind weg und zwei Tage später bekam sie das Kind tot zurück, die NS-Krankenschwester sagte irgendetwas von einem Trauma. Meine Schwester war jedenfalls total unglücklich über die Wegnahme und den Tod ihrer Tochter.

In diesem Urlaub war ich auch in Sittersdorf bei Jožko Rutar, dort erzählte ich auch von meiner Schwester in Hesselberg, die fliehen wollte. Ich besprach mit Rutar und dem Franc Weinzierl, einem Bauern aus Zauchen bei Rechberg, wie wir die Flucht meiner Schwester organisieren könnten. Ich fuhr dann nach Hesselberg und erzählte meiner Schwester alles. Bei der nächsten Gelegenheit flüchtete sie dann tatsächlich und fuhr ganz normal mit der Bahn nach Klagenfurt und von dort nach Kühnsdorf. Unterwegs becircte sie zur Tarnung einen SS-Mann, sodaß sie nirgends kontrolliert wurde. Am Bahnhof holte sie der Rutar mit dem Fahrrad ab und brachte sie nach Kühnsdorf zu seiner Schwester. Von dort ging sie am nächsten Tag mit dem Weinzierl nach Ebriach, wo sie im Pfarrhof übernachtete. Dort bekam sie Verbindung mit den Partisanen und zog mit ihnen weiter. Der Chef der Partisanen war Stane Mrhar. In Abtei wurde sie dann von einem entfernten Verwandten verraten, der sie zwar freundlich aufnahm, aber so nebenbei die Polizei verständigte. Das war im Spätherbst 1942. Als sie schon schlief, hörte sie Schreie: »Banditenweib, komm' raus!« An Flucht war nicht mehr zu denken, man brachte sie nach Gallizien. Es war ein Spießrutenlauf, sie wurde bespuckt, wie das damals halt so dazugehörte. Nur die Wirtin Leni, bei der die Gendarmen auf Kost waren, half ihr und gab ihr zu essen. Am nächsten Tag wurde sie aus dem Gemeindekotter nach Klagenfurt gebracht. Unterwegs, auf der Annabrücke, sagte der Bewacher, nachdem er das Auto angehalten hatte: »Ich laß' Sie jetzt laufen, laufen's!« Sie war aber schon ein bißchen geschult, das hatte sie bei den Partisanen gelernt, und sagte: »Nein, wieso denn?« Und sie blieb im Auto, sonst hätten sie sie wahrscheinlich erschossen.

In der Gegend um Eisenkappel suchte ich Kontakt zu den Partisanen, aber kurz vorher hatten die Nazis in Eisenkappel fast die ganze Organisation aufgerollt, sodaß fast alles zerschlagen war. Den Prusnik wollten sie damals auch fangen, aber er entwischte ihnen. Im Dezember 1942 wurde ich, ich weiß auch nicht warum, aus der Marine entlassen und bekam »nzv« in den Wehrpaß gestempelt: »nicht zuverlässig«. Ich nahm dann eine Arbeit bei der »Neuen Heimat« an, aber wenige Tage später, im Jänner 1943, wurde ich verhaftet. Ich wollte mich noch anziehen, aber der Gestapo-Mann sagte: »Nein, nein, Sie kommen nur ein bißchen mit.« Ich wurde eingesperrt und kam nicht wieder zurück.

Bei der ersten Einvernahme sagte der Gestapo-Mann: »Na, endlich haben wir dich.« Sie warfen mir vor, daß ich öfter in Eisenkappel gewesen war. Was ich denn dort zu suchen gehabt hätte? Ich hatte dort Verwandte, und so redete ich mich auf Besuche bei diesen aus. Die Nazis vermuteten, daß ich dort Kontakt zu den Partisanen hatte aufnehmen wollen und so wollten sie wissen, wo ich eventuell noch wen kannte, der verdächtig war.

Die Verhaftungswelle erfaßte damals an die 200 Personen aus dem Gebiet von Eisenkappel und Zell. Man warf mir das vor, was der Franc Weinzierl ausgesagt hatte, daß wir zusammen gewesen waren, daß ich schlecht über Hitler gesprochen hätte und auch, daß ich, wenn es so weiterginge, zu den Partisanen gehen würde. Weil ich Soldat gewesen war, wurde ich einem Kriegsgericht überstellt, dort war ein alter Reserveoffizier, der meinte: »Ich weiß nicht, ich weiß nicht, der Weinzierl hat ja so viel gesagt, ob das wirklich alles stimmt?« Da wußte ich, jetzt hatte ich schon gewonnen. Jedenfalls stritt ich alles ab, und da kam es zu einer Gegenüberstellung mit dem Weinzierl. Ich fixierte ihn und dachte mir: »Mensch, wenn jetzt Hypnose etwas hilft!« Und wirklich, ich war der einzige, bei dem er seine ganze Aussage zurücknahm, er sagte, er hätte sich geirrt. Der Rutar und meine Schwester hielten sowieso dicht, und den Johan und den Mrhar, die bei den Partisanen waren, hatten sie nicht. Das Verfahren beim Kriegsgericht wurde eingestellt und ich wurde wieder zur Gestapo gebracht. Auch dort blieb ich dabei, daß ich unschuldig sei und daß meine Unschuld schon beim Kriegsgericht erwiesen worden wäre.

In der Zelle war ich mit Pfarrer Vavti aus Zell zusammen. Er war von seiner Pfarre in die Obersteiermark vertrieben worden und hatte von dort seiner ehemaligen Köchin geschrieben, daß er die Freiheitskämpfer in sein Gebiet einschließe und ihnen ehrliche Segenswünsche sende. Das genügte der Gestapo, die das Schreiben abgefangen hatte. Er blieb bis Kriegsende inhaftiert. Mit ihm sangen wir Psalmen und schrien – auf lateinisch – besonders laut die Stelle aus dem Magnificat: »Die Mächtigen werden von ihrem Sitz vertrieben und die Niedrigen erhöht werden«. Auch Homers Ilias mußte uns zum Trost herhalten, besonders jene Stelle: »Kommen wird der Tag, an dem untergeht das heilige Ilion ... « Wir münzten das auf Hitler und seine Anhängerschar, doch einen alten Wächter vor der Zellentür hörten wir sagen: »Laß sie, die tun die Messe lesen.« Die war ja damals noch lateinisch.

Dann kam der berüchtigte Freisler persönlich, der führte den Prozeß gegen die Dreizehn aus Zell, er sah in seiner roten Robe aus wie Luzifer. Das Gefängnis war an dem Tag bewacht, das kann man sich gar nicht vorstellen. Auf allen Gängen marschierten SS-Leute herum. Ich war in Zelle 61, der Schwurgerichtssaal war darunter und ging zum Hof hinaus. Der Freisler schrie so, daß man das in den Zellen hörte. Nur »Schweine« und »Banditen«. Man kennt es ja aus dem Film, wie er schrie und tobte, als er später den Marschall Witzleben verurteilte, das ist ja dokumentiert. Ungefähr so muß es da auch zugegangen sein. Die Dreizehn wurden zum Tode verurteilt und in Handschellen gelegt. Mit einigen von ihnen war ich selbst kurz in der Zelle gewesen, mit dem Flori Kelih, dem Dovjak aus Ferlach und dem Husov Franc, Pristotnik schrieb er sich, glaube ich, aber beim Haus hieß es »Hus«. Seine Freundin, die Neža Olip, war auch eingesperrt. Die Verurteilten brachte man bald weg, und sie wurden am 29. April 1943 in Wien hingerichtet.

Ich bekam eines schönen Tages vom sogenannten Reichsanwalt schriftlich die Einstellung des Verfahrens angekündigt. So hoffte ich, vielleicht doch noch irgendwie hinauszukommen. Aber weit gefehlt. Schon am nächsten Tag, um drei Uhr in der Früh, kamen sie. Ich dachte mir: »Wie kann das möglich sein, daß mein Name auch dabei ist«, aber die sagten: »Kommen's nur.« Jedenfalls waren wir mehrere, der Bäckermeister Raunig aus Klagenfurt und Oberkrainer Slowenen, insgesamt etwa 40 Leute. Wir wurden bewacht zum Bahnhof geführt, dort wurden wir in einen Waggon verfrachtet und nach Dachau gebracht. Der Waggon wurde auf ein Seitengleis geschoben. »Los, raus aus dem Waggon«, hinein in den grünen Heinrich. Die Tür ging erst wieder auf, als wir im Lager waren. Das war Ende April 1943.

Zuerst mußten wir zum Bad und zur Kleiderkammer, da gab es die ersten Fußtritte. Man muß sich vorstellen, die Oberkrainer konnten ja nicht deutsch. Da dachte ich mir: »Gott sei Dank, daß ich deutsch kann, daß ich mich richtig einreih', daß ich weniger Schläge krieg'.« Wie wir dort standen, bevor wir hineingetrieben wurden, kam der Foltej Hartman vorbei. Der Hartman war bekannt als kulturell engagierter Mann. Ich versuchte nur, auffällig hinzuschauen und tatsächlich, er schaute her und sagte: »Dein Vater ist auf Block 17.« Das war so eine Art Invalidenblock. Wir mußten dann ins Bad, wurden rasiert mit so abgewetzten Rasiermessern, daß du überall blutetest, am Hodensack vor allem, und dann das Absprühen mit Cuprex. Wir sprangen bis an die Decke, so weh tat das. Da war ein mitleidiger Kapo, der flüsterte mir ins Ohr: »Stell dich schnell unters kalte Wasser, nur das hilft.«

Dann wurden wir eingekleidet. Man schnitt uns das Haar und ab ging es in den Zugangsblock, ich glaube, das war der Block 16. Abends kamen ein paar Häftlinge, es war ein Kapo dabei, und suchten mich: Ich solle mitkommen. Ich wollte eigentlich nicht. Ich hatte schon vorher gehört, man solle sich nirgends hin melden, aussortieren oder ähnliches lassen, sondern möglichst unauffällig bleiben. Jedenfalls gingen sie mit mir zum Revierblock. Da lagen die Leichen, bevor sie zum Krematorium gebracht wurden, und dann waren wir im Block 17. Plötzlich stand ich vor meinem Vater. Also waren die Begleiter doch nette Häftlinge, die anscheinend der Hartman organisiert hatte, altgediente Häftlinge, die versuchten, immer wieder Neuankommenden zu helfen, besonders wenn es Bekannte waren.

So stand ich vor meinem Vater. Der war ganz weg und fing zu weinen an, ein alter Mann, der so geweint hat. Ich wußte nicht, was ich sagen sollte. Plötzlich hatte ich die Eingebung und ich sagte auf slowenisch: »Veš atej, kjer je oče, tam je tudi sin.« [Weißt Du Vater, wo der Vater ist, soll auch der Sohn sein]. Das half ihm im Moment, diese Bindung zum Vater, diese Treue. Und die Tränen waren weg. »Mein Gott«, wird er sich gedacht haben, »ich habe die Familie im Unglück«, die einen waren im Lager, von meiner ältesten Schwester Mojca wußte er nicht, wo sie war, weil sie inzwischen schon verurteilt worden war, und der Sohn nun auch hier. Meine Schwester Mojca war mit dem Rest der Gruppe von einem anderen Senat zu zwölf Jahren verurteilt worden. Sie bekam aber auch nur deshalb so ein günstiges Urteil, weil sie von vornherein erzählt hatte, sie verstehe von Politik überhaupt nichts, sie sei nur in den Mrhar verliebt gewesen. Und den erwischten sie ja nicht. Das rettete ihr den Kopf.

Ich kam dann in den Block 4, da waren viele Wiener, auch der Blockälteste war einer, ein Eisenbahner. Schließlich richteten wir es ein, daß mein Vater auch in den Block 4 verlegt wurde. So war ich mit Vater zusammen, aber eines Tages kriegte die SS das anscheinend spitz, und ich kam gleich am nächsten Tag zum Transport ins Außenlager. Das war das Außenlager Haunstetten bei Augsburg, von wo wir dann jeden Tag fast eine Stunde in das Werk II von Messerschmitt marschierten. Wir mußten in diesem Flugzeugwerk arbeiten. Es war so: Eine Stunde Marsch hin, dazwischen zwölf Stunden Arbeit, eine Stunde Marsch zurück, im Lager der Appell vor- und der Appell nachher. Wir schliefen sehr wenig. Man glaubt, man kann im Gehen nicht schlafen, aber ich schlief tatsächlich beim Marsch ins Werk. Gegenseitig stützten wir uns ein bißchen, wie wir so in Fünferreihen marschierten. Ich wachte auf, wenn ich im Werk war, wenn Halt war und wieder das Abzählen begann. Dann arbeiteten wir zwölf Stunden. Das Essen war sehr schlecht, am Anfang gab es noch Kartoffeln, dann nur noch Kohlrabisuppe.

Im Werk waren die verschiedensten Kategorien von Arbeitern: Fach- und Vorarbeiter, Ingenieure; die Schwerarbeit blieb für uns Häftlinge. Damals wurden dort die Messerschmitt 270, diese Doppelrumpfigen gebaut. Ich bekam den schweren Niethammer, mit dem wir arbeiten mußten, in die Hand. Und, mein Gott, ich war ja ein Student, ich war das nicht gewöhnt, da gehst du bald ein.

Die Einteilung war so: da war die Werksleitung, und da war die staatliche Abnahme, die Kontrolle. Bis der »totale Krieg« kam, Ende 1943, da suchten sie irgendwelche Leute, die ein bißchen technisch ausgebildet waren. Sie fragten: »Techniker, Ingenieur?« Ich meldete mich, obwohl ich keiner war: »Was soll's, dort mit dem Niethammer geh' ich ein.« Ein ziviler SS-ler im Hauptmannsrang kam und fragte, was jeder sei. Und ich war »U«, so ziemlich am Ende. Als ich drankam, sagte er: »Na?« Ich sagte: »Ich bin eigentlich kein Ingenieur. Aber ich habe technische Kenntnisse. Mittelschule besucht.« Er schaute mich von oben bis unten an, ich war ja vorher beim Militär gewesen, Haken zusammengeschlagen und so, dann meinte er: »Na ja, probieren wir's.« Im Büro bekamen wir die Pläne vom Rumpfhinterteil der ME 270. »Schau dir das einmal an.« Von der darstellenden Geometrie her kannte ich mich schon ein bißchen aus. Die Pläne studierte ich eifrig. Ich bekam einen Berichtsbogen und mit einer kleinen Lampe und kleinen Meßgeräten mußte ich im Rumpf herumkriechen und schauen, ob jede Niete genau gesetzt war, ob alle Abmessungen entsprachen. Über zwei Stunden dauerte es, bis du durch und bei der anderen Seite wieder draußen warst. Den Bericht legtest du auf die Maschine.

Diese leichtere Arbeit rettete mir wahrscheinlich das Leben. Ich brauchte praktisch nur noch Hakerln machen und hinschreiben: »Niete kaputt, erneuern etc.«, und anzeichnen mit einer roten Kreide, wo das war. In meiner Arbeitsgruppe war ein gewisser Ofner Vorarbeiter. Der wurde im Akkord bezahlt, und wenn die Kontrolle zu viel beanstandete, wirkte sich das auf seinen Akkord aus. Dieser Ofner ging mich mit häßlichen Schimpfwörtern an: »Sie Verbrecher, Gauner, Mißgeburt. Sie wollen mich sekkieren.« Manchmal gehen einem die Nerven durch. Obwohl ich immer so bedacht war, ja nichts Falsches zu machen, gingen mir damals die Nerven durch, der Vorarbeiter sah mich an und erschrak, als ich hinsprang und ihn am Kragen packte und schrie: »Wenn Sie jetzt nicht sofort still sind, mach ich Sie kaputt!« Wortwörtlich. Der bekam Angst, und dachte wohl: »Um Gottes Willen, von einem Verbrecher kann man alles haben.« Er rannte zum Kommandoführer. Der stolzierte weiter hinten in der Halle herum. Ich bekam selbst einen Schrecken, was ich angestellt hatte. In der Not hatte ich eine wagemutige Idee. Ich war ja bei der Kontrolle und unterstand eigentlich einem SS-Mann, einem Hauptsturmführer. Ich rannte hin, er war im Kontrollbüro, das auch in der Halle war. Ich baute mich stramm vor ihm auf, er schaute mich an: »Was ist los?« Zackig sagte ich: »Freiwillig melde ich Ihnen das, was passiert ist. Ich sage die reine Wahrheit, aber ich laß' mir nicht sagen, daß ich ein Verbrecher bin.« Dem imponierte das und er sagte: »Ja, das verstehe ich, wenn man ordentlich arbeitet, dann muß man sich das nicht gefallen lassen.« Er ging mit mir hinaus, der Kommandoführer kam schon mit der Pistole in der Hand, der hätte mich gleich erschossen, ohne weiteres. Doch die höhere Charge sagte ihm: »Lassen Sie den Mann!« Damit war für mich die Affäre erledigt.

Und das ging halt eine Zeitlang so, bis dann das Werk II bombardiert wurde. Da war daneben noch das Werk IV, dort produzierten sie die Flügel, auf der anderen Seite der Straße. Der Flugplatz war gleich neben uns. Da kam das erste Bombardement, uns trieb man in einen Keller. Die Bomben machten sehr viel kaputt, auch am Flughafen. Um die Schäden zu beheben, mußten wir noch mehr arbeiten. Von da an hoben sie Schützengräben am Flugplatzrand aus. Bei Alarm mußten wir in die Schützengräben. Das ging eine Zeitlang so. In Augsburg sah ich das erste Mal die ME 262, den ersten Düsenjäger, bei Versuchsflügen. Da schlugen Flammen hinten heraus, und dann stieg das Luder auf. Eines Tages wurde unser Lager Haunstetten vollkommen bombardiert, und zwar bei Tag. Die Nachtschicht war im Lager, die Hälfte der Nachtschicht war tot, ich hatte Tagschicht. Wir waren in den Splittergräben, uns geschah soweit nichts. Wir kamen dann, weil wir immer wieder die Flugzeuge reparieren mußten, wenn sie beschädigt waren, nach Gablingen. Das war auch so ein Barackenlager. Da dauerte es auch nicht lange, ebenfalls bei einem Tagangriff wurde Gablingen zerbombt.

Aber vorher hatte ich in Gablingen noch ein schreckliches Erlebnis. Eines Tages hängten sie sechs Leute auf. Sie sagten, sie hätten Sabotage betrieben. Jedenfalls riefen sie das ganze Lager zusammen, der Lagerführer hielt eine Ansprache. Die wurde in alle Sprachen übersetzt, und dann wurden sie vor uns der Reihe nach aufgehängt. Es waren Russen und Polen. Ein Pole schrie auf polnisch: »Es lebe Polen!« Auch von den Russen sagte jeder noch etwas, aber da hatten sie schon die Schlinge herum, ein Kapo zog das Stockerl weg, und zog bei den Füßen an. Sie blieben hängen, bis sie am nächsten Tag weggebracht wurden.

Bevor wir dann in die Gegend von Landsberg kamen, waren wir Ende 1944 noch in einer Maschinenfabrik in der Nähe von Donauwörth, dort sind wir längere Zeit geblieben. Das war eine alte Fabrik. Da pferchten sie uns hinein und rundherum wurde ein Stacheldrahtzaun errichtet. Dort bekamen wir das erste Mal Pläne für die ME 262. Ich war wieder beim Rumpfhinterteil. Das Material war nicht mehr Dural, sondern Stahlblech. Es waren also schon Düsenjäger, an denen wir dort gearbeitet haben. Neben der Halle war eine Wiese. Da legte man Schützengräben an. Die Arbeit war wieder in zwei Schichten. Natürlich bekamen die Alliierten bald heraus, was in der Fabrik produziert wurde. Bei Alarm sind wir dann hinaus in die Schützengräben, rundherum waren die Schützenlöcher für die Posten. Schon beim zweiten Alarm regnete es Bomben. Wir lagen im Schützengraben, der im Zickzack angelegt war. Nach dem ersten Bombenwurf sprangen dann viele aus dem Graben heraus und rannten davon. Die Bomben fielen noch weiter, da wurden viele getötet. Wir holten noch Tage danach Tote aus den Trichtern und legten sie in ein Massengrab.

Ich hatte Glück, ich lag in einer Ecke des Schützengrabens, hinter mir lag ein Pole. Mit meinem Oberkörper lag ich auf den Füßen eines anderen vor mir. Und plötzlich sah ich nur mehr Sterne. Eine Bombe ging direkt hinter mir hinein. Ich selbst war ganz verschüttet. Der vor mir war nicht ganz verschüttet und grub sich frei, wobei er auch meinen Kopf befreite. Er war ganz verrückt, bemerkte mich gar nicht und lief davon. Schreien konnte ich nicht. Ich sah dann Licht und kam zu Bewußtsein. Ich dachte mir: »Um Gottes Willen, wie bin ich verletzt?« Langsam lockerte ich die eine, dann die andere Hand, beide waren ganz. Aber ich hatte Angst, wie ich vielleicht unten ausschaute. Ich dachte mir: »Es wäre vielleicht doch besser, wenn ich sterbe«. Das waren Gedanken, so für den Moment, und ich grub doch plötzlich mit bloßen Händen weiter. Die Hände bluteten vom Graben, doch waren die Füße ganz. Ich spuckte Blut, und es kam auch aus den Ohren. Dann kamen schon andere Häftlinge. Ich sagte: »Es liegt noch einer unten, und zwar hinter mir.« Als man ihn ausgegraben hatte, war er tot, er war erstickt. Dasselbe wäre mir auch passiert, wenn ich nicht vor mir den einen gehabt hätte, der wenigstens meinen Kopf befreite, sodaß ich atmen konnte. Ich war ganz kaputt. Gute Freunde halfen mir, einer lebt noch in Ljubljana, Dane Vesel. Dann waren auch ein paar Deutsche und Österreicher, die halfen mir wirklich. Es traute sich ja keiner, auch ich nicht, ins Revier zu gehen. Ich ging jedenfalls blutspuckend zur Arbeit und alle halfen mir. Aus der Suppe gab mir jeder noch die besten Brocken ab. Ich konnte sowieso fast nichts essen. Aber in vierzehn Tagen hatte ich mich halbwegs erholt und ich überlebte. Ich trug allerdings einen Schaden davon. Noch lange Zeit nach dem Krieg bekam ich plötzlich auf der Straße Angstzustände, sah alles doppelt und konnte nicht mehr weiter. Immer hatte ich Angst: »Hoffentlich trifft es mich nicht auf einer Kreuzung, weil dann weiß ich nicht mehr, wohin.« Nach ein paar Jahren hörte das von selbst auf. Ich denke, daß die Ursache wahrscheinlich ein Trauma nach der Bombe war.

Janez Urank

Wir kamen dann in die Nähe von Landsberg, nach Kaufering. Dort wurden von Messerschmitt unterirdische Hallen gebaut, eine war schon fertig, der Rest war in Bau. Daneben war das Lager. Das war aber nicht so ein Barackenlager, sondern das war in der Eile errichtet und zwar so: Es wurde zuerst ein Graben ausgehoben, dann wurden über den Graben Bretter aufgestellt, und die Erde kam wieder darauf, und darüber wurde Gras gesäht. Am Gangende war vorne und hinten ein Loch, hinten eine Art Fenster und vorn eine Art Tür, da gingst du hinein, links und rechts vom Gang lag Stroh, auf dem man lag, oben die Überdachung, und alles war faul und modrig. Das war schon im Jänner 1945. Arbeiten gingen wir in die Hallen, die in mehreren Stockwerken unter der Erde waren. Ich habe wieder in der Kontrolle gearbeitet und lernte meinen Vorarbeiter kennen, indem ich ihn ansprach: »Sie, passen Sie auf, Sie sind aber kein Altreichsdeutscher?« Er: »Nein, bin ich nicht.« »Dem Dialekt nach müssen Sie aus der Unterkärntner Gegend sein?« »Ja, aus Waidisch«, darauf ich: »Und ich bin nicht weit davon in der Gemeinde Gallizien zu Hause.« Er war vor dem Krieg in Ferlach in der Gewehrindustrie tätig gewesen und war daher verpflichtet worden, wo er es insofern gut hatte, als er nicht eingezogen wurde. Immer, wenn ich von ihm, Ogris hieß er, die Mappe für die Kontrolle bekam, in der die Pläne drinnen waren, war etwas zum Essen drinnen. Ich kroch zur Kontrolle in den Rumpf, schrieb den Bericht und aß. So hatte ich noch einmal großes Glück.

Dann ging der Krieg dem Ende zu, Mitte, Ende April. Da rief man die sogenannten Reichsdeutschen, also auch die Österreicher, heraus. Zuerst mußten wir uns die Rede vom Goebbels anhören, wo er alle aufrief zum letzten Kampf und so. Und dann kam der Lagerführer und sagte: »Ja, es geht jetzt um das deutsche Volk. In euren Adern fließt deutsches Blut, und diese Kleidung soll euch nicht mehr schänden. Ihr müßt Euch auf die Seite des deutschen Volkes stellen.«

Jedenfalls mußten wir gleich am nächsten Tag wieder hinaus, in einer Schottergrube waren MG aufgestellt, und man fing an, uns zu schulen. Der Lagerführer hielt eine zündende Rede und fragte am Schluß: »Und wo ist euer Feind?« Da mußten wir alle schreien: »Im Lager!« Damit waren alle anderen Nationen im Lager gemeint. Ich fühlte mich aber nicht als Deutscher, ich ging zu meinen slowenischen Freunden und erzählte das Vorgefallene. Ich erklärte strikt, daß ich beim nächsten Aufruf nicht mehr hinausgehen würde, und daß sie mich verstecken sollten. Ich ging nicht hinaus, als sich am nächsten Tag dasselbe wiederholte, und mein Wegbleiben fiel nicht auf.

Am dritten Tag mußten alle nationenweise antreten, die Reichsdeutschen wurden abgesondert. Da ging ich wieder nicht zu ihnen, sondern blieb bei den Slowenen. Die SS gab den Reichsdeutschen SS-Uniformen und drückte ihnen Gewehre in die Hand. Wir anderen mußten wieder in die Bunker und auf den Abmarsch warten. Zwischendurch ging ich unvorsichtigerweise hinaus, da kam unerwartet der Arbeitseinsatzführer, ein SS-ler, der mich als einen in der Kontrolle Tätigen kannte, und sagte: »Urank, hast noch keine Uniform?« Ich lief zum Uniformhaufen und suchte. Der kümmerte sich aber nicht weiter um mich und ging weiter, da ging ich schnell wieder zu meinen Freunden.

Am 27. April begann dann der Abmarsch und am 29. kamen wir nach Dachau. Wir hatten auf dem Weg nach Dachau überhaupt nichts zu essen, und die Wächter, die echte SS, die waren alle deprimiert und total besoffen, denen dämmerte, daß es dem Ende zuging. Wir schmissen nacheinander unsere Decken weg, weil wir sie vor lauter Erschöpfung nicht mehr tragen konnten. Viele fielen hin und blieben liegen, die wurden alle von der SS erschossen. Neben mir ging lange Zeit der ehemalige Direktor der Eisenbahndirektion in Ljubljana, den schleppten wir lange mit, bis es nicht mehr ging, wir sahen ihn nachher auch nie mehr.

Man dirigierte uns in Dachau direkt in den Raum zwischen Zaun und Baracken des Revierblocks. Dachau war ja total überfüllt, sodaß die Amerikaner nach der Befreiung 33.000 Leute zählten. Beim Einlaß war ein Kapo, ein Wiener Eisenbahner, den ich kannte, dem sagte ich: »Mein Vater ist in Block 4, dort geh' ich jetzt hin.« Zuerst wollte er mich nicht lassen, da schrie ich ihn an: »Ich hab' viele Freunde, und wenn ich stirb', irgendeiner wird schon überleben, und der wird es dir dann zeigen.« Da bekam er Angst und ließ mich gehen.

Der Vater freute sich wahnsinnig, als er mich wiedersah. Der Blockälteste hatte auch eine Mordsfreude. Aber da war ein Problem: Ich gehörte ja offiziell nicht in den Block, wie sollte man mich beim Appell verheimlichen? Das löste sich aber insofern, als eine Stunde vor dem Appell Panzerspitzenalarm kam. Es begann eine Mordsschießerei, und alle mußten in die Baracken, wir legten uns am Boden hin. Plötzlich waren am Appellplatz die Amerikaner, aber nicht mit Panzern, sondern mit den schweren Jeeps. Mit diesen Gefährten hatten sie das Tor niedergefahren, sie schwärmten nach allen Seiten aus. Die SS auf den Türmen und im Jourhaus schoß zum Teil noch. Doch die Freude ließ die Häftlinge jede Vorsicht mißachten, beim Fenster und überall drängten sie hinaus auf den Platz. Die Amerikaner zogen inzwischen einen Kordon. Neben mir war ein Pole, der in diesem Taumel beim Jourhaus in den Zaun griff und starb. Der Zaun war ja noch elektrisch geladen, denn in dem Moment hatte noch niemand den Strom abgeschaltet, es dachte auch niemand daran, wir schrien, und schließlich schaltete man den Strom aus.

Janez Urank

Nach dem Gefecht betete ein amerikanischer Feldgeistlicher ein Vater-Unser, und sagte: »Jeder soll in seiner Sprache beten und Gott für seine Befreiung danken.«

Rote Mäntel

Katarina Kölich

Im zweiundvierziger Jahr bekam mein Mann Verbindung zu den Partisanen, und die ersten kamen her. Župane Hanzej und ein gewisser Mrhar, die beiden kamen eines Abends zum Haus und wir ließen sie herein, das war im Juni oder Juli. Im Herbst kam dann schon eine ganze Kompanie herüber. Wem mein Mann traute, dem erzählte er davon, und den Partisanen gab er ein bißchen Geld. Im Oktober kam sein Halbbruder Franz Pasterk auf Urlaub und der ging raus zu den Ausgesiedelten, sie besuchen. Als er wiederkam, sagte er, er könne nicht mehr zur Armee zurück, er mußte die ganze Zeit an das Leid der Ausgesiedelten denken. Er ging zu den Partisanen. Im November arretierten sie schon meinen Mann. Das war so, daß es nicht zu erzählen ist. Der Franc Weinzierl und die Olip Mici, die Schwester vom Župane, hatten oben beim Golob ein Treffen mit den Partisanen ausgemacht. Die Mici hatte aber nicht gewußt, daß zwei Gestapo-Männer mit ihr gingen, sie hielt sie für Partisanen. Sie vertraute ihnen und hatte ihnen gesagt, daß sie sich am Abend treffen würden, und sie könnten ja dazukommen, und auch, wer alles in der Gruppe war. Sie hatte ihnen vermutlich da schon alles erzählt, später im Arrest verriet sie nichts mehr. Die wußten schon alles. Und am Abend gingen sie logischerweise zu dieser Versammlung, einer schaltete das Licht aus, sie begannen zu schießen. Damals konnten die Leute noch flüchten, auch die Mici Olip flüchtete, sie erwischten sie dann irgendwoanders. Am nächsten Tag kam der Mrhar zu uns, er war ganz zerschlagen, und wir verbanden ihn. Wohin er dann ging, weiß ich nicht.

Kurz darauf, am 16. November, arretierten sie den Jurij, meinen Mann. Mich ließen sie zuerst noch zu Hause. Vierzehn Tage später kamen sie dann auch mich holen, und die Schwester vom Jurij, die Nanca, und den Polen Genek nahmen sie auch mit. Zwei Gestapo-Männer und zwei Polizisten kamen, wir mußten zu Fuß zum Wölfl hinunter, zu den Prušniks, ein Gendarm und ein Gestapo-Mann blieben dort, die beiden trieben uns nach Eisenkappel. Unten waren wir schon viele; auch die Mici, die Frau vom Prušnik, und die Mira, die er nach dem Krieg heiratete, trieben sie nach uns herein. Die Mici erwähnte dann, was passiert war: Prušnik wollte seiner Frau zeigen, wie man den Schnaps

Widerstand

255

brennt, sie hatte ihm die Tasche zusammengepackt, und als sie zur Hüte kamen, wo der Schnaps gebrannt wurde, warf er auf einmal die Tasche von sich und rannte los. Der Gendarm nudelte und fummelte angeblich lange herum, und als er endlich schoß, da verfehlte er den Prušnik.

Sie brachten uns dann alle mit dem Lastwagen nach Klagenfurt ins Gefängnis. Der Pole wurde dort Hausknecht, er schmuggelte der Nanca und mir einen Zettel hinein, auf dem Jurij alles aufgeschrieben hatte, was wir sagen durften und was nicht. Wenn wir das nicht gewußt hätten, dann hätte man uns vermutlich auch so geschlagen wie den Jurij. Ihn richteten sie arg zu im Gefängnis.

Taschentuch Jurij Pasterks. Gestickte Texte: "Ich warte, ich glaube, ich hoffe, ich liebe." Dazwischen die Haftzeiten von Pasterks Zellengenossen Tone Jelen.

Als sie mich dann verhörten, wußte ich schon, was ich sagen durfte und was nicht. Ich machte mir nur Sorgen, ob es mit den Ausssagen von der Nanca zusammenpassen würde. Gefragt wurde ich aber auch Sachen wie: Wann wurde Hitler geboren und wo? Man gab mir dort Schokolade, wahrscheinlich dachte man, Gott weiß was ich alles erzählen würde. Man war nicht so schlimm, aber ich weiß nicht, ob das Falschheit war oder was.

Bis zum März war ich im Gefängnis, dann war die Verhandlung, jene Verhandlung, bei der die anderen zum Tod verurteilt wurden. Sie jagten uns in den Saal, dann kamen die Richter, wie schlimm das war, alle in diesen roten Mänteln, wie die Teufel kamen sie herein. 36 Angeklagte waren wir. Die, die sie zu Tode verurteilten, saßen vorne in der ersten Reihe. Mein Mann saß vor mir. Ich weiß nicht mehr, wie es dort zuging, ich kann mich nicht mehr erinnern. Zum Schluß wurde das Urteil verlesen: Ich bekam zuerst fünf Jahre, später wurde das auf drei Jahre reduziert. Der Jurij wurde zum Tode verurteilt. Ein Wächter im Arrest, der war noch so gut, daß er uns zusammenließ, ich saß dort, wie mein Mann aus der Zelle kam, in Ketten gelegt. Wir brachten beide nichts heraus. Das war unser letztes Treffen, vermutlich im April. Dann brachten sie ihn weg und ich hörte nichts mehr von ihm. Im vierundvierziger Jahr erfuhr ich im Gefängnis, daß mein Mann ermordet worden war. Das schrieben sie mir von zu Hause, damals schrieben sie mir gleich alles auf einmal, daß mein Mann geköpft worden war, daß in der Zwischenzeit mein Vater gestorben war und daß die Deutschen meine zwei Söhne, den Jurij und den Franci, gemeinsam mit der Schwester meines Mannes in das Umsiedlungslager Altötting ausgesiedelt hatten.

Anfang Mai 1943 brachten sie uns dann in das Zuchthaus Aichach, dort arbeitete ich in einer Sattlerei. 1944 verlegten sie mich nach Kolbermoor bei Rosenheim, dort machte ich in einer Fabrik Gasmasken, von sechs bis sechs Uhr hatten wir Schicht, eine Woche bei Tag, eine bei Nacht. Ich bekam einmal eine Blutvergiftung, dann zogen sie mich zum Prüfen heran. Wir lebten in einem Lager, vier Kilometer von Rosenheim entfernt. Wir waren etwa 200 Frauen, zu essen bekamen wir gerade soviel, daß wir dauernd hungrig waren. Wir klaubten Brennesseln am Wegrand und aßen sie, heimlich, damit uns die Aufseherin nicht sah, sonst wären wir noch bestraft worden.

Was in Kärnten passierte, wußte ich kaum, schreiben durften wir alle vier Wochen, auch Briefe empfangen alle vier Wochen. 1944 erfuhr ich dann, daß sie den Jurij geköpft und meine Kinder ins Lager gebracht hatten und daß mein Vater gestorben war.

Katarina Kölich

Texte herstellen

*Terezija
Prušnik-Mira*

Im Frühjahr 1942 siedelten sie die Eltern vom Gašper aus, er war damals nicht zuhause, sondern arbeitete in der Nähe von Grafenstein. Ich war gerade im Stall, da kam der jüngste Sohn vom Gašper, der Vladimir, herein, der lebte bei seinen Großeltern: »Weißt du was, wir werden packen müssen und gehen.« Vielleicht hätte der Vladimir gar nicht gehen müssen, der Gašper selber wurde ja nicht ausgesiedelt, aber er war es so gewöhnt, bei seinen Großeltern zu leben, daß er mitgegangen ist. Dann ging ich ins Haus, die Mutter packte und schmiß irgendwelche Sachen zusammen, ich half ihr beim Packen. Mich ließen sie, weil ich keine Verwandte war, ich arbeitete ja nur dort. Dann kam der Gašper mit der Familie nach Hause und wir arbeiteten zusammen.

*Terezija
Prušnik-Mira*

Im November 1942, er brannte gerade Schnaps, kam die Gestapo herauf vom Tavčman. Sie hatten die Frau vom Jurij, der später geköpft wurde, seine Schwester Nanca und den polnischen Zwangsarbeiter mit. Sie wollten auch den Gašper mitnehmen. Um seine Verhaftung hinauszuzögern, stellte er sich sofort dumm, er redete davon, daß das aber schwer sein werde, wo er gerade Schnaps brenne und alles verderben werde. Ein Gestapo-Mann und ein Gendarm blieben bei ihm, die anderen trieben die Tavčmans nach Eisenkappel. Sie warteten, trieben ihn an, er solle sich schneller anziehen, und er redete und redete, dabei überlegte er intensiv, was er tun sollte. Er war fest entschlossen, sich nicht arretieren zu lassen, er wußte ja, wie das ist, sie hatten ihn ja schon im fünfunddreißiger Jahr als Kommunisten eingesperrt, weil etwas verraten worden war. Beim Anziehen sagte er zu ihnen: »Ich weiß, wie es im Arrest ist, ich muß mich ordentlich anziehen.« Als er fertig war, sagte der Gestapo-Mann, der neben seiner Frau stand: »Jetzt müssen wir mit euch Slowenen ja endlich ein Ende machen.« Der Gašper aber sagte: »Wißt ihr was, ich habe Most in der Keusche drüben. Damit er nicht verdirbt, soll meine Frau weiter Schnaps brennen. Darf ich ihr zeigen, wie das geht?« Die Keusche stand nahe am Wald, und er sagte das nur, um näher an den Wald zu kommen. Er erzählte mir später: »Wie mir das eingefallen ist, ist mir ein Stein vom Herzen gefallen, denn bis dahin habe ich keine Möglichkeit gesehen, aus dem Haus zu entkommen.« Das Haus war ja von Wiesen umgeben. Wenn er von dort weggelaufen wäre, dann hätten sie ihn ja erschossen. »Wir bleiben kurz bei dieser Hütte stehen, ich springe den Hang hinunter, stolpere über eine Baumwurzel, dort sind ja Fichten, falle fast hin, und in dem Moment schießt der von der Gestapo. Ich habe dieses Pulver richtig gerochen, so nahe ist die Kugel an mir vorbeigegangen«, erzählte er. Dann kamen die beiden sofort zurück und arretierten seine Frau und mich. Vermutlich hatten sie das nicht vor, ursprünglich wollten sie ja nur den Gašper. Wir beide hatten nicht einmal mehr Zeit uns umzuziehen, ich weiß nicht, was ich drüber angezogen habe, und schon schleppten sie uns nach Eisenkappel. Dort waren schon mehrere, zuerst in einem großen Zimmer, an die zwanzig, ziemlich viel Eisenkapplerinnen und auch welche aus Rechberg. Am nächsten Tag schon brachten sie uns mit dem Lastwagen nach Klagenfurt.

Dort verhörten sie mich, ob Partisanen bei uns aufgetaucht seien, ob der Gašper Verbindungen habe zu ihnen. Ich sagte, ich wüßte nichts, ich war die Magd oben, ich arbeitete dort, was mir aufgetragen wurde, mir erzählte nie jemand was, ich wüßte von nichts. Und ob der Nachbar, der Jurij Pasterk zu uns gekommen sei. Ich sagte, ich hätte ihn nicht gesehen. Ob ich ihn gekannt habe, fragten sie. Ja, ich hätte ihn einmal in Eisenkappel getroffen, als ich mit der Mutter vom Gašper in der Kirche war, und sie hätte damals zu mir gesagt: »Das ist unser Nachbar.« Öfter hätte ich ihn nicht gesehen. Ich hatte aber auch Glück, mich belastete niemand und sie ließen mich nach all den Verhören frei.

Widerstand

Das Arbeitsamt schickte mich zu einem Moser nach Suetschach, er war in Kranj auf der Gestapo, er kam immer in einer SA-Uniform nach

Hause. Ich verrichtete meine Arbeit, er redete nicht mit mir. Er war ein Deutscher, ich weiß nicht woher. Seine Frau konnte slowenisch, auch ihre Eltern, aber die waren nicht im gleichen Haus wie die Frau. Ich paßte auf das kleine Kind auf, und im Stall und im Haus mußte ich alles richten. Die hatten ein großes Hitlerbild im Schlafzimmer, ich sah es jedesmal, wenn ich dort aufräumte. Und einmal war dieses Bild weg. Ich fragte dann die Alte, die Junge traute ich mich ja nicht: »Warum habt Ihr das Hitlerbild weggetan?« »Oh«, sagte sie, »unsere wollen ja auch nicht immer das Gleiche sehen.« Dabei erfuhr ich von einer Freundin aus Eisenkappel, die auch bei so einer Familie arbeitete, daß damals, als die Partisanen das Sägewerk in Feistritz anzündeten, ein Nazi das Hitlerbild hätte aufessen müssen und da hätten sie so eine Angst bekommen, daß sie es lieber weggaben.

Dann bekam ich einen Brief vom Gašper aus der Solčava. Ich solle zu den Partisanen kommen, er hätte erfahren, ich stehe wieder kurz vor meiner Arretierung. Wie ich meiner Freundin erzählte, was ich vorhätte, gab sie mir noch Gewand mit, so eine feine Windjacke. Hosen hatte ich selber, die nahm ich mit zu den Partisanen, ansonsten hatte ich nichts. Im März 1943 war ich nach Suetschach gekommen, am 23. Juli bin ich wieder weg.

Zuhause meldete ich mich überhaupt nicht mehr, ich wußte ja, die Polizei suchte mich. Ich ging zu einem Bauern, der knapp an der Grenze wohnte und von dem ich wußte, daß sich dort die Partisanen treffen. Aus dem Wald beobachtete ich eine Zeitlang das Haus, und dann sah ich wirklich Partisanen. Von dort gingen wir nach Vellach, einige Zeit war ich in der Kompanie, dort mußte ich wie die anderen Wache schieben. Damals hatten wir schon eine Schreibmaschine, und eines Tages sagte der Gašper zu mir: »Du wirst tippen lernen.« Dafür fehlte ja ein Kader. Ich wehrte mich noch, ich würde es ja verhauen, aber er sagte, daß ich es schon lernen werde und wirklich, so kompliziert war es nicht. Wo immer wir waren, hörten wir Radio und tippten dann die Nachrichten in die Maschine, schrieben Flugblätter aus Slowenien auf unsere Verhältnisse um, und die gaben wir dann den Leuten zum Verteilen. Damals hatten wir noch keinen Vervielfältigungsapparat. Ich tippte jeden Text mehrmals auf der Maschine, mußte viel Papier einlegen und fest auf die Tasten hauen, damit man auch auf dem letzten Blatt etwas lesen konnte.

Den ganzen Sommer über waren wir unterwegs, wir waren eine mobile Technik. im Herbst gründeten wir dann beim Mahler in Vellach eine tehnika, und zwar im Keller des Speichers. Dort lebten und arbeiteten wir ohne jedes Tageslicht. Hinaus gingen wir nur, wenn der Hausherr überprüft und gesehen hatte, daß die Lage ungefährlich war. Viel zeigten wir uns nicht im Freien, man wußte ja nicht, ob jemand unterwegs war zum Haus oder es beobachtete. Die Sachen gaben wir dem Hausherrn, er gab sie weiter. Aus diesem Bunker zogen wir allerdings bald wieder aus, es war, als ob man bei lebendigem Leibe begraben worden wäre. Ich kann mich noch erinnern, wie wir einmal jemanden oben herumgehen hörten.

Es meldete sich niemand, wir hörten nur, daß jemand gekommen war, aber nicht, daß jemand gegangen wäre. Wir wurden ganz still. Wir dachten, jetzt haben sie den Hausherren arretiert; so sind wir lange im Dunkeln gesessen, bis wir uns sagten, jetzt hilft alles nichts mehr, wir packten unsere Handgranaten und sprangen hinaus. Da war nichts, alles leer. Es war nur der Hausherr selber gewesen. Man wußte ja nicht, was um einen herum passierte. Sie hätten den Hausherrn verschleppen können, jemand hätte unsere Schritte hören können, man wußte nicht, wann die Polizei kommt, die hätten uns ja mit Leichtigkeit erschießen können. Wir in diesem Loch und mit diesen kleinen Pistölchen.

Technik
"Obir" – TC 55.
In der Mitte:
Terezija
Prušnik-Mira.

Wir übersiedelten in die Jera, so hieß der Bunker unterhalb der Rapold-Felder in Vellach. Aber auch dort blieben wir nicht lange, weil dort zeitweise Aktivisten hinkamen, die Rapold-Frauen und andere. Den Bunker kannten zu viele Menschen und so übersiedelten wir auf die Cimpaser-Spitze in die Neža. Das war auch in Vellach. Dort hatten wir dann schon einen kleinen Vervielfältigungsapparat, ein *terenec* brachte ihn mit, so einen primitiven, wo du jeden Zettel extra eingeben mußtest. Du konntest nicht einfach nur die Kurbel drehen. Wir stellten auch nicht nur mehr Flugblätter her, sondern auch Broschüren. Die Texte schrieben wir nicht selber, da gab es Anweisungen von den höheren Stellen, von den Bezirks- oder Gebietszentren, was wir zu schreiben und zu vervielfältigen hätten. In diesen höheren Gremien gab es in Kärnten relativ wenig Frauen. Die Zala war AFŽ-Sekretärin [Antifaschistischer Frauenverband], im OBKOM [Bezirkskomitee] waren einige, aber die Frauen waren während des Krieges weder so gebildet noch militärisch so fähig, die Männer waren das mehr. Die Frauen befreiten sich erst dann ein bißchen. Obwohl, im Kampf, da warst du gleichberechtigt. Die Deutschen schauten nicht erst, wen sie erschießen und wen einsperren sollten. Wer ihnen verdächtig war, den sperrten sie ein, egal ob Mann oder Frau.

Aus Vellach zogen wir mit der Technik nach Koprein um, wir zogen ja dauernd nur um, sodaß ich heute schon oft die Reihenfolge vergesse. Von dort gingen wir in die Solčava, dort verloren wir während der deutschen Offensive fast unsere gesamte Ausrüstung. Wir wurden deswegen sogar ein bißchen ausgeschimpft, weil wir die Sachen nicht gut genug versteckt hatten. Aus der Solčava sind wir dann gegen Kriegsende unter den Matzen bei Ferlach zurückgekehrt, dort war unsere letzte *tehnika*, Obir – TC 55 hieß sie. Sie war schon besser mit Apparaten ausgerüstet. Ich war damals hochschwanger, aber irgendwie war ich immer überzeugt, daß die Kinder erst nach dem Krieg geboren werden – und wenn nicht, es bekamen auch andere Frauen ihre Kinder bei den Partisanen. Am Anfang war mir ein bißchen schlecht, ich mußte mich oft übergeben, aber es mußte ja gehen, wir waren ja jung.

*Terezija
Prušnik-Mira*

Wir sind auch Partisanen

Janez Male-Janko

Bei uns hieß es immer: »Rußland und der Kommunismus werden kommen«. Das hörte ich von jenen, die mein Bruder noch im alten Österreich illegal über die Grenze führte. Bei uns in Zell Winkel lebte ein Jäger, der war ein ziemlicher Nazi, und der hatte so eine rote Schieferplatte zum Scheibenschießen. Ich wollte diesen Falotten ein bißchen ärgern und schrieb auf diese Platte: »Rußland ist unser Retter.« Das Mannsbild bemerkte dies kurz darauf und wußte auch gleich, daß ich das geschrieben hatte. Er holte einen Gendarmen, und der kam zu mir und sagte: »Du 22er Jahrgang wirst wohl noch ein bißchen zur Schule gehen müssen«, und er gab mir ein paar Rechnungen, die rechnete ich aus, und dann befahl er: »Und jetzt schreib: Der Herrgott ist unser Retter.« Er wollte natürlich meine Schrift sehen, ich begriff das auch, und schrieb nieder, was er wollte. »Aha«, sagte er, »du kommst jetzt mit.« Er wollte mich zum Jäger bringen, hielt mich am Ärmel. Bis zum Stall ging ich mit, dann aber riß ich mich los, sodaß er mir die Jacke zerriß, und floh nach Hause. Aber die kamen hinterher, der Jäger mit dem Jagdgewehr, der Gendarm mit der Pistole. Mein Bruder Ludwig war gerade auf Heimaturlaub und pfiff sie an: »Schämt ihr euch nicht, mit einem Gewehr auf ein Kind loszugehen?« Ich war damals 16 Jahre alt. Dann brachte mich der Gendarm hinunter nach Waidisch und befahl mir, hundertmal zu schreiben, daß Rußland unser Retter wäre. Ich antwortete: »Das darf ich ja nicht schreiben.« »Ja ja, schreib nur«, meinte der Postenkommandant; der war ein Kommunist. Als ich damit fertig war, nahm der Gendarm den Zettel, zeigte ihn dem Kommandanten und sagte: »Siehst du, es ist dieselbe Schrift.« Der Postenkommandant meinte nur: »Geh nach Hause«. Und ich ging. Wenn der verbissen gewesen wäre, dann hätten sie mich schon damals eingesperrt.

Widerstand

Dieser Jäger hatte später, als wir Brüder schon im Wald waren, eine verteufelte Angst vor uns. Unsere Eltern wurden auch nicht ausgesiedelt, weil er genau wußte, daß wir in so einem Fall auf ihn losgegangen wären, und auch im dreiundvierziger Jahr, als die Eltern und die Schwestern eingesperrt waren, bemühte er sich aus demselben Grund um die Freilassung unserer Mutter.

Am 6. Dezember 1939 flohen drei meiner Brüder nach Jugoslawien. Ich arbeitete damals gerade beim Bäcker in Ferlach und hatte Brot auf den Loibl zu führen. Mein Bruder Pavel kam zu mir: »Kommst Du mit uns?« Ich hatte zu diesem Zeitpunkt aber noch keinen Einberufungsbefehl und antwortete: »Mir geht es noch so gut, ich werde nicht gehen.« »Dann gehen wir eben ohne dich.« – Und sie machten sich auf den Weg. In Jugoslawien vertraute man aber den Flüchtlingen auch nicht so, und schickte sie hinunter nach Serbien. Als dann die Deutschen in Jugoslawien einmarschierten, kamen die Flüchtlinge natürlich zurück in die heimatlichen Berge.

Ich wurde in der Zwischenzeit zum Arbeitsdienst eingezogen, zuerst in die Steiermark, dann nach Frankreich und Belgien. Von dort hätte ich zurück in die Jägerkaserne nach Klagenfurt müssen, zu den Soldaten. Ich bekam aber noch Urlaub, und damals hielten sich auch meine Brüder zuhause auf; und die sagten zu mir: »No, jetzt wirst du ja wohl nicht mehr zurück gehen, du wirst sonst noch im Winter nach Rußland müssen.« Und da floh ich dann auch, am 23. Oktober 1941.

Es war ein schöner Herbsttag, als ich mit meinen Brüdern in den Wald ging. Am Morgen danach stehe ich auf – wir hatten beim Nachbarn auf der Tenne übernachtet –, und sehe, daß es schneit, und zwar gewaltig. Wir blieben ungefähr drei Wochen, dann beschlossen wir, nach Jugoslawien zu gehen und die Partisanen zu suchen. Meine Brüder wußten schon von ihnen, sie hatten ihnen ein paar Gewehre und Handgranaten von den Ferlacher Büchsenmachern gebracht, aber noch keinen regelmäßigen Kontakt mit ihnen aufgenommen. Am 17. November gingen wir dann über die Košuta. Der Schnee lag ziemlich hoch; in einem Dorf fragten wir nach und erfuhren, daß sich die Partisanen alle in die Jelovica zurückgezogen hätten. Wir ihnen nach. Ein Jäger bekam uns ins Visier und schoß auf uns. Mich erwischte er nur durch die Hose, meinen Bruder Felix aber traf er ins Bein. Wir ließen ihn im Wald zurück und gingen zurück ins Dorf, um einen Menschen zu finden, der ihn holen gehen würde, falls er dann noch lebte. Er hatte ja sehr geblutet. Im Dorf fanden wir einen, der auch für die Partisanen arbeitete, nur, als der dann in der Nacht hinaufging, da war unser Bruder nicht mehr dort. Er war zu Bewußtsein gekommen und hatte sich zu einem Freund geschleppt, der ihn heilte. Im Frühjahr stieß er wieder zu uns.

Im zweiundvierziger Jahr, Mai oder Juni, tauchte der Županc Janez in unserem Bunker auf. Maks, der Bruder meiner Frau, brachte ihn zu uns; Županc war schon komplett bewaffnet, er hatte Gewehre, Bomben, alles, und er sagte zu uns: »Wenn unsere Einheiten herkommen, dann werdet ihr euch anschließen.« Im Jänner 1943 kam dann der Tomaž Verdnik und schrieb uns alle auf. Damals waren wir noch keine Partisanen, sondern grüne Kader, wir hatten gerade so viele Waffen, daß wir uns wehren konnten. Die Gruppe wuchs an, es schlossen sich Burschen an, die desertiert waren, und wir bauten einen zweiten größeren Bunker – für den Fall, daß einer von beiden entdeckt worden wäre.

Im Dezember 1942 flog in Zell ein Bunker auf. Er war verraten worden. Weißgardisten oder Gestapo-Leute fanden Kontakt zu der Gruppe und gaben sich als Partisanen aus. Ein Bauer glaubte ihnen und führte sie zum Bunker. Kurz darauf gab es eine hajka; am 1. Dezember 1942 wurde der Zellaner Bunker überfallen. Oraže Jaka und Tomaž Olip wurden dabei gefangengenommen. Letzterer hatte ein Tagebuch bei sich, in dem er Buch darüber führte, wer Lebensmittel gegeben hatte und Ähnliches. So erfuhr die Polizei, daß beim Mlečnik ein Bub wohnte, der unseren Bunker kannte. Sie machten sich über den Jungen her und verlangten, daß er sie zu unserem Bunker führte. Der führte sie dann lange Zeit auf völlig falschen Wegen herum, aber sie prügelten ihn so lange, bis sie doch zu unserem Bunker kamen. Das war so gegen 9 Uhr in der Früh. Ich war damals gerade unterwegs, als die Polizei den Bunker überfiel, aber mein Bruder Pavel und der Florijan Kelich und der Peter Kelich waren drinnen. Sie hören plötzlich jemanden schreien: »Heraus!« Der Peter Kelich sieht hinaus, da steht ein Polizist mit der Maschinenpistole. Er schießt nicht direkt hinein, der Eingang war nur ein kleines Loch, sondern so von der Seite, dann kommt eine Handgranate hereingeflogen; der Peter Kelich war aber gut ausgebildet, er war ja früher bei den deutschen Soldaten, er packt sie und wirft sie wieder hinaus; eine zweite kommt hereingeflogen, und bevor sie explodieren kann, hat er auch diese hinausgeworfen. Eine dritte explodiert auf dem Dach, aber die konnte keinen Schaden anrichten, weil der Bunker mit Erde bedeckt war. Als der Peter die zweite Handgranate hinauswarf, rannte er gleichzeitig selber hinaus, und die anderen hinter ihm her; sie flohen in Strümpfen, und es lagen zwei Zentimeter Schnee. Unter der Polizei herrschte Panik, weil die Handgranaten draußen vor ihnen explodiert waren, und als sie uns nachzuschießen begannen, da waren wir schon alle glücklich entkommen. Die Polizei hatte aber genug Informationen, sodaß sie Anfang 1943 sehr viele Menschen aus Zell und Zell Winkel arretierte. Auch unsere Familie war dabei.

Im vierundvierziger Jahr im Frühling trafen dann Partisaneneinheiten in unserem Gebiet ein. Zu uns kamen der Kommandant des Mineur-Zuges Kos und der Kommandant der Kurierlinie Alojz Šprogar, mit dem Partisanennamen Lugi. Der holte uns alle zu einem Treffen bei einem Bauern in Zell Winkel, und dort schlossen wir uns dann endgültig den Partisanen an. Bis zu diesem Zeitpunkt hatten wir zu den Partisanen lediglich Kontakte gehabt, und nicht einmal die waren regelmäßig gewesen. Wir waren bis dahin grüne Kader, das heißt, wir waren eine eigene Gruppe. Unter uns war niemand, der das Kommando gehabt hätte; es hatte wohl der eine oder andere aufgrund seiner Erfahrung mehr Vorschläge für das weitere Vorgehen geben können, aber niemand war unser Kommandant; bei den Partisanen dagegen herrschte eine militärische Ordnung. Wir hatten als grüne Kader auch nicht so viele Kämpfe mit den Deutschen; das heißt aber nicht, daß wir uns einfach nur versteckt hätten. Wir hatten Kontakte mit den Ferlacher Arbeitern, die gaben uns Waffen; wir organisierten den Widerstand gegen Hitler und hielten alle Kontakte, die wir aufgebaut hatten, auch als Partisanen aufrecht. Einige dieser Arbeiter schlossen sich uns später auch als Kämpfer an. Der Unterschied war die Militärordnung. Die Partisanen hatten einen Kommandanten der Kurierlinie, einen Bataillonskommandanten, einen Kommandanten der Mineur-Abteilung, Kommissare, und du mußtest so arbeiten, wie es das Kommando befahl. Einige von uns gingen ins Bataillon, andere zu den Mineuren, die meisten von uns wurden aber den Kurieren zugeteilt, weil wir verläßlich waren und uns sehr gut auskannten in dieser Gegend. Aber nicht alle Zellaner, nicht alle grünen Kader schlossen sich den Partisanen an, einige blieben bis Kriegsende für sich in einem eigenen Bunker. Die wollten einfach den Krieg überleben.

Ich war hier in Zell Winkel Kommandant der Kurierstation K4. Ich hielt Verbindung über die Loiblstraße ins Bodental. Wir kamen oft in die Nähe des Konzentrationslagers am Loibl. Einmal erfuhren mein Bruder und ich von einem Bauern, daß zwei Russen und ein Pole geflohen wären. Der Wächter hatte sie in den Tunnel zur Arbeit geführt, da hätte einer einen Bohrer genommen, damit den Aufseher erschlagen und dessen Gewehr an sich genommen. Beim Hinauslaufen hätten sie noch einen erschossen und ihm die Pistole weggenommen, und dann hätten sie den Maschinisten, einen Italiener, angebrüllt, er solle sie aus dem Tunnel hinausfahren. Sie wären dann über die Žerjav-Alm zu ihm gekommen, hätten ihn um Brot gebeten, und nun hielten sie sich hier in der Nähe versteckt – noch in der KZ-Montur. Später erst erfuhren wir, daß sie unterdessen in der Nacht in das leerstehende Haus eines Ausgesiedelten eingebrochen waren und sich so Zivilkleidung verschafft hatten. Mein Bruder und ich gingen also, nachdem uns der Bauer über die Geschichte informiert hatte, einen illegalen Weg entlang – es war eine mondhelle Nacht –, und da trafen wir sie. Als sie uns beide erblickten, rannten sie die Wiese hinunter und verschanzten sich hinter einem Hügel. Wir wußten sofort, wer da rennt, und riefen ihnen nach: »Lauft nicht davon, wir sind Partisanen.« Sie antworteten: »Wir sind auch Partisanen.« Wir darauf: »Kommt herauf«, und sie: »Kommt herunter.« Da gingen wir hinunter. Wir hatten damals noch die *triglavka* auf, der Verdnik hatte uns beigebracht, wie man sie macht; wir gehen also hinunter, und die sehen den Stern an der Kappe. Sie umarmten und küßten uns dort, so froh waren sie. Dann vereinbarten wir ein Treffen. Wir versprachen ihnen, eine Verbindung zum Bataillon nach Jugoslawien herzustellen, und dann brachten wir sie nach Jugoslawien. Dort wurden sie aufgenommen, und sie waren gute Kämpfer. Der Pole fiel in Jugoslawien, der Russe Ciril, so ein Blonder, beim Robelnik in Trögern.

Er fiel als MG-Schütze in einem Gefecht mit den Deutschen, das nur einer überlebte.

Janez Male-Janko

Für gewöhnlich arbeiteten wir Kuriere allein; von Zeit zu Zeit führte das Bataillon eine Requirierung durch, und dann wurden wir Kuriere beigezogen. Einmal führten wir in Ferlach, genauer gesagt in Dollich, in einem Geschäft eine Requirierung durch. Wir standen draußen Wache, die anderen gingen in den Laden und luden auf, was wir brauchten. Die Geschäftsleute würden anschließend den Schaden melden, und die Deutschen würden ihn bezahlen. Wir hielten also Wache, spät in der Nacht war es, da kamen auf einmal sechs Autos aus Zell angefahren. Sie hatten die Scheinwerfer verdunkelt, das Licht kam nur aus kleinen Schlitzen, aber sie fuhren vorbei, ohne uns zu bemerken. Kurz darauf begann eine Sirene zu heulen, Madonna, wir dachten, sie hätten uns doch bemerkt, und die Sirene heulte wegen uns. In Wirklichkeit war es aber Bombenalarm, fremde Flugzeuge waren aufgetaucht. Aber wir hörten das alles in diesem Moment nicht mehr, alle kamen aus dem Geschäft gerannt, wir packten zusammen, was wir brauchten, und weg waren wir, auf Schleichwegen zurück nach Zell.

In Ferlach waren auch SS-Einheiten stationiert, während es in Zell und in Waidisch nur eine Polizeieinheit gab. Mit dieser krachten wir bei einer Requirierung zusammen. Wir hatten in Zell ein Geschäft ausgeräumt, und auf dem Rückweg begannen dann einige auf der Straße, Partisanenlieder zu singen. »Hej, brigade« und solche. Und dann schoß einer von uns – ich weiß bis heute nicht, wer das war – mit der Maschinenpistole auf die Polizeistation. Da ging das Theater los; die Polizisten begannen zu schießen und Bomben zu schmeißen, schossen mit dem Maschinengewehr derart hinter uns her, daß ein Partisan einen Karren Mehl liegenließ; verletzt wurde zwar niemand, aber wir waren selber schuld: im Geschäft hatte es Alkohol gegeben, und wir hatten ein bißchen getrunken; und dann war einer so ein Trottel, daß er auf die Polizei schoß. Wir mußten wegen diesem Blödsinn erst wieder zurück, das liegengebliebene Mehl holen.

Das Wasser rinnt noch

Marija Olip

Im zweiundvierziger Jahr wurden wir ausgesiedelt. Zuerst kamen wir nach Rehnitz, im August verlegten sie uns dann nach Eichstätt in Bayern, ich wurde nach Engeltal zum Arbeiten geschickt. In der Zwischenzeit kam aber heraus, daß ich meinen Brüdern zu essen gegeben hatte. Auf Grundlage dessen arretierten sie die ganze Familie – Mutter, Vater, die Neži und die jüngste Schwester Nani. Ein Gendarm kam mich nach Engeltal holen, daraufhin war ich acht Tage in Nürnberg einge-

Widerstand

sperrt. Danach brachte mich ein Polizist mit den Zug nach Klagenfurt. Hier waren unsere ganze Familie ab Dezember, im Juli hatten wir unsere Verhandlung. Ich hätte vor den Berliner Senat kommen sollen, die Anklageschrift hatte ich schon in den Händen. Aber die Neži lag noch mit ihrer Tochter Mira auf der Entbindungsstation in Eichstätt, deshalb wurde unsere Verhandlung vertagt und vom Wiener Senat übernommen; wir wurden buchstäblich vor dem Tod gerettet. Man muß sich vorstellen, es genügte schon eine Kleinigkeit, z. B. ein Butterbrot oder eine Suppe hergeben, und man mußte zwei Jahre sitzen. Bei mir aber hatten sie Beweise, daß ich über ein Jahr lang Essen getragen habe. Wir sind verraten worden. Bei unseren Brüdern waren zeitweise acht Leute im Bunker, es kamen auch andere, die sich versteckt hielten. Einer davon hat alles verraten und so wurden wir eingesperrt.

Am 22. Juli 1943 hatten wir unsere Verhandlung. Dann wurden wir verurteilt: der Vater bekam fünf, die Schwester Neži sieben, die Katra zwei Jahre, mir gaben sie zehn Jahre. Die Jüngste schickte die Gestapo nach Ravensbrück. Wer vom Gericht verurteilt wurde, der wurde ins Zuchthaus gesteckt, wer nicht, wurde ins KZ geschickt. Und die jüngste Schwester war bei der Verhandlung nicht dabei, deshalb kam sie nach Ravensbrück. Die Mutter wurde vom Arzt haftunfähig geschrieben. Deshalb kam sie zurück zu den Ausgesiedelten; dort sorgte sie für die Mira, die Tochter von der Neži.

In Klagenfurt war das so: Bevor sie dich in eine Zelle gelegt haben, fragten sie immer, ob du mit jemandem verwandt oder bekannt seist. Wenn ja, kamst du nicht hinein. Die jüngste Schwester, die Nani, war aber schon vor mir in der Zelle. Der Wächter machte die Tür auf und fragte: »Verwandt oder bekannt?« Die Nani versteckte sich unter der Decke, damit sie nicht sagen mußte, daß sie eine Verwandte sei. Er sperrte zu, die Nani kam unter der Decke hervor und wir waren zusammen. Dann wurden wir zum Verhör geführt. Zwei Stunden hat er mich gemartert, nach zwei Stunden warf er irgendwelche Zettel vor mich hin, alles genau aufgeschrieben, wer was wo gegeben hat. Ich dachte, mich trifft auf der Stelle der Schlag: alles aufgeschrieben, alles gesagt! Ich konnte nichts anderes sagen als: »Bitte, darf ich das noch einmal durchlesen?« Nachdem der erste Schreck vorbei war, sagte ich: »Wer kann das behaupten?« Er sagte: »Männer habe ich schon solche gehabt, aber ein Weib wie Sie noch nie. Sie verdienen etwas ganz anderes.« Das sagte er, aber geschlagen hat er mich nicht. Als das Verhör zu Ende war, kam ich zurück in die Zelle. Ich hörte, daß ich nicht in meine Zelle zurück sollte. Da drängte ich zu einer anderen Tür und brachte damit die Aufseher aus dem Konzept, sodaß sie dachten, die will zu ihrer Schwester hinein, und sie ließen mich dann erst recht wieder zu ihr. Das war ein Schwindel. Am nächsten Tag geht meine Schwester zum Verhör, ich sage ihr: »Wenn sie dich fragen, sag ihnen ruhig, daß du bei mir in der Zelle warst. Wenn mich der Wärter zu dir gibt, ist das sein Pech.« Dann war sie aber so nervös, daß sie kein Wort geredet hat. Daß ich meine Brüder unterstützte, habe ich zugegeben, sie hatten aber auch noch andere in Verdacht, da sagte ich: »Der hat nichts davon gewußt.« Daß ich meinen Brüdern ein Jahr zu essen gegeben habe, war ja bewiesen.

Zur selben Zeit waren auch die eingesperrt, die später zum Tod verurteilt wurden. Wir kamen schon im Dezember nach Klagenfurt, da waren die auch schon drinnen. Die hatten ihre Verhandlung aber schon im April. Der Mann von der Urša wurde zum Tod verurteilt. Wie sie von der Verhandlung gekommen ist, den Aufschrei dieser Frau vergesse ich nicht mehr. Sie hat so geweint, als sie in die Zelle kam, der Mann zum Tod verurteilt. Das wußten wir schon, daß dreizehn zum Tod verurteilt worden sind. Die Verurteilten haben das verschieden aufgenommen. Der Hanzi, der war 18 Jahre alt, der konnte nicht mehr reden. Wie er herausgekommen ist, hat er gerade noch so mit der Hand gemacht, der Kopf ist verloren. Dann die Marija Olip, ein paar dachten noch, daß ich das bin, die hat es angeblich so geschuttelt: »So ein schöner Tag draußen« hat sie gesagt »und ich werde sterben müssen.« Das ist schlimm. Der Husov Franci, der war mit unserem Pfarrer in der gleichen Zelle eingesperrt, der kam von der Verhandlung und unser Herr Pfarrer fragt ihn: »No Franci, was ist?« Er konnte nicht mehr, er hat nur gesagt: »Zum Tode.« Es war so schlimm: alle zum Tode verurteilt, und keiner wußte, wann ihm die Stunde schlägt. Der bestimmte Augenblick, der ist so schlimm. Das kann man mit Worten nicht beschreiben, dieses Gefühl. Auch als ich bei meiner Verhandlung war, als ich glaubte, jetzt kommt das Todesurteil. Wie ich zur Verhandlung gegangen bin, hat es geheißen, sie wird nach gesetzlichen Richtlinien mit einem Anwalt ablaufen, aber ein Anwalt konnte und durfte ja nichts ausrichten. Aber so viel erfuhren wir dann schon von ihm, daß es an diesem Tag keine Todesurteile geben würde. Das sagte er uns. Wenn du denkst, daß der Kopf verloren ist, ist das so schlimm, daß das mit keinen Wort zu umschreiben ist. Ich dachte mir einfach: Sie haben keine Macht, wenn dir das nicht von oben bestimmt ist! Wenn es mir vorbestimmt ist, dann ist es recht so. Wenn es schlimm kommt, sehr schlimm, dann hilft dir noch ein menschliches Wort, wenn es aber so schlimm kommt, daß es dich geradewegs zu Boden drückt, dann hilft nichts mehr, jeder menschliche Trost ist zu schwach. Kein Wort kann das wiedergeben, wenn du es nicht selber erlebt hast. Diese Zeit, wo sie alle Macht über dich haben, und du noch dazu als Slowenin.

Wir kommen hinein, die Verhandlung beginnt, da heißt es: »Jetzt fangen wir bei den Schweren an:« Und er ruft meinen Namen. Da ist mir erst bewußt geworden, wo ich als Mensch stand.

Im September schickten sie uns dann ins Zuchthaus Waldheim, zwischen Dresden und Leipzig. Dort waren wir dreitausend Frauen und viertausend Männer. Ich glaube, es waren zwei Gefängnisse. Dort war ich dann bis Kriegsende. Wie es den Brüdern ging, das wußte ich sogar im Zuchthaus. Wir hatten ein Wort: »Kaltes Wasser« – wenn jemand aus dem Wald kam und das Wort »kaltes Wasser« wußte, dann durftest du ihm aufmachen, ihm zu essen geben, und er konnte sich wärmen. Wenn wir einen Brief bekamen, z. B. von der Nichte Pavla, die hat noch manchmal geschrieben, und wenn sie »das Wasser rinnt noch« irgendwo hineingeschrieben hatte, so wußten wir, daß sie noch lebten. Soviel Kontakt hatten wir noch, mehr aber nicht.

Wenn das alles auf einmal passiert wäre, das hätte ich nicht ertragen. Aber es hat sich gesteigert: Zuerst haben sie uns ausgesiedelt und wir waren vertrieben, dann haben sie uns eingesperrt, die Verhandlung war furchtbar. Das Schlimmste war, als die Nachricht kam, meine jüngste Schwester, die Nani, müsse nach Auschwitz. Wir wußten ja, was Auschwitz ist, nur war diese Nachricht falsch. Die Nani kam nach Ravensbrück.

Im Zuchthaus schnitten sie uns als erstes die Haare. Ich kam gerade dazu, wie sie meiner Schwester Neži die Haare rasierten. September kamen wir an, bis Weihnachten waren die Haare schon ein bißchen nachgewachsen. Am Anfang trug jede ein Kopftuch, wir genierten uns ja so. Dann gewöhnten wir uns daran und trugen auch kein Kopftuch mehr. Das war besser für die Haare, sie wuchsen schneller. Wir hatten schwarze Kleider, eine Jacke, ein gelbes Band mit drei Punkten. Frauen aus allen Nationen waren wir dort. Niemand hält so zusammen wie Arrestanten. Wo es ging, half eine der anderen. Wenn eine eine halbe Kartoffel hatte, dann wird sie dir die Hälfte davon geben. Das gilt hundertprozentig.

Zur Arbeit gingen wir hinaus, im Zuchthaus schliefen wir. Von sechs Uhr in der Früh bis sechs am Abend arbeiteten wir, manchmal auch bis zehn. Zu Mittag stellten wir uns in einer Reihe auf und bekamen unser Essen. Es war Bandarbeit, du bekamst eine bestimmte Norm vorgeschrieben, und keine Rede davon, daß du die nicht schaffst. Nicht einmal soviel Zeit war, daß du von der Arbeit aufgeschaut hättest. Im Herbst sind wir gekommen, es wurde regnerisch, dann fiel Schnee, und du hattest nicht einmal Zeit zu schauen, ob der Schnee auch liegengeblieben ist. Ich bat noch im Büro darum, mit meiner Schwester zusammenarbeiten zu dürfen. »Genau das darf es nicht geben«, haben sie gesagt. Aber wir beide schliefen trotzdem im selben Schlafsaal. Sie kamen nicht dahinter. Wenn Gefahr im Verzug war, dann ging ich an ihrem Bett vorbei und habe sie nur angeschaut, wenn es ungefährlich war, dann redeten wir auch ein bißchen, aber nicht viel. Reden durftest du ja nicht, höchstens während der Arbeit, wenn es etwas mit der Arbeit zu tun hatte, und sonntags flüsternd. Brotabzug, wenn du geredet hast. Über Politik unterhielten wir uns hie und da, aber nicht viel. Aber wieviel ist die Kontrolle schon wert? Man könnte meinen, daß es unmöglich war, Kontakte zu knüpfen, wo alles so streng war – du durftest auch mit den Männern, die uns die Arbeit brachten, nicht reden –, aber dabei schmuggelte eine noch Artikel hinaus, in denen sie über die Zustände drinnen berichtete. Nur zwei, drei wußten davon, aber man würde meinen, daß so etwas ganz unmöglich sei.

Was draußen passierte, wie der Krieg verlief, das erfuhren wir von den Neuen und von einer Vorarbeiterin, die ein bißchen freier war als wir und die so manches erzählen konnte. Ich wieder erzählte das den anderen weiter. An einem Sonntag kommt sie und sagt: »Heute darfst du niemanden etwas erzählen. Das Rathaus ist besetzt.« Mich hat es nur so gerissen. Das Rathaus besetzt. Das war am Sonntag, den 6. Mai. Am Abend stellten sie uns in einer Reihe auf und jagten uns in einer Prozession zurück ins Zuchthaus, eine Gruppe von Leuten kam uns am Trottoir entgegen, aus dieser Gruppe hörten wir eine Stimme: »Die letzte Nacht.« Wir kamen hinauf in den Schlafsaal, da begannen die Frauen Hymnen zu singen, die Tschechinnen, Polinnen. Wir standen bei den Betten beieinander, die Aufseherin kam und sagte, sie würde uns melden. Wenn du dich versündigt hast, dann mußtest du ja zum Rapport. Aber ich wußte ja, das Rathaus ist besetzt, und da dachte ich mir, dafür bleibt keine Zeit mehr, und ich war so frech, daß ich ihr sagte: »Für Ihre Anzeige ist es aber zu spät.« Sie ist gleich verschwunden. Um halb elf hat es begonnen. Da die Russen, dort die Amerikaner. Jeder begann von seiner Seite mit der Beschießung. Licht und Lärm. Ich zog mich zum Fenster hinauf und sah das Licht und wie es ist, wenn eine Stadt eingenommen wird. Als das vorbei war, geht die Tür auf und auf einer Seite steht ein Russe, auf der anderen ein Amerikaner. Bei der Tür ist ein grauhaariges Mutterl gelegen, so wie ich jetzt eines bin: »Mütterchen, jetzt gehst du nach Hause.« Die Türe, hinter der Brot verteilt wurde, öffnete sich und zweihundert Menschen drängten zu einer Tür. Die zerquetschten dich fast. Ich sagte zu unseren Frauen: »Drängen wir nicht so. Wenn wir an der Reihe sind, dann bekommen wir auch Brot.« Meine Schwester Neži war aber schon so weit vorn, daß sie nicht mehr zurück konnte. Sie brachte fünf Strutz Brot heraus. Bei uns lag eine 80 Jahre alte Frau, die Zupanc aus Ebriach, ihr Sohn war auch zum Tode verurteilt worden. Die Neži brachte ihr Brot. Mit beiden Händen drückte sie das Brot an sich: »Neži, wo hast Du soviel Brot bekommen?« Sie wußte ja nicht, was unten passiert ist. Nach einer Stunde öffneten sie auch bei den Männern, da ist ein Tscheche auf den Tisch gestiegen: »Die Zeiten, wo sie uns eingesperrt haben, sind vorbei.« Das kann kein Wort beschreiben, wie das ist – frei. Früher haben dauernd die Schlüssel hinter dir geklirrt, und auf einmal – frei. Mit dem Schlafen war in dieser Nacht nichts.

Am nächsten Tag kam die Kah Mici aus Gallizien, wir gingen in die Kanzlei, dort hatten wir Fächer mit unseren Akten. Leer! Ich komme zu meinem Fach – leer! Sie hatten schon vorher die Politischen aussortiert.

Draußen auf der Wiese, es war ein wunderschöner Tag, hatten zwei Russen ein Grammophon stehen, wir hatten noch unsere Häftlingskleidung an, und sie erkannten uns als »Zuchthäusler«. Da zog einer eine Salami heraus, der andere ein Messer, und sie schnitten sie für uns auf. Dann sagte einer: »Kommt mit!« Und sie tischten uns noch Eierspeis und alles mögliche auf. Da sagte ich: »Mädchen, gebrauchen wir unseren Verstand.« Der Magen veträgt ja nicht mehr so viel. Vorher denkst du, was du alles essen wirst, aber das dauert, bis du wieder an das Essen gewöhnt bist. Am nächsten Tag kochten sie dann richtig – Haferflockensuppe.

Nach dem Krieg kamen sie fragen, ich weiß nicht wie oft: Wer ist schuld? Wie sie das letzte Mal kamen, sagte ich: »Warum fragt ihr mich? Was ich durchgemacht habe, wünsche ich keinem Menschen.« Ich sagte auch keinen Namen. So war das. Gekannt hast du sie ja alle. Ich weiß, wer über unser Unglück gelacht hat, ich weiß, wer was gesagt hat. Man erfährt es über jeden, das glaubt man kaum. Freilich erinnerst du dich, was sie getan haben. Wenn ich diesen Haß in mir hätte, dann würde ich ihre Namen nennen, und sie wären mit ihnen gegangen. Aber wenn du soviel Schlimmes durchmachst, dann kommst du soweit, daß du als Mensch niemandem dieses Leid wünschst, als Christ noch viel weniger. Vergessen kannst du nicht. Vergeben ja, aber vergessen nicht. Wenn du in eine schlimme Situation gerätst, dann wünscht du das keinem Menschen, auch dem nicht, der dich in diese Situation gebracht hat.

Das traut sich der Hitler nicht

In Zell war es bei den jungen Männern so üblich, daß sie eher über die Grenze abhauten – nach Jugoslawien, über die Koschuta –, bevor sie hätten einrücken müssen. Da gab es ziemlich viele davon, und als Hitler in Jugoslawien eingefallen war, da konnten diese Leute nirgends mehr hin und sind zurückgekommen. Sie haben sich hier versteckt, hauptsächlich zu Hause. Nur, dann kam die Aussiedlung, die Leute sind ausgesiedelt worden, und diese Menschen sind ohne Heim geblieben, wo sie essen und rasten hätten können. Dann sind sie von Haus zu Haus gegangen, wo sie gute Menschen vermutet haben. Und die haben geholfen. So sind sie auch zum Urh gekommen, zu meinem Mann. Der hat ihnen auch geholfen und ihnen gegeben, was er konnte. Ich habe alle diese Leute von früher gekannt. Wenn sie gekommen sind, haben sie sich niemandem gezeigt, auch mir nicht, nur dem Urh, meinem Mann. Der Urh hat mir als einziger beim Haus erzählt, daß er sie unterstützt, sonst niemandem: »Niemand im Haus darf das wissen, und auch dir werde ich nur das Notwendigste erzählen. Was du wissen mußt, das erzähle ich dir, aber nur, was sein muß. Mehr frag mich nicht, es ist besser, wenn du so wenig wie möglich weißt. Wenn es zu einem Verhör kommen sollte, dann werde ich nicht wissen, was du redest und du nicht, was ich rede.« Er hat auch den versteckten Männnern gesagt, daß beim Haus nur er um sie wisse. Sie dürften sich niemandem zeigen, nur ihm, und wenn sie was bräuchten, dann müßten sie das ihm sagen und niemandem sonst. So hat der Urh alles geregelt.

Obwohl ich gewußt habe, daß das strafbar war, was wir machten, habe ich mich nicht gefürchtet. Ich habe gedacht, daß in dem Ort sowieso niemand wüßte, was wir taten. Dann sind einmal zwei Männer gekommen, das war im zweiundvierziger Jahr, um halb drei in der Früh, es hat gerade ein wenig gedämmert. Der Hund hat gebellt wie verrückt. Der Urh schmeißt die Bettdecke von sich: »Ich kann nicht mehr schlafen, der Hund führt sich aber schon so auf, ich weiß nicht, was draußen los ist, aber irgendetwas muß da draußen sein. Ich stehe auf, steh du auch auf, so werden wir alles schon früher erledigen können und mehr wird getan sein.« Ich denke mir, das ist mir zu früh, ziehe mir die Bettdecke über den Kopf und bleibe liegen. Er zieht sich sogleich an und geht in den Stall das Vieh füttern. Da kommen zwei Männer, pfeifen nach ihm und sagen, sie seien Partisanen, und sie bitten ihn um Essen. Der Urh kommt zurückgerannt: »Liegst du noch immer? Schnell, steh auf, die aus dem Wald sind unten, gib ihnen etwas.« Wir haben die Partisanen am Anfang »*te lesen'*« [die aus dem Wald] genannt. Wir haben nicht gewußt, daß das Partisanen waren. Eigentlich haben wir alle so genannt, sowohl die Partisanen als auch jene, die sich einfach versteckt gehalten haben, wir haben da keinen Unterschied gemacht. Ich springe aus dem Bett: »So schnell wird das nicht gehen, ich habe ja noch nicht einmal eingeheizt, damit ich ihnen die Milch kochen kann.« »Du brauchst nicht zu kochen, gib sie ihnen ungekocht. Sie sollen sie trinken, und essen, was sie wollen.« Ich habe die Milch geholt, einen Viertellaib Brot aus dem Tisch genommen und hinausgetragen. Sie stehen unter der Linde und sprechen miteinander. Ich stelle alles vor sie hin und gehe zurück zu meiner Arbeit, der Urh bringt ihnen noch etwas Tabak, damit sie schneller gehen. Sie trinken die Milch, nehmen das Brot und gehen.

Wir hatten einen Franzosen im Haus, und auch beim Kališ war einer. Dieser konnte ordentlich Deutsch, dort war nach der Aussiedlung ein Deutscher der Herr, der hatte viele Kinder und der Franzose redete mit diesen Kindern. Die erzählten ihm, daß sie oben im Wald zwei Männer gesehen hätten, die einen Hang hinaufgeklettert wären, und einer hätte ein großes Stück Brot unter dem Arm getragen. Der Kališnik-Franzose erzählte das unserem Franzosen, und der wiederum hat das am nächsten Morgen dem Urh erzählt. Der Urh sagte noch zu mir: »Die sind aber auch unmöglich. Ich weiß genau, daß das die waren, denen wir das Brot gegeben haben. Daß sie sich nicht einmal vor den Kindern versteken! Warum rennen sie denn im Wald herum und zeigen sich den Kindern?« Der Urh war sehr zornig damals. Daß denen das Brot jemand gegeben hatte, das war ja leicht zu erraten.

Eines Abends sind sie dann wieder gekommen. Der Urh hat etwas gegraben, er ist lange nicht zurückgekommen. Ich habe mir noch gedacht: »Wo ist er wohl hingegangen, jetzt in der Nacht wird er ja wohl nichts mehr graben?« Dann ist er gekommen und hat zu mir gesagt: »Die zwei haben mich wieder erwischt.« »Welche zwei denn?« »Die zwei damals unter der Linde.« Sie hätten ihm zugepfiffen, als er auf dem Weg nach Hause gewesen sei, sie seien oben unter dem Zaun gesessen und hätten ihn gesehen und ihm zugepfiffen. Er ist dann hinaufgegangen und sie haben sich über alles mögliche unterhalten. Und sie haben ihm auch gesagt, daß sie Partisanen seien. Ich weiß gar nicht, woher diese beiden Menschen waren, später habe ich gehört, daß einer von den beiden gefangengenommen worden ist, der andere erschossen, so wurde berichtet. Ich weiß nicht mehr, wo und von wem ich das gehört habe. Und dieser eine hat dann wohl sagen müssen, daß er Verbindungen zum Urh hatte.

Eingesperrt wurde mein Mann im dreiundvierziger Jahr, am 12. Jänner. Vier Männer sind gekommen, zwei in Zivil und zwei in Uniform. Der in Uniform fragte, ob hier der Urh wohne, ich antwortete: »Ja.« »Wo ist er?« Der Urh war oben im Wald und führte mit dem Franzosen die Baumstämme bis zum Weg hinunter. Ich sagte: »Er ist nicht zu Hause.« »Wann kommt er?« »Gegen Mittag irgendwann, zur Jause gegen elf wird er schon kommen, um zehn oder elf herum.« Die beiden Zivilisten gingen dann gleich, die Soldaten aber blieben da, sie sollten ihn dann mitbringen. Ich hörte noch, wie sie im Weggehen sagten, er sollte sich anziehen, er brauche ja nicht im Winter zu frieren. So wurde es den beiden Soldaten aufgetragen. Und dann haben sie gewartet, sind beim Ofen gesessen, bis er gekommen ist. Sie haben ihn verhaftet, er hat sich anziehen müssen und gehen, er ist nie wieder zurückgekommen. Ich habe noch gefragt, wann er wiederkomme, und einer von den Soldaten hat gesagt: »Höchstwahrscheinlich am Abend, aber ganz bestimmt in zwei, drei Tagen.«

Daß er so bestraft würde, das hat niemand gedacht. Wir waren an das, was damals gemacht wurde, nicht gewöhnt. So furchtbar hat sich alles zusammengebraut, daß alles verrückt war. Die einen meinten, daß nichts Schlimmes passieren werde, noch als sie zum Tode verurteilt waren, haben einige gesagt: »Oh, das wird ja alles nicht so schlimm werden. Sie wollen sie nur erschrecken. Sie werden sie irgendwohin schaffen, wo sie fest arbeiten und fest leiden werden müssen.« Es wurde geredet, daß sie nicht umgebracht würden, daß sich der Hitler nicht trauen würde, so etwas zu tun. Von diesem Gerede hat es viel gegeben, daß sich der Hitler nicht trauen würde, sie umzubringen, wie es dann im Todesurteil stand.

Nur der Urh, der hat es, glaube ich, gewußt. Beide hatten Angst, der Urh und der Flora, sein Bruder, der auch geköpft wurde. Sie waren beide verschreckt. Ich habe den Prozeßtermin gar nicht gewußt, und deswegen war ich auch nicht dabei. Es sind aber ein paar Zellaner dabei gewesen, und als die aus Klagenfurt zurückgekommen sind, hat erst die Rederei begonnen, von Haus zu Haus ging die Nachricht. Die Verurteilten haben sie gleich am nächsten Tag gepackt und nach Wien gebracht. Wir haben Begnadigungsschreiben eingereicht, aber das hat alles nicht geholfen. Am 9. April sind sie verurteilt worden, ich glaube, am 11. oder 12. April sind sie nach Wien gebracht worden, und dann habe ich bis Juli nichts von ihnen gehört. Sie haben sie schon am 29. April umgebracht, benachrichtigt haben sie uns aber erst im Juli. Ich habe geglaubt, daß sie noch in Wien und am Leben wären.

Pavla Kelich

Nach der Sonntagsmesse wurden immer die Gemeindenachrichten ausgerufen: Was es Neues gibt, die neuen Bestimmungen für Bauern und ähnliches, was halt die Gemeinde den Leuten zu sagen hat. An einem Sonntag im Juli wurde dann ausgerufen, daß die Verurteilten am 29. April in Wien umgebracht worden sind. Kurz darauf ist ein Paket mit der Kleidung und den persönlichen Sachen meines Mannes gekommen. Mich haben sie in Ruhe gelassen, sie haben nichts mehr durchsucht und auch gefragt haben sie nichts. Ein einziges Mal sind sie noch gekommen. Ich glaube, es waren die beiden, die damals in Zivil dabei waren, als er abgeholt wurde. Sie sind gekommen und haben sich im Flur auf die Kiste gesetzt, als ich herausgekommen bin. Dann haben sie gesagt: »Was hat denn ihr Mann getan, daß er so eine hohe Strafe bekommen hat?« Ich habe gesagt: »Nichts. Ich weiß nicht, was er getan hat, nichts hat er getan.« Einer hat gesagt: »Er hat dir nicht erzählt, daß er Verbindungen hat und so?« Ich habe gesagt: »Nein, mir hat er gar nichts erzählt.« Da hat der eine gesagt: »Puh, das war ein richtiger Mann, wenn er nicht einmal dir erzählt hat, daß er Verbindungen hat«, und der andere hat geantwortet: »Recht hat er gehabt, sonst wäre auch sie gegangen.« Und dann sind sie gleich fort. Sonst ist nichts mehr passiert, nie eine Hausdurchsuchung, keine Polizei, nichts.

Unten in Eisenkappel war eine Urša, die habe ich manchmal besucht, oh, die konnte sich aufregen: »Glaub' doch nicht, das glaub' aber ja nicht, daß die tot sind! Der Hitler traut sich nicht, die umzubringen. Du wirst sehen, er kommt wieder. Wenn der Krieg vorbei ist, dann kommt er.« Die Urša hat das bis zum Kriegsende behauptet. Wenn sie einen Menschen getroffen hat, dann hat sie sofort damit begonnen, daß sie das nicht glaube, daß es nicht wahr sei, daß diese Menschen nicht mehr unter den Lebenden wären, daß sie tot wären.

Ein Punkt zuviel, ein Punkt zuwenig

Danilo Kupper

Ich wurde dann zur deutschen Wehrmacht eingezogen, bei der HJ war ich nicht, ich war aber beim NSFK [Nationalsozialistisches Fliegerkorps], weil irgendwo mußte man sein, sonst hätte man mich wieder aus der Schule geworfen. Ich bekam von einem Hauptmann, der vermutlich ein Antifaschist war, gegen alle Regeln 1943 einen Studienurlaub, sodaß ich in acht Wochen das ganze Studienjahr nachholen und die Ingenieursprüfung ablegen konnte. Er schrieb als Vorwand, daß ich mich für die Ingenieursoffizierslaufbahn interessieren würde, was nicht stimmte, und er strich es nach meiner Rückkehr zur Kompanie wieder hinaus. In

Widerstand

den vier Jahren Krieg war ich, wenn ich alle Sekunden, Minuten und Stunden zusammenzähle, vielleicht drei Wochen wirklich an der Front. Es gelang mir immer, Frontversetzungen auszuweichen, zum Beispiel strengte ich mich an der Luftnachrichtenschule in Lyon besonders an, um Bordfunkerlehrer zu werden und nicht als Bordfunker an die Front zu kommen. In Fankreich hatte ich einige Zeit Kontakte mit einer Gruppe, die den Maquis civil unterstützte, die französischen Partisanen. Dort war ich das erste Mal vor dem Kriegsgericht, weil ich angeblich eine Aktion verraten hatte, die Nazis konnten uns aber nichts beweisen. Die Kontakte liefen über ein Mädchen, das pro forma für mich nähte und wusch, ich war damals schon Unteroffizier. Sie bekam Informationen von mir und ich von ihr.

Das alles hatte eher zufällig begonnen, Anfang 1944 ungefähr. Ich lernte dieses Mädchen kennen, das war ja nicht verboten. Und sie fing – vermutlich geplant – zu weinen an darüber, was hier alles passierte, sodaß ich Vertrauen zu ihr bekam und erfuhr, daß sie eine Terrainaktivistin des Maquis war. Wir sahen uns oft, ich gab ihr immer eine Kleinigkeit, ein Hemd, ein paar Taschentücher, die sie wusch und nach ein paar Tagen brachte, so hatten wir Kontakt. Ich war nicht der einzige, der solche Kontakte pflegte, einem von uns gelang es, beim Maquis zu bleiben. Ich hatte keine Gelegenheit.

Die Nazis unternahmen dann gegen den Maquis solche Aktionen, wie es die »Treibjagden« auf die Partisanen waren. Damals gab es kaum noch Bordfunkerei, und auch die Schule hörte langsam auf zu arbeiten, und so zogen sie die Soldaten von dort zu diesen Verfolgungen heran, und auf so einer »Treibjagd« war ich auch. Mit dem Mädchen sprach ich alles ab: Erstens, wann sie stattfand und zweitens, daß, wo immer ich auch sei, ich in die Luft schießen würde, dreimal. Ich hatte eine leichte Maschinenpistole, mit der einzelne Schüsse, aber auch Salven abgegeben werden konnten. Und ich gab drei Schüsse ab, jemand, von ihr benachrichtigt, wußte, da war meine Gruppe. Ich tat so, als hätte ich eine verdächtige Bewegung gesehen und müßte schießen. Daß ich aber in die Luft schoß, bemerkte keiner, weil alle ziemlich nervös waren. Vor dem Maquis, vor den Partisanen hatten die deutschen Soldaten große Angst. Die Schüsse hießen: »Hier bin ich, geht in die andere Richtung, dort seid ihr ungefährdet«, und sie waren auch Selbstschutz, sodaß vom Maquis keiner auf uns schoß. Die Absprachen waren locker, aber sie funktionierten. Als wir aus Lyon hinauskamen, lagen bei einem Ort schon Bäume über der Straße, und wir wurden lange aufgehalten, bis wir alles beiseite geräumt hatten. Bis wir zu dem Ort kamen, wo angeblich Leute des Maquis waren, war keiner mehr da. Keinem von dem Maquis geschah etwas, nur ein Armer wurde von einem Franzosen aus der Barbietruppe erschossen. Die Barbietruppen waren bei diesen Aktionen immer dabei, so wie hier die Gestapo-Leute; Barbiefranzose erschoß einen Franzosen. Das war das einzige Opfer, aber der hatte mit dem Maquis nichts zu tun. Der Maquis war dort eher schwach und wich lieber aus. Er trat nur mit Sabotageaktionen auf.

Gegen Kriegsende, Ende 1944, Anfang 1945 war ich das zweitemal vor dem Kriegsgericht, weil ich angeblich als Funker sabotiert hatte. Bevor ich vor Gericht kam, war ich als Beobachter eingeteilt. Gefunkt wurde chiffriert, nie Klartext, und wenn da nur ein Zeichen oder zwei Zeichen falsch waren, kam ganz etwas anderes heraus. Den ganzen Tag schossen sie ins Leere. Ein anderer Beobachter bemerkte das. Dann wurden die Aufzeichnungen des Beobachters und des Funkers verglichen, ich war nicht alleine, es waren ja auch andere daran beteiligt. Sie gingen also vergleichen – ich mußte auch alles aufgeschrieben haben – ob ich dasselbe aufgeschrieben hatte, wie der, der alles empfing. Sie fanden dann viele Unterschiede. Beim Morsealphabet sind manche Sachen sehr ähnlich. »Didadidit« ist ein »l«, »didadit« und den letzten Punkt aus-gelassen, dann ist das ein »r«. Und solche Fehler – keine groben, die gab es nicht, daß etwas ganz anderes gefunkt worden wäre – immer nur einen Punkt zuviel, einen zuwenig, die fanden sie. Das ergab dann etwas anderes, und das rechneten sie um und aufgrund meiner Funksprüche schossen sie in eine ganz andere Richtung, sodaß die Amerikaner schneller vorwärtskamen, und so war vielleicht deswegen der Krieg »eine Minute früher« aus. Insoweit nehme ich mir das Recht heraus zu behaupten, daß ich zu dem schnelleren Kriegsende als Soldat genauso-viel beitrug wie ein durchschnittlicher Kärntner Partisan, obwohl ich nicht bei den Partisanen war.

Wir hatten eine Gruppe, die bekannt war, die von den Offizieren die »Edelkommunisten« genannt wurde. Obwohl der größte Teil vom Kom-munismus keine Ahnung hatte, galten wir als »Edelkommunisten« der Kompanie, der Batterie. Wir hatten abgesprochen: »Wenn du hinaus-gehst, eine Sache wirst du falsch funken, eine werde ich falsch hören, und dann werden wir sehen.« Wir bemerkten natürlich, daß sie falsch schossen und dann verbesserten wir das so, daß sie noch falscher schos-sen. Die Korrekturen diktierte ein Offizier, der nicht beteiligt war, ein Kontrolloffizier bemerkte jedoch die Fehler.

So kamen wir dann vor das Kriegsgericht, doch wir waren schon so stark, daß wir den Kontrolloffizier, einen Oberleutnant, uns »ausliehen« und vor die Wahl stellten, sich für Leben oder Tod zu entscheiden. Wir sagten zu ihm: »In unserer Gruppe sind mehr Leute, als du denkst. Du wirst Zeuge sein als Kontrolloffizier, und du wirst aussagen, daß damals atmosphärische Störungen waren«, – die gibt es bei der Funkerei – »und daß es ohne weiteres möglich ist, daß ein Punkt nicht gehört wird oder daß einer zuviel gehört wird.« Das ist bei den langen Tönen nicht möglich, bei den kurzen jedoch ohne weiteres. »Du wirst das aussagen, und wenn nur einem aus unserer Gruppe etwas passiert, und das auch nur ein bißchen«, – obwohl es vor den Gerichten nur Leben oder Tod gab, soweit ich das kannte, nichts anderes – »und wenn nur einem von uns ein Haar gekrümmt wird, wirst du die Gerichtsbaracke nicht lebend verlassen. Das weißt du jetzt und jetzt sage aus, wie du willst.« Er sagte in unserem Sinne aus, es gab keine Beweise, und man mußte uns alle freisprechen.

Danilo Kupper

Danilo Kupper

Im Februar 1945 warf ich die Flinte ins Korn und versteckte mich bei Regimegegnern, im April ging ich hinter der amerikanischen Front nach Hause. Im Juni kam ich nach Hause, zu Fuß. Ich schloß mich bald der Slowenischen Jugendorganisation an, dem »Verband der Jugend für Slowenisch-Kärnten«, und hier arbeiteten wir auf bekannte Weise. Ich war dann im März oder April 1946 im Arrest. Die Engländer sperrten mich ein, weil wir Jugendlichen eine Veranstaltung des Landeshauptmanns Piesch, so eine Kärnten-frei-und-ungeteilt-Veranstaltung, gestört hatten. Während ich im Gefängnis saß, wurde der *občni zbor* [Generalversammlung] abgehalten, und ich wurde zum Sekretär gewählt. Das war die höchste Funktion, weil es damals keine Vorsitzenden gab. Wir waren ähnlich wie der SKOJ [Kommunistischer Jugendverband] organisiert, so wie die Kommunistische Partei, wo der Wichtigste der Sekretär ist. Einen Vorsitzenden setzten wir erst später ein, der erste war der Lipej Kolenik.

Miha Sadolšek

Wenigstens auf meiner Erde

Kurz bevor ich in die Wehrmacht einrückte, traf ich die ersten Partisanen vom *Kranjčev bataljon*, die hatten sich verlaufen und kamen zu uns, um etwas Essen zu bekommen. Das war im September 1942, die Birnen waren schon ein bißchen reif. Starke, feste Männer waren das und wir sagten: »Marija, was stellt Ihr euch denn vor, Ihr seid so wenige und hier ist so eine starke Hitlerarmee.« Und die Antwort von einem werde ich nie vergessen: »Wissen Sie was, wir werden noch bis Berlin kommen.« Ja, wovon phantasieren denn die, der Hitlerismus war damals noch verteufelt stark. Und ich habe dann in die Wehrmacht einrücken müssen und ich habe gesehen, wie stark sie ist und mich öfters an die zurückerinnert – *Marinka*, was werden die paar Mankalan denn schon ausrichten, aber sie haben was ausgerichtet.

Ich ging kurz darauf zu den Soldaten. Was für ein Zwiespalt, kurz vorher haben sie ausgesiedelt, und du hast dich nicht so recht getraut, etwas zu tun, sonst würden sie noch deine Familie vertreiben, wenn du etwas falsch machst, und richtige Kontakte zu den Partisanen hatten wir damals auch noch nicht.

Zuerst kam ich nach Jugoslawien, dann hinunter nach Griechenland. Dort war es aber so windig, und ich verkühlte mich so furchtbar, daß ich ganz steif wurde. Sechs Monate war ich im Krankenhaus. Es ist ein Wunder, daß ich gesund geworden bin, ich konnte nicht alleine essen, nicht schreiben. Wenn ich aufs Klo mußte, dann führte mich eine Schwester hin. Langsam ist es dann besser geworden und ich kam nach Baden bei Wien, dort wo das gute Wasser ist. Als ich schon fast gesund war, kam ich in die Jägerkaserne nach Klagenfurt, dort war ich zuerst bei der Ersatzkompanie. Ich wurde immer gesünder und gesünder, und ich kam zur Abstellung, dorthin, wo die neuen Kleider verteilt wurden. Das war dann schon im vierundvierziger Jahr und ich dachte mir, was soll ich da unten bei den Russen, mir haben die Russen nichts getan, und ich suchte dauernd eine Möglichkeit zum Abhauen.

Als dann diese Aufstellung war, wir hätten am nächsten Tag weitermüssen, da nahm ich mir vor, ich hau ab und wenn sie mich erwischen, dann sage ich einfach: »Ich habe noch einen Tag Urlaub und möchte nach Hause schauen.« Ich bekam schon früher heraus, daß in der Kaserne eine alte schlechte Hintertür existierte, durch die man verschwinden könnte, zu Mittag, beim Mittagessen bin ich hinaus und über die Strasse. Ich dachte mir, ein Omnibus würde fahren, aber es kam keiner; stattdessen ist einer mit einem kleinen Luxusauto vorbeigekommen, den habe ich aufgehalten und gebeten: »Wären sie so gut, mich mitzunehmen, ich habe einen Tag Urlaub, dann muß ich fort.« »Ja, herein, herein.« Er führte mich bis Völkermarkt, ich sagte, daß ich zu Fuß weitergehe, er lud mich aus und wünschte mir noch viel Glück.

Ich ging zu Fuß hinunter zur Draubrücke, ich war neu eingekleidet und stellte mich selbstbewußt hin, mich hat überhaupt niemand etwas gefragt, ich ging über die Brücke, stellte mich auch auf der anderen Seite selbstbewußt hin und auch dort fragte mich niemand. Aus Völkermarkt ging ich nach Kühnsdorf. Dort traf ich einen Osojnik Ori, der war Lehrling, den fragte ich, wie ich weiterkommen könnte. Er organisierte mir einen Bauern mit einem Pferd, der brachte mich bis Sittersdorf, weiter traute er sich nicht, weil bei Miklauzhof die Hitlerjugend war oder so etwas und Abend war es auch schon, die Sonne ist untergegangen, und er hat mich dort ausgeladen. Ich gab ihm vier Mark und dachte mir, jetzt gehe ich über den Berg, dort hinauf komme ich schon. Es lag viel Schnee und ich marschierte die ganze Nacht unter den Fichten, wo es weniger Schnee gab. Am Morgen war ich am Prevaljnik-Sattel, um fünf, halb sechs, es wurde gerade hell. Ich ging nach Hause zum Peruč, rief meine Großmutter heraus und den Bruder, und erzählte, daß ich von den Soldaten abgehauen sei und mich ein bißchen verstecken wollte. Sie gaben mir andere Strümpfe, die Großmutter kochte mir Kaffee, dann versteckte ich mich im Stall, auf dem Getreidespeicher, wo ein doppelter Boden war. Sie warfen Futter herauf, und da drinnen war ich versteckt. Sie decken mich kaum zu, da kommt schon die Polizei vom Mikej-Hof. Sie durchsuchten alles, nur gefunden haben sie nichts.

Meine Schwester wußte, wo die Partisanen waren, und am anderen Abend schloß ich mich über die Verbindung, die meine Schwester herstellte, ihnen an. Es lag ziemlich viel Schnee, ich zog die Schneeschuhe an und stapfte den Zaun entlang hinauf zum Wögl. Dort war die *javka* [Treffpunkt], dorthin sollten die Partisanen kommen. Es dämmerte schon, als ich hinkam, und ich hörte schon von weitem den Gašper. Ich erkannte ihn an der Stimme. Ich meldete mich sofort, und wir gingen ins Haus, wo die terenci schon beisammen saßen. Das waren der Gašper und seine Gruppe, meine Frau Zala war auch dabei.

Am meisten fürchtete ich mich davor, wieder krank zu werden. Zum Glück war das aber nicht der Fall. Interessant, wie der Mensch zäh sein kann. Bei den Partisanen wurde ich nie krank. Und das, obwohl wir manchmal mehr naß als trocken waren, und obwohl es sehr anstrengend für uns alle war. Bei den Partisanen war mir nichts zu schwer. Ich hatte immer vor Augen, daß, sollten sie mich erschlagen oder sollte ich fallen, dann falle ich wenigstens auf meiner Erde.

Ich wurde als *terenec* eingesetzt, das waren die politischen Arbeiter. Während die Kämpfer im Bataillon waren, gingen wir bei den Leuten herum, verbreiteten unsere Propaganda und sammelten für die Armee Lebensmittel und alle möglichen Sachen.

Die Leute, die zu Hause waren und uns unterstützt haben, waren die *Osvobodilna fronta*, und ihre Ausschüsse gab es überall. Du stelltest mit ihnen Verbindung her, und hast diese aufrechterhalten. Sie richteten auch immer etwas her, sammelten Lebensmittel, Medikamente, meistens aber Nachrichten, wo sich die *švaba* aufhalten, wir haben immer *švabi* gesagt, Deutscher hat nie wer gesagt, sondern nur, der *švaba* kommt, der *švaba* geht.

Wenn du zu einem Treffen gegangen bist, dann hast du dich nicht immer drauf verlassen, daß nicht noch jemand anderer dasein könnte. Du hast dich ein wenig vom vereinbarten Punkt entfernt postiert und erst dann die ausgemachte Parole gerufen, für den Fall, daß sich am Treffpunkt ein Fremder befindet. Wenn du umhergegangen bist, dann mußtest du immer das Terrain beobachten, denn manchmal waren die Polizei oder die Gestapo in der Gegend, und lauerten auf dich. Der Jozej Šorli ist auf diese Weise umgekommen. Die Polizei ist gekommen, ob sie ihn bemerkt haben, weiß ich nicht, er ist geflohen, das war schon in der Dämmerung, und sie haben hinter ihm hergeschossen und ihn verletzt. Er war ganz alleine. Ob er zu einem Treffen gegangen ist oder sonst etwas zu tun hatte, weiß ich nicht. Sie folgten seiner blutigen Spur und erwischten ihn. Sie schleppten ihn zu seinem Vater und erschossen ihn in seiner Gegenwart. Sie fragten ihn dann, ob er den kenne. Der Vater tat so, als ob er überhaupt nicht wüßte, wer das ist, und dann mußte er ihn auch noch selbst begraben.

Ob du dich auf die Heimischen verlassen konntest oder nicht, das war nicht immer einfach zu entscheiden. Manch einer hat freundlich getan, aber du wußtest nicht, ob du ihm wirklich trauen konntest. Deswegen fürchteten wir uns am meisten vor solchen, die einen immer anzeigten. Zeigt dich jemand an, dann weiß die Polizei in Eisenkappel genau, wo, wie viele und wer wir waren. Wir machten mit den Leuten, die gemeldet haben, aus, sie sollten sagen, daß wir lauter Fremde seien. Daneben gab es noch viele, die sagten, sie würden uns nicht melden, und dann taten sie es doch, weil sie ja vor der Polizei Angst hatten. Wenn sie nicht meldeten, daß die Partisanen am Bauernhof gewesen waren, dann wurden sie eingesperrt und ausgesiedelt. Die Leute, die am Hof geblieben sind, haben manchmal genausoviel und noch mehr geleistet als die Partisanen. Ist die Polizei gekommen, dann mußten sie so tun, als ob sie gegen die Partisanen wären, und es sind oft große Polizeipatrouillen, 50–70 Mann, herumgegangen und haben dann auf den Höfen übernachtet. Bevor Zala und ich zu den Partisanen gingen, blieben sie auch bei uns immer wieder über Nacht. Sie legten sich einfach ins Haus und heizten ein. Jetzt mußten wir mit ihnen gut sein. Wenn die Partisanen gekommen sind, waren wir mit ihnen natürlich auch gut. Man wußte ja, daß sie für das slowenische Volk und die eigene Existenz kämpften. Und wenn die Polizei dann draufgekommen ist, daß du mit den Partisanen Kontakt hast, dann hast du draufgezahlt.

Wenn wir Partisanen zu einem Haus kamen, war es oft genug der Fall, daß sie uns irgendwelche Decken gaben, und wir schliefen draußen. Das sahen sie gerne, weil sie ja sonst im Haus auch keine Ruhe hatten. Wenn du jetzt mit ihnen redest, dann sagen sie das auch. Voriges Jahr hab' ich in Ebriach eine Frau besucht, auf deren Hof wir schon als Partisanen gewesen waren und wo die Mädchen so schön gesungen hatten, die hat zu mir gesagt: »Bist du dieser Mihi, der mir gesagt hat: ›Fürchtet euch nicht, ich werde Wache halten‹? Wir hatten ja solche Angst, daß die Polizei auftaucht.« Es tat zwar noch jeder so, als ob er dich gerne sehen würde, aber ich sage, wie es war. Einige sagen heute, bei dem Haus hatten sie mich so gern, und bei dem Haus hatten sie mich so gern, in Wirklichkeit aber war jeder froh, wenn du wieder aus dem Haus draußen warst. Ist ja auch logisch, sie hatten Angst vor der Polizei. Auf der anderen Seite waren sie wieder so gut. Bei denen, die wir gut kannten, hielten wir uns fast jeden Tag auf, und ich weiß nicht, woher sie so viel Lebensmittel hatten, um uns und sich zu ernähren.

Unter der Ojstra bereiteten wir im Frühjahr '44 eine Sitzung des Exekutivausschusses, der sich manchmal getroffen hat, vor. Das dauerte auch zwei, drei Tage, bevor alle zusammen kamen, weil sie aus ganz Südkärnten angereist kamen. Unter denen aus dem Rosental schlich sich auch ein *raztrganec* ein. Dieser Mensch machte alles sehr gut und war sehr hilfsbereit. War bei einer Tasche irgendetwas kaputt, hatte er eine Zange dabei, und sofort war das gerichtet. Zu Mittag gingen ein paar von uns zum Holar. Der Mensch kam mit uns, er war ungefähr 40 Jahre alt, seine Tasche ließ er im Lager liegen. Dort wurde jetzt aber wieder eine Zange gebraucht, um etwas abzuzwicken. Und sie schauten in seine Tasche, die dort lag. Schon früher kam einer Partisanin die Pistole abhanden. »Wo ist die Pistole, wo ist die Pistole?« So ging es die ganze Zeit. »Wer hat sie genommen?« »Vielleicht hast du sie verloren?« Sie öffneten die Tasche, und da war diese Pistole. Hat sie der Mensch gestohlen. Jetzt durchsuchten sie natürlich die Tasche, und sie fanden eine Karte, auf der alles eingezeichnet war, alle unsere Stellungen und unsere Leute. Wir kamen zurück, die Sonne schien so schön, ich wickelte mich in meine Decken ein, ein Stück weiter weg legte sich der hin, auf einmal schreit der Kolja: »Hände hoch!« Mir fuhr der Schreck in alle Glieder, dann verhörten ihn die *vosovci* und erfuhren alles von ihm. Er hatte alle unsere Treffpunkte auf der Karte aufgezeichnet, und er hatte die Aufgabe, unseren Hauptausschuß zu erschießen, seine Verbindungsleute wären in Eisenkappel unten, so erzählte er. Wenn ihm sein Plan gelungen wäre, dann hätte die Polizei alle unsere Stellungen rund um Eisenkappel erfahren und alle Menschen, die mitgemacht haben, was das Schlimmste gewesen wäre.

Während des Krieges trat ich der Kommunistischen Partei bei. Wir hatten manchmal unsere eigenen Sitzungen und politischen Unterricht. Wenn der Hitlerismus vernichtet ist, dann wird sich die slowenische Nation ihre Zukunft selbständig gestalten, so hat es geheißen, und: »So viel wir uns erkämpfen werden, so viel werden wir auch erhalten.« Nach dem Krieg war aber alles anders.

Vor der Aufnahme in die Partei schickten sie mich zuerst in die Parteischule, die war bei einem Bauern in der Solčava untergebracht. Dann kam aber die große Offensive auf die Solčava, wir waren bis zum Mittwoch in der Parteischule gewesen, sie gaben uns die Zeugnisse einfach so, dann mußten wir uns verstecken. Ein Mann und eine Frau leiteten diesen Kurs, wir waren an die 30 in diesem Bauernhaus. Sechs Wochen hätte er dauern müssen, aber nur drei Wochen dauerte er. Wie es am schönsten wäre auf Erden, lauter so schöne Sachen trugen sie vor. Die Armee weg, komplett weg, die Religion ziemlich beiseite schieben, Religionen gäbe es sowieso so viele. Die werden sich untereinander nie einig sein, und der Kampf zwischen ihnen wird immer weitergehen. Einer von diesen politischen Kämpfern sagte: »Diese Maria war genauso eine Frau wie jede andere. Sie war keine Heilige, sie war eine Frau und hat Christus geboren, und der war ein fähiger Mensch.« Und sie beschrieben ihn genauso, als ob er der erste Kommunist gewesen wäre.

Die Aufnahme in die Partei war dann nichts Besonderes mehr. Ein Komitee setzte sich zusammen und sagte dir, wann du aufgenommen worden bist. Neben den Parteisitzungen hatten wir auch noch politische Stunden für alle. Die abzuhalten war die Aufgabe des Sekretärs in der Einheit. Bei uns wurde manchmal ein Buch gelesen, gewöhnlich aber hat der Gašper gepredigt, er hat einfach gepredigt, er war ein alter Kommunist und beim Matjaž, dem Leiter der terenci, furchtbar beliebt. Der Gašper hat auch ziemlich kommandieren können. »Geh dort hin, dort hast du das und das zu tun«. Du hast nicht mehr gewußt, als das, was er dir diktiert hat. Aber das ist einerseits viel besser, daß nicht jeder alles weiß, damit es nicht zum Verrat kommt. Ich sage nur, je mehr Leute von etwas wissen, desto weniger kannst du dich verlassen. Das gleiche galt für die Bunker. Je mehr Leute davon wußten, desto gefährlicher war es.

Ein Beispiel: Als wir beim Stock am Obir waren, da hatten wir auch einen Bunker. Der Exekutivausschuß war drinnen, und es wurde gerade eine Parteischulung abgehalten. Einmal aber ist der *vosovec* Kolja von irgendwoher gekommen, und hatte seinen Begleiter mit. Nicht lange darauf wurde sein Begleiter gefangengenommen. Freilich, wie wir das erfahren haben, hieß es sofort, alles hinaus und den Bunker verlassen. In der Nähe waren auch noch die Kundschafter des Westkärntner Bataillons, die Polizei kommt von unten herauf, die Kundschafter sind genau über uns, und wir genau dazwischen. Die Polizei begann zuerst auf die Kundschafter zu schießen, die zogen sich zurück, da griff die Polizei unsere Wache an. Wir sind geflohen, die einen hierher, die anderen dorthin. Mit uns war aber auch ein Mädchen, das gerade erst zu den Partisanen gekommen war, und ich weiß nicht wie, aber sie ist eine Zeitlang geradewegs durch die Mitte marschiert. Auf einmal war sie alleine, und sie ist sechs Tage dort alleine gehockt, und das im Winter. Sie war so durchfroren, daß sie ihr die Beine wegschneiden mußten. Sie hörte die Partisanen, aber in ihrer Panik dachte sie, daß das Polizisten seien und traute sich nirgends hin. Sie war eine Anfängerin, vielleicht zwei, drei Monate bei den Partisanen. Wir schickten noch Patrouillen zurück, damit sie sie suchten, aber sie haben das Mädchen nicht entdeckt, und dann hatte sie eben diese Erfrierungen. Daran ist sie letztendlich auch gestorben.

Miha Sadolšek

Deutsche Soldaten, kämpft nicht

Ivana Sadolšek-Zala

Uns gab zu denken, daß die Gendarmen alles Slowenische, die Aufschriften auf den Marterln und in der Kirche übertünchen ließen, und überall hieß es: »Kärntner, sprich deutsch!« Wir hatten auch so ein Marterl, da stand auf slowenisch drauf: »Gott schütze dieses Haus!«. Das haben wir nicht übermalen, und auf einmal kommen drei Gendarmen und schreien so furchtbar, wir sollen das sofort wegtun. Und das hat uns schon sehr irritiert, nicht einmal am Gottesmarterl darf was Slowenisches draufstehen. Das war noch vor der Aussiedlung.

Und dann kam die erste Aussiedlungswelle. Wir waren gerade beim Ackern – wir bauten ja alles, was wir brauchten, selbst an, außer Zucker und Kaffee, da kommt auf einmal der Bruder meines Mannes, er lebte beim Stopar, und erzählt, daß sie den Stopar mit seiner Familie ausgesiedelt hätten. Der war völlig außer sich, die hatten nur eine halbe Stunde Zeit gehabt, um die Sachen zu packen. Der Bauer hat noch eine Flasche Schnaps ausgetrunken, eine ganze Flasche, mit der hat er sich betrunken gemacht, der war bewußtlos. Da haben die Nazis ihn auf einen Wagen geschmissen und weggebracht, und den Brecek und den Smrtnik und andere. Wir spannten natürlich gleich aus und dachten, jetzt holen sie uns auch. Das war aber nicht der Fall.

Wir hörten dann schon im Herbst '42 etwas von den jugoslawischen Partisanen. Sie waren aus der Richtung Rechberg entlang der Bahnlinie gekommen. Da begann die Nazis mit ihrer großen Propaganda: »Das sind Banditen, wenn die kommen, dann schießen sie alle nieder, die sind alle Mörder«. Und im selben Herbst '42 kamen dann die Partisanen zu uns. Wir haben gerade gemäht, und wie wir sie da hoch über uns gesehen haben, da fürchteten wir uns richtig. Das waren so zehn, zwölf junge Leute, schwer bewaffnet, jeder hatte einen Karabiner und eine MP, und Patronengurte, und die kamen zu uns, und fragten, ob da irgendwo deutsche Polizei sei. Wir sagten, wir haben nichts gesehen. Und die merkten, daß wir uns fürchteten, und sagten: »Sie brauchen sich nicht zu fürchten, wir sind die slowenische Befreiungsfront, und den Hitler müssen wir besiegen. Die Nazis müssen wir vertreiben, schaut, was die schon alles gemacht haben, Aussiedlung und das alles, und das blüht uns auch, darum müssen wir alle gemeinsam kämpfen, sonst wird kein Friede sein.«

Und wir dachten uns, um Himmels willen, der Hitler, der wird ja nie verlieren, stark, wie der damals war. Na ja, aber der Gedanke war schon da. Und dann haben sie vom Kralj Matjaž erzählt, wie er aufstehen wird und uns anführen, und die jugoslawische Armee würde kommen und uns befreien, denn wir seien ja auch Slowenen. Natürlich sind wir Slowenen, sagten wir, und brachten sie zum Haus, ich melkte eine Kuh und gab ihnen Milch zu trinken, und Brot und Speck gab ich ihnen, damit sie sich sattessen konnten.

Dann erzählten sie, wie unten in Jugoslawien schon alles organisiert sei, daß sie dort schon den Aufstand hätten und die *Osvobodilna fronta* gegründet wäre. Dann wollten sie zurück zur jugoslawischen Grenze. Und da führte sie der Nachbar dann bis zum Wögl, und von dort brachten sie der Vršinar France und der Wögl zur Grenze. Der Vršinar und der Osojnik aus Koprein waren schon in Dachau gewesen, die waren kurz vorher, aus welchem Grund auch immer, entlassen worden, und die wußten zu erzählen, wie es in Dachau zuging, die Massenmorde, die Hunde und so. Die Gendarmerie fing die Gruppe bei der Luža ab, und da fielen die ersten Schüsse. Der Vršina aber kannte die ganzen Stege, weil er früher geschmuggelt hatte und führte sie über den Mozgan hinüber.

Wir hörten dann ausländische Sender; der Kuhar, der Bruder von Prežihov Voranc, der hatte in London am Samstag abend eine slowenische Sendung, da sprach er, und wir hörten ihn uns immer an. Radio Moskau kriegten wir nicht. Wir hatten ja sowieso kein Radio zuhause, wir gingen immer zum Prevernik. Da stand dann immer einer Schmiere, damit sie uns nicht erwischen konnten. Das war Ende '42.

Dann bekam mein Mann die Einberufung. Und uns stellten sie einen fünfzehnjährigen Polen hin. Alle Jungmänner wurden einberufen, der Žležič Rokej und andere. Der Rokej hatte '38 bei der Abstimmung mit »Nein« gestimmt. 1939 sagte der Wölfl [Prušnik-Gašper] zu uns:

»Bringt's die Formulare für die Volkszählung zum Žležič, der wird sie
schon ausfüllen.« Der schrieb dann überall Muttersprache »slowenisch« hinein. Was wir für Scherereien hatten deswegen! Der Žležič
war ein Kommunist durch und durch. Meine Mutter mußte zum Ortsgruppenleiter hinunter, der sprang auf und schrie: »Ihr g'hört alle
ausgesiedelt, ihr g'hört eingesperrt. So gut geht's euch jetzt und trotzdem schreibt Ihr Muttersprache slowenisch hinein.« Und sie redete
sich aus, sie kann nicht schreiben und versteht so wenig deutsch und
darum hat sie es dem Žležič gegeben. Der Žležič wurde kurz darauf
einberufen und fiel etwas später.

Im dreiundvierziger Jahr, im Frühjahr, im März, April, kam der Prušnik
mit zwei Begleitern zu uns. Wir politisierten über die Lage und darüber,
daß wir helfen sollten. »Na, was können wir denn helfen?« »Ja, alles
mögliche.« Kurz darauf gründeten wir dann die Frauenorganisation, die
»Antifaschistische Frauenfront« und ich wurde die Vorsitzende.

Wir begannen zu organisieren. Die Partisanen brachten uns Plakate,
Flugblätter und anderes Material. Und nachts schrieben wir Parolen:
»Smrt fašizmu. Svoboda narodu!« Die Zettel streuten wir in Eisenkappel, in Völkermarkt, sogar in Klagenfurt, da waren Parolen drauf:
»Deutsche Soldaten, kämpft nicht! Slowenische Soldaten, kämpft nicht
für Hitler. Eure Familien sind ausgesiedelt!« Und da waren wir dann
schon junge Frauen beieinander, sodaß wir, die Žležič Mici und ich, uns
schon eher zurückziehen konnten, denn bei uns war ja der Stützpunkt
für die Partisanen, wo sie sich aufhalten konnten. Zu der Zeit war mein
Mann noch in der Jägerkaserne in Klagenfurt, und wenn wir ihn besuchen gingen, redeten wir mit den Soldaten, die wir kannten, und hetzten
sie auf, sie sollten zu den Partisanen gehen. Das war ganz schön gefährlich. Wenn dann einer ging, dann haben wir das so gemacht, daß es
aussah, als hätten die Partisanen ihn zwangsmobilisert. Da dachten wir
schon auch an die Familie. Aber einige sind auf eine Weise gegangen,
das war dann schon fast öffentlich. Da sind dann die Deutschen immer
zu uns gekommen und haben bei uns die Nacht verbracht, damit sie die
Partisanen erwischen. Da haben wir aber draußen unter den Linden ein
Kreuz aus Ästen gemacht, damit die Partisanen nicht anklopfen.

Die Deutschen haben dann Spitzel geschickt, von der Gestapo, angezogen als Partisanen, um zu testen, welche Häuser die Partisanen unterstützten. Einmal im Juli kamen sie zu unserem Onkel, das war ein alter
Sozialist, der war früher in Jugoslawien Bergarbeiter und hat dann meine
Tante geheiratet. Acht fesche Männer tauchten auf, mit Titokappen, und
wollen bei ihm in der Keusche übernachten. Das war ihm aber gleich
verdächtig, denn mit den Partisanen war ausgemacht, daß immer einer
dabeisein mußte, den wir kannten, sonst sollten wir melden. Er geht unter
irgendeinem Vorwand hinaus, und horcht an der Tür und merkt, die reden
deutsch. Er ist sofort zu uns, was soll er tun, das können keine Partisanen
sein, sonst würden sie ja nicht deutsch reden. Wir antworteten: sofort
melden. Die raztrganci spazierten unterdessen herum, sodaß sie alle

sehen konnten, und behaupteten, sie seien verlorengegangen, ihre Leute mußten da irgendwo sein, ob wir denn nicht wüßten, wo. Wir verneinten, und ich ging mit der Peruč Mici hinunter zur Polizei nach Eisenkappel; dort war der Orlitsch, und er lachte, als er uns kommen sah. Wir sagten: »Bei uns gehen die Partisanen um. Gehen sie hinauf, und holen sie sie.« Fragte der Orlitsch: »Ja, wo sind sie denn?« »Beim Peruč.« Und dann sagte er: »Ihr seid's brav, daß ihr alles meldet.« Aber unternommen hat er nichts. Da haben wir es dann gewußt.

Einmal hatten wir eine Sitzung der Frauenfront. Wir trafen uns an einem Sonntag nachmittag, und wir brachten ein bißl was zum Essen mit, damit's aussah wie ein Picknick. Ich hatte einen Doppler Wein mitgebracht, so eine Zweiliterflasche, und zwei Liter Most. Und dann diskutierten wir, der Prušnik war auch dabei, was wir weiter machen müßten, was zu organisieren wäre und so weiter. Unten beim Stopar, wo sie die Familie ausgesiedelt hatten, dort war ein Kanaltaler auf den Hof gekommen, und der hatte einen 16jährigen Buben, der war aber offensichtlich von der Gestapo eingeschult, der schnüffelte überall herum. Wir sitzen also da oben und reden, und auf einmal wackelt irgendetwas oberhalb, ich schau hin, da ist er. »Madonna«, sage ich, »da ist wer!« Er war so schnell verschwunden, daß mir die anderen gar nicht glauben wollten, daß da einer war. Erst, als wir zusammenpackten und die Flasche mit dem Most fehlte, erst da glaubten sie mir. Ja, was werden wir jetzt machen? Sollen wir heimgehen? Da würden sie uns sicher gleich holen kommen. Die Partisanen sagten uns, wir sollten zur Polizei gehen und melden, die Partisanen hätten uns mitnehmen wollen. Wir zerrissen uns die Strümpfe, zersausten die Haare und gingen auf den Posten. Wie wir hineinkommen, sehen wir dort schon die Flasche stehen. Wir machen auf Panik und sagen zum Orlitsch: »Ja, die Partisanen wollten uns mitnehmen, dort oben haben sie uns schon g'habt, aber wir sind ihnen durchgegangen. Jetzt wissen wir nicht, was wir machen sollen, wir trauen uns nicht heim.« Und der Orlitsch: »Es war richtig, was ihr g'macht habt. Aber geht nur heim, macht so weiter.« Na, wie wir draußen waren aus dem Posten, waren wir ganz schon erleichtert, die hätten uns ja dort behalten auch können, nicht. Die Polizei hat aber Verdacht geschöpft, die haben die Polen verhört bei uns, und die Cousine, die am Hof war, die hat der Orlitsch einmal beiseite genommen und so richtig ausgefragt. Die war ein richtiges Tratschweibl, der haben wir nicht so vertraut, vor der haben wir immer alles versteckt, darum hat sie dem Orlitsch nichts erzählen können. Ich bin zum Orlitsch gegangen und hab' ihn gefragt, was er will, er hat aber nur gesagt: »Mit ihnen hab' ich nichts zu reden.« Hab' ich mir gedacht, na, irgendetwas stimmt da aber nicht. Wir haben dann die Partisanen gewarnt, daß wir überwacht werden.

Dann hätte die Kompanie von meinem Mann nach Rußland abgehen sollen, und er hat noch einmal Urlaub gekriegt, bevor's losging. Und da haben wir uns in Eisenkappel getroffen. Remschenig, Leppen galten schon als Bandengebiet. Und dort hat er gesagt, er möchte noch einmal den Kleinen sehen, und ich hab' mich breitschlagen lassen, und er ist zu uns gekommen. Und wie wir bei uns sind, klopft's an der Tür, war's die Gendarmerie. Ich hab' geglaubt, jetzt werden sie ihn holen kommen, doch die haben ihn gar nicht beachtet, die wollten nur mich. »Zieh'n Sie sich an und kommen Sie mit, auf die Polizeistation nach Eisenkappel, die wollen etwas von Ihnen wissen.« »Ja, was wollen die wissen?« »Nichts, nichts, reden Sie nicht so viel herum, kommen Sie.« Das war jetzt ganz schlimm. Und ich nahm mir noch ganz fest vor, entweder ich fliehe und komme durch oder sie erschießen mich gleich. Ich hatte ja so viel am Kerbholz, und ich habe gewußt, wie es drinnen zugeht, wie die Leute gefoltert werden. Na, ich habe mich fest angezogen, aber die haben mich nicht mehr allein gelassen. Mein Mann hat gefragt: »Ja, was ist mit mir?« »Sie können mitkommen, Sie können aber auch dableiben. Das ist egal.« Hat er gesagt: »Wenn sie geht, geh' ich auch.« Dann sind wir hinunter zur Polizeistation. Er wurde über Nacht in eine Schule eingesperrt und dann am nächsten Tag nach Klagenfurt gebracht.

Und zu mir ist dann die Gestapo gekommen, sechs waren es, die haben in der Mitte einen Sessel aufgestellt und haben mit dem Kreuzverhör begonnen. Die haben mich nach einem Bunker gefragt, von dem ich wirklich nicht wußte, wo er war. Dann fragten sie mich nach dem Prušnik. »Ich kenne keinen Prušnik«, sagte ich. »Der war bei Ihnen, streiten Sie das nicht ab!« Über zwei Stunden haben sie mich verhört, und um ein Uhr nachts sind wir dann Bunker suchen gegangen, und da haben sie mich geschlagen und gefesselt, mit einer Kette, so wie einen Hund. Sie schlangen sie um die Handgelenke und hielten das Ende der Kette wie eine Leine. Ich denke mir: Madonna, wie komme ich da weg? Mit den Ketten kann ich ja nicht abhauen. Einer von der Gestapo ist vorn gegangen, einer hinten, in der Mitte ich, völlig eingeschnürt, die fragen dauernd nach dem Bunker. Es war dunkel und die hatten Angst wegen der Partisanen, das habe ich gemerkt. Die fragen nach dem Bunker und ich sage: »Jetzt laßt mich endlich mit dem Bunker in Ruh', ich kann nicht weiter, meine Händ' sind so eingeschlafen, ich spür' die Händ nimmer.« Zuerst brüllt mich einer von denen noch an, ich soll den Mund halten, er schlägt mir auf den Mund, aber ich höre nicht auf zu jammern, und dann lockerten sie die Fesseln doch, und ich spanne im Dunkeln die Hände an, und bringe sie tatsächlich heraus. Und da denk ich mir, jetzt – entweder – oder. Da waren wir schon beim Knolič, dort konnte ich nicht fliehen, rundherum nur Wiesen, sie hätten mich ja sofort erschossen, also schob ich die eine Hand zurück in die Kette und wartete, bis wir in den Wald kamen.

Und dann kommen wir tatsächlich in einen dichten Wald, dort ist es stockfinster, wir gehen gerade über so einen Steg – und ich zieh' die Hände heraus, werf' mich hinter den Gestapo-Mann und laß' mich hinunterpurzeln. Ich höre noch, wie der eine Gestapo-Mann schreit: »Das Weib ist durchgegangen.« Und die haben sofort eine Leuchtrakete steigen lassen und haben geschossen, daß die Äste nur so weggeflogen sind. Ich bin gerannt und direkt in einen Baum hinein, da war ich bewußtlos für Sekunden, das spür' ich noch heute, der Teil ist tot, den spür' ich nicht richtig. Ich bin da gelegen neben dem Baum und habe geglaubt, ich bin verletzt. Doch dann habe ich probiert aufzustehen, es ist gegangen, und da habe ich mir gedacht, so, jetzt aber nichts wie weg. Und bin weitergelaufen, habe mir die Strümpf zerrissen, die Haut aufgeschürft, nicht ein Finger war heil nachher. Ich habe gewußt, über die Straße darf ich jetzt nicht, da suchen sie bestimmt, und so bin ich in die andere Richtung, in so einen Fichtenwald, der ist ganz dicht bewachsen, dort habe ich mich hingelegt und habe gewartet. Die haben mich gesucht wie wild, aber sie haben mich nicht gefunden.

Der Bunker war aber genau oberhalb. Da drinnen waren die Mira, die Frau vom Prušnik, und der Stane, die waren während der Schießerei geflüchtet, weil sie glaubten, die Nazis hätten den Bunker überfallen.

So, jetzt bin ich natürlich zu den Partisanen gegangen; das war gar nicht so leicht. Ich hatte ja zum Beispiel nicht viel Erfahrung mit Waffen. Mein Mann war zwar Jäger, da habe ich ein paarmal mit seinem Jagdgewehr geschossen, aber das ist ja nicht vergleichbar. Zuerst hatte ich ein italienisches Kleinkalibergewehr, später aber nur noch Pistolen, eine Walther und eine englische Handgranate. Die Walther hatten wir einem festen Nazi geklaut.

Ich war dann Sekretärin der antifaschistischen Frauen von ganz Kärnten, da war Ferlach, da war Völkermark und da war Klagenfurt, und ich war einmal da und einmal dort. Ich war dann ab Herbst '44 in einem Bunker in Matzen bei Ferlach, dort habe ich gearbeitet. Es war so, daß ich mehr politisch engagiert war als direkt bei den Bataillons. Die Frauen von den Bataillons haben die Kämpfe schon mitgemacht, so wie die Männer. Und wir haben auch Essen organisiert. Die Bauern haben ja gegen Ende selbst nichts mehr gehabt, was sie hätten geben können, und da haben wir einmal nur Maisgrieß gehabt im Bunker. Gerade, als der Matjaž und der Bizjak, der war auch vom Gebietskomitee, bei uns waren, ist uns auch der Maisgrieß ausgegangen. Und da hat uns ein Bauer angeboten, von ihm könnten wir etwas haben, aber es müßte so ausschauen, als hätten wir es ihm gestohlen. So etwas ist öfters vorgekommen. Die konnten so den »Diebstahl melden«, und die Nazis bezahlten den Bauern den Schaden, das war für beide Seiten günstig. Nur waren zwischen uns und seinem Hof deutsche Bunker. Also, wie an diesen Bunkern vorbeikommen? Da sind eben wir Frauen mit leeren Rucksäcken losgezogen, und sind problemlos vorbeigekommen; der Bauer hat zwei Ferkel geschlachtet und Mehl haben wir gekriegt. Wir haben die Lebensmittel genommen und sind wieder hinauf. Doch die Deutschen bemerkten uns und begannen zu schießen. Da hat der Majski, der Kommandant, gesagt, alles nieder, und wir haben zurückgeschossen. Dann ist immer ein Teil vor, und der Rest hat Deckung gegeben. Dann sind die von der Deckung vor und die anderen haben Feuerschutz gegeben. Und so sind wir alle durchgekommen, keiner ist gefallen.

Die Marjetka, die neben mir rannte, hatte in ihrem Rucksack eine Schweinsschulter, und wie wir so rennen, merke ich, wie sie immer müder wird. Und sie sagt: »Ich kann nimmer. Ich werf' den Rucksack weg.« Ich schreie sie an: »Nein, das wirst du nicht machen, den Faschisten werden wir das Fleisch nicht lassen. Was sollen wir denn dann essen?« Na, und sie hat es dann wirklich nicht weggeworfen, und wir haben das Fleisch zu uns in den Bunker gebracht. Und wie unser Koch das Fleisch tranchiert, findet er eine Kugel drinnen, eine Gewehrkugel. Und da habe ich zu ihr gesagt: »Siehst es, ich hab' dich gerettet, sonst wärst du jetzt nicht mehr da.« Da hat offensichtlich einer den Rucksack von der Marjetka getroffen, aber die Kugel ist im Fleisch steckengeblieben. Sonst hätte es die Marjetka erwischt.

Ich bin dann nach Jugoslawien, das war abenteuerlich, acht Tage zu Fuß, durch die Besatzung und so, und dann hinunter. Da war ich auf einer antifaschistischen Kaderschulung. Das war eine politische Ausbildung. Wir lernten viel. Da waren die zentralen Funktionäre dort, die hielten Vorträge, und wir schrieben alles mit. Der Kidrič war dort, und der Leskovšek und die Vida Tomšič. Das war eine theoretische Ausbildung, gedacht für die Zeit nach dem Krieg, sie dauerte drei Monate.

Am Schluß des Kurses hatten wir noch ordentliche Kämpfe, mit den Weißgardisten und mit den Kosaken, die waren in der SS, die Wlassow-Leute, die haben sich überhaupt aufgeführt wie die letzten Schweine, die haben die Frauen vergewaltigt, gefoltert und dann umgebracht. Da ist ja alles drunter und drüber gegangen am Schluß. Ich habe nicht mehr geglaubt, daß ich Kärnten je wiedersehen würde.

Ivana
Sadolšek-Zala

Köchin im Bataillon

Terezija
Urbančič-Slavka

Hier in Remschenig haben sie einen Partisanen gefangengenommen und ihn verprügelt. Da haben die Leute zu reden begonnen, er hätte alles verraten, und ich habe nur mehr gehört, ihr seid auf der Liste, euch werden sie liefern. Bei uns waren ja oft die Partisanen, beim Šein in Vellach, überhaupt nachdem mein Mann zu den Partisanen gegangen war. Damals habe ich nur so gehorcht, wann uns die Deutschen holen kommen. Schließlich hielt ich das alles nicht mehr aus, nahm die Kinder und bin weg mit ihnen. Die erste Zeit ging ich noch heimlich zum Haus, um das Vieh zu füttern und aufzuräumen, dann aber brachte ein Nachbar die Polizei aus Eisenkappel, die haben alles geplündert. Da konnte ich nicht mehr zurück und war im Wald in einem Bunker, so einem quadratischen, vier mal vier Meter war er, es war Jänner, ich hatte drei Kinder mit und noch vier andere waren dort, sodaß sieben Kinder in dem Bunker waren. Mein Jüngster war eineinhalb Jahre alt, der zweite drei,

287

das Mädchen elf. Wie diese Kinder verkühlt waren. Sie durften nicht weinen im Bunker, du konntest sie nicht säubern, du konntest ihnen nichts zu essen geben, es war schlimm. Die Buben habe ich dann zu meiner Mutter gegeben, sie hat sie genommen, das Mädchen ist im Bunker geblieben.

Dann haben sie eine Partisanin erwischt und sie so geprügelt, und sie haben ihr immer wieder gesagt, sie wüßte noch von einem Bunker, sie soll ihn nennen, dann kommt sie frei. Sie wurde ja sowieso nicht freigelassen, aber sie dachte sich, in dem Bunker ist sowieso niemand mehr, und sie führte die Polizei hinauf. Aber es waren noch welche drinnen, unter anderem meine Tochter. Sie haben sie gefangen und nach Klagenfurt gebracht. Dort ist angeblich der Trubi dazugekommen, das

*Partisanenküche.
Zweite von rechts:
Terezija Urbančič-
Slavka.*

war ein Eisenkappler Nazi, den haben sie gefragt, wohin sie mit dem Mädchen sollen, und er soll gesagt haben: »Gebt sie mir mit, sie hat genug eigene Leute, einer wird sie schon nehmen.« Sie haben sie freigelassen und sie ist bis Kriegsende bei meiner Schwester geblieben.

Ich aber bin von dort weg in die Armee gegangen. Am Anfang habe ich ein bißchen genäht. Wenn wir zu einem Bauern gekommen sind, der eine Nähmaschine hatte, dann habe ich schnell genäht, was sehr zerrissen war, gewaschen habe ich, später dann war ich Köchin. Ich habe nie eine Waffe getragen. Am Anfang gab es sowieso nicht viele Waffen, und so waren die Frauen mehr oder weniger ohne, später hätte ich eine Pistole haben können, aber ich wollte keine. Nicht einmal um mich selbst zu schützen. Daß ich in eine Falle geraten könnte, daran habe ich nicht denken wollen. Hier in der Gegend waren die Frauen mehr für das Nähen, Waschen und Kochen, sie hatten nicht so viel militärische Fähigkeiten wie die Frauen heute.

Wenn wir irgendwohin gekommen sind, dann haben wir unsere Lebensmittel zusammengesammelt und ich habe gekocht. Wenn wir bei einem Bauern waren, habe ich manchmal sogar Sterz oder gar Strudel gekocht, meistens aber haben wir Fleisch gegessen, in kleine Stücke geschnitten und gekocht. Manchmal hatte ich gerade alles fertig, da ist die Polizei gekommen und wir haben alles liegen- und stehenlassen müssen und sind geflohen. Einmal in der Solčava sind wir auf einem Felsrand gehockt, unter uns die Polizei, die nicht weggehen wollte, wir aber wären nicht an ihnen vorbei gekommen, ohne daß sie uns bemerkt hätten. Damals haben wir drei Tage und Nächte ohne jedes Essen, ohne Wasser dort oben gewartet.

Die Küche war immer ein bißchen weiter hinten, die Kämpfer sind vorausgegangen, wir hinterher mit einer Schutztruppe und den ganzen Küchengeräten. Jeder hat etwas getragen, die Kessel gewöhnlich solche, die das zur Strafe tun mußten. Manchmal hat einer bei einem Bauern etwas mitgehen lassen, dann hat sich der Bauer halt aufgeregt. Wir mußten uns dann sofort aufstellen, alle Rucksäcke und Hosensäcke wurden durchsucht und wenn sie etwas gefunden haben, mußte der Betreffende zur Strafe halt die Kessel schleppen, manchmal wurden sie aber auch erschossen. Gerade wie es gekommen ist.

Am Anfang hatte noch jeder seine Kleider von daheim, aber die waren ja mit der Zeit zerrissen, und wie oft mußten wir so rennen, daß wir sogar den Rucksack abwarfen, damit wir schneller laufen konnten. Dann hatten wir nichts mehr, nicht einmal Wäsche. Und dann gingen wir eben zu einem Bauern, damit er uns irgendeine Hose gegeben hat. Noch gut, daß wir Frauen keine Regel hatten, es war überhaupt nicht schlimm, daß das ausblieb. Du hattest sowieso genug damit zu tun, sauber zu bleiben. Es ist ja alles Mögliche vorgekommen, es sind Brigaden heraufgekommen und die haben Läuse mitgebracht, sodaß wir bei den Bauern alle Kleider kochen mußten, damit wir die Läuse ein bißchen wegkriegen konnten. Ich weiß noch, wie wir einmal aus Črna nach Topla gekommen sind, dort war ein großes einstöckiges Haus, ein langer betonierter Flur, den werde ich mein Lebtag nicht vergessen. Wir legen uns in diesem Flur nieder, wie Schaufelstiele sind wir gelegen, verschwitzt, naß, wenn du verschwitzt bist, dann haben dich die Läuse noch viel lieber, sie haben uns so gebissen, daß wir nicht schlafen konnten. Gesund war das alles ja nicht gerade.

Im Herbst '44 hatte ich so erfrorene Füße, daß mich mein Bataillon bei einem Bauern in Koprein gelassen hat, damit ich mich ausruhe und gesund werde. Ich hatte solche Füße, daß ich sie in Säcke einwickeln mußte, ich paßte in keinen Schuh mehr hinein. Nur, ich habe den Bauern nicht so gut gekannt und bin auf eigene Faust zu einem Bekannten nach Solčava gegangen. Das waren drei Stunden Gehzeit. Von dort habe ich dann meiner Mutter in Remschenig eine Nachricht geschickt, sie soll mich mit den Kindern besuchen kommen, damit ich sie endlich wiedersehe. Ich fragte sie noch, ob es in Eisenkappel etwas Neues gäbe, sie sagte, sie hätte nichts bemerkt. Die Mutter ist mit den Kindern zurückgegangen und ich habe sie bis zur Grenze begleitet. Dort habe ich Spuren gesehen, nur von wem sie waren, das wußte ich nicht. Die

Mutter ging mit den Kindern nach Hause, ich machte mich auf den Weg zurück nach Solčava.

Ich komme zum Haus, da steht der Bauer an der Stallecke und ruft mir leise zu: »Slavka, Slavka!« Zuerst reagierte ich gar nicht, aber er ruft noch einmal »Slavka«, da habe ich mich erst umgedreht und er zeigt mit der Hand auf die Heiligengeistkirche und sagt: »Schau, was da ist.« Und da habe ich es gesehen, alles grünbraun, die Polizei. Ich wollte mich im Stall verstecken, aber die Tochter des Hauses hat es nicht zugelassen, wenn sie das Haus durchsuchten, könnten sie mich finden. In der Nähe aber hat die älteste Tochter des Bauern gewohnt, die konnte nicht gehen. Dort war alles voller Polizei und die haben mich aufgehalten und gefragt, ob ich weiß, wo die Banditen sind. Die Bäuerin hat mich gegenüber den Polizisten als ihre Tochter ausgegeben, sie haben aufgeschrieben, wieviele beim Haus sind und sind gegangen.

Zwei Nächte habe ich noch dort geschlafen, dann habe ich die Hosen unter den Arm genommen, ein Kleid angezogen und bin gegangen. Ich wollte in den Holar-Graben, dort wollte ich mich verstecken. Ich gehe so, auf einmal sehe ich einen Zivilisten und hinter ihm 43 Polizisten. Da bin ich dann zurück, in Richtung Österreich, von dort zum Unteren Tomažič, der hat mir eine Schüssel Milch gegeben und ein Stückchen Brot. Von dort weiter über die Alm. Ich treffe meine beiden Brüder Franček und Orij und einen dritten Partisanen aus Vellach, gehe mit dem Orij zur Straße, auf einmal hören wir ein Schreien, Weinen, Heulen, wir legen uns in eine Grube und sehen, wie sie aus der Solčava Mensch und Vieh herantreiben. Alte, Junge, die haben geschrien und geweint, das Vieh hat gebrüllt, sie haben alles mitgeschleppt, was gehen konnte, was nicht mitkonnte, Kälber, Schweine, das ist im Stall geblieben und sie haben es verbrannt. Als wir mit dem Bruder nach Solčava zurückkommen, hat schon alles gebrannt, wir haben in die Ställe hineingeschaut, das Vieh verbrannt, das Getreide hat gebrannt, soviel Lebensmittel, alles verbrannt und vernichtet.

Das Bataillon haben wir dann in Koprein erwischt, und der Kommandant hat mich nach Luče in das Savinja-Tal geschickt, damit ich dort für den Stab der Stadt Luče koche. Aber die Polizei war schon wieder nach Solčava gekommen, und weiter nach Luče. Wir flohen unter den Vovlek und weiter auf die Velika planina. Die Deutschen hinter uns her. Auf dieser Velika planina war eine Unmenge von Leuten; erschöpft, hungrig, atemlos, sodaß sie umgefallen sind. Zu essen hat es nichts gegeben, ich habe Schnee geschmolzen und Fichtenäste gebrochen, damit ich heißes Wasser kochen konnte, damit es wenigstens heißes Wasser zu trinken gab. Dann sagte der Kommandant völlig verzagt zu uns, wir sollten uns durchschlagen, wie wir wissen und können. Wir sind den Pfad hinunter, der Schnee lag hüfthoch, wir rutschten hinunter, unten war das Krankenhaus, zerstört, vermutlich hatten sie eine Granate hineingeworfen, da lag eine Hand, da lag ein Fuß, alles zerschlagen, auch die Polizei war nicht mehr dort. Wir kamen nach Solčava zu einer Frau,

290

die kochte uns eine Suppe und gab uns ein bißchen Milch. Ich wollte nur mehr nach Hause. Ich habe mich bei meiner Mutter ein bißchen ausgeruht und bin dann wieder zurück ins Bataillon.

Wie ich aus dem Krieg nach Hause gekommen bin, war ich sehr erschöpft und todkrank. Da hat mir eine alte Frau, sie war auch Partisanin, Heilkräuter geraten. Sie hat gesagt: »Trezka, klaub diese Blumen und benutze sie, du wirst ganz neues Blut bekommen.« Und wirklich, ich habe sie geklaubt und genutzt, habe neues Blut bekommen und jetzt bin ich nur selten einmal krank.

Terezija Urbančič-Slavka

Die Buben werden nicht durchkommen

Valentin Haderlap-Zdravko

Im zweiundvierziger Jahr, im September, holten die Partisanen den Vater. Es kann schon sein, daß das ausgemacht war zwischen ihnen. Der Vater kam immer wieder heimlich nach Hause, wir Kinder wußten das nicht, das war eine geheime Sache. Im Herbst 1943 arretierten mich die Deutschen. Ich weidete gerade die Kühe an der Straße. Ich mußte jeden Tag eine Stunde die Kühe weiden, bis halb acht. Um acht mußte ich dann in der Schule sein. An diesem Morgen aber kamen an die 30 bis 40 Deutsche, kreisten mich ein und fragten, wann der Vater nach Hause komme. Einige Zeit fragten sie mich, dann zogen sie aus den Rucksäcken die Schnüre heraus, legten sie mir um den Hals und hängten mich auf einen Ast auf, ließen mich wieder herunter, zogen mich wieder hinauf, dann wieder herunter, dreimal. Jemand, der den Partisanen davongelaufen war, hatte den Deutschen erzählt, daß mein Vater öfters nach Hause komme und sich auch bei den Bauern in der Umgebung aufhalte. Deswegen haben sie mich auch gemartert. Nach einiger Zeit kam die Kuchar Sofi herunter und sagte: »Der muß ja noch in die Schule gehen.« Sie aber sagten: »Der wird nicht in die Schule gehen«, dann ging einer hinauf meine Mutter holen und befahl ihr, die Kühe zu hüten, mich aber nahmen sie mit hinauf. Das ganze Haus haben sie auf den Kopf gestellt, sie haben alles durchwühlt, alle Papiere durchgeschaut.

Mich haben sie dann den ganzen Tag herumgetrieben. Wir kommen hinauf zu den Čemer-Feldern, da beginnen sie auf einmal zu schreien: »Hände hoch, Hände hoch«, sie hatten den Čemer Johij erwischt. Der ist gerade vom Hügel heruntergekommen. Er hatte auch manchmal für die Partisanen gearbeitet. Mich hatten sie schon dabei, und jetzt waren wir zwei Gefangene. Sie haben ihn so verprügelt, oh Madonna, daß sogar einer meiner Bewacher gesagt hat: »Treiben's den Buben da weg.« Und es hat mich einer etwas weiter weg gebracht, der hat fein slowenisch gesprochen. Er sagte: »Ihr werdet beide noch so verprügelt werden, sag doch die Wahrheit.« Dann jagten sie uns von verratenem zu verratenem Bunker, aber sie haben niemanden mehr dort gefunden. Um zwei Uhr in der Früh brachten sie uns zur Polizei nach Eisenkappel, der Gendarm Orlitsch telefonierte noch irgendwohin: »Wir haben zwei Buben, einer ist 12 Jahre, der andere 15 oder 16.« Den Johij steckten sie in den Arrest, mich in ein Zimmer, und eine Decke warfen sie mir noch hin, so lag ich dann dort.

In der Früh brachten sie mich in ein anderes Zimmer und hängten mich auf einen Kleiderhänger auf, zum Teufel, so einen Jungen an den Kleidern aufhängen, und einer hat mich mit der Hundepeitsche verprügelt. Das war so ein Gestell mit Schnüren dran, mit dem schlug er mir ins Gesicht: »Wie oft war der Vater zuhause?« Zum Schluß sagte er mir: »Sie lügen, Sie können verschwinden.« Der hat mich gesiezt. Ich habe mir gedacht, Sakrament, jetzt bin ich aber frei und bin auf die Türe zugerannt. Er macht die Tür auf und sagt: »Werden Sie wohl Heil Hitler sagen!«. »Hol euch der Teufel«, denk' ich mir und renn' los. Ich laufe bis zur Rastočnik-Brücke, da kommt mir schon meine Mutter entgegen. Sie will zurückgehen auf die Gendarmerie und sich beschweren. Ich flehe sie aber an: »Bitte, bitte, gehen wir, schnell, gehen wir schnell.« Ich hatte so eine Angst vor denen. Ich war völlig zerschlagen, bis zu den Knien hinauf blau.

Die Polizei hatte mir noch die Nachricht mitgegeben, daß die Pečnik Mici sich um acht Uhr früh bei denen melden müßte. Sie rannte zuerst zu den Partisanen und fragte sie, was sie tun sollte, und die haben ihr gesagt: »Was können sie dir tun, nichts können sie dir tun.« Sie ist von zuhause weggegangen, auf die Polizei, und nicht mehr zurückgekommen. Sie ist in Lublin geblieben. Kurz darauf sind sie die Mutter holen gekommen. Bei ihrer Verhaftung hat der Orlitsch meinen Bruder so geohrfeigt, daß er ganz geschwollen war, die Mutter hat sich vor ihn gestellt und da haben sie auch sie verprügelt.

Dann ist die Tante Leni zu uns gekommen, die Kuhar, die hat hier gewirtschaftet und auch schon Verbindungen zu den Partisanen gehabt. Die sind jeden Tag gekommen, bis 1944 im Oktober, dann mußten wir fliehen. Wir sind ins Bataillon gegangen, bis der Vater uns holen kam, aber schon bald sprach der Kommandant bei ihm vor und sagte: »Du kannst die Buben nicht bei dir haben, es ist zu gefährlich, gib sie ins Savinja-Tal.« Die Partisanen hielten Solčava besetzt, das ganze Tal, Ljubno, Gornji grad, Mozirje, dort waren keine Deutschen mehr. Und dann war ich mit meinem Bruder unten beim Stab der Kuriere in der Hauptstation, auf einem Bauernhof. Ich war noch so jung, daß ich zur Schule ging in Luče, 8 oder 14 Tage lang. Dann haben die Deutschen das Savinja-Tal von allen Seiten überfallen. Sie rückten an, aus Jugoslawien, aus Österreich, und wir mußten vom Bauernhof fliehen. Zuvor räumten wir noch alles weg, wir hatten einen Haufen Schreibmaschinen. Noch am Vormittag gruben wir auf der Wiese ein Loch, drei bis vier Meter lang, wir gaben Stroh hinein und alle Apparaturen drauf – die Deutschen schossen so über das Feld, daß die Erde nur so spritzte –, gaben auf die Schreibmaschinen wieder Stroh, und dann die Erde und Gras drauf. Nichts war zu sehen, es war alles wie zuvor. Der Bauer war schon früher abgehauen, und dann machten wir uns auch auf den Weg, so um drei Uhr am Nachmittag, und wir marschierten die ganze Nacht durch.

*Valentin
Haderlap-Zdravko*

Am nächsten Tag griffen uns die Deutschen wieder an und jagten uns. Alle Partisanen aus dem Savinja-Tal hinauf auf die Velika planina. Vereinzelte haben sich selbständig durchgeschlagen, aber die meisten Partisanen haben sich auf der Velika planina wiedergetroffen. Es war aber Jänner, der Schnee lag hoch, dort oben hat es viele Hütten gegeben, du hast keine gesehen, nur so einen Bug, und wenn du vor die Hütte getreten bist, dann bist du eingebrochen, wo auch immer. Und die Deutschen die ganze Zeit hinter uns her. Da hat der Kommandant gesagt: »Die Buben werden nicht durchkommen, die sind zu schwach und die Deutschen hinter uns her.« Da hat aber ein Bauer, ein gewisser Potočnik, so geschrien: »Ich habe den Weltkrieg durchlitten, ich nehme die Buben mit.« Mit uns waren auch eine alte Frau und ein alter Mann, 70 Jahre alt, die konnten nicht mehr weiter. Wir sind zu einer Säge gekommen, da war ein Zimmer drinnen, und wir heizten ihnen ein, es war ein Sparherd drinnen, wir versprachen, sie am nächsten Tag abzuholen. In der Früh, als wir zurückkamen, war die Säge abgebrannt, es gloste noch ein wenig. Wenn der Potočnik damals uns nicht genommen hätte, hätte es meinen Bruder Tonči und mich nicht mehr gegeben. Und dann waren wir acht Tage ohne Essen, zum Teufel, ich sag' dir, wir waren komplett ausgehungert.

Auf der Spitze der Velika planina zählten sie uns ab. Ich glaube, wir waren 1.800 Partisanen oben, jeden Tag weniger, denn von denen, die hinuntergingen, kam keiner zurück. Unten hatten die Deutschen alles eingekreist, die dachten sich wohl, irgendwo müssen sie ja hinunterkommen, wenn sie hungrig werden. Wir hatten oben zwölf oder dreizehn Pferde, jeden Tag hat eines gefehlt. Und dann kam in der Früh auf einmal das Kommando: »Jetzt aber fort, hinunter, zwischen den Deutschen hindurch, fertig, aus!« Oh Gott, hat es gekracht. Um zwei Uhr in der Früh gingen wir einen Hügel hinunter; wir sind in der Rinne, in der normalerweise Baumstämme ins Tal geschickt werden, abwärts geglitten. Aus Kamnik leuchteten die Deutschen schon mit Scheinwerfern herauf, es war so hell, das man eine Nadel hätte finden können, aber es hieß: »Auf den Boden legen, liegenbleiben«. Dann weiter, um vier Uhr in der Früh waren wir unten bei der Straße, da hat es erst richtig zu krachen angefangen. Die haben so geschossen, daß, wenn du Richtung Hang geschaut hast, nur noch rote und blaue Striche zu sehen waren. Die Äste und Blätter sind nur so heruntergeprasselt. Dort lag einer und hat nur noch geschrien: »Hilf mir, hilf mir!« Ich bin gerannt, als ob der Teufel hinter mir her wäre.

Auf dem Weg von der Velika planina sind wir aufgesplittert worden. Jede Gruppe ist in eine andere Richtung gegangen. Wieviele erschossen wurden, das weiß keiner. Unsere Gruppe war eine der ersten, die von der

*Valentin
Haderlap-Zdravko*

Velika planina in die Ebene gelangte, sodaß wir in der Senke waren, als die Deutschen zu schießen begannen, und sie schossen über unsere Köpfe in den Abhang hinein. Auf der Straße lagen zwei Partisanen und schossen auf die Deutschen, wir wollten über die Brücke, unser Kommandant schrie: »Los, über die Brücke, durch das Wasser führt kein Weg.« Das Wasser war nämlich zu hoch. Andrerseits schossen die Deutschen mit Maschinengewehren, daß die Kugeln nur so flogen, bei meiner Seel', daß du so etwas überlebst. Im Krieg ergeht's dem Menschen schlimmer als einem Hasen bei der Jagd. Über die Brücke konnten wir also nicht. Der Kommandant, ein junger Mann aus Ljubljana, schrie: »Durch das Wasser.« Als der erste ins Wasser ging, war er auch schon weg. Einmal waren die Beine oben, einmal der Kopf, er wurde abgetrieben wie nichts. Was soll man da machen? Wir klammerten uns aneinander und sind hinüber. Über mich und meinen Bruder ist das Wasser nur so geronnen. Der, den es abgetrieben hatte, ist hundert Meter weiter unten angekommen. Und dann den ganzen Tag in den nassen Sachen herumlaufen. Und das im Jänner. Es ist alles sofort hart geworden, in dem Moment, in dem wir aus dem Wasser stiegen. Nur – gefroren hast du nicht, du bist ja gegangen wie der Teufel. Als wir am anderen Ufer waren, sagte der Kommandant: »Wer eine Zigarette hat, soll sie schnell rauchen!« Madonna, sie haben kaum diese nassen Tschik aus Zeitungspapier gedreht und angesteckt, griffen uns die Deutschen schon mit Granatwerfern an, weg mit den Tschiks und davon. Unser Glück, daß die Deutschen fünf Minuten zu früh angegriffen haben, sonst wären wir alle tot gewesen.

Dann rannten wir aber einen Tag lang. Wir sind in den Felsen gelegen, die Deutschen immer hinter uns her, hinauf und hinunter, bis wir in Krain waren, und da hat dann der Kommandant gesagt: »So, jetzt aber hinein ins Dorf«. Um vier Uhr am Nachmittag besetzten wir ein Dorf, aus dem die Deutschen gerade gekommen waren. Hinein, hinein, wir brauchen etwas zu essen. Die Bauern baten uns: »Flieht, flieht, es sind lauter Deutsche ringsherum.« Der Kommandant aber sagte: »Entweder – oder. Wir brauchen etwas zu essen, sonst krepieren wir.« Dann haben sie uns aufgeteilt, zwei, drei, zu jeweils einem Bauern. Dort wo ich war, waren wir zu fünft, und wir bekamen einen Riesenlaib Brot, weiß, und eine große Schüssel Milch. Ich aß mich derart an, ich dachte, ich geh' ein, so schlecht war mir dann. Oh Gott. Wir hatten uns kaum angegessen, da kam schon die Meldung: »Die Deutschen kommen ins Dorf, fliehen wir.« In Krain gibt es diese länglichen kozolci [Harpfen], voll mit Heu, wir konnten nirgends mehr hin, hinter so einem kozolec haben wir uns versteckt. Hätten die Deutschen genauer hingeschaut, nicht einer von uns wäre übriggeblieben, bei meiner Seel, aber die sind einfach an uns vorbei und hinein in den Stall. Uns hat das Herz bis zum Hals geklopft, aber keiner hat zu uns hingeschaut. Vielleicht hat es doch einer getan und sich gedacht, bleibt nur, wo ihr seid. Vielleicht war auch kein Schlimmer dabei, 50 sind an uns vorbei und ins Dorf gegangen. Kaum waren sie an uns vorbei, rannten wir auf und davon.

Von dort weg hat uns dann wieder ein Bauer geführt. Der hat gesagt: »Ich begleite euch bis zur Straße, aber keinen Schritt weiter, da müßt ihr selber aufpassen.« Freilich, wir gehen die Straße entlang, und nähern uns einem deutschen Bunker. Plötzlich begann es zu krachen, wir sprangen ins Wasser und rannten dann bis Kärnten. Weißt du, die haben aber auch so geschossen, ich glaube, da hat keiner richtig nach uns gezielt. Die haben sich gedacht: soll euch doch der Teufel holen. Gerade soviel, daß sie uns erschreckt haben. Wenn die wirklich gewollt hätten, die hätten uns erschossen wie nichts, die haben uns ja schon von weitem sehen müssen. Es ist ja nicht jeder Mensch gleich. Waren halt die Richtigen im Bunker, sonst hätten sie uns auf der Straße sofort niedergemetzelt. Na, und dann sind wir gegangen, bis wir bei der Košuta herausgekommen sind.

Valentin Haderlap-Zdravko

Von dort sind wir hinunter nach Ebriach, wir kommen zu einem Bunker, da hat schon der *komandir* auf uns gewartet, es war schon die Nachricht durchgegangen, daß wir kommen. Der hat uns in eine Jägerhütte gejagt, das war ihr Winterbunker, und zu uns gesagt: »Burschen, wir sind verraten, frühstückt schnell und dann geht, um vier Uhr in der Früh werden wir den Bunker räumen.« Der, der uns geführt hat, hat überlebt und noch zwei, die sich im Schnee vergraben hatten, die anderen wurden alle von den Deutschen erschossen. Um sechs Uhr in der Früh haben dann die Deutschen das Jägerhaus überfallen.

Paßt auf!

Janez Kogoj

Du kannst ja nicht sagen, daß du nicht helfen willst. Irgendwo müssen auch die Partisanen hingehen können, leben müssen sie, sie waren ja vertrieben. Für sie war es schlimmer als für uns. Wir sind wenigstens daheim gewesen. Freilich, Angst hatten wir immer. Du hast nicht gewußt, wann dich jemand verraten würde, wann sie dich holen kommen würden. Letztendlich ist es dann ja auch so gekommen, wir wurden verraten.

Mich haben sie als ersten verhaftet, am 7. Oktober 1943. Am 12. Oktober haben sie dann alle fortgetrieben, den Vater, die Kahs, die Avprihs, alle, die von einem entflohenen Partisanen verraten worden waren. Ich kannte den noch von früher, da war er noch ein SA-ler, aus Mežica, es haben sich auch jugoslawische Burschen zur SA gemeldet, es wurde ihnen ja alles versprochen. Dieser SA-ler hatte beim Nachbarn, beim Repl, gelebt, dort war für ihn gekocht worden und ich hatte mich interessiert, von wo wer war, als er hier herumging und slowenisch redete. Dann ist er zu den Partisanen gegangen und ist mit ihnen bei den Einheimischen ein und aus gegangen, hat die Leute gekannt und dann verraten. Als Partisanen bin ich ihm nie begegnet, erst als wir hörten, daß er von ihnen abgehauen war, als die Warnung kam: »Paßt auf!«, erfuhren wir, daß er einige Zeit dort gewesen war. Von diesen Geheimen hat es viele gegeben: sie schlossen sich für einige Zeit den Partisanen an und dann verrieten sie alles. Die Deutschen haben solche Leute absichtlich geschickt, damit sie erfahren, wo die Partisanen sich aufhalten, und wer sie unterstützt.

Der uns verraten hat, war ein verlogener Mensch. Im fünfundvierziger Jahr versuchte er wieder, zu den Partisanen zu stoßen, aber dann erkannten sie ihn in Mežica und erschlugen ihn in Črna, so habe ich es gehört. Ich habe mir schon damals gedacht, als ich fast noch ein Kind war: »Du bist ein erwachsener Mensch und so dumm, bist ein Verräter. Man braucht ja nicht zu verraten, der Mensch hat sowieso mit sich selber genug zu tun auf der Welt. Ich werde ein ruhiges Gewissen nach dem Krieg haben, ich werde niemanden verraten und wenn sie mich erschlagen sollten. Und du, du lügst und verrätst.«

An diesem 7. Oktober habe ich mit meinem Bruder unten auf den Feldern Hafer aufgeladen, die Nachricht von den Partisanen – »Paßt auf!« – hatten wir schon eine Woche. Wir saßen auf dem steilen Feld, ich habe gepfiffen, weil ich gut gelaunt war. Wir hatten mit meinem Bruder Pepij gerade den Karren vollgeladen. Ich schaue hinunter in den Graben und sehe alles grün. Ich denke mir: »Madonna, die Polizei, wir sind schon verraten.« Das habe ich bei mir gedacht an jenem 7. Oktober 1943. Zu meinem Bruder sagte ich nur: »Gehen wir nach Hause.« Dort sagte ich zu den Eltern: »Ich habe die Polizei gesehen, ich gehe zu den Partisanen.« »Das darfst du nicht, vielleicht wird doch nichts.« Dann eben nicht, denke ich mir, aber die nächsten Stunden, wo niemand weiß, was passieren wird, die werde ich nicht zu Hause verbringen. Ich werde ein bißchen in den Wald hinaufgehen, nach dem Vieh schauen. Das tat ich dann auch, mein Bruder Stanko brachte mir noch eine Jause nach. Das ist der, den sie später beim Peršman erschossen haben, acht Jahre alt, den halben Kopf haben sie ihm weggeschossen. Er war verletzt und hat noch gejammert, und dann hat ihn einer endgültig getötet.

Als ich dann von oben zum Haus nachschauen ging, nahmen mich die Polizisten fest. Sie behaupteten, daß ich bei den »Banditen« gewesen wäre, ich hatte nämlich noch ein Stück Brot von meinem Bruder bei mir, das hatte ich vor lauter Angst nicht essen können. Dann haben sie mich geschlagen. An Ort und Stelle haben sie mich geschlagen, und ich versuchte noch herauszubekommen, ob der Verräter dabei war, und wirklich, er hatte wieder eine Polizeiuniform an, dieser Falott. Und so rot war er, ich wußte ja, daß der mich verraten hatte, weil sie mich dauernd fragten, was ich mit ihm zu tun gehabt hätte. Ich dachte mir: »Mir ist alles gleich, und wenn sie mich vernichten.« Dann haben sie eine Uhr herausgezogen, zehn Minuten haben gefehlt auf elf Uhr, einer hat mir eine Pistole an die Brust gedrückt: »Du hast genau fünf Minuten Zeit, dann fängst du an zu reden, oder ich erschieße dich.« Ich habe mir gedacht: »Wenn du abdrückst, bin ich halt tot, ich wäre weder der erste noch der letzte.« Sie haben mir die Hände gefesselt und mich hinunter-getrieben, ich weiß noch, damals hat es viele Erdbeeren gegeben.

Der, der mich verraten hatte, ist dann zu mir getreten und hat mir eingeredet, ich solle sagen, was ich weiß, und: »Schau, was für eine schöne Uniform du haben wirst, so wie ich.« Er hatte schöne Stiefel und ein Schnellfeuergewehr. Zuerst hatte ich noch gehofft, daß er von mir nichts erzählt hätte, aber den Fragen nach bin ich draufgekommen, daß er mich verraten hatte und noch gelogen obendrein. Er war halt ein Gauner, zwanzig oder einundzwanzig Jahre alt.

Den Zdravko Haderlap hatten sie auch arretiert. Den ganzen Tag trieben sie uns beide herum, erst am Abend, der Mond hat schon geschienen, brachten sie uns in den Arrest, heimlich, damit uns ja niemand sah. Mir zogen sie noch eine Polizeibluse an und setzten eine Kappe auf, damit niemand von weitem erkennt, daß sie einen Jungen wegtrieben, den Zdravko haben sie weiter hinten versteckt. Ein Gendarm, ein Rosenta-ler, konnte slowenisch, und der sagte: »Buaben sagt's, die werden euch so schlagen.«

Mich haben sie gleich am nächsten Tag nach Klagenfurt gebracht, der Verräter, ein Fahrer und ein Wächter sind mitgefahren. Ich wußte nicht, wohin ich fahre und auch nicht, ob sie den Zdravko freigelassen hatten und was mit der Familie war. Als erstes trieben sie mich in einen Saal; als Bauernkind bin ich ja nie irgendwo gewesen und als sie die Tür aufgesperrten, dachte ich mir zuerst, daß sie mich ins Spital gebracht hätten. Einer war blasser als der andere, und jeder hatte Angst in den Augen. Ich dachte mir: »Verdammt, die haben mich ins Spital ge-bracht.« Aber als ich die Gitter gesehen habe, da erkannte ich, daß das ein Gefängnis war. Mir ist das furchtbar vorgekommen, daß 14 Leute zusammen in einer Zelle liegen mußten. Denen ist es auch furchtbar vorgekommen, daß sie so einen jungen Burschen eingesperrt hatten.

In Klagenfurt haben sie mich dann verhört. Sie haben schon gewußt, daß mit dem Schlagen nichts zu erreichen war, also haben sie mich nicht mehr geschlagen. Dafür hielten sie mich zum Narren. Sie behaup-teten, daß sie den Wölfl [Prušnik-Gašper] erwischt hätten, und den Šorli Jozi, und Abzeichen haben sie mir gezeigt. Die haben sie in einer Lade gehabt, aber nur nachgemachte. Ich habe gesagt: »Kann schon sein, ich weiß nichts.« Einer hat mir noch einen Apfel angeboten, aber ich habe mich nicht getraut, irgendetwas anzunehmen, weil sie mich früher so geschlagen hatten. Die Wärter hatten mich gern, einer hat mir noch Zigaretten hingehalten, aber ich habe mich nicht zu nehmen getraut, ich habe gedacht, daß er mich dann ohrfeigen würde. Dann habe ich einmal doch eine genommen, er hat sie mir noch angezündet, und ich habe mir gedacht, das ist ein guter Mensch. Ich hatte Angst und war hungrig.

Als sie den alten Kah in meine Zelle brachten, erfuhr ich, wieviel jener Mensch verraten hatte. Bei uns hatten sie den Vater verhaftet, eine

Schwester und mich. Die Mutter war ihnen entkommen und zu den Partisanen geflohen, die restlichen Geschwister lebten in dieser Zeit bei einer Schwester vom Vater und beim Peršman. Als ich aus dem Lager nach Hause kam, da war niemand daheim, alle waren vertrieben, zwei erschossen.

Ich habe mir schon in Klagenfurt gedacht, daß sie mich in ein Lager bringen würden. Und wirklich, einmal rufen sie meinen Namen und auch die Namen von den Avprihs, den Franci und den Erni. Wir wurden an die Wand gestellt, neben jedem ein Jausenpaket. Wenn ich früher so Menschen an der Wand habe stehen sehen, da habe ich mich immer gefragt: »Werden die jetzt erschossen?« Ich habe mich nicht so ausgekannt, aber vermutlich hatten sie wie wir auf den Transport gewartet. Wir sind mit dem Zug ins Lager gefahren, zwei Polizisten waren dabei. Gewand und Schuhe mußten wir in einen Sack geben, den Namen draufschreiben, dann haben wir die Lagerkleidung bekommen. Was für ein Gewand du bekommen hast, so eines hast du dann gehabt, ob es dir zu klein oder zu groß war; wir haben dann untereinander getauscht, damit es gepaßt hat.

Am dritten Tag mußten wir schon mit den anderen in die Munitionsfabrik zur Arbeit. Immer unter der Kontrolle der SS: gegessen hast du unter ihrer Kontrolle, gearbeitet hast du unter ihrer Kontrolle. Wir haben Granaten hergestellt, zwischendurch haben wir auch Gas verladen. Wir hatten unter der Erde Gasmasken an, und dann hast du den ganzen Rotz wegessen müssen, abnehmen war nicht erlaubt, geschwitzt hast du aber. Es war eine gefährliche Arbeit. Dort haben fast nur die Jungen aus dem Lager gearbeitet und die Frauen. Männer in Zivil waren Vorarbeiter.

Auch eine Frau aus Maribor war dort, die hat noch Briefe für uns hinausgeschmuggelt, später, als wir uns besser kannten. Aus dem Lager hast du ja nicht richtig schreiben können, sie haben zuerst alles gelesen. Meine Tante hat mir öfters Pakete geschickt, aber wir mußten immer nur schreiben, daß wir genug von allem hätten. Ich habe zuhause noch einen Brief vom Vater aus Dachau, der hat schreiben dürfen, daß er froh wäre, ein Paket bekommen zu haben, und daß er sich weitere wünsche. Wir haben so etwas nicht schreiben dürfen, es hat geheißen, wir dürften nicht betteln. Deswegen habe ich einmal zu einer List gegriffen und geschrieben: »Ich grüße schön meinen Onkel *Špeh* [Speck] und meine Tante *Pohača* [Reindling].« Ich dachte mir: »Ihr werdet ja wohl draufkommen, was ich meine. Der Deutsche weiß ja nicht, was ich will, außer er würde sich jedes Wort genau überlegen, dann würde er schon draufkommen, welcher Art mein Onkel und meine Tante sind.« Die Tante hat mir dann gebackene Kekse geschickt. Wir mußten immer vor der SS aufmachen, und die rührten alles um, damit sie ja keinen Brief übersahen. Ich habe dann das Paket schnell in den Schlafraum getragen, es ausgeleert, unten war noch etwas auf slowenisch geschrieben. Das habe ich schnell versteckt, damit es niemand sehen konnte, ich wäre ja sonst bestraft worden.

Hungrig waren wir immer. Frühstück und Jause zusammen bestanden aus zwei Schnitten Brot, aus kleinen Stücken. Zu Mittag gab es Kraut und Kohlrabi, Brotsuppe wurde das genannt; das war eine Suppe, nach der bist du nur brunzen gerannt, satt bist du von der nie geworden. Die Frauen, die dort gearbeitet haben, die waren nicht eingesperrt, sie hatten einen eigenen Raum, dort haben wir uns manchmal dazugedrängt, wenn ein paar Nudeln am Teller liegengeblieben sind. Die haben wir gegessen wie die Schweine, könnte man sagen, wir waren ja ausgehungert, haben die Nudeln mit der Hand gepackt und in den Mund gestopft, so, daß das niemand gesehen hat. Die eine und die andere hat uns auch was gegeben, andere wieder haben sich gefürchtet. Wir waren ja Häftlinge, und einem Häftling etwas geben, das war nicht so einfach. Darüberhinaus hielten ja nicht immer alle zusammen, ob Frauen oder Jungen, ein Verräter oder einer, der falsch war, war immer dabei. Darum konnte man sich nicht allzusehr auf andere verlassen. Wenn alle ehrlich wären, dann wäre ja alles anders, denke ich. Zum Abendessen bekamen wir immer ein paar Kartoffeln. Wenn ich Tischdienst hatte, knüllte ich die Kartoffelschalen zusammen wie einen Ball, vergewisserte mich, daß mich niemand sah, steckte sie schnell in den Hosensack – und ab damit in den Baderaum oder aufs Klo, und weggegessen. Wenn du so hungrig bist, dann ißt du alles.

Janez Kogoj

Stiefvater Österreich

Sofija Dežutelj

Bei uns hat das mit den Partisanen im zweiundvierziger Jahr begonnen. Wie die ersten Kontakte waren, kann ich schwer sagen, das hat meine Tante Katarina heimlich getan. Sie war von Anfang an bei der OF. Die hatten ihre Treffen, daüber erzählen kann ich kaum etwas, aber ich kann mich noch an bestimmte Dinge erinnern. Als Kind haben sich mich verschiedene Sachen holen geschickt, hin und her. Ich ging zu irgendeinem Bauern etwas holen, was wir selber zu Hause hatten, das ist mir richtig blöd vorgekommen. Aber die Tante sagte, ich müßte das bringen. Was die vereinbart hatten, wußte ich nicht. Meistens, wenn ich dann hingekommen bin, hat es geheißen: »Haben wir nicht. Geh nach Hause und sage, wir haben das nicht.« Das waren so Absprachen, die ich nicht verstanden habe. Ich bin viel herumgelaufen, ohne zu wissen warum. Wenn ich mir heute überlege, was ich alles holen mußte: Zum Beispiel Zwetschken, bei uns sind sie am Boden herumgelegen, ich aber mußte sie zu einem anderen Bauern holen gehen, oder Würste, lauter Sachen, die wir auch zu Hause hatten. Draufgekommen bin ich erst im dreiundvierziger Jahr. Da hat man angefangen, den Partisanen essen zu geben, alles schön heimlich. Dann sind die einen und die anderen zu ihnen gekommen, ich habe auch begonnen, ihnen Essen zu bringen.

Widerstand

Die Verhaftung ist für uns dann wie aus heiterem Himmel gekommen. Daß die Polizei schon beim Winkel und beim Čemer gewesen war, wußten wir nicht. Wir arbeiteten ganz normal, nur die Tante Katarina sah zufällig, wie die Deutschen das Haus umzingelten. Sie hatte keine Zeit mehr mehr, irgendjemanden zu warnen. Sie ist einfach verschwunden. Und so haben sie uns alle, außer ihr und meiner Schwester Romana, die beim Nachbarn war, erwischt. Für uns war damals alles aus. Als erstes haben sie mich gepackt und dauernd nach der Tante Katra gefragt, wo sie sei. Sie war ja sozusagen die Hauptschuldige in unserem Haus. Es hat keiner auch nur eine Ahnung gehabt, wo sie war. Ich habe mir noch gedacht, vielleicht ist sie am Krautacker, sie hat immer das Futter für die Schweine selber geholt und sie haben gesagt, ich solle sie hinführen. Sie war nicht dort. Da haben sie mich für eine Lügnerin gehalten, sie haben mich nach Hause getrieben und dort verprügelt. Aber ich konnte ja nicht sagen, wo sie war, ich wußte es wirklich nicht. Einer, der früher bei den Partisanen gewesen war, war dabei, Tarzan war sein Partisanenname. In Wirklichkeit war er immer ein Gestapo-Mann gewesen. Der hat dann auch verraten, wohin ich das Essen getragen hatte. Deswegen haben sie mich überall dort herumgeführt, wo ich den Partisanen zu essen oder zu trinken gegeben hatte. Sie haben mich so geschlagen, daß die Folgen bis heute spürbar sind. Ich habe den Verräter erkannt und gesagt: »Du warst ja dabei, du weißt ja, was ich dir gebracht habe.« Das war zuviel. Sie drohten mir mit den Gewehren, sie würden mich erschießen. Ich sagte: »Ihr könnt das ja machen, ihr habt Waffen, ich habe sie nicht.« Dieser »Tarzan« verlor sogar seinen Ring, während sie mich verprügelten, und dann verprügelten sie mich wegen des verlorenen Ringes auch noch. Die haben mich total zusammengeschlagen. Der Orlitsch war dabei, der war damals Gendarm in Eisenkappel.

Dann haben sie uns alle arretiert, alle eingesperrt, alle abgeführt. Die Mutter haben sie auch noch zu dem Platz gebracht, wo ich das Essen hingetragen hatte, sie haben auch sie, genau wie mich, verprügelt. Nur, mich haben sie noch mehr geschlagen als sie. Mich haben sie vor dem Haus auch verprügelt, die Mutter wollte sich noch vor mich stellen, aber sie haben sie weggestoßen.

Dann führten sie uns ab: den Mann von der Tante Katarina, seinen Bruder und uns drei: die Mici, die Mutter und mich. Die Mimi konnte zu Hause bleiben, die Romana war unten beim Nachbarn, und der Florian, ein Keuschler, der ist auch geblieben, weil er kein Unsriger war. Die Katra ist aber die ganze Zeit im Wald herumgegangen und hat beobachtet, was passierte. Sie ist nicht geflohen, bis sie uns alle weggeführt haben, so lange hat sie alles mitangeschaut. Nur so nahe ist sie nicht gekommen, daß sie auch sie erwischt hätten.

Dann haben sie uns zu Fuß nach Eisenkappel gebracht und eingesperrt. Dort waren wir noch alle zusammen. Am nächsten Tag wurden wir nach Klagenfurt gebracht. Dort haben sie uns getrennt. Die Mutter und die

Tante haben sie in eine Zelle gebracht, die Cita Pavel, meine Mitschülerin und Nachbarin und mich in eine andere Zelle. Ungefähr drei Wochen waren wir in Klagenfurt, dann haben sie uns beide nach Hause gelassen. Meine Mutter habe ich nie wieder gesehen.

In diesen drei Wochen haben sie mich unzählige Male verhört. Immer dasselbe: »Wer war beim Haus, wer ist zum Haus gekommen, wo sind sie?« Aber da hattest du nichts mehr zu sagen, was du gesagt hast, hast du gesagt, alles kannst du denen aber auch nicht erzählen, wenn es einmal so weit kommt. Und sie sind mit dem Gummiknüppel hinter dir gestanden und haben dir eine drübergezogen, wenn du etwas nicht gesagt hast. Dann haben sie mich nach Hause gehen lassen. Ich war drei

Wochen zu Hause, die Partisanen sind sofort wieder gekommen. Sobald die Tante Katra erfahren hatte, daß ich freigelassen worden war, ist sie gekommen und hat sich erkundigt, was mit den anderen passiert ist. Sie trug mir auf, zu verkaufen, was zu verkaufen geht, wir hatten ja einen Stall voller Vieh und wenn die Partisanen vorbeikämen, solle ich ihnen die Ochsen mitgeben. Sie selbst durfte ja nicht zum Haus. Aber für das alles blieb keine Zeit. Sie sind mir auf die Spur gekommen, ich hatte ja versprechen müssen, daß kein Partisan mehr zum Haus käme und wenn einer käme, müßte ich ihn melden, ich durfte keine Kontakte mit den Partisanen haben. Und schon bald ist einer aufgetaucht, seinen Namen weiß ich nicht, und hat gesagt: »Geh, morgen kommen sie dich schon wieder holen.« Ich richtete das meiner Tante aus und sie kam mich noch in der selben Nacht holen.

Die Romana ist zu Hause geblieben, sie war erst vier Jahre alt, nur ich bin gegangen und so begann mein Leben bei den Partisanen.

Ich bin zur Kärntner Truppe gegangen. Dort war ich von November bis Dezember, dann ist diese Truppe zerfallen und sie wurde neu formiert, uns Jüngere haben sie nach Jugoslawien geschickt. Der Makež Hanzi und der Štrimpfl Kori waren auch dabei, als sie uns nach Pohorje geschickt haben. Dann waren wir im Pohorje-Bataillon, das war das Bataillon vom Milenski Židenski. Den ganzen harten Winter über war ich am Pohor, von einer *hajka* in die andere.

Wir sind jeden Tag marschiert, entweder sind wir geflohen, oder wir haben angegriffen. Drei, vier Tage haben wir oft nicht gegessen, manchmal hatten wir gerade das Mittagessen fertig, da haben uns die Deutschen überfallen und wir mußten wieder fliehen, manchmal haben wir auch zurückgeschossen, je nachdem, wie die Situation war, und wieder weiter. Da gab es kein Rasten. Ich habe mich am Pferdeschwanz angehalten, bin gegangen und habe dabei geschlafen. Wir waren dauernd auf Achse. Das kann man nicht beschreiben. Das waren schwere Wege und heute habe ich gar nichts davon.

In diesem Bataillon hat es viele Frauen und Mädchen gegeben. Was die Haltung der Männer uns gegenüber anbelangt, kann ich mich nicht beschweren. Wenn sie gesehen haben, daß du nicht mehr konntest, müde warst, dann haben sie dir sehr geholfen. Wenn du aber eine Kleinigkeit falsch gemacht hast, bist du gleich vor dem Gewehr gestanden. Ich bin einmal fast so weit gewesen, weil ich, als die Deutschen im Tal unten angegriffen und geschossen haben, dachte, daß sie in der Nähe schießen. Das war falsch. Weil ich einen Alarm verursacht habe, haben sie mich als Panikmacher bezeichnet. Und das war schon zu viel, wir wären fast geflohen. In Wirklichkeit waren die Deutschen nicht so nahe. Damals haben sie mir gedroht und gesagt, daß ich so etwas nie wieder machen dürfe, daß es gut sein solle, weil ich noch so jung war. Ansonsten weiß ich nicht, ob das durchgegangen wäre. Du durftest ja keine Panik provozieren. Wir sind sowieso dauernd nur geflohen, weil wir so wenige waren, und nicht einmal eine einzige kleine Ruhepause hätten wir gehabt, wir wären aufgesprungen und geflohen, das war schon falsch von mir.

Ich habe ja schon vor dem Donner Angst, wie da erst vor dem Schießen. Es hat gekracht, nicht nur gepoltert: Bomben, Granaten, Maschinengewehrfeuer. Wir haben Stützpunkte überfallen, aber geflohen sind wir auch, die Deutschen waren in der Übermacht. Manchmal sind aber auch sie feste geflohen, das ist auch wahr, wenn wir sie an einer Stelle überrascht haben, wo wir uns wehren konnten. Das Pohorje-Bataillon war klein, wir waren nicht einmal hundert.

Bestraft wurden auch Leute, die gestohlen hatten. Er hat sowieso keiner was gehabt und wenn jemand etwas hatte, mußte er es teilen, damit alle etwas davon hatten, hungrig waren wir alle durch die Bank. Es hat aber auch solche gegeben, die etwas von einem Bauern bekommen haben, und wenn sie nicht geteilt haben, wurden sie gerügt, daß das nicht richtig sei. Wenn jemand aber etwas gehabt hat und ein anderer hat ihm das weggenommen, dann wurde der verurteilt. Du mußtest ja die Disziplin aufrechterhalten, sonst wäre die reine Anarchie ausgebrochen, wenn jeder hätte machen können, was ihm eingefallen ist. Die einen wären immer satt gewesen, die anderen dauernd hungrig. Bist du zu den Partisanen gekommen mit einem vollen Ruck-sack, mußtest du alles teilen.

Uns haben sie alles beigebracht: Wie man mit Waffen umgeht, wie man marschiert, wir hatten Vorträge, was man sagen darf und was nicht, was man tun darf, da herrschte eine sehr strenge Disziplin.

Wenn irgendetwas passiert ist, wenn du dich verlaufen hast, und die Gefahr bestand, daß dich die Deutschen erwischen, dafür hattest du Waffen. Den letzten Schuß mußtest du für dich aufbewahren. Du hättest ja verraten können, wenn du nicht stark genug warst, deswegen hat es geheißen, der letzte Schuß ist für dich. Aber oft ist es gar nicht soweit gekommen, weil einfach nicht genug Zeit blieb. Wenn jemand schwer verletzt war und gefangengenommen wurde und sie ihn geheilt haben, dann konnte er nicht mehr für sich sorgen und sich erschießen. Praktisch war das so: Du hast gewußt, was dich erwartet, wenn sie dich erwischen. Es war besser, Selbstmord zu begehen, sich zu erschießen. Bei den Deutschen hat dich nichts Gutes erwartet, die sind furchtbar mit den Menschen umgesprungen, sie waren wirklich schlimm.

Im April hat es dann geheißen, daß die Jungen und die Frauen nach Bela krajina geschickt werden, weil der Winter wirklich hart gewesen war. Stična war schon 1944 befreit, dort wollten wir hin, aber wir, die Jungen, waren so erschöpft, daß sie uns unterwegs für ein paar Tage zu Familien gegeben haben, damit wir ein bißchen zu Kräften kamen. Dann wären wir weiter nach Bela krajna gegangen. Mich haben sie zu einer Partisanenfamilie gegeben, die ein Gasthaus hatte, es hat gehei-ßen, daß wir übernachten und ausrasten sollten, dann gehe es weiter nach Bela krajna. In der Nacht haben aber die Weißgardisten den Ort besetzt, und so sind wir geblieben. Die Familie, bei der ich war, hat mich in Schutz genommen. Die Weißgardisten waren für mich noch nicht so gefährlich, aber dann sind die Deutschen gekommen, da waren Öster-reicher dabei, und da mußte ich in die Illegalität. Und so war ich bis Ende April, bis Kriegsende in der Illegalität, nicht mehr unter meinem Namen.

Papiere hatte ich keine. Die Partisanen haben mir aufgetragen, ich solle einfach sagen, ich sei aus Litija, das hat ein bißchen meinem Dialekt entsprochen, daß ich ein ganz armes Kind sei und daß die im Haus mich als Magd aufgenommen hätten, damit ich überleben könnte. Und wenn ich gefragt würde, wie ich heiße, sollte ich sagen, daß ich das nicht wisse, weil ich weggelegt worden sei. So eine Ausrede hatte ich mir zurechtgelegt. Aber es hat mich dann fast niemand gefragt, von wo ich sei. Ich hatte nicht viele Kontakte, sie haben es mir nicht erlaubt.

Die ganze Zeit über habe ich von den Meinen nichts gewußt, nichts über die Tante Katarina, nichts über die Romana, nichts über meine Mutter, die habe ich überhaupt in Klagenfurt das letzte Mal gesehen. Dort haben wir uns noch durch ein Loch zugewunken und das war alles. Dann habe ich bis 1946 nichts mehr erfahren. Nach dem Krieg habe ich oft nach

Hause geschrieben. Ich habe keine Antwort bekommen. Im sechsundvierziger Jahr hat mir dann die Schwester vom Vater geantwortet, an die ich nie geschrieben hatte. Wie sie zu den Briefen gekommen ist, weiß ich nicht. So habe ich erfahren, daß ich praktisch kein Heim mehr hatte. Dann ist die Tante Franca gekommen und hat mir die Dokumente besorgt, ich habe ja gar nichts gehabt. So bin ich wenigstens zu einem Reisepaß gekommen.

Kurz nach Kriegsende wäre ich nach Österreich zurückgekehrt, wenn ich gewußt hätte, wohin. Aber das habe ich nicht gewußt. Wenn sie mir bei den Amtswegen geholfen hätten, ich wäre auf der Stelle gegangen. Weil ich aber nirgends hinkonnte, ich konnte ja nicht zu irgendjemandem gehen, der mich dann versorgen mußte, bin ich in Jugoslawien geblieben. Überhaupt ist mir dann bewußt geworden: Wenn ich hinaufgehe, habe ich nichts, wenn ich hierbleibe, habe ich nichts. Hier hatte ich wenigstens eine Arbeit und konnte mich erhalten. Später hat mich nichts mehr nach Österreich gezogen, ich habe es gehaßt, weil es so häßlich mit uns umgegangen ist. Eigentlich muß ich sagen: nicht Österreich, sondern Deutschland, das waren ja die Deutschen, aber bestimmte Österreicher waren um nichts besser.

Eine Wiedergutmachung habe ich von Österreich nie bekommen. Ich habe aber mehrmals angesucht. Das erste Mal war es meine Initiative, da war nichts, das zweite Mal habe ich über das österreichische Konsulat erfahren, daß ich die Möglichkeit hätte, eine Wiedergutmachung zu bekommen, ich habe noch einen Advokaten hinzugezogen, der hat mir geholfen, das Formular auszufüllen, er hat mir alles übersetzt, ich habe es auf deutsch nach Wien geschickt, aber da ist nicht einmal eine Antwort gekommen. Erst jetzt, auf das letzte Ansuchen, habe ich eine Antwort bekommen, ich solle noch etwas nachschicken. Es hieß wieder, ich hätte keine Chancen, aber ich sollte meinen Lebenslauf schicken. Mir ist schon alles vergangen. Nichts wurde wirklich abgelehnt, es hieß aber auch nicht, daß etwas daraus würde. Das letzte Ansuchen haben sie noch oben, die Dokumente haben sie noch nicht zurückgeschickt, die ich für die Kriegszeit geschickt habe, über das Partisanenleben. Ich habe auch geschrieben, wieso ich von zu Hause weg bin, wieso ich nicht zurückgekehrt bin, daß ich nirgends hin konnte, daß ich alles verloren habe, zum Beispiel die Mutter. Es wäre ein Formular zum Ausfüllen, ist dann die Antwort gekommen, sie würden das noch bearbeiten.

Österreich hätte sich mehr um die kümmern können, die draußen waren, als österreichische Staatsbürger. Für alle hat es nicht gesorgt. Ich bin um vieles umgefallen, ich habe keine Wiedergutmachung, keine Anerkennung bekommen, es hat auch keine Informationen gegeben. Das Konsulat hätte auch mehr informieren können. Alle fünf Jahre bekomme ich einen neuen Reisepaß, rede mit dem Konsul, aber nichts passiert.

Banditenkinder

Romana Verdel

Im März 1938 war ich einen Monat alt. Ich war fünf Jahre alt, als für mich der Krieg begann. Die Folgen davon spüre ich noch heute.

Unser Haus war politisch und kulturell sehr fortschrittlich, das erste OF-Meeting fand bei uns statt. Meine Tante Katarina war eine aktive Antifaschistin. Sie ärgerte immer wieder die Gendarmen und ließ die Schafe frei, wenn sie sie irgendwo in der Nähe erblickte. Es war nämlich ein bösartiger Widder dabei, der griff sie dann an. Sie sagten ihr immer wieder, sie solle das bleiben lassen, sie würde noch draufzahlen.

In den Gräben – Leppen, Lobnig, Remschenig – fanden die Partisanen sehr viel Hilfe, die meisten kamen von dort, und ihre Familien halfen ihnen. Freilich, die Partisanen hatten nichts zu essen und gingen von Hof zu Hof. Und sie waren fast jeden Tag beim Haus. Aber die Deutschen auch, so daß wir besondere Zeichen mit den Partisanen vereinbart hatten, wann sie kommen konnten und wann nicht.

Beim Nachbarn waren Kinder in meinem Alter, und ich ging halt so gerne strawanzen, obwohl ich Prügel dafür bekam. Aber es war mein Glück an dem 13. Oktober 1943, als die Gestapo zu uns kam. Ich war gerade bei der Nachbarin und die sieht, wie die Gestapo vorbeigeht, und sagt: »Oje, die Gestapo geht schon zum Kah.« Bei unserem Haus hieß es Kah. Sie war nervös und sperrte ihre vier Kinder und mich in die Holzhütte, die neben dem Haus stand. Sie befahl uns, still zu sein, und wir durften die Balken nicht aufmachen. Sicher, wir waren verschreckt, gleichzeitig aber auch neugierig. Wir öffneten die Balken gerade so viel, daß wir hinaussehen konnten. Ungefähr nach einer halben Stunde, ich weiß, es hat nicht sehr lange gedauert, da trieben sie die Unseren, die sie zu Hause angetroffen hatten, vorbei. Meine Mutter, die Tante Maria, meine Schwester Sofi, Onkel Jurij und Onkel Hans, alle gefesselt, in Ketten, genau wie sie waren, in Zockeln, ohne allem, niemand durfte etwas mithaben. Sie blieben vor dem Haus stehen. Wir befürchteten, sie würden jetzt auch die Nachbarin und uns mitnehmen. Ich weiß nicht, warum sie die Hausfrau daließen, ihre 13 Jahre alte Tochter und die Magd nahmen sie jedenfalls auch mit. Wir blieben in dieser Hütte, die Nachbarin kam herein, ganz verweint, wir haben ja schon gewußt, was passiert war.

Ihr Mann war unterdessen gerade auf dem Weg aus Eisenkappel nach Hause. Er trifft die Gestapo mit der Gruppe und sagt: »Warum treibt ihr sie weg, die haben ja nichts getan.« Der Nachbar war einer von denen, die 1920 für Österreich gestimmt hatten, unsere Familie hatte für Jugoslawien gestimmt, und so gab es immer Reibereien zwischen uns, keinen Haß, aber politische Reibereien. Und der sagt: »Wieso treibt Ihr sie weg?«, seine Tochter war dabei. »Sie haben ja nichts getan.« Da haben sie ihn auch mitgenommen. Mitsamt dem Pferd. Von denen ist keiner mehr zurückgekommen, außer meiner Schwester und der Nachbarstochter. Die waren die jüngsten, und die Nazis haben sie nach drei Wochen freigelassen, die anderen nicht. Alle sind ins KZ gekommen.

Ich hatte kein Heim mehr, nur meine Cousine Maria war noch da, die war voller Krätzen, deswegen hatten sie sie nicht mitgenommen – sie hatten sich vor ihr gefürchtet. Bei der Nachbarin durften wir nicht bleiben, die sagte: »So viele Kinder kann ich nicht ernähren.« Wir rannten zu einem anderen Nachbarn, und dort war nur mehr die Großmutter mit den zwei Kleinkindern, auch ganz verweint, weil sie am selben Tag alle weggetrieben hatten, die Männer aber waren zu den Partisanen gegangen. Dort konnten wir auch nicht bleiben, die hatten auch nichts zu essen. So kam es, daß wir beide wieder nach Hause gingen. Was die Gestapo-Leute zusammenraffen konnten, hatten sie sowieso mitgenommen, aber die Tante Katarina, die rechtzeitig zu den Partisanen geflohen war, hatte einiges versteckt, und ihre Schwester, die Tante Amalija, wußte das. Davon haben wir dann gelebt. Diese Tante ging am Abend immer nach Hause, weil sie sich nicht traute, im Haus zu bleiben, uns beide und ihre Kinder, mit Ausnahme ihrer Jüngsten, hat sie in der Zeit in den Keller gesperrt. Im Keller war Erde und Felsen, dort hat sie die Betten aufgestellt und ein Faß, damit wir aufs Klo gehen konnten, die Fenster haben wir mit Heu zugestopft. Niemand wußte, daß wir da drinnen waren. Das war unser Hausbunker, eine Decke war über die Tür gehängt, wir trauten uns nicht einmal zu husten. Es gingen aber ständig Menschen draußen herum, ich weiß nicht, ob das Partisanen waren. Dort unten haben wir uns so geängstigt, daß wir die Angst unser ganzes Leben behalten haben.

Mitten im Winter, ich weiß nicht genau wann, hat die Tante Amalija uns fünf Kinder angezogen, und wir gingen zu den Partisanen. Zuerst waren wir oben im Lipš-Bunker versteckt, dann sind wir von Bunker zu Bunker gezogen. Unterwegs durften wir nicht einmal husten. Im Frühjahr 1944 waren wir in einem Bunker in Solčava. Weil es aber in der Gegend zu schlimmen Kämpfen kam, mußten wir über die Olšava fliehen, sobald der Schnee zu schmelzen begann. Wir kamen zum letzten Hof in Remschenig, zum Jurjevec, erschöpft und verängstigt. Die Tochter von der Tante, die Erna, war aber sehr krank, sie war ein bißchen jünger als ich, und sie mußten sie dauernd tragen, sie hatte Fieber. Die Tante bat ihre Schwiegermutter, die Jurjevka: »Ich kann sie nicht mehr tragen, würdet Ihr sie aufnehmen?« Und sie sagte: »Ja, natürlich, laß sie hier, sonst stirbt sie dir noch. Soll kommen, was will.« Ich hörte das, dachte mir, die darf hier bleiben, ich aber nicht, also werde ich mich auch krank stellen. Und ich legte mich zum Ofen und jammerte so lange, bis ich der Jurjevka leid tat und sie sagte: »Die ist ja auch ganz erschöpft, laßt sie hier.« Ich war so glücklich, daß ich bleiben durfte. Die Tante Amalija und die Partisanen, die uns begleitet hatten, gingen weiter. Sie sind alle später gefallen.

Beim Jurjevec blieben wir einige Zeit unentdeckt, aber die Nazis sind dann doch draufgekommen, daß wir beide »Banditenkinder« waren, und sie wollten uns in ein Kinderlager stecken. Ich weiß nicht, wie die sich herausgeredet haben, beim Jurjevec haben sie ja nicht deutsch gekonnt, aber sie haben erreicht, daß wir bleiben konnten. Das war ein Bauernhaus, das die Deutschen auch sehr gebraucht haben, die sind immer hungrig gekommen und haben sich angegessen – ich denke mir, daß sie den Hof deswegen in Ruhe gelassen haben.

Romana Verdel

Dann habe ich dort oben gelebt. Wenn die Partisanen auftauchten, bekamen sie zu essen; manchmal haben sie aber zu wenig aufgepaßt. Einmal waren drei heimische Partisanen da. Sie essen und trinken, die Hausfrau hatte sie schon vorher aufmerksam gemacht, das weiß ich noch genau: »Mein Gott, ist es nicht gefährlich, wenn keiner Wache steht?« »Oh, heute kommen sie ja nicht«, hatte einer mit der Hand abgewunken. Sie gehen hinaus und stehen im Flur, stehen draußen und unterhalten sich, auf einmal hört man »trrrr«, und zwei Partisanen sind auf der Stelle tot liegengeblieben. Ich bin durch die schwarze Küche geflohen, ein Partisan wollte hinter mir bei der Tür hinaus, die haben ja genau gewußt, wohin sie fliehen müssen. Aber irgendetwas hat ihn verletzt. In der Küche stand ein alter eingemauerter Sparherd, unten hatte er eine Öffnung für das Holz, und dort drinnen waren immer soviel Schaben, daß ich normalerweise nicht einmal meine Hand hineingesteckt hätte. Dort bin ich hineingestiegen, an diese Schaben habe ich keine Sekunde gedacht, und dort bin ich gehockt, mir scheint, völlig gefühllos, ohne Angst, ohne allem. Dann kommt ein Deutscher hinter mir her, der hatte gesehen, daß sich irgendwas bewegt hat, und er hat seine Maschinenpistole auf mich gerichtet. Dann hat er aber doch heruntergeschaut und gesehen, daß ich noch ein Kind bin, er hat mich hinausgezogen, durch die schwarze Küche geführt, über diesen Partisanen weg, der in der Türe gelegen ist. Ich mußte über seinen Kopf steigen, der war aber noch nicht tot. Der hat so geschaut und mit seinen Augen gebeten, erschießt mich doch, macht ein Ende. Ich habe jede Nacht davon geträumt, Jahre und Jahre.

Dann stießen sie uns in ein Zimmer, und draußen knallte es wirklich, sie erschossen diesen Partisanen. Dann wollten sie auch uns erschießen und das Haus abbrennen. Ich weiß nicht was war, es hat schon noch einer dabeisein müssen, der ein bißchen menschlich war, sie haben es jedenfalls nicht getan. Aber sie haben uns befohlen, die drei innerhalb von zwei Stunden zu begraben, den Boden sauberzureiben, und kein Nachbar und kein Mensch durfte irgendetwas davon hören, und niemand durfte uns helfen. Ein alter Mann, der beim Haus lebte, und der Bauer, auch schon ziemlich alt, die zwei haben die Erschossenen begraben. Die Hausfrau hat den Boden gewischt, der war voller Blut! Sie hat in diesem Blut gekniet und geschrien vor Schmerz, wie sie das aufgewischt hat. Du mußt dir das einmal vorstellen. Die toten Partisanen waren ja Heimische und ihre Verwandten obendrein.

Es gab keine Kontrolle mehr, niemand hat sich nähergetraut, ein paar Tage ist kein Deutscher in unsere Nähe gekommen. Ich hatte Glück, Menschen zu finden, ohne die ich nicht überlebt hätte. Aber die Folgen des Krieges habe ich jahrelang gespürt. Die Angst ist mir geblieben, überhaupt, wenn ich später einmal Fieber hatte, da durfte keiner an mich heran. Ich habe alle möglichen Fratzen gesehen.

Der Alltag

Ich ging unter anderem deswegen zu den Partisanen, weil ich sah, was mit den Polen passierte. Als wir nach Rußland fuhren, hatten wir Pferde mit, und wo Wasser war, tränkten wir sie. Entlang dieser Strecke sah ich Polinnen, wie sie die Knochen von Pferdeköpfen abnagten, so hungrig waren sie. Einmal, als der Transport zum Stehen kam, warf ich eine Schachtel Zigaretten hinaus, zu den Arbeitern, die dort zu tun hatten. Der Aufpasser, der sie bewachte, trat sie mit den Füßen. Sobald der Zug zum Stehen kam, war auch schon ein Offizier da und fragte, wer denn die Zigaretten beim Fenster hinausgeworfen hätte. Wir waren zu viert im Abteil, aber keiner verriet mich. Der Offizier belehrte uns, daß das unsere Feinde wären und daß wir keine Zigaretten hinauswerfen dürften. Wenn der erfahren hätte, daß ich es gewesen war, hätten sie mich bestraft.

Hätte ich keinen Urlaub bekommen, ich hätte mich früher oder später den Russen ergeben. Von den Kärntner Partisanen erfuhr ich schon an der Front. Ich bekam Briefe von zuhause, und die waren so geschrieben, daß ich mir das ausrechnen konnte, daß sich in Kärnten der Widerstand formierte. Sie schrieben nicht von Partisanen, sondern von Banditen, die aufgetaucht wären, und ich wußte, was los war. Den Urlaub im Juli 1943 nützte ich dann für die Flucht.

Bei den Partisanen waren jene, die früher bei den deutschen Soldaten gewesen waren, furchtbar gerne gesehen. Die waren gut ausgebildet, und das Kommando stellte lieber ehemalige deutsche Soldaten als Wache auf als die eigenen Leute; sie waren disziplinierter. Auch mit den Waffen konnten sie besser umgehen, und oft hatten sie die Aufgabe, dies auch den Kämpfern beizubringen. Wenn keine Deutschen in der Nähe waren, hatten wir Waffenübungen, vor allem später, nachdem die Engländer begonnen hatten, Waffen abzuwerfen. Die waren hergerichtet zum Abdrücken. Bevor wir alles zusammengetragen hatten, krachte es schon, auch Opfer gab es, weil einige die Waffen nicht bedienen konnten. Die mußte man ja erst unterweisen.

Zuerst stieß ich als Kämpfer zur Ostkärntner Abteilung. Dort wurde ich Zugsführer und zum Schluß Kommandeur, sodaß ich von Anfang an bis zum Ende bei den Kämpfern war. Im vierundvierziger Jahr wurden wir umgeformt. Ich war damals zufällig nicht dabei, weil ich auf den Obir unterwegs war, um irgendwelche Sachen zu holen. Damals war ganz Vellach besetzt, und es war nicht so leicht durchzukommen. Ich mußte einen alten Weg nehmen. Nahe der Straße sah ich jemand unter einer Fichte sitzen und Zeitung lesen. Als er das Blatt wendete, sah ich, daß es ein Polizist war. Ich drehte sofort um. Alles besetzt, viel zu gefährlich. Als ich zurück kam in den Stab, da war schon alles umgeformt. Nur mehr ungefähr 24 Kämpfer waren übriggeblieben. Der Kommissar Vero übernahm die eine Hälfte, ich die andere, und dann begann eine furchtbare *hajka*, die mich mit dem Vero lange nicht zusammenkommen ließ.

Anton Pečnik-Tine

III. Bataillon der Kärntner Abteilung unter der Führung von Modras auf dem Peršman-Hof.

Normalerweise hatten wir ja bestimmte Treffpunkte, wir hatten auch unsere Signale und Tarnlaute, aber zu diesem Zeitpunkt konnten wir das alles nicht benutzen. Letztendlich fanden sich unsere beiden Gruppen dann doch, und gemeinsam machten wir uns auf die Suche nach der Abteilung. Allerdings fand die uns zuerst. Da wurden wir ein bißchen beschimpft, weil wir so schlampig Kontakt hielten, aber es war ja anders nicht möglich, wo doch überall Deutsche waren, die uns angriffen und jagten.

Bei einer großen *hajka* muß man sich ja gut überlegen, was man schafft und was nicht, damit es nicht zu viele Opfer gibt. Wenn eine große Gruppe Polizisten im Anmarsch war, dann war unsere Aufgabe, die Slowenen zu schützen und sich nicht auf zu große Kämpfe einzulassen, höchstens auf kleine. Daran hielten wir uns auch. Zurückziehen, wenn die Übermacht zu groß war, und nur dann auf sie warten, wenn genügend Zeit zur Verfügung stand, die Situation auszuloten, damit wir auch sicher sein konnten, daß wir Erfolg haben und nicht draufzahlen würden. Wenn Zeit genug war, in Stellung zu gehen, dann erwarteten wir natürlich die Deutschen und eröffneten das Feuer, wenn sie da waren. Es war genau bestimmt, wer als erster zu schießen hatte. Es konnte aber auch vorkommen, daß sich unter den Polizisten oder unter der Landwache ein Bekannter befand, mit dem man früher zusammengelebt hatte. Da hieß es gut überlegen, was zu tun war, damit man nicht vielleicht einen Menschen erschoß, der einem hie und da geholfen hatte. Der Partisanenkampf ist ja nicht so einfach, wie sich das manche vorstellen. Viele wurden ja gezwungen, zur Landwache zu gehen. Mein Vater war auch eine Zeit dabei, aber dann hatten sie auf ihn verzichtet, weil sie Angst hatten, daß er uns allzuviel verraten könnte. Die feindliche Propaganda behauptete, wir hätten immer alle erschlagen. Das stimmt natürlich nicht. Manchmal entwaffneten wir sie einfach nur und schickten sie in Unterhosen nach Hause. Wir nahmen die Uniformen und verschwanden.

Wenn wir alleine waren, verlief alles glücklich. Manchmal kamen aber andere dazu, die wiegelten uns auf, und dann hat es auch Opfer gegeben. Das waren meistens die Politiker. Wir waren einmal zu Gesprächen in Slovenj Gradec. Dort fielen jeden Tag sechs, sieben Kämpfer. Das war nicht notwendig. Warum sich in Kämpfe einlassen, denen man nicht gewachsen ist. Man muß sich ja gut überlegen, wann es besser ist, zu kämpfen, und wann nicht. In Lobnik war es dasselbe. Ich sagte einmal zum Modras, dem Bataillonskommandanten: »Gehen wir einen Bauernhof weiter, damit wir nicht hier in dieser Grube hocken.« »Nein, wir bleiben hier«, sagten darauf einige, und wir blieben. Keine Viertelstunde war vergangen, da griffen uns schon die Deutschen an; wir hatten gerade einen Ochsen geschlachtet, hatten viel Lebensmittel mit, und alles das mußten wir liegen- und stehenlassen und flüchten. Und ungefähr sieben von uns fielen dort. Wären wir weiter gegangen, hätten wir leichter Wachen aufgestellt, und hätten keine Opfer gehabt.

Zum Schluß war ich Kommandeur, dem Rang nach Leutnant. Propagandistisch war so eine Truppe immer größer als in Wirklichkeit, wir waren ja bloß 30, manchmal etwas mehr. Aber das mußte so sein. Die Aufgabe des Komandeurs war es, den Kämpfern ein Vorbild zu sein. Du durftest nicht verzagt sein, mußtest dich sehr tapfer halten, die Leute gut behandeln, dann hatten sie dich gerne und folgten dir auch. Ich gehörte zu den Menschen, die schnell erschrecken, bei denen der Schreck aber genauso schnell wieder vergeht. Der Krieg bringt es mit sich, daß der Mensch hart wird, keine Angst mehr hat. Entweder du überlebst oder du krepierst. Mich hätten die Deutschen lebend nicht in die Finger gekriegt. Ich hätte mich vorher erschossen.

Mit den Heimischen in der Kompanie auszukommen war das Schwerste. Jene nämlich, die dich noch von früher gut kannten, meinten, sie könnten sich alles erlauben. Zuviel sekkieren durfte man sie nicht, man hatte ja Anweisungen vom Stab, wie mit den Leuten umzugehen war, besonders mit den Frauen. Die einen waren sehr kämpferisch, bei anderen weiß ich aber nicht, wieso sie überhaupt zu den Partisanen gekommen waren. Was die wohl dachten, was sie erwartete? Jeder Kompanieführer hatte auch einen politischen Kommissar an seiner Seite. In meiner Kompanie war das ein Vero aus Črna, der fiel in Ferlach, später dann, als die SS-Kolonnen, die *ustaši* und die *domobranci* über den Loiblpaß strömten. Er setzte sich ins Auto, fuhr über die Drau und kam nicht mehr zurück. Politisch mußte sich der Kompanieführer dem Kommissar unterordnen, militärisch sprachen sie sich ab, was zu tun wäre. Wir hatten andauernd Besprechungen, alleine. Die gewöhnlichen Kämpfer wußten ja nicht, wohin es am nächsten Tag gehen würde, sie durften das gar nicht wissen, das war so eine Konspiration, damit ja niemand etwas verriet.

Arbeit gab es immer genug. Requirierungen, Stellungen beziehen, kämpfen. Wir blieben auch nie lange an einem Ort, besonders am Anfang nicht. Wir wechselten dauernd unseren Standort. Tagsüber konnten wir ein bißchen ausrasten und lernen, die Sachen zu reinigen. Manchmal lasen wir, manchmal hielt der Politkommissar einen Vortrag. Der einzelne durfte sich von der Kompanie nicht allzu weit entfernen. Sobald die Kompanie das Lager aufgeschlagen hatte, wurde die Wache aufgestellt; wenn es notwendig war, wurde ein Spähtrupp ausgeschickt, damit der Rest sicherer schlafen konnte. Wachen aufzustellen war sehr wichtig, damit der Feind nicht unbemerkt zu nahe kommen konnte. Ich hielt sehr darauf; wo keine Wachen aufgestellt wurden und einfach geschlafen wurde, konnten die Deutschen Gefangene machen und sie erschießen. Auf der Wache einzuschlafen, blieb nicht ohne Folgen. Ich weiß, daß mein Cousin ein paarmal schlafend auf Wache erwischt wurde; jedesmal bekam er eine Rüge, es wurde ihm mit dem Erschießen gedroht, wenn das wieder vorkäme. Und wirklich, auf einem Kontrollgang erwische ich ihn schlafend; er wacht auf, erschrickt, als er mich sieht, und flieht. Er hielt sich dann in Luče bei meinem Onkel versteckt und hütete das Vieh, dort fand er auch den Tod. Die Polizei erwischte ihn. Ich weiß nicht, ich glaube, das war eine Krankheit bei ihm. In dem Moment, wo er auf Wache stand, wurde er müde.

Wenn jemand ein paarmal auf der Wache einschlief, da half dann nichts mehr. Dasselbe, wenn jemand stahl. Ein höheres Kommando bestimmte dann, was zu geschehen hatte. Nur mußten vor dem Gerichtsurteil zehn Leute nach ihrer Meinung über den Menschen gefragt werden. Die Möglichkeit, daß ihn jemand aus persönlichem Haß angeschwärzt hätte, sollte so ausgeschlossen werden. Damit es zu keinen persönlichen Abrechnungen kommen konnte. Die Kompanie wurde aufgestellt und gefragt, ob er das Todesurteil verdient hätte oder nicht. Wenn die meisten der Meinung waren, nicht, dann wurde er auch laufen gelassen. Ich weiß noch, in Koprivna hatte einer Kletzen gestohlen. Todesurteil. Aber dann wurde er doch wieder freigelassen. Das alles war sehr zweischneidig. Du mußtest die Disziplin aufrechterhalten, damit die Leute nicht stahlen, auf der Wache einschliefen oder abhauten. Aber so eine schwere Strafe, nur weil jemand Kletzen gestohlen hatte? Es ist ja auch alles mögliche vorgekommen. Es gab auch solche, die sich einfach nur versteckt hielten und dann unter dem Namen der Partisanen die Bauern bestahlen. Und wir waren dann die Schuldigen.

Beim Apovnik

Am 12. Oktober des vierundvierziger Jahres waren zwölf Partisanen beim Nachbarn, beim Žik. Dort war aber eine Frau, die die Partisanen nach Hause ließen, die kam nach Hause und erzählte ihrem Mann, daß beim Žik Partisanen wären. Der Mann war aber ein fester Hitler-Anhänger, er war bei der Partei. Später hat sie ja schrecklich beteuert, daß sie nichts gemeldet hatte, aber sie erzählte zuhause alles und das hat auch schon gereicht. Er ist halt zur Polizei gelaufen und hat alles gemeldet. Der Šorli Ciril, der war der Ranghöchste bei den Partisanen, er war schon zwei Jahre dabei, der war zu vertrauensselig. Hätte er diese Frau nicht nach Hause gelassen, dann wären sie glücklich davongekommen. Die Partisanen gingen noch in der selben Nacht vom Žik zum Apovnik.

Am nächsten Tag kam die Polizei. Der Metnitz war der Höchste. Der kommt herein zu mir in die Küche, richtet das Gewehr auf mich: »Wo hast du die Partisanen versteckt, du hast sie versteckt!«, schreit er. Zuerst hatten sie die Partisanen beim Žik gesucht, dort waren sie aber nicht mehr. Da hatten sie sie verfolgt und gedacht, daß sie zu uns abgebogen wären. Ich erklärte dem Metnitz, daß sie gestern nicht hier gewesen wären und heute auch noch nicht, da schreit er: »Schlüssel her, Schlüssel her.« Ich mußte die Schlüssel vom Keller, vom Haus und vom Getreidespeicher holen. Der Hof war voller Polizisten, ich habe sie ja nicht gezählt, die einen meinten 150, die anderen 200. Mit den Schlüsseln sind wir das Haus, den Keller und den Getreidespeicher durchsuchen gegangen. Die Tür in den Getreidespeicher war schwer zu öffnen, ich will nach dem Schlüssel greifen, da droht er mir mit dem Gewehr. Er glaubte, ich laß nicht aufsperren. Er macht es alleine, wir gehen in den Getreidespeicher, der Metnitz, drei Wächter und ich. Der Metnitz nimmt eine Stange zum Fleischaufhängen und wühlt damit im Getreide herum, ob auch ja keiner drinnen versteckt liegt.

Dann waren wir fertig und sind aus dem Getreidespeicher hinaus, da wird einem Gendarmen aus St. Michael schlecht. Er kommt in die Küche und sagt zu meiner Tante: »Ich habe in der Früh um drei Uhr aufstehen müssen, ich habe noch nichts gegessen und jetzt ist mir schlecht. Bitte, geben Sie mir ein Stamperl Schnaps.« Die Tante wollte gar nicht so recht, ich sage zu ihr: »Gib nur, es ist ja schlimm, wenn er schon um drei Uhr hat aufstehen müssen und jetzt hat er nichts im Magen, ist ihm halt schlecht, gib ihm nur den Schnaps.« Dann hat sie ihm das Stamperl Schnaps gegeben, genau hier ist er ungefähr zehn

Minuten gestanden. Der Metnitz und die Polizei sind draußen im Hof gestanden und haben gewartet. Als dieser Gendarm den Schnaps weggetrunken hatte, ging er hinaus zu den anderen, die standen auf und gingen.

Das war so gegen elf Uhr, fünf Minuten darauf hat es gedonnert, so hat es gekracht. Aus allen Gewehren haben sie geschossen, wir waren gerade draußen, und so sahen wir, daß das Haus auf der anderen Seite schon brannte, und der Stall auch, alles brannte. Wir waren ja neugierig, was passieren würde, und stellten uns auf den Abhang hinter unserem Haus. Irgendwie erwarteten wir, daß sich die Partisanen wehren würden, daß es einen Schußwechsel geben würde. Aber die Armen hatten ja keine Zeit mehr. Die hatten gerade Mittagessen gekocht in der Küche, und Socken gewaschen und die Unterhosen, die waren voll beschäftigt. Der auf der Wache war aber eingeschlafen, darum konnten die Polizisten so nahe heran. So bist du natürlich nicht vorbereitet, und auf einmal kracht es. Freilich konntest du dich da nicht wehren, jeder hat gepackt, was er erwischen konnte und wollte fliehen.

Die Polizei ist herumgelaufen und hat die Partisanen gejagt. Und dann war es furchtbar: »Verdammtes Schwein, verdammter Bandit!« Vom Apovnik zu uns her hat man fein gehört, wir haben alles gehört. Wir sahen, daß sie einen gefangen hatten, das war der Šorli Ciril, der hatte ein englisches Gewand an, den stellten sie auf, zwei hielten ihn, einer zog ihn nackt aus. Das habe ich gesehen und gehört. Die Gendarmen haben mich nach dem Krieg deswegen schon einmal verhört, dann haben sie sich davon überzeugt, daß ich nicht gelogen habe, daß das die Wahrheit ist, sie haben sich selber davon überzeugt, daß man vom Apovnik her fein hört, von uns hinauf aber weniger. Herüber hört man besser.

Den Šorli haben sie ausgezogen, dann ist er auf dem Boden gelegen. Ein anderer war aus Eisenkappel, der Bancelj Johi. Den hat die Marička gesehen, die hat dort Vieh gehütet, den haben zwei an den Händen gehalten und hinauf in den Wald geschleppt, da hat er noch selber die Beine bewegt, schwach war er schon. Wo er dann erschossen wurde, das kann ich nicht sagen. Es ist einige Zeit vergangen, dann haben sie ihn schon tot am Boden zurückgeschliffen. Später hat es geheißen, der Metnitz hätte an ihm herumgeschnitten, aber das kann ich nicht behaupten, das habe ich nicht gesehen, der hat die Hosen noch angehabt.

Ich bekam dann von der Gemeinde einen Brief: Du bist der nächste Nachbar, du mußt die Partisanen im Graben, im Wald vergraben. Na, und wir, mein Cousin, der Franc Pečnik und ich, wir holen die Schaufeln und gehen die Partisanen begraben ...

Als das Feuer etwas niedergebrannt war, sind die hergegangen und haben die zwei Partisanen ins Feuer geworfen, so daß ihre Beine in der glühenden Kohle lagen. Mit dem Oberkörper lagen sie weg vom Feuer, oben war nichts, sie waren nur dunkel vom Rauch, und sicher auch verprügelt. Dem Šorli Ciril hatten sie auch die Beine in die Kohle geworfen, der war nackt, ausgezogen, der war dick und die Beine waren ihm geschmolzen, das Fett rann weg, er war furchtbar zugerichtet. Aufgeschnitten, der Bauch aufgeschnitten, die Gedärme lagen daneben, so lag er dort, die Geschlechtsorgane weggeschnitten. Einer hatte ihm noch die Arme zu den Schultern dazugelegt, aber als wir ihn begruben, sahen wir, daß der Arm abgeschnitten war.

In Bleiburg haben sie sich gebrüstet: »14 Partisanen haben wir erschossen, alle sind verbrannt, wir haben sie ins Feuer geworfen.« In Wirklichkeit sind sie gar nicht verbrannt. Einer ist im Vorraum gefallen, der hat im Vorraum einen Schuß abgekriegt, der ist dort hingefallen und verbrannt. Die Hirtin hat das gesehen, er hat ihr leid getan, aber sie hat ihm nicht helfen können, weil schon die brennenden Schindeln vom Dach auf ihn herunterfielen und sie Angst hatte, daß sie auf sie auch fallen würden. Drei sind dort beim Haus gelegen. Der Bavcer Johi, der Ciril Šorli, und der, der im Vorraum verbrannt ist; von dem hieß es, er wäre aus Črna. Ein anderer ist noch im Wald oben herumgekrochen am 12. Oktober, der hat dort den Tod gefunden. Das alles war an einem Donnerstag. Am Freitag kamen zwei Buben vom Pisernik zu mir: »Einer liegt beim Apovnik in der Streu und schreit furchtbar, der schreit so furchtbar.« Ich nehme meine Sense und gehe mit den beiden, gehe in den Wald und da höre ich es auch. Furchtbar nach der Maria hat er gerufen, dann wurde alles still. Wir sahen nach, die Buben hatten zwar gesagt, daß jemand in der Streu liege, aber in der Streu war niemand. Dann war es ruhig bis zum März. Im März fanden ihn die Kurniks, als sie das Vieh zum Wasser trieben, der lag noch dort. Dann kamen die Deutschen und begruben ihn gleich an Ort und Stelle. Im Mai war der Krieg aus, da kamen die St. Margarethner und begruben ihn in St. Margarethen.

Das muß ich auch noch erzählen. Als wir die Partisanen begraben gingen, war die Polizei schon vor uns da. Das war am Samstag, einer steht auf der Wacht im Wald, ich komme zu ihm hin und grüße ihn. Er grüßt mich auch und fragt: »Wohin gehst du, wohin gehst Du?« Ich antwortete: »Ich habe einen Brief bekommen, daß ich die Partisanen begraben muß. Ich gehe die Partisanen begraben.« Da sagt er: »Gell Väterchen, denen haben wir ordentlich eingeheizt.« Und ich: »Warum habt ihr es mit einem so gräßlich getrieben, daß er ganz aufgeschnitten war?« »Wir haben ja müssen, der hat nicht hin sein wollen.« So hat er es gesagt.

Nach dem Krieg sind sie dann fragen gekommen, das war ungefähr ein halbes Jahr darauf. Die behaupteten, daß ich lüge, das alles sei nicht wahr. Die dachten, ich lüge, weil ich als Slowene eher dagegen wäre, die aber eher zu den Nazis gehalten hatten. Dann haben sie sich aber selber davon überzeugt, daß alles so war, wie ich es gehört und gesehen habe. Das war so: Ich mußte mit einem hinauf zum Wald. Beim Apovnik, beim Bauern, wo diese Schweinerei passiert ist, lag ein anderer ziemlich weit weg vom Haus, und der neben mir fragte mich: »Siehst du dort diesen Haufen?« Ich hatte gute Augen und sagte: »Das ist kein Haufen, das ist ein Mensch.« »Ja«, sagte er, »das ist kein Haufen, wirklich, es ist ein Mensch.« Und dann: »Und jetzt sag mir, was er rufen wird. Komm ein bißchen weiter her.« Ich sagte: »Das war nicht die Stelle, wo sie den Ciril ausgezogen haben, das war weiter hier.« Dann rief er ihm zu: »Komm weiter her, weiter her.« Ich wiederholte: »Weiter her, weiter her.« Alles war zu verstehen und zu hören. Na, und dann kam er an die richtige Stelle, da sagte ich: »Ja, genau hier war es.« So überzeugten sie sich, daß ich nicht log, daß ich das alles wirklich gesehen und gehört hatte.

Wegen dem Metnitz mußte ich später noch öfter nach Klagenfurt und mußte erzählen, was passiert war. Ich sagte immer: »Der Metnitz ist gekommen und der Metnitz hat mit mir gebrüllt, wo ich die Partisanen versteckt hätte.« Der Metnitz war der Höchste.

Nichts sagen

Mein Kommandant war Ribič Ivan, mit dem Partisanennamen Stojan; das war ein allseits und außerordentlich gebildeter Mensch, er hatte auch eine militärische Ausbildung, noch vom alten Jugoslawien, also ein Akademiker. Er hatte wirklich etwas im Kopf, er durchschaute alles, sodaß wir richtig begeistert waren. Weißt Du, wieviel das wert ist, wenn das Kommando in Ordnung ist? Das ist entscheidend. Auch die Kameradschaft war dort hervorrragend, wirklich. Es gab mehrere Kämpfe, und dann warfen uns die Engländer auf der Dolga njiva Waffen herunter. Dolga njiva sagen die Leute zu dem Ort, das ist ein Stück herauf von Tržič, heute heißt es Jelendol. Das liegt hinter der Košuta, und dort warfen die Engländer Waffen ab. Weil ich gut deutsch konnte, wurde ich dem englischen Major zugeteilt, der später auf der Saualm fiel. Ich trug seine Ausrüstung, er hatte ja mit dem Funkgerät zu arbeiten, und dann warfen uns die Engländer im Sommer 1944 Waffen für eine ganze Division herunter. So Blechtonnen waren an Fallschirmen festgemacht, und darin befanden sich die Waffen. Der englische Major hatte alles über Funk genau besprochen gehabt, und wir waren genau über den Zeitpunkt des Abwurfs informiert. Wir mußten uns dann an drei Stellen aufstellen und mit Lampen Zeichen geben, so daß die Abwurfstelle markiert war. Einmal irrte sich der Flieger auch und warf alles hinter Rechberg ab. Er dachte wohl, der Obir wäre die Košuta, flog um sie herum, kam auf der falschen Seite zum Obir, dachte sich: halt, jetzt bin ich da, und warf dort alles ab. Das fiel dann den Deutschen in die Hände.

Was wir nicht sofort brauchten, vergruben wir auf der Dolga njiva; wir hoben Gruben aus und legten alles hinein, schön in Tücher gehüllt und eingeölt; in den Tonnen war auch ein Art Zeltstoff, in den wurden die Waffen noch zusätzlich eingewickelt, dann wurden Tannenzweige draufgelegt, sehr viel Tannenzweige, und zum Schluß die Erde. Es wurde also nicht gleich die Erde draufgeschaufelt. Für diese Arbeit wurden nur drei eingeteilt. Die Verläßlicheren wurden ausgesucht; die wußten dann auch, wo sich alles befand. Wenn verschiedene Einheiten kamen, mußte immer jemand von uns mitgehen, der die Stelle kannte.

Zwischendurch kam es auch zu Kämpfen. Auf der Schaida nahmen wir ein paar Polizisten gefangen; manchmal kriegten wir eine über den Deckel, vor allem dann, wenn zu viele Deutsche auf einmal daherkamen. Am schlimmsten war der Kampf in der Nähe vom Seebergsattel unter der Roblekalm; dort war der Teufel los. Die Polizei hatte uns eingekreist; wir aber dachten, die kämen nur von jener Seite, wo man schon hinunter auf den Seebergsattel sieht. Dabei kamen sie auch von der anderen Seite, und sie packten uns von oben; es gab einen festen Kampf, dann kam der Befehl: Rückzug. Weil es so krachte, hörte ich ihn nicht. Freilich, dann sehe ich mich einmal um, frage mich: was ist los? Alles ist so still, zum Teufel, nur vereinzelt kracht es noch, ich liege fein in Deckung, blicke zurück, und da ist auch schon die Polizei. Madonna clara, ich habe nur ein Gewehr und eine Pistole, und keine Zeit, irgendetwas zu ziehen, also hilft nichts anderes mehr als rennen. Ich renne los, daneben drücke ich ab, sodaß die anderen zwei in Deckung müssen, aber von den Unseren keiner mehr weit und breit. Ich denke mir, so, und jetzt gehst du noch den Rucksack holen; die Rucksäcke hatten wir vorher im Jungholz versteckt, dort wollte ich hin, denn im Rucksack war meine Decke. Die hast du aber haben müssen, zum Zudecken, wenn wir draußen lagen.

Mojduš, ich komme hin zur Stelle, hebe die Äste auf, will nach dem Rucksack greifen, da sitzen zwei Polizisten dort, einfach so. Einer davon war dieser Orlitsch, Postenkommandant in Eisenkappel, ich hatte keine Zeit mehr zum Schießen, die beiden auch nicht. Sie saßen einfach so da, die Maschinenpistolen neben sich, sie hatten mich höchstwahrscheinlich nicht gehört, und ich hatte auch niemanden reden gehört. Ich halte die Zweige in einer Hand, das Gewehr in der anderen, will mich bücken, erblicke die beiden, wir starren uns an, ein paar Sekunden hat das gedauert, der eine greift nach der Maschinenpistole, der Orlitsch auch, ich lasse die Zweige los, renne, der Orlitsch schreit: »Denn kenn' ich, wir müssen ihn einfangen«. Ich denke mir: Ist schon gut, mich bekommt ihr nicht, und wenn ihr euch auf den Kopf stellt. Wirklich. Ich renne den Graben hinunter, eine andere Möglichkeit gab es nicht, und die beiden hinter mir her. Ich springe hinter einen Felsen, dabei fällt mir das Gewehr aus der Hand, da liegt das Gewehr, die beiden fangen zu schießen an, Madonna, und ich denke mir: das kann ja heiter werden, da bin ich ja wie in einer Falle, wenn ich den Kopf hinausstecke, bin ich verloren. Damals hatte ich noch einen Hut auf, freilich, den hielt ich ein bißchen in die Höhe, und da krachte es schon. Die wußten, daß ich nicht in die Richtung laufen würde, wo nur Jungholz war, daß ich in die andere Richtung, in den Wald mußte. Herunter kamen sie nicht, sie dachten, jetzt ist es aus, den kriegen wir sowieso. Freilich, wenn einer heruntergekrochen wäre, der andere aber hätte aufgepaßt, dann wäre ich verloren gewesen. Dann nahm ich ein paar Äste, stützte sie mit einem Stein ab, steckte den Hut darauf, und stellte das alles so am Felsrand hin, daß er ein bißchen hinausschaute; die beiden schossen auf ihn wie die Teufel. Ich aber kroch in der Zwischenzeit in Richtung Wald. Das Gewehr mußte ich dortlassen, hatte also nur mehr die Pistole. Ich renne los, freilich, die beiden schossen hinter mir her, aber ich schaffte es gerade noch hinter eine Fichte, und dann hinter die nächste und so weiter. Gott sei Dank, sie hatten mich nicht bekommen.

In Trögern erst stieß ich auf zwei Partisanen. Ich fragte die beiden nach dem Stab, und sie antworteten: »Der Stab ist beim Režovnik.« »No«, sagte ich, »dann gehe ich hin.« Kaum war ich dort, wurde ich schon wieder eingeteilt: »Mach dich bereit.« Ich sagte: »Wie denn? Ich habe kein Gewehr, das habe ich dortlassen müssen.« »Hej, hej, Material haben wir genug, nimm!« Da bekam ich ein amerikanisches Schnell-feuergewehr, das war gut; ich konnte kaum Luft schnappen – zum Essen bekam ich drei Stück Zucker und ein bißchen Schweinefett dazu –, und schon gingen wir in Stellung; diesmal jagten wir die Deutschen, da flohen dann die anderen, da gaben wir es ihnen wieder. So war es.

Dann kam es zu einer Tragödie. Die Gestapo schickte verschiedene Leute zu uns. Die kamen nach Solčava, darunter waren auch Weiber, anders kannst du sie nicht bezeichnen. Eine war dabei, blond, groß, eine fesche Frau. So, ich will zu den Partisanen, sagte sie. Wir glaubten ihr alle zusammen nicht so recht, und der Kommandant sagte zu mir: »*Jebemti*, paß' halt auf auf sie.« Dann paßte ich drei Tage auf dieses Weibsbild auf, und halt, schon begann sie, Fragen zu stellen, wie ist es dort, wie ist es da. Ich dachte mir: »Halt, mein Mädchen, du wirst mich aber nicht aushorchen.« Ja, da begann sie sich anzubiedern, ich dachte mir, Madonna clara, bei mir wirst du kein Glück haben. Der Komman-dant zu mir: »Du paß' auf das Weib auf und laß' sie in Ruhe.« Ich zu ihm: »Weißt' was, auf das Weib paß' selber auf, mich laß' in Ruhe, ich will mit der nichts zu tun haben.« »No«, meinte er, »gut, wenn du nicht mehr willst, dann willst du nicht mehr.« Und da verschaute sich der Kommandant ein bißchen in sie, ein Weiberheld war er, so wie jeder junge Mensch, anders kannst du das nicht sagen, er verschaute sich in sie und, Madonna, auf einmal ist das Weib weg. Gott Halleluja, da war der Teufel los, wir mußten hinunter zum Stab der Gruppe nach Kotlje. »Wohin ist sie gegangen? Was hat sie gewollt?« Ich sagte: »Von mir gar nichts.« Dann wurde ich nicht mehr bedrängt, der Kommandant aber wurde drei Tage lang verhört. Bei meiner Seel', dann kam er heraus, alle Rangabzeichen heruntergerissen. »So«, sagte er, »jetzt gehe ich in die Šercer-Brigade das Maschinengewehr tragen.« »No«, sagte ich, »dann gehen wir halt.« Weißt du, mit diesem Menschen wäre ich auch in den Tod gegangen. Was ist, das ist. Aber er lehnte ab: »Leider, wir werden uns trennen müssen, die lassen uns nicht mehr beisammen, du gehst zum dritten Bataillon.« Ich mußte zur Strafe in das Bataillon, und der Stojan in die Šercer-Brigade, das Maschinengewehr tragen. Aber er wurde bald wieder Kommandant.

Von dort ging es nach Slovenj Gradec. Dort fand eine größere Aktion statt, die ganze Abteilung war dort versammelt, und auch alle Generäle von der Gruppe der Abteilungen, von der 4. Division. Von dort gingen wir zurück zur Uršlja gora, oben in Mežica machten wir bei einem Bauern halt. Ich wurde mit einem zweiten in die Vorpatrouille geschickt. Wir kamen hinunter zu einem Bauern, beim Ober hieß es dort. Der Sohn des Bauern war acht Tage vorher zu den Partisanen geflohen, und eine ganze Polizeikompanie, versteckt hinter Schneehaufen, bewachte das Haus. Wir wußten das aber nicht.

Wir klopfen bei diesem Bauern an die Tür, der alte Vater macht auf, ringt nur so die Hände, sagt: »Um Gottes Willen, wo kommt denn ihr beide her?« »Von der Uršlja gora, das Bataillon kommt nach. Welche Brücke ist am stärksten bewacht?« Er antwortete: »Ich weiß das nicht, kommt herein, vielleicht weiß es die Frau.« Kaum sind wir drinnen – zwei alte Frauen sitzen da, die Hausfrau und eine Magd, sonst war kein Mensch im Haus –, klopft jemand an die Tür. Der Mann erschrickt: »Wer kommt jetzt?« Ich gehe hinaus und frage auf deutsch: »Wer ist draußen?« und bekomme zur Antwort: »Polizei.« Ich gehe zurück in die Küche: »Die Polizei ist draußen. Was sollen wir tun? – Ich werde ein paar Bomben schmeißen und dann rennen wir hinaus.« Freilich, da knieten alle drei nieder, alte Menschen, ich sehe das noch heute vor mir, und sie baten: »Bitte schön, nicht, die werden uns alle erschießen, die werden alles niederbrennen.« Einen anderen Weg hinaus gab es nicht. Das war ein einstöckiges Haus. Ich ging in den ersten Stock, sah hinunter, rundherum Polizei, bei jedem Fenster, da gab es keinen Ausweg. Ich sagte: »Jetzt hilft nichts mehr«, und fragte den anderen: »Was denkst du?« Freilich, der zeigte auch auf die Alten, die dort knieten und uns anflehten. Ich dachte mir, das Schicksal soll tun, was es will, es ist gleich, sollen sie uns erschlagen, das ist besser als diese alten Menschen, die vollkommen unschuldig sind. Ich sagte zum Vater: »Wirst du aufmachen?«, und er antwortete: »Ich trau mich nicht.« »Gut, dann mach' ich auf.«

Ich mache also auf, trete hinter die Tür, die Polizei kommt herein: »Wo sind die Banditen, wo sind die Banditen?« Jetzt sahen wir sie, freilich, sie waren alle in weißen Mänteln draußen gelegen, und das in der Nacht, da konnten wir sie nicht sehen, überhaupt nicht. Madonna clara, und immer mehr strömten herein und schrien: »Wo sind sie?« Einer rannte die Stiegen hinauf, wir beide blieben dort hinter der Tür stehen, hinaus führte kein Weg, es waren zu viele, und auch das Licht war eingeschalten; der eine kam die Stiegen wieder heruntergerannt: »Oben sind sie nicht, ich habe alles durchsucht«, dabei standen wir neben ihnen im Dunkeln. Ich dachte mir einen Moment, jetzt müßte man hinauslaufen, aber wie, bei der Tür war Licht, draußen lauter Polizei; und da leuchtete doch noch einer mit der Lampe in das Eck, in dem wir standen; du kannst dir vorstellen, dann stießen sie uns in die Küche und verprügelten uns mit den Kolben wie die Teufel. Ich hatte noch die ganze Ausrüstung bei mir. Ein Polizeileutnant, der schlug zu wie wild, es war aber einer dabei, der war aus Villach, so einer mit Abzeichen, der brüllte diesen Leutnant an: »Herr Leutnant, ich mache Sie darauf aufmerksam, nach

der Kriegsrechtskonvention wird der Gefangene nicht mehr geschlagen.« Da hörte er dann auf. Dann trieben sie uns hinunter nach Mežica. Wenn sie uns damals nicht in die Vorpatrouille geschickt hätten, Gott weiß, wie viele gefallen wären.

In Mežica unten wurden wir verhört, noch und noch. Von wo wir kämen, was wir getan hätten, alles. Sie trennten uns natürlich sofort, mein Begleiter war ja nicht bei den deutschen Soldaten gewesen. Beim Verhör war ein gewisser Štopar dabei, der redete mir zu: »Hör' auf mich und komm' zu uns.« Das war, glaube ich, einer von den *raztrganci*. »Hör' auf mich, komm' zu uns und du bist frei.« Ich antwortete: »Nein, so etwas mach' ich aber nicht, davor graust mir.« »Das wird dir noch leid tun, du wirst sehen. Bei der Gestapo werden sie anders mit dir umspringen.« Ich dachte, soll kommen, was will, aus ist es sowieso. Dann holte mich die Gestapo ab. In Dravograd wurde eine andere Platte aufgelegt. Gefesselt wie einen Ochsen brachten sie mich hin. In Dravograd war das Verhör interessanter. Dort gab es kein Pardon, dort prügelten und folterten sie uns wie das Vieh. Ich hatte mir schon eine Geschichte zurechtgelegt. Daß ich unten in Primorska gewesen wäre und versucht hätte, so schön langsam Richtung Heimat zu kommen. Das behauptete ich die ganze Zeit. Dann legten sie mir Daumenschrauben an und drückten mir die Finger zusammen. Das sei nicht wahr, sie glaubten mir das nicht und glaubten mir jenes nicht. Ich behauptete halt immer dasselbe, so lange, bis ich ohnmächtig wurde.

Ich war ja nicht der einzige. Allen, jedem einzelnen legten sie Daumenschrauben an, die kannten kein Pardon, auch bei den Frauen nicht. Die Zelle in Dravograd war furchtbar »fein«, ein Betonboden, die Wände herunter rann unablässig Wasser, da war extra so eine Leitung gelegt, so daß du dich nirgendwo anlehnen konntest, du mußtest hocken. Die Zelle hatte kein Fenster. Acht Tage lang wurde ich unablässig verhört. Die schlugen dich mit Fäusten, mit der Peitsche, mit allem, was sie gerade bei der Hand hatten. Wer sich da kein Ziel setzt, der ist verloren. Ich war ja früher bei den deutschen Soldaten und kannte ihre Methoden. Deswegen konnte ich mir ein Ziel setzen. Ich nahm mir vor, das und das und kein Wort mehr darfst du sagen. Diese acht Tage bekam ich nichts zu beißen. Die wollten die Härteren durch Hunger demoralisieren. Sie fragten ja nach verschiedenen Kommandanten – »Kennst du den? Kennst du den?« –, und ich wiederholte, ich kenne niemanden, ich bin auf dem Marsch von Primorska.

Das Verhör in Dravograd spielte sich in mehreren Etappen ab, es gab nicht nur jenes im Zimmer. Die ließen dich am Gang stehen, Gott weiß wie lange, bis du trocken warst, und damit du hören konntest, wie sie die Menschen folterten. Weißt du, das war für manchen eine Qual, und wenn er nicht aufgepaßt hat, dann hat er gesungen. Verständlich. Draußen, wenn du warten mußtest, konntest du ja alles hören, das Schreien, die Schläge, ich kann nicht beschreiben, wie das ist, das ist nicht so einfach. Das zu beschreiben ist schrecklich. Und sie probierten alles mögliche. Zuerst mußtest du ein, zwei Stunden gefesselt am Gang stehen. Dann steckten sie dich wieder in die Zelle, und am Nachmittag holten sie dich wieder hinauf. Du mußtest wieder einige Zeit stehen, bis es jemandem einfiel und du zum Verhör kamst. Einer hatte eine Schreibmaschine vor sich, der andere verhörte; nachdem du das Deine gesagt hattest, hieß es: »Haben wir schon gehört«, und schon bekamst du sie wieder, und hinunter in die Zelle. So ging es Tag für Tag. Jeden Tag der gleiche Zyklus, da änderte sich nichts.

In der Zelle unten saß ich in Ketten, wie ich halt konnte. Stehen war nicht möglich, weil du dich nirgends anlehnen konntest. Die letzten

Tage hätte ich sowieso nicht mehr stehen können, auch wenn ich gewollt hätte. Ich war schon ziemlich benommen vor Hunger. In der Zelle waren wir zu zweit, der andere sprach überhaupt nicht mit mir, ich auch nicht mit ihm, er schwieg. Vermutlich traute er mir genausowenig wie ich ihm. Er war komplett demoliert, niedergeschlagen, fix und fertig. Ich war auch nicht, sagen wir, gerade glücklich über das alles, aber der war erledigt. Die letzten Tage war ich benommen, ich kann nicht beschreiben, wie hungrig und schwach ich war. Aber so viel Kontrolle über mich hatte ich noch, daß ich bei meiner Geschichte blieb, auch später in Klagenfurt.

In Klagenfurt wurde ich ins Landesgericht gebracht, in eine Einzelzelle der Gestapo-Abteilung. In der Burg verhörten sie uns dann. Beim ersten Verhör wurde mir gesagt: »So, jetzt sag die Wahrheit, wenn du die Wahrheit sagst, wirst du glimpflich davonkommen, wenn nicht, mach' dich auf was gefaßt.« Nebenan war noch ein Zimmer, da war der Chef mit ein paar anderen drinnen. Ich erzählte wieder meine Geschichte, so und so war es und dort bin ich gewesen. Freilich, dann kam der Höhere heraus, las das durch und sagte zum Verhörer: »Das läßt du dir gefallen?« Und das hieß, daß der andere aufstehen, den Stock nehmen und fest auf mich einschlagen mußte. Aber dann fügte er noch hinzu: »Wart' ein bißchen, mit dem werden wir noch ein Hühnchen rupfen. Führ' ihn zurück.« Na, dann lag ich wieder ein paar Tage in meiner Zelle. Danach kamen sie mich wieder holen, und ich erzählte ihnen wieder dasselbe.

So, dann hatte ich acht Tage oder mehr meine Ruhe und lag in meiner Zelle. Kein Teufel kam mich holen, es passierte gar nichts. Und dann kamen sie wieder, brachten mich wieder in die Burg zum Verhör; Madonna, ich komme hinein, da waren mehrere drinnen, der Höhere auch. Und der sagte: »Ach, das ist dieser Vogel?« Meiner Seel, dachte ich mir, was soll denn heute passieren? Es verhörte mich wieder derselbe: »Jetzt sag' aber einmal deine Sünden auf, aber die Wahrheit.« Als ich wieder begann, unterbrach er mich: »Das hast du auswendig gelernt? Gell? Das weißt schon alles ganz genau.« Und ich antwortete: »Mehr kann ich nicht sagen.« Da warf er so einen Wisch vor mich hin, einen Bogen, auf der Schreibmaschine getippt, und sagte: »Lies' das durch!« Ich nahm den Zettel, die haben höhnisch dreingeschaut, waren wohl gespannt, was ich jetzt machen würde. Ich schaue und da war ein Stempel drauf, Postenkommandantur Eisenkappel. Da wurde mir aber ganz anders. Ich dachte mir: Verdammt, was ist denn das? In Ebriach drinnen war ich ja öfters gesehen worden, und mit der Polizei hatte ich auch zu tun gehabt, die kannten mich ja, freilich. Ich lese: »Postenkommandant Orlitsch hat den ... am soundsovielten ... auf dem Seeberg ... im Kampf konfrontiert ... 100%ig erkannt.« Freilich, der kannte mich ja aus Eisenkappel. Ich las einige Zeit, las alles, was er noch geschrieben hatte, warf den Zettel zurück und sagte: »Leider, das kann ich nicht bestätigen, das muß ein Irrtum sein.« Den Irrtum hatte ich teuer zu bezahlen, die verprügelten mich wie noch nie, mit Stöcken, und die Schläge fielen, wie sie fielen. Um elf begannen sie damit, das weiß ich noch genau, weil ich auf die Uhr sah, irgendeinmal brach ich dann zusammen, und um drei wachte ich auf. Sagt der Verhörer: »Steh auf!« Ich versuche mich aufzuklauben, es gelingt mir auch, sagt er: »Setz' dich auf den Sessel!« Ich setzte mich auf den Sessel, er hatte Semmeln, Butter, Würste und so weiter auf einem Teller hergerichtet, und sagte zu mir: »Iß jetzt.« Aber ich lehnte ab: »Danke.« Und von diesem Moment an sah mich keiner mehr an. Der Verhörer läutete nach dem anderen, damit er mich in die Zelle zurückführte. Das war mein letztes Verhör. Wenn ich nicht nein gesagt hätte, ich glaube, die hätten mich weiter geprügelt. Ich lehnte aber diese Semmeln ab, und da hatten sie dann genug von mir.

Franc Lienhard

Ich bete für Dich

Am 10. März 1942 tauchten zwei von der Gestapo, Waldbauer und Weirauch, an meiner Arbeitsstelle auf. Sie fragten den Meister gleich bei der Tür: »Ist hier ein gewisser Lienhard?« »Ja«, er zeigte auf mich. Ich arbeitete gerade an einer Damenjacke, setzte die Ärmel ein, daran kann ich mich noch gut erinnern. Und innerhalb von fünf Minuten war ich schon hinter Schloß und Riegel.

Sie brachten mich in ein Zimmer, im ersten Stock in der Burg. Die Hände mußte ich hochhalten und alle Säcke umdrehen, aber ich hatte nichts bei mir. Sie dachten, daß ich Waffen hätte, aber mit Waffen hatte ich nie etwas zu tun. Und dann brachten sie mich ins Gefängnis, ins Landesgericht. Dort verhörten sie mich. Sie nahmen mich ins Kreuzverhör, der Revolver lag auf dem Tisch. »Ihre Mutter war eine verbissene Tschuschin!« Meine Mutter war damals schon 22 Jahre tot und ich sage: »Entschuldigung bitteschön, lassen Sie meine Mutter in Frieden ruh'n. Sie ist bereits 22 Jahre im Grab.« Da waren sie still. Dann warfen sie mir vor, daß ich dem »Koroški Slovenec« Bilder gegeben hätte. Natürlich, ich habe immer gesagt, daß ich Slowene bin.

Ich war einmal in Klagenfurt beim Hartman vorbeigegangen. Ich hatte die Fotografien für ihn dabei. Da traf ich die Tochter des Loibacher Lehrers. Sie fragte mich: »Was tust du da?« »Jetzt gehe ich noch zum Hartman.« »Was tust Du beim Hartman?« »Bilder trag ich hin.« Daraufhin haben sie mich verhaftet. Ich hatte ja nichts geahnt, aber sie haben mich verhört: »Was haben Sie beim Hartman zu tun gehabt?« Das heißt, diese Frau hat mich denunziert.

In der Zelle nähte ich dann auch für die Gestapo. Ein Nazi, der Waldbauer, der kannte mich vom Napečnik in der Priesterhausgasse, wo ich früher gearbeitet hatte, war auch dort, und für den machte ich fünf Kleider. Dann stellten sie mir eine Maschine in die Zelle, da war ich schon in einer Einzelzelle, ich nähte und bügelte für sie, ein halbes Jahr lang. Und wie mich die Gestapo-Leute dann nach Berlin geführt haben, sagte ich ihnen: »Das ist der Dank dafür, daß ich für Sie soviel gearbeitet habe. Jetzt wollen Sie mir den Kopf abnehmen.«

Zu mir kam ein Pfarrer, der sagte: »Knie nieder«, und er erteilte mir eine Generalabsolution. Dann half er mir auf, gab mir einen Rosenkranz und sagte: »Der wird dir gerade recht kommen.« Ich habe Rosenkranz gebetet in Moabit, das vergesse ich nie. Um offen zu sein, meine verstorbene Mutter habe ich um Hilfe angefleht.

In Berlin klagten sie mich der Spionage an, nach irgendeinem Ausnahmegesetz. Fünf Tage vor der Verhandlung rief mich der Regierungsrat zu sich: »Daß Sie ja nicht probieren, auszubrechen. Unten sind Hunde, die zerreissen Sie auf der Stelle.« »Das brauchen Sie nicht zu fürchten.« Und ich betete jeden Tag. Dann kam mein Verteidiger, und ich fragte ihn: »Herr Doktor, werde ich viel Strafe bekommen?« »Mein lieber Herr Lienhard, für Sie gibt es nur die Todesstrafe.« Und ich hatte das Gefühl, als hätte mir jemand ein Messer angesetzt. Bis zur Verhandlung habe ich keine Minute mehr geschlafen.

Am 21. Jänner 1943 führten sie mich nach Berlin-Moabit. Dort hatte ich dann eine Verhandlung vor dem Volksgerichtshof. An dem Tag verurteilten sie, ich weiß nicht wieviele. Neun Stunden dauerte meine Verhandlung. Da standen auch der Breznik und der Krevc Hanzej vulgo Oberman, der keine Hände hatte und nur ein Auge, vor dem Richter. Noch am Vormittag haben sie uns dauernd hineingetunkt. Den Breznik fragten sie, ob ich bei ihm gewesen wäre. Natürlich bin ich beim Breznik gewesen. Dann fragten sie, wie oft. Jeden Sonntag war ich dort. Und dann haben sie gefragt, ob ich einen Fotoapparat hatte, na sicher hatte ich einen, einen ganz gewöhnlichen.

Zu Mittag führten sie uns in den Keller, und auch einige Polen wurden dorthin gebracht. Es war ein sehr schlechtes Licht dort. Auf dem Tisch war eine Kanne schwarzen Kaffees. Sie brachten einen Halbjuden aus Polen, der schon vom Zweiersenat verurteilt worden war, zu uns. Der war schon in Ketten, und ich wußte, der ist zum Tod verurteilt. Der hat mich um etwas Brot gebeten, und ich hab' es herausgenommen und ihm hingehalten, und auch den schwarzen Kaffee hab' ich ihm gegeben. Da hat er dann gegessen und getrunken, und auf jedem Haar stand ihm der Todesschweiß. Ich fragte: »Wie heißt du?« Wir konnten uns nicht anders unterhalten als in Deutsch, obwohl er Pole war. Er sagte: »Ich bin zum Tod verurteilt. Josef heiße ich.« «Ich werde für dich beten, vielleicht wartet auf mich dasselbe.« Am Vormittag saßen lauter Offiziere dabei, von jeder Formation einer, von der Infanterie, von den Fliegern, lauter hohe Herren. Am Nachmittag sind sie aufgestanden und gegangen. Sie sagten: »Die Sache ist uninteressant.« Um halb fünf haben sie uns dann das Urteil verlesen. Den Breznik haben sie zu drei, den Krevc zu zweiundeinhalb, mich zu zwei Jahren verurteilt. Dann sind sie noch einmal hereingekommen und sagten: »Alle gleich«, und jeder bekam zwei Jahre. Dabei sah es zuerst gar nicht gut aus.

Wie ich in die Zelle zurückgekommen bin, da habe ich das Lied »O͘ Marija moje želje« gesungen und getanzt. Das werde ich nie vergessen. Ich war so froh. 14 Tagen später schreibt meine Schwester Gabriela, daß der Breznik gestorben sei. Der Herzschlag habe ihn getroffen. Da dachte ich mir: »So also, jetzt erwartet uns auch so etwas. Den haben sie wahrscheinlich erschossen.« Dort wußtest du niemals, was dir passiert.

In Berlin mußte ich jeden Tag 80 kg Erbsen verlesen. Jeden Tag. Ich war wieder in Einzelhaft. Zwei Monate später kamen der Krevc und ich wieder auf Transport, nach Görlitz. Ich war natürlich froh, von Moabit wegzukommen, aber der Breznik hat halt gefehlt.

In Görlitz, der ersten Station, waren wir nur eine Nacht. Wir waren in einem Zimmer ohne Bett, das Klo im Eck. Da lag ein Brett, und ich breitete den Mantel am Boden aus und legte den Kopf auf das Brett, so habe ich geschlafen. In die Wand waren Ringe einbetoniert, da waren Ukrainer und Polen angekettet, die haben sie so verprügelt, daß du ihre Augen nicht gesehen hast. Ich habe gedacht, ich bin in der Hölle. Am nächsten Tag fuhren wir weiter. Ich wußte nicht, wo man uns hinbringen würde, aber der Krevc war schlau, der bekam irgendwie heraus, daß wir nach Graz-Karlau kommen sollten.

Die nächste Station war Dresden, ein Hotel. Da bekamen wir sogar ein richtiges Abendessen und übernachteten in Zimmern, allerdings wieder auf Brettern. Aus Dresden kamen wir dann nach Leitmeritz im Sudetenland, und von dort nach Prag. In Prag war ich fünf Tage. Dort verfrachteten sie uns hinauf nach Pankratz, in die Strafanstalt. Dort mußten wir uns so aufstellen, daß wir alle in die Wand schauten. Wehe, jemand hätte zurückgeschaut, der hätte gleich einen Genickschuß bekommen. Jeden Tag in der Früh schauten wir durch das Fenster auf den Hof, wo die Gestapo ein Hilfsschafott aufgestellt hatte. Von halb fünf bis halb sechs Uhr hackten die Nazis den Tschechen die Köpfe ab.

Am sechsten Tag dann brachten sie uns auf die Bahnstation, raus aus Prag, Richtung Linz. Das war ein vergitterter Waggon, so 10 x 10 cm die Öffnungen. Wir kamen in eine Station, wo Tschechinnen draußen standen, die gaben uns Brot durch das Gitter und sogar ein bißchen Salz. Wir waren froh, doch die Gestapo hat das entdeckt, ich weiß nicht, ob uns irgendwer verraten hat, jedenfalls hat sie uns das ganze Brot weggenommen. Zur Strafe mußten wir bis Linz stehen, das waren zwölf Stunden. In Linz fesselten sie uns, stellten uns in ein Auto und brachten uns in ein Gebäude. Am nächsten Tag wurden wir dann nach Wien gebracht, ins Landesgericht, dorthin, wo geköpft wurde. Wir waren drei Wochen dort. Wir bekamen gebratene Rüben zu essen, sodaß wir nur geschlafen haben.

Nach drei Wochen schickten sie uns wieder auf einen Transport. Wir kamen nach Bruck an der Mur, in ein Zimmer, in dem waren ein Bosnier und eine Frau aus der Ukraine eingesperrt. In dem Zimmer waren so viele Läuse, daß wir sie mit den Füßen getötet haben, und auch das Klo, das in dem Zimmer war, noch nie habe ich ein schlechteres gesehen. Dort war ich drei Tage, und dann wieder auf einen Transport, in den Zug nach Graz. Auf der Bahnstation waren Steirer, die waren feine Leute. Da fragte uns ein Wachmann, der uns nach Karlau brachte: »Sind Sie hungrig?« Und ich sagte sofort: »Ja.« »Möchten Sie ein Brot?« »Bitte!« Und da ist der wirklich gegangen und hat uns Brot gebracht, soviel wir wollten.

Dann führten sie uns nach Karlau. Mit dem Krevc habe ich versucht, zusammenzubleiben. Dort steckten sie uns in den Keller, und wir blieben zusammen, weil wir beide Kärntner waren. Dort im Keller war es furchtbar. Die Türen waren so eng, daß man nur seitlich durchkam, und auf der Seite war eine Öffnung, es wurde von draußen beheizt. Das Fenster war klein, und drinnen waren ein Strohsack und zwei Betten, da haben wir geschlafen. Der Krevc wußte alle Litaneien auswendig, wir beten den Rosenkranz. Zwei Nächte waren wir dort. Ich habe die ärgsten Gefängnisse gesehen, doch nirgends auf der Welt kann es schlechter sein als dort in Karlau. Solche Ringe waren dort einbetoniert, da haben sie die zum Tod Verurteilten an den Füßen angekettet.

Am Dienstag oder Mittwoch wurden die Gefangenen geholt, um sie aufzuteilen, nach Berufen. Ich kam in die Schneiderei, der Krevc zum Picken, sie haben Kuverts gemacht, Pick sagte man dazu. Wir waren im zweiten Stock, da fragten sie mich sofort, von wo und wie. Es waren vier Mörder, vier zum Tod verurteilte in der Schneiderei, insgesamt waren wir 70, auch solche wie der Bruder vom Wedenig, der Zugsführer bei der Eisenbahn war. Mit dem hatten wir Kontakte, auch mit dem Urisk, der war ein Kommunist aus Mürzzuschlag.

Die Außenkommandos, die hinaus arbeiten gegangen sind, haben dann Bestandteile gebracht, mit denen wir ein Radio gebastelt haben, nicht größer als eine Zündholzschachtel. Wir kannten den Frontverlauf ganz genau, wie die Partisanen vorangekommen sind. Als der Hitler dann in Ungarn einmarschiert ist, wurden wir in Karlau bombardiert, weil die Eisenbahngeleise gleich daneben waren. Moabit haben sie auch bombardiert, dort waren alle Häftlinge tot.

In der Schneiderei war ich bis zum 21. Juli 1944. Genau einen Tag nach dem Attentat auf den Hitler hat der Machart, der SS-ler, zu mir gesagt: »Sie gehen frei.« »Ich gehe nicht frei.« Ich war ja politisch unverläßlich. Er hat jedoch darauf bestanden: »Sie gehen doch frei.« Ich wußte nicht, warum, da sagte ich: »Bitte, behalten sie mich lieber hier, ich möchte hierbleiben, sonst komm' ich nach Dachau.« »Sie kommen nicht nach Dachau, Sie kommen frei.«

Ich kam dann nach Klagenfurt, dort war ich eine Nacht lang im Polizeigefängnis, im Landesgericht. Da waren wir 70 in einem Zimmer, 70! Dort traf ich den Pepej Logar, der den Partisanen den Plan von der Kaserne beschafft hat. Der sagte: »Sie werden es nicht wagen, mir etwas anzutun. Sie werden es nicht wagen, mir das Leben zu nehmen.« Ich habe nichts dazu gesagt, aber ich habe gewußt, daß sie es machen würden. Und tatsächlich haben sie ihm den Kopf abgehackt.

Ja, und dann kamen wir nach Dachau. Wir kamen um Mitternacht an und auf dem Tor stand: Arbeit macht frei. Sie pferchten uns in eine Art Vorraum zusammen, dort hockten wir. In der Früh mußten wir hinausgehen. Wir mußten uns am Hof aufstellen, dann ausziehen, damit wir andere Kleider bekamen. Vorher haben wir noch gebadet. Ich wußte, was in den KZ passiert, ich hatte solche Angst, als sie uns in das Bad trieben. Dann haben sie uns geschoren und uns die Zebrastreifen, die Häftlingskleidung gegeben. Links, am Bein und am Rücken war eine Zielscheibe, und wenn einer davongelaufen ist, der bekam's. Wir kamen dann in Quarantäne. Der Foltej Hartman ist vorbeigekommen, um zu sehen, wer alles gekommen ist. Er brachte mir eine Schüssel Rüben. Ich habe gesagt, daß ich nicht hungrig sei, da meinte er: »In vierzehn Tagen wirst du essen wie ein Wolf.« Und so ist es gekommen.

Nach drei Wochen in Dachau kamen wir wieder auf Transport. Wir bekamen nur ein Stück Brot und ein bißchen Margarine und wurden drei Tage in Viehwaggons durch die Gegend geliefert. Angekommen sind wir in Rabstein, das war eine Filiale von Flossenbürg. Flossenbürg war das Hauptlager, Rabstein war ein Nebenlager. Der Lagerführer empfing uns mit einer Hundepeitsche. Es gab nur Holzbaracken, eine große nur für Deutsche und eine für alle anderen. Da haben sie Unterschiede gemacht. 70 SS-ler waren dort. Jeden Sonntag, die anderen durften schlafen, mußte ich mit ein paar anderen aufstehen, und sie trieben uns auf den Bahnhof in Rabstein, immer drei und drei. Dort stand ein Zug mit Sand, und den mußten wir ausschaufeln. Die Nazis sagten, in einer Stunde müsse der Waggon leer sein, sonst würden wir geschlagen. Ich dachte mir: »Hier ist mein Grab.« Jetzt habe ich alles durchgemacht, alle Gefängnisse, Berlin, das Gericht, Karlau, die ärgsten Zuchthäuser, alles mögliche, aber hier ist mein Grab. Jeden Sonntag ging das so, einen Monat lang.

Ich bekam die Phlegmone. Die war lebensgefährlich. Da warst du zum Tode verurteilt. Fünf Wunden hatte ich. Drinnen im Lager sagte mir jemand: »Das ist von der Fettlosigkeit.« Also schrieb ich nach Hause, sie sollten mir Lebertran schicken, als Österreicher durfte ich ja Pakete erhalten. Die Gabriela hat es mir auch gleich geschickt, aber der Lagerälteste war ein Krimineller, der hat mir die Flasche mit dem Lebertran nicht ausgehändigt, der hat ihn sich in die Haare geschmiert, der hat gestunken wie ein Depp. Also habe ich noch einmal nach Hause geschrieben, sie sollen mir auch Zigaretten schicken, und dem Lagerältesten habe ich gesagt: »Bitte, lassen Sie mir die Flasche, die Zigaretten können Sie aber behalten.« Und er hat mir die Flasche gelassen. Ich habe jeden Tag einen Schluck gemacht und nach einer Woche war die Phlegmone fast verheilt. Aber gesehen hat man sie noch, wie ich 1945 wieder heimgekommen bin.

Die Gabriela hat mir dann noch öfter Lebertran geschickt und immer Zigaretten. Sie hat gewußt, daß ich nicht rauche und daraus geschlossen, daß ich sie für etwas brauche. Zum Lagerältesten sagte ich: »Ich bin ein Schneider. Ich gebe Ihnen alle Zigaretten, aber bitte, könnte ich in die Werkstatt kommen?« Eine Stunde später war ich in der Werkstatt. Ich habe neun Pakete bekommen, die neun Monate, die ich dort war. Und ich habe alles verteilt und mir so das Leben gerettet. In diesem Lager nähte ich für den Himmler Kleider, für die SS. Für den Lagerführer, der war ein Preuße aus Königsberg namens Jung, mußte ich auch arbeiten. Ich nähte ihm Totenköpfe auf die Uniform hinauf, und wie man die russischen Kanonen gehört hat, mußte ich sie ihm wieder heruntertrennen.

Ich war froh, in der Werkstatt zu sein. Andere mußten in die Grube, die wurde am meisten gefürchtet. Da wurden jeden Tag einige verschüttet. Das war Sandstein, und wenn gebohrt wurde, ist immer gleich die Hälfte heruntergekommen. Aber auch bei den Appellen gab es Schikanen. Wenn du aufgefallen bist, mußtest du zehnmal in die Klomuschel schreien: »Ich bin ein dummer Österreicher.« Einmal hatten wir die Füße nicht gewaschen, weil am Abend das Wasser abgedreht wurde, und jemand verpetzte uns und die Kontrolle kam. Wir wurden so geschlagen, daß ich dachte, die brechen mir die Hand. Ich kam ins Strafkommando und mußte im Galopp Beton führen. Dort schrien die Kapos, daß ich mir gedacht habe, ich bin wirklich in der Hölle.

Gegen Kriegsende, daran kann ich mich noch gut erinnern, hat uns einer einen gekochten Pferdekopf hereingeworfen, über den haben sich die Häftlinge sofort hergemacht, wir waren so hungrig. Dann hat uns der Lagerkommandant, der sein Leben retten wollte, Richtung Amerikaner getrieben. Auf dem Weg nach Mauthausen begleiteten uns alle 70 SS-ler. Wir waren 700. Wir gingen zu Fuß. Mit auf den Weg bekamen wir Kartoffelflocken. Sie sagten uns, das sei das Essen für drei Tage. Wir hörten die russischen Kanonen schon ganz nah und machten uns auf den Weg. Sieben blieben im Lager zurück, die konnten nicht zu Fuß gehen. Die SS erschoß sie. Wir hörten das. Und als wir zirka zwei Kilometer vom Lager entfernt waren, da sahen wir schon, wie der Rauch aufgestiegen ist. Wir sind zu Fuß circa drei Stunden gegangen und kamen zu einem größeren Dorf in der Tschechoslowakei. Dort teilten wir uns auf. Die Deutschen und die SS gingen in eine Schule hinein, ich wurde mit den Jugoslawen, dem Katschnig France, dem Čekon Pepe, dem Trdina und anderen in einen Heuschober gesteckt. Wir warteten dort. Um halb eins in der Nacht kommt ein SS-ler herein und sagt: »Der Krieg ist aus.« Der hatte ziemliche Angst. Wir machten uns dann auf den Weg. Wir organisierten uns Pferde und einen Wagen. Das liehen uns Bauern, aber die schickten einen Knecht mit, der das nachher wieder mitgenommen hat. So sind wir bis Melnik gekommen, circa 40 Kilometer nördlich von Prag. Dort waren wir etwa fünf Tage.

In der Tschechoslowakei waren überall weiße Fahnen ausgehängt, wir mußten uns trotzdem noch im Getreide verstecken. Auf der Straße durften wir uns wegen der Tiefflieger nicht zeigen. Auch die SS hat noch ab und zu gewütet, die kämpfte noch nach dem Waffenstillstand. Ich sah, wie sie zwölf Gefangenen auf dem Friedhof den Hals durchschnitten. Auch die Kugeln flogen noch herum.

Die SS sagte uns, als wir das Lager verlassen hatten, wir kämen nach Mauthausen. Also sind wir von Melnik einfach nach Mauthausen gegangen, weil wir ja keine Entlassungsscheine, keine Bestätigungen hatten. Dort empfingen uns die Amerikaner. Wir gingen hinein und bekamen zu essen. Einige überaßen sich und starben. Ich ging sofort in den slowenischen Block, dort traf ich den Prežihov Voranc, der fragte mich, wo ich herkomme. Ich sagte, daß ich Kärntner Slowene sei. Der gab mir auch die Bestätigung, damit ich die »Amtsbescheinigung« bekomme. Da war die Unterschrift von ihm drauf und vom Popovič. Ich war dann noch drei Wochen in Mauthausen. Erst am 21. Juni kam ich nach Hause. In Mauthausen mußte ich immer das »Sveta noč, blažena noč« singen, das hielt mich hoch.

Dann kam ich nach Hause. Bald darauf, den zweiten oder dritten Tag, kam mich meine Schwester aus Ljubljana besuchen, zu Fuß über die Petzen. Freilich, sie war fürchterlich neugierig, sie wußte ja, daß hier die englische Besatzungsmacht war. Am Abend wollte sie spazierengehen. Damals galt aber noch der Ausnahmezustand. Wir nahmen das aber nicht so ernst. Mein Schwager, die Lenčka und ihr Mann, gingen auch mit. Wir spazieren, hinauf zum Wald, und wollen über eine Wiese gehen. Auf einmal habe ich Gewehrläufe vor mir. Ein paar. Sie sind nur so herausgewachsen, der Weg liegt so schräg, und wir sind über die Wiese hingekommen. Sieben Gewehrläufe vor mir, aber ich hatte ja keine Angst. Ich war ja gerade erst aus dem Lager gekommen, das heißt was. Es kommt ein Gendarm zu uns und sagt: »Kommen Sie mit.« Und sie trieben uns zum Hauptmann.

Das waren Österreicher und Engländer. Sie sperrten uns die ganze Nacht ein. Meine Schwester hatte große Angst. Sie weinte. Ich aber hatte keine Angst, ich lachte die ganze Nacht. Der Schwager hat nur geraucht, meine Schwester hat geweint, und die Lenčka war zu Hause. Um fünf Uhr in der Früh kam der Gendarm herein. Trater oder Tratnik hieß er, und sagte: »Die können nach Hause gehen, sie sind unschuldig«, und wir sind gegangen. Hier herunten flochten sie Kränze, beim Mesner, für eine Weihe. Die lachten uns aus. Ich gerade aus dem Lager draußen und wieder eingesperrt. Ich konnte aber nur lachen. No, und warum waren wir eingesperrt? Beim Podrečnik oben, beim zweiten Nachbar, der jetzt schon lange tot ist, da war ein *ustaša* als Knecht, und der ist einen Tag früher verschwunden. Und es hieß, daß vielleicht wir ihn, die wir dort in der Nähe gegangen sind, vertrieben haben, oder den Partisanen gemeldet, aber wir waren ganz unschuldig.

Menschen brennen

Katarina Milavec

Zu uns kamen die Partisanen und die *raztrganci* [»Zerrissene«], nur daß die *raztrganci* nicht wußten, daß ich sie kenne. Bleiburger Polizisten haben sich als Partisanen verkleidet, und die haben wir die *raztrganci* genannt, die künstlichen. Sie kamen am Abend zu uns. Ich war in der Küche, einer von ihnen hat uns die ganze Zeit Materialien angeboten, ich habe sie genommen. Damals war auch noch meine Schwester zuhause, und die hat am ganzen Körper gezittert. Da hat er sie gefragt: »Warum haben Sie so eine Angst vor uns?« Und ich antwortete: »Wißt ihr was? Es ist gemein, daß ihr uns so schreckt. Ihr seid keine Partisanen, ihr seid die Bleiburger Polizei.« Nicht lange darauf sind sie wiedergekommen, haben den Bruder herausgerufen und ihm gesagt, daß sie ihn erschießen werden. Ich weiß nicht, was sie damals gewußt haben, wir baten, dies nicht zu tun. Und damals haben sie ihn wirklich gelassen. Aber nicht lange, 14 Tage später, haben sie meinen Bruder und mich arretiert.

Mit der Nachbarin verstanden wir uns überhaupt nicht: War ein bißchen was, schon rannte sie zur Polizei, sie meldete, daß wir Radio hörten, Auslandssender, sodaß sie nicht schlafen könne. Die Häuser standen weit auseinander, und so dumm waren wir ja nicht, daß wir so aufgedreht hätten, daß sie nicht hätte schlafen können. Wegen ihrer letzten Anschuldigung kamen wir dann ins KZ: Zwei Burschen kamen während des Urlaubes zu uns und wollten auf der anderen Seite der Drau jemanden besuchen. Wir hatten ein Boot, aber niemand von uns hatte Zeit, sie hinüberzubringen. Da sagte der Bruder: »Da habt's den Schlüssel von der Hütte, setzt selber drüber.« Die Nachbarin hatte gerade Kürbis geputzt und alles gesehen, sie hat behauptet, daß diese beiden Burschen Partisanen waren, aber die beiden waren wirklich Soldaten. Alles, was wahr war, wußte sie ja auch nicht.

Am 24. Mai 1944 arretierten sie mich dann. Es kamen ungefähr 20 Polizisten, sie umstellten alles, durchwühlten das Haus. Wieviel Arbeit sie wohl mit dem Zusammenräumen und dem Forttragen gehabt haben? Als ich nach Hause kam, hatten wir gar nichts mehr. Nicht einmal mein Kleid war mehr da. Dann fragten sie mich, wo mein Bruder sei. Der war aber gerade an diesem Tag nach Bleiburg Geld holen gegangen. Bei seiner Festnahme fanden sie dieses Geld. Das bekamen wir nie wieder. Diese hitleristischen Lumpen haben so gelacht, daß ich sie noch heute höre. Meinem Bruder ist schlecht geworden und er ist zusammengebrochen. Die Polizisten begossen ihn mit kaltem Wasser, und er mußte völlig durchnäßt nach Klagenfurt.

Dann führten sie uns in die Burggasse auf die Gestapo, sie verhörten uns. Aber das erstemal war das Verhör noch nicht schlimm, da verprügelten sie uns noch nicht. Als sie mich in Fesseln durch Klagenfurt jagten, habe ich mich an jenen Menschen erinnert, der 1914 gefesselt an mir vorbei geschleppt wurde. Mir hat das damals so einen Schreck eingejagt, daß ich mich abends nicht mehr hinaustraute. Einen gefesselten Menschen zu sehen, ist furchtbar für mich. Angeblich hat dieser Mann damals geschrien: »Ich werde nicht auf den Bruder schießen.« Damals ging es gerade gegen die Serben, und er hatte gesagt, daß die Serben unsere Brüder seien. Sie hatten ihn in Ketten gelegt und ganz bestimmt ermordet. Jetzt war ich in Ketten.

Sie haben mich verhört. Ich stritt alles ab, nichts gab ich zu. Das ist das Beste – alles abstreiten. Dann verprügelten sie mich so, daß ich heute noch Probleme mit dem Arm habe, ich bin ein paar Prozent invalid. Eines Tages kommt mich mein ältester Sohn besuchen und sagt: »Mama, morgen kommst du in ein Lager.« Und wirklich, am nächsten Tag in aller Herrgottsfrüh, es war noch dunkel, mußte ich aufstehen. In einer langen Prozession gingen wir zum Bahnhof. Aber nicht die Hauptstrasse entlang, wir mußten hinten herum gehen. In der Früh, im Dunkeln. Dann kamen wir in verschiedene Gefängnisse, jeden Tag in ein anderes. In den Zügen gab es ebenfalls Zellen, wir hatten schon früher davon gehört, die einen Zellen waren für drei Personen, andere für sieben. In diese Zellen haben sie uns richtig hineingepfercht, in die für drei Menschen haben sie sieben, acht von uns hineingestopft. Ich hatte Furunkel, so daß ich nicht sitzen konnte, die haben ordentlich weh getan. Vielleicht hatte ich mich verkühlt.

Wie ich nach Ravensbrück gekommen bin, habe ich einen Menschen gesehen, der Arme war selber so dünn, und er hat noch unter jedem Arm einen ausgemergelten Menschen getragen. Ich dachte mir: »Maria, was ist das?« Zuerst brachten sie uns in einem Provisorium unter, sie hatten keinen Platz in den Baracken, und wir mußten am Boden schlafen. Erst am nächsten Tag schafften sie in den Baracken Platz für uns. Ich bekam noch eine gute Arbeit, ich mußte Decken säumen, aber ich war nicht lange in Ravensbrück. Bald mußte ich auf den Transport nach Auschwitz. Die letzte Nacht sperrten sie uns in einen Bunker, ich hatte damals schon ziemlich lange nicht mehr meine Tage gehabt, ich war ja schon in den Jahren, an diesem Tag habe ich sie wieder bekommen. Ich dachte mir, wo werde ich mich jetzt waschen? Gewaschen habe ich mich dann auf dem Weg nach Auschwitz, die Strecke wurde bombardiert, wir konnten nicht weiter, und sie steckten uns in ein riesengroßes Gefängnis, ich glaube jedenfalls, daß das ein Gefängnis war, und dort konnte ich mich waschen und meine Kleider reinigen. Wir warteten zehn Tage, bis die Strecke wieder repariert war und sie uns weiter nach Auschwitz führten.

Gegen zwölf Uhr kamen wir am Bahnhof an. Vorne gingen die Männer, hinten die Frauen. Wir waren furchtbar viele, wir schauten hinauf, überall elektrisches Licht, rundherum ein hoher Drahtzaun, unmöglich, die Hand durchzustrecken. Hätte ich es versucht, wäre ich tot gewesen, der Zaun war elektrisch geladen. Maria, wie das stinkt, das werden wir ja nicht aushalten, es stinkt ja so. Es hat gestunken, weil Menschen gebrannt haben.

Ich bin mit einer Slowenin aus Eisenkappel etwas weiter hinten gegangen, hinter uns die Wache. Das waren zwei Slowenen, und die haben verstanden, worüber wir beide redeten. Sie fragten: »Ihr seid Sloweninnen?« »Ja.« Die beiden waren verläßlich, beide Slowenen, keine Denunzianten, und sie sagten: »Menschen brennen.« Wir beide haben ja nicht gewußt, daß Menschen brennen, das erzählten uns erst die. Und sie sagten noch: »Ihr dürft aber keinem verraten, daß wir das erzählt haben.« Dann jagten sie uns in eine Baracke, ausgeschalten das Licht, und dunkel war es. Nur in den Krematorien hat es gebrannt. Ich konnte vor lauter Sorgen nicht einschlafen, an die Wand gelehnt, sind wir gesessen – was wird der nächste Tag bringen. In der Früh jagten sie uns hinaus, ausgezogen, alles wurde uns genommen. Jessas Maria, sie haben mir eine Unterhose gegeben, eine grausige, die habe ich noch heute als Andenken. Ich wußte nicht, soll ich sie anziehen oder nicht, so grausig war sie. Ich war das Schmutzigsein nicht gewöhnt. Aber man muß ja etwas anziehen, dieses Hoserl und ein zerrissenes Kleid. Keine Strümpfe, keine Schuhe dazu, nichts. Ich lief barfuß und hatte immer die Füße aufgeschürft.

Die erste Zeit mußte ich Gräben schaufeln und Steine aus dem Schotter klauben, sie brachten mit Lastwägen Schotter, und wir mußten die Steine herausklauben. Eine Kapo hat auf uns aufgepaßt, damit wir nicht fliehen. Wohin hätten wir denn fliehen sollen, durch den Stacheldraht konnte man ja nicht durch. Die Kapo erzählte uns, daß sie auch ihre Tochter im Lager hat, es waren ja viele Kinder im Lager, hungrig, ich kann ihr Weinen noch heute hören, Tag und Nacht haben sie geweint. Es sind alle gestorben, das war ja kein Leben. Wegen dem Hunger und der Schweinerei sind sie gestorben. Wir arbeiten, auf einmal werden Kinder an uns vorbeigeführt, alle hatten Schokolade in den Händen, und so glücklich sind sie marschiert, sie wußten nicht, daß sie ins Krematorium gehen. Auf einmal sieht die Kapo ihr Mädchen, auch ihr Mädchen geht ins Krematorium. Wie die durchdrehte. Sie ist zu der Gruppe gestürzt und hat geschrieen: »Mein Mädchen wird nicht brennen!« Sie haben Mutter und Tochter an Ort und Stelle erschlagen. Junge SS-lerinnen haben das getan, die waren bösartiger als die Männer. Sie haben sie mit Kolben erschlagen.

Ich hatte ein Kopftuch auf, eine aus Eisenkappel hat es gefunden und mir gesagt: »Dir tut immer der Kopf weh vom Durchzug, nimm es.« Eine der SS-lerinnen hat mir das Kopftuch heruntergerissen und links und rechts so eine Ohrfeige verpaßt, daß ich hingefallen bin. Sie war nicht die erste und nicht die letzte, die mich geschlagen hat. Wie sie weiterging, habe ich das Kopftuch aufgeklaubt und wieder aufgesetzt. Diese Kapo, die sie erschlagen haben, war gut. Sie hat noch immer etwas zu essen organisiert, sie war Polin. Es gab aber auch Weiber unter uns, die dir auf die Hand geschlagen haben, wenn du dich um das Essen angestellt hast, um diese Minestra.

Im September wurde ich dann krank, ich bekam Fieber. In der Früh war der Appell, auf und hinaus, draußen regnete es in Strömen. An diesem Tag wurde mir schlecht und ich brach zusammen. Jede Kapo nahm ihre Arbeiterinnen und jagte sie zur Arbeit. Aber es fehlte eine. »Wo ist die fünfte?«, wurde gerufen, auf deutsch und auf polnisch, ich bin am Boden gelegen. Nachdem alle gegangen waren, sah mich ein SS-ler dort liegen, er klaubte mich auf, warf mich vor die Baracke und trat mir mit seinem Stiefel in die Seite. Dann sagte er der Blokova, sie soll mich in die Ambulanz bringen. Sie brachten mich bis zur Baracke. Da stand ein langer Wassertrog aus Zement, und sie warfen mich mit 39 Grad Fieber in das kalte Wasser. Es war aber auch eine Ärztin aus Ljubljana dort, die merkte, daß ich Slowenin bin, und sie sagte der Blokova, daß man mir ein gutes Bett geben sollte. Am Nachmittag kam sie dann zu mir, und sie brachte, ich sehe es jetzt noch vor mir, ein kleines Tellerchen, ein bißchen Soße drauf und ein bißchen Fleisch. Von da an ist sie öfters gekommen, sie trug mich in die »jugoslawische Aktion« ein. Das durfte die SS freilich nicht wissen. Frauen, die draußen gearbeitet haben, die organisierten Kartoffeln oder Brot, und das wurde unter uns Mitgliedern aufgeteilt, das war die jugoslawische Aktion.

Dann brauchte ich keine Steine mehr zu schleppen, sie schickten mich zum Zöpfeflechten. Wofür sie die brauchten, weiß ich nicht einmal. Das waren so kleine Zöpfe, etwas breiter als mein Daumen, aus schmutzigen, grausigen Fetzen und aus Gummi, Radgummi. In der Baracke war es kalt, es hat dauernd gezogen. Ich konnte die Norm beim Flechten nicht schaffen, ich hatte von diesem Gummi richtig verfaulte Finger, ich dachte, daß mir alle Finger abfallen werden, ich konnte nicht mehr flechten. Ich war aber nicht die einzige, die die Norm nicht erfüllte, und wir wurden hart bestraft dafür. In der Früh kamen sie uns holen, und sie brachten uns ziemlich weit weg, dorthin, wo keine Baracken mehr standen, wo alles leer war, und wir mußten im Wind »Strafe stehen«, wir haben uns eine an der anderen gerieben, aber nur wenige von uns sind zurückgekommen, die meisten sind zusammengebrochen und gestorben. Ich war zäh und habe mich eigentlich in das Schicksal, früher oder später ermordet zu werden, gefügt.

Weil ich nicht geheiratet habe, hat mein Bruder die Hälfte des Besitzes auf mich überschrieben. Ich mußte zur Kommandantur. Sie zogen mich um, ich bekam diese gestreifte Kleidung, und verabschiedeten sich von mir, sie dachten, die kommt nicht mehr hinaus, wenn sie schon zur Kommandantur befohlen wird. Dort verhörten sie mich. Ich hätte die Hälfte des Grundbesitzes und sollte unterschreiben, daß meine beiden Söhne nichts davon bekommen, daß es mir genommen wurde. »Oh«, sagte ich, »ich habe nichts, ich werde nicht unterschreiben. Eine Unterschrift ist nicht nötig.« Ich unterschrieb nicht. Und dort habe ich alles gesehen, diese Schriften, die aus Klagenfurt gekommen sind. Ich hatte damals gute Augen, heute hätte ich nichts mehr gesehen, damals sah ich aber alles, wer unterschrieben hat, wer mich ins Lager gebracht hat. Das ist nicht gut, so einen Menschen kannst du nicht mehr gern haben, wenn du nach Hause kommst.

Katarina Milavec

Dann kam jedoch die Befreiung. Als erstes hieß es, daß die Baracke, in der ich gelegen bin, als ganze für das Krematorium bestimmt war. Mein Körper war richtig verfault. Am nächsten Tag um drei Uhr kamen vier Ärzte, teilweise von der SS, teilweise Gefangene. Sie stellten den Tisch zum Ofen und setzten sich hin. Dann riefen sie jeden einzeln auf. Wer noch alleine gehen konnte, mußte alleine hingehen, sonst mußte ihm jemand helfen und ihn hintragen. Auf einmal wird meine Nummer aufgerufen, ich mußte in eine Decke eingewickelt werden, ich war damals nackt, ich hatte nicht einmal mehr ein Hemdchen und mußte hingetragen werden. Der SS-Arzt fragt mich: »Wo wurden sie verhaftet?« »In Kärnten, Klagenfurt.« Er merkte gleich, daß ich nicht deutsch kann, ein Studierter. Dann fragte er mich, wo ich geboren wurde, ich sagte es ihm. Das hat den Menschen so überrascht, er hat nur so geschaut. Ich dachte, was kommt jetzt, wieso schaut der so? Da sagte er: »Sie können Slowenisch, ich sehe, daß sie Deutsch nicht können. Jetzt werden wir slowenisch reden.« Dann fragte er mich, ob ich wisse, worum es gehe, und ich antwortete: »Angeblich geht diese Baracke in den Tod.« Ich habe mir mit dem Reden sehr schwer getan. »Wissen Sie, daß auch Sie auf der Liste sind? Ich würde es aber nicht gerne sehen, wenn unsere Sloweninnen heute Nacht brennen. Ich werde Sie streichen.« »Wenn Sie es so wünschen.« Er sagte mir, daß die Russen bald kämen, und daß sie abziehen müßten. Aber ich vertraute ihm nicht, in solchen Fällen darf man niemandem zu schnell trauen. »In welche Baracke möchten Sie?« Ich habe noch gesagt, wohin immer er will. Dann befahl er, mich in Baracke 9 zu bringen. Er sagte: »Erschrecken Sie nicht, ich würde noch gerne am Abend mit Ihnen reden.« Und wirklich, am Abend, die Zeit habe ich ja nicht gewußt, manchmal wußte ich nicht einmal das Datum, kam er mich besuchen und brachte mir eine lange Salami, eine Wurst, zwei halbe Kilo Margarine und zwei lange Wecken Weißbrot. Die SS-ler hatten alles. Das hat mir sehr geholfen und vielen anderen auch. Er setzte sich auf das Bett und sagte zu mir: »Ihr werdet kein Licht und kein Wasser haben, gar nichts, sie werden alles vorher vernichten. Die Russen sind schon nahe. Ich muß fliehen, weil mir niemand glauben wird, daß ich vielen Menschen geholfen habe.« Ich bat ihn noch, sich auch um meine Freundin Klara aus Eisenkappel zu kümmern, ich sagte: »Ich würde nicht gerne sehen, daß sie brennt«, und sie wurde wirklich in meine Baracke verlegt, ich pflegte sie noch.

Von da an bekamen wir keine Lebensmittel mehr, wir mußten uns selbst versorgen. Wir versteckten uns bis zur Befreiung in den Barakken, es blieben ja nur mehr wenige von uns in Auschwitz zurück. Die Klara ist gestorben. Ich bin so gelegen, daß ich sie immer in Sichtweite hatte. Wie es mit ihr schlechter wurde, bin ich zu ihr gegangen. Sie hat

Widerstand

mich gehört und gesagt: »Oh, Katarina, du bist zu mir gekommen.« Und sie hat mir ganz sanft über die Wange gestrichen und ist gestorben. Ich habe ihr die Augen zugedrückt. Sie hatte noch ihren Rosenkranz bei sich, und die Blokova fragte, ob wir ihn wegnehmen sollten, da sagte ich: »Laßt ihn ihr.«

Und dann waren wir 10 Tage alleine. Nach 10 Tagen klopfen die Partisanen an die Tür, die Blokova kommt schreckensbleich: »Was soll ich tun, soll ich aufmachen?« Es hätten ja SS-ler sein können, die hätten uns alle erschossen, und sie dazu. Soll kommen was will, wir haben gesagt: »Wir sind in ihren Händen, mach auf.« Es waren aber die Partisanen. Ein Haufen Toter lag in unserem Raum, und wie sie das gesehen haben, ist ihnen schlecht geworden, sie sind zusammengebrochen. Es waren lauter Junge, die haben uns gerettet. Sie wollten uns helfen. Die Blokova sagte, daß wir ohne Essen und ohne allem sind. Sie brachten uns am Abend in Kannen Milch, das war gut. Dann kamen die Russen, die erste Patrouille, etwas ängstlich, sie kamen ebenfalls in unsere Baracke. Aber warum gerade am Abend? Wären sie tagsüber gekommen, aber nein, am Abend, als es dunkel wurde. *Marija*, die Russen pochten an der Tür. Die Blokova mußte aufmachen, sie haben uns angestarrt, wie wir aus unseren Betten geschaut haben, bleich wie der Tod. Nur Haut und Knochen und Augen.

Erniedrigung

Es kam dieser unglückliche 18. August 1944. Meine Schwester und ich wurden bei der Arbeit von sechs Polizisten arretiert. Wir ernteten gerade Weizen, und diese Männer lagen unter einem Baum im Schatten und beobachteten uns, wie wir da arbeiteten und arbeiteten, verschwitzt und erschöpft, während sie, diese Mannsbilder ohne Arbeit, im Schatten saßen, sich herumtrieben und Leute erschreckten.

Dort haben sie uns arretiert. Alles liegenlassen, schnell nach Hause, umziehen, ihr braucht nichts mitzunehmen, morgen kommt ihr zurück. Ich wusch mich noch schnell, etwas Besonderes anzuziehen hatte ich nicht. Dann sind alle hinter uns hergelaufen, die Mutter, die anderen Schwestern, alle haben laut geweint und die Mutter hat gerufen: »Kommt zurück, kommt zurück!« Ein Polizist schrie sie zusammen: »Du Weib verschwind', verschwind', sonst nehmen wir dich auch mit!« Ich hab' meine Mutter gebeten: »Mama, bittschön, geht zurück und merkt euch, so weit sie mich schleppen, so weit komme ich auch wieder zurück.« Das waren meine letzten Worte zur Mutter. Und wirklich, sie schleppten uns nach St. Philippen auf die Polizeistation, es wurde dunkel, wir beiden hatten furchtbare Angst, denn um uns herum waren lauter Polizisten, vorwiegend junge, wir fragten uns, was wird nachts?

Auf einmal schleppten sie ein Bett an, stellten es in ein Eck – hier, schlaft! Wir beide saßen die ganze Nacht auf dem Bett, weinten. Wir hatten Angst vor den Männern. Wir waren damals noch nicht so mutig wie die Frauen von heute.

Am Morgen, noch sehr früh, brachten sie uns zum ersten Zug, zum *fikej* [lokale Schmalspurbahn], und dann weiter nach Klagenfurt. Zwei Polizisten bewachten uns. Sie schleppten uns ins Gefängnis, dort stellten sie uns an eine Wand, und wir sind den ganzen Tag an dieser Wand gestanden; es wurde immer voller, immer neue sind dazugekommen, und wieder welche, den ganzen Tag ist es so zugegangen. Die Schlüssel schepperten, sie trieben Menschen hinaus, durch diese Katakomben, ich weiß nicht, wohin. Das war ein schrecklicher Anblick.

Gegen Abend brachten sie uns in die Zellen, die waren gerammelt voll. Mich preßten sie in die Zelle 81, ganz unters Dach, meine Schwester kam auf 79. Die Frauen schrien: »Alles ist voll, alles ist voll, wo sollen wir denn schlafen, ist ja kein Platz.« Aber die Nazis blieben völlig unbeeindruckt, die stießen uns mir nichts dir nichts in die Zellen und schlossen die Tür, so, es wird schon werden.

In der Zelle waren wir über 20. Ein kleiner Tisch, vier Betten, auf denen sind schon welche gelegen, die waren aus dem Rosental, die waren schon längere Zeit hier. Ich habe gar nicht erst zu den Betten gedrängt, meinen Schlafplatz habe ich bei der Tür bekommen. Ich bin dort gelegen, den Kopf an die Wand gelehnt, ohne jede Decke, mit nichts anderem als einer gestrickten Weste, die ich von zuhause mitgenommen hatte. So verlief die erste Nacht.

In einem Eck stand ein Kübel, das war das Klo. Wer gehen mußte, ging zum Kübel. Den ganzen Tag über. Wenn der voll war, mußtest du es zurückhalten, denn der Kübel wurde nie vor dem Morgen geleert. Morgens war der erste Befehl: Kübel ausleeren! Da haben ihn die Häftlinge, Männer, hinausgetragen. Das Essen war schlecht, Leid und Traurigkeit noch und noch.

Mich haben sie in einem besonderen Raum verhört, einem mit Eisengittern. Auf dem Tisch lag eine Pistole, daneben mehrere Fotografien. Der Verhörbeamte begann, diese Bilder vor mich hinzuwerfen und fragte: »Kennen Sie den? Kennen Sie den? Kennen Sie den?« Ich verneinte. Auf einmal schiebt er mir ein Bild unter die Nase und sagt: »Die werden Sie aber schon kennen, das ist Ihre Schwester.« Ich schaue, es ist nicht meine Schwester, und ich sage: »Nein bitte, das ist nicht meine Schwester. Wenn Sie sich überzeugen wollen, dann kann ich es Ihnen beweisen. Meine Schwester hat lange Haare mit Zöpfen und die da hat Dauerwellen.« »Na gut, aber wer ist es dann?« Ich hab' die Frau auf dem Foto gekannt und gewußt, daß sie auch eingesperrt ist, also hab' ich wahrheitsgetreu gesagt: »Ja, ich kenne sie, die ist auch hier irgendwo im Gefängnis.« Damit habe ich beweisen können, daß ich die Wahrheit sage. Ein bißchen haben mich zuvor meine Leidensgefährtinnen unterwiesen, die schon erfahren waren, die haben gesagt: »Wenn sie dich verhören, dann darfst du nichts sagen, ob du etwas weißt oder nicht. Wenn du etwas sagst, werden noch andere unglücklich, du aber wirst so oder so leiden, egal, ob du etwas sagst oder nicht.«

Ich habe nichts Besonderes gewußt, von niemandem. Na ja, die Partisanen waren bei jedem, da war niemand ausgeschlossen, und in Klagenfurt waren auch die Gräfin aus Eisenkappel eingesperrt und die Terezija Mitsche, die dann geköpft wurde.

Am Abend haben sie die Nachricht in die Zelle gebracht, die und die geht auf Transport. Ich wurde nicht erwähnt. Nachts um ein Uhr begann der Lärm, Namen wurden ausgerufen, aufstehen und fertigmachen für den Transport, schnell, marsch, los. Und da ruft der auch meinen Namen. Die anderen: »Ja, ja, dich hat er gerufen, dich.« Ich hatte geschlafen, eingehüllt in meine Trauer, ich hatte überhaupt nicht daran gedacht, daß ich fort muß, und dann hieß es plötzlich, aufstehen und fort.

Ich hatte gar nichts, nichts zu waschen, nichts zu essen. So eine Schürze hatte ich, wie wir sie damals trugen, und wer noch etwas mitgehabt hat, hat es vor mich hingeworfen, die eine etwas Speck, die andere etwas Brot, jede Rinde war mir recht. Ich stecke dieses Glück in meine Schürze und nahm es mit. Das war mein gesamtes Gepäck, und ich habe mich bei allen herzlich bedankt. Am 9. Tag nach meiner Festnahme war ich fort auf dem Transport nach Deutschland. Ein Marsch, die Bahnhofstraße hinunter, nirgends eine lebende Seele, und bevor es Tag wurde, waren wir wie die Tiere einwaggoniert.

Gegen Morgen begann sich der Zug zu bewegen, und am Abend waren wir schon alle in Wien. Durstig waren wir, es war ja Ende August, und wir hatten den ganzen Tag kein Wasser bekommen, nichts zu trinken, nichts zu essen, die Fenster waren abgedichtet, du konntest nichts sehen. In Wien angekommen, haben sie uns russische Uniformen gegeben, wir haben ausgesehen wie Vogelscheuchen, die eine hat die andere nicht mehr erkannt. Dann wieder in die Zellen gepfercht, das war überall gleich. Leid, Trauer, Schmutz, Verzweiflung, Hunger, durch und durch. Und dieses strenge SS-Regime, diese Befehle, dieses Schreien: »Schweine, los, marsch, marsch!« Das hat sich überall wiederholt. Von Wien nach Linz, von Linz Richtung Prag. Dort, in der Tschechoslowakei, konnten wir aus den Fenstern sehen. Ich schaue aus dem Fenster, auf einmal sehe ich eine Wasserpumpe, darüber eine Tafel: pitna voda – Trinkwasser. Oh Gott, wo sind wir, sind wir etwa in Slowenien?

Dann sind wir erst draufgekommen, wir sind in der Tschechei. Das ist ein schönes Land, voll Obst, der Speichel ist uns im Mund zusammengeronnen angesichts der schönen Äpfel, der vollen Zwetschkenbäume. Es ging dem Abend zu, die Kinder haben ganze Gänseherden vor sich hergetrieben, kleine Seen entlang der Dörfer, schön, heimisch. Uns war so weh ums Herz, das kann man nicht beschreiben. Wir kommen nach

Prag. Dort erwartet uns ein ehrenvoller Empfang. Am Bahnhof stehen zwei Reihen tschechische Polizei, SS, Hunde, diese Wolfshunde, jeder zweite ein SS-ler, und nachdem wir aus dem Zug draußen sind, müssen wir durch dieses Ehrenspalier; freilich, die Zivilisten drängen zu uns, sie wollen noch reden mit uns: »Marsch, weg da, verschwindet, was habt ihr da zu suchen.« Am Ende des Spaliers haben Autos auf uns gewartet, alle Öffnungen verrammelt, nur hinten ein Einstieg wie für das Vieh, dort mußten wir hinein. Wir sind gestanden, gedrängt wie die Streichhölzer in der Schachtel. Uns ging die Luft aus, manche stöhnten in Todesangst. Und wieder in ein Gefängnis, überall Menschenmassen – ganz Europa war dort vereint. Aus Prag nach Leipzig, von dort nach Dresden, weiter nach Chemnitz, von Chemnitz nach Ravensbrück. Nachts kommen wir an, wir mußten noch eine weite Strecke zu Fuß zurücklegen, schon von weitem sehen wir Licht, wir kommen hin, ein großes Tor, über dem Tor eine große Aufschrift: Arbeit macht frei. »Na«, haben wir gesagt, »das ist unser neues Heim.« Nach längerem Warten öffneten sie das eiserne Tor und jagten uns hinein. Weit unten sehen wir einen großen Haufen, etwas hat sich bewegt, was dort passierte, konnte man nicht sehen; sie jagten uns zu irgendwelchen Baracken. Dort sah ich Menschen am Boden liegen, in Decken eingehüllt, wir dachten, es wären lauter Leichen. Wie Schafe trieben sie uns in die Baracken hinein, und dort warteten wir die ganze Nacht. Den ganzen Tag schon ohne Essen, ohne Trinken, wir waren durstig. Als es Tag wurde, begann es sich unter den Decken zu regen und zu bewegen, und da sahen wir erst, daß das Lebewesen waren.

Jeden Tag kamen so viele Menschen an, angeschleppt aus den Gebieten, aus denen die Deutschen schon fliehen mußten. 1944 waren die Russen schon in der Nähe von Auschwitz und der anderen polnischen Lager, und alles hat in die Mitte Deutschlands gedrängt. Dort war aber kein Platz mehr für diese Leute und manche mußten draußen schlafen. Gegen Ende waren es immer mehr, und sie hatten keine Lust mehr, alle zu vergasen und zu verbrennen, und das war so schrecklich, wer das selbst nicht gesehen hat, kann es sich nicht vorstellen. In Ravensbrück – so wie überall – wurdest du zur Nummer, im Baderaum haben sie dir alles weggenommen, nichts durftest du behalten. Ich hatte mir von zuhause noch einen Rosenkranz mitgenommen; ich hatte von den alten Leuten gehört, egal, wo du hingehst, nimm den Rosenkranz mit. Und wirklich, obwohl ich noch jung war, habe ich darauf geachtet, daß ich den Rosenkranz mithatte. In Ravensbrück mußtest du alles zeigen – hast du Goldzähne, hast du etwas in den Händen –, ich aber hielt meinen Rosenkranz, zeigte zuerst meine Zähne, dann steckte ich ihn heimlich in den Mund, er war sehr klein, zeigte die leeren Hände und dann marsch. Alles habe ich ausgezogen, nur diesen Rosenkranz, den habe ich nach Hause gebracht. Schade, daß ich ihn heute nicht mehr habe, er wäre mein sprechendes Andenken.

In diesem Ravensbrück habe ich große Zockel bekommen, die haben mir nicht gepaßt, ein dünnes Kleid, keine Hosen, ein Hemd nur bis zur

Mitte, und das nannte sich Lagerkleid, es hing mir wie ein Sack herunter. Diese furchtbaren Holzzockel mußten wir im Lager und bei der Arbeit tragen. Am schlimmsten war das Warten im Zugangsblock, das hat ein paar Tage gedauert. In diesen Baracken war wenig Platz, drei Stockbetten nebeneinander, sodaß wir zu sechst in dieser engen Reihe geschlafen haben; liegen durftest du nur nachts, bei Tag nicht, das Bett mußte gemacht sein, es gab nur eine Decke, nicht mehr. Das war so schlimm, wir sind oben auf den Betträndern gesessen, die Beine sind über denen darunter gebaumelt, und dabei mußtest du noch auf die Holzzockel aufpassen, daß sie dir keiner gestohlen hat. Wenn du aufs Klo mußtest, haben dich die unteren gekratzt. Dieses furchtbare Leid und die Verhältnisse machen den Menschen kalt – nicht jeden, aber manche.

In der Früh hieß es aufstehen, immer zur gleichen Zeit, los aufstehen, alles waschen, austreten. Um fünf Uhr früh mußte alles in der Reihe stehen, und dort sind wir gestanden, gestanden, gestanden, gewöhnlich bis sechs Uhr, die, die zur Arbeit mußten, marsch raus. In diesen Gängen, den Straßen im Lager, ist es zugegangen wie in einer Großstadt. Die Kolonnen sind zur Arbeit marschiert, viele hatten auch Lagerdienst, vor der Küche sind die betagten Frauen gesessen, den ganzen Tag, auf ihren Stühlen, und haben Kohlrabi, Kraut und Kartoffeln geputzt. Sonst hat es nichts gegeben. Regen, Schnee, Gewitter – egal, wegen dem Wetter gab es kein Pardon. Es mußte trotzdem jeder arbeiten.

Ich hatte »Glück«, ich hatte das Lagerkleid bekommen, und sehr bald hieß es: »Alle mit dem Lagerkleid austreten!« – und schon waren wir einer Arbeit zugeteilt. Sie haben uns in unseren Holzzockeln hinausgejagt zur Arbeit. Vorbei an riesigen Schweineställen, richtig fette Schweine lagen dort, andere haben uns erzählt, daß die SS dort ihre Schweine hält und daß sie mit unseren Lebensmitteln gemästet werden. Wir haben Arbeitsdienstspaten bekommen, und dann mußten wir deutsche Lieder singen. Ich kann mich noch gut daran erinnern, wie sie gesungen haben: »Wir werden weitermarschieren, bis alles in Scherben fällt, denn heute gehört uns Deutschland und morgen nix mehr«, ertönte es aus den Reihen, »und morgen nix mehr«. Da hat es Strafen gesetzt, und dann erst klappte es mit dem »und morgen die ganze Welt«. Wir waren ja nicht nur 100 oder 200, wir waren Gott weiß wie viele. Sie haben uns in einer Reihe aufgestellt, und dann haben wir geschaufelt, die Erde war wie Lehm. In diese Reihe gestellt mußten wir den ganzen Tag mit Schaufeln arbeiten, die ganz gerade waren, da mußtest du dich bis zum Boden bücken, damit etwas auf der Schaufel blieb, neben dir entstand ein Haufen, und wenn eine noch keinen hatte, bekam sie ein paar über den Hintern. Das mußte schnell gehen. Dieses Leid muß man sich vorstellen, die Holzzockel haben meine Füße wundgerieben, und du mußtest bei der SS-Wache vorbeigehen, dort beim Tor, Gott erbarme dich, wenn du nicht zackig durchmarschiert bist, das war so eine Schikane, das kann sich niemand vorstellen. In meinen Holzzockeln war alles naß, das Blut ist geflossen und die Wunden sind nicht mehr verheilt, weil sie jeden Tag neu aufgerissen wurden. Dann mußten wir Bäume fällen. Man kann sich vorstellen, wie schlimm das für diese ausgehungerten Mägen schwacher Frauen gewesen ist. Ich hatte keinen anderen Wunsch als hinaus aus diesem furchtbaren, furchtbaren Leben. Niemand kann sich diese Naziordnung, dieses Grauen, diese SS in ihren Uniformen vorstellen. Wo immer du hingetreten bist, dort war sie, du konntest auch keinen Kontakt zu den anderen Baracken aufnehmen, du mußtest in deiner Ecke verharren, da hat nichts geholfen.

Einmal haben sie uns Neulinge zusammengerufen. Zum Zahnarzt hieß es. Sie haben uns in eine Baracke getrieben, wir warteten dort einige Zeit, auf einmal hieß es: alles ausziehen, aber ganz. Ja, mein Gott, was passiert jetzt? Ausziehen? Alle waren in Angst. Und wirklich, wir mußten uns ausziehen, standen ganz nackt dort, es kamen fünf männliche SS-ler, sie lachten, freilich, wir standen nackt dort, geduckt, ängstlich. Sie setzen sich auf Stühle, einer setzt sich etwas abseits, er hat eine Peitsche bei sich. Jede muß einzeln vor ihn hintreten, stehenbleiben, Hände hinunter, umdrehen, rechts, links, rundherum, stehen bleiben und dann marsch, abtreten. Und er schlägt mit der Peitsche hintendrauf. Ich weiß nicht, wozu das gut war, vielleicht nur, um uns zu demütigen. Andere Frauen haben uns erzählt, daß früher junge Mädchen für das Bordell ausgesucht wurden, die SS-ler hatten dort junge Mädchen, die sie solange mißbrauchten, bis sie starben oder erschossen wurden. Sie haben auch alle möglichen Versuche gemacht; keine, die ins Gefängnis kam, hatte ihre Monatsblutung, ich weiß nicht, ob sie uns etwas gegeben haben, wir waren wie Kinder. Gott sei Dank. Was hätten wir dort gemacht?

Nach drei Wochen in Ravensbrück sammeln sie wieder 50, hauptsächlich Deutsche, dort war ich dabei. Immer, wenn ich gefragt wurde, woher ich bin, sagte ich: Ostmark. Ich wurde den Deutschen zugeteilt, meine Schwester ebenfalls, und auch eine aus Škofja Loka war dabei, die hatte in Klagenfurt gearbeitet, und der hatte ein Heimischer geschrieben, geh' zu den Partisanen. Diese Nachricht wurde abgefangen, sie wurde eingesperrt; und noch eine aus Črna war dabei, die war in Völkermarkt im Dienst bei einem Gastwirt, wo beide, der Wirt und sein Sohn, gegen den Krieg waren, und sie hat oft in der Apotheke verschiedene Sachen bekommen und für die Partisanen nach Hause getragen.

Sie steckten uns in Viehwaggons, bei der Tür saßen zwei Wächter, als Klo hatten wir einen Marmeladekübel. 50 Personen, so ein Geruch, wir sind dort gelegen, und diese herrischen Deutschen haben den Kübel zu mir hingestellt, klar, Ausländer, bist sowieso nichts wert, und der Kübel steht bei mir. Eine Zeitlang ertrage ich das, dann stehe ich auf, geh' hinüber, wo die Deutschen liegen, schiebe die Beine ein wenig zur Seite, setze mich dazwischen und denke, es wird schon gehen. Da beginnt eine zu schreien: »Au weh, meine Füße, au weh, meine Füße«, aber ich bin nicht draufgesessen, das war nicht wahr, und da kommt eine angerannt, ohrfeigt mich links, rechts, mir ist der Kopf nur so geflogen, ich konnte weder auf die eine noch auf die andere Seite schauen. Ruhig, still, demütig sitze ich dann neben diesem Kübel, das war dann die Strafe, und einer der Wächter meinte: »Ja, macht nur Ordnung, wenn das nicht genügt, dann komm' ich.« Was hätte ich tun können? Alles erdulden, warten, bis es vorbeigeht. Ich weiß nicht, wie lange wir gefahren sind, ich weiß nur, daß die Fahrt lange gedauert hat. Hungrig, durstig kommen wir, ich weiß nicht genau wann, irgendwo an, dort laden sie uns wieder aus, treiben uns weiter. Erst wie sie uns durch die Straßen treiben, kommen wir drauf, wo wir sind: in Hamburg.

Sie jagten uns in eine zerstörte Fabrik, dort war ein kleines Lager mit nur drei Baracken. Dort ging es wieder jeden Tag zur Arbeit. Es wurden Masken und viele andere Dinge, ich weiß nicht wofür, hergestellt. Ich hatte wieder »Glück«, ich kam zur Hofkolonne – Außenkolonne, dort haben sie uns gemartert. Pferdefuhrwerke mußten wir ziehen, den Schutt, es war ja alles zerstört, aufladen. Der Lagerführer hat Arbeit noch und noch gefunden. Wir hätten nicht gewußt, welcher Wochentag gerade ist, wenn in der Fabrik nicht auch Zivilisten – als Vorarbeiter – gearbeitet hätten. Wenn die am Sonntag frei hatten, dann wußten wir, daß Sonntag war, sonst wußten wir gar nichts. Was mich noch heute belastet – warum hat uns die Kirche so verlassen, wir hatten keinen seelischen Beistand, überhaupt nichts. Wir haben wie das Vieh gelebt, sind wie die Hunde krepiert.

Und in diesem bombardierten Hamburg ist das Leid immer schlimmer geworden, mit jedem Tag, der Krieg ging dem Ende zu, es war schrecklich. Einmal ist mir schlecht geworden in der Fabrik, ich konnte nicht mehr weiterarbeiten. Die Aufseherin bringt mich in die Baracke, kaum lege ich mich auf das harte Bett, schon höre ich Schritte – tak, tak. In mir steigt die Angst hoch. Ich konnte nirgends hin, der Lagerführer und die Lagerälteste erwischen mich. Am Anfang war das eine Polin, dann haben die Deutschen protestiert, daß sie nicht genug zu essen bekommen, daß die Lagerälteste nur auf die Polinnen, auf die Ausländerinnen schaue. »Wir wollen eine andere!« Selbst dort wollten die Deutschen noch regieren. Das ist ihnen auch gelungen. Es wurde eine Tschechin aufgestellt, obwohl fast keine Tschechinnen im Lager waren, und die hat in meinem Zimmer unter den Sloweninnen geschlafen. Diese Tschechin ist mit dem Lagerführer durch die Baraken gegangen und hat alle Nummern, also die, die sich drin aufhielten, aufgeschrieben. Das war wie ein Todesurteil für mich, ich wußte ja, wo ich war, daß ich ins Krematorium komme. Was hilft es, ich warte und warte. Als sie zurückkommt, stehe ich taumelnd auf, steige hinunter, knie nieder vor ihr und bitte sie: »Bitteschön, schreib' meine Nummer nicht auf!« Und wirklich, sie war gut, sie hat mir versprochen, sie wird es nicht tun. Ich konnte die ganze Nacht nicht schlafen, ich habe mich von allen verabschiedet, von meiner Schwester, von den anderen Sloweninnen, ich war darauf vorbereitet, am nächsten Tag fortzumüssen. In der Früh, wir stehen beim

Appell, wir sind jeden Tag gestanden, warte ich, warte, was kommt.

Aber meine Nummer wird nicht aufgerufen; das hat mir die Kraft gegeben, in die Fabrik zurückzugehen, obwohl ich sehr schlecht beinander war.

Nicht lange darauf werden eines Abends wieder andere Opfer weggeholt. Sie haben sie immer schön heimlich in kleineren Gruppen weggeholt, damit niemand etwas wußte. »Zwei austreten, marsch zum Haufen, die ganze Reihe austreten, marsch!« Er zieht mich aus der Reihe: »Marsch, hinunter!« Schon wieder das Todesurteil. Das wenige Blut, das noch übrig war, ist mir in den Kopf geschossen. Ich beginne zu weinen. Für die neuerliche Rettung habe ich den Sloweninnen zu danken. Die haben hinter mir hergerufen – leise, unterdrückt: »Helena, geh nicht, sei nicht dumm. Komm zurück! Wozu willst du gehen? Komm zurück. Mehr als der Tod erwartet dich nicht. Komm, laß es bleiben!« Und wirklich, ich faßte Mut, drehe mich um und schwindle mich in eine Reihe. Am meisten Angst hatte ich, daß mich eine verpetzt, ich stellte mich in eine Reihe, in der welche fehlten, die anderen haben sich gesammelt, der Lagerführer schreibt ihre Nummern auf, ich war wieder nicht dabei. Ich bleibe. So ging es einige Tage, wir sind hinaus, Ziegeln schaufeln gegangen, in der Fabrik ist alles stillgestanden. Es waren nicht mehr viele von uns übrig, die anderen waren alle weggeschafft worden, und keiner wußte wohin. Wir haben erst nach Kriegsende erfahren, was mit ihnen passiert ist, als Anfragen aus der Umgebung und von den Engländern gekommen sind: »Habt ihr die gekannt, oder die?« Sie hatten über 10.000 zusammengefaßt und auf Schiffe gebracht, die unglücklicherweise bei einem Fliegeralarm im Hafen lagen und von den Engländern oder Amerikanern bombardiert wurden. Das muß ein furchtbares Chaos, ein schreckliches Erlebnis gewesen sein. Ein paar Zeugen konnten sich ja retten.

Es kam der 1. Mai. Gegen Mittag wurde der Befehl gegeben: »Marsch, fertigmachen, wir müssen weiter.« Wirklich, das Mittagessen wird gebracht, Rotkraut, wir durften essen, soviel wir wollten. Ich sag's so, wie es ist, wir hätten unser Leben gegeben für dieses Rotkraut. Ich habe mich so angegessen, daß es mich gezwickt hat. Das mußte ja so sein, wenn du als Mensch so heruntergekommen bist, nur mehr Knochen, hungrig, jeden Tag hattest du im voraus Angst, ob du am nächsten Tag wohl etwas zu essen bekommen wirst. Und von dem Rotkraut haben wir uns dort anessen dürfen. »Marsch, schnell, weiter, weiter«, und schon haben sie uns aus dem Lager getrieben, quer durch Hamburg, durch die verlassenen Straßen. Es war wie eine Geisterstadt, ganze Häuserblöcke lang keine lebende Seele. Es war alles bombardiert.

Hinein in einen Zug, gegen Abend kommen wir in ein verlassenes Lager, da waren drei Baracken, dort trieben sie uns hinein. Ach, was wir dort alles gefunden haben. Haufenweise Tote, lauter Knochen, blanke Knochen, und noch die waren geschrumpft, so jedenfalls ist es mir erschienen. Die sind dort gelegen, wie auf einen Haufen geworfenes Holz. In der Mitte der Baracke waren Klos, das waren so betonierte

Löcher, so ähnlich wie Viehtröge, dort mußten wir hin, das Wasser wurde aufgedreht und der Dreck weggeschwemmt. In einem der Zimmer haben wir zufällig eine Slowenin gefunden, die war im Winter strafversetzt worden, keine hatte gewußt, wohin. Und wir finden diese Frau einfach. Sie war so glücklich, daß sie geweint hat, die Tränen sind ihr über die Wangen geflossen, wir haben uns umarmt, bekannte Gesichter. In der Baracke waren nur mehr Kranke. Und von diesen Kranken konnte keiner mehr aufstehen, nur mehr Haut und Knochen. Du konntest nicht sehen, ob sie überhaupt noch leben. Es hat gestunken, sie hatten Läuse, ihre Haut war von den Läusen zerfressen. Es war furchtbar, wie in der Hölle, anders kann man es nicht umschreiben. Dort haben sie uns hineingeschickt, am 1. Mai, und sie haben gesagt, am nächsten Tag geht es weiter.

Am nächsten Tag warten wir, nichts, niemand holt uns. Was jetzt? In der Nacht Bombardements, Schüsse. Wir schauen durch die Ritzen, wir sehen, die SS geht noch auf und ab, gegen Mittag kommt ein Wächter und sagt: »Ihr müßt jetzt alles saubermachen und das Lager schön herrichten, am Nachmittag wird das Lager den Amerikanern übergeben.« Auch gut. Einige haben aber gesagt: »Was werden wir putzen, es soll so bleiben wie es ist, sollen sie das sehen, wenn sie wirklich kommen.« Und wie sollten wir schon putzen, wir konnten uns ja kaum auf den Beinen halten. Wir hatten ja keine Freude mehr am Leben, was erst am Putzen. Das war am 2. Mai. Am Nachmittag sehen wir ein Auto ankommen. Wir beginnen zu hoffen, aber nein – da kommt erst wieder eine deutsche Uniform daher. Da haben wir gezittert und gemeint, das sei unser Ende. Sie kommen herein, sind ziemlich freundlich, begrüßen uns, wir mußten nicht mehr mit »Heil Hitler« grüßen, und der sagt zu uns: »Braucht's keine Angst haben, wir sind die deutsche Polizei, jetzt wird euch nichts passieren!« Unsere haben gesagt: »Der Teufel soll sie holen, wir glauben ihnen nicht, den Deutschen werden wir bis an unser Lebensende nichts mehr glauben.«

Am 3. Mai kommt der Befehl: »Antreten, ihr werdet Pakete erhalten«, wir waren ja ohne Essen seit diesem Rotkraut, »der deutschen Wehrmacht sind mehrere Pakete übriggeblieben, die ist so gut, die teilt sie jetzt unter euch auf.« Na, das ist aber fein. Wir stellen uns auf, und wirklich, wir bekommen Pakete. »Internationales Rotes Kreuz Kanada« ist draufgestanden, daran kann ich mich noch gut erinnern. Das war eine Freude, hinein ins Lager, die Pakete auf, und gegessen hat, wer noch essen konnte, manche konnten das ja nicht mehr. Ich habe gesagt: »Jetzt heißt es den Verstand gebrauchen, essen wir nicht zuviel.« Einige haben fast alles aufgegessen, und man kann sich vorstellen, was am nächsten Tag los war. Sie haben so einen Durchfall bekommen, das Klo war zugeschissen, kein Platz mehr zum Eintreten. In den Ecken sind sie gehockt, stundenlang, das war ein Geruch, den kann sich niemand vorstellen. Mir hat nichts gefehlt, ich habe nur wenig gegessen, ich habe mir gedacht, jetzt hast du es solange ausgehalten, wirst es auch noch ein bißchen länger aushalten, das ist besser für deine Knochen. Am 3. Mai hatte ich

342

Geburtstag und Namenstag, und damals haben mir die Slowenen Glück gewünscht, wie noch nie in meinem Leben.

Helena Igerc

Am 3. Mai kommen die SS-ler in der Dämmerung und schleppen die Knochen aus dem Baderaum, raus mit den Toten. Zwischen den Baracken war Platz und dort schaufeln sie Löcher und werfen die Knochen hinein. Sie beeilen sich, schaufeln alles mit Erde zu, klopfen sie gerade, stampfen darauf herum, das war am 3., am 4. Mai gegen Abend kommen sie schon wieder. Wir alle in den Baraken beobachten, was passiert. Sie schaufeln die Toten wieder aus, tragen sie an den Händen und an den Füßen in den Baderaum, spritzen sie mit dem Schlauch ein bißchen ab, schmeißen sie auf einen Lastwagen, und mit den Toten verschwindet auch die SS. Wir bleiben alleine übrig. Am nächsten Vormittag, am 5. Mai, werden wir immer ungeduldiger, keine Menschenseele weit und breit – bis wir dann in der Ferne Leute auf Rädern sehen. Wir laufen zum Zaun – das sind jetzt bestimmt die Alliierten. Und wirklich, es waren sechs Engländer auf Fahrrädern. Wir hatten zwei Professorinnen aus Ljubljana dabei, die konnten Englisch, und sie fingen an zu schreien. Sie sagten, wer wir sind, und die Engländer warfen uns Schokolade und Zigaretten zu. Nicht lange darauf, gegen Mittag, sind die Höheren auf das Tor zugegangen, und das war der schönste und größte Augenblick in meinem Leben: unsere Verbündeten waren gekommen, das Tor hat sich für uns geöffnet. Alles, was sich noch irgendwie bewegen konnte, ist ins Freie gekrochen, hat die Engländer umarmt und geweint. So habe ich meine Befreiung erlebt.

Pausenlos laufen

Peter Kuhar

Was wir Kinder von den ersten Partisanen gehört haben, hat uns begeistert. Die Partisanen hatten einen Kanaltaler besucht, der seit der Aussiedlung der Slowenen hier angesiedelt war. Ich bin in der Klasse mit seinem Sohn zusammengesessen und der hat erzählt, was geschehen war. Sein Vater hatte, nachdem er hergekommen war, zuallererst das Hitlerbild aufgehängt. Die Partisanen besuchten ihn und befahlen ihm, es aufzuessen. Er bat noch, ob er Brot dazu haben dürfe, aber er mußte es bloß auffressen. Es hat noch manch einer den Hitler gegessen hier. Das war eine Partisanenstrafe. Oder wenn Sloweninnen mit Deutschen umhergezogen sind, und man dachte, sie seien Spioninnen, dann wurden sie geschoren, damit jeder wußte, die sind von der Gestapo.

Das erste Mal traf ich die Partisanen im dreiundvierziger Jahr. Von weitem hatte ich sie ja schon früher gesehen, aber getroffen hatte ich sie bis dahin noch nie. Die Mutter war hochschwanger, mit der Bredica, als wir beide nach Völkermarkt gingen, einen Ofen holen. Auf dem Heim-

Widerstand

weg trafen wir die Partisanen, den Šorli Jozij, den Prušnik, den Matjaž Žaucer und mehrere Unbekannte. Ich blieb gleich bei ihnen. Am Abend haben wir mit den Partisanen eine Suppe gegessen und gesungen, dann unterwiesen sie uns, was das ist, die slowenische Armee, und daß es gegen Hitler geht. Einige Leute blieben an dem Abend dort, ein Wricl Jakob, ein Pavel Otto und ich. Wir wurden illegale Kuriere. Immer wenn wir Deutsche trafen, hielten wir sie auf und logen sie an. Die Deutschen hatten ja auch Angst: »Hallo Kinder, was habt's denn gesehen, sind viele Partisanen bei euch gewesen?« »Nein, heute nicht, aber vorgestern waren sie da.« »Ja wieso habt ihr das denn nicht gemeldet?« »Es waren so viele, wir haben uns nirgendwohin getraut.« Dann hatten sie was zum Nachdenken. Das war gut, so ist ihnen die Angst in die Knochen gekrochen. Wenn es nicht so gewesen wäre, dann hätten sie noch mehr ausgesiedelt, diese Teufel.

Ich war in der Zeit Lehrling beim Bäcker Plöschenberger, der war Mitglied der NSDAP. Wir haben vor allem für die Polizei gebacken, die in der Umgebung von Eisenkappel stationiert war – in Miklauzhof, auf dem Obir, beim Gros in Vellach, beim Pristovnik in Trögern und auf der Schaida. Es waren ungefähr 500 und mehr Polizisten in diesen Stützpunkten.

In der Holzhütte neben dem Gregor-Hof, der heute noch steht, haben die Deutschen ihre Munition gehabt. Hunderttausende Stück Munition, und auch Handgranaten, Eierhandgranaten, Stielhandgranaten, links und rechts waren die Magazine mit den Waffen, vorne stand eine Wache, und in der Mitte ist unsere Kohle gelegen. Diese Kohle haben wir für den Backofen geschleppt, und daneben Munition für die Partisanen. Der Pasterk Pepi, vulgo Petaver, hat Kohle in den Schubkarren geschaufelt, daß es nur so gerumpelt hat, und ich habe Handgranaten aus den Kisten geholt. Und dann mußten wir selbstverständlich die Kisten umschlichten, die obenauf mußten immer voll sein. Wir mußten uns schrecklich anstrengen dabei, bei diesem Umschlichten. Ich glaube, so eine Kiste hatte 15 Kilo. Es waren ja 30 bis 40 Granaten drinnen. Dann diese Eisenkoffer, in denen die MG-Munition war. Wir räumten die leeren Kisten unten hin, und die vollen nach oben, damit sie nicht draufkamen, daß der Haufen immer kleiner wurde. Unten war dann halt ein leeres Magazin. Was wir stahlen, versteckten wir kurzzeitig in der Kohle, bis jemand die Munition holen kam. Der Chef ist ja draufgekommen, was wir trieben, aber er hat nie etwas gesagt. Und als die Mutter mit dem Pferd herunterkam, sagte er zu ihr: »Da, das ist für Sie«, und gab ihr 30 Wecken Brot. Was sollte denn die Mutter mit dreißig Wecken? Er hat gewußt, daß das für die Partisanen ist. Er war Mitglied der NSDAP, aber er hat nichts verraten. Alle Ehre. Die Munition haben wir einfach der Mutter oder jemandem anderen, der nach Eisenkappel gefahren kam, auf den Wagen geladen. Zuerst die Säcke Mehl, die Handgranaten steckten wir zwischen das Brot, die Munitionsschachteln in den Rucksack, das war ein Lärm, wenn wir anfingen, die Gurten zuzuziehen. Interessant schien uns, daß jede neunte Patrone eine Leuchtpatrone war.

Auch Dumdumgeschoße waren dabei, wir waren ja Spezialisten, die Partisanen sagten uns ja, was wir bringen sollten. »Keine Stielgranaten bitte, die sind so unhandlich«; Eierhandgranaten, die schon, die Stielgranaten wären aber schwer zu verstecken gewesen. Die Tellerminen haben wir in Ruhe gelassen, bei denen haben wir uns nicht ausgekannt und deswegen haben wir uns auch nicht getraut, sie zu stehlen.

Auf dem Gregor-Hof gab es viele »Strohwitwen«, deren Männer im Krieg waren. Die Hitleroffiziere gingen zu denen und brüsteten sich mit ihren Erfolgen, und wir erfuhren über diese Frauen, was los ist. Manchmal erzählten sie auch, wo sie gewesen waren und wohin sie morgen gehen würden. Und wir sagten weiter, wenn Gefahr drohte. Wir hatten eine Verbindungskette aufgebaut und bestimmte Zeichen vereinbart. War die Steppdecke mit der weißen Seite nach oben ausgehängt, war alles in Ordnung, war sie auf die rote Seite gedreht, war Gefahr im Verzug. Das ist ja heute alles ganz anders, heute würden die Partisanen auch schwer überleben.

Wir trafen uns mit den Partisanen regelmäßig. Eines Morgens kam eine Frau halbnackt zu mir hinuntergerannt: »Flieht!« Der Polizist, der bei ihr geschlafen hatte, hatte ihr erzählt, sie wüßten jetzt, daß die Partisaneninformanten in Eisenkappel selbst sind, und weiter: »Um acht Uhr früh wirst sehen, was passiert.« Um sieben ging das Mannsbild zur Gestapo, sie rannte gleich zu uns. Dann liefen wir zu den Partisanen. Ich und noch zwei Bäckerlehrlinge, der Petaver Pepi und der Jerič Franci. Das war im vierundvierziger Jahr.

Ich wurde dem Stab des fünften *relejni sektor* [Relaissektor] zugeteilt, der das Kommando über alle Kuriere in Kärnten vom Gailtal über das Rosental und das Jauntal bis hinunter ins Mießtal hatte. Ich war der Kurier des Kommandanten, und wo er hinging, da war ich mit. Ich bekam meine Befehle ausschließlich vom Kommandanten der Linie Lugi Šproga, der war damals schon Leutnant, er hatte schon einen goldenen Strich und einen Stern. Wir hatten Verbindungen über die Drau auf die Saualm, nach Koprein, Vellach, Remschenig, hinauf nach Zell, bis Hermagor verlief die Linie. Dort war der letzte Kurierbunker, der K1, dort bin ich nie gewesen. Ich hatte als Kurier des Kommandanten einen Passierschein, ich konnte alle Bunker besuchen. Der Stab ist von Bunker zu Bunker gezogen. Die Bunker lagen ungefähr vier Stunden Fußmarsch voneinander entfernt. Die Kuriere des K8 und K9 z. B. haben sich in der Mitte zwischen den beiden Punkten an einem Treffpunkt getroffen, den beide kannten, aber keiner wußte vom anderen, von wo er kam, es interessierte sie gar nicht. Wenn du des nachts ruhig schlafen wolltest, dann hattest du nicht einmal das Interesse weiterzuerzählen, wo dein Bunker lag. Falls die Deutschen einen erwischten und anfingen, die Nägel zu ziehen, dann hätte der sicher alles verraten und so wärst du selbst in Gefahr gewesen.

Konkret muß man sich das so vorstellen: Der Stab des fünften Relaissektors hatte die Aufgabe, eine Verbindung zur steirischen Linie oder zur Linie in Gorenjsko [Oberkrain] herzustellen, und dafür wurden im ganzen Bereich Bunker gebaut, so wie heute die Telefonleitungen, der Unterschied ist nur, daß du heute deine Nachricht in den Hörer sagen kannst und die elektrischen Schwingungen übertragen deine Nachricht. Damals waren wir diese »Schwingungen«, aber wir mußten marschieren und streng vertrauliche Briefe in den Taschen tragen. Falls du überfallen wurdest, mußtest du sie vernichten, ich kenne einen Kurier, der hat die Depesche aufgegessen, als ihn die Deutschen angegriffen haben und keine Zeit mehr blieb, sie zu verbrennen. Die Kuriere sind dann am Treffpunkt zusammengekommen, zu einer bestimmten Zeit, und man mußte eineinhalb Stunden warten, für den Fall, daß der andere Kurier nicht so schnell kommen konnte, weil er einen Hinterhalt umgehen mußte. Aber ich muß sagen, wenn er fünf oder zehn Minuten überfällig war, dann sind dir die Haare zu Berge gestanden, du hast ja nicht gewußt, kommt der Kurier jetzt alleine, oder ist eine Kolonne Grüner, Deutscher hinter ihm her. Am Treffpunkt tauschten sie dann die Post aus, geschrieben wurde ja überallhin. Es gab aber auch Expreßbriefe. In diesem Fall mußte der komandir sofort zum nächsten Bunker rennen. Deswegen wußten er und sein Stellvertreter auch, wo die beiden Nachbarbunker waren, die einfachen Kuriere haben nur die Treffpunkte gekannt. Ich durfte in alle Bunker, aber immer nur in Begleitung vom Lugi, wenn er als Kommandant von Bunker zu Bunker gegangen ist. In jedem hielt er sich kurz auf, er hatte dort politische Stunden und hielt ein Programm ab. Er hat die Leute ausgebildet, ihnen gesagt, wie sie sich benehmen sollen, wenn es zufällig zu einem Verrat kommen sollte. Dort war ich immer dabei. Wenn er zu mir gesagt hat: »Weißt du was, Pero«, er hatte mir den Namen »Pero« gegeben, »du gehst jetzt zum K7 über die Petzen, übergibst diesen Brief an Ožbej, und er wird dir etwas geben«, dann bin ich gegangen. Wenn er keine Aufgaben für mich hatte, war mir aber langweilig in diesen stinkenden Erdbunkern, ich ging lieber auf Patrouille. Ich war überglücklich, wenn sie mich mitgenommen hatten. Was hast du als fünfzehnjähriges Kind schon zu verlieren.

Am liebsten hielt ich mich im K9 auf. Dort war der Haderlap Miha Kommandeur, er mußte bestimmen, in welche Richtung die Kuriere laufen mußten. Dort waren Bogdan, ein Student aus Ljubljana, und Rafael aus Ribnice. Wenn der in seinem Dialekt redete, dann konnten wir ihn nicht mehr verstehen. Dann war da noch Jožko, der hätte am liebsten jeden Tag eine schöne Frau gesehen, der hatte keine Angst vor den Deutschen, er war ein bißchen taub. »Kršenduš [Verdammich]«, hat er gesagt, »ich fürchte mich nicht vor denen«, die Ärmel seines Hemdes hinaufgestreift und ist ins Tal marschiert. Alle möglichen Typen waren dort, interessante Leute. An den Abenden kehrten wir in den Bunker zurück, der Kah Miha spielte Gitarre, der Haderlap Violine, ein gewisser Franjo, das war jedenfalls sein Partisanenname, spielte auf der Zither. Es war so herrlich, wenn wir am Abend im Bunker gesungen und uns sicher gefühlt haben. Du kannst ja gar nicht anders leben, ein bißchen sicher mußt du dich ja auch in der größten Gefahr fühlen, was sollst du denn sonst tun.

Peter Kuhar

Der Matija, das war der Kommandeur der K8 in Koprivna, der behandelte uns wie Hunde, wir durften nicht einmal unsere Not verrichten, er hat uns streng erzogen, weil alles gefährlich sei. Einmal gab er uns aber doch die Erlaubnis, nach Leppen zu gehen. Damals waren wir sechs oder sieben Kuriere. Wir hatten aber beim Kokeš ein bißchen Schnaps getrunken und begannen auf dem Weg zurück mit Manövern. Der erste fragte: »Bogdan, wie trifft denn dein Gewehr?«, und der hat geschossen und auf 100 Meter getroffen, dann schoß ein anderer, und zum Schluß schossen wir aus allen Waffen. Im Bunker hörten sie die Schüsse – verdammt, jetzt haben sie die, die Ausgang hatten, erwischt –, und sie begannen, den Bunker zu räumen. Als wir ankamen, hatten sie schon alles hinausgetragen. Der Kommandeur erblickt uns: »Ihr seid zum Erschießen, alle ins Bataillon, Teufelsbrut. Jetzt habt Ihr alles verraten, unseren Bunker, die Linie, seid ihr wenigstens alle da?« »Ja, alle.« »Was denkt ihr euch, ihr Teufel?« Er war zornig, er wollte uns alle melden, wir hätten ins Bataillon müssen, und das wäre eine ordentliche Strafe gewesen. »Und Munition verschwendet«, der Kommissar Moro wäre am liebsten explodiert vor Wut: »Wir sollten zwei zur Abschreckung an den Baum stellen und erschießen.« Da meinte der Lugi: »Sei still, was willst du denn jetzt machen, die Burschen waren halt gut aufgelegt und haben ein Manöver veranstaltet. Man muß ihnen ja die Möglichkeit geben, ein bißchen besser bekannt zu werden mit den Deutschen.« Der Lugi war in Ordnung, so ein schwarzes, festes, schönes Mannsbild, mit einem großen Schnurrbart, eine große Gestalt, eine Autorität. Der schaute dich nur an und du warst schon still. Er hat auch den Deutschen geschrieben: »Wenn Ihr eure Frauen und Kinder wiedersehen wollt, dann benehmt euch, wie es sich gehört, und wir haben sicher Möglichkeiten, das Blutvergießen einzuschränken. Schnüffelt nicht hinter uns her.« Zum Schluß waren ja die Gendarmen nicht mehr so wild drauf, einen Partisanen zu fangen, die SS-Polizei aber schon.

Wir Kuriere sind ja pausenlos gelaufen. Den Kampf aufnehmen, das durften wir nicht, auch wenn wir manchmal so nahe waren, daß wir mit Leichtigkeit 20 erschossen hätten. Aber wir konnten nicht, weil wir ja unsere Linien, unsere konspirativen Wege, tarnen mußten. Das hieß, sich versteckt halten. Es war uns absolut verboten anzugreifen. Die Kurierlinie verlief zwar nicht ein und denselben Weg entlang, aber doch in ein und dieselbe Richtung. Du hast zwar für 200 Meter oder einen halben Kilometer einen anderen Weg genommen, aber der Treffpunkt war immer an derselben Stelle; hätten die Deutschen um eine bestimmte Zeit jeden Tag zwei über dasselbe Feld, denselben Bach gehen sehen, dann hätten sie gewußt, das sind Kuriere, und sie hätten sich ausrechnen können, wie die Kurierlinie verläuft. Man durfte sich nur verteidigen. Die Deutschen waren aber auch so schlau und jagten lieber Kuriere und *terenci*, als sich vor den Schlund des Maschinengewehrs hinzustellen. Vor allem dann, als die Engländer '44, '45 Waffen abwarfen, war es auch für die Deutschen verteufelt schwer. Wenn sechs, sieben Maschinengewehre aufbellten und drei gute Schützen dabei waren, dann hatten sie Verluste.

Freilich, manchmal waren wir auch gezwungen zu kämpfen. Mit dem Lojze hätte ich einmal von Leppen nach Solčava gehen müssen. Das ist ein sehr weiter Weg, beim Keber in Leppen, wo sie uns gut kannten, wollten wir deswegen kurz zum Abendessen einkehren. Es dämmerte

Momentaufnahme aus dem Solčava-Gebiet, Oktober 1944: Bertoncelj-Johann, Ivica Pirjevec (gefallen Jänner 1945), Ing. Pavle Žavcer-Matjaž.

gerade, als wir uns dem Haus näherten. Da kommt die Emica Keber heraus, um Holz für den Backofen zu holen. Zum Brotbacken hat man nämlich besondere Fichtenscheite verwendet. Als sie uns beide sieht, starrt sie uns erschrocken an und bringt kein Wort heraus. Ich sage zum Lojz: »Zum Teufel, ist die Emica so frech, daß sie uns nicht einmal mehr guten Abend sagt?« Da sehe ich die Polizisten, eins, zwei, drei …

348

»Ja Fixkreuz«, sagt der Lojz, »wir werden schon wieder kein Abendessen bekommen, ist schon die Schnorrpatrouille schneller gewesen«. Er dachte nämlich, das wären Partisanen; die Schnorrpatrouille, das waren jene, die Nahrungsmittel zusammengebettelt haben. Auf einmal hören wir: »Schießt, schießt, Banditen!«, der Lojz feuert, ich auch mit meinem Trommelrevolver. Keine Rückzugsmöglichkeiten mehr, bergauf kannst du nicht rennen, da sind wir über die Felder gerannt, der Lojz voraus, der hat sich am Feld hinter einem Kreuz versteckt. Mich aber erwischt der Polizeihund, wie ich über den Zaun springe, zerreißt mir die Hose und ich falle auf den Kopf, meine Pistole verliere ich auch dabei. Der Polizist hinter mir schreit: »Junge, bleib stehen!« Ich klaube mich auf, renne weiter, er hinter mir. »Bleib stehen, bleib stehen!« In dem Moment drückt der Lojz ab, hinter uns beiden her. Der Polizist geht in Deckung, schreit: »Feuer«, die Deutschen schießen, furchtbar, und alle auf einmal. Aber da hat mich schon der Berg verschluckt. Plötzlich sehe ich jemanden rennen. Zuerst denke ich, die Polizisten sind da, trotzdem rufe ich: »Lojz!« Eine Stimme zurück: »Pero, bist es du, bist du allein?« »Allein.« Wir umarmten uns und weinten vor Freude. Beim Mlačnik-Hügel, zirka zwei Kilometer weiter, da hören wir: »Stoj! Wer ist dort? Sag deinen Namen!« – »Pero« – »Weiter, Pero, aber die Hände in die Höhe.« Und da mußte ich bei den Partisanen die Hände in die Höhe halten. Ist ja auch logisch, ich hätte ja auch Deutsche anschleppen können. Der Jožko kommt näher: »Zum Teufel, bist es wirklich du? Wer noch?« – »Der Lojz, niemand sonst.« – »Lojz, weiter!« Wenn du dich da nicht richtig benommen hast, konntest du auch überflüssig draufzahlen, es war ja dunkel.

Auf uns und auf die Aktivisten waren die Deutschen am wildesten, auf die, die nicht in dem Ausmaß in der Lage waren, den Kampf anzunehmen. Das Bataillon haben sie gefürchtet wie den Teufel. Bei den Kurieren und Aktivisten waren auch Frauen dabei und politische Kommissare, die waren nicht so verteufelt kämpferisch, wer kämpferisch war, der war Kommandeur in der Kompanie, wenn er fähig war.

Am liebsten war ich im befreiten Gebiet – in Solčava. In der Freiheit herumspazieren ist halt immer besser, als jeder noch so gut geschützte Bunker. Im Herbst 1944 kamen die *švaba* und zündeten Solčava an. Sie kamen von allen Seiten, aus Celje, aus Oberkrain, aus der Steiermark, aus Eisenkappel rückten sie an und wollten dem Partisanenkampf den Todesstoß versetzen. Wir mußten uns nach langen Kämpfen in die Berge zurückziehen. In Solčava gab es keine so großen Kämpfe, aber unten in Šmartno, in Ljubno, in Mozirje wurde fest gekämpft, bevor die Partisanen ihre Stellungen aufgeben mußten. Aus Klagenfurt kamen die Störche, Doppeldecker, die verhältnismäßig niedrig und langsam flogen, aus denen wurden per Hand Granaten abgeworfen. Das waren Fünfkilobomben, eine, die nicht explodiert ist, haben wir abgewogen. Die *švaba* haben jeden Bauernhof, jedes Objekt angezündet, damit sie nicht stehenbleiben mußten. Das Vieh hinaus aus dem Stall, es hat so gebrüllt. Nach einigen Tagen hatten sie das Solčava-Gebiet geräumt und die Leute in die Lager abgeführt.

Wir Partisanen hatten uns auf die Velika planina zurückgezogen, und dort begann ein schrecklicher Kampf. Alles strömte hinauf, das Kommando von Ljubno, das Kommando von Solčava, das Kommando von Rečica. Und ich war so ein verdammter Kurier, der die ganze Zeit hin und her rennen mußte, ich war schon an der Spitze und mußte wieder warten, bis die Kolonne nachgekommen war, dieses ausrichten, jenes ausrichten. »Seid leise, lärmt nicht mit den Kesseln«, du kannst dir ja vorstellen, daß so ein Bataillon auch seine Kesseln brauchte. Um fünf Uhr früh kamen wir hinunter zur Kamniška Bistrica. Als die Deutschen die Truppenbewegung bemerkten, eröffneten sie das Kreuzfeuer, nur die ersten waren diesem Ring entkommen. Wir mußten wieder zurück auf die Velika planina, und total zerschlagen kamen wir an. Da hat erst das Leid begonnen, als wir ohne Essen waren, ohne die Elite der Kämpfer, Lebensmittel holen war unmöglich, ein Pferd, das schon krepiert und aufgedunsen war, haben wir dort gegessen. Meine Mutter war auch dabei. Ich hätte ja hinüber nach Oberkrain gehen können, aber ich habe mir gedacht: Mehr wert als das Partisanenkommando ist mir immer noch meine Mutter. Ich hatte schon genug durchgemacht und bin gerannt wie ein Esel, die Planina hinauf und hinunter, habe einmal eine Verbindung gesucht, dann eine andere. Der Kommandant, der uns führte, hat mich gefragt: »Wo ist der Lugi?« Ich suchte ihn, er war nirgends zu finden; also mußte ich melden, daß der Lugi nicht in der Kolonne war. Einige waren abgesprungen und haben sich selber durchgeschlagen. Er hatte deswegen dann auch später große Schwierigkeiten. Ein Kommissar, der Grega, er war Alpinist, hat gesagt: »Hier kommen wir nicht hinaus, vergiß es.« Der englische Major, der mit uns war, hat vier Tage und vier Nächte bis zur Bewußtlosigkeit getippt, um Hilfe gerufen, man soll uns Waffen bringen, und noch wichtiger: Lebensmittel. Nur war es nebelig und niemand konnte uns zu Hilfe kommen, wir haben diesen Akkumulator angetrieben wie die Hunde. Auf den Bergspitzen gab es ja keinen Strom.

Unser Glück war nur, daß fünfzehn Russen bei uns waren, das war eine Elitetruppe. Ich war mit einem von ihnen auf Patrouille, ich weiß, wie das ist. Niemand kontrollierte so streng wie dieser Russe. Er hatte ein Maschinengewehr, und er sagte zu mir: »Und du gehst mit dem Schnellfeuergewehr. Aus, basta. Wir beide gehen auskundschaften.« Oben war ja alles eingekreist, niemand war mehr auf Patrouille, niemand wollte mehr Wache stehen, der Schnee war so hoch, und kein Essen. Die Leute haben nur mehr geschlafen und vor sich hingestarrt, gestarrt und geschlafen. Wir beide gingen dann als tote Wache auf Patrouille. Tote Wache bedeutet, du versteckst dich und bewegst dich nicht. Wenn jemand vorbeikommt, dann schießt du nicht und hältst ihn nicht auf. Wir beobachteten die Deutschen, wie sie damit begannen, Hinterhalte aufzubauen. Als es dämmerte, da packte er sein Maschinengewehr: »Und jetzt ein bißchen was für die gute Laune«, und feuerte in den Hinterhalt der

Deutschen hinein. Wir hauten dann ab und informierten den Rest, daß die *švaba* unterwegs wären. Im Bataillon hieß es, jetzt in der Nacht können wir nirgendwo hin, dieses zusammengewürfelte Bataillon – so ein Elend. Im Morgengrauen fing es dann zu krachen an, da kriegten wir aber Beine. Unsere Rettung war nur, daß die Deutschen von weitem zu schießen begonnen hatten. Wären sie nähergekommen, hätten sie uns auf Schiern umkreist, jeden einzelnen hätten sie erschlagen. Aber sie haben von weitem geschossen, und da haben die Russen mit dem Maschinengewehr zurückgeschossen. Dieser Russe, der den Tag zuvor mit mir das Gelände erkundet hatte, sagte: »Du wirst die Munition zutragen«, etwas Munition hatten wir in der Kirche deponiert. Also mußte ich die Munition holen, damit das Maschinengewehr funktionierte und die Deutschen nicht zu nahe kämen. Unser Elend aber ist die Lichtung hinuntergerannt, die Rucksäcke ließen sie einfach liegen, manche flüchteten barfuß, die Deutschen hatten sie aus dem Schlaf gerissen. Da endlich brüllte der Kommandant: »Zurück, aufheben, was ihr weggeworfen habt, zurück zu den Waffen. Seht ihr nicht, daß die Russen die Stellungen halten? Zurück!« Es kamen uns doch noch ein paar Freiwillige zu Hilfe und wir schossen dorthin, wo sich etwas bewegte. Die Deutschen feuerten eher blind durch die Gegend. Sie wollten eigentlich von Anfang an näher an uns heran, aber höchstwahrscheinlich hatte einer von ihnen die Nerven verloren und zu früh zu schießen begonnen, und so war die Distanz 500, 600 Meter. Hier hat aber nur mehr ein Scharfschütze eine gewisse Chance, sonst überhaupt niemand mehr.

Als der erste Kampf vorüber war, fragte ich den Kommandanten: »Tovariš komandir, darf ich bitte die Mutter nach Hause bringen?« Er sagte: »Natürlich, nur wirst du es auch schaffen?« – »Ich bin ein Kurier.« – »Gut, ich vertraue dir, wann bist du wieder bei deiner Einheit?« – »In dem Moment, in dem ich sie finde.« – »Jetzt sind sie in Gorenjsko [Oberkrain], und dort treffen wir uns mit unseren Kurieren.« Dann brachen die Mutter und ich Äste, legten sie uns zurecht und ruselten auf ihnen den schneebedeckten Steilhang hinunter; die Mutter hatte nicht einmal Schuhe an, sie ist barfuß von der Velika planina gekommen.

Die Frauen taten uns leid, sie waren arm. Sauberkeit war viel wichtiger für sie, ein Mann hat es da leichter. Vom Kommando aus war eine Frau unberührbar, da hat nichts passieren dürfen, verlieben durfte sich keiner im Bataillon. Die Frauen waren gleichberechtigt, aber sie hatten die moralische Verpflichtung, sich wie Soldaten aufzuführen und nicht wie Weiber. Und für einen Soldaten gab es keine sexuellen Beziehungen. Es gibt ja die falsche Vorstellung, daß wir ausschweifend gelebt hätten. Es gab vielleicht fünf, sechs Frauen als Krankenschwestern im Bataillon, die mußten dort sein. Wo hätten sie denn hingehen sollen, wenn sie in der Illegalität verraten worden sind, sie mußten ja zu den Partisanen. Wir hatten ja keinen Kindergarten für Frauen. Sie mußten genauso kämpfen. Schau dir die Zala an, die Zala ist einer Meute bewaffneter

Peter Kuhar

Polizisten entwischt, gefesselt, und die haben hinter ihr hergeschossen und sie nicht getroffen, sie war das Bild eines Soldaten. Die Krankenschwestern trugen natürlich keine schweren Waffen, Pistolen hatten sie in erster Linie, um sich selbst zu schützen, wenn sie verletzt wurden, sie mußten auch Verletzte verbinden. Das Bataillon hat sich zum Beispiel zurückgezogen, und sie ist beim Verletzten geblieben – und neben ihm eingeschlafen, wenn sie die Deutschen erwischt haben. Die Frauen hatten es ausgesprochen schwer, dazu kam ja: die Generation, die jetzt aufwächst, die ist ja ganz anders zu den Frauen, ihr lacht über die Moslems, bei denen die Frauen so unterdrückt werden, bei uns wurden die Frauen ja auch unterdrückt, alle. Schaut euch nur die Bauern- und Arbeiterfrauen an. Ihre Aufgaben waren Schuften, Kochen und das Maul halten.

Ich war bei den Partisanen, bis ich am 6. Mai 1945 in meinem Blut liegengeblieben bin. Ich war von Ferlach nach Koprein unterwegs und bin dort in einen Hinterhalt gefallen. Es hat einfach gekracht und das war es dann auch schon. Mein Begleiter ist weitergelaufen, ich hockte mich hinter eine Fichte, weil ich mich nicht über den Steilhang traute, aufeinmal hat mein Bein gebrannt. Es ist noch heute sechs Zentimeter kürzer, und ich muß dauernd orthopädische Schuhe tragen. Das habe ich noch zur Erinnerung. Ich Esel habe bis heute nichts für die Amtsbescheinigung getan, dabei war ich acht Monate im Krankenhaus, in Jugoslawien. Dort im Krankenhaus haben mir russische Ärzte noch einmal das Bein gebrochen. Freilich, seinerzeit haben sie mir einfach einen Stecken drangetan und fest umbunden, ich wurde genau in den Oberschenkel getroffen, dort ist aber nur ein Knochen und der ist in die Binsen gegangen, geschrumpft. Erst nach der Freiheit haben mir die Russen gesagt: »Ja, diesen Krüppel können wir ja nicht so entlassen.« Sonst hätte ich, glaube ich, ein um 20 Zentimeter kürzeres Bein. Sie haben mir das Bein nocheinmal gebrochen und einen Streckverband angelegt. Den Knochen bohrten sie an, zogen Stahlstöcke durch und legten ein Gewicht drauf. So haben sie das Bein gedehnt.

*Valentin
Dobeitz-Jovo*

Ischias

Im Februar 1943 bin ich zu den Partisanen gegangen. Ich war auf Urlaub und meine Frau hat für mich über einen Bauern die Verbindung hergestellt, dort mußte ich mich melden. In der Früh, gegen drei Uhr, bin ich aus dem Haus und zu diesem Bauern gegangen, dort bin ich zwei Tage im Heu gelegen und habe auf die Verbindung gewartet, dann erst ist der Kurier mich holen gekommen. Es war ja nicht leicht, mit den Partisanen Verbindung aufzunehmen. Die ersten sechs Monate kennst du dich sowieso nicht richtig aus. Zwei-, dreimal jeden Tag hatten wir Unan-

Widerstand

nehmlichkeiten mit den *švaba*, wenn sie uns nicht angriffen, dann griffen wir ihre Stellungen an. Wenn wir eine große Aktion vorhatten, dann wurde die ganze Brigade zusammengerufen, alle drei Bataillone, wir waren rund dreihundert Leute. Gewöhnlich zogen wir aber in kleineren Einheiten herum. Ich war zirka drei Wochen in der Mineur-Einheit. Wir sprengten Brücken, Geleise und solche Sachen, wir waren sechs oder sieben Leute.

Auf dem Pohor bekam ich dann Ischias in den Füßen. Wir sind ja hauptsächlich im Wasser gegangen, und das im Winter, vorwärts, rückwärts. Wenn du nicht in den Bergen oder im Wald gewesen bist, dann mußtest du im Wasser gehen, du durftest nicht im Schnee waten, damit sie deine Spur nicht fanden, die erschossen dich ja gleich, du warst gezwungen, im Wasser zu gehen. Und dann mußtest du die nassen Hosen immer an den Beinen trocknen lassen, anders ist es nicht gegangen – und so habe ich Ischias bekommen.

Vom Pohor bin ich über Umwege in das Krankenhaus im Matkov kot gekommen: Wir haben die *švaba* angegriffen, damals war unsere ganze Brigade beisammen, um neun Uhr am Abend haben wir mit dem Angriff begonnen, bis fünf Uhr am Morgen hat der Angriff gedauert. Dann ist die Brigade weitergezogen, der Jelen und ich haben zurückmüssen auf Patrouille. Die Zeit ist vergangen, den ganzen Tag ist uns niemand holen gekommen, wie eigentlich ausgemacht war, da sind wir beide auch weg. Wir marschierten die Straße entlang, in der Früh kamen wir nach Slovenj Gradec, vorbei an einer Stellung der *švaba*, aber wir beide wußten nicht einmal, wo wir waren. Du weißt es ja nicht, in einer unbekannten Gegend bei Nacht. Also sind wir zurück in den Wald, zurück auf den Pohor; wir kamen zu einer Holzhütte. Zwei Kühe waren im Stall, und dort lagen wir den ganzen Tag. Der Jelen ist gleich eingeschlafen, ich habe nicht einschlafen können, den ganzen Tag nicht. Bei meiner Seel, ich hatte Angst, der Stall lag am Weg, die Fuhrmänner benützten ihn und der Schnee lag bis zu den Knien. In der Nacht wieder hinunter nach Slovenj Gradec, wir mußten hinunter, sonst hätten wir uns von zu Hause entfernt. Das hatte ich erfahren, wo die Petzen liegt, so daß wir uns Richtung Heimat hielten, auf die Petzen zu. Bei Slovenj Gradec wieder über das Wasser, wir waten hindurch, dann über die Eisenbahnbrücke, dort war kein Posten, das war auch gut so, ich glaube, die haben alle woanders im Hinterhalt auf uns gelauert, weil wir sie die Tage zuvor angegriffen hatten. Wir gehen durch den Wald, kommen zu einem Schuppen, da sehe ich, wie einer herausrennt und sich hinter den Stall zurückzieht. Ich sage zum Jelen: »*švaba*«, ich renne los, der Jelen hinter mir her und zurück in den Wald, in dem Moment hat es schon gepfiffen, die haben hinter uns hergeschossen, aber es hat uns niemand getroffen. Der Jelen hat noch gesagt: »Vielleicht sind das Partisanen gewesen?« Ein Partisan wird ja nicht hinter uns herschießen, ein Partisan wird wirklich nicht auf einen Partisanen schießen. Hinauf und in den Wald und sofort weiter, weiter, und wir kommen zu einer Keusche. Ich klopfe an das Fenster, eine Frau fragt: »Wer da?« Wir melden uns, ich frage nach, wie wir Richtung Petzen gehen müssen, damit wir die Richtung Heimat beibehalten und uns nicht entfernen. Von dem Haus sind wir im Krebsgang weiter. Das haben sie uns immer wieder eingehämmert: auf das Gelände achten. Wenn Schnee liegt, darf man nicht vorwärts vom Haus weggehen, auch nicht vorwärts zum Haus, wenn man drinnen bleiben will.

Dann setzten wir unseren Weg fort, hinauf auf den Berg und wieder hinunter, wieder hinauf, und wieder hinunter ins Tal – die ganze Nacht durch. Bei Kotlje kamen wir hinunter, das ist bei Ravne. Ein bißchen abgelegen stand eine Keusche. Ich ging voraus, der Jelen hinter mir her, ich hatte eine Wehrmachtsuniform an. Im Haus hielt sich gerade ein Partisan auf, Tesar hieß er, der sprang beim Fenster hinaus und verschwand im Wald, als er uns sah – er dachte, wir wären *švaba*. Es war Faschingssonntag, die Leute waren gerade dabei, Krapfen zu backen. Zuerst wollten sie uns gar nicht glauben, daß wir Partisanen sind. Schließlich sind sie aber den, der beim Fenster hinausgesprungen war, doch in den Wald holen gegangen. Wie der froh war, als er gesehen hat, daß wir wirklich Partisanen waren! Er hatte sich auch verlaufen. Und dann hatten wir Krapfen in Fülle, Krapfen, Most und Läuse. So viel Läuse, daß das Gewand ganz weiß war. Jelen und ich übernachteten dort im Stroh, und in der Früh sind wir weiter. Der Tesar führte uns, er wußte, wo Kuriere waren.

Wegen meines Ischias kam ich in das Krankenhaus im Matkov kot. Das hat nicht jeder gewußt, wo diese Partisanenkrankenhäuser waren. Das Krankenhaus in Solčava kannten nur die Kuriere. Die haben die Verletzten hinaufgeführt, ansonsten war das streng geheim.

Vom Krankenhaus weg bin ich der technischen Abteilung als Kurier zugeteilt worden. Dort haben wir gedruckt. Der Silvo Kopitar hat gezeichnet, die Nina und die Ančka haben die Matrizen getippt. Boris und ich haben geholfen, wir haben die Flugblätter verteilt, das Papier gebracht und die Verpflegung organisiert.

Einmal führten wir selbst eine Aktion durch: Wir schlachteten bei einem Bauern, der ein kleiner *švaba* war und gegen uns, ein Schwein. Für diese Aktion hatten wir aber keine Erlaubnis, wir hatten niemanden darum gebeten und wären deswegen fast bestraft worden. Wir hätten zuerst den Gebietsausschuß der OF fragen müssen, die hätten zu entscheiden gehabt, wo wir einen Ochsen, ein Schwein, ein Lamm oder so bekommen könnten. Der Vorsitzende des dortigen Ausschusses war ein Bauer, Per, der wurde später ausgesiedelt, den hätten wir fragen müssen. Selber, auf eigene Faust, hast du das ja nicht dürfen.

Unsere Hauptaufgabe war, die Flugblätter wegzubringen, hauptsächlich zu den anderen Kurieren, ein Kurier trifft ja den anderen, die haben ihre Treffpunkte, dort tauschst du. Die haben uns Papier gebracht – in der technischen Abteilung haben wir ja viel Papier gebraucht –, und wir haben ihnen das bedruckte Material gegeben.

Mit der technischen Abteilung war ich in drei Bunkern, die waren nur für die *tehnika* bestimmt, kein anderer hat hineindürfen. Als ich dazugekommen bin, gab es nur einen aus Rinde, den zweiten Bunker hatten wir im Felsen, da war ein großes Loch im Felsen, den dritten habe ich alleine gebaut, aus Holz, und der wurde angeblich gegen Ende des Krieges verraten. Gegen Ende des Krieges haben sie alle Bunker dort in der Gegend angezündet und die Partisanen, die drinnen waren, erschlagen. Alle haben sie gefunden, unseren nicht.

*Valentin
Dobeitz-Jovo*

Entscheiden

Albert Furjan

Und einmal war es dann soweit: Ich hätte einrücken müssen und da mußte ich mich für irgendetwas entscheiden. Wenn ich überhaupt nirgends hätte hingehen müssen, dann wäre ich nirgendwohin gegangen. Aber so hat sich die Frage nicht gestellt, also bin ich zu den Partisanen gegangen. Da waren viele Einheimische dabei, und ich bin noch alleweil lieber hier herumgezogen, als daß ich als deutscher Soldat Gott weiß wohin gekommen wäre.

Zuerst war ich eine Woche oben beim Hribernik, da hatten sie uns unter Bewachung. Es war ja nicht so, daß sie sofort gesagt hätten: »Jetzt bist du schon ein Partisan.« Sie wissen ja auch nicht, was du machen wirst, wirst du es packen oder wirst du abhauen? Du kannst ja in zwei, drei Tagen ziemlich viel sehen, dann läufst du davon und verrätst alles. Und so hatten sie dich unter Bewachung, zumindest eine Woche oder vierzehn Tage. Du hast keine Waffen bekommen, auch hast du nichts besonderes erfahren. Erst wenn sie annahmen, daß du bleiben wirst, da bist du ein echter Partisan geworden. Das ist so wie in einer Lehre: Zuerst mußt du die Prüfung ablegen, dann erst kannst du etwas sein. Hier war das genauso, eine Prüfung hast du zwar gerade nicht ablegen müssen, aber du hast beweisen müssen, daß du bestehst. Auf der Schaida ist einmal einer zu den Partisanen gekommen, der hatte im Rockfutter Gift eingenäht. Sein Ziel war, an den Kessel heranzukommen, um das Essen zu vergiften. Aber den hatten sie rechtzeitig geschnappt. So einer hatte nichts mehr zu erwarten, aber das hätte er sich ja auch früher überlegen können.

Nach der ersten Woche kam ich zu den Kurieren. Zuerst war ich zwei Monate Bataillonskurier, dann bin ich als Militärkurier in eine Station gekommen. Als Bataillonskurier warst du im Bataillon, als Militärkurier warst du selbständig in einer kleineren Kuriereinheit, dort waren vier bis fünf Leute beisammen, der Kommandeur und noch vier gewöhnliche Kuriere. Von unserem Bunker hat niemand wissen dürfen, kein Partisan, kein Kommandant, und wenn der Tito höchstpersönlich gekommen

Widerstand

wäre und in die Station gewollt hätte, du hättest ihn nicht hinführen dürfen und du hättest auch nicht müssen. Das war notwendig für die Sicherheit der Bunker und der Kurierstationen, damit sie nicht verraten werden konnten, wenn die Deutschen jemanden in die Hände bekamen. Wenn jemand, der den Deutschen entflohen war, sich den Partisanen anschließen wollte, dann haben wir Kuriere ihn ins Bataillon gebracht, aber den hast du fünf oder sechs Kilometer am Bunker vorbeigeführt. Die Kurierstationen waren immer neben einem Graben, wo im Winter kein Schnee gelegen ist, damit dich keiner verfolgen konnte, sonst hätten sie uns ja schnell gehabt. Im Sommer war es nicht schlimm, aber im Winter hast du gut überlegen müssen, wie du zu deinem Bunker zurückkommst; im Winter war es eine Scheißerei.

Wenn es nicht gerade eine *hajka* gab, oder du nicht unglücklicherweise auf die Polizei gestoßen bist, dann war es gegen Ende des Krieges nicht mehr so gefährlich. Da sind wir manchmal schon am hellichten Tag umhermarschiert; für gewöhnlich waren wir nachts unterwegs. Sogar die Gendarmerie, die in der Ebriacher Schule und beim Kališ postiert war, hat lieber weggeschaut als her zu uns. Wir sind manchmal haarscharf an ihnen vorbeigegangen, vor denen brauchte man keine Angst zu haben, außer es war irgendeine Polizei dabei, sodaß der Gendarm gezwungen war zu schießen. Oder oben am Mrzli vrh, dort waren die Soldaten: wir hatten unter der Koschuta unseren Weg und benutzten ihn. Dort wächst aber nichts anderes als Blumen, und sie haben uns sicher gesehen, wenn schon nicht mit freiem Auge, dann durch das Fernglas. Es ist kein Schuß gefallen. Die waren froh, daß sie ihre Ruhe hatten. Oder die Landwache, die umhergegangen ist: Das waren lauter alte Männer, vor denen brauchte man auch keine Angst zu haben. So einer hat den Tag über arbeiten müssen, es waren manche sechzigjährige Männer dabei, denen gesagt wurde: »Am Abend wirst du auf Landwache gehen«, und dann sind sie die ganze Nacht herumgeirrt. Hier in Ebriach, weiß ich, sind sie einmal zusammengekracht, die Landwache und die Partisanen, aber das ist eher selten passiert. Was soll denn so ein alter Mensch noch? Der wäre ja ein Trottel, wenn er herumschießen würde, und der Partisan hat sich auch gedacht: »Was werde ich auf so einen alten Menschen schießen, das ist es ja nicht wert. Freilich, wenn dann mehrere zusammen waren, und so eine alte Landwache dabei, war er gezwungen zu schießen, auch wenn er es nicht gerne getan hat. Allerdings, wenn die Polizei extra unterwegs war, das war das Allerschlimmste.

Zu Kriegsende sind wir nach Ferlach gezogen, am 6. oder 8. Mai. Die Stadt hatte schon kapituliert. Die *bela garda* und die *ustaši* kamen in Wellen über den Loibl. Die einen ergaben sich, denen haben wir die Waffen abgenommen, und sie sind weitergegangen. Die anderen haben gekämpft. Es hing vom jeweiligen Kommando ab. Ein Kommissar von uns ist dabei noch gefallen. So weit kam es, daß wir Partisanen uns aus Ferlach zurückziehen mußten. Von den Engländern waren zu dem Zeitpunkt zwei Panzer in Ferlach, und die Engländer sind so herumgegangen wie wir jetzt, die hatten nicht einmal die Koppel an. Was hätten zwei Mannsbilder schon groß machen können? Und sie haben uns, glaube ich, auch ein bißchen schief angeschaut. Die haben die anderen lieber gehabt als uns.

Nach Kriegsende gingen viele Kärntner Partisanen zurück nach Hause. Ich aber war der Stellvertreter des Kommandeurs und habe mich an den halten müssen, sodaß ich keine Möglichkeiten hatte, nach Hause zu gehen. Ich wollte auch nicht. Meine Schwester kam noch nach Klagenfurt, wo wir für kurze Zeit stationiert waren, und redete mir zu, ich solle nach Hause kommen. Aber wohin hätte ich denn in Uniform gehen sollen? *Ustaši* hat es noch viele in der Gegend gegeben – und ich hatte keine Absicht, jetzt, wo der Krieg vorbei war, noch zu sterben.

Albert Furjan

Die Kraft, die alles erhalten hat

Lipej Kolenik-Stanko

Es hieß, das seien Banditen, so konnte man hören und lesen. Manchmal hat man in der Nacht Schießen gehört, niemand hat aber genau gewußt, was das wirklich war. Erzählt hat man über die Partisanen alles mögliche: daß sie Räuber sind, daß sie Diebe sind, und solange du mit diesen Menschen keinen Kontakt hattest, wußtest du nicht wirklich, was nun stimmte. Freilich, man hat gewußt, daß das alles hundertprozentige Propaganda war, aber Kontakt hatte noch niemand zu diesen Rebellen, zu den ersten Partisanen, und jeder hat irgendwo Angst gehabt. Dann ist alles wie von selber gewachsen: das Vertrauen, der Widerstand und auch die Arbeit für den Widerstand.

Anfang 1943 haben die Partisanen erstmals an unsere Fenster geklopft. »Macht auf, die Partisanen sind hier, wir sind die slowenische Armee!« Das ist mir in Erinnerung geblieben, ich werde das nie vergessen. Freilich, wir waren Burschen zu Hause, noch jung, die Mutter alleine, alle waren neugierig, was würden sie uns sagen und wie würde dieses Treffen ausgehen. Jeder war nur von einer Seite informiert und gleichzeitig gab es die Drohungen: Wer diese Banditen und Räuber unterstützt, wird mit dem Tod bestraft. Jeder hat Angst gehabt und jeder hat sich vor den Folgen gefürchtet. Aber diese erste Nacht, dieses erste Treffen ist ganz angenehm verlaufen.

Olga Kastelic-Marjetka, sie war eine der ersten Partisanen, die das Bewußtsein der Kärntner Slowenen erweckte, hat die Mutter gebeten, ein Abendessen herzurichten. Sie hatten auch einen Harmonikaspieler mit, sie haben gespielt und gesungen und wir sind bald zu der Überzeugung gekommen, daß das nicht so schlechte Menschen sein können, wenn sie singen und guter Laune sind und daß sie uns nichts Böses tun werden. Besonders lebhaft in Erinnerung geblieben ist mir das Lied

Widerstand

»Čuje se odmev korakov po kamenju hercegovskem.« Wir haben ausgemacht, daß ich ihnen in der Früh das Frühstück in den Wald bringe und daß ich als Kennzeichen das Lied »Prišla bo pomlad [Der Frühling wird kommen]« pfeife, aber ich weiß bis heute nicht, wie ich gepfiffen habe, ich habe kein Gehör und die Angst war mir noch nicht ganz aus den Knochen verschwunden. Wir haben uns getroffen und ich habe ihnen das Frühstück ausgehändigt.

Dann hat es fast jeden Abend Treffen gegeben, sie sind auch in andere Häuser gegangen, von Haus zu Haus, und ich muß sagen, daß achtzig Prozent der Leute sofort mitgemacht haben. Es hat nur einen Verräter gegeben, einen NSDAP-ler und Blockwart, der traurigerweise seiner Herkunft nach auch ein Slowene war. Er war in der Hitlerarmee und wurde absichtlich wieder nach Hause geschickt, damit er zu Hause für den Nachwuchs und die hitlerische Erziehung der Leute sorge. Am 5. oder 6. Mai haben ihn die Partisanen liquidiert. Danach gab es in der Berggegend keinen Feind mehr, vor dem man sich hätte fürchten müssen, der ein Verräter gewesen wäre, oder gemeldet hätte, wenn er jemanden sah. Es gab schon Bauernhöfe, die nicht an Mitarbeit interessiert waren. Aber die ließen wir in Ruhe und es war nicht weiter schlimm. Dieser Blockwart aber rannte sofort zur Polizei, wenn er jemanden gesehen hatte und drohte, jeden, der mit den Banditen zusammenarbeitete, einsperren zu lassen. Er war eingedeckt mit Waffen, er hatte ein Maschinengewehr, Pistolen und Granaten, alle möglichen Waffen hatte er vorbereitet. Er hat gesagt: »Und wenn hundert Banditen kommen, ich fürchte mich vor niemanden.« Als es dann soweit war, hat es keiner hundert bedurft. Er war ein Verräter und Knecht der Okkupanten, ein Gestapo-Mann, den man aus Sicherheitsgründen und aus verständlichen militärisch-politischen Gründen liquidiert hat.

Vertrauen zu erwecken war mancherorts schwer. Aber die Leute waren überzeugt, daß es um etwas ging, was uns aus dem Joch erlösen würde, und nur wenige Menschen hatten an die Folgen gedacht. Wenn man genau überlegt, dann war der Widerstand eine heroische Tat all jener, die sich trotz ihrer Angst, trotz aller Einschüchterung und des Terrors für den Widerstand entschieden haben, denn keinen, den sie erwischt hatten, hat etwas Gutes erwartet. Trotzdem, die Leute haben es riskiert, sie konnten schweigen und im Verborgenen arbeiten. Diese Arbeit im Verborgenen war von ungeheurer Bedeutung für den Aufschwung des Partisanenwesens, diese stille, konspirative, aktive Arbeit hat mehr bedeutet als so manche Aktion. Wenn du dir heute überlegst, wie der Nachrichtendienst funktioniert hat: Wir mußten die Post von Haus zu Haus tragen, zum Beispiel haben wir aus Bleiburg die Nachricht bekommen – schon bald waren ja die Aktivisten der OF in der Stadt selbst – die Polizei gehe aus Bleiburg weg, sie gehe dort und dort hin. Von Haus zu Haus ist die Nachricht gegangen: »Die Polizei kommt, die Armee kommt, paßt auf, versteckt euch.« Oder: Die Polizei hatte geplant auf den Kömmel, nach St. Margarethen und von dort hinauf auf den Weißenstein die Häuser kontrollieren zu gehen, ob wo Banditen versteckt

wären. Wir haben die Nachricht sofort über die Menschen, die in Bleiburg organisiert waren, bekommen: »Paßt auf, geht von Haus zu Haus
und sagt den Leuten, sie sollen aufpassen.« Aus Bleiburg ist eine gewisse Zofija Ules gekommen, oder der France Vezočnik hat die Ficelj in
Woroujach benachrichtigt, und diese Frau hat die Nachricht zu uns, zum
Kolenik nach St. Margarethen gebracht, wir zum Kos, vom Kos zum
Gutovnik, vom Gutovnik in St. Margarethen zum Tomaž, vom Tomaž
weiter zum Huter und vom Huter auf die Jamnica, so wurde die Nachricht von Haus zu Haus getragen, jeder war verpflichtet sie weiterzuge-
ben, sodaß es keine Überraschungen gab. Und so haben schon neunzig
Prozent der Leute im voraus gewußt, was passieren wird, außer, wenn
die Deutschen bei Nacht aus ihren Höhlen gekommen sind, aus Bleiburg, Loibach oder wo auch immer, dann konnten sie die Leute überra-
schen.

Im Frühjahr 1943, als die ersten Partisanen gekommen sind, da haben
wir schon beschlossen, daß ich mit ihnen gehe, sobald ich den Einberufungsbefehl kriege. Freilich habe ich schon zu Hause mit ihnen
zusammengearbeitet und verschiedene Kundschafterdienste verrichtet.
Ende Mai wurde diese erste Partisanengruppe – das war genau zu
Pfingsten – auf der Jamnica im sogenannten Užnikwald verraten und
überfallen. Jemand hatte sie den Bleiburger Bürgern verraten, die Nazis
sind mit der Polizei gegangen, haben sie eingekreist und den Großteil
von ihnen, vier oder fünf Leute, erschlagen. Zwei waren außerhalb des
Bunkers, die konnten sich retten. Diese Gruppe war in unserem Gebiet
verantwortlich gewesen für die Organisierung der Einheimischen, zu
den Partisanen; mit einem Mal war die Zusammenarbeit unterbrochen,
sie hat sich erst langsam wieder neu gebildet.

Und im August 1943 bekomme ich meine Einberufung. So, was jetzt?
Die Partisanengruppen hat es nicht mehr gegeben, einer von den *terenci*
hat mir geraten: »Geh, laß dich ausbilden, es wird dir später bei den
Partisanen besser gehen.« In Klagenfurt bin ich dann zur Hitlerarmee
gegangen und habe die Übungen mitgemacht. Ich habe mir gedacht:
»Das wird fein, ein Gewehr werde ich haben, Ausrüstung werde ich
haben«, zivile Kleidung hatte ich unter dem Bett versteckt, wenn es
soweit war, daß ich fliehen mußte. Da hatten wir auch schon wieder
Kontakte zu den Partisanen. Sie haben sich daheim im Herbst wieder
gemeldet und gesagt, daß sie mir rechtzeitig Bescheid geben werden,
wie ich aus Klagenfurt zu ihnen könne. Auf einmal, Anfang Dezember,
kommt in der Nacht der Marschbefehl, fort auf den Bahnhof, hinein in
die Waggons. Verdammt, was jetzt? Wohin gehen? Ich war überrascht,
im Moment habe ich nicht gewußt, woher und wohin. Der Zug ratterte
nach Salzburg, von Salzburg nach Innsbruck, von Innsbruck hinunter
nach Montecassino, nach Italien, an die Front. Was jetzt? Wie weiter?
Ich hatte die Absicht, mich an der Front von den Alliierten gefangennehmen zu lassen und das so bald wie möglich, dienen würde ich den
Barbaren nicht. Du denkst so, es kommt anders. Ich wurde an der Front
verwundet und zurückgeschickt in das Militärkrankenhaus nach Meran,

dann habe ich gebeten, mich nach Klagenfurt zu schicken, »Heimatlazarett« hat das geheißen. Dem Gesuch gaben sie einstweilen nicht statt, sie schickten mich in den Schwarzwald. Damit freundete ich mich nicht an, ich wiederholte meine Bitte. Es hat mich gequält, daß ich überrascht worden und daß ich nicht vorsichtig genug gewesen war, mich früher aus der Schlinge zu ziehen.

Dann kam doch die Bewilligung, das war, glaube ich, im Juli, und sie verlegten mich nach Klagenfurt. Dort haben mich die Einheimischen besucht und von den Partisanen erzählt, und im Krankenhaus war ein Kreis, der Leute für die Partisanen geworben hat. Da war ein gewisser Jaro, und eine Marica, und schon war wieder eine Verbindung da, noch in der Armee, noch im Krankenhaus drinnen.

Anfang August kommt die Visite – der Chef war ein Dr. Azolla, ein Militärarzt. Der hat mich gefragt, was mir fehlt: »Nicht mehr viel.« Er hat gesagt: »Ist schon gut.« Ich habe ihn um Urlaub gebeten, damit ich nach Hause könne. Da hat er gesagt, daß er mir eigentlich keinen geben dürfte, weil ich im Bandengebiet daheim war, aber er würde mir trotzdem Urlaub geben, obwohl er wisse, daß ich nicht mehr zurückkomme: »Wenn ich auch weiß, daß Sie nie mehr zurückkommen werden, trotzdem kriegen Sie Urlaub.« Ich habe gesagt: »Werd ich schon noch kommen.« Er hat mir Urlaub gegeben.

Heim, nach Bleiburg, über die Drau, in Bleiburg auf der Polizei melden, das Gewehr, den Rucksack und die ganzen Klamotten abgeben und heim. Ich gehe Richtung Zuhause – so gegen Abend war das – du kennst jeden Baum, ein Baum ist mir dick vorgekommen, auf einmal höre ich eine Stimme: »*Stoj*, wer ist da?«, und schon waren wir wieder beisammen. Ich war glücklich, daß ich soweit gekommen war, ich schwor mir: »Ihr kriegt mich nicht mehr in eure Krallen, ich werd euch zeigen, wo ich hingehöre und ich werd euch geben, was ihr verdient. Ich werde gegen den Faschismus kämpfen. »Dann war ich vierzehn Tage zu Hause, wieder jeden Tag Partisanen im Haus – »Wirst du mit uns gehen?« Vierzehn Tage vergehen, es ist ausgemacht, daß sie mich holen werden, damit sie zu Hause keine Scherereien haben. Und wieder kommt niemand. Ich sage zur Mutter: »Mama, ich gehe nicht mehr zurück, soll kommen was will.« Ich gehe nach Bleiburg auf die Polizei mein G'lumpert holen, melde mich dort ab und gehe nach Hause zurück. Die Mama hat gesagt: »Sie werden uns einsperren.« Ich habe gesagt: »Hoffentlich nicht, aber es geht nicht anders. Wir müssen mithelfen, diesen Hitlerismus loszuwerden, damit wir wieder ohne Sorgen ungezwungen reden, singen und uns freuen können.«

Und ich bin gegangen, die Mama hat geweint. Zuerst bin ich zu einem Illegalen gegangen, damit er den Partisanen Nachricht gebe, am Abend sind sie zu ihm gekommen und ich habe mich ihnen angeschlossen. Dann habe ich den Kommandanten der Kuriere gefragt, wieso sie mich nicht holen gekommen wären. »Du mußt ja selber wissen, wo du hingehörst«, war seine Antwort. Das stimmt schon, daß du es selber wissen mußtest, aber für die daheim war es weniger gefährlich, wenn dich die Partisanen zum Schein zwangsmobilisiert haben. Unsere Mama hat sich trotzdem zurechtgefunden, sie hat behauptet, ich wäre normal zurückgegangen, sie hat mir sogar Pakete an meine alte Adresse bei der deutschen Armee geschickt, sodaß niemand auf die Idee gekommen ist, sie wisse etwas.

Zuerst war ich bei den Kundschaftern. Unsere Aufgabe war es, die Leute zu benachrichtigen und militärische Erkundigungen über die Feindbewegungen einzuziehen. Es wurden Ausschüsse der OF gegründet, der Jugend, und der Kundschafter. Die hatten wieder ihre Vertrauensleute, die sie über jede Bewegung der Deutschen informierten: Wie stark sind ihre Stützpunkte, wieviel Mannschaft, wohin gehen die? und solche Sachen. Das haben wir gesammelt und an bestimmte Stellen, bzw. an den Stab weitergeleitet.

Nach zirka einem Monat bin ich einem Mineur-Zug zugeteilt worden, das war die Sabotageabteilung. Dieser Zug war Teil des 3. Bataillons der Abteilung Ostkärntner, Kommandant war ein Cvetko. Unsere Aufgabe war es, Sachen, die uns oder dem Kommandanten bezeichnet wurden, zu sprengen. Brücken, kleine Brücken entlang der Eisenbahnlinie haben wir oft miniert, auch elektrische Leitungen, kleine Zentralen, Straßen und so weiter. Es hat genug Arbeit gegeben, und es war anstrengend und gefährlich. Wir mußten sehr beweglich sein, heute hier, morgen dort, alle Wege mußten zu Fuß zurückgelegt werden, auch im Winter, im Schnee, es hat lange Märsche gegeben, bis wir zu einem bestimmten Ziel gekommen sind und die uns gestellte Aufgabe erfüllt haben. Dynamit und so was hatten wir genug, vor allem in der Zeit, als die Solčava befreites Gebiet war. Die Engländer haben öfters Dynamit in diesem Gebiet abgeworfen. Hauptsächlich haben wir mit englischem Material gearbeitet, zeitweise auch mit dem, das erbeutet wurde. Nach vierzehn Tagen oder drei Wochen, je nachdem, wie lange wir für die Erfüllung der Aufgabe brauchen durften, sind wir zum Bataillon zurückgekehrt, dann wieder woanders hin und so weiter. Einmal bin ich fast einen Monat im Bataillon geblieben und habe mit dem Bataillon gelebt, bin mit ihm herumgezogen und habe mit ihm gekämpft. Schlimm war es vor allem im Winter: Schnee und Eis, auch Essen beschaffen war nicht immer leicht. Kein Wunder, daß manche aufgegeben haben, sie haben halt kapituliert. Es hat einige gegeben, die geflohen sind und sich zu Hause versteckt haben. Nur wenige haben sich der Polizei gestellt, es ist auch ihnen nicht gut ergangen bei der Polizei, es war auch nicht jeder gleich ein Verräter, weil er abgehauen ist.

Als ich zu den Partisanen gegangen bin, habe ich gewußt: Das wird nicht leicht sein. Trotzdem habe ich mich für den Weg entschieden, weil ich diese Gewalttätigkeit nicht mehr ausgehalten habe, ich habe gesehen, wie die Faschisten Menschen erschlagen. Welches Leid es gab, das kann man sich heute fast nicht mehr vorstellen. Wie ich es heute aushalten würde? Ich weiß nicht, vermutlich könnte ich es nicht mehr.

Für mich als junger Mensch war das nicht so schlimm. Du hast dir halt gedacht: »Das muß sein«, und als Junger bist du mutig und auch widerstandsfähig gegen alles, trotz des schlechten Essens. Und dann hast du gesehen, wie die Menschen leiden, zu essen hat es nicht genug gegeben, nur selten bist du ins Warme gekommen. Mit dem Winter hat die schlimmste Zeit begonnen, wenn die Kleider an dir gefroren sind, Regen, Wind, und du bist ganz durchfroren umhergezogen und konntest nirgends hin. Du hast Kämpfer gesehen, ihr Schuhwerk: manchen haben die Zehen herausgeschaut, Schnee und Winter, das war etwas Furchtbares, und man darf sich nicht wundern, wenn der eine oder andere genug hatte und kapitulierte. Die Faschisten sind nach der Jagd ins Warme zurückgekehrt, haben gegessen und getrunken, wir aber waren komplett abhängig von den Menschen, wie sie halt waren. Die einen haben dich gerne empfangen, andere nicht, überall hast du dich auch nicht melden können. Gegen Ende des Krieges waren die Gegenden auch schon von den Partisanen ausgelaugt, vor allem hinter der Grenze in der Solčava. Die hatten schon selber nichts mehr und dauernd die Partisanenarmee an der Tür, das war schlimm.

Dann hast du gesehen, wie die Verwundeten leiden, es hat keine Medikamente gegeben, nicht genug Ärzte und Krankenhäuser. Schon in den ersten Tagen, als ich mich den Partisanen angeschlossen habe, sind wir in eine Falle geraten, damals war ich noch bei den Kundschaftern, und einer war schwer verletzt. Wir waren von der Jamnica unterwegs nach St. Margarethen, wir hatten die Absicht, zu einem Nazi in der Bleiburger Gegend zu gehen, aber wir tappten in St. Margarethen beim Tomaž-Bauern, der von Anfang an aktiv die Partisanen unterstützte, in die Falle. In der Nacht waren die Deutschen gekommen, am Abend, als es schon dunkel gewesen war, sie hatten niemanden mehr aus dem Haus gelassen. Von uns hat das niemand gewußt, wir sind unvorbereitet zum Haus gekommen, eine Gruppe von sieben Partisanen. Ich kann mich daran erinnern, als ob es heute wäre: wie wir den Hügel hinunter auf das Haus zugehen, die Blätter haben leicht geraschelt und es war ganz still. Wir sind in einer Linie auf das Haus zugegangen, wir waren ja davon überzeugt, daß da niemand war. Auf einmal sage ich zu meinem Mitkämpfer Anžan Sonjak: »Anža, da stimmt aber etwas nicht, da hat etwas geknarrt, legen wir uns nieder.« Auf einmal kracht es. Die beginnen auf uns zu schießen, mit dem Schnellfeuergewehr obendrein. Verwirrung, einer rennt einfach weiter, der war schnell hinter dem Stall und in Sicherheit. Wir zurück, einer aber hat sich nicht ausgekannt und der ist den längsten Weg gelaufen. Freilich, das Terrain war ihm unbekannt und er war auch überrascht. Der hat sich schwer verwundet in den sogenannten Petek-Graben geschleppt, in der Nacht, damit sie ihn nicht erwischen. Sie haben fest hinter uns hergeschossen, wir haben ihnen nicht mit Schüssen geantwortet, wir haben ja gewußt: Wenn wir uns wehren, dann ist es aus mit den Heimischen, mit dem Haus. Die haben den Verwundeten noch in derselben Nacht gesucht, im Dunkeln haben sie ihn nicht gefunden, und sie haben noch am Morgen gesucht. Gut für ihn war, daß es in der Nacht regnete und seine blutige Spur verwischt wurde. Durch das eine Bein hatte er drei Kugeln gekriegt, durch das andere vier. Am nächsten Tag hat ihn die Petkova Mala unten im Graben gefunden, und die hat eine Nachricht zum Tomaž geschickt, daß dort ein Partisan verletzt liege und stöhne und um Hilfe schreie. Die Tomaž-Mutter und ihre Tochter sind dann nachschauen gegangen und sie haben ihn blutbefleckt gefunden. Sie haben eine Nachricht auf die Jamnica zum Sonjak geschickt, ihm Tee gekocht und die Wunden notdürftig verbunden. Wir sind ihn gegen Abend holen gekommen, haben ihn auf eine Trage

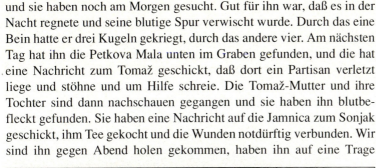

gelegt und auf die Jamnica zu einem Bauern getragen. Der hat ihn dann zum Bauern Sonjak gebracht, die haben ihm im Heu ein Loch gemacht und dort war er vierzehn Tage versteckt. In der Zeit aber ist einer, der ihn mit uns getragen hatte, davongelaufen, und der hat natürlich alles gewußt. Wir haben Angst bekommen, daß er den Verwundeten und den Bauern verrät, haben den Verwundeten wieder auf die Trage gelegt und über die Petzen nach Topla getragen, wo die Partisanen einen Bunker hatten. Von dort haben ihn dann andere in das Krankenhaus gebracht. Wie hart der Weg durch Eis und Schnee über die Petzen war! Ich habe sie damals verflucht, ich habe mir gesagt: »Nie wieder auf diesen Berg«; weil er halt so grausam zu uns war. Heute gehe ich gerne wieder hin – in Frieden. Der Verwundete hat auf der Bahre gestöhnt und wir unter ihm. Am ärmsten waren die Verwundeten bei den Partisanen dort, wo es noch keine ausreichende Versorgung gegeben hat. Sie war zwar nirgends gut, aber in manchen Gegenden hat es sie überhaupt nicht gegeben.

Am meisten gefürchtet habe ich mich vor dem Verwundetwerden, und genau das ist mir auch passiert. Damals war ich gerade im Bataillon, im Februar wurde ich der sogenannten »fliegenden Patrouille« zugeteilt. Diese Gruppe ist nur umhergelaufen, wir waren lauter Junge, so sechs oder sieben Leute, diese Einheit war heute hier, morgen dort. Das waren Gewaltmärsche, und bestimmte Sachen waren auszuführen, vor allem war herauszufinden, wo der Feind, die Gestapo, sich aufhielt. Wir waren ziemlich unauffällig angezogen, sodaß mancher nicht gleich erkannt hat, wer wir waren. Und in der Einheit war ich, als wir nach Dravograd aufbrachen, um die Gestapo zu überfallen. Nirgends waren sie so verbiesterte Hitlerianer wie in Dravograd, und zwar vom Anfang bis zum

Kriegsende. Wenn sie von uns erfahren haben, dann gingen sie uns jagen, bis zum Schluß. In Dravograd war auch der Sitz der Gestapo – in Klagenfurt war sie, und in Dravograd. Der Überfall ist uns nicht gelungen, sie haben uns zu früh entdeckt, und dann sind sie hinter uns hergekommen. Der Kampf selber hat nicht lange gedauert, zehn Minuten, vielleicht sogar weniger. Ich bekam einen Schuß durch den Oberschenkel, durch den Knochen. Ich war schwer verletzt, der Alojz Kompan war tödlich verwundet, auch von den anderen sind ein paar gefallen und ein paar waren verletzt, ich weiß aber nicht genau, wieviele. Wir hatten immer einen Treffpunkt ausgemacht, egal, ob wir angreifen wollten oder selber überraschend angegriffen wurden. Der Rest kommt also zum Treffpunkt, wir beide kommen nicht. Dann gehen sie uns suchen. Ein gewisser Rjavc Franc und ein Karl Polanc finden uns, einer von ihnen sagt, mit mir sei es aus, ich sei schwer verletzt. Er nimmt mir das Gewehr und die Pistole ab und geht. Der Kommandant hat aber doch befohlen: »Geh zurück und hol ihn, soll kommen, was mag.« Da war ein Steilhang und er hat mich auf den Rücken genommen und zum Kommandanten getragen. Von dort haben sie mich zum Bauern Jasternik getragen, eine notdürftige Bahre gezimmert, ein bißchen Schnaps haben sie mir zu trinken gegeben und dann haben sie mich in den sogenannten Novak-Bunker geschleppt. Das war ein Erdbunker, ein Loch in der Erde, zwei Meter lang und eineinhalb Meter breit, zur Gänze unter der Erde. Oben eine Decke, mit Erde und Moos abgedeckt, ein kleiner Eingang, gerade daß ein Mensch durch konnte. Diesen Erdbunker konnte man nicht sehen, außer man wußte um ihn. In dem war ich vierzehn Tage, es war komplett dunkel, feucht; am Abend oder in der Nacht haben mir die Einheimischen beziehungsweise die Kuriere zu essen gebracht. Mir hat das Bein teuflisch weh getan, als es zu eitern begann, es schwoll an, es war wie ein Klotz. Dann sind sie draufgekommen, daß ohne Arzt für mich keine Hilfe mehr wäre, und sie haben mich eines Abends aufgeladen und nach Šentanel zum Bauern Dvornik getragen. Dort war ich drei Tage, die haben mich ein bißchen auf die Beine gebracht. Dann haben sie mich auf den Pernatov vrh getragen, das ist oben in Strojna, am höchsten Hügel zwischen Dravograd und dem Kömmel. Dort war eine Jägerhütte, aus Holzbalken gebaut. Dort war das Leben schon angenehmer. Drinnen waren vier Betten, Stockbetten, ein Ofen, wenigstens Luft hatte ich wieder. Etwas menschenwürdiger war es schon dort. Ich wusch die Wunde mit Schnaps, der Eiter floß aus und mit dem Eiter kamen Knochensplitter heraus. So wurde die Wunde schön langsam sauber, glücklicherweise ist es zu keiner Vergiftung gekommen, und ich bin zwar langsam, aber ohne ärztliche Hilfe gesund geworden.

Nach einem Monat hat das Bein schon ein bißchen weniger wehgetan, es war ein bißchen beweglicher. Freilich, herumlaufen konnte ich nicht. Mein Bruder war auch bei den Kurieren und noch andere Einheimische, die sind gekommen und haben mir zu essen gebracht. Ganz besonders gesorgt für mich hat eine Frau, die haben wir Pušna Vida genannt. Die hat mir jeden Abend, wenn es dunkel wurde, Milch und noch etwas dazu gebracht. Die hat für mich gesorgt wie für ein Kind, damit ich gesund werde. Ich kann das noch heute nicht vergessen, mit wieviel Liebe und Opferfreudigkeit die uns beschützt und geholfen haben. Du kannst dir nicht vorstellen, daß das trotz der Angst, der Gefahr und des Risikos möglich ist. Und nur das, diese Verbindung und die Hilfe der Leute in den Gebieten, auf den Bauernhöfen, war die Kraft, die alles erhalten hat. Wenn kein Hinterland dagewesen wäre, keine Unterstützung, hätten wir uns ja nicht halten können. Diese Leute waren sehr mutig, manchmal mutiger als einer, der das Gewehr in der Hand hatte.

Freilich, es war nicht überall gleich. In der hügeligen Gegend, wo wir uns ständig aufhielten, dort unterstützten uns neunzig Prozent. Im Tal waren das einzelne, dort hatten wir nicht so viele Kontakte wie dort, wo wir ständig herumliefen. Es hat aber auch Gegenden gegeben, vor denen wir Angst hatten, vor allem vor der Stadt Bleiburg, dort waren alte Nazis noch aus der Vorkriegszeit, Illegale, Putschisten, und die waren bekannt scharfe Kämpfer gegen die Partisanen. So hundertprozentig ist es aber bis Kriegsende nicht geblieben. Ein paar haben alles durchschaut, andere haben eingesehen, daß Hitlers Teufelswagen abwärtsrollt, nicht aufwärts, daß es dem Ende zugeht, und da haben auch frühere Vertreter und Anheizer des Faschismus zum Schluß die Partisanen unterstützt, im vierundvierziger oder fünfundvierziger Jahr. Zum Beispiel der Bleiburger Apotheker, ein bekannter Nationalsozialist, der hat viele Medikamente und Verbandsmaterial über andere an die Partisanen gegeben.

Es hat aber auch andere gegeben: Zum Beispiel der Metnitz, der war einer, der sofort mit der Polizei Partisanen jagen gegangen ist, wenn sie irgendwo aufgetaucht sind. Sogar dann noch – ich glaube, es war im vierundvierziger Jahr –, als englische Fallschirmspringer aus einem zerschossenen Flugzeug abgesprungen sind. Es wurde erzählt, daß er in Patschen in St. Margarethen herumgerannt ist und diese Fallschirmspringer gemeinsam mit den Bleiburger Nazis gejagt hat. So scharf war er drauf, nicht einmal zum Schuhe anziehen hatte er Zeit. Ein paar von diesen Fallschirmspringern haben unsere Leute gefunden, die haben sie versteckt und den Partisanen eine Nachricht zukommen lassen, die sind sie dann holen gekommen und haben sie in die Logarska dolina gebracht. Ein paar hat die Bleiburger Polizei erwischt, die wurden erschlagen. Ein paar haben die Soldaten erwischt und da ist es zu einem Streit zwischen den Soldaten und den Bleiburger Nazis gekommen. Die Nazis wollten sie unbedingt haben, die Soldaten haben sie nicht hergegeben, sie haben gesagt: »Wir haben sie gefangen, wir sind die Armee, wir geben sie nicht her.« Die Bleiburger, die Nazis und die Soldaten, haben dann so gerauft, daß sogar ein paar Scheiben in Brüche gegangen sind.

Mit Dokumenten ist bewiesen, wann die Bleiburger Nazis bzw. die Illegalen schon mit den Vorbereitungen auf die Machtübernahme begonnen haben. Freilich nicht nur in Bleiburg, auch in der Umgebung: vor allem in Penk und Replach, das ist bei Rinkenberg, dort haben bekannte Putschisten gelebt. Bald nach 1920 sind schon einige Mitglieder der illegalen nazistischen Partei in Pliberk/Bleiburg geworden. Einer davon war auch dieser Glawar. Beim vierunddreißiger Putsch hat er als Illegaler selbstverständlich mitgemacht. Aus seinem Haus wurde auf die Gendarmerie geschossen, die Gendarmerie war dort, wo heute die Gemeinde steht. Die Putschisten haben geschossen und auch die Gendarmerie-Station besetzt. Dann sind sie nach Jugoslawien geflüchtet, aus Jugoslawien nach Deutschland, dort wurden sie zur Elite für den Einmarsch in Österreich ausgebildet – und tatsächlich, als der Überfall auf Österreich war, sind sie als Befreier mitmarschiert. Sie sind die Zerstörer Österreichs. Nach dem Krieg war der Glawar zwei Jahre von den Engländern eingesperrt, dann wurde er ausgelassen, war einige Zeit ohne Position, angeblich hat er sich für die Politik nicht interessiert. Mit der Zeit begannen sie wieder ihre Köpfe zu heben und zum Schluß, bevor er gestorben ist, war er der Obmann des Heimatdienstes in Bleiburg. Man kann sich vorstellen, was für Menschen das waren. Die Zerstörer Österreichs, Illegale, die aktiv mitgeholfen haben, Österreich zu zerstören, die mit Hitler gearbeitet haben bis zum Kriegsende – und zum Schluß waren sie die treuen Österreicher, die Heimattreuen, obwohl sie eigentlich Verräter waren. Wie das manipuliert wurde: Heute ärgert sich so mancher, wenn wir sagen, daß die Abwehrkämpfer später Nazis waren, was in den meisten Fällen auch stimmt. Das waren diese Chauvinisten und Nazis, die sich aus Haß gegen die Mitbürger gestellt haben.

Ich habe mir den Tag, an dem der Krieg aus sein, wir wieder frei sein und als Sieger in die Heimatgemeinden einmarschieren würden, lebhaft vorgestellt und ersehnt. Dieser Wunsch hat sich mir nicht erfüllt, weil ich verwundet war. Den Tag selbst aber habe ich lebhaft in Erinnerung, das werde ich nie vergessen. Das war eines der schönsten Erlebnisse in meinem Leben. Es war der 8. Mai, ich war alleine in meinem Bunker im Pernat-Wald. Die Kuriere, Kundschafter und *terenci* sind jeden Tag ihrer Wege gegangen. Einige sind tagsüber zurückgekommen, andere nachts, die meiste Zeit war ich alleine. Als ich schon einigermaßen wiederhergestellt war, haben sie mich hinaus an die Sonne getragen, damit ich es angenehmer habe als drinnen im Stockbett. Auf einmal höre ich in der Ferne einen Lärm. Ich war mitten in einem großen Wald, kein Weg führte hinauf. Was soll das also? Dann ist es still, ich höre nichts mehr. Ich schaue in die Ferne und sehe, daß fünfhundert Meter entfernt zwei Partisanen gehen. Was ist das heute? Sie kommen näher, es ist mein Bruder und noch ein anderer. Er sagt: »Lipej komm, der Krieg ist aus, wir sind frei.« Wie dieses »Der Krieg ist aus« auf mich gewirkt hat: Das ist nicht möglich, daß auf einmal dieses Morden, Erschlagen, die Verfolgungen, dieses leidvolle Leben ein Ende haben sollen. Ich habe nur schwer begriffen. Erst mit der Zeit, eine halbe Stunde drauf: »Ist das wahr, der Krieg ist aus?«, da hat mein Bruder gesagt: »Komm, gehen wir!« Die beiden hatten alles vorbereitet, beim Zvonik hatten sie ein Pferd und einen Leiterwagen bekommen, auf den haben sie mich gelegt, und wir sind hinunter auf die Jamnica gefahren. Auf allen Höfen Freude, Singen, Essen und Trinken, Blumen, von der Jamnica über Weißenstein nach St. Margarethen und heim. Alle waren wir so glücklich und froh, daß der Krieg aus war. Wie soll ich das beschreiben? Heute, für die jüngere Generation ist das nicht nachvollziehbar. Alles hat sich umarmt, alle waren wir glücklich. Vor ein paar Jahren hat es geheißen, wir Partisanen sollten uns mit unseren Gegnern versöhnen. Die Versöhnung der anständigen Menschen war 1945. Unter denen, die diese Versöhnung erst heute wollen, sind aber viele unanständige, und sie haben auch heute keine lauteren Absichten. Wir sind nach Hause gekommen, überall gab es zu essen und zu trinken, die jungen Mädchen aus St. Margarethen haben mir das Partisanenlied »Ko v ranem jutru ptički so zapeli« gesungen. Blumen, Tabak, Trinken, wir waren so glücklich. Mein Bruder ist sofort einen Arzt nach Bleiburg holen gegangen, seit meiner Verwundung den ersten Arzt. Dr. Fritzer ist auch sofort gekommen, hat mich frisch verbunden und mir Tabletten gegeben. Die Tage, in denen sich unsere Armee in unserem Gebiet aufgehalten hat, war ich zu Hause. Als sie es räumten, wurde mir eine Einweisung für Črna ausgestellt. Von Črna haben sie mich nach Maribor geschickt und erst dort wurde ich im Juli 1945 operiert. Es wurde eine Naht bei den Nerven angebracht, sodaß mein Bein nicht weiter ausgetrocknet ist. Ich bin zu sechzig Prozent Invalide. Ich kann das Bein nicht ausstrecken oder den Fuß bewegen, das ist mir geblieben.

Zum Schluß möchte ich die Zusammenarbeit der Priester mit der OF, mit den Partisanen erwähnen. Zum Glück hat der Großteil der Kärntner Priester mit den Leuten gelitten und gearbeitet, mit denen, die dem Faschismus Widerstand geleistet haben. Als Beispiele möchte ich den Pfarrer Koglek aus St. Kanzian und den Prälaten Zechner, der später in Klagenfurt, vorher in Eisenkappel gewesen ist, nennen, die für und mit den Partisanen gearbeitet haben. Ich werde ein Beispiel erzählen: Im Oktober oder November 1944 war unser Bataillon in Koprivna stationiert. Koprivna oder – auf deutsch Koprein – ist geteilt, ein Teil ist heute bei Österreich, ein Teil bei Jugoslawien. Wir hatten den Auftrag bekommen, in kleineren Patrouillen zu den verstreuten Bauernhöfen zu gehen und die Leute zu informieren und einzuladen zu einer Messe, die am nächsten Tag stattfinden sollte. Am nächsten Tag war wirklich eine Messe, alle waren eingeladen, auch das Bataillon hatte sich aufgestellt. Es kommt ein Priester, ein Arm hat ihm gefehlt, den Namen weiß ich nicht, er hat die Messe gelesen und für die Einheimischen und die Partisanen gepredigt. Von den Einheimischen waren viele gekommen und wir waren auch achtzig oder hundert, sodaß die Kirche voll war. Ich kann mich noch gut erinnern, wie der Priester gepredigt hat: Daß wir gegen den Okkupanten kämpfen sollen, gegen jene, die uns unterdrücken, daß wir zusammenhalten müssen und daß wir all das erreichen und auch alles ertragen werden. Von den Menschen hat keiner

Angst gehabt. Sie sind gekommen, haben zugehört und sind wieder gegangen. Nach der Messe hat es noch ein längeres Gespräch zwischen den Partisanen und den Einheimischen gegeben, wir haben einander zwar alle gut gekannt, weil sie ja mit uns gearbeitet haben, aber ein Gespräch nach so einem Ereignis, in dieser Begeisterung, daß auch der Priester zu uns hält: Wir haben fast bis Kriegsende die Streiterei zwischen den Partisanen und den Priestern, oder innerhalb des Volkes nicht gekannt.

Zwar hat zum Schluß die Politik der weißen Garde und der domobranci auch auf Kärnten übergegriffen, aber zum Glück hat es noch keinen Bruch gegeben, das ist erst im neunundvierziger Jahr gekommen. Da haben die Angriffe der Weißen in den Zeitungen begonnen, sie haben die Partisanen und die OF durch den Dreck gezogen und hier in Kärnten damit begonnen, die Menschen gegen die Partisanen aufzuhetzen. Dann wurde der üble Erlaß der Diözese bzw. des Papstes verlesen, die Exkommunikation, was die für uns bedeutet hat! Wir haben sowieso schon genug an den Kopf geworfen bekommen von jenen, die enge Ansichten hatten, denen der Glaube wichtiger war als die Nationalität und die überdies noch den Glauben mißbrauchten für ganz bestimmte politische Ziele. Wie schlimm das war, als die Priester, nicht die einheimischen, jene, die nach Kriegsende heraufgeflüchtet waren, begonnen haben, unsere Leute zu beeinflussen und ihnen zu drohen. Das war ein sehr trauriges Kapitel, gleichzeitig auch ein beschämendes für diese Leute, die bei uns den Streit der Slowenen untereinander herbeiführten. Sie haben Angst eingejagt, haben erzählt, daß alle verdammt sein und nicht kirchlich begraben würden, daß sie auf dem Totenbett keine Sakramente bekommen würden. Das hat manchen erschüttert. Zu mir ist auch ein Priester gekommen und hat gesagt: »Was denkst du, wir beide sind zusammen in die Schule gegangen, du wirst verdammt sein, ich nicht.« Da habe ich gesagt: »Wenn ich nur deswegen verdammt sein werde, dann bitte. Ich glaube nicht, daß das so einfach geht, da wird es sicher noch andere Kriterien geben und nicht nur solche.«

Die Exkommunikation hat uns hart getroffen, viele Familien haben den »Vestnik« abbestellt, Priester, die uns vorher unterstützt hatten, sind aus unseren Reihen verschwunden, es hat geheißen, wir seien Kommunisten, Gottlose, die nicht in die Kirche gehen. Dann wurden wir geteilt in böse und gute Slowenen, das war schlimm und schwer, du warst wie ein schwarzen Schaf unter den weißen. Du warst ausgestoßen und wurdest verlacht, du hast das überall gespürt, bei Gemeinderatswahlen, bei öffentlichen Veranstaltungen: Der hat aber keinen Glauben, der geht nicht in die Kirche, mit dem ist nichts. Das wurde immer mißbraucht und das wirkt leider Gottes bei manchen bis heute.

Die stinken nach Wald

Andrej Zugwitz

Mit meiner Mutter war ausgemacht: Wenn es soweit ist und ich meine Einberufung bekomme, dann wird sie scheinhalber im Geschäft alles besorgen, was ich mithaben muß, sie wird Verbindung zu den Partisanen aufnehmen und alles so arrangieren, daß mich die Partisanen mobilisieren kommen, obwohl ich freiwillig gehe. Aber die Nachbarn sollten nicht wissen, daß ich freiwillig gehe. Im Mai 1944 war es dann soweit, ich habe den Einrückungsbefehl bekommen, die Mutter hat genau ausgemacht, wann die Partisanen kommen, ich war bereit, mit ihnen zu gehen. Für die Nachbarn, für das Dorf bin ich in der Früh mobilisiert worden, in Wirklichkeit passierte das schon zwischen zehn und elf Uhr nachts. Sicher, meine Mutter mußte dann bei der Polizei anzeigen, daß die Partisanen mich holen gekommen wären, daß sie mich mobilisiert hätten. Sie hat mit den Partisanen ausgemacht, welche Richtung sie angeben soll und welche Zeit, sie war ja eine erfinderische Frau.

In den Monaten, in denen ich bei den Partisanen als Kurier zwischen dem Stab der Westkärntner und dem Stab der Ostkärntner Abteilung eingesetzt war, hatte ich eine Pistole, kein Gewehr. Erst im August, kurz vor meiner Gefangennahme, bekam ich eine englische Uniform, bis dahin war ich in Zivilkleidung. Das war sicherer so. Als Kurier mußte ich verschiedene Wege gehen, und in Zivil fiel ich nicht so auf.

Im August 1944 schickte mich der Stab auf einen Unteroffizierskurs. Ein Kurier kam uns holen und führte uns. Aber in der Informationskette war eine Lücke, die Westkärntner Abteilung wußte nicht, daß die Ostkärntner Abteilung vorhatte, nach Solčava zu gehen, und die wiederum wußte nicht, daß sie dort auf Deutsche stoßen würde. Das waren die Tage, als die Ostkärntner Abteilung mit den Deutschen kämpfte; ein paar Tage darauf kamen wir hin und gerieten in eine Falle. Auf diese Weise erfuhren wir, daß das Gebiet um Solčava für kurze Zeit besetzt war. In unseren Informationen hatte es geheißen, Solčava sei befreites Gebiet, dort könnten wir uns frei bewegen.

Und so sind wir in die Falle getappt: Wir kamen über den Paulitschsattel, auf der anderen Seite begannen wir zu streiten, ob wir direkt nach Solčava gehen sollten oder nicht. Der für uns verantwortliche Kurier wollte auf jeden Fall noch ein paar Lebensmittel besorgen, und er sagte: »Wir gehen noch zu einem Bauern.« Die ganze Gruppe war gegen den Vorschlag, weil das in der entgegengesetzten Richtung lag. Er aber bestand darauf. Also ging ich mit ihm zum Bauern, Informationen einholen und etwas zu essen besorgen. Der Rest der Gruppe blieb im Hintergrund. Als wir zu einem Hügelchen nahe beim Haus kommen, beginnt auf einmal ohne jede Vorwarnung die Schießerei. Wir wollten uns zurückziehen, aber es war für uns beide zu spät. Mein Begleiter wurde tödlich getroffen, ich wurde am linken Bein verwundet, auch mein rechtes war ein bißchen angekratzt. Vermutlich verlor ich das Bewußtsein, ich kann mich jedenfalls an nichts mehr erinnern.

Ich erinnere mich nur, daß ich dann in einem Flur gelegen bin, daß mich ein SS-Polizist ohrfeigen wollte und daß daneben ein anderer stand, der sagte: »Nein.« Vielleicht war wesentlich, daß ich deutsch antwortete, als sie mich deutsch ansprachen. Der Bauer mußte ein Pferd einspannen, und sie brachten mich als Verletzten hinunter nach Vellach. Von dort ging es mit dem Auto nach Eisenkappel auf die Gestapo-Station. Dort war das erste Verhör, aber das dauerte nicht lange, weil ich wieder das Bewußtsein verlor. Als ich wieder aufwachte, war ich im Marianum, dort war damals das Heereskrankenhaus. Dort blieb ich zwei oder drei Tage. Ein Mitschüler von mir war dort Sanitäter, er hat meine Mutter heimlich benachrichtigt, daß er mich gesehen hatte. Er wollte nicht, daß das bekannt würde, ich bin ja nicht als deutscher Soldat gelegen, sondern als Partisan.

Am nächsten Tag wurde ich wieder abgeholt und in das Landeskrankenhaus überstellt. Dort war ich die ersten Tage in der allgemeinen Abteilung, erst eine Woche später haben sie mich in eine gesonderte Abteilung verlegt, in den sogenannten Ostarbeitertrakt. Bevor sie mich in das Landeskrankenhaus brachten, hatten sie mich zwischendurch in der Burg verhört. Was sie gefragt haben, weiß ich heute nicht mehr, geschlagen haben sie mich nicht. Im Krankenhaus war ein Dr. Palla, ein objektiver Mann, der keinen Unterschied machte zwischen uns und den anderen Patienten. Ich hatte nicht den Eindruck, daß er uns haßte. Er hat uns versorgt wie alle anderen Patienten, auch die Schwestern haben gewußt, wer wir sind. Nur eine Schwester hat gesagt: »Ihr stinkt ja.« Und zu den anderen: »Die stinken nach Wald.« Da sagte ich: »Wenn der Wald so stinkt, dann ist es etwas Gutes.«

Im Krankenhaus arbeitete auch eine deutsche Ärztin, die keine Unterschiede machte. Für sie waren wir alle Patienten, die ärztliche Hilfe brauchten. Die vom Kriegsgericht wollten mich angeblich schon Ende Oktober das erste Mal holen kommen. Sie kam zu mir und sagte: »Weißt du, daß sie dich ins Landesgericht überstellen wollten? Ich habe gesagt, daß du noch nicht gesund bist und ich werde versuchen, dich so lange wie möglich hierzubehalten. Ich weiß, was dich erwartet, wenn du hinkommst.« Es ist ihr gelungen, mich fast einen Monat zu behalten.

Ich kam erst am 29., 30. November oder am 1. Dezember ins Landesgericht, vor das Divisionsgericht ZBV 438 [Zur besonderen Verwendung]. So hieß es, daran kann ich mich noch erinnern. Aber noch vor diesem Zeitpunkt wurde ich dauernd verhört. Eine Woche, zehn Tage gab es jeden Tag Verhöre, von verschiedenen Leuten: Warum ich bei den Partisanen war, wo die Partisanen sind, wieviele sie sind. Freilich, nächtens habe ich mir überlegt, was ich sagen sollte, daß sie nicht die Wahrheit erfahren, wenn sie mich verhören. Sie wollten natürlich wissen, aus welchem Grund ich zu den Partisanen gegangen war. Ich habe ihnen nicht gesagt, daß ich freiwillig gegangen war, ich habe behauptet, daß ich hätte gehen müssen und daß sie mich, wenn ich nicht gegangen wäre, erschossen hätten. Ich weiß nicht, was für Ausreden ich hatte, sie haben sehr genau gefragt, aber beschweren kann ich mich nicht, sie waren korrekt. Sie waren ja auch Mitglieder einer Armeeinheit. Sie haben in mir einen Deserteur der Wehrmacht gesehen und mich als deutschen Soldaten verhört, nicht als Partisanen. Vorher, in der Burg, hatte mich die Gestapo verhört. Wir beredeten schon in der Zelle, was man bei einem Verhör sagen darf und was nicht: Wenn es möglich ist, allem ausweichen, lügen, nie die Wahrheit sagen. Wenn sie die Wahrheit erfahren hätten, wäre ja sowieso alles verloren gewesen und sie hätten niemanden verschont und jeden sofort zum Tode verurteilt. Aber der Wille zu leben war in dem Moment noch vorhanden. Wenn es möglich war, mit einer Lüge durchzukommen, warum nicht? Ich habe darauf beharrt, daß ich mobilisiert worden wäre, obwohl sie mir vorgeworfen haben, daß nach ihren Kenntnissen alles ganz anders verlaufen war. Mir ist nichts anderes übriggeblieben, als auf meiner Aussage zu beharren, daß ich mobilisiert worden und bereit gewesen sei, zu den deutschen Soldaten zu gehen. Sie haben mich auch gefragt, wieso ich nicht geflohen sei. Ich hatte ihnen nicht gesagt, daß ich Kurier war, sondern behauptete, daß ich in einer Einheit gewesen wäre und daß eine Flucht unmöglich war, weil die Einheit so groß war, jede Flucht wäre sofort bemerkt worden. Mein Pech war nur, daß sie beim erschossenen Kurier einen Begleitbrief gefunden hatten, in dem mein richtiger Name und die Tatsache, daß ich für einen Unteroffizierskurs ausgesucht worden war, vermerkt waren. Ich weiß nicht mehr genau, wie ich mich da herausgeredet habe, wahrscheinlich habe ich gesagt, daß ich das nicht gewußt hätte, ich hätte nur gewußt, daß ich in eine andere Einheit versetzt würde. Das haben sie zur Kenntnis genommen.

Das erste Mal vor Gericht kam ich, glaube ich, im Februar 1945. Aber da war noch nichts, sie verhörten noch ein paar Personen, die mich kannten. Sie wollten noch zusätzliche Beweise, oder Entlastungszeugen verhören. Meine zweite Verhandlung erfolgte am 2. Mai, da war schon alles in Auflösung. Sie haben nur mehr schnell zum Tode verurteilt: »Wir beantragen die Todesstrafe«, und so haben sie es veröffentlicht. Zur Last gelegt haben sie mir: Fahnenflucht, Hochverrat, Landesverrat, Feindbegünstigung, Kampf mit der Waffe in der Hand. Formal haben sie mich in ihrer Not – Beweise gab es ja keine – in allen Punkten der Anklage freigesprochen, aber wie sie mich dann in die Zelle zurückgetrieben haben, das war für mich wie ein Todesurteil. Ich habe ihnen nicht geglaubt, weil ich den Akt nicht gesehen hatte und das nur eine mündliche Aussage war, dazu war ich noch Zeuge, wie sie in den letzten Tagen den Partisanen Ivan Podbevšek aus meiner Zelle abgeführt hatten. Der Wärter hat uns dann gesagt, daß er auf das Kreuzbergl geschleppt und dort erschossen worden sei. Darüberhinaus haben sie angefangen, Akten aus den Büros des Landesgerichtes im Hof aufzustappeln und zu verbrennen. Sie haben mich nicht freigelassen, bis zum Schluß haben sie noch Menschen erschlagen, die Akten haben sie vernichtet, all das hat

Andrej Zugwitz

in mir das Gefühl erweckt, daß mich als lebendes Zeugnis ihrer Taten hinter jedem Eck der Tod erwartet. Ich konnte ihnen nicht trauen und wenn sie hundertmal gesagt hätten, ich sei freigesprochen. Erst als der gleiche Wärter, den wir immer hatten, am Morgen des 8. Mai, noch immer in deutscher Uniform, aber mit einem österreichischen Emblem auf der Kappe, in die Zelle kam und uns mitteilte, daß die Engländer gekommen seien und daß sie uns im Laufe des Tages freilassen würden, war ich überzeugt: Die Gefahr ist vorbei.

Milena Gröblacher-Vanda

Zum Schluß drängten alle zu den Partisanen

Im Jahre '42 wurden allmählich die ersten Kontakte mit denen aufgenommen, die gegen die Nazis waren. Zunächst haben sich die Älteren getroffen und geredet. Die Jugend wurde erst 1943 im Frühjahr angesprochen und informiert. Damals habe ich von den Partisanen hier erfahren. Es sind, sehr selten zwar, einzelne gekommen, aber das war noch keine organisierte Angelegenheit, das war ein erstes Kontaktieren. Da und dort hast du erfahren, aha, der ist aus der Wehrmacht ausgerückt, du hast dich gefragt, wohin er wohl gegangen ist, und hast angenommen, der hat sich wohl versteckt. Daß der Widerstand schon organisiert war, daran hast du dich im Frühjahr '43 nicht einmal zu denken getraut. Du hättest es gar nicht geglaubt. Im Herbst '43 sind sie dann gekommen: wir sollten uns organisieren. Bei meinem Vater war ein Arbeiter, der hatte schon Kontakte, und der fragte mich eines Tages: »Kommst du nach Mökriach?« Und ich ging hin, wir waren drei, vier Leute dort. Und ich weiß noch, daß mein Vater fürchterliche Angst um mich hatte. Ich mußte abhauen, so daß der Vater es nicht sah, wie ich verschwand. Das war mein erster Kontakt, der dauerte ganz kurz. Im dreiundvierziger Jahr redeten wir ja nur. Daß es notwendig sei, die Leute zu informieren, daß wir etwas gegen die Deutschen tun müßten. Am plausibelsten war uns noch, daß wir die Engländer informieren sollten, wo sie wen herunterlassen können. Ende 1943 sind dann die vosovci gekommen, das war jene Partisanenvorhut, die das Terrain für militärische und organisatorische Operationen vorbereitete. Angeführt wurden sie von Aleš und Tiger. Die beiden, und damit auch die ganze Gruppe, wurden im Sommer 1944 gefangengenommen. Die beiden hatten schon früher Verbindungen zu den deutschen Gebieten, hinaus nach Ettendorf, und beim Überqueren der Drau fiel der Aleš, den Tiger nahmen sie gefangen. Er spielte dann eine Rolle, die sehr, naja, eigentlich kann man das schwer beurteilen, er hat halt verraten. Die Gruppe Käfer ist durch ihn aufgeflogen.

Widerstand

Den Ausdruck »Gruppe Käfer« verwendeten wir ja damals nicht, wir sagten überhaupt nie »Gruppe«, sondern: »Wir haben Verbindungen in deutsche Gegenden«. Aus. Nicht einmal den Ort kannte ich damals genau, das erfuhr ich erst nach ihrer Verhaftung. »Gruppe« ist ein falscher Ausdruck, so nennen wir es heute, danals waren es aber jene Fäden, die in einer Widerstandsbewegung geknüpft wurden. Das war keine homogene Gesellschaft, in der man hätte sagen können, du bist der und du bist der. Das war eine antinazistische, für den Fortschritt kämpfende Widerstandsgemeinschaft, die du Gruppe, Verein oder wie auch immer nennen kannst. Hier war halt ein Widerstandsausschuß, der Verbindungen gesucht und auch gefunden hat, wer die aufgerissen hat, das weißt du nicht. Ich weiß es jedenfalls nicht. Der Käfer war ein alter österreichischer Kommunist, und als solcher vermutlich auch schon den Widerstandskreisen in Slowenien bekannt. Ob er jetzt die Kontakte zu den Mitsches, den Ročičjaks und dem Kumer gesucht hat, die gleichzeitig mit ihm arretiert wurden, oder ob der Aleš und der Tiger diese Kontakte geknüpft hatten, das weiß ich nicht.

Noch etwas zu all dem. Immer, wenn wir uns mit höheren Funktionären der Armee oder der Organisation unterhielten, dann war es unsere gemeinsame Überzeugung, daß jetzt auch Hilfe aus England kommen müsse. Wir sammelten Daten über Brücken und kriegswichtige Fabriken und gaben sie weiter. Ich weiß zwar nicht, was für eine Fabrik in Ettendorf war, aber auf jeden Fall sammelten die Leute von der Gruppe Käfer auch Daten, und kurz vor ihrer Verhaftung hätte eine Frau mit einem Brief nach St. Kanzian kommen sollen. Die Lizika Ročičjak sagte zu mir nur: »Aus dem Lavanttal kommt eine zu dir, ich kenne sie persönlich auch nicht, aber so und so schaut sie aus, und der Štefan Kumer wird sie holen kommen.« Ich: »Gut, in Ordnung.« Und wirklich, er kommt und fragt: »Ist sie schon da?« Ich habe gesagt: »Wer?« Ich stellte mich ein bißchen unwissend. »Irgendwer.« »Ja, die ist noch nicht da. Komm später.« Er sagt: »Vielleicht kommt sie mit dem nächsten Zug.« Einige Zeit später kam er wieder, aber die war noch immer nicht da. Ich saß den ganzen Tag wie auf Nadeln, kommt sie, kommt sie nicht, wie ist sie und ist sie überhaupt die Richtige. Aber sie ist überhaupt nicht gekommen. Sie schickte den Brief per Post, und er kam auf die St. Kanzianer Post, wo ihn die Polizei holte. Und das war dann der belastende Beweis für die Verbindung unserer Gegend mit der Gruppe. In dem Brief – wir sahen ihn ja nicht, aber den Verhafteten präsentierten sie ihn so – stand angeblich: Zu bombardieren sind ..., eine Skizze und Namen. Zwei, drei Tage, nachdem ich vergebens gewartet hatte, wurde sie arretiert.

Damals fürchteten wir uns, wir dachten, jetzt trifft es uns alle. Aber besonders großartig schützen konntest du dich nicht mehr. Die einzige Sicherheitsmaßnahme war, wir verstreuten alle Flugblätter, die wir noch hatten, das bißchen Literatur vergruben wir, aber wir machten das wenig fachmännisch. Einfach eingehüllt, und nach dem Krieg war alles zerfallen. Ich ging die Ročičjaks noch ein paarmal ins Gefängnis besuchen, der Vater glaubte bis zuletzt, er werde nicht verurteilt, er werde überleben. Er war ja nur der Besitzer des Hauses, und die Seinen nahmen ihn alle in Schutz. Er wußte zwar, daß manchmal jemand im Haus ist, aber was alles passierte, das wußte er nicht. Seine Tochter Lizika nahm alles auf sich. »Beim Haus hatte nur ich Kontakte.« Trotzdem, sie verurteilten auch ihn zum Tode.

Ungefähr zur selben Zeit, als sie die Ročičjaks, Mitsches, die Gruppe Käfer einsperrten, wurde auch die Familie Mohor arretiert. Die hatte keine Verbindung zu dieser Gruppe. Der Hansi Mohor war früher Vorsitzender von unserem Verein und es hieß, daß er auf einen Provokateur hineingefallen war und dem ein Gewehr gegeben hatte. Als Jäger hat er ja ein Gewehr besessen. Das sind so Vermutungen, die schwer zu überprüfen sind, verurteilt wurde niemand, die kamen alle im KZ um, er, seine Schwester und seine Mutter. Die Verhaftung dieser Leute war schweinisch. Die Mutter, die wahrscheinlich wirklich nichts gewußt hat, sie war ja eine ältere Frau, die warf sich auf den Boden und weinte, und der Gendarm S. trat sie mit den Stiefeln, eine alte Mutter. Das sah man von weitem. Im fünfundvierziger Jahr, nach der Befreiung, bin ich mit einer Freundin mit dem Rad nach Kühnsdorf gefahren, und wir trafen diesen S., eine österreichische Armschleife umgebunden. Das hat uns so richtig in Rage gebracht. Wir sind vom Rad herunter und haben ihn angespuckt. Er sagte nichts. Wir hatten eigentlich erwartet, daß er reagieren würde. Lange blieb er allerdings nicht in unserer Gegend, vermutlich lief doch eine Klage gegen ihn, er hat ja so schweinisch agiert bei den Verhaftungen. Andere haben ja auch verhaftet, und human ist so eine Sache nie, aber wenigstens sind sie nicht unnotwendig aus dem Rahmen gefallen.

Mit der Verhaftung dieser Leute war auch der St. Kanzianer Ausschuß kurzzeitig zerschlagen. Zu dem Zeitpunkt hatten sich ja schon Ausschüsse gebildet. Anfangs war der eher lose verbunden, wir hatten Treffpunkte. Hier in der Nähe ist ein Hügel, auf dem wir uns trafen, wir nannten ihn »Hohe Tatra.« Dort kamen wir zusammen, nicht alle auf einmal, nur einige, und dort verteilten wir konkrete Aufgaben. »Du organisierst die Jugend.« Oder: »Wir brauchen Schuhe in der und der Größe, wer besorgt sie?«. Mir haben sie zum Beispiel aufgetragen, den Vater zu überreden, eine Skizze der beiden Brücken über die Drau anzufertigen. Das war schlimmer als einen Fremden zu überzeugen, er hatte um mich Angst und um sich vermutlich auch, aber gemacht hat er es. Oder Streuaktionen. Auf der Tatra haben wir ausgemacht, worüber die Leute zu informieren sind, dann beschrieben wir so kleine Zettelchen und verstreuten sie die Wege entlang. Das machten wir immer, einmal die eine Gruppe, dann die andere. Das waren unsere alltäglichen konkreten Aufgaben. Manchmal gab es dann noch besondere. So wurde am 29. 4. 1944 der Partisan Vojko verletzt. Er wollte zu einem Haus in Rückersdorf, und in dem Moment ist ein Schuß gefallen und hat ihm die Hand zerschmettert. Er ist dann zum Rojak geflohen, der Sohn vom Rojak war auch krank, und so sind beide im Gebüsch versteckt gelegen. Damals mußte ich Antibiotika hinauftragen und die Wunde verbinden. Die Wunde schaute furchtbar aus, und es dauerte, bis ich sie gereinigt und verbunden hatte und bis es gelungen war, ihn über Verbindungen in ein Partisanenkrankenhaus zu schaffen, wo er gesund wurde. Jemand von der Wache hatte ihn angeschossen, nicht von der Landwache, von der wußte man, wo sie sich aufhielt: Aha, jetzt sind sie hinter dem Friedhof verschwunden, jetzt wird es eine Zeit dauern, bis sie wieder auftauchen, jetzt kann ich hinausspringen. In der Nacht herrschte ja ein Ausgehverbot, und wir hätten gar nicht draußen sein dürfen. Zwischendurch patrouillierte aber noch so eine Kontrolle, von der man nicht wußte, wann sie von wo kommt, und auf einmal warst du eingekreist und sie fragten und visitierten dich. Aus so einer Gruppe wurde auf Vojko geschossen.

*Milena
Gröblacher-Vanda*

Unsere Treffen beschränkten sich auf wenige Leute. Du bekamst als Person den Auftrag, mit jenen Leuten Kontakt aufzunehmen, die du als positiv beurteilt hast. Wer einen Kontakt herstellte, der versuchte auch, den zu halten, von den anderen wußtest du aber nur, daß sie existieren, nicht aber, wo und mit wem. Du fragtest auch gar nicht. Jeder hatte mit einer bestimmten Anzahl Leuten Kontakt und mehr nicht. Aber diese Konspiration funktionierte auch nicht immer. Richtig dumme Sachen passierten; ich bekam zum Beispiel die Aufgabe, einen Brief nach Nageltschach zu tragen, es hieß: »Trag den Brief zu dem Haus und gib ihn der Olga!« Ich kannte diese Olga ja nicht, rannte nach Nageltschach und fragte: »Wo ist die Olga?« Die Frau schaute mich verduzt an, drehte sich um und schrie: »Katra, komm raus.« Olga, das war ihr illegaler Name und ich schrie aus voller Kehle Olga. Heute klingt das ja komisch, aber damals war ich zornig. Die hätten mir ja sagen können, suche eine Frau, die so und so ausschaut, oder suche die Katra, aber nicht: »Suche die Olga.«

In diese Zeit fiel auch unser Versuch, mit den französischen Gefangenen Kontakt aufzunehmen. Diese waren im sogenannten Franzosenlager untergebracht. Wir nannten es so, in Wirklichkeit war das ja eine Bauernstube und die Wächter waren halb verkrüppelt, wehruntüchtig. Der eine hinkte, der andere hatte was anderes. Die Gefangenen schliefen in diesem Lager, bei Tag arbeiteten sie bei den Bauern in der Umgebung. Und jetzt versuchten wir, mit ihnen zu reden, wenn wir sie wo alleine antrafen. Wir redeten deutsch mit ihnen, weil wir dachten, sie würden uns verstehen. Dabei mußtest du sehr vorsichtig sein, weil du ja auch nicht wußtest, wie der Betreffende reagiert. Du sondiertest vorsichtig das Terrain und versuchtest, sie zu überreden, sich den Partisanen anzuschließen. Im März 1944 war es dann soweit. Sie gingen freiwillig mit, das muß ich betonen, obwohl es hieß, daß sie mobilisiert würden. Aber wir fragten vorher, wer sich anschließen wollte. Diese »Mobilisierung« war ja organisiert. Jene Franzosen, die sich den Partisanen anschließen wollten, erfuhren, heute nacht kommen sie, seid bereit. Und die Partisanen kamen ins Lager und entwaffneten den Wächter und zogen ihn aus, dann sagten sie: »Du kommst mit und du kommst mit.« So daß die Übriggebliebenen sagten, die Leute wurden mit Gewalt weggeschleppt. So haben es die Partisanen, wenigstens in unserer Gegend, wie es

Widerstand

woanders war, das weiß ich nicht, auch mit den Soldaten, die zu ihnen wollten, gehalten. Mit so einer »Mobilisierung« waren das Haus und die Umgebung abgesichert.

Nach der »Mobilisierung« tauchten die slowenischen und französischen Partisanen in der Schule auf, wo gerade ein Film vorgeführt wurde. Von Zeit zu Zeit gab es solche Filmveranstaltungen. Für uns Junge war das die einzige Abwechslung. Ich weiß gar nicht mehr, was an diesem Tag vorgeführt wurde, ich glaube, es waren »Die lustigen Weiber von Windsor«, und der Saal war voll. Wir wußten zwar, daß die Partisanen in der Nacht in der Nähe sein würden, aber daß sie auch zu dem Film kommen, das hatten wir nicht erwartet. Auf einmal hieß es: »Hände hoch«, das Licht geht an, ein Partisan geht auf die Bühne und liest einen Bericht über den Sieg der fortschrittlichen demokratischen Kräfte vor. Er greift Deutschland an und erzählt von den Unternehmungen der Partisanen, wer wir sind und was wir können, so ungefähr in dem Stil. Grotesk war es ja. Du standest im Publikum, kanntest den einen oder anderen Partisanen und hieltest schon wegen der Hetz die Hände hoch. Ein Franzose stieß mich, ich kannte ihn ja, zeigte auf das Gewehr und sagte: »Heute so.« Er wollte damit sagen, daß er heute ein Gewehr hatte. Einer von den Partisanen zwinkerte mir noch zu, aber er hätte ja jeder von uns zuzwinkern können. Meine Freundin stieß mich in die Rippen: »Sei still.« Ich mußte ja lachen. Vor mir standen zwei junge Parteigenossen, die hatten nicht mehr Zeit genug, die Parteiabzeichen abzunehmen. Sie rissen sie einfach herunter. Einer flüsterte noch: »Hast es weggegeben?« Das waren so junge Burschen, die kurz vorher in die NSDAP aufgenommen worden sind. Diese Aktion war im März 1944, und sie hatte große Wirkung. Der Redner sagte: »Wir haben Euren Ortsgruppenleiter erschossen, weil er der Träger dieses Unrechts ist.« In der Zwischenzeit hatte sich aber einer von den Zuschauern abgesetzt und war mit dem Motorrad die Gendarmerie holen gefahren. Als die Partisanen das bemerkten, gingen sie sofort. Sie zerschlugen den Apparat, zerrissen den Film und sagten, wir müßten zwei Stunden im Saal bleiben, aber das war so eine Gewohnheitsformel bei ihnen. Ich starb ja fast vor Neugier und wollte auch früher gehen, ich ging auch früher mit einem Mann weg, wir schauten uns dauernd um, aber nicht wegen der Partisanen, sondern wegen der Dorfbewohner. Ich kam nach Hause, da saß unser deutschsprechender Untermieter, ein altösterreichischer Sozialdemokrat, ganz blaß in der Küche und sagte: »A so a Lausbua hot mi hergebrocht«. Ich wußte auch, wer das gewesen war, der ihn da mit dem Gewehr nach Hause getrieben hatte – ein Heimischer, der später im Gailtal fiel. »I hätt ihm so ane schmieren können.« Nur hatte er sich nicht getraut. Und dieser Untermieter erzählte im ganzen Dorf herum, daß ihn einer mit dem Gewehr in der Hand nach Hause gejagt und befohlen hatte, er müsse bis morgen im Haus bleiben. Wir genossen das.

Die englischen Gefangenen waren in der Nähe vom Leitgeb interniert. Dort war die Internierung konzentriert, und sie kamen nicht so in Kontakt mit der Umgebung. Tagsüber arbeiteten sie in der Fabrik, am

Abend wurden sie ins Lager gebracht. Beim Leitgeb arbeiteten aber auch Frauen, unter ihnen die Angela Sadnikar. Ihr Vater war Kommunist, der Bruder bei den Partisanen. Sie wohnte mit den Eltern am Waldrand, und wenn sich ein englischer Gefangener für den Wald meldete, dann führte sie ihn bis zu einem bestimmten Treffpunkt, und von dort wurden sie weiter in den Süden geschickt. Sie blieben nie hier in Kärnten. Einer von denen verlief sich einmal, was weiß ich warum, und spazierte am hellichten Tag zum Sadnikar zurück. Die Angela erzählte, daß ihre Eltern fast der Schlag getroffen hätte und sie nicht weniger. Ihm war es ja egal, was passierte einem Engländer schon, wenn ihn die Deutschen gefangennahmen, aber man kann sich vorstellen, in was für einer Situation die Angela war. In der Nacht führte sie ihn noch einmal in den Wald, gab ihm die Parole, die er sagen sollte, die Treffpunkte wurden ja dauernd verlegt, und glücklicherweise kam er nicht mehr zurück. Vermutlich fanden ihn die Partisanen. Ende '44 wurde es dann zu heiß für sie und sie ging zu den Partisanen. Aber sie wurde krank und die Deutschen nahmen sie im April 1945 gefangen. Ich weiß noch, wie unsere Jugendgruppe verschreckt war, sie kannte uns ja alle. Am 27. April sprang sie in der Burg aus dem Fenster, so lautete jedenfalls die offizielle Version. Wie diese freiwilligen Selbstmorde damals aussahen, wissen wir sowieso.

Manchmal hatten wir ja furchtbare Angst. Zum Beispiel, das war im Mai oder Juni 1944, da ging eine Gruppe Partisanen über die Drau; bei Brenndorf rasteten sie und warteten auf die Nacht. Die Kinder kamen aus der Schule, sahen sie und meldeten das vermutlich der Polizei. Ein Partisan, der erst ganz kurz dabei war, wurde verletzt und sie erwischten ihn. Drei hetzten am hellichten Tag am Gemeindehaus vorbei, da hätte sie ja jemand fangen können. Aber die Angestellten der Gemeinde sprangen auf ihre Räder und versteckten sich hier auf der Polizei. Die dachten, das sei die Vorhut. Der Jugendfunktionär Vero war auch dabei, er konnte glücklicherweise seine Haut retteten, und wie wir hörten, daß alles in Ordnung sei, lachten wir ja.

1944 kam die Schule in ein neues Gebäude. Ich putzte ein paar Tage die alte Schule, dann wurde ein Stacheldraht um das Gebäude gezogen und eine SS-Truppe stationiert. Ich mußte jeden Tag hingehen, zusammenkehren, aufräumen, den Ofen heizen. Dabei konnte ich manches erfahren. Sagte einer zum anderen »Wann geh'n wir denn los?«, und der andere sagte die Stunde, dann wußte ich natürlich, die gehen wohin. Wenn die Partisanen in der Nähe versteckt waren, dann schickte man eine Nachricht, sie sollten sich zurückziehen. Im fünfundvierziger Jahr wurde aber bekannt, daß ich Kontakte hatte. Es war ja so ein Theater mit diesen Divisonen, ich weiß nicht, wie man diese Formationen nannte, in die das letzte männliche Potential hineingesteckt wurde. Der Hitler raffte von den Verkrüppelten bis zu den Herzkranken alles zusammen, und die exerzierten hier in der neuen Schule. Ich weiß noch, ein paar Leute bekamen Herzanfälle und brachen zusammen. Diese Leute kamen zu mir fragen, wohin sie gehen könnten, sie würden gerne zu den

377

Partisanen gehen. Was sollst du mit so einem Menschen, den willst du ja gar nicht, du kannst ihn ja nicht brauchen. Aber solche hätte ich im März und April 1945 noch und nöcher zu den Partisanen bringen können. Nur die sind ja keine Hilfe, sondern eine Belastung. Aber irgendwo mußten sie herauskriegt haben, daß ich Kontakte hatte.

Der Winter '44 auf '45 war einer der aktivsten, den wir erlebten. Es verging keine Woche, in der nicht etwas geschah. Kurierdienste, Sitzungen, dauernd war etwas. Als dann 1945 der Schnee zu schmelzen begann, organisierten wir im Wald größere Sitzungen. Einmal waren wir zehn Leute. Jüngere und ältere. Bei den Sitzungen, bei denen ich teilnahm, waren meistens Junge. Dort zeigten sie uns, welche Aufgaben wir danach – in Freiheit – zu erwarten hätten. Es war uns klar, daß diese Zeit nahte. Unsere Aufgaben wären gewesen: die Macht in der Gemeinde zu übernehmen, auf niemanden Druck auszuüben, das Recht auf ein Gerichtsurteil für jeden. Ohne Urteil ist keiner anzurühren oder zu schlagen. No, und wir sollten dafür sorgen, daß nicht gestohlen wird, für Ruhe und Ordnung eben. Auch die Soldaten hatten den strengen Befehl, niemanden ohne Urteil zu erschießen, jedem stehe ein Recht auf Verteidigung und ein Urteil zu. Was manchmal Ungesetzliches passierte, passierte vorbei an allen Befehlen, manchmal ging auch etwas daneben. Wenn diese Machtübernahme nicht vorbereitet gewesen wäre, was für ein Chaos wäre entstanden, manchmal war es auch so noch eines, aber die Ausschüsse waren informiert und vorbereitet. Sogar theoretische Vorträge wurden gehalten, Vorträge über die Verfassung, Maria, war das langweilig. Vor diesen Vorträgen fürchtete ich immer.

Kurz vor Kriegsende kam eine starke Welle mit Flüchtlingen und Verwundeten. Weiter konnten sie nicht mehr, die Gemeinde wußte nicht, wohin mit den Verwundeten, und sie brachten sie in den Wald auf der Dobrova in ganz gewöhnlichen Zelten unter. Wir Mädchen, die wir zuhause waren, bekamen von der Gemeinde den Auftrag, zu helfen. Ich bekam noch extra eine Nachricht, ich sollte hinuntergehen, angeblich seien verwundete Partisanen dabei. Wir waren ja so naiv, zu glauben, die hätten sie mitgeschleppt. Zweimal ging ich schauen, es waren wirklich nur Verwundete, und das nicht einmal Soldaten, sondern vom Volkssturm, alte Leute, verkrüppelte und ein paar SS-ler, die sie bewachten. Die SS-ler waren von der SS-Gruppe Prinz Eugen, Banater. Die Verwundeten jammerten, man schlichtete sie ein bißchen um, weitergeschafft hat man sie nicht.

Am 8. Mai tauchten die Partisanen auf. Sie traten nicht massiv auf, aber gerade in so einem Ausmaß, daß man sehen konnte, die Slowenen haben die Herrschaft. Sie waren furchtbar erschöpft, ich sehe noch heute den Rozman vor mir, wie er kommt und zu mir sagt: »Ich bitte dich recht schön, laß mich fünf Minuten schlafen, aber dann weck mich auf.« Er legte sich auf die Bank und schlief wie ein Toter. Es gelang mir nur mit Mühe, ihn zu wecken. Er war drei Tage und drei Nächte in Aktion gewesen, das war dann schon die Armee und nicht mehr der politische

Kader. Dann suchten wir den früheren Bürgermeister und noch ein paar Leute, wie den Wutte, den Jogervater und unseren Vater auf, die stellten dann die neue Obrigkeit dar. Wir waren zu jung, uns ließen sie nicht dazu. Wir versuchten die alte Obrigkeit zu stellen, einfach war das nicht, weil niemand genau wußte, mit wem er anfangen sollte. Der letzte Ortsgruppenleiter erschoß sich in diesen Tagen dann selbst. Er war so ein idealistischer Nazi, die Partisanen gingen zu ihm hinauf und durchsuchten alles, aber er hatte nichts beiseite geschafft, und so ließen sie ihn in Ruhe. Am nächsten Tag erschoß er seine Frau und sich selbst.

Mit dieser Flüchtlingswelle kamen soviel Menschen in unsere Gegend, daß es manchmal schwer war, zu sondieren. Die Armee war da, Ungarn, Zivilisten und auch *ustaši*. Die *ustaši* stahlen noch und noch. Es kamen zwei berittene Kuriere zu mir, ich kannte sie nicht, aber sie wußten meinen illegalen Namen – Vanda –, und sie sagten: »Geh hinunter zur Drau und schau nach, wie es dort aussieht, ob *ustaši* dort sind oder nicht.« Und ich ging wirklich hin und erfuhr, daß ein paar von ihnen über die Brücke gegangen waren, über jene Brücke, die noch intakt war. Auf einmal tauchten die Engländer auf und jagten die Brücke in die Luft. So war der Übergang erschwert, die *ustaši* rannten hin und her, sie ließen drei Lastwägen mit gestohlener Ware stehen, die einen waren entwaffnet, die anderen versuchten, sich zu formieren. Die Partisanen stellten ziemlich ungeordnet eine Dorfwacht auf, manchmal waren noch große Gegner aus der Zeit des Krieges dabei. Diese Zeit war so aufgewühlt, manchmal wußtest du von einem Tag auf den anderen nicht, was kommt und wem du noch trauen kannst.

Und in diesem Hin und Her all dieser Gruppen versuchten wir, die Macht im Dorf zu übernehmen, und wir hatten eine OF-Versammlung in Klagenfurt, zu der die Front geladen hatte. Der Partisanenchor sang, die Redner erklärten die politische Struktur, die Gemeinden sollten kleiner werden, wir sollten unsere Leute aufstellen, wir hätten genug gelitten. Es war eine ruhige, schöne Versammlung, und wir waren viele Leute. Von den Engländern merkte man zu diesem Zeitpunkt noch nichts. Kurz darauf bekamen wir das erste Mal eines über den Kopf. Die Engländer tauchten auf und schickten die Partisanenarmee nach Jugoslawien. Hiergeblieben sind nur welche vom politischen Kader, wir waren ja schrecklich frech, selbstbewußt. Wir glaubten, die Welt gehöre uns.

Die Engländer setzten auf Gemeindeebene unsere Leute ab. Sie installierten eine neue Verwaltung mit jenen, die vor '38 im Gemeinderat waren, sowie mit nicht Gewählten und Soldaten, die verletzt nach Hause kamen – soweit sie von Nutzen waren. Meistens sowieso nicht, weil sie die Arbeit nicht gewöhnt waren. Bei dieser Einsetzung der alten Macht stützten sie sich ausschließlich auf das deutschnationale Element.

Wir hatten dann auch schon bald Veranstaltungen in St. Kanzian, aber wir kamen bald drauf, was immer du tust, du wirst beobachtet und eingeschränkt. Wenn du schon nicht erschlagen wirst, so wird dir wenigstens die Arbeit erschwert. Ganz konkret: Wir hatten im fünfundvierziger Jahr beim Wank eine Veranstaltung. Zwei Sketches waren am Programm, sowieso unschuldige, noch aus der Monarchie. Heute würde ich mich genieren, so etwas zu spielen. Dazwischen wurde gesungen und rezitiert, im Anschluß war ein Tanz geplant. Meine Großmutter geht zu der Veranstaltung, unterwegs trifft sie junge Burschen, die ihr gesagt haben, sie soll einen Leiterwagen holen gehen, damit sie die Knochen vom Šiman heimbringe. Der Šiman, das ist mein Bruder, der hätte bei einem der Sketches mitspielen sollen, und die Wurfkommandler wollten den Auftritt verhindern, indem sie einen der Spieler so verprügelten, daß er nicht mehr auftreten konnte.

Das Wurfkommando war eine Horde von Leuten, die tauchten oft bei slowenischen Veranstaltungen auf, immer mit der Absicht, sie zu verhindern. Diese Wurfkommandos waren zusammengesetzt aus Nazis und einigen Raufern, und alles war so organisiert, daß sie planmäßig vorgingen. Aus Stein weiß ich zwei, die dabei waren, dann aus St. Veit, Söhne von Nazis. Selber waren sie ja zu feige, öffentlich aufzutreten. Aber sie organisierten Gegner, Slowenenhasser, und dazu noch typische Raufer, die politisch keine Ahnung hatten, aber aufgehetzt waren, vielleicht sogar bezahlt, das wußten wir nicht, und die griffen uns dann an. Die gab es nicht nur in St. Kanzian, sondern auch in Eisenkappel. Am bekanntesten waren die aus St. Stefan bei Globasnitz. Ihre Aktivitäten waren konzentriert auf slowenische Veranstaltungen, gleich welchen Inhalts.

Wir sperrten den Saal ab, der Saal war gerammelt voll, weil jede Veranstaltung dieser Art etwas Neues und nach solanger Zeit wieder möglich war. Sie fingen an, auf die Scheiben zu schlagen und zu stören. Unser Motto war: alle Spieler hinter die Bühne, denn fehlte einer, war die Veranstaltung beim Teufel. Und jetzt begannen sie, draußen zu lärmen, die Leute waren nervös, man wußte nicht, was tun, und da sagte einer: »Jetzt muß einer auf die Bühne gehen und sagen, daß wir trotzdem spielen werden, und in acht Tagen auch.« Die Männer wehrten sich alle, auf einmal stieß mich jemand auf die Bühne vor das Publikum, und ich mußte reden. Ich wiederholte angeblich gut, was wir früher ausgemacht hatten. Ich hatte kein gutes Gefühl: »Heute in acht Tagen werden wir wieder spielen, verehrtes Publikum, und wir laden euch alle recht herzlich ein, wiederzukommen, und das, obwohl sie so auf die Fensterscheiben einschlagen.« Wir spielten an dem Abend fertig, die begannen mitten in der Vorstellung mit der Lärmerei, wir mußten ein bißchen unterbrechen, damit wieder Ruhe einkehrte und sich die Nervosität legte. Darauf wurde getanzt, und da begannen sie erst richtig zu provozieren. Mich packte einer und sagte: »Du wirst hier nicht herumstrampeln«, ein bißchen leichter war ich damals schon als heute, und er warf mich hinaus auf den Hof und sagte: »Da draußen sollen dir die Sterne leuchten.« Das war kein Katzendreck. Meinen Bruder Šiman und den ehemaligen Partisanen Buč aus Mökriach verprügelten sie nach der Veranstaltung ordentlich. Wo sie die beiden erwischten, weiß ich nicht. Der Buč zahlte so drauf, daß er krank wurde und ich weiß nicht, ob das nicht mit schuld an seinem frühen Tod war. Beim Wank, wo wir die Veranstaltung hatten, zertrümmerten sie die Tür und die Scheiben. Darauf kam er sich zu uns entschuldigen, daß er sich nicht mehr getraute, unsere Veranstaltungen unter seinem Dach stattfinden zu lassen. Die Veranstaltung eine Woche darauf verlief ruhig. Es gab keinen Tanz, und sehr viel weniger Leute kamen. Wir meldeten zwar den Vorfall, aber es passierte nichts. Diese Wurfkommandos existierten bis 1949/50. Daß jemand von denen bestraft worden wäre, davon hörte ich nichts. Wenn du in der Nacht eine über den Schädel bekamst, konntest du nicht einmal etwas beweisen, und wenn so eine Gruppe auftauchte, dann hieß es, es war eine Wirtshausrauferei. Die Engländer hielten sich aus diesen Sachen heraus.

Milena
Gröblacher-Vanda

Warten

Andrej Mitsche

Ich war immer überzeugt: »Der Hitler verliert.« Aber sagen konntest du das nicht, denn da war schon Krieg, da mußtest du aufpassen, daß niemand etwas hört. Aber ein paar gab es, denen habe ich vertraut. Einer war Lehrer, der hat bei uns am Klavier gespielt, wir waren Freunde. Der war fest überzeugt, daß Hitler siegen würde, aber ich habe immer gesagt: »Nein, der Hitler wird nicht siegen.« Ich wußte, daß er nicht alles einfach so besetzten konnte, und alles würde ruhig bleiben. Die Franzosen haben ja auch einmal geglaubt, daß sie alles besetzen können, und sie haben es auch nicht ausgehalten. Zuviel Erde hatten sie und zuwenig Leute, um alle am Boden niederhalten zu können.

Es war dann diese Volksabstimmung, und hier in St. Veit stimmten sechs Leute mit »Nein«. Die Nazis verdächtigten sofort den Pfarrer und die Nichte, die Köchin. Auf jeden Fall waren die Slowenen ordentlich eingeschüchtert worden. Alles war still. Die Gestapo-Leute rannten ja dauernd herum. Da traute sich ja keiner, etwas dagegen zu sagen. Der Druck wurde dann immer stärker, und nachdem Jugoslawien besetzt wurde, da plakatierten sie dann »Kärntner, sprich deutsch«. Wir waren ja ganz still.

Wir hatten im Dorf auch einen Vertreter des Nazismus, so einen Ortsgruppenleiter. Das war ein Junger. Wir waren Freunde von früher, wir spielten Schach miteinander. Er war jeden Tag hier bei mir. Das war ja auch unser Glück; er hat meine Frau nicht verraten. Vermutlich, weil wir uns gut verstanden. Meine Frau war als bewußte Slowenin von Anfang an für die Partisanen eingestellt, aber angeschlossen hat sie sich der OF erst 1943, da ist es bei uns erst so richtig losgegangen.

Meine Tochter war in Klagenfurt, dort am Bahnhof hatte sie eine Vertraute, mit der sie das nötige organisierte und zu den Partisanen trug und umgekehrt. Sie hat später, nachdem sie von den Nazis verhaftet worden war, gesagt, wenn sie schwach gewesen wäre, – die haben sie in der

Widerstand

Gefangenschaft geschlagen, daß sie ganz blau war –, wenn sie nicht stark gewesen wäre, hätte sie an die 200 Leute verraten können. Aber sie hat niemanden verraten. Wir hatten einen deutschen Pfarrer hier in der Zeit, der gab den Partisanen Zigaretten und ließ sie im Pfarrhof auf dem Dachboden schlafen. 1942 hatten sie unseren alten Pfarrer nach St. Paul versetzt, und dann war der gekommen. Der war bis Ende des Krieges hier. Auer hieß er. Der war in Ordnung. Der erwähnte in der Predigt noch, als der Krieg zu Ende war, daß unsere Tochter viele gerettet hatte, weil sie niemanden verraten hatte.

1943 haben die Partisanen diesen Ortsgruppenleiter erschossen. Sie wollten bei ihm eine Hausdurchsuchung machen, aber er hat sofort geschossen. Er hatte immer gesagt, wenn die Partisanen kommen, dann stirbt er nicht allein, dann nimmt er einen mit. Er hat sofort geschossen, da haben die Partisanen zurückgeschossen und ihn halt erwischt. Es kam dann kein Neuer mehr, der Ortsgruppenleiter geworden wäre. Sie haben dann alles auf die Gemeinde hinunterverlegt, auch die Post. Auf der Gemeinde war auch einer, ein Jugoslawe Plajer, der mit den Partisanen zusammenarbeitete. Der mußte dann zu den Partisanen fliehen, wie sie draufgekommen sind, daß er mit ihnen zusammenarbeitete.

Meine Frau war ja eine feste Slowenin. Sie trug den Partisanen das Mittagessen in den Wald hinauf. Dann kamen sie öfters und und blieben über Nacht oben im Zimmer. Später waren sie auch den Tag über bei uns, den Tag über, denken Sie nur, das Zimmer voller Partisanen, in der Werkstätte vier Gendarmen, wie schlecht es mir da gegangen ist. Wie stark ich sein mußte, daß ich mich nicht mit den Nerven verraten habe, könnte man sagen. Vor dem Haus waren ein Apfelbaum und ein Tisch, da sind die Gendarmen gesessen, und die Partisanen haben beim Fenster auf die Gendarmen hinuntergeschaut. Einer von ihnen hat noch gesagt: »Wie leicht hätte ich alle da unten erschießen können.« Das waren sehr angespannte Tage für mich; wenn einer draufgekommen wäre und die Gendarmen angefangen hätten, das Haus zu durchsuchen, das wäre schlimm gewesen.

Aber dann hat ein gefangengenommener Partisan alles verraten. Angefangen hat es auf der anderen Seite der Drau in Köttmansdorf beim Komar, dort wollte der Vater und sein Sohn die Partisanen über die Drau bringen. Sie häuften Stroh auf und die Partisanen legten sich darunter. Auf der Brücke war aber eine Kontrolle, und sie wurden erwischt. Einer hat sich gleich erschossen, aber den anderen haben sie erwischt, und der hat alles verraten, alles. Er hat verraten, daß unser Haus Partisanen unterstützt. Sie gaben ihm eine Menge Zigaretten und versprachen, daß ihm nichts passieren und er frei kommen würde, wenn er alles erzählte, was er wüßte. Freilich erzählte er ihnen dann genau, wo sich unser Haus befindet und alles. Er wurde aber trotzdem getötet.

Dann sind sie die Tochter holen gekommen. Zwei Autos kamen auf einmal heraufgefahren, am 1. Juni um halb zehn, ein paar kamen herein und ein paar gingen hinten herum, und Gestapo-Leute waren da, und der

Hauptmann Hofstätter. Die Frau war gerade im Garten. Die Tochter hatte früher einmal gesagt: »Sollten die Gestapo-Leute kommen, dann werde ich mich im Ofen verstecken.« Aber sie hatte nicht das Glück. Sie war in der Küche, ich in der Werkstatt bei der Arbeit. Ein paar sind zu mir hinein. Die Tochter führten sie hinauf ins Zimmer, dort durchsuchten sie alles, was möglich war. Zwei Stunden waren sie hier. Um halb zwölf fuhren sie ab, mit der Frau und der Tochter.

Dabei hatten sie nichts gefunden bei der Durchsuchung, nur ein bißchen gestohlen hatten sie. Aus der Werkstatt nahmen sie das Radio mit, vom Dachboden das viele geselchte Schweinefleisch und den Zucker, der in einem Sack war, Würfelzucker. – Und das Brot und die Schreibmaschine, die nahmen sie auch mit. Da war ich dann ein ganz Armer, und der Gendarm sagte zu mir: »Wenn Sie nicht blind wären, würden Sie mitgehen.« Der Hitler hat was auf die Blinden gehalten, weil er selber fast blind war.

Nachdem sie die Frau und die Tochter eingeliefert hatten, da mußte ich alles zusperren. Sie verboten mir mein Handwerk und den Verkauf und schickten mich hinunter zu meinem Bruder. Den Schlüssel gaben sie dem Bürgermeister. Nach drei Tagen bekam ich ihn dann beim Bürgermeister wieder. Dann hieß es, ich dürfte keine Bürsten mehr verkaufen, weil ja eigentlich alles beschlagnahmt sei. Nach einiger Zeit kamen die Gendarmen wieder und sagten, daß ich wieder verkaufen dürfe.

Jeden Donnerstag ging ich sie besuchen, nach Klagenfurt zum Gericht. Dort war ein Besuchszimmer. Der Wächter war noch nett. Der hat so ein bißchen zu uns gehalten. Am Anfang war das so, daß er dabei war, später waren wir alleine, zuerst mit der Tochter, dann mit der Frau. Wir waren nie zu dritt. Ein einziges Mal waren wir alle drei zusammen, weil dieser Wächter so fein war. Ein feiner Mensch.

Der Frau haben sie dort ja nichts besonderes angetan, aber die Tochter haben sie gemartert. Sie haben sie so geschlagen, daß sie gesagt hat: »Ich kann nicht liegen, aber auch nicht stehen.«

Sie waren vom 1. Juni 1944 an im Gefängnis, am 6. Jänner 1945 wurden sie verurteilt; an diesem Tag wurden in Klagenfurt 20 verurteilt, viele davon, das hat mich ja so fertiggemacht, zum Tod. Und dann erfuhr ich, daß auch die Unseren zum Tode verurteilt worden waren. Das war ein harter Schlag für mich. Dann, am Montag, am 8. Jänner, haben sie sie nach Graz geliefert. Um vier Uhr in der Früh schon aus Klagenfurt weg. Damals fiel furchtbar viel Schnee und ich konnte nicht hin. Und ich habe sie nicht mehr gesehen. Da war ich dann so schlecht beinander. Am 11. Jänner bin ich nach Klagenfurt, sogar auf das bischöfliche Ordinariat, zu einem Kanzler, um mich mit seiner Hilfe an Hitler zu wenden. An Hitler. Denn dieser Kanzler war ein bißchen ein Nazi. Auch zum Gericht bin ich hin, dort hat man mich getröstet, daß ich noch drei Monate Zeit hätte, bis das Urteil rechtskräftig sei. Nach einiger Zeit, im Februar oder so, bekam ich aus Graz von einer Frau einen Brief mit der Mitteilung,

Andrej Mitsche

daß sie noch lebten. Und einen zweiten, der den Eindruck erweckte, daß sie schon tot wären. Da habe ich dann zwischen zwei Stühlen gelebt. Das hat mir am meisten wehgetan. Einerseits dachte ich daran, wie sie dort litten, wenn sie so auf den Tod warteten, andererseits wären sie gerettet, wenn sie noch nicht getötet worden wären.

Im Februar und im März, da bin ich so draußen gesessen und habe den Vögeln zugehört, und mir hat das Herz wehgetan, es war, ich weiß nicht wie ich es sagen soll, der Vogelgesang; eigentlich liebe ich Tiere, die Vögel, aber das Herz hat mir richtig weh getan, ich war sehr empfindlich in der Zeit. Dann habe ich am 8. April das Schreiben aus Graz bekommen. Darin stand, daß sie am 8. Jänner um halb acht am Abend geköpft worden sind. Mir war dann viel leichter, als ich wußte, daß sie nicht mehr über den Februar und März hinaus gelitten hatten.

Pavla Apovnik

Für uns ist der Krieg nicht aus

Die Partisanen tauchten lange nicht bei uns auf, furchtbar lange nicht. Wann waren wohl die ersten da? Irgendwann im dreiundvierziger Jahr. Als die ersten Partisanen kamen, war alles ganz neu für uns, ich verstand nichts. Sie ließen irgendwelche Broschüren da und ich las sie. Sie sagten: »Wir sind die *Osvobodilna fronta,* die geflohene Regierung können wir nicht leiden, den Okkupator wollen wir nicht. Wir sind die *Osvobodilna fronta.*« Dann wußte ich schon, worum es ging. Aber an dem Abend, an dem sie kamen, wußte ich noch nicht, was sie waren. Nur zwei kamen in die Küche, die anderen blieben draußen. Der eine sagte: »Wir sind hungrig, habt ihr irgendetwas zu essen?«, und wir wärmten ein bißchen Milch auf und gaben Brot dazu. Zu uns kamen dann eher die Kuriere, damit sie etwas zu essen bekamen und sich ausruhen konnten, hauptsächlich Kuriere kamen, die Armee war nur das erste Mal da.

Vor den Partisanen hatten wir keine Angst. Ich hatte vor den »Unsrigen« viel mehr Angst. Wenn ich »unsere« Soldaten vorbeigehen sah, dann klopfte mein Herz laut, wenn ich aber Partisanen sah, dann hatte ich überhaupt keine Angst.

Einmal kamen die »Unsrigen«, es waren an die 15 Uniformierte, vielleicht mehr, mit Maschinenpistolen. Ein großer Polizist führte sie an. Ich kochte gerade und sah, wie sie kamen. Der Polizist kam in die Küche und sagte: »Bei euch sind Partisanen.« Ich sagte: »Ich habe keinen gesehen.« Die Soldaten umstellten das Haus und richteten ihre Maschinenpistolen darauf, der Ranghöchste kam mit dem Gewehr auf mich zu; ich erinnerte mich an meinen Bruder, der in Jugoslawien bei einer Art Grenzwacht war, die die kroatische Grenze bewachte, dort kannten sie

Widerstand

die Partisanen schon besser. Immer, wenn er kam, sagte er: »Paß auf, die Partisanen verstecken sich manchmal irgendwo, und nicht einmal der Bauer weiß davon. Wenn sie nicht weiterkönnen, weil es schon Tag wird, dann verstecken sie sich einfach. Paß auf, manchmal verstecken sie sich auch den ganzen Tag und gehen erst in der Nacht weiter.« Ich sagte zu dem Polizisten: »Ich habe keinen gesehen.« Er sagte: »Gut, haben Sie eben keinen gesehen, wir werden eine Hausdurchsuchung machen.« »Können sie.« Sie schauten alles durch, durchwühlten alles. Sie gingen auf die Tenne, sie hatten eineinhalb bis zwei Meter lange Eisenstangen mit, und mit denen stocherten sie im Heu und im Stroh herum. Ich mußte dabeistehen, er hatte mir vorher gesagt, daß ich mitkommen sollte. Dann winkte er ab, weil nirgends ein Partisan war, die Soldaten sammelten sich wieder, wir beide gingen in die Küche. Dort hielt er mir eine Predigt: »Wenn die Partisanen kommen, müssen sie es melden.« Ich sagte: »Ja, ich werde es melden, aber bis jetzt sind sie ja noch nie gekommen, ich kann ja nichts melden, wenn keiner da ist.« Ich sagte halt »Ja, ja«, und versprach ganz groß: »Wenn sie kommen, werde ich sie schon anzeigen und melden.«

In Jugoslawien war eine Schule, dort waren Gendarmen stationiert, Hitler-Gendarmen, die zu uns Milch holen kamen. Einer von ihnen war aus St. Michael, und der war auch dabei, als die Gendarmen aus der Schule der Bleiburger Polizei zu Hilfe kamen. Den fragte ich: »Na, was haben wir denn ausgefressen, daß ihr so angestürmt kommt?« Er darauf: »Ich weiß es nicht, aber ich kann es noch herausfinden.« »Oh, bitte schön, versuch es herauszufinden und sag es mir.« Sie bekamen jeden Tag zehn Liter Milch bei uns. Ihr Postenführer, ein Völkermarkter, ein gewisser Lepuschitz, der hatte den größten Eisenstock, und der drosch so auf dem Stroh herum, daß ich mir dachte: »Schau ihn dir an, jeden Tag bekommt er 10 Liter Milch, und jetzt führt er sich so auf.« Ich war sehr wütend auf ihn. Wenn da ein Mensch dringewesen wäre, den hätten sie sowieso durchlöchert, der wäre tot gewesen. Als der aus St. Michael das nächste Mal Milch holen kam, er war ein Heimischer und überhaupt nicht für den Hitler, aber er mußte gehorchen, sagte er zu mir: »Ein Bauer aus Bleiburg ist auf die Gendarmerie gekommen und hat erzählt, daß ihn zwei Partisanen gefragt hätten, wo es zum Zdovc geht.« Und deswegen waren sie gekommen und hatten alles auf den Kopf gestellt und mich erschreckt. Ich war damals ganz allein zu Hause, die anderen waren am Feld. Mein Mann war bei seinem Vater. Er half ihm manchmal in der Wirtschaft, weil so viele seiner Brüder bei den Soldaten waren. Wir arbeiteten halt wie die Verrückten.

Noch gefährlicher waren die *raztrganci* [»Zerrissene«], vor denen mußte man Angst haben. Deserteure, die »Grünen«, die einfach so auf Kosten der Partisanen herumgingen, weil sie überleben wollten, aßen sich ein bißchen an, wollten etwas Geld haben und gingen wieder. Die waren nicht gefährlich. Die *raztrganci*, die taten sehr viel Böses, die richteten sehr viel Leid an, das weiß ich.

Ich kann mich erinnern, wie sie einmal zum Nachbarn kamen: Die Jacken hatten sie verkehrt angezogen, weil sie glaubten, daß die Partisanen wirklich so angezogen und zerrissen waren. Sie legten sich einfach auf den Boden und die Bänke, dann sagten sie, daß man ihnen eine Kartoffelsuppe kochen solle, und daß sie Partisanen seien, die nicht viel Gutes zu essen bekämen. Eine Kartoffelsuppe wollten sie haben und hirnverbrannt benahmen sie sich. Zu diesem Haus kamen ja oft die Partisanen, und der Nachbar kannte sie gut. Diese *raztrganci* aber machten die Partisanen schlecht nach, sie wußten es ja nicht besser. Die Partisanen waren anständige Menschen und auch halbwegs schön angezogen. Von denen aber hatte einer löchrige Schuhe, daß ihm die Zehen herausschauten, einer hatte die Hose am Knie zerrissen. Der Nachbar kam dann erzählen, wie es war.

Sie gingen auch noch zu einem anderen Haus, zum Stropnik, das war schon auf der jugoslawischen Seite, und wollten auch dort etwas zu essen. Die kannten aber die Partisanen nicht so gut, und die gaben den *raztrganci* Löffel zum Essen, und einer von ihnen ritzte auf dem Löffel hinten das Datum ein. Sie gaben sich als Partisanen aus, es wurde ihnen groß aufgewartet, in Wirklichkeit aber waren es *raztrganci*. Kurz darauf ging die Polizei hin zum Stropnik und behauptete, daß sie Partisanen bewirtet hätten. Die Frau stritt das ab. Die Polizei befahl: »Bringt die Löffel!«, und als sie sie brachten, drehte ein Polizist sie um und sagte: »Schaut her, da haben wir den Tag, an dem sie hier waren, eingeritzt.« Die ganze Familie wurde nach Deutschland ausgesiedelt. Mein Mann war bei der Landwache, und die mußte bei der Aussiedlung helfen. Sie schleppten sie nach Loibach auf die Gendarmerie, die Mutter hatte die Kinder an der Hand, ganz kleine, einen mußte sie noch tragen, meinem Mann taten sie so leid, sie weinte und schimpfte. Die ganze Familie wurde nach Deutschland geschickt, aber sie hatten noch Glück, weil die ganze Familie zu einem Bauern zur Zwangsarbeit kam und dort bis Kriegsende blieb. Die kamen alle zurück.

Der Nachbar tat so, als ob er den *raztrganci* glauben würde, daß sie echte Partisanen seien, in Wirklichkeit wußte er genau, wer sie waren. Er zeigte sie nachher sofort an, er ging auf die Gendarmerie und sagte: »Bei mir sind Partisanen gewesen.« Er erzählte mir später: »Ich habe ja genau gewußt, wer das ist. Gleich, nachdem sie gegangen waren, bin ich los, und hab' sie angezeigt, und die haben dort gesagt, ist schon gut, ist schon gut.«

Die, die 1928 geboren waren, die 16, 17 Jahre alt waren, bekamen einen Einberufungsbefehl zur SS nach Wien. Darunter war auch mein zweiter Sohn. Da ging er schon lieber zu den Partisanen. Die Deutschen wollten dann von uns wissen, wohin er gegangen sei. Er hatte sich noch nicht gemeldet. Damals wurde aber schon furchtbar bombardiert, und so konnten wir sagen, wir wüßten nichts von ihm. Gegen Kriegsende kamen die Engländer, aber sie marschierten nach Bleiburg, zu uns an die Grenze kamen sie nicht sofort. Erst, als die *ustaši* heranrückten, da bekamen die Engländer die Nachricht, was für Gesindel sich der Grenze näherte. Als die *ustaši* nach Dravograd kamen, gingen sie in Richtung Ravne, Prevalje und Loibach. Die Partisanen marschierten parallel dazu auf den Hügeln und drängten sie ins Tal. Dort war Wasser, eine Straße und die Eisenbahn, sonst nichts. An der Grenze hier sperrten die Partisanen und die Engländer den *ustaši* den Weg ab, sodaß sie nicht weiterkonnten. Das war am 13. Mai, am 8. Mai war aber eigentlich schon der Krieg aus. Es waren furchtbar viele Leute, tausende Soldaten und Zivilisten, Frauen, Kinder, alte Leute, junge Leute, alles war da. Eine gebar unterwegs, es war furchtbar. Auf der Grenze fuhren die Engländer mit Panzern auf und hielten sie zurück, sodaß sie nicht weiterkonnten.

Hier auf unserem Feld war Mensch an Mensch, es war total voll, tausende Leute kamen daher. Es war furchtbar, und wir waren genau in der Mitte. Wir wollten Kartoffeln setzen und sahen, wie der Hügel von Soldaten eingekreist wurde. Wir waren schon froh und zufrieden, daß der Krieg aus war, und auf einmal waren so viele Soldaten da. Alle bewaffnet, keine Rede mehr von Kartoffelsetzen, wir flohen, weil es so krachte, es war nicht mehr sicher auf dem Feld. Gegen Abend aber kam ein *ustaša*-Offizier, und ich sagte zu ihm: »Wieso wirfst du dein Gewehr nicht weg, weißt du nicht, daß der Krieg schon seit einer Woche aus ist?« Er sagte: »Für uns nicht.« Ich fragte ihn: »Wohin wollt ihr, wohin geht ihr?« Darauf er: »Wir gehen nach Klagenfurt, Villach, Triest und zurück ins freie Kroatien.« Darauf fragte ich ihn: »Wer wird euch denn dieses freie Kroatien geben?« »Unser *poglavnik* Pavelić ist bei den Engländern und verhandelt über ein *ustaša*-Kroatien.« »Wenn euer Führer bei den Engländern ist, dann nur als ihr Gefangener. Ihr habt auf der Seite Hitlers gegen die Alliierten gekämpft, ihr werdet kapitulieren müssen, ihr werdet Gefangene sein.« Ich weiß nicht, wieso die glaubten, sie könnten englische Verbündete werden. Dann kam ein zweiter Offizier und fragte: »Was sagt das Mütterchen?« Der erste sagte ihm: »Sie sagt, wir werden englische Gefangene sein.« Darauf er: »Erschieß' sie.« Da bekam ich furchtbare Angst. Aber der erste sagte: »Nein, sie soll erzählen, wir wissen ja nichts.« Der andere fragte mich daraufhin, wem Jugoslawien gehören werde. Und ich traute mich nicht zu sagen: »Tito!« Die hätten mich ja wirklich glatt erschossen. Und so sagte ich: »Das weiß man noch nicht, und auch wir wissen nicht, was sein wird.« Das war dann ja auch so.

Am nächsten Tag, am Dienstag trieben die *ustaši* ungefähr 43 oder 45 Partisanen heran, die waren entwaffnet. Sie brachten sie bis vor das Haus und sagten zu meinem Mann: «Hast du eine Hütte, hast du eine Hütte?« Mein Mann: »Ich habe keine, wozu braucht ihr denn eine?« Sie antworteten: »Wir brauchen eine Hütte, wir haben 40 Partisanen, die müssen wir einsperren, gib' eine Hütte her.« Mein Mann kam in die Küche: »Was sollen wir denn tun, wohin sollen wir sie denn einsperren, wir haben ja keinen Platz.« Es wurde schon Nacht und ich sagte: »Oh, die sollen in die Küche kommen, da werden wir wenigstens sehen, was

387

sie mit ihnen aufführen, damit sie sie nicht martern.« Und sie kamen wirklich in die Küche. Sie konnten nur sitzen, zum Liegen war nicht genug Platz. Mann an Mann waren sie zusammengepfercht in der Küche. Am nächsten Tag mußten sie sich in einer Reihe aufstellen und die *ustaši* trieben sie zu den Engländern. Die Engländer und die Partisanen aber waren Verbündete und jetzt mußten die *ustaši* den Partisanen, die sie früher selbst entwaffnet hatten, die Gewehre geben. Für die *ustaši* war das eine bittere Enttäuschung, meine ich. Am nächsten Tag kamen zwei von den Partisanen und einer von ihnen sagte: »No, gnädige Frau, gestern war ich in ihrem Haus Gefangener, jetzt habe ich wieder ein Gewehr«, und er erzählte mir, wie sich die *ustaši* blamiert hätten, als sie die Gewehre zurückgeben mußten.

Am Dienstag, den 14. Mai 1945, erschossen die *ustaši* noch unseren Nachbarn Zdovc. Wir waren eng befreundet mit der Familie, die hatte drei Söhne bei den Partisanen, am Samstag vorher war er bei uns gewesen und hatte sich so gefreut, daß der Krieg aus war. Er hatte gesagt: »Hauptsache, wir sind am Leben, zwar ist einer der Söhne am Kömmel gefallen, aber jetzt ist wenigstens die Zeit der Angst vorbei.« Ich habe diesen Menschen noch lebhaft vor Augen, seine Freude darüber, daß diese Zeit der Angst vorbei war, daß der Krieg aus war und daß er überlebt hatte. Und am Dienstag kamen die *ustaši* in das Haus und nahmen ihn mit, führten ihn weit vom Haus weg, eineinhalb Kilometer den Hügel hinunter durch die Ebene, und erschossen ihn auf der Schattseite im Wald. Sie ließen so einen Salve los, daß er in der Mitte durchschossen war. Dann warfen sie ihn unter eine Fichte und deckten ihn mit Ästen zu. Seine Tochter kam zuerst zu uns, dann suchten wir den Vater, am nächsten Tag fanden wir ihn – tot.

Am 13. waren die *ustaši* gekommen, am 15. mußten sie kapitulieren, am Mittwoch zu Mittag. Ein englischer, ein *ustaša*- und ein Partisanenoffizier kamen zusammen. Oben im Bleiburger Schloß hielten sie ihre Konferenz ab. Als die Kapitulation bekanntgegeben wurde, gab es eine Schreierei, die Soldaten riefen: »Warum kapitulieren, für uns spricht das Gewehr, wir werfen die Gewehre nicht weg.« Das schrien vor allem die niedrigeren Offiziere, die waren böse auf die Partisanen und die Engländer, sie wollten die Kapitulation nicht akzeptieren.

Jeder weiß, daß die *ustaši* noch jetzt auf das Loibacher Feld kommen. Auf dem Friedhof haben sie ein schönes Denkmal und sie kommen jedes Jahr zweimal hierher. Sie kommen mit Autos und bringen Kränze, auf denen steht, daß sie junge *ustaši* sind. Jetzt, wo die Alten schon meist tot sind, halten sie diese Tradition hoch. Den Grund, auf dem heute das Denkmal steht, haben die Loibacher Bauern den *ustaši* geschenkt. Meist waren das ja Nazis. Die Bauern, die keine waren, haben ihnen trotzdem ungefähr 100 Meter Weg gerichtet und ihn schön geschottert, so daß sie mit den Autos hinkommen können. Bei uns heißt es: »Man muß jedem sein Recht geben.« Sie hätten auch Rechte, so redet man bei uns. Wir Slowenen sind sowieso das Erdulden gewöhnt, aber eigentlich dürfte so etwas niemandem recht sein. Die *ustaši* sind ja Verbündete Hitlers gewesen.

Pavla Apovnik

Befreiung von Feistritz

Janez Weiss

Bei uns im mittleren Rosental fing es mit dem aktiven Widerstand am 27. April 1943 an. Eine Abteilung Partisanen unter der Führung des gebürtigen Feistritzers Matija Verdnik, mit Kampfnamen Tomaž, brannte die Götz-Säge nieder und beschädigte die elektrische Zentrale der Akku-Fabrik Jungfer. Beide Betriebe arbeiteten für Hitlers Kriegsmaschinerie. Bei dieser Gelegenheit schlossen sich mehrere polnische Zwangsarbeiter, die auf der Säge und in der Akku-Fabrik gearbeitet hatten, den Partisanen an.

Da entstand unter unseren Nazigrößen eine heillose Panik. In aller Eile wurde die sogenannte Landwache organisiert, wurden befestigte Stützpunkte errichtet, meistens bei den Ortsgruppenleitern. Unser Ortsgruppenleiter machte aus seinem Haus eine Festung. Auch die Schule in St. Johann wurde befestigt. Die Fenster wurden mit Schotter aufgefüllt und Schießscharten angelegt. Mich zogen sie auch zur Landwache heran, obwohl ich ein Krüppel bin. Ich mußte Streifendienst versehen, immer mit einem zweiten, einem Parteigenossen, der praktisch auch auf mich aufpaßte.

Im Mai 1943 hab' ich dann zuerst mit dem Matija Verdnik Fühlung aufgenommen. Ich kam im Haus der Križnars in Matschach mit ihm zusammen, und da begannen wir, den Widerstand zu organisieren. Ich hatte eine Schneiderei, und es kamen viele Menschen zu mir. Hie und da kam auch einer, der keinen Anzug brauchte, sondern Post oder irgendwelche wichtigen Sachen für die Partisanen brachte. Und dann kam wieder wer, der das dann abholte. Wir bildeten im ganzen Rosental in jeder Gemeinde einen Ausschuß der OF aus verläßlichen Menschen, die nachher alles organisierten, die Unterstützung der Partisanen, die in den Bunkern, im Wald waren. Oberhalb von Matschach befand sich ein großer Bunker, das war die Zentrale für das Gebiet Klagenfurt-Land.

In St. Johann gab es auch einen Ausschuß, in dem waren der Andrej Permož, der Matevž Krassnig, ich und noch ein paar andere organisiert. Wir leisteten Kurierdienste, kundschafteten aus, wohin einzelne Patrouillen gingen und versorgten die Partisanen. Wenn dann einer in Gefahr war, die Gestapo schon hinter ihm her war, ist er zu den Partisanen gegangen. Und auch die jungen Menschen, die zum Arbeitsdienst oder zum Militär einberufen wurden, gingen lieber zu den Partisanen. In unserer Ortschaft gabe es eine Menge davon.

Widerstand

389

Da kam zum Beispiel einmal einer zu uns, in voller Uniform, der wollte zu den Partisanen, den brachten wir dann hin, aber es gab auch viele Deserteure, die irgendwo im Wald gesessen sind und eigentlich nur darauf gewartet haben, daß die Zeit vergeht, und die Partisanen haben Aktionen gemacht, um diese aufzusammeln und in den Partisanenverband einzugliedern.

Ich hatte die Aufgabe, die politische Organisation aufzubauen, die Ausschüsse zu bilden. Ich besuchte die Kunden, und so fiel es gar nicht auf, zu wem ich ging. Die Hauptaufgabe war halt, möglichst viele aktive Kämpfer anzuwerben und sie mit allem Möglichen zu versorgen. In Ferlach zum Beispiel versorgten viele Büchsenmacher die Partisanen mit Waffen und Munition. In unserer kleinen Ortschaft mit 50 Häusern gingen sechzehn zu den Partisanen. Die verschanzten sich in Bunkern, und bei Nacht störten sie dann immer die Streifen. Aber besonders mutig war ein Josef Ribitsch aus Ferlach, ein guter Freund von mir, der hat die österreichische Freiheitsfront organisiert. Er war Tischler, arbeitete in der KESTAG und hat unter den Arbeitern sehr viele angeworben. Später wurde er dann zur Wehrmacht eingezogen und kam nach Oberkrain, dort nahm er sofort mit den Partisanen Verbindung auf. Die Deutschen entdeckten das, verhafteten ihn und transportierten ihn mit dem Zug zurück nach Kärnten. Auf der Hollenburger Lehne mußte der Zug sehr langsam fahren. Da ging der Ribitsch auf's Klo und sprang mit gefesselten Händen aus dem Zug. Er ist irgendwie über die Drau gekommen, und in Ferlach haben ihn seine Freunde von den Fesseln befreit. Er begann dann im Untergrund die Widerstandsbewegung in Klagenfurt zu organisieren, doch unglücklicherweise war er zu vertrauensselig. Er fuhr einmal zu einer Zusammenkunft mit Antifaschisten nach Villach, dort wurde er verraten und die Deutschen haben ihn verhaftet. Er konnte nicht mehr entkommen. Sie haben ihn in Graz enthauptet.

Im Frühjahr 1944 dehnte sich die Tätigkeit der slowenischen Partisanen auch auf die Gebiete nördlich der Drau aus. Zuerst überschritten sie die Drau nördlich von Feistritz im Rosental und dann im Völkermarkter Bezirk, wo sie auf die Saualm und Koralm gelangten. Dort gab es besonders heftige Kämpfe und auch große Verluste. Am Friedhof in St. Ruprecht bei Völkermarkt liegen 87 tote Freiheitskämpfer aller europäischen Nationalitäten.

Dann hatten wir ein großes Unglück. Am 28. 1. 1944 ist der Hauptorganisator, der Verdnik-Tomaž, oberhalb von Maria Elend verwundet worden. Die Partisanen brachten ihn zu seinem Mädchen nach Polana bei Feistritz, dort starb er dann in der Nacht vom 1. auf den 2. Februar an einer Blutvergiftung. Er wurde neben der Drau begraben. Nach dem Krieg wurde er exhumiert und am Suetschacher Friedhof beigesetzt.

Trotzdem weitete sich unsere Organisation aus, bis nach Klagenfurt hinein. Das blieb der Gestapo natürlich nicht verborgen. Sie schnappte in Klagenfurt eine Postbeamtin mit dem Decknamen M., die Verbindung mit der Feistritzer Gruppe hatte. Und die haben sie so lang behandelt, bis sie zu reden angefangen hat. Diese M. kam mit dem Gestapo-Mann Rath am 6. Mai 1944 nach Feistritz im Rosental und stellte unserem Verbindungsmann Aleksander Einspieler den Gestapo-Mann als Antifaschisten vor, der mit den Partisanen Verbindung aufnehmen wolle. Einspieler glaubte das und ging mit ihm Richtung Matschach. Sie kamen aber nur bis zur Kreuzkirche oberhalb von Feistritz, dort hat der Rath den Einspieler erschossen. Dann hat er auch noch den Križnar Florijan erschossen. Zwei Menschen erschossen, innerhalb von ein paar Minuten. Die Brüder Križnar hatten die Hauptlast der Versorgung des Bunkers ober Matschach getragen. Der Konsumleiter Hans Oitzl hat uns hunderte Kilo von Lebensmitteln geliefert, und die hatten die Križnars dann zu den Partisanen gebracht.

Dieser Rath ist dann nach Feistritz auf das Gendarmerie-Postenkommando, wo unterdessen schon eine größere Einheit eingetroffen war, und mit diesen SS-Leuten fuhr er nach Suetschach und erschoß dort den Folti Schwarz, der auch bei der Widerstandsorganisation mitbeteiligt war. Die sind alle drei binnen einer Stunde erschossen worden, wahrscheinlich hat die M. ihm alle Namen verraten. Der Rath wurde nach dem Krieg zu neun Jahren Kerker verurteilt, gesessen ist er aber nur ein Jahr, der lebt heute noch. Die SS verhaftete über 40 Personen in Feistritz, Matschach und Suetschach. Da hatten wir große Angst, denn die meisten wußten von uns. Aber keiner verriet uns, obwohl sie von der Gestapo gequält und gefoltert wurden.

Den Andrej Permož faßten sie auch. Der tauchte gerade bei einer befreundeten Familie auf, die soeben von der Gestapo verhaftet wurde, und da nahmen sie ihn auch gleich mit. Er wurde ins KZ Dachau verfrachtet, und von dort kehrte er nicht mehr zurück. Auch mich hätten sie einmal fast gehabt. In Klagenfurt lebte ein Berufskollege, ein Schneider namens Cidej. Ich hörte, daß er auch ein Widerständler sei, jedoch ein sehr unvorsichtiger. Eines Tages erscheint er in Begleitung eines stämmigen Mannes bei mir in St. Johann und ruft mich aus der Werkstatt heraus. Und der Cidej sagt zu mir: »Der Herr hat einen Rucksack voll Verbandsmaterial für die Partisanen.« Ich solle vermitteln, daß die Partisanen das Verbandszeug bekommen. Wenn der Cidej allein gewesen wäre, dann hätte ich ihm wahrscheinlich vertraut, aber nachdem er einen fremden Menschen bei sich hatte, dachte ich, etwas ist da nicht in Ordnung. Und die drängten und drängten, ich soll das Verbandsmaterial nehmen und den Partisanen übermitteln. Ich war natürlich sehr erregt und begann zu schimpfen: »Ich habe mit denen nichts zu tun, ich kümmere mich nur um mein Geschäft. Und wenn ihr nicht verschwindet, dann gehe ich zur Schule, und dort melde ich dem Landwachtkommandanten, was ihr von mir wollt.« Darauf sind sie wieder abgezogen. Nach ein paar Tagen erfuhr ich, daß sie den Cidej verhaftet hatten. Da wußte ich, daß sie ihn als Provokateur benutzt hatten und der andere Mann von der Gestapo war. Den Cidej brachten sie ins Klagenfurter Gefängnis. Das wurde dann von amerikanischen Bomben getroffen, und der Cidej wurde dabei erschlagen. Das gleiche hätte auch mir passieren können, wenn ich ihm damals vertraut hätte.

Am 6. Mai 1945 hörten wir im Radio, wir hörten immer Radio London, daß eine Teilkapitulation in Schleswig-Holstein stattgefunden hätte. Da kommt eine Kurierin zu mir. Ich wurde aufgefordert, nach Sinach, das ist oberhalb von Feistritz, zu kommen, ich würde von den Partisanen erwartet. Dort war die Kärntner Gruppe und die Cankar-Gruppe aus Kokra, zirka 80–100 Mann. In Feistritz war noch eine ziemlich starke deutsche Besatzung, und da beschlossen sie, Feistritz einzunehmen. Da

sagte ich: »Nicht mit Waffen, zuerst geh' ich einmal als Parlamentär hinunter.« Da bin ich mit dem Blatnik von der österreichischen Freiheitsfront gegangen, mit einem Stecken, an den wir ein weißes Tuch gebunden hatten. Wir kamen zum Hauptmann und ich sagte zu ihm: »Wir fordern sie auf, sich den Freiheitskämpfern zu ergeben.« Ich sagte ihm, daß oben eine Gruppe von 200 Partisanen sei, die Feistritz einnehmen werde. Der Hauptmann wollte gleich abfahren, aber da ist ein Obergefreiter gekommen und hat gesagt: »Am besten gleich umlegen, nicht wahr, Herr Hauptmann?« Aber der Hauptmann war intelligent genug, uns nicht erschießen zu lassen. Ich war wütend, damals war ich sehr mutig, ich habe meine Jacke aufgemacht und gesagt: »Schießen Sie, wenn Sie so feig sind. Wir sind ja unbewaffnet.« Der Hauptmann sagte: »Lassen Sie die Leute!« Er ging in die Fabrik hinein, hat einen Konvoi zusammengestellt, und die ganze Kompanie ist abgefahren.

Wir sind dann gleich auf's Gemeindeamt gegangen, haben den Befreiungsausschuß zusammengerufen und die Partisanen benachrichtigt, daß sie einmarschieren könnten, daß es keinen Widerstand mehr geben würde. Wir haben den Nazibürgermeister, Marinitsch hat er geheißen, abgesetzt, und eine provisorische Verwaltung eingerichtet. Das war am Abend des 6. Mai. Wir hatten dann in Feistritz noch eine Sitzung, überprüften die Entwaffnung der Polizei, es gab soviel zu tun, daß ich erst am nächsten Morgen wieder in Richtung St. Johann gehen konnte. Wie ich nach Hundsdorf hineinkomme, begegnet mir eine Kolonne KZ-ler unter Bewachung der SS. Die waren aus dem KZ am Loibl. Sie gingen Richtung Feistritz und ich dachte mir, geht nur, euch werden sie in Feistritz schön empfangen. Ich gehe ein Stück weiter, da höre ich schon Schreie: »Tito, Tito.« Die KZ-ler haben so geschrien, daß es im ganzen Tal gehallt hat. Sie hatten soeben die Partisanen getroffen, und die SS floh. Ich komme nach Hause, dort hatte ich schon eine Fahne vorbereitet, ich hänge sie auf. Meine Frau kommt verweint heraus, sie wußte ja nicht, ob ich noch lebe, ich war die ganze Nacht nicht zuhause. Ich hänge die Fahne auf, unser Haus liegt an der Straße, da kommt ein SS-Unterscharführer mit Gewehr und Pistole auf unser Haus zu. Er sieht die Fahne und fragt: »Ist jetzt der Krieg aus?« »Selbstverständlich ist der Krieg aus.« »Da haben sie meine Waffen.« Und er legte die Pistole und das Gewehr vor mich hin. Kurze Zeit darauf kommt ein ganzer Wagen voll junger Burschen, auch SS. Ich war damals sehr mutig. Ich stellte mich vor sie hin und sagte, sie sollen ihre Waffen abgeben, dann könnten sie gehen. Sie wehrten sich noch einige Zeit, da sagte ich ihnen: »Der Unterscharführer hat mir auch seine Waffen gegeben, seht her.« und ich zeigte ihnen das Gewehr und die Pistole. Da lieferten auch sie die Waffen ab und flohen. Zwei Stunden später kommen die Partisanen die Straße herunter marschiert, an der Spitze der Kolonne Slavko Avsenik mit seiner Harmonika, der war auch Partisan. Ein Teil ist nach Klagenfurt gefahren, wir erwarteten die Engländer an der Grenze zwischen Suetschach und Feistritz. Wie der erste englische Offizier auf uns zutritt und den roten Stern auf der Partisanenkappe sieht, sagt er: »Ah, Kommunisten.« Die Engländer haben dann den von uns aufgestellten Bürgermeister wieder abgesetzt und Leute aufgestellt, die ihnen genehm waren. Die Engländer waren Falotten erster Klasse.

Janez Weiss

Wenn du nicht stirbst

Katarina Andrejcic

Mein Mann war schon vor unserer Heirat einmal eingesperrt gewesen. Nach dem Überfall auf Jugoslawien haben sie hier in Ferlach die Slowenen überfallen. Es waren viele, lauter solche, die als Slowenen bekannt waren und die als ein bißchen gebildeter galten, die haben sie alle eingesperrt. Drei Wochen haben sie sie eingesperrt, der später verstorbene Kommetter war auch dabei. Dann haben sie sie freigelassen. Im zweiundvierziger Jahr haben wir dann geheiratet. Mein Mann hat in der Batteriefabrik Jungfer gearbeitet und wurde vom Wehrdienst befreit, weil die Fabrik als kriegswichtig galt, Batterien wurden ja gebraucht. Dann hat der Kampf gegen Hitler begonnen und wir haben uns auch angeschlossen. Wir haben die Partisanen mit Essen, Kleidern, Medikamenten unterstützt und mein Mann war Kurier, zusammen mit dem Weiss aus St. Johann. Das war eigentlich alles. Wenn Gefahr gedroht hat, dann haben wir eine Nachricht nach Matschach hinaufgeschickt. Von Matschach ist dann abends ein Partisan gekommen, damit er sich näher erkundigt hat.

Es heißt: Die Partisanen sind Kommunisten. Ja hört einmal, wir haben doch nicht gefragt: »Was bist du und was bist du?« Überhaupt nicht, wir haben nur darauf geschaut, wer gegen den Hitler war. Hätte sich jemand anderer gemeldet, wir hätten den unterstützt. Die einen haben sie ausgesiedelt, uns nicht, wir sind zu Hause geblieben und haben die Partisanen unterstützt. Aber ich sage immer, wir haben nicht gefragt, was einer ist, wir haben nur dafür gekämpft und geholfen, daß der Hitler ein Ende nimmt. Solche hat es hier viele gegeben. Aber einer hat von den anderen nichts gewußt, das war auch gut so. Dann haben wir uns mit den Villachern ein bißchen vermischt, mit denen von der KP, und dabei ist Verrat herausgekommen. Dann haben die Nazis gewußt, wer wir waren und sie haben uns eingesperrt. Drei haben sie erschossen, das war am 6. Mai 1944. Sie haben meinen Mann oben beim Kreuz erschossen, wo man nach Matschach hinaufgeht, etwas weiter unten haben sie den Florijan Križnar erschossen und zum Schluß noch den Schwarz in Suetschach. Mein Mann war gleich tot. Er hat angeblich einen Lungenschuß abgekriegt und ist so auf den Kopf gefallen, daß er erstickt ist, als das Blut hochschoß. Das sind nur Vermutungen. Die einen haben gesagt, er wurde ins Herz geschossen, die anderen, er habe einen Lungenschuß bekommen. Auf jeden Fall war er tot. Die anderen beiden hatten einen Bauchschuß und die haben sie am Nachmittag noch auf die Gendarmerie geschleppt. Und wie sie geschrien haben, wo alles durchschossen war, Marija, Marija, ich kann das nicht beschreiben.

Passiert ist es zirka um neun Uhr morgens. In aller Früh sind ein Mann und eine Frau gekommen. Mein Mann hatte Urlaub bekommen und ist an dem Tag hinauf nach Sinach gegangen: »Ich werde hinauf zur Mutter gehen und ihr ein bißchen Holz herrichten und hineintragen.« Um halb neun kommen die beiden, ein Mann und eine Frau, mit einem Brief: »Wir wollen zum Križnar hinauf, mit einem Brief für die Partisanen.« Ich habe sie nicht gekannt, aber sie hat den illegalen Namen – Puchner – genannt, soviel habe ich gewußt, daß dieser Puchner dabei war, daß der öfters nach Matschach hinaufgekommen ist. Aber der war von einer deutschen Organisation, nicht von den Slowenen. Durch die ist es zum Verrat gekommen. Die E., die meinen Mann und mich verraten hat, die hatten sie eingesperrt. Wer sie verraten hatte, das weiß ich nicht. Das ist halt von einem zum anderen gegangen. Und deswegen ist damals dieses Theater losgegangen. Auf der Sattnitz haben sie auch viele eingesperrt, die Boštjančič und diese Mädchen. Die E., oder Mimi, wie sie mit illegalem Namen hieß, mußte mit den Deutschen gehen, damit sie noch den Rest kriegten. Und so hat es angefangen. In dem Moment, als die Slowenen die Deutschen dazugenommen haben, war es aus. Es hat geheißen, daß sie eingesperrt worden war und dann verraten hat. Ob sie gezwungen wurde, weiß ich nicht, vielleicht haben sie ihr auch versprochen, daß sie freigehe. Ich habe mit der Mimi danach nicht mehr geredet. Der Gestapo-Mann Rath wurde nach dem Krieg verurteilt, in Spittal an der Drau ist er gewesen. Er hat vor Gericht gesagt, er habe nur seine Pflicht getan. Aber er wurde trotzdem verurteilt. Ich weiß nicht, wieviel er gekriegt hat, aber ein paar Jahre schon. Gehabt hat er ja nichts davon, daß er die Leute erschossen hat. Vielleicht, wenn er sie nur verletzt hätte, hätte er noch etwas erfahren von ihnen. Er hätte mehr davon gehabt als vom Erschießen. Aber Gott sei Dank, daß der Lekš mit nach Matschach gegangen ist, er war vorsichtig, er hat kein Wort gesagt, keinen Namen, nichts ist herausgekommen. Das war noch gut.

Der Rath fragte mich nach meinem Mann. Ich sagte: »Der ist zur Mutter hinaufgegangen Holzscheite machen. Er kommt bald wieder.« Darauf sagte er, daß er nicht viel Zeit habe und er hätte den Brief gerne meinem Mann gegeben hätte, damit der ihn weitergebe. Mein Vater hat sich gerade auf den Weg gemacht und ist hinauf zu ihm. Er kommt oben an und sagt: »Lekš, komm nach Hause, dort erwartet dich jemand.« Und mein Mann ist wirklich nach Hause gekommen.

Und dann sind sie hinauf nach Matschach: der Lekš, der Gestapo-Mann und die E. Sie kommen hinauf zum Križnar und fragen nach dem Flori. Dort hieß es, daß er nicht zu Hause sei, sondern etwas weiter unten eine Arbeit verrichte. Und sie gehen hinunter. Oben bei den Kreuzen ist diese Kirche, dort ist eine Ebene, am Eck ist ein Bunker gestanden. Die drei sind davor hin und her spaziert, im Bunker aber war ein deutscher Soldat, der hat sich gedacht: »Ja was haben denn die Leute, daß sie soviel hin- und herrennen?« Er ist hinaus, er hat mir das später selber erzählt, das war ein gewisser Jelen, tritt vor die hin und sagt: »Halt!« Mein Mann hatte immer seinen Wehrpaß bei sich, und er zeigt ihn. Der Gestapo-Mann macht aber nur eine Handbewegung, er hatte unter dem Kragen ein Abzeichen. In dem Moment, als der sein Abzeichen zeigt, hat sich mein Mann erschrocken, der deutsche Soldat auch, und der Gestapo-Mann hat schon auf den Lekš geschossen, sodaß er hingefallen ist. Dann sind sie gleich weiter hinunter gerannt gegen Feistritz zu, dort wo der Flori Križnar war, der hat dort geheugt. Sie kommen näher, der Gestapo-Mann ruft: »Flori komm her!« Der Flori geht auf ihn zu, und er schießt auch auf ihn. Der Schuß trifft ihn in den Bauch, er bricht zusammen. In Suetschach haben sie dann noch den Schwarz erschossen, der wollte fliehen, wollte sich verstecken, aber der Gestapo-Mann war schneller und hat auch ihn in den Bauch geschossen.

Dann sind sie zurückgekommen und haben eine Hausdurchsuchung gemacht. Sie haben nichts gefunden. Was war denn schon da? Der Lekš hatte eine kleine Luftdruckpistole, ob er die bei sich hatte, kann ich jetzt nicht einmal sagen. Es wird wohl so gewesen sein, denn als sie ihn auszogen, da haben sie ihm ja alles weggenommen, die Stiefel, und angeblich war diese Pistole dabei. Ich habe das nicht gesehen, sein

Gewand nicht und gar nichts. Als sie zurückkamen, sagten sie nämlich gar nichts. Niemand benachrichtigte mich, daß mein Mann schon tot war.

Mich haben sie dann arretiert, ich mußte aufstehen und mich anziehen. Sie haben mich eigentlich aus dem Bett heraus arretiert, mir war schlecht, ich war schwanger. »Sie gehen mit uns auf den Gendarmerieposten.« Dort waren wir dann dreizehn, alle Križnars, die Mostečnik Barbara, Schwarz und die Mak Kati, wir haben gewartet und gewartet. Die Eltern zuhause haben auch nicht gewußt, was los war, sie haben lange nicht gewußt, daß der Lekš erschossen worden war. Keiner von den Nachbarn hat sich getraut, es ihnen zu sagen. Dann hat mir die Mutter einen Mantel auf die Gendarmerie gebracht. Im Mai ist es ja noch kühl, und ich war zu leicht angezogen. Und sie hat den Gendarmen gefragt: »Wo ist denn der Einspieler?« »Der Einspieler ist woanders«, nur das: »Er ist woanders.« Dann ist die Schwester vom Lekš herumgelaufen und sie hat erfahren, daß der Lekš schon im Totenhaus liegt. Ich habe das alles nicht geglaubt. Aber sie haben auch die Schwester vierzehn Tage später eingesperrt und sie ist zu mir in die Zelle gelegt worden. Ich habe sie gefragt, wo der Lekš sei. Sie sagte: »Der Lekš ist schon begraben.« Meinen Mann haben sie nicht am Friedhof begraben dürfen, draußen mußten sie ihn verscharren. Damals war vor dem Friedhof noch ein Kehrichthaufen, und dort haben sie meinen Mann vergraben, kein Pfarrer durfte dabei sein, nur der Mesner, der die Grube ausgehoben hat. Der Vater hat noch einen Sarg machen lassen, damit sie den Körper in einen Sarg legten, aber sie haben auch das nicht erlaubt. Im Kehrichthaufen haben sie ihn begraben, ohne Kleider. Der Vater hat erzählt, daß er von zu Hause ein Leintuch mitgebracht hatte, und in dieses Leintuch haben sie ihn dann eingewickelt und begraben. Ein Jahr ist mein Mann dort gelegen, außerhalb des Friedhofes. Am 6. Mai 1945, als wir nach Hause gekommen sind, da haben die Partisanen alle Knochen zusammengeklaubt, auch von anderen, von denen sie wußten, wo sie lagen, die haben sie dann begraben – dort, wo heute das Denkmal ist. Es sind sechs oder sieben Unbekannte dabei.

Aus Feistritz haben sie uns um acht Uhr am Abend nach Klagenfurt gebracht, in einem Polizeiauto, und bei jedem Menschen ist ein Gendarm gesessen, schießbereit. Wie die ärgsten Verbrecher haben sie uns da hineingeschleppt. Wir sind ins Gefangenenhaus gekommen, sie haben uns an die Wand gestellt. Ich weiß noch genau, daß ich mit einem Križnar zusammengestanden bin. Er hat zu mir gesagt: »Du kennst mich nicht und ich kenne dich nicht.« Soviel hatten wir uns ausgeredet. Es hat ja Gegenüberstellungen gegeben: »Sie kennen den ja gut?« »Freilich kenne ich ihn, aber daß er mit den Partisanen Verbindungen hatte, davon weiß ich nichts.« Einige haben sie manchmal geschlagen. Freilich, wer standfest war, hat trotzdem nichts gesagt. Manch einer, naja, der hat halt geredet. Ich habe gesagt, als sie uns an die Wand stellten: »Jetzt werden sie ein paar Salven abfeuern und wir werden tot sein.« Wir mußten alles abgeben, was wir hatten, Bleistift, Schere, ein Messer, niemand hat

irgendetwas behalten dürfen. Wir haben diese Sachen auch nie zurückbekommen. Ich war bis zur Geburt meines Kindes eingesperrt.

Diese Monate im Gefängnis, die waren furchtbar. Ich konnte nicht
aufstehen, ich war zu schwach dazu. Was der Mensch alles überlebt!
Mancher sagt: »Ich könnte das nicht überleben.« Was sollst du machen,
wenn du nicht stirbst? Du wirst dir ja nicht selber etwas antun, und
lebend ins Grab kann keiner. Ein Aufseher war dort, ein Krameter, der
war noch freundlich. Der hat uns manchmal eine Neuigkeiten berichtet
von draußen, über den Kriegsverlauf, um uns zu trösten: Es geht dem
Ende zu, die werden verlieren. Er war auch immer dabei, wenn ein
Gestapo-Mann jemanden holen gekommen ist, dann bin ich immer
aufgestanden. Die anderen durften ja nicht liegen, aber auf mich haben
sie ein bißchen Rücksicht genommen.

Die Mutter ist zu der Zeit zur Gestapo gegangen und hat gebeten, daß
sie ihr wenigstens das Kind geben, wenn sie schon mich nicht freilassen.
Der Gestapo-Mann, ein Höherer, hat ihr gesagt: »Wenn es ein Mädchen
wird, kommt es in ein Heim, wenn es ein Bub wird, wird er vernichtet.«

Ende Dezember bin ich in das Krankenhaus gekommen, ich war sehr
schwach, aber es wäre schon Zeit gewesen für die Geburt. Im Krankenhaus habe ich keinen Besuch haben dürfen. Die Schwestern hatten von
der Gestapo den Auftrag, niemand zu mir hereinzulassen. Den Lekš gab
es nicht mehr, dafür hatten sie mich, wie den ärgsten Verbrecher. Aber
der Professor H., der war wirklich gut zu mir, der hat auf mich geschaut,
weil ich so schwächlich war. Ich habe im Gefängnis nichts essen können, der schwarze Kaffee und das Brot wie Sägespäne, das war furchtbar. Angeblich ist alles ziemlich auf das Kind gegangen. Schon am
Anfang, gleich nach der Geburt hat der Bub ein Abszeß gehabt, er mußte
operiert werden. Dann hat er viel zuwenig getrunken, die Milch hat so
gestockt, daß ich operiert werden mußte. Dadurch hat sich mein Aufenthalt im Krankenhaus verlängert. Der Professor hat sich aber interessiert,
wohin ich dann komme, und er hat mich solange drinnen behalten, bis
die Gestapo erlaubt hat, m ich nach Maria Saal gehen zu lassen. Nach
Hause durfte ich nicht, sie haben gesagt, ich sei eine Banditin. Die
Eltern waren herumgerannt und hatten erwirkt, daß sie mich wenigstens
nach Maria Saal ließen. Sie haben nachgegeben, das war im Februar, sie
haben wohl schon gesehen, daß der Krieg für sie verloren war. Sie hatten
auch Angst, sie haben gedacht, daß das auf sie zurückfällt. Ich war dann
mit dem Kind in Maria Saal beim Pfarrer Feinig.

Am 5. Mai bin ich nach Hause gekommen. An dem Abend sind die
Partisanen nach Feistritz gekommen. Bevor ich eingesperrt worden war,
hatte ich eine Wohnung neben meinen Eltern, Küche und ein Zimmer.
Der Jungfer hatte dann verlangt, daß sie die Wohnung räumen – er hätte
keinen Platz für Banditen. Als ich nach Hause kam, hatte ich gar nichts
mehr. Wir hatten ja auch früher nicht viel, einen Herd, einen Diwan,
einen Kasten und im Schlafzimmer zwei Betten, zwei Nachtkästchen und
einen Kasten. Das war alles, aber nicht einmal das hatten sie uns gelas-

Kararina Andrejcič

sen. Die Wohnung wurde total ausgeräumt. Die Eltern hatten meine Sachen zu sich genommen, sie hatten aber auch nur eine Küche und ein Schlafzimmer, und was sie nehmen konnten, haben sie hinein-gestellt, den Rest deponierten sie auf dem Dachboden. Für meinen Buben hatte ich gar nichts, keine Windeln, kein Hemd, nichts. Die Mutter hat Leintücher zerrissen. Dann bin ich auf die Gemeinde gegangen und habe um eine Wohnung gebeten. Damals war der Oitzl Bürgermeister und der Blatnik Karl sein Stellvertreter. Zu den beiden bin ich gegangen. Freilich, der Jungfer wollte mir sofort wieder eine Wohnung zur Verfügung stellen. Da habe ich gesagt: »Wißt ihr was, vom Jungfer nehme ich keine Wohnung. Er hat mich hinausgeworfen, als er gesehen hat, daß sie meinen Mann erschossen und mich eingesperrt haben. Er hat gewußt, daß ich ein Kind erwarte. Von dem Menschen nehme ich keine Wohnung.«

Sonst war ich ja nicht der Mensch, der jemanden verklagt oder durch den Dreck gezogen hätte. Ich habe mich dem Schicksal gefügt und war still. Ich bin noch heute still. Ich bin nicht dafür, daß man sagt, der ist schuld und der ist schuld. Ich sage nur das eine: Die Slowenen sind zu gut zu den Deutschen. Hätten die Deutschen das durchmachen müssen, wäre schon längst alles dahin gewesen. Die hätten sich viel schlimmer gerächt. Sicher, wenn die schießen, wirst du nicht Semmeln zurückschmeißen. Du mußt ja auch kämpfen, du mußt.

Lojzka Boštjančič

Sie wissen wohl gar nichts

Ich war im Dienst beim Plavc und wurde dort arretiert. Ein bißchen anders ist es ja, wenn du keine Kinder hast und für dich allein verantwortlich bist. Ich habe halt alles abgestritten, ich habe nichts gewußt. Als sie gekommen sind, in der Nacht, war ich schon im Bett. Eine Kindergärtnerin hat das Zimmer gehabt, wo ich früher geschlafen hatte, der Plavc mußte sie aufnehmen, weil sonst nirgends ein Platz war, und ich habe dann oben geschlafen. Sie hat ihnen die Tür aufgemacht, und die sind sofort ins Zimmer gekommen, mit Bajonett und Pistole, die Stiege hinauf. Ich habe nichts gewußt, und auch nichts geahnt. Niemand hat gesagt, daß wir aufpassen sollten.

Das ist alles so schnell gegangen, es war alles verraten. Heraus aus dem Bett, und sie haben mit dem Verhör begonnen, wie, und was, und mit wem, und ich habe nur dauernd verneint und nichts gesagt und nichts verraten, nicht ein bißchen. Daß die Nani schon geredet hatte, daß auch ich organisiert wäre, das habe ich nicht gewußt. Deswegen haben sie mir auch nicht geglaubt, daß ich nichts wisse. Sie haben behauptet, daß ich lüge. Gefunden haben sie bei mir jedoch nichts, kein Dokument und kein Flugblatt, gar nichts. Die Post hatte ich in der Hütte versteckt, dort waren Ölfässer. Eines dieser Fässer hatte keinen Boden, dort haben wir

Widerstand

die Post hineingelegt, und noch ein Faß hineingestellt, die haben sie nicht gekriegt. Aber besonders intensiv haben sie auch nicht gesucht, vielleicht, weil ich nicht so schwer belastet war. Wenn sie alles durchsucht hätten, hätten sie sie auch gefunden. In meinem Zimmer waren zwei Betten, in einem bin ich gelegen, auf dem anderen ist eine Tuchent gelegen, und da hat er mit dem Bajonett hineingestochen. Er hat geglaubt, da liegt jemand drinnen. So wie der mit dem Bajonett hineingestochen hat, wäre jemand, der dringelegen wäre, tot gewesen.

Sie sind bis zum Morgen geblieben, haben mich bewacht, den Plavc und den Jungen, jeden extra. »Ja, der Vater hat schon viel erzählt, der Bub weiß auch etwas, und sie wissen gar nichts?« Und er hat mich gemartert und gemartert, aber ich habe nichts zugegeben. Später erst haben die Nani und ich uns zusammengereimt, daß sie doch einiges hatte zugeben müssen, und daß sie Sachen, die ihrer Meinung nach nicht zu sehr belasteten, halt erzählt hatte, daß sie auch meine Schwester angegeben hatte, die zwei-, dreimal die Post zu uns heraufgebracht hatte, das war alles gewesen. Meine Schwester hatte wirklich keine Verbindungen und war auch nicht organisiert, sie hat die Post nur genommen, damit die Leute nicht zu uns kommen mußten. Für die Nani war das selbstverständlich auch schlimm, sie hat irgendetwas zugeben müssen, weil der Gendarm Schönfelder schon viel gewußt hat über sie. Der hätte sie schon früher verraten können, hat es aber nicht getan. Er hat sie nämlich einmal getroffen, wie sie jemanden zu den Partisanen gebracht hat, und er hat ihr gesagt: »Die wissen alles.« Mir haben sie auch gesagt: »Wir wissen alles!« Aber ich habe trotzdem nichts gesagt. Der Nani haben sie noch geraten: »Es ist gescheiter, daß du etwas zugibst, das wird viel besser für dich sein, als zu leugnen.« Dann will ich aufs Klo gehen, damals hat es drinnen noch kein Klo gegeben, das war hinter der Hütte. Ein Polizist ist mit mir gegangen, da habe ich erst alles überblickt: Draußen war eine Laube, auf dem Tisch hatten die Deutschen ein MG aufgestellt und auf die Haustür gerichtet, falls etwas passieren sollte. Wenn ich daran denke, wird mir mulmig. Bei Tagesanbruch haben sie uns dann auf einen Lastwagen gepackt und sind mit uns nach Klagenfurt gefahren. Wir waren ja viele.

Zu guter Letzt haben wir ja alle überlebt, dadurch, daß wir nach Hause gekommen sind, war alles halb so wild. Aber ich habe schreckliche Momente erlebt, wie ich gemeinsam mit meiner Schwester in einer Zelle war, und wenn Bombenalarm war, dann hat sie schrecklich geweint. Sie war sechs Jahre jünger als ich, hat geweint und war ganz durcheinander. Sie ist unter den Tisch gekrochen, solche Angst hatte sie. Ich hatte keine Angst. Ich habe mir gedacht, da wird schon nichts passieren, hier werden sie nicht bombardieren.

Wen die Nani sonst noch alles angegeben hat, weiß ich nicht. Sie hat gesagt, nur jene, von denen sie sowieso schon gewußt haben, aber die Deutschen haben ja so gefragt, daß sie – ohnehin schon aufgeregt – vielleicht gar nicht genau gewußt hat, was sie sagt. Die haben bei meinem

Verhör auch behauptet, daß der Plavc-Vater schon gesagt hätte, daß ich viel wüßte und Verbindungen hätte. Aber konkret haben sie mir nicht gesagt, mit wem ich diese Verbindungen haben sollte, und beim Plavc haben sie auch nichts gewußt. Nur der Junge, der Hašpi hat gewußt, daß manchmal jemand zu uns gekommen war, er ist einmal ins Haus gekommen, als zwei Partisanen hier im Haus geschlafen haben. Da habe ich ihm gesagt: »Wirst du wohl verschwinden«, und habe ihm eine Ohrfeige gegeben. Später einmal hat er zu mir gesagt: »Ich war dann still und habe nie etwas erwähnt. Auch damals habe ich nichts verraten.« Es haben ja wirklich beide nichts gesagt, obwohl er mir weismachen wollte, daß der Plavc meine Verbindungen schon bestätigt hätte.

Ich habe später nicht mehr viele Verhöre gehabt. Unser Glück war nur, daß es nie zu einer Gerichtsverhandlung gekommen ist. Wir waren schon am Plan, wenn den Freisler nicht die Bomben erschlagen hätten, dann wären wir auch draufgegangen.

Die Lonki, die war aus Vesca, die hatten sie schon am Vortag arretiert. Als wir um neun, zehn Uhr in die Zelle kamen, da war sie schon dort. Als wir dann zu Mittag unseren Napf Suppe bekommen haben, da schau ich sie groß an: »Maria, wer soll denn das essen?« Da sagt die Lonki: »Lojza, iß nur. Es kommt nichts Besseres.« An diese ersten Worte kann ich mich noch genau erinnern: »Lojza iß nur. Es kommt nichts Besseres.« Die war ja schon einen Tag drinnen und hat sich ausgekannt.

In der Zelle waren vier Betten, aber manchmal bis zu zwanzig Frauen, zwanzig vor dem Mittwoch. Mittwochs ist ein Transport gegangen, und da haben sie geräumt, so acht bis zehn waren wir aber immer. Zu zweit sind wir auf den Betten gelegen, manchmal mußte eine am Boden liegen. Im Gestapogefängnis ging es ja noch so halbwegs. Wir hatten sogar Spielkarten drinnen, sodaß wir manchmal Karten spielen konnten. Wenn draußen irgend etwas geklirrt hat, sind wir sofort aufgestanden und haben nichts geredet. Doch wenn die Luft wieder rein war, haben wir gesungen, gebetet und Karten gespielt.

Dann wurden wir am 1. Jänner ins Gericht verlegt, da haben wir dann auf die Verhandlung gewartet. Bei uns hat es so lange gedauert, weil wir so viele waren. Dann waren wir also am Gericht und nicht mehr bei der Gestapo, und dort durften wir auch in den Luftschutzkeller. Bei der Gestapo hatten wir das nicht dürfen und wenn es Alarm gegeben hat, dann sind die Aufseher gegangen, wir aber haben beim Fenster hinausreden können. Wir haben alles von oben gehört und von unten und so haben wir uns ausgeredet. Wir haben genau gewußt, wie der Krieg verläuft und wir haben schwer auf das Kriegsende gewartet. Nach dem 1. Jänner haben wir auch in den Luftschutzkeller dürfen. wer nicht wollte, ist in der Zelle geblieben. Wir sind aber gerne gegangen, damit wir uns mit den anderen getroffen haben, die auch im Gericht waren, da waren lange Gänge unten und auf den Gängen haben wir uns getroffen und geredet. Im Gericht war der Ablauf eher strenger, aber geregelter. Du brauchtest keine Angst mehr zu haben, daß du am Mittwoch auf

Transport gehst. Du hast halt auf deine Verhandlung gewartet. Auf der Gestapo hast du aber jeden Mittwoch um drei Uhr morgens gezittert, ob du gerufen wirst. Jene, die aufgerufen wurden, mußten ihr Bündel nehmen und wurden ins Lager geschickt. Davor hatten wir Angst, denn was ein Lager ist, das haben wir gewußt. Es sind ja welche aus dem Lager heraufgekommen, aus Dravograd, die waren oft so zerschlagen, und bei uns war für die auch nur eine Zwischenstation. Die haben sie dann weiter in ein anderes Lager geschickt. Im Gefängnis haben wir genug davon gehört, wie die Lager waren.

Die Frauen sind gekommen und gegangen, gekommen und gegangen, durch unsere Zelle sind wer weiß wie viele gegangen, wir waren dort von Mai bis Dezember. Die hygienischen Verhältnisse waren unmöglich: Ein Kübel hinter der Tür, das war das Klo für alle, und Hausarbeiter haben das Wasser gebracht, es hat ja kein Fließwasser gegeben, sondern Behälter aus Blech, wie diese Tränken bei den Rehen, dort wurde in der Früh das Wasser hineingeschüttet. Zwei Hähne waren angebracht, die du aufdrehen konntest, und dann konntest du dich waschen. Für die Menstruation haben wir Watte bekommen, die Wäsche aber haben wir nach Hause geschickt, und von zu Hause haben sie uns wieder neue mitgebracht. Das war erlaubt. Deswegen hat manche, die die Menstruation gehabt hat, die Hose aufgetrennt und einen Kassiber eingenäht. Zu Hause aber haben sie genau nachgeschaut. Hier haben sie vor allem solche Wäsche nicht so genau kontrolliert. Dort wo die Nani war, war es noch schlimmer. Vierzig Frauen und zwei Kübel, vierzig, die mit einander gerauft haben, wer noch aufs Klo gehen darf, und wenn eine mußte, dann mußte sie halt, sodaß manchmal alles übergeschwappt ist. Sie hatten dort auch mehr Läuse als wir, wir hatten zwar Wanzen in den Betten, aber keine Filzläuse, nur Kopfläuse, und die haben wir dauernd bekämpft. Jede, die neu hineingekommen ist, mußte sich kämmen lassen, und beim Kämmen haben wir sie entlaust. Aber damit haben wir erst angefangen, nachdem eine aus Dravograd gekommen war, die hatte Kraushaare und hat jede Menge Läuse mitgebracht. Wenn du dich jeden Tag gekämmt hast und eine der anderen die Läuse heruntergeklaubt hat, so wie bei den Affen, dann war das noch das Beste. Die Larven hast du freilich nicht weggekriegt, das ging nur, wenn du unter die Dusche gekommen bist. Aber so hatten wir wenigstens etwas Abwechslung.

Wir haben immer wieder beim Fenster hinuntergeschaut. Im Mai, als wir arretiert worden sind, hat es gerade zu blühen begonnen, und wir haben gesagt: »Ach, bevor sie das Heu trocknen, sind wir sicher schon zu Hause.« Und dann hat das Heu schon so intensiv gerochen, draußen war nämlich ein kleiner Park, den sie abgemäht haben, und wir waren noch immer drinnen. Es war so eine Hitze, das war schlimm, zehn Frauen in einer Zelle, und ein kleines Fenster, aber es mußte gehen.

Für kurze Zeit war auch noch eine Partisanin bei uns in der Zelle, die haben sie kurz vor Kriegsende erschossen. Wie die hereingekommen ist in die Zelle, komplett zerschlagen! Sie hatten sie so verprügelt, aber sie

401

hat gesagt, jetzt sage ich erst recht nichts, und sie hat auch nichts gesagt. Sie haben sie erschossen, Vrhovnik hat sie geheißen. An der Vrhovnik Majda haben wir gesehen, wie sie sie gefoltert haben, später wurde sie in eine andere Zelle verlegt, sie war drei, vier Monate eingesperrt und wurde in den letzten Kriegstagen am Kreuzbergl erschossen.

Im Juni sind die Mitsches zu uns in die Zelle gekommen. Als wir dann ins Gericht überstellt wurden, hatten die beiden noch ihre Verhandlung, wir aber nicht mehr. Dort sind wir nur mehr zu viert in einer Zelle gewesen, und so sind die beiden Mitschefrauen in die Zelle neben uns gekommen. Die haben sie noch verurteilt, und am Abend hat die Mutter so eine Art Testament gemacht, das haben wir auch in der Nachbarzelle gehört. Sie ist zum Fenster hinaufgestiegen, und dann haben wir gehört, wie sie gerufen hat: »Stefan«, der Stefan war ihr Sohn, der ist nicht zum Tode verurteilt worden, der hat nur ein paar Jahre gekriegt, »Stefan, wir gehen, wir sind verurteilt, du aber wirst überleben, du wirst ja noch nach Hause kommen, das Bett, und was mein war, soll dir gehören, alles andere aber laß' dem Vater und sorg' für ihn.« Wir haben damals gedacht: »Ist das denn möglich«, und haben alle geweint. Es ist uns durch und durch gegangen, diese Mutter, ich höre sie noch heute: »Stefan, Stefan«. Am nächsten Tag waren sie weg, das haben uns die Aufseherinnen erzählt.

Wir hatten ja auch nettere Aufseherinnen. Wenn wir Besuch bekamen und der etwas mitgebracht hatte, dann hast du nicht einmal ein kleines Stückchen nehmen dürfen, wenn eine böse dabei war, auch nicht an Ort und Stelle essen; wenn aber die gute dabei war – die hat uns noch nach dem Krieg lange Jahre besucht – die hat sich nur böse gestellt, du hast genau gesehen, daß sie es nicht so meint – dann hat sie weggeschaut und wir haben in jeden Sack etwas hineingestopft. Die hat uns auch erzählt, daß die beiden Mitsches zusammengekettet waren, als man sie wegbrachte.

Wir sind nicht mehr drangekommen, das war reines Glück und nichts anderes, wir hätten genauso ums Leben kommen können wie die. Und dann war der Krieg aus und ich habe ein Abszeß auf der Brust bekommen, so ein Abszeß, daß der Doktor gesagt hat, ich dürfe liegen bleiben. In der Früh kommt die Aufseherin: »Aufstehen, Miškulnik, aufstehen!«, die anderen waren sowieso schon auf. »Miškulnik, stehens' auf!« »Ich kann nicht, der Arzt hat gesagt, ich darf liegen bleiben.« Normalerweise hat man nämlich tagsüber nicht liegen dürfen. Da sagt sie: »Mein Gott, sie gehen ja heim.« Daß das Ende des Krieges nahe war, das habe ich ja gewußt, aber es ist trotzdem unverhofft gekommen und war eine Überraschung für mich, und ich bin dann wirklich aufgestanden. Früher hatten wir uns immer unterhalten: Wenn wir nach Hause dürfen, dann werden wir halt gehen, aber wie es soweit war, da habe ich nicht mehr können. Ich war so schwach. Wir sind in die Pfarrkirche gegangen, die Köchin war auch einige Zeit eingesperrt mit uns, und von dort haben wir dann die Polizei in Ludmannsdorf angerufen, einer solle zum Vater von

Köchin war auch einige Zeit eingesperrt mit uns, und von dort haben wir dann die Polizei in Ludmannsdorf angerufen, einer solle zum Vater von der Nani gehen und dort sagen, daß wir nach Hause kämen, sie sollten uns holen kommen. Und der Gendarm ist wirklich gegangen. Der Krieg war aber erst zwei Tage später aus. Am nächsten Tag haben sie noch alle anderen ausgelassen, die aus politischen Gründen eingesperrt waren. Die Nani ist erst am nächsten Tag freigekommen, ihr Vater und ihr Bruder sind mit dem Pferd gekommen, aber die Nani war damals noch nicht frei. Zu Hause hat mich dann meine Mutter verarztet, daß ich doch wieder auf die Beine gekommen bin, es hat ja alles geeitert. Ich weiß nicht, was gewesen wäre, wenn das alles noch länger gedauert hätte. Oft hat der Mensch wohl auch Glück. Ich weiß nicht, was gewesen wäre, hätte der Krieg länger gedauert.

Lojzka Boštjančič

Rosenkränze aus Brot

Ana Zablatnik

Den ersten Kontakt mit den Partisanen hatten wir im vierundvierziger Jahr, Mitte Jänner. Wir hatten eine Einladung bekommen, wir sollten uns im Čakel-Stall mit ihnen treffen, dort warte ein Partisan auf uns. Beim ersten Mal waren wir nur Frauen. Er erklärte uns die Situation. Wir aber waren gläubige Menschen und hatten gehört, daß das alles nur Kommunisten sein sollten. Wir haben ihn gefragt, wie das ist, ob da auch andere Menschen dabei wären. Er sagte: »Das ist gar keine Frage. Wenn ihr dafür seid und uns unterstützt, dann ist es doch egal, was ihr seid.« Wir vereinbarten ein neues Treffen und sind wieder zusammengekommen. Wir brachten Essen und Kleider mit, da waren schon mehr dort und das war der Anfang. Später haben sie auch Literatur mitgebracht, der »Poročevalec« wurde verteilt, und wir haben einmal den einen, dann wieder den anderen angesprochen. Aber alle kannten wir nicht einmal. Ich hatte am meisten Kontakt zu der Lojzka und hie und da bin ich hinauf gegangen, wo die Partisanen ihren Bunker hatten. In der Nähe von Ludmannsdorf war ja nur eine Kompanie, und nicht einmal die war ständig hier, sie hatte ja keinen Bestand.

Im April führten sie dann eine größere Aktion durch, sie überfielen Ludmannsdorf. Sie sagten, sie kämen auch zu uns ins Gasthaus, wir fragten den Vater, ob sie dürften. Der Vater sagte: »Ich habe nichts dagegen, nur der Tod darf nicht ins Haus kommen.« Und die Partisanen sind gekommen, als der Gendarm gerade beim Essen gesessen ist. Sie kamen von hinten, da war eine Doppeltür, und der erste Partisan schreit: »Hände hoch« und schießt in die Luft. Die Gäste haben alle die Hände in die Höh' gehalten, nur der Gendarm hat nach seiner Pistole gegriffen, er wollte sie herausziehen und in dem Moment erschoß ihn der Partisan. Das haben die Leute sehr übelgenommen. Ich habe später gehört, daß

nen auf die Gemeinde gegangen und haben alles durchwühlt. Sie suchten nach Dokumenten, die unsere Leute belasten würden, aber dort war
nichts in der Art. Es wäre besser gewesen, sie wären in die Keusche
hinaufgegangen, die der Partei gehörte, dort hätten sie mehr gefunden.
Auf der Gemeinde war ein Panzerkasten von der Sparkasse, der war
nach all dem aufgerissen. Die Deutschen behaupteten, die Partisanen
hätten das Geld gestohlen. Aber das war gar nicht wahr. Sie haben uns
gesagt, daß sie den nicht einmal öffnen konnten. Und daß das höchstwahrscheinlich wohl eher der Ortsgruppenleiter gewesen sei, der diese
Möglichkeit genutzt und dann behauptet hatte, die Partisanen wären es
gewesen. Mit der Lojzka schrieben wir noch Flugzettel und hefteten sie
bei Nacht auf die Türen der Deutschen, damit jeder in der Früh lesen
konnte, daß das nicht die Partisanen gewesen waren. Der Ortsgruppenleiter ist aber in dieser Nacht geflohen und die ganze Nacht unter der
Brücke gehockt. Die Partisanen sind ja auch zu ihm gegangen. Sie
haben später erzählt, daß beim Haus soviel Vorrat gewesen sei, daß sie
nicht einmal alles hätten mitnehmen können. Es wäre besser gewesen,
gleich das ganze Haus mitzunehmen, so voll war es. Damals hat man ja
nichts mehr bekommen, keinen Zucker, keinen Kaffee, rein gar nichts,
und er hat von allem genug gehabt. Der hat die Bezugscheine selber
kassiert, anstatt sie den Leuten zu geben.

Bei der Aktion haben ja nicht viele Partisanen mitgewirkt. Die Leute
dachten, es wären dreihundert, in Wirklichkeit sind es ungefähr 20
gewesen. Und noch die haben sich aufgeteilt, die einen sind nach
Selkach gegangen, die anderen nach Oberdörfel. Es schaute nur so aus,
als ob es soviele gewesen wären.

Dieser Angriff auf Ludmannsdorf geschah im April, einen Monat später
hatten sie uns. Zuerst hatten sie drei arretiert; wir bekamen schon Angst.
Aber nach der Verhaftung war es so leise, momentan war alles still. Die
Ruhe vor dem Sturm, vermutlich.

Am Tag unserer Verhaftung sind die Gestapo-Leute schon den ganzen
Tag in Ludmannsdorf herumgerannt, sie kamen sogar zu uns mittagessen, einer fragte noch: »Wie heißt denn du?«, und ich antwortete:
»Anna«, »Ja, was haben wir denn zum Essen?« Damals war ja schon
alles auf Karten. Verdammte Mannsbilder. Jetzt kommen sie, was soll
ich ihnen denn geben. Ich sagte: »Nicht viel, Nudeln kann die Mutter
kochen und Kompott.« »Ist auch gut«, und sie warteten, bis die Mutter
Nudeln gekocht hatte. Dabei beobachteten sie uns schon, denn am
Abend bei der Verhaftung sagte einer zu mir: »Was habt ihr denn da
unten gemacht, ihr habt einen Auftrag gehabt.« Wir hatten nämlich im
Wald gearbeitet und da war soviel Kraffel, der Vater befahl uns: »Ver-
brennt das«, und wir hatten es verbrannt, die aber haben gedacht, daß
wir den Partisanen Zeichen geben.

Um 11 Uhr nachts klopften sie. Ich habe gleich gewußt, was los ist. Der
Vater macht auf und sie sagen: »Wo ist denn die Anni?« Ich tat zuerst
noch so, als ob ich sie nicht hören würde. Da kommt einer und schüttelt

mich: »Aufstehen!« *Marinka*, ich schau hoch, und er steht in der Tür und hat die Maschinenpistole auf mich gerichtet. Was wird sein? Aufstehen und anziehen! Ich frage: »Soll ich mich warm anziehen, was soll ich denn?« Und er sagt: »Wirst eh bald genug kalte Füß' haben.« Und das war's. Ich habe mich zur Tür setzen müssen, die setzten sich hinter den Tisch. Dann hat mich ein Gestapo-Mann verhört. Ich habe gesagt, ich weiß nichts. Dann verhörten sie der Reihe nach die anderen. Die Mutter war zornig: »Was, ich habe einen Sohn verloren, der zweite ist draußen an der Front.« »Du bist keine Mutter. Ich rühr nicht einmal einen Finger für dich, für so eine Mutter.« Und die Pistole ist auf dem Tisch gelegen. So ist es die ganze Nacht zugegangen. Gegen Morgen hat er gefragt: »Habt's keinen Most da?« »Ja freilich haben wir Most.« »Darf ich holen gehen?« Aber der Schönfelder, der Gendarm in Ludmannsdorf ging mit mir. Beim Hinuntergehen hat er zu mir gemeint: »Ich sag' dir nur das eine, die wissen alles, gib' zu, leugne nicht alles ab.« Und ich hab' mir drauf gesagt: »Leck' Arsch« Sie tranken diesen Most, die einen lagen drinnen in unseren Betten, es war alles voller Polizei.

Um 6 Uhr gingen wir weg vom Haus. Wohin du geschaut hast, überall Soldaten. Ich dachte mir noch, was ist denn heute los in Ludmannsdorf. Ich wußte ja nicht, daß sie die anderen auch hochnehmen würden. Sie führten uns zur Polizei, dort öffnete er eine Mappe, in der war alles notiert, alle Häuser und auch der Bunker. Dann fragten sie: »Weißt Du, wo der Bunker ist?« Ich habe mir gedacht, bevor die ganze Familie geht, muß ich etwas sagen. Und so fing es an. Und immer mehr und immer mehr. Dann haben sie mich zum Primij geführt und gesagt: »So, du wirst jetzt voraus gehen und uns den Bunker zeigen.« »Nein, voraus gehe ich nicht, ich geh schon mit, aber nicht bis zum Bunker.« Ich wußte ja schon, daß sie ihn hatten, sonst hätte ich nicht mitgehen brauchen. Sie wollten mich in Wirklichkeit auf die Probe stellen. Als wir wieder zurück waren, schubsten sie mich in diesen Jeep. Beim Mohor sah ich einen Laster mit vielen Leuten drinnen. Sie wollten mir zeigen, wieviele sie schon erwischt hatten. Und das sah so aus, als ob sie über alles Bescheid wüßten. Die anderen brachten sie ins Gefängnis nach Klagenfurt, mit dem Laster, mich führten sie zur Gestapo, in einem kleinen Auto. Erst um 9 Uhr am Abend führten sie mich in die Zelle zu den anderen. Und dann holten sie mich acht Tage lang jeden Morgen und verhörten mich, von 8 Uhr in der Früh bis zum Abend.

Gott sei Dank, nach uns ist niemand mehr eingesperrt worden. Ich glaube, es war trotzdem richtig, daß ich einiges zugegeben habe, sonst hätten sie die ganze Familie eingesperrt. Ich sage nur, dann haben sie niemanden mehr eingesperrt. Die, die eingesperrt waren, die waren drinnen und aus. Weil es geheißen hat: »Das ist ein Verräter.« Aber in so einer Situation zu sein, das ist etwas ganz anderes. Ein Verräter ist für mich ein Mensch, der ohne Grund zur Polizei läuft und andere aus Bosheit, aus niedrigen Motiven anzeigt. Unter Druck aber und mit der Verantwortung für die Familie kann niemand behaupten, daß das einfach Verrat ist.

Sechs Wochen später fanden die Deutschen im Bunker unter der Arichwand einen von mir geschriebenen Bericht, und ein Gestapo-Mann holte mich: »Jetzt haben wir alles gekriegt, jetzt wissen wir alles von dir.« »Ja was denn? Ihr könnt ja nicht mehr wissen. Was ich gewußt habe, das habe ich gesagt.« »Ja, wir werden schon sehen.« Und sie führten mich hinunter zum Verhör. Namentlich genannt wurde ja in diesen Berichten keiner, aber wo wir was bekommen hatten, das haben wir damals aufgeschrieben. Diesen Bericht ließ der Verhörende mir dort und ging hinaus. Ich sage, das hat der absichtlich gemacht. Wie hätte ich sonst so genau erfahren können, was da drinnen steht, wenn er mich nicht den Bericht hätte lesen lassen. Er hätte das nicht tun müssen. Ich las das durch und erklärte alles so, daß es mit dem zusammenpaßte, was ich schon gesagt hatte. Ich nahm alles auf mich. Jede Schuld war meine Schuld und aus. Ich weiß nicht, ob man das versteht, aber in der Situation zu sein und nicht zu wissen, wie du es richtig machen sollst, das ist etwas Grauenhaftes. Aber dabei ist es dann geblieben, daß ich die Verbindung zu den Partisanen gehabt hätte und die anderen wären nur Mitwisser.

Die restlichen Ludmannsdorferinnen habe ich gleich am ersten Abend darüber informiert, was ich gesagt hatte. Ich komme in die Zelle, da waren zwei aus Ludmannsdorf drinnen, und die fragten sofort: »Wer ist noch da? Hast du etwas gesagt? Beeil Dich, sag's den anderen, damit sie wissen, was sie sagen müssen.« Ich habe Zettelchen geschrieben für die Lojzka, die Tildi und die Lonki: das habe ich gesagt, mehr nicht. Und die Hausarbeiter, die das Frühstück gebracht haben, haben das weitergetragen. Nur, in jeder Zelle war eine als Spitzel. Das haben wir ja schnell herausgekriegt. Und du mußtest dann beim Reden aufpassen, daß nicht so eine dazukam, die dann alles weitererzählte.

Ich weiß nicht einmal mehr so genau, woran wir diese Spioninnen erkannt haben, aber das hat man einfach sofort gesehen. Die ist einmal hier gesessen, einmal da, zum Erzählen hat sie nicht so recht was gehabt. Wenn eine wegen Partisanentätigkeit eingesperrt war, die hat ja viel gewußt. Und so eine hat nicht viel gewußt. Ich weiß noch, zu uns haben sie so ein altes Weiblein getan, das waren keine Jungen, damit sie nicht so aufgefallen sind, und die war ein Spitzel. Aber wir haben das sofort herausgekriegt: »Paßt auf, die ist nicht astrein.« Und sie hat nichts erfahren. Wenn die dabei gewesen ist, dann hat man halt nicht geredet.

Im Gestapogefängnis durften wir ja den ganzen Tag nicht arbeiten. In der Früh mußten wir aufbetten und durften uns nicht mehr niederlegen, niemand hat dich beim Liegen erwischen dürfen. Wir haben es schon getan, aber gelauscht, ob von irgendwo wer daherscheppert, die Schlüssel haben ja so geklirrt, die hast du ja gehört. Heimlich wurden uns Papier und Materialien in die Zelle geschmuggelt. Wir haben auch Nadelkissen drinnen gemacht. Ich habe eines noch irgendwo. Dann haben wir Bilderrahmen zum Zusammenstecken gemacht, Rosenkränze aus Brot. Soviel, daß die Zeit vergangen ist. Und geschrieben haben wir. Jetzt erzählt sich das alles ja so hübsch, aber damals war es ein bißchen anders.

Wir erlebten die Zeit, in der Hitler gekommen ist, schon intensiv. Jetzt kann ich mich ja nicht mehr so an alles erinnern. Auf jeden Fall habe ich im Gefängnis Gedichte auf kleine Zettelchen geschrieben, die habe ich mit der Wäsche nach Hause geschickt, eingenäht in irgendein Eck. Und das blieb uns zur Erinnerung. Das Papier haben sie uns von zuhause geschickt, auch heimlich, irgendwo eingenäht oder die Wäsche darin eingewickelt, und wir haben dann geschrieben.

Und dann hat mich eine aus Villach gefragt: »Möchtest du mitgehen, wenn wir ausbrechen?« Ich habe gesagt: »Sofort! Ich bin sofort dabei!« »Gut« hat sie gesagt, nicht mehr. Ich wußte auch nicht genau wann. Ich hörte nur, daß zwei Omnibusse kommen sollten und Lastwägen, wir hätten hinauslaufen sollen und zwei Wächter wären mit uns gegangen. Zwei Tage davor wurde alles verraten. Von einem, der mitgehen sollte. Es hat geheißen, daß es ein Partisan war – ich weiß es nicht. Jemand hat verraten, daß wir vorhatten zu fliehen.

Sie haben die zwei Wächter eingesperrt und bei uns in den Zellen eine Razzia veranstaltet. Sie durchwühlten alles, warfen die Strohsäcke hinaus und suchten nach Waffen. Wir mußten uns ausziehen und einen Meter auseinander an die Wand treten. Und sie standen hinter uns, bei jeder einer. Jede mußte einzeln in eine Zelle, dort haben sie jede durchsucht, die Beine mußte sie auseinandernehmen und die Hände nach vor. Wo solltest du da etwas verstecken. Was wir hatten, Bilder und diese Tagesration, manchmal hat noch eine etwas Brot gespart, damit sie auch am Abend etwas hätte – alles war durcheinander auf einem Haufen. Ich weiß nicht, wohin sie das alles brachten. Unten im Hof hatten sie so einen Haufen, alles Sachen, die sie in den Zellen gefunden hatten. Was Besonderes haben sie ja nicht gekriegt, aber es war eine schlimme Razzia. Kurz darauf schlug dann dort, wo die beiden Polizisten eingesperrt waren, eine Bombe ein, und beide wurden getötet. Aber sie wären ja so oder so erschossen worden.

Weihnachten haben wir noch auf der Gestapo verbracht, dann sind wir vor das Gericht gekommen, am 27. oder 28. Da haben wir gewußt, jetzt wird es ernst, weil sie schon welche kurz zuvor zum Tod verurteilt hatten. Und wir wußten, wenn es bei uns zum Prozeß kommt, werden sicher einige zum Tod verurteilt. Aber wir hatten keinen Prozeß. Weil wir soviele waren, hätte der Freisler kommen sollen, und dann hieß es, er sei umgebracht worden. Einige sagten, er sei von Bomben erschlagen worden. Dann übernahm der Grazer Senat unsere Angelegenheit. Da ist aber der Russe immer näher gekommen und es hat geheißen, es wird nichts. Die Villacherinnen, die mit mir eingesperrt waren, die haben dauernd alles verzögert. Sie verrieten absichtlich immer etwas dazu; sie sagten, so hört das nie auf.

Zu Weihnachten bekamen wir von zuhause zwei Bäumchen. Einem standen die Äste hinauf – das war unsere Zukunft, dem anderen hinunter, das war unser Leben jetzt. Zwischen die beiden Bäume stellten wir ein Bild mit der heiligen Familie und wir zündeten Kerzen an, die hatten sie uns auch hereingeschafft. Die Türen wurden aufgemacht und alle haben die Weihnachtslieder gehört, die wir slowenisch gesungen haben, auch die Männer. Der Aufseher ist weggegangen, der hat die Tür aufgemacht und ist weg. Das war der heilige Abend im Gefängnis. Die Tränen sind uns die Wangen hinuntergerannt, wir haben uns um den Tisch an den Händen gehalten.

Die Hoffnung, daß wir da rauskommen, die haben wir nie aufgegeben, die haben wir nie verloren. Das war, glaube ich, viel wert, daß du dir immer gesagt hast, wir kommen hinaus, einmal nimmt dieses Leid ein Ende.

Goebbels Hosen für Göring

Ich hatte die Angewohnheit, zuzuhören, wenn die alten Leute beisammensaßen und redeten. Bei uns saßen immer Männer, die nicht bei den Soldaten waren, weil sie schon im Ersten Weltkrieg gewesen waren. Die waren bei der »Landwache« und versahen hier ihren Dienst. Jeden Sonntag versammelten sie sich bei uns, bis mein Vater im Jahre 1943 verschwand. In den Jahren 1942, 1943 hörte ich immer, wie sie über die Zukunft redeten. Als die Deutschen die Russen überfielen, sagten sie: »Der Russe wird mit den Deutschen aufräumen.« Hier oben wohnte ein Markuc, er war im Ersten Weltkrieg von den Russen gefangen worden, und der meinte: »Der Russe wird es ihnen schon geben, aber nicht so schnell, wie wir glauben. Das merkt euch, solange die Hosen vom Goebbels nicht dem Goering passen werden, solange wird noch kein End sein.« Und es war wirklich so.

Nachdem Jugoslawien überfallen worden war, hörte man, daß es dort einen Widerstand gab. »Dort ist es aber nicht leicht«, wurde gesagt. Bei uns war ein Deutscher, der einzige im Dorf, er wollte einen Hof bei Bled übernehmen. Der Sticker Franc, Schneidermeister in Latschach, gehbehindert – deswegen brauchte er nicht zur Armee –, zog ihn auf. Sie saßen beim Pirker, und er fragte ihn: »Was ist denn mit deinem Bauernhaus in Radmannsdorf?« Irgendwo bei Radovljica lag dieser Hof. »Ja«, sagt er, »der A. hat gesagt, dort ist der Boden zu heiß.«

Wir wurden die ganze Zeit als »Tschuschen« gebrandmarkt. Ich erfuhr, daß der Oberlehrer Andrič in Latschach sagte: »Schade um diese Uršic-Kinder, so intelligent und alles Tschuschen.«

Als mein Vater zu den Soldaten einrücken sollte, befreiten sie ihn zunächst, weil er für irgendwelche Nazis Dachziegel machen mußte. Er konnte noch ein Jahr zuhause bleiben und ein paar tausend Dachziegel machen. Im Herbst 1943 bekam er dann endgültig einen Einberufungsbefehl. Die Mutter wußte, wo er war, auch der Nachbar, der bei uns wohnte, und die Onkeln Franz und Hajnžej, ungefähr zehn Leute waren informiert. Bevor er verschwand, sagte der Vater zu ihnen: »Nur unter der Bedingung, daß ihr wirklich alle schweigen werdet, verschwinde ich, sonst gehe ich in den Tod.« Mein Vater hatte nämlich eine seltsame Krankheit, er trank ungefähr 15 Liter Wasser am Tag, sogar nachts sechs bis sieben Liter, und die Leute meinten zu ihm: »Du kannst ja nicht zu den Soldaten gehen, wo du soviel Wasser säufst.« Er brauchte dieses Wasser aber, ohne konnte er nicht leben. Allein schon deswegen verschwand er. Manche glaubten, er hätte die Zuckerkrankheit, ich kann mir das aber nicht vorstellen, weil er schon als Kind soviel Wasser getrunken hatte. Er durfe sogar in der Schule Wasser trinken, wann immer er wollte. Als er 18 war, sagte der Arzt zu ihm, er werde keine 30 Jahre alt werden. Er lebte aber 77 Jahre, er hatte halt Glück.

Der Vater hätte nach Graz zu den Soldaten einrücken müssen, dazu hätte er mit dem Zug über Maribor fahren müssen. Er ging mit dem Koffer von zuhause zum Zug, damit die Leute ihn sehen konnten. Bei Ledenitzen sprang er samt Koffer ab und kehrte nach Hause zurück. Die Einheit, zu der er gekommen wäre, vergaß vermutlich zu fragen, wo er denn bliebe. Erst später begannen sie mit den Nachforschungen. Die Partisanen hatten in der Nähe von Maribor den Zug überfallen, in dem er sich hätte befinden müssen. Vielleicht haben sie ihn mitgenommen, redeten die Leute hier in der Gegend, er hatte also ein bißchen Glück. Wir Kinder wußten nicht, wo er war, dabei war er bis zum Ende des Krieges zu Hause im Keller versteckt. Im Sommer ging er hinauf in den Wald. Er baute sich dort einen Bunker und die Mutter brachte ihm das Essen. Eine schlimme Zeit brach für ihn ab November 1944 an, als sie uns alle aussiedelten.

Ich hätte 1944 im Herbst die Schule abschließen sollen, aber schon zu Ostern wurde ich aus der Schule genommen, um zum Sticker nach Kopain arbeiten zu gehen. Der Sticker war der kleine Cousin meiner Mutter. Es gab nichts mehr zu essen, der Vater war verschwunden, die Mutter bekam keine Unterstützung, gar nichts. Wir aber waren fünf Kinder und so mußte ich nach Kopain zur Arbeit.

Kurz nach Ostern sah ich dann die ersten Partisanen. In Kopain waren sie schon ein Jahr früher. Greuth, Kopain und Altfinkenstein – dort hinauf führte ja keine Straße, da kamen nur Fuhrmänner hinauf, keine Autos. Deutsche waren nicht in der Nähe, und so hielten sich die Partisanen dort auf. Jeden Tag im Mai trieb ich die Herde von Kopain auf die Roßalm, weidete sie dort und trieb sie am Abend wieder zurück. Dort bekam ich Kontakt zu den Partisanen. Sie fragten, ob ich Zigaretten hätte. Ich war aber bloß ein Bub und hatte keine Zigaretten. Der Jožej steckte mir dann manchmal eine Schachtel für sie zu. Sie kamen auch Lebensmittel holen nach Kopain.

Die Kinder vom Nachbarhaus gingen noch zur Schule, und sie sahen die Partisanen in Kopain auch. Wir hatten Angst, sie würden etwas weitererzählen und die Gendemarie würde fragen, wieso wir nichts gemeldet hätten. Deswegen meldeten wir immer bei der Gendarmarie, daß Partisanen, »Banditen«, bei uns gewesen wären. Damals mußte man »Bandit« sagen. Einem Gendarmen in Ledenitzen mußte ich einmal beschreiben, wie sie ausgesehen hatten. Er drohte mit dem Finger und sagte: »Bub, paß auf, schau ja genau, dein Vater ist auch verschwunden, weiß Gott, wo dein Vater ist.« Ich sagte aber nur, sie seien zerrissen und hungrig. In Wirklichkeit war es ja nicht so. Und daß sie stinken würden und lauter solche Sachen.

Im Sommer 1944 organisierten die Polizisten eine *hajka* nach dem Mikula Franc. Er führte die Partisanen an und kannte alle Wege. Deswegen fürchteten sie ihn. Beim Kopanjk lauerten sie 14 Tage auf der Tenne, vier Gendarmen, in der Nacht kam immer die Wachablöse. Niemand wußte, daß sie sich oben aufhielten. Sie schärften uns ein, niemanden davon zu erzählen. Ich aber, als ich die Kühe auf die Weide trieb, erzählte den Partisanen davon: »Paßt auf, und sagt dem Franz, daß er jetzt nicht nach Kopain kommen soll, dort lauern nämlich seit acht Tagen die Gendarmen. Es sind vier, und sie haben Maschinenpistolen und Granaten.« An einem Abend, in der Dämmerung, kamen plötzlich Partisanen, dreißig oder vierzig. Sie umstellten die Scheune und das Haus und ganz Kopain, sie hatten auch ein Maschinengewehr mit. Der Kommissar, den ich kannte, kam zu mir und ich zeigte auf die Scheune, in dem Moment schoß schon einer mit der Maschinenpistole auf uns. Als die Polizisten entwaffnet waren, sagte der, der geschossen hatte, er hätte schießen müssen. Er hatte absichtlich zu hoch geschossen und so niemanden getroffen. Dann drückten sie mir ein weißes Fähnchen in die Hand und ich mußtc in die Scheune hinein, sie sollten sich ergeben, überall seien Partisanen. Sie fragten zurück, ob sie erschossen würden, oder was sonst mit ihnen geschehen würde. Der Kopanjk und seine Frauen baten, sie nicht zu erschießen, sonst würden sich die Deutschen an ihrer Familie rächen, sie aussiedeln und das Haus abbrennen. Der Kommissar erklärte, es würde ihnen nichts passieren, nur die Waffen nehme man ihnen weg. Und sie kamen herunter, die Partisanen zogen sie aus, ließen ihnen nur die Unterhosen und die Kappen, dann schickten sie sie ins Tal zurück.

Das war an einem Samstag nachmittag. Am Sonntag in der Früh ging ich zur Messe, erst spät am Abend kam ich zurück nach Kopain. Da wurde mir erzählt, daß ich Glück gehabt hätte, daß ich nicht zuhause gewesen wäre. Eine SS-Kompanie hätte mich gesucht, die wäre aus Villach gekommen. Vielleicht wollten sie mich nur erschrecken. Sie waren wieder gegangen, weil ich nicht zuhause war.

Dann kamen Holzer in unsere Gegend und wollten unter der Komnica Holz fällen. Die Partisanen hielten sie auf und sagten ihnen, sie sollten verschwinden. Die Holzer gingen, kamen aber wieder. Das wiederholte sich, zwei-, dreimal, und schließlich kamen die *vlasovci* in SS-Uniform mit. Das waren Ukrainer, drei Deutsche waren auch dabei. Die gingen jeden Tag mit den Holzern mit und bewachten sie, damit sie ungestört

Holz fällen konnten. Sie waren gut bewaffnet. Das dauerte einen Monat, plötzlich waren alle weg. Die *vlasovci* hatten die drei SS-ler erschlagen und waren zu den Partisanen übergelaufen.

Bis Ende Oktober blieb ich in Kopain, dann hörte ich dort auf, jemand anderer kam an meine Stelle. Im Dezember 1944, beim Frühstück, da klopfte es an der Tür, ein Gendarm trat ein, noch zwei hinter ihm, sie entschuldigten sich, es sei ihnen sehr unangenehm, aber sie müßten ihre Pflicht erfüllen, weil es ihnen so befohlen worden war. Wir hätten zwei Stunden Zeit zum Packen, sie brächten uns nach Seebach, nahe bei Villach, ins Lager II. Auf dem Zettel, den die Mutter unterschreiben mußte, stand: Wegen der Sicherung der deutschen Staatsgrenze. Im Lager in Seebach waren schon Jugoslawen und Slowenen aus Ludmannsdorf und Köttmannsdorf, so drei, vier Familien. Kurz vor Weihnachten – als wir genug für einen Transport waren – brachten sie uns zum Bahnhof, von dort nach München, von München nach Memmingen und nach Markt Rettenbach. Mit uns war ein Lehrer aus Ljubljana, er hieß Hladnik. Als wir in Markt Rettenbach angekommen waren, empfing uns ein SS-ler vor dem Gasthaus »Hotel zum schwarzen Adler«. Der Lehrer stellte sich hin vor ihn und sagte: »Ein Volk ist angekommen in Armut, Elend, Not, man hat ihm weggenommen den Hof, das Vieh, das Brot«. Der SS-ler schaute nur kurz auf, sagte aber nichts.

In dem Gasthaus waren zwei Säle, in einem wurden achtzig Menschen untergebracht, im anderen sechzig. Zwei, drei Tage war alles ruhig. Dann kamen die Bauern und suchten sich Burschen und Mädchen für die Arbeit. Meine Mutter und die Hafner Tonca, ihr Mann war am Rabenberg als Partisan gefallen, blieben im Gasthaus als Köchinnen, die anderen mußten arbeiten gehen, mit Ausnahme der Kleinen. Beim Beschauen mußten wir uns alle aufstellen, die Frauen mit kleinen Kindern wurden gleich zurückgeschickt. Mich nahm ein Bauer mit den Worten: »Zum Viehfüttern wird er ja wohl gut sein«. Ich war ja eher klein. Lohn bekamen wir keinen, nur Essen. Aber die Bauern waren in Ordnung. Sie gaben immer Eier für die Mutter mit. Gemeinsam mit dem Bauern hörte ich den Fremdsender Beromünster aus der Schweiz. Ich mußte alles aufschreiben für den Čepin im Lager, was Radio Beromünster berichtete. Markt Rettenbach war ja nahe an der Schweizer Grenze, der Sender war gut zu empfangen. Der Bauer hatte Angst, daß ihn jemand anzeigen könnte, aber ich sagte ihm, daß ich kein Nazi sei. Die waren nicht für Hitler, die waren gläubige Menschen und beteten so wie bei uns früher einmal. Sie waren gläubige Menschen, keine Tölpel.

Ich war bis März dort. Anfang März verabredete ich mich mit dem Ambrusch aus Brückl, wir klauten dem Bauern, bei dem ich arbeitete, zwei Räder und etwas Brot und Erdäpfel. Ich hatte noch einen Ausweis von der Feuerwehr in Latschach, er hatte auch irgendetwas und wir hauten ab. Wir besorgten uns eine Straßenkarte und flohen in der Dämmerung. Wir fuhren die ganze Nacht, gegen Morgen kamen wir in

Füssen an. Schwierigkeiten hatten wir keine, wir waren ja bloß Buben, ich war vierzehneinhalb, der andere fünfzehn. Deutsch konnten wir und niemand fragte uns was. Manchmal standen diese »Kettenhunde« an einer Kreuzung, die winkten uns aber weiter, »gemma, gemma«. Wir radelten über den Fernpaß, das Inntal hinauf nach Innsbruck und Wörgl. In Wörgl waren wir schon blutig zwischen den Beinen, vom Sattel – es war ja nicht so einfach mit dem Rad. Die Nacht verbrachten wir in Harpfen. In Wörgl ließen wir die Räder stehen und fuhren mit den Zug bis Villach. Geld hatten wir noch von zuhause mit. Ein paar Mark durfte man ja haben. Und Geld hatte damals jeder, nur zu kaufen gab es nichts. Wir hatten Karten bis Villach-Hauptbahnhof gekauft, der Zug fuhr sehr langsam, denn immer wieder griffen Tiefflieger an, sodaß wir eher nachts und nur durch den Wald fuhren. So kamen wir glücklich in Villach an, wo wir uns voneinander trennten.

Auf das erste Hindernis stieß ich auf der Gailtalbrücke, dort wurde scharf kontrolliert, denn dahinter lag das Bandengebiet. Bei Maria Gail kam ich mit meinem Ausweis nicht mehr weiter. Ich mußte zurück. Ich wartete auf die Nacht und überquerte dann die Gail. Ich ging zur Knaflič Terezija, bei der sich immer die Partisanen getroffen hatten. Dort übernachtete ich. Am nächsten Tag ging ich mit den Partisanen weiter nach Kopain. Sie gaben mich zum Franz Mikula in den Bunker.

Den Mikula Franc erschossen sie am 24. April. Eigentlich hieß er ja Pöck Franc, Mikula hieß es nur beim Haus. Er bekam aus Aich eine Nachricht vom Erijan, er solle kommen. Ich ging mit ihm. Bei der Hribernik-Kapelle wartete ich auf ihn. Er ging zum Erijan hinunter und wollte etwas bereden. Als ich wußte, er ist schon auf dem Rückweg, da fiel ein Schuß und er kam nicht mehr. Ich wartete noch zwei, drei Stunden, als es Tag wurde, kehrte ich in den Bunker zurück. Tagsüber kam der Joža und sagte: »Den Mikula Franc haben sie höchstwahrscheinlich erschossen.« Ich erzählte, ich hätte einen Schuß gehört, nur einen. Irgendetwas war passiert, aber niemand wußte wo. Als wir am 8. Mai ins Tal kommen und die Gedarmerie, die Post und die Gemeinde besetzen, fand der Joža einen Zettel, auf dem genau aufgezeichnet war, wo er begraben lag. Soundso viele Meter vom Haus, soundso viele Schritte. Und wirklich, er lag dort begraben. Ein ehemaliger Faschist mußte ihn ausgraben und es gab ein schönes Begräbnis mit Salutschüssen und allen Ehren. Begraben wurde er vom Pfarrer Kassl, der jetzt in Keutschach lebt.

Die Familie Mikula hat überhaupt sehr viel erlitten. Am 23. Dezember 1943 kamen als Partisanen verkleidete Weißgardisten zu ihnen. *Raztrganci* wurden sie genannt. Sie brachten eine »Nachricht« vom Franc, daß er krank im Bunker liege und Medikamente und Wäsche brauche. Die Mutter, seine Scwester und sein Bruder, die vertrauten ihnen. Einen Tag zuvor hatten sie noch zwei Schweine geschlachtet und sie verrieten ihnen, daß sie eines davon schwarz geschlachtet hätten. Die Weißen sahen ein Radio im Haus und fragten, ob sie Radio London hören dürften. Sie erlaubten es ihnen und gaben ihnen alles mit, was sie verlangt hatten, auch Speck und Brot. Am nächsten Tag holten die Deutschen sie ab, SS-ler, und töteten sie. Den Hanej brachten sie in Dachau um, die Mutter auch, die Schwester sperrten sie im Gestapogefängnis ein.

Anton Uršic

Nach dem Krieg kamen diese Weißgardisten zu uns und behaupteten, sie hätten gemeinsam mit dem Bischof Rožman und dem Rupnik für den Glauben und gegen den Kommunismus gekämpft. Die Familie Mikula war aber die gläubigste im Ort, gläubig noch heute. Und die, die behaupten, sie hätten für den Glauben gekämpft, hatten diese Familie vernichtet, die eigenen Leute.

Nachdem wir alles besetzt hatten, kamen alle Leute zu uns, die noch zuhause und nicht bei den Soldaten waren. Unser erstes Zusammentreffen fand beim Pirker statt, dort gab es einen großen Salon, und der war noch zu klein. Es kamen sogar Leute, von denen wir dachten, sie könnten gar nicht slowenisch, aber sie sprachen in slowenischer Hochsprache mit uns. Dort sah man, wer die Macht hat, kann alles verändern. In dem Moment aber, in dem die Engländer kamen, war es aus. Sie teilten und herrschten, und die Folgen sah man sofort.

Kein Kredit

Feliks Wieser-Srečko

Nachdem im zweiundvierziger Jahr meine Familie ausgesiedelt worden war, habe ich eine Karte aus Deutschland bekommen, die war vier oder fünf Monate alt, so lange hat sie an die Front gebraucht. Ich konnte mir nicht vorstellen, wie das möglich gewesen war, warum und wie. Ich bin ein ganz anderer Mensch geworden. Ich war tief in meinem Inneren zornig auf diesen ganzen deutschen Apparat, auf alle Offiziere, ich habe sie gehaßt. Ich habe überlegt, ob ich zwei, drei erschießen sollte und dann noch mich selber. Auch daran, zu den Russen überzulaufen, habe ich gedacht. Die deutschen Offiziere haben uns Angst eingejagt mit Erzählungen, was die Russen tun würden, wenn sie einen von uns gefangennehmen, daß sie jeden foltern und töten würden.

Unseren Hof hat nach der Aussiedlung meiner Familie der Bruder meiner Mutter bekommen, Michael Maurer, vulgo Repic. Mein Vater wurde enteignet, ihm wurde alles genommen und dem Bruder meiner Mutter gegeben, der ein bewußter, begeisterter Nazi und der damalige Bauernführer war. Er hat auf unserem Hof viel Schaden angerichtet, das beste Holz geschlägert, das Vieh – als mein Vater wegmußte, waren fast zwanzig Stück Vieh beim Haus – fast zur Gänze verkauft. Als meine Familie 1945 nach Hause kam, war nichts mehr da, kein Werkzeug, das beste Holz gefällt. 1944, als in unserer Gegend der Partisanenkampf so

413

richtig entflammte, da ist mein Onkel geflohen, er hat genau gewußt, daß er in Gefahr war. Nach dem Krieg hat meine Mutter immer gesagt: »Ich bitte euch schön, laßt ihn in Ruhe!«, und wir haben ihn auch wirklich gelassen, sie war ja seine Schwester. Die Obrigkeit hat ihm nichts getan, obwohl sie wußte, daß er ein Nazi gewesen war und daß er Funktionen innegehabt hatte.

Einmal, da war ich noch in der Wehrmacht, bin ich hierher auf Urlaub gekommen. Er war damals schon da mit seiner Familie, er hat gerade vor der Scheune gearbeitet. Ich bin über das Feld gekommen, ein deutscher Soldat, der sein Heim besucht – obwohl ich gewußt habe, daß unsere Leute ausgesiedelt worden waren, aber sein Vaterhaus besucht doch jeder gerne, nicht? »Guten Tag, Onkel!« Ich habe ihn schön freundlich gegrüßt, der Mensch wollte mir nicht einmal die Hand geben. Seine Frau, die Fani, ist aus dem Haus gekommen und hat gesehen, daß ich draußen bei ihrem Mann stehe, sie hat mich ins Haus eingeladen und mir eine Schale Kaffee gegeben. Ich glaube, sie hat mir sogar etwas zu essen gegeben. Sie war viel besser als er. Dann habe ich mich verabschiedet und da sagt er zu mir: »Merk dir, du Sohn des Janez Wieser, und sag es auch deinem Vater: Diesen Bauernhof bekommt ihr nie wieder in die Hand, hier habt Ihr nichts mehr zu suchen.« Ich hatte eine Pistole in der Hosentasche, mir hat die Hand gezittert und im ersten Moment habe ich mir gedacht, ich erschieße ihn da auf der Stelle. Aber das überlegt man sich wieder, Verwandschaft bleibt Verwandschaft.

1944 bekam ich wieder Urlaub. Damals waren meine Eltern schon in Niederösterreich auf dem Maresch-Besitz. Der Maresch hat ein paar Familien aus dem Lager bekommen und sie auf seinem Besitz eingesetzt. Ich war zirka acht Tage dort. Urlaub hatte ich mehr, aber ich wollte nicht länger dort bleiben, ich wußte nicht, was anfangen.

Der Vater war schon ziemlich krank. Im Lager hatte er trotzdem jeden Tag arbeiten gehen müssen, er war niedergeschlagen, alles hat ihm Sorgen bereitet: der Hof, die Familie, drei Söhne an der Front. Meinen zweitältesten Bruder hatten sie am zweiten oder dritten Tag nach der Aussiedlung in die Wehrmacht gesteckt, ausgebildet und nach Finnland gegen die Russen geschickt. Er ist nie wiedergekommen. Er war der zweite Sohn, ich war der älteste. Den Janez haben sie auch aus dem Lager genommen, ausgebildet und an die Front geschickt. Der ist abgehauen, ich weiß nicht, wann. Dann ist auch mein Bruder Marko aus dem Lager hierher nach Kärnten geflohen. Wegen dem haben sie meinen Vater und meine Mutter verhört: »Wo ist der Bursche hin?« Mein Vater hat gesagt: »Ich weiß es nicht. Der hatte alles satt. Auf mich hat er nicht mehr gehört, der Mutter hat er nicht mehr gehorcht, niemandem hat er gehorcht und jetzt ist er verschwunden.«

Ich habe dem Vater gesagt, daß ich fliehen würde. Er hat mir sogar gesagt: »Einen anderen Weg gibt es nicht! Räche dich!« Er war mutig. Der Vater hat es der Mutter gesagt, sie hat geweint. Nach Auslaufen meines Urlaubs hätte ich mich bei meiner Einheit in Italien melden müssen. Warst du nicht rechtzeitig dort, dann galtest du schon als Deserteur. Aber ich bin nach Wien gefahren und von dort nachts nach Klagenfurt. Ich wollte nur mehr nach Kärnten und zu den Partisanen. Und wenn ich dabei krepiert wäre, an die Front wäre ich nicht mehr gegangen. Nachts um zehn Uhr habe ich mich in den Schnellzug gesetzt und bin nach Klagenfurt gefahren. Freilich habe ich aufpassen müssen, daß mich keine Streife erwischt. Mir war klar, daß die Polizei meinen Urlaubsschein nicht sehen durfte, da stand ja geschrieben, daß ich nicht nach Kärnten durfte. Deswegen bin ich meistens draußen auf den Stufen gestanden. Die Streife ist oft durchmarschiert und hat hauptsächlich die Soldaten, aber auch Zivilisten kontrolliert. In Klagenfurt bin ich dann, anstatt durch die Sperre zu gehen, auf der anderen Seite hinausgesprungen, wo es verdunkelt war, damit der Feind kein Licht sah. Dann bin ich gerannt. Mein Glück war, daß es eine sehr dunkle Nacht war. Ich bin zwei-, dreihundert Meter die Geleise entlang gerannt, dann bin ich über einen Zaun geklettert.

Auf der Straße hab ich überlegt: »Was jetzt?« Damals habe ich ja keinen in Klagenfurt gekannt. Nur unsere Gegend ist mir durch den Kopf gegangen, unser Windisch Bleiberg. Wie hinkommen, ohne daß sie mich fangen? »Zum Teufel«, habe ich mir dann gedacht, »ich bin ja deutscher Soldat, bewaffnet bin ich auch, ich werde mich genauso benehmen, als ob ich auf Urlaub wäre.« Schließlich sind ja Tausende auf Urlaub gekommen. Ich gehe also die Bahnhofstraße entlang und erblicke einen Lastwagen. Ich trete näher und sehe dort Soldaten herumlaufen. Die Pistole hatte ich zurechtgelegt, falls etwas schiefging, damit ich mich wehren konnte. Ich komme näher und sehe, kein Soldat mit einer Charge ist in der Nähe. Es waren gewöhnliche Soldaten. Ich frage einen, wohin sie fahren. Sie haben ihre Rucksäcke und Waffen auf den Lastwagen geworfen. Einer sagt: »Nach Köttmannsdorf.« Ich sage zu ihm: »Ich bin dort draußen zu Hause und gerade auf Urlaub gekommen. Könnt ihr mich mitnehmen?« »Jeden Moment kommt der Feldwebel, frag ihn.« Nach fünf Minuten kommt der Feldwebel, ich grüße ihn schön militärisch, so ein Unteroffizier hat ja sofort gewußt, ob jemand wirklich deutscher Soldat war oder nicht. Er hat keinen Verdacht geschöpft, daß etwas nicht in Ordnung wäre. Er hat mich überhaupt nichts gefragt und gesagt: »Spring auf den Lastwagen.« Die anderen, so zwanzig bis fünfundzwanzig Soldaten, sind auch auf den Lastwagen gesprungen, der Fahrer hat den Motor angelassen und wir sind gefahren. Unterwegs haben sie mich gefragt, wo ich hinunter will. Der Wagen ist kurz stehengeblieben, daß ich abspringen konnte, ich weiß noch heute, wo.

Hier war ich schon heimischer. Ich habe eine Familie gekannt – beim Maček hieß es dort, zwanzig Minuten von Köttmansdorf. Um drei, vier Uhr in der Früh bin ich dort angekommen. Ich rufe, sie machen auf und wundern sich: »Was, von wo kommst denn du jetzt nachts?« Ich erzählte ihnen rasch, was ich vorhatte. Zu der Familie bin ich auch gegangen, weil ich wissen wollte, wie ich über die Drau kommen könnte. Drei

415

Tage und drei Nächte war ich bei ihnen. Am nächsten Tag ist eine Frau zur Draubrücke gegangen und hat für mich ausgekundschaftet, wie sie bewacht wurde. Die Draubrücke wurde damals von der Hitlerjugend bewacht, lauter so sechzehn Jahre alte Rotzbengel. Na, vor diesen Jugendlichen hatte ich keine Angst, die waren ja nicht so trainiert wie ein alter Soldat. In der dritten Nacht begann es zu schütten. Ich habe mir gedacht: »Jetzt ist der richtige Moment, um über die Draubrücke zu gehen. Wenn es so schüttet, dann sind sie lieber unter Dach.«

Ich gehe zu Fuß zur Draubrücke, gehe hinüber, meine Pistole vorbereitet. Ich komme näher, da schreit einer: »Halt, wer da? Hände hoch!« Ich hebe meine Hände hoch und gehe weiter. Da stand ein sechzehnjähriger Bursche, ein Gewehr über die Schulter gehängt, das fast größer war als er. Ich habe mir gedacht: »Bürschchen, sei vorsichtig oder du bist erledigt.« Ich stand damals vor der Situation: Entweder komme ich lebend durch oder ich krepiere, es gab nur die zwei Wege. Die Deutschen hätten mich erschossen wie einen Hund, wenn sie mich erwischt hätten. Ich habe mein Soldbuch herausgezogen und gesagt, daß ich nach Ferlach wolle, mit einer Erlaubnis durfte man ja auch dorthin. Es goß in Strömen, er hat nichts gefragt, ist ruhig zur Seite getreten und ich bin weiter. Es war ganz einfach und es war gut so.

Nach Ferlach durfte ich freilich nicht, das wäre zu gefährlich gewesen, ich bin in Richtung St. Johann abgebogen, dort hat der Weiss gewohnt. Der Weiss war, das hatte man mir schon beim Maček gesagt, einer der Vertrauensleute der Partisanen. Ich gehe ungefähr zwanzig Minuten die Straße entlang, da höre ich, wie jemand kommt. Und nicht nur einer. Ich lausche, drücke mich am Straßenrand hinter Erlenbäume und warte. Da kam eine deutsche Patrouille die Straße entlang, vier, fünf waren es, gut bewaffnet. Ich habe sie vorbeigelassen und bin ungestört bis Weizelsdorf weitergegangen. Ich komme hin, da war eine Kurve und auf der rechten Seite ein Gasthaus, ich will ruhig weitergehen, bin bis auf hundert Meter an das Gasthaus herangekommen, da beginnt jemand mit Leuchtraketen zu schießen. Die Wache hat mich bemerkt: »Halt! Halt!« Bürschchen, da gibt es kein Halt: Ich renne in den Obstgarten, dort über den Zaun und weiter gegen die Bahnstation. Sie haben Leuchtraketen hinter mir abgeschossen und auch mit Gewehren geschossen, gekracht hat es wie der Teufel. Aber gefährlich war es nicht für mich, denn da waren Bäume, der Stall, das Haus, mir konnte nichts passieren.

Die Geleise entlang bin ich dann nach St. Johann gegangen zum Weiss. Es hat schon getagt, als ich hinkam. Der Weiss hat mich kaum erkannt, ich bin ja früher selten von zu Hause weggekommen. Er hat noch ein bißchen gezweifelt, ob ich der Šašelnov Felix wäre oder nicht. Er hatte auch Angst, wer ich sei. Mit dem Soldbuch habe ich es ihm dann doch bewiesen, da stand ja: Felix Wieser und meine genaue Adresse, sogar wie mein Vater sich schreibt, stand dort. Ich sage zu ihm: »Weiss, sage mir jetzt, wie ich zu den Partisanen kommen kann.« »Ja, das ist kein

Problem. Raste ein bißchen, in der Früh geh auf die Bahnstation, denn da gehen viele Menschen zum Zug, da fällst du nicht so auf.« Diese Gegend habe ich schon besser gekannt, neben der Station ist ein Pfad, man ist sofort auf dem Singerberg und im Wald.

Feliks
Wieser-Srečko

Es war schon Tag, als ich zum Zug ging. Freilich bin ich nicht zur Station gegangen, sondern kurz vorher abgebogen und in den Wald hinaufgerannt, vermutlich hat das nicht einmal jemand bemerkt. Ich habe mir gedacht, jetzt wäre ich schon bei den Partisanen, dabei hatte ich noch keinen gesehen. Der Singerberg war das Terrain, von dem der Weiss gesagt hatte, die Partisanen hätten es mehr oder weniger unter Kontrolle. Ich habe ja fast nichts gewußt von ihnen, was das für eine Organisation war. Ich habe nur gewußt, daß das Slowenen waren, die gegen den Nazismus kämpften. Was für ein Leben wohl für mich beginnen würde, habe ich mir überlegt und bin langsam bergauf gegangen. Es war ziemlich steil und die Buchen hingen richtig in den Bergpfad hinein, so eng war er. Ich war fest entschlossen, wie schlimm es auch immer kommen möge, hier zu bleiben, da half gar nichts mehr. Wenn die Deutschen mich erwischten, dann war es aus, das haben sie uns schon selber beigebracht: »Deserteure werden erschossen.«

Auf einmal schreit jemand: »Stoj!« Ich sehe genauer hin, ungefähr sechzig Meter vor mir liegen zwei in den Büschen. Einer mit einem Gewehr, der andere mit einem Maschinengewehr: »Stoj švaba, Hände hoch!« Freilich, was will man, einem Befehl muß man gehorchen. Der švaba gibt die Hände in die Höhe. »Komm näher!«, lautet der Befehl, ich gehe näher, die Hände in der Höhe. Der eine blieb bei seinem Maschinengewehr, der andere kommt näher, das Gewehr im Anschlag. Zuerst reißt er mir die deutsche Kappe herunter und den Überschwung, nimmt mir die Pistole ab und tastet mich schnell ab. »Woher kommst du?« »Ich bin zu den Partisanen gekommen.« Die beiden haben gelacht und mir nicht geglaubt. »Hurensohn verdammter, da kommt ein švaba in seiner Uniform mit seiner Pistole.« Der mit dem Maschinengewehr blieb unten, der andere brachte mich hinauf zu einem Haus. Ich mußte fünf oder sechs Meter vor ihm hergehen, er mit dem Gewehr hinter mir her. Die mußten so reagieren, die deutsche Uniform hatte ich an, bewaffnet war ich, in dem Moment war ich für sie ein Feind. Wir kommen zum Haus, alles ist still und ruhig, alles schläft. Ich hatte schon unterwegs zu meinem Bewacher gesagt: »Hör zu, nimm Vernunft an. Ich war deutscher Soldat und bin geflohen. Ich bin zu den Partisanen gekommen. Sie haben meine Familie ausgesiedelt, ich bin aus Windisch Bleiberg, weißt du, wo das ist?« »Ich weiß.« sagte er, »Sei still, du Hurensohn.« Er hat mir kein Wort geglaubt. Wir kommen zum Haus, die Eingangstüre ist offen, wir gehen hinein. Linkerhand lag die Küche, rechts das Schlafzimmer und dann waren Stufen in den Keller, er hat mir befohlen, dort hinunterzugehen. Wir kommen hinunter, er sperrt hinter mir zu und geht.

Ich war ungefähr zwei Stunden unten eingesperrt. Dann höre ich Stimmen im Hof, Befehle, Schritte. Da habe ich gewußt, daß sich die

Widerstand

Partisanen im Hof aufgestellt haben. Dann kommen zwei in den Keller: »Švaba, marsch.« Sie machen die Türe auf, ich gehe über die Stufen hinauf, sie stellen mich vor das Haus und dort stehen an die dreißig Partisanen in einer Reihe, alle bewaffnet. Es kommt ein Kompanieführer, der Bojan – er lebt nicht mehr. Er stellt mich vor die Einheit und fragt: »Wer kennt den švaba?« Es waren auch welche aus Windisch Bleiberg dabei, ich schaue, erkenne drei, vier, jetzt würde alles gutwewrden. »Wer kennt den švaba?« Sie heben die Hand. Die, die sich gemeldet haben, müssen in die Küche, ein Protokoll wird angefertigt: »Woher kennst du ihn? Wie heißt er?« Alles ganz genau. Danach beginnen sie mich zu verhören: »Wann bist du geboren? Wo bist du geboren? Woher kommst du? Wo sind deine Eltern? Wen kennst du aus der Umgebung?« Dann waren sie fertig und hatten sich im großen und ganzen davon überzeugt, aus welchen Gründen ich gekommen war. Ich habe geglaubt, jetzt würden sie mir schon mehr trauen.

Sie haben meine Waffen weggenommen und vierzehn Tage lang nicht mehr zurückgegeben. Ich war ganz unglücklich. Früher hatte ich immer Waffen gehabt und jetzt so ganz ohne. Ein Partisan ohne Waffen. Du triffst auf den Feind, er ist bewaffnet und du nicht, was das für ein seltsames Gefühl ist. Kruzifix, war ich nervös. Ich mußte die Munition für das Maschinengewehr tragen und mit dem *mitraljezec* [Maschinengewehrschützen] Stellung beziehen, wenn es notwendig war. Ohne Waffen, zum Teufel. Freilich, ich war ausgebildet und wenn es notwendig war, dann habe ich sie ein paarmal in die Hand genommen, ich kannte mich damit aus wie in meiner Westentasche. Der *mitraljezec* hat mir getraut und so habe ich ein paarmal bewiesen, was ich konnte. Nach vierzehn Tagen haben sie mir Waffen gegeben und das Maschinengewehr, da war ich dann der *mitraljezec* und habe es getragen. Sie haben sich langsam davon überzeugt, daß ich nicht spionieren gekommen bin. Ungefähr zwei Monate bin ich mit meinem Helfer und dem Maschinengewehr herumgerannt, dann habe ich einen Rang bekommen, ich war *vodnik*, so einer hatte ungefähr zehn Männer unter sich. Das war, nachdem sie sich überzeugt hatten, daß ich kein Feigling war, daß ich mit Leib und Seele Partisan war und mit all meinen Kräften bereit, gegen den Nazismus zu kämpfen.

Ich möchte zwei, drei Aktionen beschreiben, die mir als jungem Partisanen wichtig erschienen: In Windisch Bleiberg waren in der ehemaligen Schule und im Pfarrhof deutsche Soldaten einquartiert. Das Bataillon hat die Aufgabe bekommen, diese beiden Posten zu vernichten. Sie waren für uns Partisanen sehr gefährlich, denn sie waren aktiv, gut ausgebildete Soldaten, gut bewaffnet und sie haben immer wieder Patrouillen herumgeschickt. Wir Einheimischen mußten auf der Sitzung einen Plan unterbreiten, auch ich, der ich ja die Gegend wie meine Westentasche kannte, jeden Hügel, jedes Haus, jeden Graben.

Eines Nachts, gegen zehn Uhr treten wir in Aktion. Zehn von uns haben in der Nähe des Postens auf einem Hügel Stellung bezogen. Es war eine

dunkle Nacht und wir begannen Lieder, Partisanenlieder zu singen. Das hat ungefähr eine halbe Stunde gedauert. Die haben nicht gewußt, war das jetzt Ernst oder ein Witz. Im Haus sind die Lichter angegangen, sie haben uns beim Singen zugehört. Von der anderen Seite hat sich der Rest des Bataillons angeschlichen und hat angegriffen. Alle waren auf unsere Seite konzentriert, von wo das Singen kam, sogar die Waffen waren dorthin gerichtet, und nicht auf die andere Seite, sodaß unsere Leute mit Leichtigkeit eingedrungen sind. Die Deutschen waren so überrumpelt, daß es nicht einmal Opfer gab, keiner der Unseren war verletzt und auch von den anderen niemand.

Der zweite Posten war ungefähr vierhundert Meter entfernt. Ganz in der Nähe hat der damalige Landwachekommandant, der Bauer Bundar – geschrieben hat er sich Laussegger Josef, ein verbissener Nazi – gewohnt. Um sein Haus war ein Stacheldrahtzaun gezogen, sodaß er geschützt war. Dort war auch eine Wache aufgestellt, die wurde ohne einen Schuß überwältigt. Dann wurde der Landwachekommandant gefangengenommen, ihm wurde gesagt: »Jetzt bist du unser Gefangener, hilf uns, wenn du willst, daß alles ruhig verläuft.« Und er ist wirklich hineingegangen und hat den Soldaten gesagt, sie sollten sich ergeben, Gegenwehr hätte keinen Sinn. Die Unseren sind gleich hinter ihm her in das Haus eingedrungen, es wurde nicht geschossen, die deutschen Soldaten haben sofort bemerkt, daß es keinen Sinn hätte, zu schießen und haben sich ergeben. Ich mußte damals mit fünf Partisanen die Straße bewachen, damit keine Hilfe aus Ferlach kommen könne.

Der Kommandant des Bataillons hatte die Aufgabe, den Landwachekommandanten gefangenzunehmen, er war uns am gefährlichsten. Er hat das Gebiet gekannt und ständig bewaffnete Leute hinter uns hergejagt. Beim Rückzug in die Wälder haben wir ihn mitgenommen. Ein paar Tage später kam der Befehl, ihn zu erschießen. Er wurde aus mehreren Gründen erschossen: Erstens war er bewaffnet, zweitens ein verbissener Nazi, drittens der Kommandant der Landwache, viertens hatten wir keine Ruhe vor ihm, er hat ständig Menschen durch den Wald geschickt. Oben auf der Orajnca, wo sich der Übergang ins Tal nach St. Johann befindet, dort hatten wir ihn schon einmal mit fünfzehn seiner Männer erwischt. Wir haben alle entwaffnet und zu ihm gesagt: »Laß uns in Ruhe, sonst erschießen wir dich.« Damals haben wir alle nach Hause gejagt, wir haben ihnen nur die Waffen weggenommen. Dreimal haben wir ihm aufgetragen, er solle uns in Ruhe lassen, wenn er am Leben bleiben wolle, aber er hat keine Ruhe gegeben, deswegen wurde er erschossen. Heute steht in dem Buch »Titostern über Kärnten«, einen unschuldigen Bauern und Familienvater hätten die Partisanen ermordet. Nur, daß er kein so unschuldiges Lamm war, davon steht nichts drinnen.

Die Soldaten waren ungefähr acht Tage bei uns, dann kam der Befehl, wir sollten aus den Soldaten eine eigene Gruppe bilden, wenn sie bereit wären, gegen den Nazismus zu kämpfen. Sie waren dann alle bereit, drei, vier haben ein bißchen gezögert, aber letztendlich waren alle dafür. Sie haben ihren Kommandanten bestimmt und sind bei uns geblieben. Am Anfang waren wir ziemlich unsicher, wie diese Leute in der ersten Aktion reagieren würden, wenn sie mit der SS zusammenträfen. Wir haben sie die erste Zeit besonders gefährlichen Aktionen zugeteilt, so nach dem Motto: Entweder du kämpfst oder du fliehst – wie du willst.« Wir waren vorsichtig und haben sehr auf sie aufgepaßt: »Was tun sie, wie verhalten sie sich?« Wir haben ihnen keine Maschinenpistolen gegeben, keine Handgranaten, nur Gewehre. Wir haben ja gewußt, daß das ausgebildete, fähige Soldaten waren. Zu unserer Überraschung haben wir nach vierzehn Tagen gemerkt, daß sie wirklich bei uns bleiben wollten.

Im Winter 1944 wurde für kurze Zeit unser Kommandant ausgetauscht. Und zwar aus folgendem Grund: Der Kommandant Bojan hatte sein Bataillon aus Zell über das Loibltal ins Bodental geführt, im Winter durch hohen Schnee. Diese Leute waren zwei Tage auf dem Marsch, hungrig, erschöpft, fast alle haben sich in der Scheune beim Ogris niedergelegt. Der Bojan hat nur zwei Wachen in der Nähe des Hauses aufgestellt. Eine Viertelstunde entfernt wohnte ein Bauer, vulgo Urbanček Folti – Valentin Laussegger hat er sich geschrieben – der war ein Spitzel, hat für die Gestapo gearbeitet. Er hatte bemerkt, daß der Bojan sein Bataillon zum Nachbarn, zum Ogriz gebracht hatte und informierte schnell die Polizei. In der gleichen Nacht kamen hundert Polizisten, sie umkreisten das Haus. Dieser Valentin Laussegger hat die Gegend gut gekannt und sie so angeführt, daß die Wache beim Ogriz überhaupt nichts bemerkt hat. Von der anderen Seite hat er sie zum Haus gebracht, und das war dann freilich eine Katastrophe. Zweiundzwanzig unserer Leute wurden gefangengenommen, der Rest entkam. Diese Zweiundzwanzig haben sie gegen Morgen mit Stacheldraht gefesselt, einen an den anderen gefesselt und dann nach Ferlach gejagt. Ein paar haben sie unten bei der Drau erschossen, ein paar wurden nach Dachau geschickt. Ein einziger von denen ist nach dem Krieg lebend zurückgekehrt. Der Stab hat dann den Kommandanten Bojan beschuldigt, daß er das Gebiet zu wenig abgesichert hätte, nachdem sie sich zur Ruhe gelegt hatten. Deswegen haben wir für zwei Monate einen anderen Kommandanten bekommen, dann ist der Bojan wieder zurückgekommen.

Dann haben wir die Aufgabe bekommen, den Laussegger festzunehmen. Eines Nachts, ich war damals nicht dabei, sind sie zu dem Haus gegangen und haben ihn erschossen. Auch über ihn steht im Buch »Titostern über Kärnten«, er wäre ein unschuldiger Bauer gewesen. Wir hatten auch ihm schon früher gesagt, er solle aufhören, hinter uns herzurennen. Einmal war ich dabei, da haben wir ihn beim Podner erwischt, er hat sogar etwas gegessen und getrunken mit uns und wir haben zu ihm gesagt: »Hör zu, du arbeitest für die Deutschen. Paß auf, es ist Krieg, laß uns in Ruhe, verrate uns nicht, sonst geht's um deinen Kopf.« Wir haben ihm gedroht, aber es hat nichts genützt, so ein

begeisterter Nazi war er. Als er dann das Bataillon verraten hat und es zweiundzwanzig Opfer gab, da kam der Befehl, ihn zu verhaften und zu erschießen.

Nachdem wir die beiden Posten vernichtet und den Landwachekommandanten erschossen hatten, war es hier in der Gegend fast friedlich. Die Polizei aus Ferlach hat sich fast nicht mehr heraufgewagt, nur hie und da eine starke Patrouille.

Zu Kriegsende haben wir den Befehl bekommen, uns alle am Singerberg ober Feistritz zu versammeln, dann sind wir in Feistritz einmarschiert, haben den Bahnhof, die Gemeinde und die Gendarmerie besetzt. Am Abend bekamen wir den Befehl, die Draubrücke zu besetzen. Einheiten der četniki, der bela garda, der Wehrmacht sind über den Loibl gekommen und die mußten alle über die Draubrücke. Wir hatten ungefähr hundert Meter von der Brücke entfernt zwei Maschinengewehre aufgestellt. Auf unseren Befehl haben alle die Waffen weggeworfen, es gab keine Probleme. So viele Waffen auf einem Haufen hatte ich noch nie gesehen. Wir haben alle entwaffnet, dann haben wir sie über die Draubrücke gelassen. Wir waren ungefähr vier Tage dort, da kam eine SS-Einheit über den Loibl, eine besondere Eliteeinheit. Die wollten sich nicht ergeben, damals hätten sie mich fast erschossen.

Am vierten oder fünften Tag kam ein langer Mercedes angefahren, drinnen saßen SS-Offiziere. Ich konnte gut deutsch und hatte die Aufgabe, sie aufzuhalten. Ich fordere sie auf: »Waffen weg. Hier ist die Titoarmee.« Diese Teufel steigen aus dem Auto aus, hören mir eine Zeitlang zu, ich hatte überhaupt keine Vorahnung. Sie drehen sich um, zurück zum Auto, in dem Moment kracht es, die haben mit den Pistolen auf mich geschossen und sich ins Auto geworfen. Da haben auch Unsere begonnen, auf das Auto zu schießen. Ich weiß bis heute nicht, ob einer der Offiziere in dem Automobil verletzt wurde oder nicht. Diese Teufel, sie hatten eine ganze SS-Division hinter sich. Wir mußten uns zurückziehen, wir waren ja bloß zwanzig dort, die die Brücke beschützt und Ankommende entwaffnet haben. Sie haben sich nach Ferlach gewendet und die Tragödie von Ferlach ist ja bekannt, rund achtzig unserer Leute sind dort noch gefallen.

Wir sammelten uns in der Nähe der Hollenburg, da bekamen wir Kontakt zu den Engländern und es kam der Befehl, wir sollten weg von der Straße. Eine Nacht und einen Tag waren wir in der Nähe des Schlosses, dann kam der Befehl, wir sollten nach Klagenfurt. Dort waren wir ungefähr vierzehn Tage. Wir hatten es gut, zu essen gab es genug, wir konnten in Betten schlafen. Früher hatte es ja nichts gegeben, keine Betten, und das Essen bei den Partisanen, du kannst dir vorstellen, wie das war.

Bei meiner Seel', da begann eines Nachts eine Revolution: Wir mußten alle aufstehen, alles mitnehmen, die ganze Kompanie mußte sich auf der Straße aufstellen. Ich denke mir, jetzt ist wieder der Teufel los, sie

*Feliks
Wieser-Srečko*

werden uns wo hinschicken, vielleicht gegen die bela garda. Wir stehen auf der Straße, bis an die Zähne bewaffnet, auf einmal kommen englische Lastwagen, von uns hat sich niemand mehr ausgekannt. Fahren wir mit den Engländern zu einer Aktion? Dann das Kommando: hier zehn, hier zwanzig, sie haben uns in die Lastwagen gesteckt, Nacht war es, dunkel war es, keiner wußte wohin. Und wir kannten uns erst wieder aus, als wir schon in Dravograd waren. Bis Maribor hinunter haben sie uns gebracht. Oh, Teufel, haben wir geflucht! Ich habe mir auf den Kopf geschlagen und nicht nur ich, geweint haben wir. Wenn ich das gewußt hätte, ich wäre damals abgehauen, heim nach Windisch Bleiberg.

Nach dem Krieg haben sich die Partisanen unserer Gegend in den verschiedenen Parteien versteckt. Die einen bei den Sozialisten, die anderen bei der ÖVP. Am leichtesten hatten es die, die sich in einer Partei versteckten und nie wieder erwähnten, daß sie bei den Partisanen gewesen waren. Damals haben sie die Partisanen angegriffen, nicht nur die ÖVPler, bei den Sozialisten war es das gleiche. Die Partisanen waren nach dem Krieg die Vaterlandsverräter. Heute hört man zumindest vereinzelt bei den Sozialisten: das waren Widerstandskämpfer gegen die Nazis. Damals hat das niemand gesagt. Das war schwer. Auf der Gemeinde, überall hieß es: die haben für Jugoslawien gekämpft.

In der ersten Zeit nach dem Krieg hat man Kredite bekommen, mit denen man leichter beim Haus etwas richten konnte. Unsereins hat so etwas gar nicht bekommen. Ich habe hier den Bauernhof beim Šošl übernommen. Beim Haus war nichts, kein Vieh, keine Geräte. Ungefähr zwei Jahre nach dem Krieg habe ich um einen Kredit angesucht, um den Stall auszubessern. Das waren Kredite, die fast jeder bekommen hat. Ich fülle das Formular aus, schicke es eingeschrieben an die Landesregierung und bekomme einen Brief, ich solle persönlich erscheinen. Ich komme nach Klagenfurt zu einem Mann, er sitzt hinter dem Schreibtisch, schaut mich einige Zeit an. Vor sich hat er einen Ordner liegen, blättert darin, zehn Minuten. Ich schaue ihn an und denke mir: »Daraus wird nichts, er hat alle Angaben über mich.« »Aha, so ist die Situation«, sagt er. Ich sage: »Was für eine Situation? Meine Familie war ausgesiedelt und weil sie ausgesiedelt war, ist beim Haus nichts mehr geblieben, keine Geräte, kein Vieh, unser Haus hat enormen Schaden erlitten.« Das habe ich ihm in einem energischen Ton gesagt und hinzugefügt: »Was wollen Sie, wir haben gegen den Nazismus gekämpft.« »Ja«, hat er gesagt, »für die Titoarmee, für die Partisanen, für die Abtrennung. Ich werde es mir überlegen.« Das hat er mir ins Gesicht gesagt und ich mußte gehen und aus dem Kredit ist nie etwas geworden. Uns halten sie für Banditen, die für die Abtrennung Kärntens gekämpft hätten.

Wir sind die Befreiungsarmee

Janez Wutte-Luc

Ich hatte Heimaturlaub. Am 23. April 1944 bin ich also auf dem Weg nach Hause. Komme beim Nachbarn vorbei – die bessern gerade die Futtertröge aus –, schreie hinunter, aber die hören nichts, es geht gerade der Wind; ich nehme das Gewehr von der Schulter und feuere zwei Schüsse ab; die Frauen fahren hoch, sind zuerst erschrocken, dann erkennen sie mich.

»Der Karl ist auch zuhause.« Das war mein Bruder. Ich trete ins Haus, und er fragt mich: »Gehst du zurück?« »Ich werd' abwarten, wie die Situation ist.« »Ich geh' nicht mehr zurück«, sein Urlaub ist abgelaufen. Ich meine: »Ein paar Tage wäre ich schon gerne zu Hause, dann werde ich Kontakt aufnehmen, dann reden wir uns aus.« Er sagt: »Ich habe Kontakte«, und ich: »In Ordnung, ich bleibe aber doch lieber ein paar Tage zu Hause.« Am nächsten Tag aber sucht uns die Polizei, und so fliehen wir gemeinsam.

Wir gingen zuerst nach Sittersdorf, es war alles genau ausgemacht. Der Nachbarssohn hatte das bereits in die Wege geleitet. Du mußtest die Polizei hinters Licht führen, es mußte den Eindruck erwecken, als wärst du gewaltsam mobilisiert worden, wegen der Zuhausegebliebenen. Wir gingen zu einem Nazi in den Stall, tranken ein bißchen Schnaps und warteten. Plötzlich stehen die Partisanen im Stall, »Hände hoch!«, klar, wir strecken die Hände hoch. »Urlauber?« »Ja.« »Sie sind auch ein Urlauber?« »Ja.« »Sie auch, was sind Sie?« »Ich bin der Bauer, mir gehört der Hof.« »Werden Sie mit uns gehen?« »Zum Teufel, ich kann ja nicht, ich kann ja nicht«, und er wehrt sich. »Noja, wenn Sie nicht gehen, ein Paar Schuhe werden Sie hergeben, einer ist ohne Schuhe.« »Zum Teufel, ich habe ja so kleine Füße.« Der Bauer war ein kleiner Mensch. »Wir haben auch Leute mit kleinen Füßen.« Und dann ging einer mit ihm, und wir nahmen noch eine kleine Jause mit, und dann waren wir weg.

Die uns mobilisierten, waren *vosovci*, fünf bis sieben Mann. Kolja war dabei, der war später Vize beim Sozialistischen Verband. Wir wollten noch den Nachbarn mitnehmen, der war auch auf Urlaub, dort machten sie aber nicht auf; und als die Polizei begann, umherzufahren, hauten wir ab über die Gräben und über die Vellach nach Rechberg, bei der Fabrik über die Brücke und dort über die Berge. Am nächsten Abend traf ich in Solčava ein.

Auf dem Weg in die Solčava passierte noch etwas Seltsames. Bei Rechberg geht der Rest der Gruppe weiter, aber mich nimmt der Kommandant beiseite und führt mich weg. Auf einmal zieht er die Pistole, entsichert sie und will mich erschießen. In dem Moment – das war eine Art Eingebung – wußte ich, was los war. Ich sagte: »Stop, du bist falsch

423

informiert, ich bin von gewissen Leuten denunziert worden.« Wir redeten uns aus und der Fall war erledigt. Ein Partisan hatte denen erzählt, ich sei ein Nazi und Hitler-Anhänger, ein Feind der Partisanen, und sie wollten mich deswegen erschießen. So etwas ist schon bitter.

In Solčava beim Majdač, das war ein Bauer, traf ich noch mehr Deserteure, ein englischer Major war bei ihnen, er nahm ihnen die Soldbücher ab und schrieb sich die Namen auf. Den Engländern ging es um jeden Deserteur, die hatten so eine Freude mit dem nazistischen Soldbuch. Ich saß beim Ofen, das war so ein großer Ofen, und da hörte ich schon: Ivan der Erste, Ivan der zweite, Janez, ich hörte eine halbe Stunde zu und das ging mir auf die Nerven; die Hälfte waren Ivan und Janez. Was war denn das für ein Verein? Da fragte er den vor mir, welchen Decknamen er haben will, und der sagte »Fric«; ich blätterte gerade in einem Buch, da stand Luc, und er fragte: »Und Sie?« Ich sagtee »Luc«, ich dachte mir nichts dabei, und so war ich von da an der »Luc«.

Bis Juni befand ich mich im Savinjatal, am Seebergsattel, dort hatten wir kleinere Kratzereien, auf der Petzen, in den Gräben und in Ebriach, wo es auf dem Obir schwere Kämpfe gab. Ich war von Anfang bis zum Ende immer in der Vorpatrouille.

Dann bekam die Kärntner Abteilung den Befehl, sich beim Jurjevec in Remschenig zu sammeln – das ist der am höchsten gelegene Bauer. Der Partisanenname vom Haus war Katica, denn die Tochter des Hauses war Kurierin, und sie half und organisierte sehr viel. Dort sahen wir viele hohe Funktionäre, einige lernten wir erst dort kennen. Als wir alle zusammen waren, stellten wir uns auf, und dann sammelten sie Freiwillige für die Nordseite der Drau. Wer meldet sich freiwillig auf die Nordseite? Wie er das erste Mal fragt, meldet sich keiner. Er fragt ein zweites Mal, es meldet sich keiner, dann fragt er mit erhöhter Stimme, ich weiß nicht genau, war es der Ciril Ribičič oder der Marko Primožič: »Wer kann Deutsch?« Und da wurde es mir lästig, ich zeigte auf: »Luc, komm heraus, komm vor das restliche Bataillon«. Dann hieß es, einer ist schon da, wer ist der nächste, und das ging so weiter, bis wir 17 waren.

Am selben Tag trennten wir uns von den anderen. Wir schliefen beim Lipš, beim Nachbarn auf dem Heuschober, und am nächsten Tag, am 23., gingen wir über die Petzen und hinten hinunter nach St. Helena, bis wir am Kömmel waren. In St. Margarethen übernachteten wir vom 23. auf den 24., das heißt, geschlafen wurde nicht viel, wir hatten bei St. Helena ein Schwein geschlachtet, und das brieten wir dann in St. Margarethen , und was wir nicht wegaßen, nahmen wir mit, das war sozusagen unsere Marschverpflegung. Dort wurden wir instruiert, worum es ging. Erstens sollten wir den Funken des Widerstands auch auf die Nordseite bringen, die Nazis aufschrecken, zweitens den Antifaschisten eine Stütze sein, drittens die Aussiedlung und den Druck einbremsen, den Antifaschisten die Möglichkeit geben, sich uns anzuschließen und dann, das war sehr wichtig, sollten wir einen Treffpunkt für die abgeschossenen alliierten Piloten aufbauen. Mit einem Wort – unsere Aufgabe war es,

den Widerstand zu entfachen, den Antifaschisten die Moral zu heben und den Faschisten Angst einzujagen. Das ist uns im Großen und Ganzen gelungen.

Janez Wutte-Luc

Wir waren die erste Kampfgruppe auf der Nordseite der Drau. Am 24. um ein Uhr nachts kamen wir zur Drau. Wir hatten ein kleines englisches Boot mit für zwei Personen. Sagt der Kommissar Polde zu mir, das war der Miha Roz aus Vellach: »Luc, ich bin neugierig, wer sich als erster ins Boot setzen wird.« Sage ich: »Wirst sehen, es wird nichts anderes übrigbleiben, als daß ich gehen werd' müssen.« Denn immer, wenn es kritisch wurde oder etwas auszuprobieren war, hieß es »Luc!«. Was dazukam, ich war mit dem Wasser vertraut, denn ich war ja am See aufgewachsen, das war nichts Neues für mich. Wir bliesen das Boot auf. »Wer geht?« Keiner meldete sich, dann fiel es auf mich. Sagte ich: »Siehst du, Polde, was habe ich gesagt?« Da gab es keine Wahl, oder ein »Ich kann nicht«. »Ich kann nicht« kannte man nicht, nur »Du mußt«. Ich fuhr ein paarmal drüber, dann kam das Kommando: »Luc, den führst du noch hinüber, und dann wird ein anderer fahren.« Ich mußte ja auf der anderen Seite bleiben. Ich fuhr vier- oder fünfmal, dann fuhr der Tonči aus Eisenkappel, ein MG-Schütze. Dreizehn gingen wir über die Drau, vier blieben als Kuriere am Kömmel zurück. Der Boj, ein junger Mensch, war unser Kommandant, eigentlich ein tapferer Mensch, aber auf der anderen Seite war er ein Panikmacher. Manchmal hatten wir feste Reibereien mit ihm wegen der Konspiration.

Auf der anderen Seite der Drau war ein Steilhang. Wir stiegen hinauf, auf die Spitze, und wußten nicht, in welche Richtung weiter, wir waren ohne Kompaß, ohne allem. Dann kamen wir in einen Wald. Dort verbrachten wir den Tag. Am Abend gingen wir zum ersten Haus, zum Haberberg, so heißt es auf deutsch, und zwar in Richtung Griffen. Dort war ein Bauer. Wir umkreisten das Haus, ein Bub trug Holz hinein, ein anderer half dem Vater bei irgendwas. Als sie uns erblickten, blieben sie wie versteinert stehen und alles fiel ihnen aus den Händen. Wir trösteten sie ein bißchen, dabei erfuhren wir, daß ein Toter im Haus war, die Leute waren beten gekommen. Ganz klar, zuerst mußtest du die Heimischen trösten, die redeten auch slowenisch. Wir mußten sie überzeugen, wir benahmen uns anständig, wie normale Leute, und so verloren sie die größte Angst. Ganz vergeht sie ja nicht.

Von dort zogen wir über die Felder, hinauf in Richtung Griffen, nach Kleindorf. In der Früh kamen wir hinauf auf eine Weide und der Kommandant sagte: »Hier werden wir bleiben.« Dabei war es schon hell geworden. »Gott bewahre, dort ist ein Bauernhof, dort geht der Weg vorbei nach Griffen, tagsüber können wir nicht hier bleiben.« Wir sahen uns alle an, ich fragte den Kommissar: »Du Polde, was ist denn los, hier sieht man uns, wird uns melden und wir haben schon den ersten Tag eine hajka.« Der Polde war sehr intelligent, aber zu wenig durchsetzungsfähig. Wir lagen dort und warteten, bis passierte, was passieren mußte. Ein Urlauber kam vorbei, der schaute uns an, wir lagen einfach dort. Schon den ersten Tag bekamen wir wegen der Nichtkonspiration Schwierigkeiten.

In der ersten Zeit erkundeten wir die Gegend. Wir hatten ja keine Adressen, wir hatten nur den Tip bekommen, daß auf dem Gipfel der Saualm Holzfäller seien, und die müßten wir finden, die seien schon informiert. Die fanden wir später auch. Wir fragten uns einfach durch. Von Haus zu Haus, von Dorf zu Dorf, von Mensch zu Mensch. Du mußtest eine gute Nase für Menschen haben – wer ist ehrlich, wer verlogen? Du mußtest ja so vorsichtig sein. Wir hatten Glück, daß wir an bewußte Slowenen gerieten, die dann weiterarbeiteten. Wir waren über jeden Nazi schon vorinformiert, ob er anständig war oder schlecht, wir erfuhren das von den Leuten. Vom Bauernführer in Diex wußten wir, der ist schlimm.

Wie wir zu ihm kamen, wußten wir gleich, da stimmt etwas nicht. Wir hatten einen Russen mit, der bemerkte, daß etwas vorbereitet wird, wir hatten das Laufen im Haus gehört, sie haben nämlich auch nicht gleich aufgemacht. Wir haben trotzdem gewartet, nach einiger Zeit öffnet sich die Tür, der Sohn macht auf, die Mutter und zwei Töchter kommen im Nachtgewand, und sie legen gleich los: »Oh, unsere Leute, unsere Leute sind gekommen, Slowenen, wir sind auch Slowenen«, und sie hüpfen dort herum in den Nachthemden, ich habe diese Falschheit gekannt. Wir gehen in die Küche, dann kommt der Gustl, der Russe und sagt, daß jemand etwas im Fenster versteckt hätte. Ich schaue nach, der Bauernführer hatte eine 08-Pistole hingelegt, der hatte schießen wollen, aber der Sohn hielt ihn auf. Alles in Hemden und in der Küche, und weil ich diese Falschheit kenne, sage ich: »So, stop, Hausdurchsuchung!« Wir fanden noch Waffen und etwas zum Essen, das nahmen wir mit. Wir wollten auch noch ein paar Informationen, aber wir wußten, daß ein Nazi keine rechte Information gibt. Dann sind wir auf die Gendemarie gegangen, dort war zugesperrt, dort hat sich niemand gemeldet, dann in das Gasthaus, dort meldet sich auch niemand. Ich leuchte mit der Batterie hinein, sehe, wie sich ein Kopf hebt; ein Mädchen. Sage ich, sie soll die Tür aufmachen, und sie: »Ist sie nicht offen?« Ich merke ich an der Aussprache, daß das keine Heimische ist, es war eine polnische Zwangsarbeiterin. Sie macht die Tür auf, wir gehen hinein, und in der Gaststube sitzen die Gendarmen und die Landwache. So hatten wir mehr Zeit, haben uns angegessen und mit der Landwache vergnügt. Dann mußten sich die Gendarmen ausziehen, uns die Waffen geben, und wir haben sie in Unterhosen nach Hause geschickt.

Danach sind wir zum Geschäft gegangen. Der Kaufmann wollte auch nicht aufsperren, bis er gesehen hat, daß wir in der Übermacht waren, dann hat er aufgemacht. Wir verlangten, was wir brauchten, und ich sagte zu ihm: »Und schreib auf, du kriegst sowieso alles zurück.« Klar hat er mehr aufgeschrieben, als wir genommen haben.

Dann begannen einige Burschen von der Nordseite, sich uns anzuschließen. Als erster kam ein österreichischer Demokrat, im August oder Ende

426

Juli. Er hat die Partisanen gesucht, er ist in Eichberg zu uns gestoßen; der zweite war Tomaž aus Griffen, noch einer aus Griffen und der Franc aus Kletschach, dann einer aus dem Görtschitztal. Aus dem Lavanttal wollten im Herbst '44 welche zu uns, Frauen und Mädchen, ausgebombte Wienerinnen, die hier bei Bekannten lebten. Der Winter war hart, und ich habe zu ihnen gesagt: »Was fangen wir mit euch an, ihr seid uns nur im Weg, weil ihr das Partisanenleben nicht kennt«; es war ja schlimm, überhaupt auf der Nordseite. Wir hatten keinen Arzt, kein Krankenhaus, wir hatten nichts, wir waren auf uns selbst angewiesen. Leichte Sachen haben wir selber operiert, wie wir es wußten und konnten, schwerer Verletzte haben sich erschossen, damit sie den Deutschen nicht in die Hände gefallen sind.

Bis zum 15. September hatten wir das gesamte Terrain bis Preblau hinauf bearbeitet, samt Görtschitztal und Lavanttal. Vom 10. auf den 11. August hatten wir unser erstes Opfer; kleine Kratzereien und Kämpfe gab es wohl mehrere, aber wir hatten bis dahin keine Opfer. Am 10. August 1944 am Abend ließen wir in Weißengraben Gefangene frei, ein paar davon schlossen sich uns an. Wir hatten einen Geheimpolizisten entwaffnet, der hatte eine ganze Menge Waffen, vom 11. auf den 12. August war deswegen alles rundherum besetzt. Wir wollten aber unbedingt zu einem Haus mit Radioapparat, denn manchmal bekamen wir auch Nachrichten aus London. So suchten wir also einen Punkt.

Zuerst kamen wir zu einem Haus, da brannte Licht. Wir kommen näher, ich sage: »Burschen, paßt auf.« Wir schleichen uns ans Fenster, sehen, da ist Polizei drinnen. Zurück: »Gehen wir woanders hin.« Wir gehen zu einem Bauern, der Pole geht voraus und noch einer; jeder Bauernhof in dieser Gegend ist von einem hohen Zaun umgeben, weil es dort oben viele Hirsche gibt. Wir öffnen die Zauntür, da leuchtet ein Licht auf, alle gehen in Deckung, aber es passiert nichts, alles bleibt ruhig. Verdammt, was ist das? Wir hätten uns ja ausrechnen können, daß das eine Falle war, aber weil die Polizei im anderen Haus war, dachten wir, da wird sie nicht sein. Ich gehe vor, nehme ein Holzscheit, werfe es hinauf, gehe zum Haus mit entsicherter Pistole, hinter mir der Gašper, ein junger Mann, dahinter der Pole, wir kommen zum Haus, das Haus war in den Hang gebaut, wir rufen, keiner antwortet. Ich nehme einen Bock zum Holzhacken, steig hinauf, hantle mich auf den Balkon, und wie ich oben aufspringe, kracht es schon bei den Fenstern und bei den Türen hinaus. Ich nehme schnell die Maschinenpistole, die ich um den Hals hängen hatte, feuere ein paar Schüsse durch die Tür, springe hinunter, es war ungefähr drei bis vier Meter tief, wie ich unten aufkomme, fallen mir die Taschenlampe und die Pistole aus der Hand. Ich liege auf dem Boden, greife nach der Pistole, habe sie schon zwischen den Fingern, auf einmal kommt eine Handgranate. Ich packe sie, werfe sie einen Meter weg von mir und ziehe den Kopf ein. Ich habe Waffen und ihre Wirkung gekannt, ich war im toten Winkel. Ich habe die Pistole, greife nach der Taschenlampe, kommt eine zweite Handgranate, ich voll in Deckung, ziehe den

Kopf wieder ein; als es aufleuchtet, sehe ich unter der Hand nach der Taschenlampe und greife nach ihr. Es hat mich ein bißchen gekitzelt, aber du hast keine Zeit zu denken oder darauf zu achten. Dann springe ich auf, da war der hohe Zaun, oben Stacheldraht; beim Drübersteigen zerreiße ich mir die Hose und schürfe mir die Haut am Bauch ab. Wie ich über den Zaun komme, höre ich den Kommandanten schreien: »Kameraden, hierher, hierher«. Ich renne hinauf, das war ein kleiner Hügel, da waren vier von uns und der verletzte Kommandant, der hatte einen Durchschuß im Bein. Der Gašper hatte von hinten einen Schuß abbekommen, und hielt seine Gedärme in der Hand. Ich komme hin, der Russe erzählt gerade: »Ich habe gesehen, wie es den Luc erwischt hat, der Luc hat sich vor Schmerzen gewunden.« Er hatte mich gesehen, wie ich dort am Boden herumgetapst hatte, weil ich die Taschenlampe und die Pistole suchte. Wie ich komme, gibt es momentan eine große Freude, daß ich noch lebe, aber gleich darauf sagt der Boj: »Luc, verbinde mich, das Bein ist weg«. Und der Gašper: »Luc, erschieß' mich, mit mir ist es aus.« Ich sage: »Worauf wartet ihr, zum Teufel, zieht ihm die Hosen herunter, ein Hemd!« Hosen herunter, ein Hemd zerrissen und das Bein des Kommandanten Boj fest verbunden, damit das Blut nicht abfloß, das war die einzige Lösung. Der Gašper liegt daneben, die Gedärme kommen alle heraus, da verabschiedet er sich von uns fünf, die wir dort waren, gibt jedem die Hand, hebt die Pistole, drückt ab – sie ist gesichert. »Ach, und noch gesichert.« Er entsichert sie, aus dem Bauch hat es herausgeraucht, hebt sie noch einmmal hoch, sagt: »Amen«, drückt ab – peng, der Gašper ist tot. Die Polizei schoß mit Dumdum-Patronen, daß es von den Fichten Äste herunterregnete. Wir schleppten den verwundeten Kommandanten mit. Dem Polen hatte es das Bein total weggefetzt, der blieb dort liegen. Die Polizei fand die beiden am nächsten Morgen, den Gašper und den Polen; er war noch nicht tot, er hat schrecklich gelitten. Sie haben beide an der Straße, die von St. Andrä nach Wolfsberg führt, aufgehängt – zur Abschreckung.

Wir schleppten uns in einen Wald, ich weiß nicht, wie weit wir kamen, vielleicht 500–1000 Meter, und dann warteten wir. Wir waren ja versprengt, fünf waren wir hier, die anderen woanders. Jetzt lagen wir da im Wald, der Kommandant bekam Fieber, hatte ein geschwollenes Bein, rot und blau, nirgends war Hilfe zu erwarten, kein Wasser, nichts zum Trinken, nichts zum Essen. Den Tag über entzündete sich das Bein derart, daß er vor Schmerzen schrie. Wir mußten ihm den Mund zuhalten. In der Nacht fiel Tau, wir nahmen die Blätter und kühlten mit der Taufeuchtigkeit sein Fieber.

Die Polizei rechnete damit, daß wir noch weitere Verwundete hatten. Wir lagen deshalb ganz still in unserem Versteck. Man muß sich vorstellen, was für Schmerzen der Kommandant hatte, dazu noch einen leeren Magen, der verursacht auch Schmerzen. In so einer Situation vergißt du auf alles. Am zweiten Tag sagte der Kommissar: »Wir müssen in Aktion treten, wir brauchen etwas zu essen.« Zwei hatten es schon versucht, aber sie hatten keinen Erfolg gehabt, weil sie überall auf Polizei gestoßen waren. Da sagte ich: »Ich gehe.« Er verabschiedet sich von mir, ich nehme einen Begleiter mit und ziehe am hellichten Tag um drei Uhr am Nachmittag los. Wir gehen Richtung St. Margarethen bei Wolfsberg zu einem Gasthaus. Ich gehe ums Haus herum, die Häuser sind zumeist in den Hang gebaut; ich hatte schon so einen Instinkt, ich habe ein Haus gesehen und konnte abschätzen, wo sich was befindet. Ich gehe also ums Haus, zum Haustor, höre mehrere Männer reden; ich horche, stoße die Tür auf und hebe die Maschinenpistole. Es waren zwei Gendarmen drinnen, zwei von der Landwache und der Wirt. Ich hatte, weil ich vorher viel mit Deutschen zusammen gewesen war, eine ganz deutsche Aussprache: »Hände hoch«, alle mußten hinter dem Tisch aufstehen. Ich klaubte ihnen die Verschlüsse von den Waffen herunter, nahm ihre Pistolen: »So, meine Herren, jetzt könnt's euch niedersetzen.« Ich hatte die Unteroffiziersuniform an, die Ärmel im Winter und Sommer hochgestreift, behängt mit meinem ganzen Vermögen; die Schwabenkappe und den Stern drauf – die *titovka*, Pistolen und ein Messer, Bomben und MP, ausgeschaut habe ich wie ein Räuberhauptmann. Ich habe mich auf den Stuhl gesetzt, die MP in der Hand. Die sind nur gesessen und haben geschaut, da sagt der Wirt: »Herr, entschuldigen sie, Herr, darf ich was zu trinken geben, was wollen sie, Bier oder Most?« Zum Teufel, Most bekamen wir jeden Tag bei den Bauern, ein Bier hatte ich aber nicht mehr getrunken, seit ich zu den Partisanen gestoßen war. »Heut möcht ich ein Bier trinken.« Und er hatte offenes Bier und bringt ein Krügel, das hättest du am liebsten hinuntergeschlungen, aber ich habe nur einen Schluck genommen und es zurückgestellt. Ich habe ihnen dann meine Aufmachung so erklärt: »Meine Herren, ihr wundert euch vielleicht, daß ich in einer solchen Aufmachung auftauche. Ich bin ein Sonderkommando aus Wolfsberg auf Bandenjagd, weil auf euch ist ja kein Verlaß.« Ich frage sie aus. Sie reden, aber skeptisch und vorsichtig. Nach einiger Zeit sage ich: »Herr Wirt, ich habe mit ihnen was zu besprechen, Herr Wirt, kommen sie heraus.« Wir gehen hinaus, ich schließe die Tür und sage: »Herr Wirt, da ist ein Rucksack; füllen sie ihn sofort, Milch muß dabei sein, Fleisch, Brot, oder Topfen, was sie eben haben. Füllen Sie ihn sofort.« Ich gebe ihm zwei Packerl Tabak und 100 Mark. Da kommt ein Soldat mit seiner Freundin, der erkennt im dunklen Hausflur nur meine Unteroffiziersuniform, grüßt mich und ist gleich in der Stube. Kurz danach kommen noch zwei Urlauber, unbewaffnet, die schicke ich auch gleich in die Stube. Der Wirt bringt dann endlich den gefüllten Rucksack. Ich hinter das Haus und hinauf in den Wald. Dort habe ich gewartet, bis es dunkel wurde, und bin dann zu den Kameraden.

Erst tranken wir etwas Milch und Most, dann aßen wir ein bißchen, alles im Dunkeln; das Wichtigste war, etwas zu trinken, denn wir hatten zwei, drei Tage nur Tau geleckt, und den Kommandanten aufzumuntern. Nun wurde die Situation kompliziert. Der Wirt hatte sicher geredet, die anderen wußten jetzt, daß wir Partisanen nicht weit sein konnten. Es regnete. Der Russe hatte ein Zelt, viereckig, das konnte man zusammenknöpfen, und wenn man auf jeder Seite einen Stock hineinschob, dann hatte man eine Tragbahre. Also schnitten wir mit den Messern junge Fichten und putzen sie, sodaß wir eine Bahre machen und den Kommandanten tragen konnten. Das hat Stunden gedauert, bis die Stöcke zugeschnitten waren, das mußten ja starke Stöcke sein. Dann legten wir den Kommandanten drauf und trugen ihn. Über die Steilhänge, die Baumstümpfe, Wurzeln, und da stolpert einer, alle fallen hin samt dem Kommandanten, und der flucht. Wirklich, so einen Kreuzweg habe ich weder früher noch später durchgemacht. Der Kommandant wollte sich erschießen, aber er hatte keine Waffe, und wir ließen es nicht zu. Bis zum Morgen kamen wir vielleicht zwei Kilometer weit, bis zu einem Zaun. Den zertrümmerten wir, damit wir das Bein schienen konnten. Dann bekam er noch zwei Stöcke, sodaß er selber auf einem Bein gehen und sich so weiterbewegen konnte. Sein Bein war so entzunden, es war rot und blau. Wir massierten es mit Schnaps, und ein bißchen davon trank er. Einen Tag später fanden wir den Rest der Gruppe.

Manchmal haben Leute aber auch versucht, persönliche Feindseligkeiten durch die Partisanen zu regeln. Da sind wir einmal auf einem Hof, und da sagt die Hausfrau: »Bittschön, geht's hinunter zum Herzog, das ist so ein Nazi, das ist so ein Nazischwein, bittschön, erschießt's den Herzog.« Und ich antworte: »Selbstverständlich, wir werden das überprüfen, wenn es so ist, wie sie sagen, was ich Ihnen glaube, werden wir schon die Rechnung begleichen.« Dann bestellten wir ein Abendessen. Ich kochte immer selber und paßte auf, denn die Polizei hatte bei den Bauern Gift verteilt. Sie sollten uns Gift ins Essen geben; alles, was wir gekocht hatten, mußte deshalb immer zuerst der Heimische kosten. Wir gingen auf Nummer sicher.

Und dann gingen wir hinunter zum Herzog. Das war nicht weit, so an die 300 Meter. Wir kommen hin, wecken ihn, oben öffnet sich ein Fenster: »Ja, wer ist's denn?« »Herr Herzog, hier sind Kärntner Partisanen, wollen Sie uns aufmachen?« »Ja, selbstverständlich werde ich aufmachen.« Er kommt, macht auf, wir gehen in die Küche: »Was wollt ihr trinken, was wollt ihr essen?« Wir unterhalten uns: »Wie sind die Nachbarn? Wie sind sie dort, wo uns die Frau aufgehetzt hat, sind das Nazis?« Sagt er: »Nazis sind sie nicht, aber wir verstehen uns auch nicht. Wegen eines Blödsinns sind wir schon ein paar Jahre in Feindschaft.« Und er erzählt, daß seine Hühner auf deren Weizenfeld Schaden angerichtet hätten, und daß die Feindschaft darauf beruhe. »Die Weiber sind halt hysterisch.« Wir sehen, daß er ein positiver Mensch ist, daß es sich nur um eine lokale Dorffeindschaft handelt. Er ist begeistert von uns und fragt, ob wir gerne Musik hören: »Ja«, sagen wir, »eine Stunde hätten wir noch Zeit«, und er geht gleich ins Zimmer und ruft die Mädchen heraus, eine mit der Zither, die andere mit der Geige, und sie spielen, wir essen, und der Herzog wurde unser bester und verläßlichster Treffpunkt. Der war so, daß er persönlich ein schweres Schwein schlachtete und es den Partisanen in den Wald brachte. Er hat gesagt, er macht es, und er hat es gemacht.

Einmal gab er uns einen Tip. »Geht's, besucht's den Bürgermeister von Pölling, den Hund.« Der war ein Südtiroler, der unten in Pölling lebte, wo ihm ein riesiger Bauernhof, wie eine Grafschaft, zugefallen war. Der Vorbesitzer, so war zu hören, war ein Antifaschist gewesen, und die Nazis hatten ihn beiseiteschaffen lassen. Genau weiß ich das nicht, aber geredet wurde so. Als der Südtiroler kam, wurde er sofort Bürgermeister, Bauernführer und Ortsgruppenleiter in einem. Er war wie ein König, was er anschaffte, mußte geschehen. Die Leute waren sehr zornig. Da hab' ich gesagt: »Naja, wir werden ihn ein bißchen bei den Ohren packen.« Also hin zu ihm. Die meisten bleiben in einiger Entfernung von seinem Hof stehen, und ich und noch einer gehen voraus, kriechen auf dem Bauch bis zum Haus, alles ist hell, auf dem Bauch an der Wand hoch, ich schaue hinein und sehe eine moderne Küche, im angrenzenden Raum eine Menge Leute, der Raum ist voller Landwache. Ich gehe zurück, mache Zeichen, der andere, der als Verbindung war, gibt das Zeichen zum Herüberkommen. Wir umstellen das Haus, das ging automatisch. Dreißig waren wir, aber nur vier sind wir hinein: »Hände hoch«, alle heben die Hände hoch, ein voller Raum, da waren zwanzig Männlein drinnen. »Gustl, klaub die Waffen ab.« Hat der Gustl alle Waffen abgeklaubt. »Geh raus und mach' sie kaputt.« Dann sagte ich zu ihnen: »Burschen, ich weiß, ihr gehört zur Landwache, ihr müßt diesen Herrn beschützen, damit er euch fest drückt und mit den Schrauben das Blut aus den Fingern preßt.« Dann sind wir mit dem Kommandanten und dem Kommissar und dem Bürgermeister in ein Zimmer. Der streitet alles ab. Ich sage ihm alles auf, was ich von ihm weiß. »Wo hast du die Waffen?« »Ich habe keine Waffen.« »Wo hast du das Schlafzimmer?«, sagt er: »Da.« Wir gehen hinein. »Hast du Waffen oder hast du keine Waffen, für jede Lug kriegst eine Watschen. Hast Waffen?« »Nein.« »Da ist dein Bett und links schläft die Frau.« Ich werfe die Decke und den Polster zur Seite, und da ist eine 08 drunter. »08 hätten wir schon.« Ich weiß nicht, hat ihm der Kommissar oder der Kommandant eine versetzt, ich gehe zum Bettende, finde dort drei Handgranaten, sage: »Dreimal.« »Hast noch was?« »Nein, ich hab nichts mehr, ich hab nichts mehr.« Dort waren so schöne Kästen aus Kirschholz, so Biedermeier, und ich sage: »Dort oben ist Munition«, greife hinauf und hab' sie schon. Was für einen Riecher man bekommt für dies und jenes! Er hatte ungefähr 50 Schuß Munition für das Gewehr. Ich mache den Kasten auf, hängt eine Mauser drinnen und seine Parteiuniform, so eine schöne. »Haha«, sage ich, »die wird aber der Luc tragen, du bist ja gleich groß wie ich.« Dann haben wir ihn noch einmal präpariert, und ich habe ihm gesagt: »Mein lieber Herr, du bist wie ein König da in diesem Gebiet; was ich vorher gesagt habe, stimmt alles, aber du lügst wie gedruckt. Du wärst billiger gefahren, wenn du alles zugegeben hättest. Schau, was du behauptet hast, war gelogen, und mit dem Fund der Waffen ist bestätigt, daß du lügst. Früher war ich in Zweifel, aber jetzt glaube ich, daß alles wahr ist, was mir die Leute erzählt haben. Wenn du noch einmal lügst, haben wir Befehl von unserem Oberkommando, daß wir dich kaltmachen. So, und jetzt gehen wir in die Küche.« Bevor wir ihn zum Verhör

431

geführt hatten, hatte ich ein Abendessen gefordert, und ich betonte, daß wir alles bezahlen würden. Die Frau war ungefähr 26–28 Jahre alt, fesch, blond, ein nettes Mädchen, und ich sagte: »Ist's nicht schad um deine Frau, so eine nette, so eine schöne Frau, und du bist so ein Nazi ein verlogener.«

Nachdem wir das Wichtigste erledigt hatten – die Waffen eingesammelt, das Abendessen gekocht und weggegessen –, sagte ich zu ihm: »Gemma, du gehst mit uns!« Er wollte nicht. »Zieh dich an«, er hatte Patschen an und wollte sich nicht umziehen. Da war aber der Gustl gut für solche Sachen: »Hurensohn, gib her deine Pfoten, ich werd' dich anzieh'n!« Naja, Schuhe an, zubinden mußte er sie selber, sie bricht in Tränen aus, beginnt zu weinen und zu bitten: »Bitte, bitte erschießen Sie meinen Mann nicht«. Wir erklären ihr, daß sie, wenn er nicht verrückt spielt, keine Angst zu haben braucht.

Oben in Pölling, am Gipfel, inmitten des Dorfes, vielleicht 300 Meter von der Wiese in den Hang hinein war ein großes Gasthaus. Dort war eine Tanzveranstaltung, zu der wollten wir hin, und ich sagte: »So, jetzt gehn's mit uns hinauf, oben ist Musik, wir werden uns oben unterhalten.« Klar, der ist ungern gegangen, aber er mußte mit der Vorpatrouille, neben mir. Mitten auf dem Weg bleibt er auf einmal stehen: »Nein, ich geh' nicht, ich geh' nicht, es ist gefährlich, die Polizei ist oben.« »Ach was, Polizei, Polizei. Wir gehen hinauf und fertig.« Da beginnt er auf mich einzureden: »Ist's nicht schade um Ihr junges Leben, seid's alle so fesche junge Burschen und ihr müßt in den Tod gehen.« Ich antworte: »Wir befinden uns im Krieg, wir sind die Befreiungsarmee, wir werden kämpfen und wir scheuen auch den Tod nicht.« Er wollte aber nicht mehr weitergehen. Da habe ich gesagt: »So, ab jetzt nicht mehr nebeneinander, sondern hintereinander, und Sie voraus.« Ich stoße ihm die Pistole in die Rippen: »Jeder Versuch zu fliehen bedeutet den Tod.« Ich gehe hinter ihm hinauf, wir kommen auf den Hof, dort stand eine Holzhütte, der Hof war hell erleuchtet, nur die Holzhütte lag im Schatten. Dort überließ ich ihn zwei verläßlichen Partisanen. Ich selbst gehe mit zwei anderen ins Haus. Zuerst einer in die Küche, einer ins Nebenzimmer, und dann hinein – ich hatte diese Ortsgruppenleiteruniform an. Die spielen gerade einen Walzer. »Hände hoch!« Die Musik hat sofort zu spielen aufgehört, alle haben die Hände hoch gehalten, die Musikanten auch, und alle haben geschaut. Es waren vielleicht 50 bis 60 Leute drinnen, hauptsächlich junge Mädchen, ein paar Invalide und ein Soldat. Zuerst habe ich ihnen ein bißchen gedroht: »Wir sind die Befreiungsarmee, es gelten dieselben Regeln wie beim Militär. Wenn einer versucht, eine Dummheit zu machen, dann übernimmt er die Verantwortung!« Ein paar Auffällige haben wir nach Waffen durchsucht, nachdem sie nichts hatten, haben wir erlaubt, die Hände herunterzunehmen. Dann habe ich ihnen noch eine halbe Stunde vom Sinn unserer Arbeit erzählt, daß wir Antifaschisten sind, und dann hat noch der Kommandant geredet, der konnte ein bißchen deutsch, weil er seinerzeit in Völkermarkt Müllerlehrling war. Wie wir fertig sind, frage ich: »Wo ist der Wirt?«. Die bringen ihn her. »So Herr Wirt, jetzt bringen Sie etwas zu trinken, unsere Burschen haben Durst, wir kommen selten ins Gasthaus.« »Ja, ich hab nichts, ich hab nichts, ich hab nichts.« Ich wiederhole: »Wirst du was bringen oder nicht?« »Ja, aber ich hab' doch nichts.« Der Polde aber hatte eine Nase, der hat die Getränke gerochen, und wenn sie unter der Erde waren. So ist der Polde mit noch einem in den Keller hinunter und sie bringen zwei Kisten Bier herauf, Wein und Schnaps. Wir haben getrunken und dann noch ein bißchen getanzt. Die Musikanten haben aufgespielt, die Burschen haben sich das Gewehr um den Hals gehängt, jeder hat sich ein Mädchen genommen und dann haben sie getanzt, daß die Beschläge krachten. Ich kam nicht zum Tanzen. Da war ein blondes Mädchen, das hat mich ausgefragt, über dieses und jenes. Es war die Tochter des Kreisleiters. Wie der dann erfahren hat, daß seine Tochter mit den Partisanen Umgang gehabt hatte, soll er gesagt haben: »Ich hätte dich lieber tot gesehen, als daß du mit Banditen sprichst.«

Es war einer dabei, ein Robert Müller, aus einem festen Partisanenhaus, wir hatten schon mit der Schwester und der Mutter besprochen, daß er mit uns gehen sollte. Also haben wir beschlossen, eine Mobilisierung zu machen, damit den Angehörigen nichts passiert. Ich sagte: »Musik stop. So meine Herren, die Stunde ist gekommen, wir müssen gehen, aber wir möchten nicht alleine gehen. Wir fordern alle Soldaten auf, daß sie sich überlegen, ob sie weiter für Hitler und gegen die Freiheit Österreichs kämpfen wollen, oder sich einsetzen für die Freiheit Österreichs.« Es waren ungefähr fünf Soldaten da, fünf in Uniform, die anderen waren in Zivil. »Wir geben euch fünf Minuten Zeit zum Überlegen. Das Haus ist besetzt, wir verstehen keinen Spaß.« Dann haben sie angefangen, einer hat seine hölzerne Hand gezeigt, eine Prothese, der andere sein Bein, eine Prothese. Wir haben alle überprüft und es ist wirklich nur einer gesund gewesen, der Robert. Ich rufe den Robert zu mir und sage: »Du bist deutscher Soldat?« »Ja.« »Wirst du nach Abschluß deines Urlaubs zu deiner Einheit zurückkehren?« »Ja.« »Das wirst du nicht mehr tun, dazu kommt es nicht mehr. Du hast zwei Möglichkeiten, entweder du entscheidest dich für uns und kämpfst mit für ein freies Österreich, oder wir müssen dich hier auf der Stelle liquidieren, bevor du gegen uns kämpfst. Robert, überlege.« Wie üblich begann er von den Eltern zu reden und so, die üblichen Phrasen, ein bißchen war auch Wahrheit dabei. Ich unterbrach ihn: »So, wir haben keine Zeit mehr, du hast fünf Minuten Zeit, dir zu überlegen, ansonst muß ich das Urteil, das ich gesprochen habe, sofort hier auf der Stelle ausführen.« Es war so still, daß du eine Maus gehört hättest. Ich habe auf die Uhr geschaut, die Pistole herausgenommen, entsichert, »Robert, nur noch fünf Sekunden«, und da ging es los: »Robert geh, Robert geh«, alle begannen zu schreien, die Heimischen: »Robert geh«, »Robert, eine Sekunde«, ich entsichere die Pistole, er steht vor mir, »Robert, Robert, Robert geh«, »Ich hab' mich entschlossen, ich geh' mit.« »Na«, sage ich, »war das so schwer?« Dann habe ich die Pistole gesichert und gesagt: »Bis vier in der Früh bleibt ihr da, wehe einer geht hinaus und wagt, uns nachzuschauen!« Wir verabschieden uns, gehen, und ganz klar, die schauen uns nach; der Pole, er ging als letzter, hat mit dem Schnellfeuergewehr eine Garbe in die Luft gelassen, da sind sie wieder hineingestürzt und haben die Tür zugemacht. Wie gesagt, das mit dem Robert war natürlich vorher so ausgemacht, damit seine Angehörigen keine Repressalien befürchten mußten. Das machten wir meistens so.

Robert dachte, wir gehen in ein Lager, klar, als deutscher Soldat hatte er ja keine Ahnung vom Partisanenleben, so wie auch ich früher keine Ahnung hatte. Er meinte, da gibt es Häuser, wo der Stab untergebracht ist, und Baracken, wo wir leben. Als wir hinkamen, sagte ich: »Robert, jetzt sind wir da.« »Was, ich seh' nichts.« »Brauchst ja nichts zu sehen, leg' dich hin und schlaf' ein.« »Hier auf den Boden?« »Ja freilich.« Das

war für ihn eine Katastrophe. Wir legten uns hin und schliefen wie das Wild. Und er war das nicht gewöhnt, die ganze Nacht saß er dort, ich war überzeugt, daß er die erste Nacht abhauen würde. Die ganze Nacht saß er auf einem Baumstrunk und wackelte mit dem Kopf. In der Früh trösteten wir ihn dann ein bißchen. Später wurde er krank, weil er solche Strapazen nicht gewöhnt war. Und dann stellte er sich der Polizei. Und weil er ja »zwangsmobilisiert« worden war, kam er wieder zu den Soldaten.

Wir führten noch mehrere Aktion durch, rüttelten die Gestapo ein bißchen auf, informierten uns, der Krištof, der Bezirkssekretär war, machte sich einen Bunker, wir formierten uns für einige Zeit in einer Einheit, und dann ging der Belin, der Kommandant der zweiten Gruppe, sein Kommissar war der Matiček, über das Görtschitztal hinüber. Ich weiß nicht, wie die operiert haben, ich war ja nicht dabei.

Wir zogen in kleineren Einheiten umher. Einmal waren wir gerade zum Treffpunkt unterwegs, wo die Kuriere des Bataillons auf uns warteten; da meinte ich: »Gehen wir durch den Wald, weichen wir der Lamminger

Alm aus.« Das war eine ziemlich große Lichtung mit Weiden, und da sagt einer: »Wir waren drei Tage hier und haben keinen *švaba* gesehen.« Ich antwortete: »Du kennst sie nicht, die sind gefährlich, wir gehen immer durch den Wald, damit wir nicht im Freien gehen müssen.« »Panikmacher, Panikmacher!« »Wir sind keine Panikmacher, aber wenn wir nicht vorsichtig wären, hätten sie uns schon längst alle erschossen.« *Ajde*, wir gehen dann doch den Weg entlang. Da war ein schmaler Streifen Wald, es kommt uns eine Hirtin entgegen, die hatte eine Kuh vor den Wagen gespannt. Wir haben uns gut gekannt. »Grüß Gott, Muattale.« Da wird sie ganz blaß und sagt kein Wort. Ich denke mir noch, Madonna, das ist auffällig. Und wir waren ungefähr zehn Meter an der Hirtin vorbei, ich sage noch zu denn anderen: »Madonna, das ist auffällig, dieses Weiberl, ich kenne sie gut« – in dem Moment kracht es. Es waren 50 Polizisten, und die schossen auf uns. Hinunter vom Weg, wieder hinauf, dort war aber Schlamm, ich springe hinein, und da kracht der Knochen. So, denke ich mir, jetzt ist es aber aus. Ich liege flach, die hatten das Maschinengewehr so aufgestellt, daß die Garben über mich drübergingen, so daß ich dick Dreck am Kopf hatte. So, jetzt gibt es keine Hilfe mehr, ich nehme die Pistole, entsichere sie, will mich erschießen, und wie ich zurückschaue, denke ich, daß ist ja ganz nahe beim Wald, vielleicht rette ich mich. Da kommt in dem Moment unsere andere Gruppe vom Bataillon und greift die Polizei an. Dadurch waren die Polizisten abgelenkt und haben den anderen hinterhergeschossen. Ich sichere die Pistole, stecke sie ein, drehe mich um, richte mich auf, und mit den Händen auf den Zaun, der dort war, hinunter hinter den Zaun und in den Wald. Wie ich vorbeifliehe, sehe ich, daß der Hugo dort liegt, ein ehemaliger SS-ler, jetzt Partisan, und der ist ganz weiß im Gesicht, liegt ganz flach, hat sich totgestellt. Ich hüpfe auf Händen und Beinen. Ich schleppe mich noch hinauf zu den Unseren, und dann ist es aus, ich kann nicht mehr weiter. Das Bein tat mir weh, es war geschwollen. Dann kam noch eine starke Patrouille vom Bataillon, da war auch der englische Major Hughes dabei, der war Verbindungsoffizier, zwei stützten mich, ich hatte noch einen Stock, und wir sind hinauf zum Bataillon. Die Freude war groß, sie umarmten mich, und ich lag dort auf der Seite wie ein krepierter Hund. Gefallen war nur der Kommissar Iztok, der uns als Panikmacher beschimpft hat, und einer war noch verwundet.

Oben fiel dann die Entscheidung, daß ich in den Bunker müßte, in den kleinen, da konnten nur drei, vier drin liegen. Der Bunker wurde so getarnt, daß man von außen überhaupt nichts sehen konnte. Dort lag ich so einen Monat, bis der Gašper und der Krištof den anderen Bunker fertighatten. Mitte November kam ein Kurier zu mir: »Luc, der Gašper sagt, du mußt jetzt hinkommen, sie haben dort jetzt einen großen Bunker.« Und dann lag ich im anderen Bunker noch ein paar Tage und machte mit dem Bein Übungen. Ich muß noch sagen, Arzt gab es keinen, manchmal kam ein Kurier vorbei und brachte etwas zum Essen, und jeden zweiten Tag kam ein Jäger, Peter, der brachte mir Hirschfett und hat mir am Anfang das Bein massiert, später habe ich das selber getan. Den ganzen Winter ging ich mit dem Stock.

Nach einiger Zeit führte ich eine Patrouille nach Eichberg. Dort mußte ich zu einem Haus, in dem die Leute – ein Jäger und seine Frau – 100%ig für uns waren; sie hatten dort ein Radio. Als die Frau mich sah, meinte sie: »Marija, das ist ja eine Erscheinung.« Die hielten mich schon für tot, weil sie so lange nichts von mir gehört hatten. Wir erfuhren dann von ihnen, daß eine große *hajka* vorbereitet wurde, Ende November war das. Am 5. oder 6. Dezember begann sie dann auch, die große Winter*hajka*.

Auf der Nordseite

Es war Ende Juli 1944, ich arbeitete gerade auf dem Feld, heugte, da sah ich in der Ferne drei Männer, alle in Zivil. Erst als sie näher kamen, erkannte ich meinen Mann darunter. Das waren ehemalige Offiziere der Wehrmacht, die flüchten mußten, und ich brachte sie am nächsten Morgen an die Grenze.

Im Oktober kam mein Mann wieder, diesmal aber in deutscher Uniform, wieder mit zwei anderen. Es war schon spät, und sie übernachteten bei uns. Am Abend zeigten sie mir ein Plakat, das war vom Nationalkomitee »Freies Deutschland«, da hatten sehr viele Offiziere darauf unterschrieben, der Paulus, der Seydlitz, der Brauchitsch und andere. Die zwei haben wir dann auch nach Jugoslawien gebracht.

Ein paar Tage später hörten wir auf einmal Maschinengewehrfeuer. Es gab ein Gefecht um die Seilbahnstation oben beim Breitereck, und die Station brannte ab. Das war das Ziel der Partisanen, so konnten die Deutschen mit der Seilbahn keine Munition und keine Gewehre mehr heraufliefern. Das war die Zeit, wo es schon jeden Tag Kämpfe gegeben hat; am Brandl waren die Partisanen und die Deutschen schon ganz narrisch.

Dann wurde ein Amerikaner abgeschossen – das war schon im Jänner 1945 – den brachten die Partisanen zu uns, der war schwer verwundet. Aber der Nachbar von uns, so ein altes Mandl, hat das irgendwie gesehen und sofort bei der Gestapo angezeigt. Der Amerikaner sitzt gerade am Tisch und studiert die Landkarten, auf einmal kommt die Gestapo. Na, der stieg sofort in den Backofen hinein, und die Gestapo stellte das ganze Haus auf den Kopf. Die Kästen, den Keller und alles haben sie untersucht, sind x-mal am Backofen vorbeigegangen, aber hineingeschaut haben sie nie. Ich habe gebetet, und wirklich, sie haben ihn nicht gefunden. Aber am Tisch ist noch die Landkarte gelegen. Sie haben uns gefragt, woher die sei. Wir haben gesagt: »Wir sind selbst gerad erst gekommen, wir waren Futter schneiden, vielleicht war einer heimlich da.« Am Brandl sind die Kämpfe wieder losgegangen, da haben sie uns dann in Ruhe gelassen.

Theresia Ganzi-Gmeiner

Die Kämpfe dauerten die ganze Nacht, da sind so viele gefallen, daß sie am nächsten Tag zwei Wägen Tote heruntergeführt haben, lauter Soldaten, zum Großteil Tiroler. Die Deutschen wollten die Partisanen am Brandl oben überfallen, aber die haben das schon gewußt und ihnen eingeheizt.

Nachher sind die Partisanen gekommen und haben gesagt: »Jetzt werden die Deutschen sicher zurückschlagen wollen. Die werden jetzt Geschütze holen. Es geht nimmer, Ihr müßt weg.« Und wirklich, gleich danach hat das Schießen wieder angefangen. Wir haben nichts mitnehmen können, zwei Partisanen haben den Piloten wegetragen, der hatte eine schwere Fußverletzung, und so sind wir in die Berge, hinüber nach Jugoslawien, hinunter nach Pohorje.

Die Partisanen haben uns dann ins Hauptquartier gebracht, dort hat mein Mann schon auf mich gewartet. Wenig später haben die Deutschen dann das Hauptquartier überfallen, das war ein schwerer Angriff, da sind viele gefallen. Mein Mann ist auch dort gefallen und ein ungarischer Student, der hat einen Bauchschuß gehabt, mein Gott, ich kann mich noch daran erinnern, wie der geschrien hat! Der hat noch zwei Tage geschrien, bevor er gestorben ist. Bei meinem Mann ist es geschwind gegangen, der war gleich tot. Mich hat es am Fuß erwischt. Ich hab nicht mehr gehen können und mich dort in einem Heustadel versteckt. Ich hab nicht einmal mitgekriegt, daß der Krieg schon aus war, da unten.

Als die Unseren wiedergekommen sind, haben sie mich dann nach Maribor gebracht. Dort bin ich den ganzen Sommer mit einem großen Verband herumgeschlapft. Später habe ich in der Offiziersküche gearbeitet, da ist es mir gut gegangen. Es hat mir an nichts gefehlt und der Kommissar war sehr freundlich. Erst im November 1946 bin ich zurückgekommen.

Die Annonce erschien nicht

Johann Petschnig-Krištof

Ich war von allem Anfang an *terenec*, politischer Aktivist. 1944 bekam ich den Auftrag, auf der Saualm erste Kontakte zu knüpfen, den Widerstand gegen Hitler zu organisieren, um mit dem Aufstand zu beginnen, neue Partisanen aus den Reihen der Soldaten, die auf Urlaub waren, zu organisieren.

Wir waren zu dritt, Literatur, Flugblätter und solche Sachen hatten wir mit. Zuerst mußten wir uns noch Informationen besorgen, wie die

Widerstand

*Johann
Petschnig-Krištof*

Tainacher Draubrücke bewacht war, wo und wann. Wir erfuhren, daß sie nur nachts bewacht wurde, bei Tag nicht. Im Morgengrauen kommen wir zur Brücke, wir warten, daß die Wache weggeht, auf der anderen Seite war das Wetterhäuschen für die Wache. Die Wachen kommen daher, ein bißchen dunkel war es noch, und da sehen wir – Madonna, das hat uns unser Informant nicht berichtet – daß die einen riesigen Hund haben, und der hat gebellt. Aber sie reagierten nicht darauf und gingen weiter. Wir über die Brücke, es hat schon getagt, wir kommen auf die andere Seite und sehen auf einmal einen Gendarmen im Wetterhäuschen, der etwas schreibt, ist halt schon eine Kontrolle gekommen. Einer von uns hatte eine Maschinenpistole, einer ein Gewehr, ich eine Pistole und wir waren darauf vorbereitet, schießen zu müssen. Am hellichten Tag, überall Polizei, die haben dich ja gleich. No, aber der hat sich nicht umgedreht und wir sind an ihm vorbei Richtung Tainach, hinauf ins Gehölz. Die Sonne schien, wir legten uns ein bißchen nieder, müde waren wir ja vom Marsch. Ich stehe auf, und einer sagt: »Hörst du etwas?« und wir hören jemanden deutsch reden. Hat uns höchstwahrscheinlich schon jemand angezeigt. Eine ganze Armada kam hinter uns her. Die Literatur mußten wir liegen lassen, damit wir schneller laufen konnten. Wie sollst du dich wehren, mit einer Hand voll Munition und einem ganzen Haufen hinter dir? Den ganzen Nachmittag stiegen wir im Gehölz herum und die immer hinter uns her, immer wieder schossen sie in unsere Richtung. Auf einmal keine Bäume mehr. Wir gingen noch 200 Meter, dort war noch ein bißchen Gebüsch. Ich sagte: »Bis hierher und nicht weiter, jetzt müssen wir feuern.« Da hören wir schon hinter uns den Befehl »Vorwärts!« und die Schützen kommen in einer Kette auf uns zu. Ich sage zu einem: »Du hast ein feines Gewehr, ziel auf einen.« Er zielt, flak, und trifft ihn schon, da springen sie zurück in den Wald. Nach kurzer Zeit kommt erneut der Befehl: »Vorwärts!« Da legt er erneut an, trifft noch einen. Dann war Ruhe. Sie zogen sich zurück, es begann schon zu dämmern.

Wir gingen bei St. Stefan nach Raut, einer von uns kannte einen Bauern dort oben, deswegen ging er auch mit. Irgendwo mußt du einen Menschen haben, sonst ist es aus. Wir kommen zu dem Bauern hinauf, wir hatten vor, in der Nähe einen Bunker zu bauen. Der Bauer war nicht schlecht. Genaues wußten wir aber nicht über ihn, wir waren früher nie zusammen. Wir gruben wirklich einen Bunker, es wurde kalt, und der Schnee begann zu fallen. Bis heute weiß ich nicht, ob wirklich einer von den Unseren so einen Rheumatismus gehabt hat, daß er nur mehr schreien konnte. Ich sagte, das darf ja nicht sein, die werden uns wie die Hasen einfangen und umbringen. So gingen wir Februar 1944 wieder zurück.

Auf der Draubrücke gab es wieder ein Problem. Der Mond schien hell, wir gehen auf die Brücke zu, die Schuhe ausgezogen, in Strümpfen über den Schnee, der mit Rauhreif bedeckt war. Ich schaue durch das Fernglas, da steht schon eine Wache dort, die schaut aber auf die andere Seite. Wir nähern uns ganz leise, die Drau hat damals ja noch gerauscht.

Heute rauscht sie nicht mehr, sie steht nur mehr still, aber damals ist das Wasser schnell geflossen und hat stark gerauscht. Ich sage zu einem: »Setz der Wache das Gewehr an die Brust, wir beide gehen in der Zwischenzeit zum Wetterhäuschen nachschauen was sie tun, wieviele dort sind und so weiter.« Wir kriechen zum Haus, hören noch, wie er zur Wache sagt »Halt, Hände hoch!« Der hebt die Hände sofort hoch, das habe ich noch gesehen. Ich gehe hin, schau beim Fenster hinein, die haben drinnen Karten gespielt, ungefähr zehn sind dort gesessen, Polizei und Landwache. Ich sage zu meinem Begleiter: »Paß auf, daß niemand kommt und mich erschießt. Ich werde hineingehen. Einen anderen Weg gibt es nicht.« Vielleicht war das auch nicht notwendig, wir hatten ja schon die Wache und hätten einfach über die Brücke gehen können, aber

*Johann
Petschnig-Krištof*

*Auf der Nordseite
der Drau,
im Vordergrund
in Lederjacke
ein amerikanischer
Pilot.*

wir machten das damals, vielleicht war es auch besser so. Mit der Pistole in der Hand öffne ich die Türe: »Hände hoch!« Madonna, die Hände schossen in die Höh, ich hatte alles unter Kontrolle, keiner getraute sich zu bewegen, die Karten lagen dort, einer legte die Karten nicht schnell genug hin, da sagte noch ein anderer: »Beeil dich, tua die Händ hoch.« Und ich sagte: »Jetzt habe ich euch in der Hand. Wir wollen hinüber, wenn ihr Ruhe gebt, dann ist alles in Ordnung, ansonsten kracht es hier.« »Jo, jo, gehts glei drüber, gehts glei drüber!« drängten sie. Und dann traute ich Trottel mich noch, ihnen die Waffen zu lassen. Ich dachte mir, wir werden ja wieder drüber müssen, vielleicht sind sie still und es läßt sich wieder ein Kontakt herstellen. Ich ließ eine Maschinenpistole dort und die paar Gewehre, die dort hingen. Warum hätte ich sie mitschleppen sollen? Wir waren ja alleine, es wäre zu schwer gewesen. Zwei haben aufgepaßt, damit sie nicht hinterher schießen, es war ja eine lange Brücke, und wie der eine auf der anderen Seite war, hat er aufgepaßt, daß sie nicht hinter den beiden anderen herschießen. Wir gingen drüber, und es hat niemand geschossen, einer hat noch geschrien: »Schnell, schnell.« Man sieht, daß nicht alle solche Stricke waren, die nur erschlagen hätten. Wir kamen sicher auf die andere Seite, setzten uns nieder und zündeten uns erst einmal eine Zigarette an.

Im Sommer ging ich dann zum zweiten Mal auf die Nordseite, bei Schwabegg ging ich über die Drau, und da blieb ich bis zum Ende und hatte gute Leute dort. Ich war nicht so ein Mensch, der jemandem etwas aufgedrängt hätte. Deswegen hatten sie mich auch auf der Saualm gerne. Ich sagte: »Mütterchen, wenn es nichts anderes gibt, dann ein bißchen Suppe oder so etwas.« »Ja, das habe ich.« Es gab aber auch solche, die immer nur das Beste haben wollten. Mit so einem Vorgehen konntest du viel verscheißen, ansonsten aber profitiertest du. Am leichtesten bekamst du die Leute auf deine Seite, wenn du zu ihnen gingst und dich als Mensch benahmst. Wenn es ein Sympathisant war, den hast du schnell überzeugen können. Schau, ich hatte bis Eberstein hinauf Kontakte, wenn es gefährlich war. Dort oben waren nur Mädchen, nette, junge Mädchen, kam öfter eine und sagte: Jetzt wird es gefährlich. Wenn ein Überfall geplant war, eine hajka bevorstand, dann bekam ich immer Post aus diesem Ort. Aus Grafenstein genauso. Ich wußte immer genau, was passierte.

Mit der Belin-Kompanie war ich nicht zusammen, ich ging mit meinen Leuten eigene Wege. Wir hatten eigene Bunker, ich organisierte zuerst die Leute, das war das erste, wenn du irgendwohin gekommen bist. Du brauchtest bewußte und verläßliche Menschen. Wenn du die nicht hattest, warst du verloren. Ein Förster war dort, bitte, mich hat der nie verraten, mir hat er alles gegeben. Andere sagen, er hätte sie verraten, wissen kannst du das aber auch nicht. Manchmal wußten ja auch die Partisanen nicht alles. Es gab einen Überfall und sie sagten sich, vielleicht hat mich der verraten. Was mich betrifft, war er in Ordnung. Dann organisierten wir die Bauern in der Umgebung, damit wir zu essen hatten, damit wir nicht dauernd requirieren mußten, dort wurden wir ja angezeigt, natürlich mit unserem Einverständnis. Es gab Partisanen, die den Leuten sagten, sie dürften nicht melden, aber das war ja ein Blödsinn, meine Parole war, zeigt an, und ich verdrückte mich in der Zeit woandershin. Es floh ja öfter jemand von uns, und wenn der Mensch später die Polizei an die Stellen geführt und gesagt hat: »Hier war ich«, hieß es sofort: »Ja warum habt ihr das denn nicht angezeigt?« Wann immer mehr Leute beisammen waren, war deshalb meine Devise: »Zeigt uns an.« Wenn ich alleine war, oder mit jemandem, dem man wirklich trauen konnte, dann meldeten sie manchmal auch nicht mehr. Das erste Mal empfingen uns die Bauern unterschiedlich. Du gingst hinein und hast alles gewußt. Gewöhnlich hatte jeder ein bißchen Angst am Anfang, aber da mußtest du herausfinden, ob er dir die Wahrheit sagt oder nur aus Angst etwas erzählt. Und das erkanntest du sehr schnell. Wir hatten einen in unseren Reihen, der war aus der Gegend und der wußte auch, wer gegen Hitler und wer für ihn ist. So gingen wir eher zu denen, bei denen von Anfang an feststand, daß sie verläßlich sind.

Der Winter kam und mit ihm die hajka. Wenn die Deutschen in den Bergen waren, dann hieß unsere Taktik: hinunter ins Tal. Und das machte sich bezahlt, vor allem dann, als wir dahinterkamen, wie wir das machen sollten. Wenn oben eine hajka abläuft und alles voller Polizei ist, wirst du ja nicht dort herumsitzen und schießen und herummurksen, sondern hinunter ins Tal gehen. Und umgekehrt. So ging es hin und her. Bei der ersten hajka kam ich ja noch nicht auf die Idee, aber ein paar Wochen später war die nächste hajka, der Winter war da, und wir sind zu diesem Förster. Der Förster war den ganzen Tag unten in Völkermarkt, am Abend kam er irgendwie niedergeschlagen zurück, wir wußten nur, daß eine hajka vorbereitet wird, aber nichts Genaues. »Was gibt es Neues?« »Oh«, sagte er, »Hans, paß auf, alles voll da.« Überall war Polizei. Wir gingen zu einem Bauern, der sehr verläßlich war und der öfter etwas kochte. Wir kamen hin, das Haus lag in einer Mulde. Ich schaute durchs Fernglas, ob jemand beim Haus sei. Nichts war zu sehen, dann fiel irgendwo ein Holzstoß um, aber beim Haus hatten sie einen Hund und ich sagte: »Ah, das war bloß der Hund.« Wir gehen hinunter, Madonna, wir kommen vor das Haus, da schreit schon jemand »Heimat!«, das weiß ich genau, nur »Heimat!«, das war die Parole der Polizei, du hättest die Gegenparole sagen müssen, die wußten wir aber nicht, er brüllte ja nur Heimat, du hättest Vaterland oder so etwas zurückbrüllen müssen, und alles wäre in Ordnung gewesen. Logisch, die begannen zu schießen. Vom Hang herunter fielen die Schüsse. Wir traten den Rückzug an, was hätten wir dort tun sollen? Wir schossen schon noch ins Haus hinein, aber nicht zuviel, denn die Frau dort war eine bewußte Frau war, was soll's. Einer erschoß noch den wachhabenden Polizisten, und wir zogen uns weiter auf den Berg zurück.

Wir kommen hinauf, ich frage: »Sind wir alle durchgekommen, war nichts?« Aber einer aus Ravno polje war verwundet, der sagte: »Gib eine Nachricht nach Hause, daß ich hier gefallen bin.« Er hatte einen Bauchschuß, beim Nabel durch, er sagte: »Greif her, wird noch was?« »Freilich«, sage ich, »wird schon werden.« Dann begann er aber zu jammern und meinte: »Weißt was, erschieß mich.« Ich sagte: »Nein, das mache ich nicht.« Die Pistole gaben wir ihm aber. Kurz darauf sagte er »Amen« und erschoß sich. Und dann kam die Polizei hinauf, fand ihn und erzählte herum, was für Verbrecher wir seien, daß wir unsere eigenen Leute erschießen. Aber er erschoß sich selber, er hatte ja einen Bauchschuß. Er war verloren, was hätte er tun sollen.

Wir gingen weiter zu einem Jäger, auf der anderen Seite des Feldes war eine Hütte. Ich meinte: »Da gehen wir hinein.«. Der Schnee war damals schon verteufelt hoch. Die einen wehrten sich, die Polizei wird kommen, die anderen wendeten ein, daß sie nachts schon nicht kommen werde. Wenn sie komme, dann in der Früh. Wir stellten Wachen auf, heizten ein und legten uns nieder. Am nächsten Tag brachen wir sehr früh auf die Langinger Alm auf. Dort war genau die Grenze zum Lavanttal, den ganzen Nachmittag waren wir dort. Es lag viel Schnee, die Sonne schien und amerikanische Flugzeuge flogen drüber, Richtung Wien, es hat nur so gezittert. Die Abwehr vom Hitler wollte sie herunterschießen, deswegen krachte es ziemlich dort oben.

441

*Johann
Petschnig-Krištof*

Auf einem Kahlschlag rasteten wir ein bißchen, der Sohn vom Dr. Tscharf aus Völkermarkt träumte von Krapfen, von warmen Krapfen, »Madonna«, sagte er, »jetzt warme Krapfen und einen Kaffee bekommen, das wäre fein.«. Andere wieder wollten die Maschinenpistolen und die Gewehre putzen. »Putzt sie nicht, man weiß ja nie, was kommt« sagte ich. Dann ging ich mit dem Paulič Toni zur Seite. Hatten uns nicht diese Teufel umkreist, die Deutschen. Sie waren unseren Spuren nachgegangen; ich ziehe gerade die Hose hinauf, in dem Moment rattert eine Maschinenpistole. Zuerst wußte ich ja nicht einmal, von wo sie schießen. Da sagte der Toni: »Da ist eine Fichte, schau, von wo die Kugeln kommen.« Sie schlugen nämlich in die Fichte hinein. Ich wußte nicht einmal, in welcher Gefahr ich mich befand. Der traf mich genau hinten in die Hose, die sahen aus, als ob sie eine Maus angenagt hätte. Eine ganze Garbe, ein paar Zentimeter näher, und mit mir wäre es aus gewesen. Von dort sind wir aber sofort weg, die auf den Schiern hinter uns her, und dann begann die Schießerei. Wir sind hinein ins Gehölz, je dichter der Wald, desto besser für uns, weil sie mit den Schiern nicht so schnell vorwärts konnten. Wenn wir ein bißchen verschnauften, waren sie schon hinter uns und es krachte. Das dauerte bis zum Abend.

In der Dämmerung waren wir schon mitten im Lavanttal, die noch immer hinter uns her. Der Slavko, der war so klein, Schnee ist viel gelegen, und er versank darin und konnte nicht mehr heraus. Ich packte ihn, ich war ja groß, ich konnte ihn noch herausziehen, damit wir weiterkonnten, stehenbleiben trauten wir uns nicht. Eingekreist bist du schnell und wir beeilten uns, wir rannten. In der Mitte des Lavanttales kannten wir auch einen Förster; ein aufrechter Mensch, seine Frau ganz besonders. Dorthin wollten wir gehen, als es aufhörte zu krachen, damit sie uns eine Suppe kochte. Als es Nacht wurde, waren ja auch die Deutschen nicht mehr so eifrig. Die trauten sich ja auch nicht so, sie wußten ja nicht, wer sie hinter einem Baum erwartet und ob der feuert, wenn sie kommen. Die hatten ja auch Angst, nicht nur wir, aber ihr Befehl hat gelautet, hinterher, und sie mußten gehorchen. Im Winter '45 fiel aber soviel Schnee, ich kann mich nicht erinnern, daß es jemals vorher oder nachher soviel schneite. Dauernd schneite es nur, den ganzen Jänner durch und noch im Februar, im März kamen wir dann ein bißchen heraus, da schien wieder die Sonne. Wir kamen hinaus zum Förster. »Um Gottes Willen«, sagte die Frau,» gerade jetzt waren 60 Polizisten da.« Die *hajka* war ja überall. Wir sahen die Spur und sagten: »Wenn die gerade weg sind, werden sie nicht mehr kommen.« Sie kochte uns eine Suppe, wir aßen sie und dann gingen wir hinunter ins Tal, weiter hinaus konnten wir nicht. Das war unsere letzte Station, wo wir uns melden konnten, wo sie uns nicht verrieten. In der Nähe von Pölling stiegen wir wieder hinauf. Etwas unterhalb von Pölling gerieten wir wieder in eine Falle. Wir wurden überfallen. Das passierte alles in einer Nacht.

Widerstand

Dann gingen wir ober Pölling zu einem Bauern, dem Herzog, der war verläßlich. Wir hielten uns oft dort auf, die *hajka* dauerte noch immer, da sagte er: »Wir haben ein Stück weiter unten eine Mühle, geht's hin, ich bring' euch gleich was zum Essen.« Wir gingen zu der Mühle, dort war kein Wald, lauter Felder rundherum und ein Bach floß vorbei. Ich sagte, gehen wir hinein, wir können die Deutschen sehen, wenn sie kommen, und wir können uns endlich ausrasten. Wir heizten ein, die Mühlen waren so gebaut, daß sie ein Zimmer zum Einheizen hatten, damit der Betreffende es beim Mahlen warm hatte. Die Frau brachte einen ganzen Schinken herunter, den kochten wir. Einen Krug Most brachte sie und einen Laib Brot. Wir blieben drei Tage dort und von da an wußten wir, wenn eine *hajka* in den Bergen ist, müssen wir hinunter ins Tal.

Ich kam immer glücklich durch, die Kompanie vom Boj wurde total auseinandergetrieben, alles zerschlagen. Im Herbst kam dann noch ein Bataillon, mindestens 50 Leute. Das war für die Verhältnisse auf der Saualm eine Dummheit. Ein paar Leute zusammenlegen, angreifen, sich zurückziehen, das ist viel mehr wert, als so einen Koloß von Bataillon aufzustellen, der sich dann nirgends mehr hintraut und es auch nicht mehr konnte. Du konntest ja nicht wer weiß wie lange kämpfen, es gab nicht genug Munition. Ich paßte immer auf, daß in den Bunkern der *terenci* nie zu viele Leute waren.

Meine Aufgabe war ja in erster Linie, die Leute zu informieren. Manchmal kamen wir zusammen. Wir sagten so, jetzt machen wir ein Treffen. Die bewußten Bauern organisierten die Leute, sie wußten ja, wen man ansprechen kann, und dann hatten wir Sitzungen mit den Zivilisten. Auf solche Treffen kamen bis zu zehn Leute. Hie und da kam noch ein Alter mit. Sicher, Männer der mittleren Generation gab es ja nicht, die waren alle in der Armee, Jugendliche, Frauen und Mädchen kamen zu diesen Treffen. Sie brachten immer etwas mit, Speck, Eier, ein Glas Fisolen, daneben konntest du noch die eine oder andere Neuigkeit erfahren. So war ich immer gut informiert, und wenn du eine Kleinigkeit sagtest, waren die Leute froh. Meine Hauptaufgabe war es, die Leute zu informieren, nicht die feindlichen Stellungen anzugreifen, obwohl wir das manchmal auch taten. Aber daß wir uns nur herumgeprügelt hätten die ganze Zeit und gekämpft, das gab es bei uns nicht. Später hatten wir einen englischen Major mit, der funkte, und sie warfen etwas für uns ab; aber ich fand zum Beispiel Pullover, die für uns abgeworfen wurden, erst dann im Frühjahr, als der Schnee taute. Wir hatten nicht richtig ausgemacht, wo und welche Signale erwartet wurden. Zuviele Zeichen trauten wir uns aber auch nicht zu geben, die Polizei war ja in der Nähe. Ganze Säcke voll feinster Pullover, Hosen und auch Waffen waren dabei.

Die Amerikaner wußten genau, daß hier Partisanen waren, wenn ihre Flugzeuge, die die Steiermark, Wien, Wiener Neustadt bombadiert haben, beschädigt wurden, entweder durch die Flak oder sonstwie, und sie wußten, daß sie nicht mehr zurückkommen, dann bemühten sie sich wenigstens, bis Kärnten auf die Saualm zu kommen, um dort abzusprin-

443

gen, wo sie auf Partisanen treffen würden. Gegen Ende des Krieges war es schon so, daß ich mehr Amerikaner bei mir hatte als Heimische. Wie oft sahen wir sie herunterkommen, immer tiefer und tiefer, und dann sprangen sie ab. Dann suchten wir sie, sie suchten uns, alle hast du ja nicht auf einmal entdeckt. Manchmal liefen sie auch alleine ein paar Tage herum, aber früher oder später fanden wir jeden. Wenn ich gewußt hätte, wie die sind, ich hätte sie gelassen, mir tat das später noch leid. Nach dem Krieg war es ja so, da war ein Partisan nichts mehr wert. Vorher schon, aber dann wurde eine andere Platte aufgelegt, besonders von den Engländern. Und wir hatten noch den besonderen Auftrag, mit den Engländern und den Amerikanern freundlich umzugehen, die können wir noch brauchen nach Kriegsende. Wir wußten ja nicht, daß sie solche Heuchler waren. Als der Krieg vorbei war, suchten sie die Partisanen und jagten sie, die Nazis ließen sie in Frieden, das ist die Wahrheit.

Für kurze Zeit hatte ich noch Österreicher bei mir, die waren schon früher vor Hitler nach Rußland geflüchtet, aus Rußland waren sie hinunter nach Dolenjsko und von dort wurden sie über die offizielle Linie nach Wien geschickt, damit sie dort Widerstand leisteten. Es waren ja nur vier, sie hatten einen Funkapparat mit, den trauten sie sich nicht weiter mitzunehmen. Es war ja nicht leicht, über das Görtschitztal und die Steiermark nach Wien zu kommen. Wir machten dann aus, den Funkapparat aufzubewahren, und sollten sie wohlbehalten in Wien ankommen, würden sie eine Annonce in den »Völkischen Beobachter« geben, und wir hätten dann den Apparat nach Wien geschickt. An den Wortlaut der Annonce kann ich mich nicht mehr erinnern, aber wir lasen alle den »Völkischen Beobachter«, nur die Annonce erschien nie. Ich vermute, daß sie nie bis Wien gekommen sind, sondern früher gefangengenommen wurden.

Gegen Ende des Krieges war es schon richtig widerlich. Alles drängte zu den Partisanen, sogar die SS. Jeder dachte, er müsse sich retten, sodaß gegen Kriegsende die SS in den Bergen umherstreifte und uns suchte. Klar, die schickte ich weg, ich wollte sie nicht bei mir haben.

Nach dem Krieg bekamen dann die domobranci, die Nazis, alle Arbeit bei den Engländern. Ich komme einmal nach Eisenkappel, da tritt ein Inspektor auf mich zu, der hatte das Verdienstkreuz an der Brust hängen, das EK 2 und alles, was sich der Teufel an Hitlerauszeichnungen auf die Brust heften konnte. Ich sage zu ihm: »Wir haben ja gegen das Zeug gekämpft, und jetzt wollen wir von dem Zeug nichts mehr wissen.« »Was? Ruhig, das kann ich ja noch immer tragen« wehrte er sich dort mit seinen Auszeichnungen. »Darüber werden wir aber woanders reden.« Ich erzählte das dann den Engländern, und drei Tage später waren diese Auszeichnungen weg, er mußte sie abnehmen. So war das noch nach dem Krieg. Oder in G. zum Beispiel, da war ein P. Wir wußten, wie grausam er während des Krieges mit den Engländern umgesprungen ist. Die sprangen mit dem Fallschirm ab, wir haben das von weitem beobachtet. Ich bat ein Mädchen: »Geh nach G. schaun, was mit den Engländern passiert ist.« Die einen kamen schon über die Drau, zwei nahmen aber die Deutschen bei der Petzen gefangen, einer von den beiden war verletzt. Das Mädchen erzählte mir, wie gräßlich sie mit dem Verletzten umgesprungen sind. Daß sie ihn dort getreten haben und der englische Pilot nach Wasser geschrien hat, der P. hat Most dort gehabt und ihn ins Gesicht geschüttet. »Da hast', da hast', du Scheiß-Aristo-krat« oder so ähnlich hat er zu ihm gesagt. Dieser englische Pilot ist sowieso gestorben, der P. war aber der Höchste bei der Gendemarie in G. Ich ging nach dem Krieg wieder dorthin, und da war der Mensch schon wieder Inspektor. Ich ging nach dem Krieg öfter hin, weil ich die Leute, die ich kannte, besucht habe. Die FSS, das war die englische Polizei, gab dann aber eine Verordnung aus, wonach sich die Partisanen zweimal pro Woche bei ihnen zu melden hätten. Die Nazis nicht. Ich bin einmal nicht gegangen und das nächstemal fragten sie mich, warum ich mich nicht gemeldet hätte. Da sagte ich aber: »Das kommt ja gar nicht in Frage, daß ich mich als Widerstandskämpfer bei euch melde und die Nazis nicht, ja wo sind wir denn überhaupt?« Diese FSS-ler konnten ja deutsch. Dann sagte ich: »Eine Schande« und ich erzählte ihnen von dem P. und wie der mit einem ihrer Leute umgesprungen ist. »Dieser Mensch ist noch heute bei euch« sagte ich. Kurze Zeit später kommt ein Kombi mit Engländern zu mir und wir fuhren nach G. Ich sagte: »Da hinein gehe ich aber nicht, geht's selber hinein, ihr habt ja die Unifor-men.« Dann ging ein Engländer allein hinein und weiter weiß ich nicht, was passiert ist, vermutlich haben sie den P. hinausgeschmissen. Wieder kurze Zeit später bestellt mich ein englischer Major zu sich nach Völker-markt und bietet mir an, für sie zu arbeiten. »Das können Sie nicht von mir verlangen.« Die hatten ja auch ihre Geheimpolizei. Ich hätte bei den Slowenen für sie schnüffeln sollen, auf Veranstaltungen, ihnen erzählen, was so geredet worden ist. »Das könnt ihr euch wer weiß wohin schreiben«, ich wollte ja nicht. Wenn ich darauf eingegangen wäre, dann wäre mein Leben anders verlaufen. Die sind später alle in den Staatsdienst aufgenommen worden. Aber ich wollte nicht, deswe-gen kam ich auch nirgendwohin. Ich mußte mich selber zurechtfinden.

Wenn du bei den Partisanen warst, dann haben sie dich nur behindert, eine bessere Arbeit hast du gar nicht bekommen, deswegen ließ ich alles liegen und stehen und bin nach Tirol, um nichts mehr zu sehen. Und die, die bis zum Ende geglaubt haben, daß der Nationalsozialismus gewin-nen wird, die haben sich am Anfang ein bißchen gefürchtet, aber dann haben sie sich schnell wieder zurechtgefunden. Die Engländer steckten alle in die Amtsstuben zurück und sie hatten wieder alle Macht. Ein paar von ihnen brachten sie noch nach Wolfsberg, dann ließen sie sie frei und vorbei war es. Die Parteien sind entstanden, jede hat nur geschaut, daß sie soviele wie möglich in ihre Reihen bekommt, damit sie mehr Stim-men hat. Und dann der kalte Krieg, alles ist gegen die Russen gegangen und die Nazis sind frei herumgelaufen. Heute werden sie von den Amerikanern zurückgeschickt, und gerade solche, die hunderttausende

Johann Petschnig-Krištof

Verbrechen auf dem Gewissen haben, und wir nehmen alle hübsch auf. Man hat ja gesehen, wie das mit dem Reeder gelaufen ist. War das nicht eine Schande? Alle, vom Kreisky angefangen über den Bundespräsidenten Kirchschläger bis zum Kardinal König waren dafür: »Laßt ihn frei!« Der Verteidigungsminister hat ihm die Hand gegeben. Solche Sachen passieren bei uns, solche Schweinereien.

Niemand kann behaupten, daß ich nicht für Österreich gekämpft habe. In Jugoslawien gab es ja auch solche, die gegen den Faschismus gekämpft haben. Das war ja nicht die Frage, ob für Österreich, ob für Jugoslawien. Der Kampf ging gegen den Faschismus, darum, Hitler zu vernichten. Freilich, ich habe mir den Empfang in der Gesellschaft ein bißchen anders vorgestellt. Ein bißchen dachte ich schon, daß es mir dafür im Leben etwas besser gehen würde, daß ein klein wenig Anerkennung da sein wird. Aber trotz allem bin ich noch heute stolz darauf, daß ich nicht auf der falschen Seite gekämpft habe, und das sage ich auch.

Ana Sadovnik

Beim Peršman

Am Abend um sechs kamen die Deutschen. Die Partisanen kochten gerade das Abendessen, Sterz in einem Kochtopf, als die Deutschen von unten zu schießen begannen. Sie konnten nicht einmal essen, sie mußten alles liegen und stehen lassen und fliehen. Die Deutschen sammelten die Gewehre ein, dieses ganze Teufelszeug. Im Keller unten hatten die Partisanen drei geschlachtete Kühe, die haben sie auch mitgenommen, wir mußten den Ochsen anspannen und sie sind wieder abgezogen. Sie sind hinauf zum Repl gekommen, dort haben die Partisanen sie angegriffen und zwei Deutsche erschossen. Da sind sie zornig geworden.

Sie sind heruntergekommen und haben hier zu schießen begonnen. Wir wollten gerade ins Bett gehen, da hat es gekracht. Die einen sind hinausgelaufen, die anderen kreuz und quer. Die alte Tante war noch unten im Keller, der Vater ist sie holen gegangen, wir sind mit ihm hinunter. Da sind auch schon die Deutschen gekommen und haben die Alte herausgezogen, sie war sehr alt und ging am Stock. Die haben sie gleich an Ort und Stelle erschossen, wie sie draußen war, hat ihr einer drei Schüsse gegeben. Ich bin mit meinem Bruder im Arm in die Küche geflohen und habe mich hinter dem Sparherd versteckt. Der Bub hat zu schreien begonnen, er war acht Monate alt, ich hab ihm die Hand vor den Mund gepreßt, da sind schon die Deutschen herein, um mich und den Buben auch zu erschießen. Der Bub war tot, ich hab sechs Schüsse abbekommen. Der Ciril, mein Cousin, ist unter der Bank gelegen, den haben sie nicht einmal gesehen. Der hat einen Streifschuß abbekommen, gerade genug, daß die Haut abgekratzt war. Ich bin zusammengebro-

Widerstand

chen, war ohne Bewußtsein, wie lange, das weiß ich nicht. Der Ciril hat mich wachgerüttelt, er hat gesagt, daß es brennt und wir fliehen müssen. Meine Hand hing einfach so hinunter, das Blut rann in Strömen.

Die draußen hatten sie alle erschossen. Die Malka hat einige Schüsse abbekommen, ins Bein, die hat dann der Großvater weggetragen, die anderen waren aber schon tot. Der Großvater hat weiter unten in einer Keusche gelebt, er ist heraufgekommen und hat sie geschüttelt, ob noch jemand lebt, und das Vieh aus dem brennenden Stall gejagt. Alles

hat gebrannt, auch das Haus hat schon gebrannt, als wir beide hinausge-rannt sind. Wir haben nicht geschaut, ob noch jemand lebt. Wir sind hinunter in den Wald geflohen und lagen die ganze Nacht unter Wacholdersträuchern.

In der Früh sind die Partisanen herumgerannt und haben gerufen. Da ist der Ciril, dem nichts gefehlt hat, hinaufgerannt, damit sie mich holen kommen und mich verbinden. Der Nachbar hat die Malka und mich zum Arzt nach Eisenkappel gebracht. Von dort sind wir nach Klagenfurt gekommen, da haben sie uns operiert und Gipsverbände hinaufgegeben. Sie haben uns nach Maria Saal geschickt, dort waren wir fünf Monate. Dann sind wir zum Vegl gekommen, vom Vegl zum Rastočnik, vom Rastočnik hinauf zum Čemer, wir beide sind gewandert wie dieser »Hans im Glück«, und vom Čemer hier herunter auf den Peršmanhof und hier bin ich jetzt.

Früher hatte ich nie Angst. Als Kinder haben wir sogar Krieg gespielt. Freilich, wenn du ein Kind bist, dann ist Krieg eben Krieg, und du hast keine Angst. Einer der Partisanen hat uns Waffen aus Holz gemacht und wir sind im Wald herumgerannt und haben »brrr« gemacht. Nicht weit weg hat es oft gekracht wie der Teufel, weil die Partisanen und die Deutschen miteinander gekämpft haben. Damals hatte ich überhaupt keine Angst, erst nach der Schießerei hier, seitdem. Wenn es donnert oder beim Böllerschießen und obwohl ich mit eigenen Augen sehe, daß nichts ist – ich erschrecke und schreie auf.

Unten in Eisenkappel hat mir einmal ein junger Bursche gesagt: »Da oben wird einmal so gesprengt werden, wie es früher gebrannt hat.» Ich habe gefragt: »Ah so, auch dann, wenn ich drinnen bin?« Darauf er: »Das ist mir wurscht, wenn du nicht rausgehst, dann bleibst du halt drinnen.« Ich sagte: »Und wie weiß ich, wann das sein wird, wirst Du es mir sagen?« Da hat er gesagt: »Du wirst es schon bemerken.« Ich bin dann zum Repl gegangen, dort saßen die Zollwachebeamten, zu denen habe ich gesagt: »Heute habe ich gehört, daß sie hier beim Peršman sprengen werden.« »Wer? Was?« Da habe ich gesagt: »Ich weiß es nicht. Ihr werdet es schon bemerken, wenn mein Kleid durch die Luft fliegt, dann ist es um das Peršman-Museum geschehen.« Alle haben gelacht. Später hat mir noch jemand gedroht, Jugendliche, die ich nicht kenne. Dann hatte ich schon Angst, wenn irgendwo ein bißchen etwas geknarrt hat, da habe ich schon gedacht: jetzt kommen sie. Und auch der Hund hat sich so närrisch aufgeführt, du weißt ja nicht, wer dir etwas antun kann.

Manchmal wenn ich will, dann erzähle ich, manchmal will ich aber nicht und dann kriegt keiner ein Wort aus mir heraus, dann ist es aus. Einmal haben sie einen ganzen Omnibus angeschleppt und zu mir ·gesagt, ich soll erzählen: Ich hatte schon angefangen, da bin ich zurück ins Haus gerannt und habe gesagt: »Nein, ich kann nicht.«

Kurzbiographien

Andrejcič Katarina; geb. 1918 in Matschach/Mače als Tochter einer Arbeiterin, 1937–1939 Dienstmädchen in Großbritannien, Rückkehr nach Feistritz/Bistrica, in erster Ehe verheiratet mit A. Einspieler (erschossen Mai 1944), Hausfrau dortselbst.

Apovnik Pavla; geb. 1902 in Feistritz bei Bleiburg/Bistrica pri Pliberku als Bauerntochter, Pensionistin in Schattenberg/Senčni kraj.

Boštjančič Lojzka; geb. 1919 in Ludmannsdorf/Bilčovs als Bauerntochter, nach der Schule Dienstmädchen, anschließend Hausfrau in Franzendorf/Branča vas.

Černut Franc; geb. 1930 in Oberaichwald/Zgornje Dobje als Bauernsohn, nach 1945 Eisenbahner, Pensionist in Latschach/Loče. Stellvertretender Vorsitzender des Verbandes der Ausgesiedelten.

Dežutelj Sofija; geb. 1929 in Remschenig/Remšenik als Tochter einer Magd, nach 1945 Arbeiterin in Ljubljana, Pensionistin dortselbst.

Dobeitz Valentin-Jovo; geb. 1908 in Loibegg/Belovče, Arbeiter, Pensionist in Leppen/Lepena.

Furjan Albert; geb. 1927 in Ebriach/Obirsko als Bauernsohn, Arbeiter, Pensionist dortselbst.

Ganzi-Gmeiner Theresia; geb. 1925 in Neuhaus/Suha als Tochter eines Holzhändlers, nach 1938 in Wolfsberg. Heute Pensionistin in Ettendorf.

Gröblacher Milena-Vanda; geb. 1921 in St. Kanzian/Škocijan als Tochter eines Maurermeisters. Pensionistin dortselbst. 1945–1955 Sekretärin, danach Vorsitzende des Verbandes slowenischer Frauen/Zveza slovenskih žena.

Haderlap Valentin-Zdravko; geb. 1933 in Leppen/Lepena als Bauernsohn, Bauer und Forstarbeiter dortselbst.

Holmar Tomaž; geb. 1905 in Maria Saal/Gospa sveta als Sohn eines Organisten. 1931 Priesterweihe, Pfarrer in Ebriach/Obirsko.

Hribernik Kristina; geb. 1909 in Radsberg/Radiše als Bauerntochter, Pensionistin dortselbst.

Igerc Helena; geb. 1924 in Unterpetzen/Pod Peco als Bauerntochter, Bäurin in Unterort/Podkraj.

Dr. Jelen Anton; geb. 1916 in Loibach/Libuče als Bauernsohn, nach 1945 Geschäftsführer des »Slovenski vestnik«, danach Rechtsanwalt. Lebt als Pensionist in Wien.

Kaiser Josef; geb. 1923 in Feistritz ob Bleiburg/Bistrica pri Pliberku; Angestellter, Pensionist in St. Gandolf/Šentkandolf.

Kelich Pavla; geb. 1917 in Zell Schaida/Sele Šajda als Keuschlerstochter, Pensionistin in Ebriach/Obirsko.

Kogoj Janez; geb. 1927 in Lobnig/Lobnik als Bauernsohn, Bauer in Unterpetzen/Pod Peco.

Kokot Andrej; geb. 1936 in Oberdorf/Zgornja vas als Bauernsohn, Redakteur beim Slovenski vestnik, Dichter.

Kolenik Lipej-Stanko; geb. 1925 in St. Margareten bei Bleiburg/Šmarjeta pri Pliberku als Bauernsohn, nach 1945 Vorsitzender des Verbandes der slowenischen

Jugend, Drucker, heute Pensionist in Čirkovče/Schilterndorf. Stellvertretender Obmann des Kärntner Partisanenverbandes/Zveza koroških partizanov.

Kölich Katarina; geb. 1918 in Eisenkappel/Železna Kapla als Bauerntochter, in erster Ehe verheiratet mit Jurij Pasterk (hingerichtet April 1943), Pensionistin in Eisenkappel/Železna Kapla.

Kraut Lojze; geb. 1921 in Feistritz bei Bleiburg/Bistrica pri Pliberku als Bauernsohn, Kleinbauer und Greißler, gestorben 1990 in St. Michael ob Bleiburg/Šmihel nad Pliberkom.

Ing. Kuhar Peter-Pero; geb. 1929 in Eisenkappel/Železna Kapla als Sohn eines Zimmermannes. Angestellter, lebt in Eisenkappel/Železna Kapla.

Ing. Kupper Danilo; geb. 1922 in Völkermarkt/Velikovec als Lehrersohn, Pensionist in Ferlach/Borovlje. Nach 1945 Sekretär des Verbandes der slowenischen Jugend und Ausschußmitglied des Zentralverbandes der slowenischen Organisationen.

Lienhard Franc; geb. 1910 in Loibach/Libuče als Sohn eines Fabriksarbeiters, Schneidermeister. Pensionist dortselbst.

Lienhard Marija; geb. 1926 in St. Georg/Šentjur als Tochter eines Bergmanns, aufgewachsen in Mežica, seit 1932 in Loibach/Libuče, Schneiderin. Pensionistin dortselbst.

Male Janez-Janko; geb. 1922 in Zell Winkel/Sele Kot als Sohn eines Keuschlers und Forstarbeiters, Pensionist dortselbst.

Prof. Messner Janko; geb. 1921 in Aich/Dob als Bauernsohn, Schriftsteller in Tutzach/Tuce, zahlreiche Bücher und Publikationen in Zeitschriften. Vorsitzender des slowenischen Schriftstellerverbandes.

Milavec Katarina; geb. 1893 in Postojna, heute Jugoslawien, mit der Familie umgezogen nach Aich/Dob bei Bleiburg/Pliberk, gestorben 1989 in Klagenfurt/Celovec.

Mitsche Andrej; geb. 1893 in St. Veit im Jauntal/Šentvid v Podjuni als Keuschlersohn, Bürstenbinder und Organist. Gestorben 1989 dortselbst.

Ogris Johann; geb. 1928 in Ludmannsdorf/Bilčovs als Sohn eines Gastwirts. Gastwirt dortselbst. 1970–1990 Bürgermeister von Ludmannsdorf, 1970–1975 Abgeordneter zum Kärntner Landtag, ehemals stellvertretender Vorsitzender des Zentralverbands slowenischer Organisationen und Vorsitzender des Verbandes slowenischer Genossenschaften. Vorstandsmitglied der SPÖ-Bauern.

Olip Marija; geb. 1912 in Zell Pfarre/Sele Fara als Bauerntochter. Pensionistin dortselbst.

Partl Jože; geb. 1937 in Feistritz bei Bleiburg/Bistrica pri Pliberku als Bauernsohn, Bauer dortselbst. Seit 1973 Gemeinderat und seit 1984 Stadtrat in Bleiburg. Seit 1982 Vorsitzender des Verbandes der Slowenischen Ausgesiedelten. Ausschußmitglied des Zentralverbandes slowenischer Organisationen.

Paul Štefan, geb. 1902 am Kömmel/Komelj als Bauernsohn, Bauer dortselbst.

Petschnig Johann-Krištof, geb. 1924 in Vellach/Bela als Keuschlersohn, nach 1945 Schlosser in Tirol, Pensionist in St. Marxen/Šmarkež.

Pečnik Anton-Tine; geb. 1923 in Vellach/Bela als Bauernsohn, Bauer dortselbst.

Picej Marija; geb. 1909 in Unternarrach/Spodnje Vinare, Vater Tischler, Mutter Hebamme, nach ihrer Heirat Bäurin in St. Primus/Šentprimož.

Piskernik Milan; geb. 1925 in Lobnig/Lobnik als Sohn eines Schneidermeisters, Bauer dortselbst.

Prušnik Terezija-Mira; geb. 1919 in Solčava, Hausfrau, Pensionistin in Tschachoritsch/Čahorče. Ausschußmitglied des Verbandes der slowenischen Frauen.

Sadolšek Miha; geb. 1912 in Lobnig/Lobnik als Bauernsohn, Bauer dortselbst.

Sadolšek Ivana-Zala; geb. 1923 in Eisenkappel/Železna Kapla als Bauerntochter, nach 1945 Funktionärin des Verbandes der slowenischen Frauen, Bäurin in Lobnig/Lobnik.

Sadovnik Ana; geb. 1935 in Unterpetzen/Pod Peco als Bauerntochter, Pensionistin dortselbst.

Schaschl Johann; geb. 1932 bei Seidolach/Ždovlje als Bauernsohn, vor seiner Pensionierung Besitzer einer chemischen Reinigung, Innungsmeister, Pensionist in Seidolach/Ždovlje.

Schlapper Anton; geb. 1924 in St. Peter am Wallersberg/Šentpeter na Vašinjah als Keuschlersohn, Elektrohändler in St. Jakob im Rosental/Šentjakob v Rožu. Ausschußmitglied des Slowenischen Kulturverbandes/Slovenska prosvetna zveza.

Dr. Schnabl-Sturm Katja; geb. 1936 in Zinsdorf/Svinča vas als Bauerntochter, Studium der Slawistik in Wien und Ljubljana, Universitätslektorin in Wien.

Srienc Kristo; geb. 1910 in Pudlach/Podlaz, 1938 zum Priester geweiht, heute Dekan in St. Michael ob Bleiburg/Šmihel ob Pliberku.

Sticker Ljudmila; geb. 1914 Lind ob Velden/Lipa als Bauerntochter, später Bäurin in St. Peter/Šentpeter, Pensionistin dortselbst.

Tolmajer Marija; geb. 1911 in Radsberg/Radiše als Bauerntochter, Bäurin dortselbst.

Tolmajer Janko; geb. in Radsberg/Radiše als Bauernsohn, Bauer dortselbst. Nach 1945 Mitbegründer des Rates der Kärntner Slowenen, zwischen 1956 und 1970 verantwortlicher Redakteur des Naš Tednik.

Dipl. Kfm. Urank Janez; geb. 1920 in Gallizien/Galicija als Bauernsohn, nach 1945 Diplomkaufmann in Klagenfurt, Direktor der Gebietskrankenkasse, stellvertretender Vorsitzender des Rates der Kärntner Slowenen, Pensionist in Klagenfurt/Celovec.

Urbančič Terezija-Slavka; geb. 1903 in Remschenig/Remšenik als Tochter eines Keuschlers und Holzarbeiters, nach ihrer Heirat Bäurin in Vellach/Bela; Pensionistin in Leppen/Lepena.

Uršic Anton; geb. 1930 in Latschach/Loče als Sohn eines Arbeiters, Postangestellter dortselbst, Ausschußmitglied des Verbandes slowenischer Partisanen.

Verdel Romana; geb. 1938 in Remschenig/Remšenik als Tochter einer Magd, Hausfrau in Ferlach/Borovlje, Ausschußmitglied des Slowenischen Kulturvereins »Borovlje« und des Verbandes slowenischer Frauen.

Vospernik Reginald; geb. 1937 in Föderlach/Podravlje als Sohn einer Bahnhofsrestaurationsbesitzerin. Mittelschulprofessor, heute Direktor des BG für Slowenen in Klagenfurt. 1962–1968 Sekretär und 1968–1972 Vorsitzender des Rates der Kärntner Slowenen. Herausgeber der kulturpolitischen Zeitschrift »Celovški zvon«.

Weiss Janez; geb. 1909 in Feistritz im Rosental/Bistrica v Rožu als Sohn eines Fabriksarbeiters, Schneidermeister in St. Johann im Rosental/Šentjanž v Rožu.

Wieser Feliks-Srečko; geb. 1922 in Windisch Bleiberg/Slovenji Plajberk als Bauernsohn, Bauer dortselbst.

Wutte Janez-Luc; geb. 1918 in Vesielach/Vesele als Bauernsohn. Hotelier, Pensionist dortselbst. Stellvertretender Vorsitzender des Zentralverbandes slowenischer Organisationen. Seit 1980 Vorsitzender des Verbandes der Kärntner Partisanen.

Zablatnik Ana; geb. 1923 in Ludmannsdorf/Bilčovs als Tochter eines Bauern und Gastwirts, Hausfrau in Bilnjovs/Fellersdorf.

Dr. Zablatnik Pavle; geb. 1912 in Fellersdorf/Bilnjovs als Bauernsohn. 1938 Priesterweihe, nach 1945 Studium in Graz, anschließend Mittelschulprofessor, 1967–1977 Direktor des BG f. Slowenen in Klagenfurt. Pensionist dortselbst.

Zugwitz Andrej; geb. 1926 in Rückersdorf/Rikarja vas als Sohn eines Kleinbauern und Arbeiters, Pensionist in Klagenfurt/Celovec.

Begriffserklärung

Bela garda: Weiße Garde. Bewaffnete Einheiten, die gemeinsam mit den italienischen Okkupanten gegen die Partisanen kämpften.

Četnik, četniki (Mz.): Von Draža Mihailović gegründete Kampfformationen, die zu großen Teilen aus Offizieren der besiegten jugoslawischen Armee bestanden; anfangs kämpften sie gegen die Okkupanten, später gingen sie strategische und taktische Bündnisse mit ihnen ein.

Domobranec, domobranci (Mz.): Nach der Kapitulation aus Teilen der *bela garda* entstandene Einheiten, die gemeinsam mit den deutschen Okkupanten gegen die Partisanen kämpften.

Hajka: »Treibjagd«, von Polizei und/oder Wehrmacht in Zusammenarbeit mit anderen bewaffneten Einheiten durchgeführte gezielte Aktion gegen Partisaneneinheiten.

Nemčur, nemčurji (Mz.): Abwertende Bezeichnung für deutschnationale bzw. ihre nationale Herkunft verleugnende Slowenen.

Petokolonaš, petokolonaši (Mz.): Anhänger, Mitglied der Fünften Kolonne.

Raztrganec, raztrganci (Mz.): »Zerrissene«, sich als Partisanen ausgebende und verkleidende Provokateure.

Terenec, terenci (Mz.): Politische Arbeiter; ihre Aufgabe war es, den Kontakt zur Bevölkerung zu halten, sie politisch aufzuklären. Sie waren nicht in Kampfeinheiten eingegliedert,

Ustaša, ustaše oder ustaši (Mz.): Kroatische Faschisten unter der Führung von Ante Pavelić, Verbündete der nationalsozialistischen Okkupanten.

Vosovec, vosovci (Mz.): Angehöriger der VOS (Varnostno-obveščevalna služba), des 1941 gegründeten Sicherheitsdienstes der Partisanen; an der Spitze der VOS stand Zdenka Kidrič.

Bildnachweis

Die Bilder wurden von folgenden Institutionen und Privatpersonen zur Verfügung gestellt:

Slovenska prosvetna zveza/Slowenischer Kulturverband, Zveza koroških partizanov/Verband der Kärntner Partisanen, Kladivo, Naš tednik, Museum Slovenj Gradec, Kristina Hribernik, Franc Černut, Kristo Srienc, Anton Jelen, Albert Furjan, Pavla Apovnik, Pavla Kelich, Terezija Urbančič, Milka Hartman, Johann Petschnig.

Ortsnamenverzeichnis

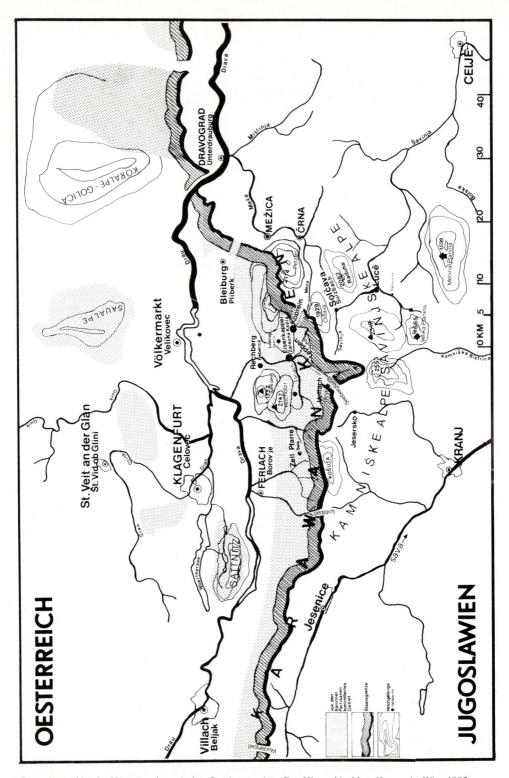

Operationsgebiet der Kärntner slowenischen Partisanen. Aus: Der Himmel ist blau. Kann sein. Wien 1985.